"十三五"国家重点图书出版规划项目

中国社会科学院创新工程学术出版资助项目

新版《列国志》编辑委员会

主　　任　王伟光

副 主 任　李培林　蔡　昉

委　　员（按姓氏音序排列）

陈众议　黄　平　李安山　李晨阳　李剑鸣　李绍先
李　薇　李向阳　李永全　刘北成　刘德斌　钱乘旦
曲　星　王　镭　王立强　王灵桂　王　巍　王新刚
王延中　王　正　吴白乙　邢广程　杨栋梁　杨　光
张德广　张顺洪　张宇燕　张蕴岭　郑秉文　周　弘
庄国土　卓新平

秘书长　马　援　谢寿光

列国志 新版

GUIDE TO
THE WORLD
NATIONS

李靖堃　王振华
编　著

BRITAIN

英国

社会科学文献出版社
SOCIAL SCIENCES ACADEMIC PRESS (CHINA)

英国国旗

英国国徽

议会大厦

白金汉宫

威斯敏斯特教堂

圣保罗教堂

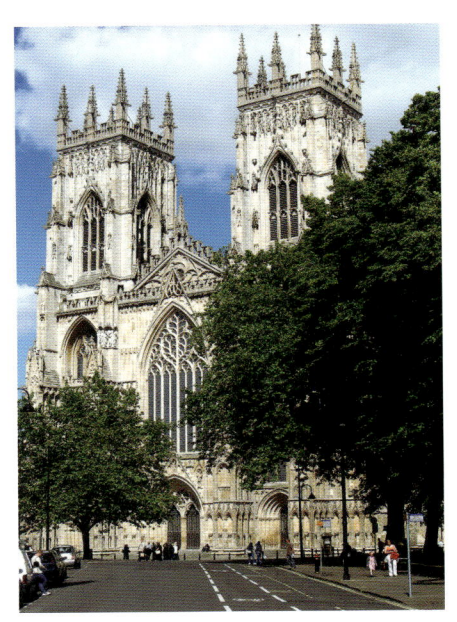

约克大教堂

国家博物馆

国家图书馆

国家美术馆

剑桥大学国王学院

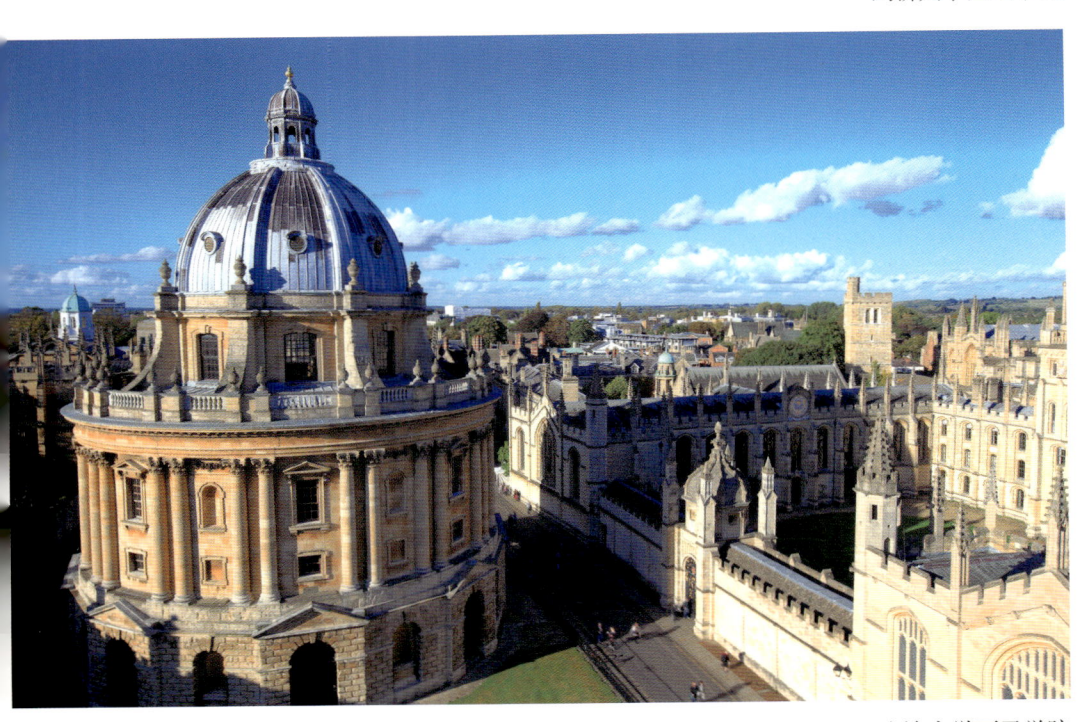

牛津大学万灵学院

格林尼治天文台旧址

莎士比亚故居

伦敦塔

温莎堡

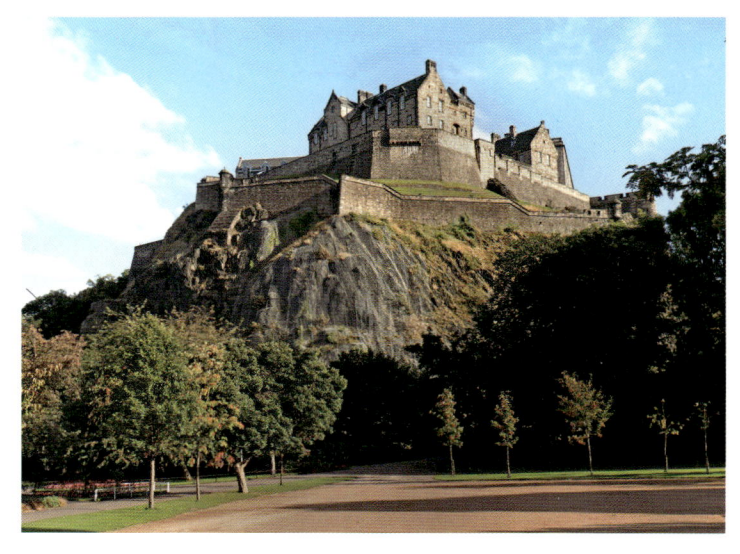

爱丁堡城堡

伦敦特拉法加广场

伯明翰维多利亚广场

爱丁堡皇家英里大道

出版说明

《列国志》编撰出版工作自1999年正式启动，截至目前，已出版144卷，涵盖世界五大洲163个国家和国际组织，成为中国出版史上第一套百科全书式的大型国际知识参考书。该套丛书自出版以来，受到社会各界的广泛好评，被誉为"21世纪的《海国图志》"，中国人了解外部世界的全景式"窗口"。

这项凝聚着近千学人、出版人心血与期盼的工程，前后历时十多年，作为此项工作的组织实施者，我们为这皇皇144卷《列国志》的出版深感欣慰。与此同时，我们也深刻认识到当今国际形势风云变幻，国家发展日新月异，人们了解世界各国最新动态的需要也更为迫切。鉴于此，为使《列国志》丛书能够不断补充最新资料，更好地服务于社会各界，我们决定启动新版《列国志》编撰出版工作。

与已出版的144卷《列国志》相比，新版《列国志》无论是形式还是内容都有新的调整。国际组织卷次将单独作为一个系列编撰出版，原来合并出版的国家将独立成书，而之前尚未出版的国家都将增补齐全。新版《列国志》的封面设计、版面设计更加新颖，力求带给读者更好的阅读享受。内容上的调整主要体现在数据的更新、最新情况的增补以及章节设置的变化等方面，目的在于进一步加强该套丛书将基础研究和应用对策研究相结合，将基础研究成果应用于实践的特色。例如，增加

英 国

了各国有关资源开发、环境治理的内容；特设"社会"一章，介绍各国的国民生活情况、社会管理经验以及存在的社会问题，等等；增设"大事纪年"，方便读者在短时间内熟悉各国的发展线索；增设"索引"，便于读者根据人名、地名、关键词查找所需相关信息。

顺应时代发展的要求，新版《列国志》将以纸质书为基础，全面整合国别国际问题研究资源，构建列国志数据库。这是《列国志》在新时期发展的一个重大突破，由此形成的国别国际问题研究资讯平台，必将更好地服务于中央和地方政府部门应对日益繁杂的国际事务的决策需要，促进国别国际问题研究领域的学术交流，拓宽中国民众的国际视野。

新版《列国志》的编撰出版工作得到了各方的支持：国家主管部门高度重视，将其列入"'十二五'国家重点图书出版规划项目"；中国社会科学院将其列为创新工程学术出版资助项目，王伟光院长亲自担任编辑委员会主任，指导相关工作的开展；国内各高校和研究机构鼎力相助，国别国际问题研究领域的知名学者相继加入编辑委员会，提供优质的学术咨询与指导。相信在各方的通力合作之下，新版《列国志》必将更上一层楼，以崭新的面貌呈现给读者，在中国改革开放的新征程中更好地发挥其作为"知识向导"、"资政参考"和"文化桥梁"的作用！

新版《列国志》编辑委员会
2013 年 9 月

前　　言

　　自1840年前后中国被迫开关、步入世界以来，对外国舆地政情的了解即应时而起。还在第一次鸦片战争期间，受林则徐之托，1842年魏源编辑刊刻了近代中国首部介绍当时世界主要国家舆地政情的大型志书《海国图志》。林、魏之目的是为长期生活在闭关锁国之中、对外部世界知之甚少的国人"睁眼看世界"，提供一部基本的参考资料，尤其是让当时中国的各级统治者知道"天朝上国"之外的天地，学习西方的科学技术，"师夷之长技以制夷"。这部著作，在当时乃至其后相当长一段时间内，产生过巨大影响，对国人了解外部世界起到了积极的作用。

　　自那时起中国认识世界、融入世界的步伐就再也没有停止过。中华人民共和国成立以后，尤其是1978年改革开放以来，中国更以主动的自信自强的积极姿态，加速融入世界的步伐。与之相适应，不同时期先后出版过相当数量的不同层次的有关国际问题、列国政情、异域风俗等方面的著作，数量之多，可谓汗牛充栋。它们对时人了解外部世界起到了积极的作用。

　　当今世界，资本与现代科技正以前所未有的速度与广度在国际流动和传播，"全球化"浪潮席卷世界各地，极大地影响着世界历史进程，对中国的发展也产生极其深刻的影响。面临不同以往的"大变局"，中国已经并将继续以更开放的姿态、更快的步伐全面步入世界，迎接时代的挑战。不同的是，我们所面

英 国

临的已不是林则徐、魏源时代要不要"睁眼看世界"、要不要"开放"问题，而是在新的历史条件下，在新的世界发展大势下，如何更好地步入世界，如何在融入世界的进程中更好地维护民族国家的主权与独立，积极参与国际事务，为维护世界和平，促进世界与人类共同发展做出贡献。这就要求我们对外部世界有比以往更深切、全面的了解，我们只有更全面、更深入地了解世界，才能在更高的层次上融入世界，也才能在融入世界的进程中不迷失方向，保持自我。

与此时代要求相比，已有的种种有关介绍、论述各国史地政情的著述，无论就规模还是内容来看，已远远不能适应我们了解外部世界的要求。人们期盼有更新、更系统、更权威的著作问世。

中国社会科学院作为国家哲学社会科学的最高研究机构和国际问题综合研究中心，有11个专门研究国际问题和外国问题的研究所，学科门类齐全，研究力量雄厚，有能力也有责任担当这一重任。早在20世纪90年代初，中国社会科学院的领导和中国社会科学出版社就提出编撰"简明国际百科全书"的设想。1993年3月11日，时任中国社会科学院院长胡绳先生在科研局的一份报告上批示："我想，国际片各所可考虑出一套列国志，体例类似几年前出的《简明中国百科全书》，以一国（美、日、英、法等）或几个国家（北欧各国、印支各国）为一册，请考虑可行否。"

中国社会科学院科研局根据胡绳院长的批示，在调查研究的基础上，于1994年2月28日发出《关于编纂〈简明国际百科全书〉和〈列国志〉立项的通报》。《列国志》和《简明国际百科全书》一起被列为中国社会科学院重点项目。按照当时的

前言

计划，首先编写《简明国际百科全书》，待这一项目完成后，再着手编写《列国志》。

1998年，率先完成《简明国际百科全书》有关卷编写任务的研究所开始了《列国志》的编写工作。随后，其他研究所也陆续启动这一项目。为了保证《列国志》这套大型丛书的高质量，科研局和社会科学文献出版社于1999年1月27日召开国际学科片各研究所及世界历史研究所负责人会议，讨论了这套大型丛书的编写大纲及基本要求。根据会议精神，科研局随后印发了《关于〈列国志〉编写工作有关事项的通知》，陆续为启动项目拨付研究经费。

为了加强对《列国志》项目编撰出版工作的组织协调，根据时任中国社会科学院院长李铁映同志的提议，2002年8月，成立了由分管国际学科片的陈佳贵副院长为主任的《列国志》编辑委员会。编委会成员包括国际片各研究所、科研局、研究生院及社会科学文献出版社等部门的主要领导及有关同志。科研局和社会科学文献出版社组成《列国志》项目工作组，社会科学文献出版社成立了《列国志》工作室。同年，《列国志》项目被批准为中国社会科学院重大课题，新闻出版总署将《列国志》项目列入国家重点图书出版计划。

在《列国志》编辑委员会的领导下，《列国志》各承担单位尤其是各位学者加快了编撰进度。作为一项大型研究项目和大型丛书，编委会对《列国志》提出的基本要求是：资料翔实、准确、最新，文笔流畅，学术性和可读性兼备。《列国志》之所以强调学术性，是因为这套丛书不是一般的"手册""概览"，而是在尽可能吸收前人成果的基础上，体现专家学者们的研究所得和个人见解。正因为如此，《列国志》在强调基本要求的同

时，本着文责自负的原则，没有对各卷的具体内容及学术观点强行统一。应当指出，参加这一浩繁工程的，除了中国社会科学院的专业科研人员以外，还有院外的一些在该领域颇有研究的专家学者。

现在凝聚着数百位专家学者心血，共计141卷，涵盖了当今世界151个国家和地区以及数十个主要国际组织的《列国志》丛书，将陆续出版与广大读者见面。我们希望这样一套大型丛书，能为各级干部了解、认识当代世界各国及主要国际组织的情况，了解世界发展趋势，把握时代发展脉络，提供有益的帮助；希望它能成为我国外交外事工作者、国际经贸企业及日渐增多的广大出国公民和旅游者走向世界的忠实"向导"，引领其步入更广阔的世界；希望它在帮助中国人民认识世界的同时，也能够架起世界各国人民认识中国的一座"桥梁"，一座中国走向世界、世界走向中国的"桥梁"。

《列国志》编辑委员会
2003年6月

前英国驻华大使韩魁发爵士序

将英国从罗马时代直到今天的历史和文化浓缩到一本书中，这是一个听起来都会令人望而生畏的难题。即使对英国人来说，向中国朋友讲述我们复杂的社会和政治制度也绝非易事。英国的政治和文化机构可能仍根植于过去的传统，但今天的英国已同维多利亚时代有了天壤之别。21世纪的英国是充满动感的、开放的、具有多元文化的社会。

中英双方对彼此都非常重要。现在的中英关系正处于历史上最好的阶段。简单地说，在商业方面，英国公司投资中国的行动和决心是首屈一指的；在教育方面，到英国求学的中国年轻人越来越多。中英两国人民之间的理解正在不断增强，两国之间的交往也会因此不断加强。

不断提高对两国文化之间的理解和交流是至关重要的。我非常感谢王振华教授对此所做的重要贡献。

英国驻中国大使　韩魁发爵士
2003 年

CONTENTS
目 录

导　言 / 1

第一章　概　　览 / 1

　　第一节　国土与人口 / 1
　　　　一　地理位置 / 1
　　　　二　地形地貌 / 2
　　　　三　气候 / 3
　　　　四　行政区划 / 4
　　　　五　国旗、国徽、国歌 / 7
　　　　六　民族与人口 / 8
　　　　七　语言 / 12

　　第二节　宗教与民俗 / 13
　　　　一　宗教 / 13
　　　　二　服饰传统与变化 / 16
　　　　三　饮食习惯 / 18
　　　　四　婚姻、出生与丧葬习俗 / 20
　　　　五　社交礼仪 / 23
　　　　六　节假日与传统活动 / 28

　　第三节　特色资源 / 36
　　　　一　著名城市 / 36
　　　　二　名胜古迹 / 41

CONTENTS
目 录

第二章 历 史 / 47

第一节 上古简史 / 47
一 罗马征服前的古代居民 / 47

二 罗马统治不列颠时期 / 49

三 盎格鲁－撒克逊入主英格兰时期 / 51

第二节 中古简史 / 54
一 诺曼征服 / 54

二 封建制度的确立与发展 / 55

三 《大宪章》/ 57

四 议会雏形 / 58

五 英法百年战争 / 60

六 玫瑰战争 / 62

第三节 近代简史 / 63
一 都铎王朝的新君主政治 / 63

二 资产阶级革命 / 68

三 联合王国的形成与发展 / 71

四 工业革命 / 74

五 议会改革和宪章运动 / 76

六 殖民扩张 / 77

第四节 现代简史 / 80
一 工业垄断地位丧失 / 80

二 两次世界大战之间的经济与政治状况 / 81

CONTENTS
目 录

　　　三　英联邦的形成 / 83

　　　四　绥靖政策 / 84

　　　五　第二次世界大战中的贡献 / 87

　第五节　当代简史 / 89

　　　一　两党"共识政治"的形成 / 89

　　　二　英帝国解体 / 91

　　　三　撒切尔主义 / 93

　　　四　布莱尔的"第三条道路"与工党的政治社会改革 / 94

　　　五　联合政府时期 / 100

　第六节　著名历史人物 / 101

第三章　政　　治 / 111

　第一节　国体与政体 / 111

　　　一　政治制度的沿革与特征 / 111

　　　二　宪法 / 115

　　　三　国家元首 / 118

　　　四　政府首脑 / 122

　第二节　议会制度 / 123

　　　一　议会发展简史 / 123

　　　二　议会结构 / 127

　　　三　议会的职权与运作 / 135

　第三节　中央与地方政府 / 138

　　　一　中央政府机构 / 138

3

CONTENTS

目 录

　　二　中央政府的职权及特点 / 141

　　三　地方政府 / 142

　　四　文官制度 / 155

第四节　司法制度 / 159

　　一　历史沿革 / 159

　　二　司法组织体系 / 159

　　三　审判制度和法官制度 / 163

第五节　政党制度与主要政党 / 165

　　一　两党制的形成和发展 / 165

　　二　主要政党 / 167

第四章　经　　济 / 173

第一节　概述 / 173

　　一　市场经济的形成 / 173

　　二　经济盛衰过程 / 174

　　三　产权制度与经济治理政策的调整 / 177

　　四　二战后社会经济结构的变化 / 180

　　五　经济体制基本框架 / 182

　　六　在当今世界的地位 / 184

第二节　农业、渔业和林业 / 186

　　一　发展简史与基本情况 / 186

　　二　农业 / 187

　　三　渔业 / 190

CONTENTS
目 录

四　林业 / 192

第三节　工业 / 193

　一　制造业 / 194

　二　能源工业 / 203

　三　建筑业 / 209

第四节　服务业 / 210

　一　批发与零售业 / 211

　二　金融服务业 / 213

第五节　交通与通信 / 219

　一　交通运输 / 220

　二　通信业 / 227

第六节　旅游业 / 231

　一　概况 / 231

　二　旅游促进政策 / 234

　三　旅行代理机构 / 236

第七节　对外经济关系 / 236

　一　对外贸易 / 237

　二　国际收支状况 / 241

　三　资本输出与利用外资 / 243

　四　中英经贸关系 / 247

第八节　财政金融体制 / 250

　一　中央政府财政 / 252

　二　地方财政 / 253

CONTENTS
目 录

　　三　税收 / 254
　　四　公共债务 / 254
　　五　货币政策 / 255
　　六　金融监管 / 256

第五章　军　　事 / 259
第一节　概述 / 259
　　一　军事大国地位的盛衰 / 259
　　二　安全防务战略的历史沿革 / 263
　　三　冷战后的安全防务战略 / 269
第二节　防务结构 / 273
　　一　防务任务 / 273
　　二　防务力量结构 / 275
　　三　军事决策机构 / 282
　　四　国防预算 / 283
第三节　对外军事关系 / 284
　　一　与北约的关系 / 284
　　二　在欧洲防务联合中的作用 / 286
　　三　其他多边军事合作 / 289
　　四　英美军事合作 / 289
第四节　军事科技与军事工业 / 291
　　一　军事科技与防务装备 / 291
　　二　军事工业 / 293

CONTENTS
目 录

第六章 社 会 / 297

第一节 国民生活 / 297
一 国民收入与生活水平 / 297
二 住房 / 300
三 贫富差距 / 302
四 就业 / 305

第二节 社会结构 / 311
一 社会结构的嬗变及其特征 / 311
二 阶级、阶层及其特征 / 312
三 移民和种族关系 / 314

第三节 社会保障制度 / 321
一 确立与发展过程 / 321
二 福利改革 / 323
三 主要特点 / 327
四 主要内容 / 329

第四节 医疗卫生 / 331
一 国民健康状况 / 331
二 国民医疗服务体系 / 332
三 医疗卫生种类 / 340

第五节 社会管理与社区治理 / 345
一 社会管理的发展阶段及其特点 / 345
二 社区治理政策及其实践 / 346

CONTENTS
目 录

第六节　环境保护 / 354
　　一　问题的提出与初步治理 / 354
　　二　主要措施和特点 / 357
　　三　气候变化政策及在国际谈判中的立场 / 362
　　四　环境治理的成效及存在问题 / 372

第七章　文　化 / 377

第一节　教育 / 377
　　一　概况 / 377
　　二　教育体制与教育政策 / 378
　　三　基础教育 / 382
　　四　中小学校管理体制 / 385
　　五　教师 / 388
　　六　高等教育 / 389
　　七　继续教育与成人教育 / 394
　　八　国际联系 / 397

第二节　科学技术 / 399
　　一　历史回顾 / 399
　　二　科技政策 / 403
　　三　科技管理体制与研究理事会 / 410
　　四　国际合作与交流 / 416

第三节　文学艺术 / 418
　　一　文学 / 418
　　二　电影 / 423

CONTENTS
目 录

　　三　音乐 / 428
　　四　舞蹈 / 430
　　五　美术 / 431
　　六　文化产业及设施 / 433
第四节　体育 / 437
　　一　发展简史 / 437
　　二　体育政策与管理体制 / 439
　　三　体育设施与体育产业 / 440
　　四　体育运动项目 / 442
第五节　新闻出版业 / 447
　　一　报刊 / 447
　　二　广播与电视 / 453
　　三　通讯社 / 456
　　四　图书出版 / 457

第八章　外　交 / 461

第一节　外交政策沿革 / 461
　　一　均势外交传统 / 461
　　二　从"光荣孤立"到结盟政策 / 462
　　三　"三环外交" / 464
　　四　外交重点转向欧洲 / 468
　　五　撒切尔主义外交 / 472
第二节　冷战后外交政策的调整 / 476
　　一　背景 / 476

CONTENTS
目 录

　　二　指导方针 / 477
第三节　与欧洲国家的关系 / 481
　　一　欧洲政策的调整 / 481
　　二　冷战后的英法德三角关系 / 489
　　三　英俄关系 / 493
　　四　对外关系中的北爱尔兰问题 / 496
第四节　英美"特殊关系" / 499
　　一　概况 / 499
　　二　梅杰政府时期的英美关系 / 500
　　三　工党政府时期的英美关系 / 501
　　四　联合政府时期的英美关系 / 505
第五节　与英联邦和其他第三世界国家的关系 / 507
　　一　与亚洲国家发展伙伴关系 / 508
　　二　与英联邦国家的关系 / 509
第六节　对华关系 / 512
　　一　承认中华人民共和国 / 512
　　二　走向关系正常化 / 513
　　三　香港问题的解决 / 514
　　四　香港回归中国以后的中英关系 / 515

大事纪年 / 525

参考文献 / 531

索　引 / 543

导　　言

　　英国是一个在近现代世界历史上发挥过重要作用和影响的国家。尽管人口有限，面积也不大，且地处欧洲大陆边缘，但自 17 世纪资产阶级革命以来，它一直走在世界前列，并迅速发展成为世界上首屈一指的资本主义强国。除了某些客观条件之外，主要原因在于，英国较好地把握住了历史机遇，较早进行了政治和社会经济制度方面的变革，创立和发展了强大的工业，科学技术先进。17 世纪和 18 世纪英国的现代化进程起步较早，为它后来争雄世界赢得了时间，奠定了基础，使它直到 19 世纪末 20 世纪初仍能在世界居于领先地位。但从 19 世纪 70 年代起，由于资本主义经济、政治发展不平衡规律的作用，英国开始丧失工业优势地位，步入了相对衰落的历史时期。第一次世界大战和 1929～1933 年世界经济危机的双重打击，使英国的衰落变得更为明显和急剧。持续 20 世纪大部分时间的"英国病"于此肇始，第二次世界大战则加快了英国衰落的进程。到了 20 世纪六七十年代，英国已无可挽回地由世界一流大国沦为一个在世界经济和政治事务中只能发挥二流作用的中等工业发达国家。但必须指出，英国的衰落是相对的，或者说只不过是在向与其本身资源、人口等客观条件相称的角色"回归"：由于特殊的历史条件，它曾拥有与其本身客观条件不相称的过多的财富，并在世界上保持了一个多世纪的霸权地位；而目前它在世界上的分量和地位，只不过是回到了其应有的位置。英国经济的相对衰落虽是不争的事实，但它仍具有相当雄厚的工业实力和科技基础。其国民财富和生产力发展水平虽已被一些后起的、发展更为迅速的国家超过，但更符合其自身的资源和客观条件。20 世纪 80 年代以来，英国的经济状况已有明显改善，近百年来的衰落趋势得到了很大程度的遏止。尽管在

英 国

2008~2009年遭遇金融危机的沉重打击,但与其他欧洲国家相比,其经济恢复速度还是比较快的。按照名义国内生产总值计算,2014年英国重回世界第五大国的地位。

这得益于英国的社会、政治和经济体制能够伴随着不断变化的国内外形势及时进行调整,在保持总体结构不变的前提下实现内容的更新。二战后,英国在资本主义发展进程中先后进行了三次重大调整,表现出了较强的灵活应变能力和适应能力。战后初期,英国面临着与战前迥然不同且异常严峻的国内外形势,人民强烈要求变革。艾德礼工党政府实施了以国有化、充分就业和建设福利国家为重要内容的一系列意义深远的改革。之后上台的保守党政府尽管对工党的价值观念及其政策方针存有根深蒂固的反感和疑虑,但也不得不面对现实,总体上延续了工党政府时期的政策,并适当加以调整,增加了与保守党价值观相符的一些内容。两党共同推行的这一系列大体一致的方针政策,被称为"巴茨克尔主义",即"福利资本主义"。它曾经对医治英国的战争创伤,促进国民经济的恢复和发展发挥了重要作用,也促成了某种程度的社会平等和稳定。然而,到了20世纪70年代,"巴茨克尔主义"已走入死胡同,于是"撒切尔主义"应运而生。1979年,以撒切尔夫人为首的保守党新右翼上台执政,开始实施新自由主义改革和政策调整。撒切尔主义的推行,引起了英国社会政治经济生活的深刻变化。英国经济治理的政策方针较过去有了重大改变,自由竞争原则和精神已广泛而深入地贯穿于社会经济生活的各个方面。英国经济在20世纪80年代中期开始出现某种程度的"中兴"。不过,撒切尔主义的自由化改革尽管在激活市场、提高经济活力和竞争力方面取得了一定成效,但也带来了不可忽视的负面效应:贫富差距拉大,造成严重的失业和社会排斥现象,加剧了工薪阶层的不安全感,危及社会稳定。在这种背景下,1997年以布莱尔为首的工党政府上台执政,提出以"第三条道路"作为治国纲领的核心与理论基础。布莱尔指出,第三条道路是一次认真的重新评价。它寻求采纳中间和中左的基本价值观念,并使其适用于不断变化的世界政治和经济形势。第三条道路旨在创立一种新的资本主义发展模式,力图全方位推进西方社会的第二次现代化。它试图将经济增长与社会平等、经济现代化与生态现代化、供给政策与需求政策,以及社会竞争、个人创业与社会团结互助等结合起来，开创一种能够缓解大规模失业与贫富严重分化的新局面。总体而言，在工党执政的前半期，"第三条道路"还是取得了一定成效，英国的内政和外交都出现了许多新气象。在1992～2007年长达16年的时间内，英国经济保持了连续增长。同时，即使在经济发展速度放慢的情况下，英国的失业率在欧盟主要国家中仍然是最低的，政府财政状况也总体良好。在推进"新经济"方面，英国同样走在了欧洲国家的前列。但"第三条道路"既然是在资本主义制度的基本框架内谋求改良，它就不能不受到资本主义内在矛盾的制约。随着全球化进程的加快和高新科技的迅猛发展，在工党执政后期，英国的贫富分化进一步加剧，这和"第三条道路"所宣扬的"平等、自由和公正"的价值目标相悖。教育和培训曾被视为提高竞争力和消除社会排斥现象的重要手段，然而人们受教育机会的不均等加剧了事实上的不平等和社会排斥现象，使得"社会公正"实际上成为一句空话。在外交方面，英国在国际舞台上表现得十分活跃，英国的国际地位也得到了恢复和提高。但是，布莱尔将西方的民主、自由、人权等价值观念在全球范围内推广，使得英国成为美国推行"民主输出"战略的"小伙伴"。工党政府追随美国政策"亦步亦趋"，从而招致国内外的诸多质疑和批评，伊拉克战争成为布莱尔辞去首相职务的一个导火索。而英国以金融自由化为核心的"新经济"的飞速发展，导致金融衍生品过度膨胀，使英国经济在2008年爆发的全球金融危机中陷入严重衰退。尽管相较于其他欧洲国家，英国经济实现了较快恢复，但元气大伤，特别是政府财政状况恶化，不得不连续多年实行财政紧缩，也限制了其在国际舞台上的作为。自2008年之后，无论是布朗任首相的工党政府，还是联合政府执政期间，英国在外交方面总体上采取"守势"。

但在外交方面，英国具有一种审时度势的应变"天赋"，能在被动中争取主动。只要能争取到的利益，就决不放弃，但它的实用主义传统又使其不会明知不可为而为之。英国历史上最擅长均势外交，善于利用各种矛盾，借助多方面的联系和他人的力量为自己的需要服务，所以常常能在国际事务中发挥超出自己经济实力的作用和影响。"三环外交"是丘吉尔战后为保持英国的世界大国地位而提出的一项外交总方针。丘吉尔设想在新

的历史条件下，依托英国作为二战战胜国的余晖和依然保有的大部分殖民地及其同英联邦国家的历史渊源，借助在战争中壮大起来并与英国保有"特殊关系"的美国的经济军事实力，促成西欧国家联合抗苏的新局面，以维护和重振英国的大国地位。但是，随着自身实力的相对衰落及国内与国际环境的变化，英国不得不对其在全球范围内广泛承担的义务和"责任"实行收缩，重点面向欧洲。在多年的犹豫和怀疑之后，英国最终于1973年加入欧共体，但英国国内在对外政策问题上的"欧洲主义"与"大西洋主义"之争并未终结。撒切尔夫人强烈的亲美反欧情绪，致使其在1990年罗马欧盟峰会上投票否决欧洲经货联盟第二阶段建设计划，引发了一场全面的政府危机，并最终导致撒切尔夫人辞职。其后上任的梅杰首相尽管曾承诺要使英国居于欧洲的中心地位，但是由于担心欧洲一体化进程走得过远会危及英国的主权和独立，特别是顾忌保守党内欧洲怀疑派的强烈反欧情绪，因此在一些具体问题上采取消极防守和阻挠反对的态度，使英国在欧洲陷入空前孤立。在这一背景下，于1997年5月上台的布莱尔工党政府决定推行更为积极、更富建设性的欧洲政策。在经货联盟问题上，英国的态度也变得更趋积极明朗。不过从总体上讲，鉴于英国国内对主权问题的传统观念和欧洲怀疑主义情绪根深蒂固，工党政府对于欧盟进一步一体化的任何步骤和措施，都不得不采取审慎的态度。因此，在工党执政期间，英国与欧盟的关系并未取得实质性进展。联合政府执政后，英国的欧盟政策趋向强硬，在诸多问题上与欧盟唱反调。2013年1月，卡梅伦首相在一次演说中提出，若保守党在下届大选中获胜，则将就英国的欧盟成员国身份举行全民公投。2015年5月，保守党在大选中获胜并单独执政。2016年6月，英国就是否继续留在欧盟举行全民公投，结果显示，有51.9%的人投票支持英国退出欧盟。英国与欧盟的未来关系面临着极大的不确定性。

英国之所以一直在欧洲问题上犹豫不定，其中一个原因在于，它虽地处欧洲，但多年来在情感和某些政策上与大西洋彼岸的美国更为接近。尽管冷战结束后，随着英国力量和影响的进一步削弱，英美"特殊关系"实际上已被更为广泛的欧美特殊关系取代。但英国并不甘心将自己的作用和影响局限于欧洲。"通过影响美国来影响世界"，仍被认为是英国外交的一项重要方针和谋略。英国自认为处于一种能够影响大西洋两岸关系发展进程的特殊地位，可以充当欧美之间的某种中介和桥梁。但是，英美"特殊关系"对于英国的对外关系并非只有正面的意义和影响。这一关系处理得好固然可以增加英国在国际舞台上的分量；但若处理不当，就可能危及英国同欧盟和欧洲国家的关系，成为英国进一步融入欧洲的一种制约因素。特别是在英美两国都在调整外交政策重点、世界经济政治重心也在不断发生变化的情况下，这一问题就显得更加突出。

英国是西方列强中最早入侵中国的主要国家之一，也是将近代欧洲文化、科学技术和新式产业模式输入中国最早和最多的国家之一。在追求国家进步的中国人向西方寻求真理的历程中，英国的经验和模式占有重要地位，但中国人对英国进行真正意义上的研究始于19世纪中叶的鸦片战争以后。当时大英帝国用炮舰打开了中国长期闭关锁国的大门。中国一些先进人士痛感必须知己知彼才能御侮图强，于是着手对英国等西方列强开展研究。林则徐、魏源等人提出"师夷之长技以制夷"的主张，有关英国及其他西方国家的历史、地理、政治、经济、社会、文化等方面的情况，以及近代科学技术知识开始源源不断地被介绍到中国来。不过正如毛泽东所指出的，自从鸦片战争失败后，先进的中国人就开始千辛万苦地向西方国家寻找真理。中国人向西方学得不少，但是行不通，理想总是不能实现。中国人通过十月革命找到了马克思列宁主义，从此中国人民的命运发生了根本性的变化。1949年新中国成立后，为适应开展外交工作的需要，中国的国际问题研究得到了迅速发展。中国学人撰写的有关英国的著述不仅数量大大超过以往，而且对中国的外交工作做出了重要贡献。当然也毋庸讳言，在相当长一段时间内，"左"的教条主义思想影响在国际问题研究中也有所体现，这种倾向在"文化大革命"期间达到了登峰造极的程度。随着改革开放年代的到来，中国学者对包括英国在内的国际问题的研究进入了一个繁荣兴旺的新时期。学者在摆脱了以往种种历史局限性的窠臼之后，以更为客观、冷静和科学的态度去观察、分析和认识英国的历史与现状，努力吸收、把握和借鉴人类社会所创造的一切优秀文化成果，以便更好地为中国的改革开放和社会主义现代化事业服务。据不完全统计，20世纪80年代以来，中国出版的由中国学者撰写的有关英国政治、经

济、社会、文化和历史等方面的书籍不少于百部（不含译著），远远超过此前近百年所出版的这类著作的数量总和。

本书是由中国社会科学院组织编写的《列国志》丛书中的一部。作者试图在国内外已有研究成果的基础上，对英国的历史、政治、经济、社会、文化、外交等问题做出综合性概括，这本书也是对作者多年从事英国问题研究的一个总结。本书第一版于2003年10月问世，2006年第二次印刷时做过少量文字修改；2010年12月，本书第二版问世，再版时增加了一些新的内容和数据。这次是对本书的第三次修订。本次修订，除补充和更新了最新数据之外，还对全书体例做了一定调整，特别是增加了"社会"一章。另外，始自2008年下半年的全球金融危机不仅给国际形势也给英国的国内形势及其对内对外政策带来了诸多影响，本书特别在这些方面做了系统论述。

由于本书体例所限，无法用脚注的形式一一注明本书所引用的文献，但作者已尽量在参考文献中列明所参阅和引用的著作和文献。但所列参考文献难免有遗漏和缺失，因此，作者在此不仅要对所有从事英国研究的国内外学者表示敬意和感谢，还要向其著述未被列明的相关学者表示歉意。最后需要说明的一点是，本书的原作者王振华研究员由于身体原因未能参与第三版的修订，此次修订工作由中国社会科学院欧洲研究所研究员李靖堃一人承担，特此向王振华老师以前为本书所做的努力表示感谢，同时，敬请各位读者和诸位同仁批评指正。

李靖堃　王振华
2016年7月

第一章
概　　览

第一节　国土与人口

一　地理位置

英国全称为大不列颠及北爱尔兰联合王国（The United Kingdom of Great Britain and Northern Ireland），简称联合王国或英国（The United Kindom 或 Britain）。英国是欧洲大陆西北岸外的一个大西洋岛国，地处北纬49°到61°，东经2°到西经8°。东临北海，南隔加来海峡和英吉利海峡与欧洲大陆相望，距法国西北海岸35公里，著名的海底隧道（Channel Tunnel）将英国与欧洲大陆连接起来；西临大西洋和爱尔兰海，与爱尔兰共和国为邻。爱尔兰是英国唯一的陆上邻国，两国之间的边界线长360公里。

英国由大不列颠岛、爱尔兰岛东北部和一些小岛组成。大不列颠岛是其中最大的岛屿，由英格兰、威尔士和苏格兰组成。爱尔兰岛包括爱尔兰共和国和北爱尔兰两部分，北爱尔兰位于该岛的东北部，只占爱尔兰岛总面积的1/6。大不列颠岛的西北方有内赫布里底群岛、外赫布里底群岛，北方有奥克尼群岛和设得兰群岛等岛屿，南方和西方有怀特岛、锡利群岛、安格尔西岛等小岛，它们均是英国的组成部分。另外，英国还有14块海外领地（Overseas Territories），分别为：安圭拉、英属南极领地、百慕大、英属印度洋领地、英属维尔京群岛、开曼群岛、福克兰群岛（阿

英 国

根廷称"马尔维纳斯群岛")、直布罗陀、蒙特塞拉特、圣赫勒拿(包括阿森松岛和特里斯坦-达库尼亚群岛)、特克斯与凯科斯群岛、皮特凯恩群岛、南乔治亚岛与南桑德韦奇群岛和塞浦路斯英属基地区,但其中的南极领地并未得到其他国家的承认。这14块领地总面积约172.8万平方公里,人口约26万人。这些领地主权属于英国,但并不属于联合王国建制。它们是原大英帝国的残余部分(1981年前为其殖民地),其中有些领地,如百慕大、直布罗陀和福克兰群岛经公民投票继续作为英国海外领地,其余一些领地则尚未获得完全独立。

爱尔兰海中的马恩岛和法国西海岸外的海峡群岛则被称为"王室属地"(Crown Dependency),系自主的英王室属地,有独特的宪法地位,在国际法上被称为"由英国负责的领地"。虽然由英国政府负责其防务与外交事务,但它们拥有独立的司法、立法和行政体系与结构。

英国国土面积为24.41万平方公里(包括内陆水域),其中,英格兰13.04万平方公里,威尔士2.08万平方公里,英格兰与威尔士加起来约占大不列颠岛总面积的62%;苏格兰的面积为7.88万平方公里,约占大不列颠岛总面积的32%;北爱尔兰的面积为1.41万平方公里。

二 地形地貌

不列颠群岛原是欧洲大陆的一部分。由于第四纪末陆地沉陷,该岛屿与大陆分离。沉陷的陆地成为水下台地,从不列颠群岛延伸至大陆,形成了环绕大不列颠岛的浅水带。大不列颠岛是欧洲最大的岛屿,南北长约1000公里,东西最宽处将近500公里。它的沿岸曲折多弯,海岸线总长1.145万公里,有许多深深嵌入内陆的海湾与河口。大不列颠岛上任何地方与海洋的距离都不超过120公里。

英国地貌的主要特征是:西北部是高地,东南部为平原,其间夹有起伏的丘陵。英国低地和台地的面积大致相等,此外还有约5%的高地。英格兰北部、西部和西南部有一片海拔900米左右的丘陵区;东南部和东部有两片低地区(低于海拔300米)。有"英国脊梁"之称的奔宁山脉位于英格兰西北部。位于湖区的坎布里亚山脉的斯科费尔峰(海拔978米)

为英格兰的最高点。南威尔士山地和康沃尔丘陵以东为英格兰东南部平原区，是富饶的农业区。威尔士地区多山，地势崎岖，坎布里亚山脉纵贯威尔士，多数土地仅适于放牧。威尔士的最高点是斯诺登山（海拔1085米），为英国第二高峰。苏格兰有3个不同的自然地理区：北部为高地，本内维斯山海拔1344米，为英国第一高峰；中部低地高度在海拔150米以上；南部台地的海拔在850米以上。北爱尔兰大部分为地势较低的高原和丘陵，平均海拔为150~180米。

英国降水充沛，而地势又崎岖不平，于是形成了颇为密致而水量丰富的河流网。泰晤士河及塞文河为英格兰的主要河流。泰晤士河全长346公里，自西向东流经英格兰东南部平原，最后注入北海，具有较高的航运价值。塞文河全长354公里，为英国第一长河，发源于威尔士的山地之中，自北向南流入英国西海岸的布里斯托尔，形成宽大的三角港湾。此外，默西河及亨伯河的两处入海口对发展港口运输均很重要。苏格兰的主要河流有克莱德河、斯佩河和特威德河。威尔士的主要河流有迪河、泰威河及泰菲河。北爱尔兰的主要河流有班恩河、厄恩河和福伊尔河。

英国的内陆水域最初是在造山作用下形成的，后来又受到冰川运动的影响，大陆冰层的运动加深了原来的谷地，于是在冰层融化之后形成了众多大小不等的湖泊。在苏格兰北部的高山地区和英格兰西北部的湖区，湖泊尤其众多，以怪兽疑踪而闻名遐迩的尼斯湖就镶嵌于苏格兰西北部的高山峡谷之中。英格兰西北部湖区的湖泊美丽如画，吸引了众多国内外游客。英国最大的淡水湖是位于北爱尔兰中部贝尔法斯特附近的内伊湖，面积为390平方公里。

三　气候

英国属温带海洋性气候，总的来说气候比较温和，温暖的北大西洋洋流和秋冬两季盛行的西南风带来了温和的气候。整个英国总体上冬暖夏凉，不同季节之间的温度变化也不是很显著，最高温度一般不超过32℃，最低温度也很少低于零下10℃。北部冬季的平均温度为4℃~6℃，南部夏季的平均温度为12℃~17℃。苏格兰最北端的年平均气温为6℃，英格

兰西南部则为11℃。

英国雨水充足，全国平均年降雨量超过1000毫米。低气压、常年多西南风、面向大西洋以及西高东低的地形，是决定和影响全国雨量分布的主要因素。但在不同地区，降雨量的分布很不平衡：西部和北部山区平均年降雨量高达1600毫米；而中部和东部地区则不足800毫米。各个季节的降雨量总体上比较均衡，一般来说，3~6月是最干旱的季节，9月到次年1月天气最为潮湿。

英国纬度较高，日照时间较短。在5~7月3个日照时间最长的月份，苏格兰北部平均每天日照时间为5个小时，位于英格兰南端的怀特岛每天为8个小时；在日照时间最短的11月到次年1月这3个月中，苏格兰北部平均每天日照时间仅为1个小时，英格兰南部海滨也只有2个小时。

英国天气经常阴云多雨，特别不稳定。英国人有句俗语："不拿雨伞就别出门。"变幻无常的天气成为人们见面时不可或缺的话题，也是与陌生人第一次交谈时最好的话题。

近年来，由于全球气候变暖，英国极端天气明显增多，造成的危害也越来越严重。例如，人们对2003年夏天席卷整个欧洲的热浪至今记忆犹新：当年，欧洲经历了500年以来最热的夏天，而英国夏季的最高气温纪录也被打破，肯特郡气温曾高达38.5℃。再如，气候变化带来了降水的增多，使得2012年的夏天成为英国100年来最潮湿的夏天；而2013年，英国则遭遇了50年来最冷的春天。酷暑和严寒交织在一起，使得农作物大幅度减产，小麦收成同比减少30%，英国11年来首次被迫进口小麦。2014年初，英国遭遇20年来的最强暴风雨，对交通、供电等基础设施造成了巨大破坏，也导致了严重的人身和财产损失。而据预计，未来10~15年内，英国还将发生多次极端天气事件，因此，采取措施应对气候变化任重道远。

四　行政区划

行政区划是中央对地方实施管理，体现中央与地方关系的一种形式和手段。中央对地方的控制和地方对其自主权的维护是既对立又不可分割的两个方面。随着社会政治经济形势的发展变化，中央与地方的关系会不断进行调整，行政区划也会相应发生变化。英国是一个有长期地方自治传统的单一制国家，其地方自治制度始于中古时期的郡制。英国地方政府向现代化方向转变主要发生在 19 世纪，是工业化和城市化的产物。随着工业革命的进行，社会结构也发生了重大变化，社会公共事务成倍增加，导致政府职能不断扩展。现代化促进了新兴城市的发展和市民社会的成长，合理界定国家与市民社会、中央与地方，以及政府（包括地方政府）与公民的权能界限便成为一项迫切任务。19 世纪因此成为英国地方政府改革的黄金时期。特别是 19 世纪末进行的几次改革，基本奠定了现代英国地方政府制度的格局，也因此确立了当代英国行政区划的基本框架：英格兰和威尔士实行郡或郡级市、城区或乡区两级地方政府设置，在乡区之下设教区议会或教区会议。苏格兰也设立了郡议会，并对市镇管理机构进行了相应的调整。

20 世纪七八十年代，英国进行了新一轮地方政府改革。原因在于，尽管 19 世纪的地方政府制度改革曾对英国的现代化进程发挥了重要作用，但到了 20 世纪中叶以后，这一陈旧制度的弊病日益暴露出来。最大的问题是不同地方政府之间的规模大小悬殊、责任分散、组织重叠现象严重。为此，1958 年至 1972 年，英国政府设立了专门机构对地方政府结构进行审查，并提交了相应报告。1972 年，英国议会通过了《地方政府改革法》，该法于 1974 年 4 月生效。新制度规定，地方行政基本上分为两级：高一级为郡，在它之下是区。乡村之下还设有教区一级，管辖范围包括一个村庄及其周围的农场。

1972 年的《地方政府改革法》废除了英格兰和威尔士原有的 83 个郡级市，并将 58 个郡缩减为 47 个，另外将原有的 1250 个郡属市、城区、乡区调整为 333 个区。同时，在 6 个大城市地区设立 6 个都市郡：利物浦（默西塞德郡）、大曼彻斯特、伯明翰（西米德兰兹郡）、利兹－布拉德福德（西约克郡）、设菲尔德（南约克郡）和纽卡斯尔、森德兰（泰恩－威尔郡）。

伦敦自古以来就是一个非常特殊的地区。1963 年根据保守党政府公

布的《伦敦政府法》，正式建立了大伦敦议会，下设32个自治市。1972年的改革又将大伦敦划分为大伦敦议会下辖的32个市区，外加伦敦城。

1975年以后，苏格兰地方政府也做了相应调整，除3个岛区实行一级地方政府制度外，其他地方均实行两级地方政府制度：9个专区下设53个区，区又划分为若干社区。1986年4月1日生效的《地方政府法》取消了都市郡议会和大伦敦议会，其职权被转交给区议会和新的联合委员会，以及其他一些特定机构或准政府组织。

20世纪90年代，英国的行政区划又有了进一步的变动。英格兰的25个郡进行了重新改组，设立了46个新的单一地方政府机构。在苏格兰，原来由9个专区和53个区组成的两级地方政府体系被29个新设立的单一地方议会取代，原有的3个岛区议会则保持不变。在威尔士，新设立了22个单一地方政府机构，取代了原有的8个郡议会和区议会。

1997年大选后工党上台执政，再次对地方政府进行改革。其中3项最重要的举措是：第一，在苏格兰、威尔士和北爱尔兰设立地区议会[①]，实施权力下放；第二，成立大伦敦政府，并于2000年5月选举产生大伦敦市长和大伦敦议会；第三，将英格兰划分为9个地区（含伦敦），并分别设立地区开发机构。2010年保守党和自由民主党联合政府上台执政，于2011年通过《地方化法》，废除了地区开发机构。此外，英格兰的9个地区只在统计意义上存在，不再有实际的行政功能，但适用于欧洲议会选举的选区划分。

相较于威尔士、苏格兰和北爱尔兰，英格兰的行政区设置比较复杂，大体上可以分为两种。一种是拥有郡和区两层机构的行政区，另外一种则是仅设有单一地方政府的行政区。英格兰共有34个设有两层机构的行政区，包括大伦敦、6个都市郡和27个非都市郡；只设单一地方政府机构的行政区有57个，包括55个单一行政区、伦敦城和锡利群岛。

---

① 在英文表述中，这三个地区的"议会"使用的单词是不同的，苏格兰使用的是Parliament，而威尔士和北爱尔兰使用的是Assembly，意义也稍有差别，但汉语中一律译成"议会"。

自 1997 年开始实行权力下放之后，威尔士、苏格兰和北爱尔兰均设有单一的地方议会，因此相较于英格兰，这些地区的行政区划要更简单一些。威尔士共有 22 个设有单一地方议会的行政区，苏格兰有 32 个，北爱尔兰有 26 个。

五　国旗、国徽、国歌

英国国旗为长方形，长宽比例为 2∶1（悬挂于海军军舰上时则为 3∶5），由蓝色背景、1 个红色带白边的正十字（代表英格兰守护神圣乔治）、1 个白色交叉十字（代表苏格兰守护神圣安德鲁）、1 个红色交叉十字（代表爱尔兰守护神圣帕特里克）组成，很像汉语中的"米"字，因此被形象地称为"米字旗"，其正式名称为"Union Flag"或"Union Jack"。

英国国旗在形成这种形态之前，经过了十分漫长的演变过程。英格兰的白底红十字旗最早产生于 1200 年，随后被用作国旗。1606 年，詹姆斯一世统一英格兰和苏格兰，将其与苏格兰蓝底白色交叉十字旗的图案重叠起来，作为大不列颠的国旗。1801 年，爱尔兰与大不列颠组成联合王国后，其白底红色的交叉十字旗帜又与大不列颠国旗重叠，最终形成了英国国旗。虽然后来爱尔兰南部脱离英国，成立了爱尔兰共和国，但英国的国旗并未再做改变。

英国国徽即英王王徽（Royal Coat of Arms of the United Kingdom），于 1837 年启用。其中心图案为 1 枚盾徽，盾面上左上角和右下角各有 3 只金色的狮子，象征着英格兰；右上角则为 1 只红色的狮子，象征着苏格兰；而左下角则是 1 只金色的竖琴，象征着北爱尔兰。盾徽最上端是 1 只四脚着地的金色狮子，头戴圣爱德华王冠，是英王的象征；盾徽左侧也是 1 只头戴王冠的金色狮子，代表着英格兰；右侧则是 1 只银色的独角兽，代表着苏格兰。盾徽周围用法语写着一句格言"Honi soit qui mal y pense"，即"恶有恶报"；下端悬挂着嘉德勋章，饰带上用法语写着"Dieu et mon droit"，即"天有上帝，我有权利"。盾徽底部是一片绿地，其中有象征英格兰的玫瑰，象征苏格兰的蓟，象征威尔士的韭葱和象征北爱尔兰的三叶草，但在苏格兰使用盾徽时，其图案有所不同。

英　国

英国国歌为《上帝保佑女王/国王》①（*God Save the Queen/King*），作者不详，大多数历史学家认为其起源于苏格兰的宗教圣歌。其最早的印刷版本出现于1744年，歌词如下：

上帝保佑女王，祝她万寿无疆，神佑女王。常胜利，沐荣光；孚民望，心欢畅；治国家，王运长；神佑女王！扬神威，张天网，保王室，歼敌人，一鼓涤荡。破阴谋，灭奸党，把乱盟一扫光；让我们齐仰望，神佑女王！愿上帝恩泽长，选精品，倾宝囊，万岁女王！愿她保护法律，使民心齐归向，一致衷心歌唱，神佑女王！

六　民族与人口

英国人系盎格鲁-撒克逊人种，主要由四大民族组成，即英格兰人、苏格兰人、威尔士人和爱尔兰人。英格兰人的祖先是凯尔特人和盎格鲁-撒克逊人，苏格兰人的祖先是皮克特人、凯尔特人和日耳曼人，威尔士人是5世纪时逃到威尔士山区的凯尔特人的后裔，北爱尔兰的大部分居民则是17世纪移民到北爱尔兰的英格兰人及苏格兰人的后裔，其余为爱尔兰人。通常情况下，这四个民族都很重视自己的民族特性和差异，不称自己是"英国人"或"不列颠人"，而称自己是"英格兰人"、"苏格兰人"、"威尔士人"或"爱尔兰人"。这并非一种矫揉造作或装腔作势之举，而是对自己民族特性与文化传统的强调和认同。

英格兰人占英国人口的绝大多数，英格兰地区经济也更为发达。苏格兰拥有自己的教会组织、法律制度和独立的司法体系，在许多方面都与英格兰有着重要差别。苏格兰高山地区约有8万人还在说古老的盖尔语，苏格兰人至今在音乐、服饰上也仍保留着一些古老的传统。也正因为其有着不同于英格兰人的独特的民族性，多年来，一直有相当数量的苏格兰人要求从英国独立出去。威尔士人也有自己的语言，尽管只有1/4的威尔士人

---

① 英国国歌的名称随国王的性别而改变。歌词也是一样。

在说这种语言，但对大多数威尔士人来说，这是其民族自豪感的来源：人们不仅在乡村的农庄、学校和教会中仍在说这种语言，而且它在被称为"Eisteddfod"的威尔士诗歌艺术节上还是一种必须使用的语言。人们希望通过用地方语言进行音乐、戏剧和诗歌比赛，促进威尔士文化艺术的繁荣与发展。北爱尔兰居民尽管人数不多，但在宗教问题和民族认同方面处于严重的分裂状态。自从爱尔兰岛南北分治以来，北爱尔兰便分裂为两派：一派为主张与英国保持联合状态的新教多数派；另一派则为罗马天主教少数派，主张建立统一的爱尔兰。北爱尔兰曾是长期困扰英国政府和英爱关系、涉及北爱两大对立教派居民切身利益的一个难题。不过总的来说，英国各民族都或多或少带有凯尔特人的血统，又或多或少地融合了日耳曼人各分支的血统。他们不仅拥有共同的生活地域和共同语言，而且在多年的共同生活中形成了共同的民族利益与认同感。这一点在两次世界大战中表现得特别明显，他们在共同的敌人面前，表现了空前的团结一致。

从种族构成来看，英国是一个多民族、多种族混居的国家。根据英国国家统计局2011年的人口普查结果，有87%的英国人为白人（比1997年时下降了7个百分点），其余13%属于其他少数种族，主要是从西印度群岛、南亚次大陆和非洲、加勒比海地区英联邦国家迁来的黑人和亚洲人。其中比例最高的是亚洲人，占英国人口总数的7%（约400万人），黑人占人口总数的3%，混血种族占2%，其他种族（包括爱尔兰人、吉普赛人等）占1%。其中，印度人大约占到了少数种族居民总数的1/4。少数种族居民多数集中居住在英格兰（主要是东南部），少数居住在苏格兰和威尔士。伦敦辖下的布伦特地区是少数种族居民最为集中的地方，该地区将近45%的人口属少数种族居民。约3/5的黑人居住在伦敦。在伦敦之外，莱斯特、伍尔弗汉普顿和豪恩斯洛是印度人最为集中的地方。巴基斯坦人则多聚集在兰开夏郡、大曼彻斯特和西约克郡。华人则以伦敦的"中国城"为聚集中心。

英国是欧洲人口较为众多的国家之一。2013年英国人口首次突破6400万人。根据英国国家统计局的统计，到2014年年中，全国人口总数为6459.68万人，比上一年增加0.77%。其中，英格兰人口为5431.66万

人，占全国总人口的84%，人口密度为每平方公里416.5人。苏格兰人口为534.76万人，占全国总人口的8%，人口密度为每平方公里67.9人。威尔士人口为309.2万人，占全国总人口的5%，人口密度为每平方公里148.7人。北爱尔兰人口为184.05万人，占全国总人口的3%，人口密度为每平方公里130.5人。英国全国人口密度为每平方公里264.6人，在欧洲仅次于荷兰和比利时，居第三位。英国人口出生率为12.5‰（2013年），死亡率为8.9‰（2013年）。

英国人口发展到现在的规模经历了很长时间。18世纪中叶，英国仅有650万人，远不及欧洲大陆的一些大国。从18世纪中叶开始，特别是在19世纪，主要受农业变革与工业革命两个因素的推动和影响，英国人口得以迅速增长。从1801年到1901年的100年间，仅英格兰与威尔士的人口就增加了两倍多，由原来的900万人增至3200万人；苏格兰由于移居海外的人口较多，人口增长幅度没有那么大；而爱尔兰则由于饥荒和向海外移民，居民人数甚至有所减少。但总体来看，英国的人口总数呈不断增加的趋势。整个20世纪，英国人口从3800万人增加到了将近6000万人，但除二战之后和60年代这两个婴儿出生高峰期之外，人口增长的速度十分缓慢。

与此同时，由于越来越多的乡村居民涌入新兴工业区，英国的人口结构也发生了很大变化。总的趋势是，农村人口比例不断下降，而城市中心区人口则不断膨胀，大约有10%的英国人居住在乡间，而其余90%住在大城市或小城镇。人口最密集的地区是大伦敦区和英格兰南部与东部地区，这些地区的居民占全国人口的26%，而它们的面积仅为全国总面积的10%。人口密度最低的地方是苏格兰北部、湖区及威尔士和北爱尔兰的农村地区。

近年来，与绝大多数西方发达国家一样，英国人口的老龄化趋势发展迅速。65岁以上的人口所占比例从1901年的5%增加到了2001年的16%，2013年时这一比例为17.4%，达到了1100万人。其中，85岁以上人群的增长速度最快，1985年时，英国超过85岁的人只有70万人，2012年时增加了1倍，达到了140万人。预计到2035年，这一人群将达到 350 万人，占人口总数的 5%。与此相应的是，16 岁以下的人口所占比例则呈不断下降趋势。1971 年，16 岁以下人口占全国总人口的 25%，而到了 2012 年，这一比例仅为 19%，为 1200 万人。随着人口的老龄化趋势继续加快，预计到 2021 年，英国 65 岁以上的人口总数将大大超过 16 岁以下的人口总数，这将使得社会保障体系面临更加沉重的负担。

从性别比例来看，2013 年年中，男性占英国人口总数的 49.19%，女性所占比例为 50.81%。其中，25 岁以下的人群中，女性人数略低于男性，但从 25 岁开始，每个年龄段的女性比例都高于男性，特别是在 70 岁以上的人群中，女性人口比男性多了将近 1100 万人。

随着人口的变迁，英国人的家庭与婚姻状况也发生了巨大变化。首先，英国住户①的数目不断增加，已从 1961 年的 1630 万户增至 2013 年的 2640 万户。与此同时，住户的平均规模不断缩小。1971～1991 年，住户的平均规模从 2.91 人减少到 2.48 人，到 2013 年为 2.4 人。在所有住户中，单人住户的比例迅速增长，2013 年占住户总数的 29%，比 1961 年增加了 1 倍多。

近年来，英国的家庭结构也发生了很大变化。2013 年，英国共有 1820 万个家庭。其中最普遍的类型仍然是传统的已婚家庭，占家庭总数的 68%。但是，近年来，选择同居而不结婚的家庭比例越来越高，2013 年时占家庭总数的 16%，比 10 年前增加了 28%。与此同时，单亲家庭也呈不断增加的趋势，2013 年约占家庭总数的 16%，比 10 年前增加了 13%，与 1971 年相比则增长了 3 倍之多。

与此相应，英国人的婚姻状况也发生了显著变化。首先，每年结婚人数所占的比例呈不断下降趋势：在 16～64 岁的人群中，1991 年，每 1000 人的新婚比例为 36‰，到了 2012 年，这一比例则下降为 20.8‰。与此同时，英国的离婚率却一直居高不下。1970 年时离婚率仅为 4.7‰，1976

---

① 在英国国家统计局的统计数据中使用的是"住户"（household）一词，是按住址划分的，一个住户可能只有一个人，也可能有多个家庭，只要是同一个住址，就称为一个"住户"。

年就突破了 10‰，2004 年曾达到 14‰的最高值，此后有所下降，但 2012 年离婚率仍为 10.8‰。2013 年，在 20～49 岁的女性中，已婚比例仅为 43%，还不到一半；单身比例为 47%；离异比例为 9%；其余为寡居者。而在 1979 年时，已婚者的比例高达 74%，单身和离异者的比例则分别仅为 18% 和 4%。婚姻家庭状况的变化反映了英国社会变迁的趋势，也对政府的教育、社会保障和住房建设等政策造成重大影响。

七　语　言

英语是英国的通用语言，也是国际交往中最常用的语言。除英国外，它还是美国、加拿大、澳大利亚和新西兰的官方语言，也是爱尔兰的官方语言之一。在那些曾被英帝国侵占过的众多亚非拉国家和地区，不管它们现在是否仍然属于英联邦，英语都占有重要地位。在国际交往中，人们也大多使用英语。

英语属于印欧语系日耳曼语族西日耳曼语支，用拉丁字母书写。古代的盎格鲁－撒克逊人只有语言，没有文字，到了公元 7 世纪才开始出现文字记载。9 世纪后半期阿尔弗雷德大王当政时，兴办教育，奖励学术，他本人还用英语写书，并下令编纂《盎格鲁－撒克逊编年史》，英语作为一种文字有了很大程度的发展。不过那时的英语还是古代英语，现代人中除专门研究古英语的学者外，已经几乎无人能看懂这种语言了。

到了 11 世纪，诺曼人作为征服者来到大不列颠，法语成了上层社会的流行语言。新贵族即使学了英语，因怕有失身份，也不会在公开场合使用。此时的著作和文字记载使用的是拉丁文或法文，英语沦落为村野市井小民的语言。也正因为如此，英语摆脱了僧侣与学究的束缚，在民间被自由地广泛使用，不仅富于生活气息，而且不像德语或法语那样有烦琐的词尾变化：名词一般无阳性、阴性之分，动词也极少随人称变化。

14 世纪时，爱德华三世在位期间，英法之间开始了"百年战争"，法语成为敌国语言。国王下令在朝廷、教堂和学校一律使用英语，禁用法语。于是，贵族们开始说英语，诺曼人与英国人的区别逐渐消失。

中世纪的英语因长期不登大雅之堂，导致各地的拼写方法很不一致。

到了 15 世纪，威廉·卡克斯顿在伦敦的威斯敏斯特开设了第一家印刷厂，印制了 18 种用英语写成的书籍。卡克斯顿不仅是印刷商，还是一位治学严谨的英语学者。他出版的各种书籍在文法以及拼写方面为英语制定了标准，对英语的规范化起到了重要作用。

宗教改革对英语的发展也有很大影响。原来英国使用的《圣经》是用拉丁文写的。16 世纪初亨利八世与教廷决裂，下令英国的教堂要有自己的《圣经》英译本。从那时起，英文版《圣经》一直都是最畅销的书，它的语言生动精练，对英语的发展起到了很大的推动作用。

到了 18 世纪，随着英国文学的逐步发展，塞缪尔·约翰逊编纂的第一部英语词典问世，为英语的正确拼写与使用做出了不可磨灭的贡献。

英语本是英格兰的民族语言，随着英格兰政治经济势力的扩张，它逐步传入威尔士、苏格兰和北爱尔兰，成为这些地区的正式语言。这三个地区凡是受过教育以及居住在大中城市的居民，都能说比较规范的英语，但不少人往往带有地方口音，常使用一些当地特有的词语，例如很多苏格兰人的英语就不是很容易听懂。在偏远山区，现在还有不少人说自己的民族语言，如威尔士的威尔士语、苏格兰的盖尔语，以及北爱尔兰的爱尔兰语（也是一种盖尔语）。

第二节 宗教与民俗

一 宗教

英国的宗教史主要涉及的是基督教在英国传播和发展的历史。在公元 4 世纪以前罗马统治英国时期，基督教的某些影响已波及不列颠群岛，但尚未传播开来。公元 432 年前后，圣帕特里克推动爱尔兰皈依了基督教，他的信徒随后开始在威尔士、苏格兰和北英格兰传播基督教。6 世纪末，英格兰南部的撒克逊人在其统治者的鼓励和推动下也开始皈依基督教，并在英格兰确立了宗教同国家之间的最早联系。664 年在惠特比召开的宗教大会上，所有教会都同意采纳罗马天主教会的宗教仪式。

英　国

在英国基督教的沿革史上，16世纪发生在欧洲的宗教改革具有重要地位和影响。欧洲的宗教改革发端于德国反对罗马教廷的宗教改革运动，当时英国在德国的影响下也开始对罗马天主教会表示不满。英王亨利八世由于痛恨罗马教皇对其婚姻问题的干涉，决定与罗马教廷断绝一切关系，并于1534年敦促国会通过法案，宣布英国教会不再听命于罗马教皇。英王自封为本国教会的最高首脑，并将英格兰圣公会定为国教。此后又经过多次变革、反复、争论和调整，英格兰、苏格兰和威尔士的教会都逐步摆脱了罗马天主教教义的束缚，其宗教仪式和信仰更加接近于大陆宗教改革后的"新教"。与此同时，爱尔兰则仍忠于罗马天主教会。1688年，作为新教徒的威廉三世取代詹姆斯二世（英格兰最后一位信仰罗马天主教的国王）成为英国国王，英格兰圣公会在英国教会中的统治地位得到进一步巩固。

英国的基督教会主要分为英格兰圣公会、罗马天主教会、苏格兰教会和自由教会。英格兰圣公会是英国的国教，其世俗首领为英王，宗教首领是坎特伯雷大主教，后者的正式称号是全英首席主教。宗教副领袖是约克大主教，正式称号为英格兰首席主教。这两位宗教领袖在教会审判方面具有仅次于英王的权力。英国国教的大主教、主教和副主教均由英王任命。其最高管理机构为英国国教大会，负责处理有关教育事务、教派关系、神职人员的任用，以及教会建筑物的维修等事项。英国国教现有两大主教辖区，即由坎特伯雷大主教掌管的30个主教区（包括1个欧洲主教区）和由约克大主教管理的14个主教区。每个主教区有1个主教，2个副主教。主教辖区下又分为牧区，全国现有13860个牧区。

罗马教廷曾是16世纪宗教改革所针对的主要目标，因此，天主教徒在英格兰曾长期受迫害，其僧侣制度和上层组织一度荡然无存，直到19世纪才开始恢复。而爱尔兰岛的绝大多数本土居民一直信奉天主教，只有北方6郡（即现在的北爱尔兰）因居民多为英格兰和苏格兰移民的后裔，所以当地多数居民信奉新教。实际上，今天大不列颠岛上的天主教徒多为爱尔兰移民的后裔。据统计，英国名义上信奉罗马天主教的信徒约有500万人，其中积极参与宗教活动的大约为190万人（2012年）。

苏格兰教会亦称苏格兰长老会，是苏格兰的"国教"。根据1707年苏格兰与英格兰签订的《联合法案》，苏格兰在宗教事务方面享有完全自由，不受英格兰国教的支配。苏格兰教会的管理结构相对比较民主，现有教堂1870个。由于苏格兰教会所属的教堂由教友选出年高德劭的长者与牧师共同管理，所以该教派就被外界称为"长老会"。这一教派的牧师人人平等，没有主教或大主教之分。区域性的教会事务由长老层层选出的组织或全区代表会议开会决定。苏格兰教会现有成员（成年人）79万人。

自由教会的教徒是指那些不信奉国教的新教徒。在宗教改革时期，有些教徒要求进行更加彻底的改革，他们既反对天主教，也没有追随英格兰国教。他们要求"清洗"圣公会中保留的天主教旧制和繁文缛节，反对王公贵族的骄奢淫逸，主张过"勤俭清洁"的生活，因此被称为"清教徒"。这种新教派反对政府和国教的干涉，主张信仰方式自由。新教派又分为许多不同的派别，如浸礼会、公理会、长老会（源自苏格兰的长老会，后与公理会合并为"统一改良教会"）、贵格会、卫理公会，以及由卫理公会派生出来的"救世军"等。

经过历史上的多次反复，现在英国人享有充分的宗教信仰自由。历次人口普查就居民宗教信仰问题的询问表明，绝大多数英国人都回答自己信奉某一宗教。其中，有半数以上（59.5%）的居民信仰基督教，比21世纪初（71%）减少了10多个百分点；排在第二位的是伊斯兰教，占英国居民总数的4.4%，与21世纪初（2.8%）相比有明显上升；除此之外，其他主要的宗教还有印度教（1.3%）、锡克教（0.7%）、犹太教（0.4%）、佛教（0.4%），以及其他宗教（0.4%）。没有任何宗教信仰和没有回答自己信仰何种宗教的人占英国居民总数的32.8%，比21世纪初的23.5%有显著增加。这种情况与人口变化以及外来移民的增加有很大关系。

从宗教信仰的地区分布情况来看，英格兰和威尔士多数人信奉圣公教，苏格兰绝大多数居民信奉长老教，北爱尔兰2/3的人信奉新教、1/3的人信奉天主教。而北爱尔兰居民中有宗教信仰的人所占比例最大，将近90%；英格兰为72%；威尔士为68%；苏格兰最低，为63%。

20世纪中期以来，定期到教堂参加礼拜活动的英国人数量越来越少。

英 国

2012年的一项调查显示，只有6%的人经常去教堂参加活动，平均年龄为51岁；而1980年时，经常参加教堂活动的人占11%，平均年龄也仅为37岁。该调查还预测，到2020年时，定期去教堂参加活动的人的比例将下降为4%，届时平均年龄也将上升到56岁。然而，70%的英国人婚礼是在教堂举行的；约90%的人接受某种宗教葬礼仪式。在圣公会的两个大主教辖区内，58%的居民一出生便接受了圣公会的洗礼，另有19%的人是成年后加入圣公会的。这样看来，只有极少数人定期参加宗教活动，而大多数人则只是在洗礼、婚礼和葬礼时才去教堂。这种状况导致大量教堂关门，仅在1969~2002年，英格兰就有1500家教堂关门。与此相反，非基督教的教会活动在英国发展很快，非基督教徒中约有190万人经常参加宗教活动，其中定期参加清真寺礼拜的穆斯林达百万人。

二 服饰传统与变化

现代纺织业兴起于英国。英国的服装以剪裁考究出名，在世界上曾产生过广泛影响，至今英国服装在世界时装界也仍占有一席之地，伦敦时装周是世界著名时装周之一。英国也拥有一些享誉世界的服装品牌，如创立于1856年的博柏利。

英国是一个重视传统的国家，在服饰方面也不例外。如今，在某些特定场合，英国人仍然保留了不少传统服饰，以下仅举几例。法院开庭时，法官头戴假发，身穿黑袍。在教堂做礼拜时，牧师通常要披上长袍。每届议会开幕，女王前往致辞时须头戴王冠，随行的女侍都身着白色长裙礼服；前排面向女王的是戴假发穿黑袍的"司法贵族"、穿白翻领红袍的"宗教贵族"；周围侍立的是身着红上衣、系白围巾、穿瘦腿过膝短裤的宫廷侍卫，其场面蔚为壮观。不过这种场面只有少数人能参与，外国游客则可以在王宫或古堡等处看到近卫军的装束。王宫卫士身穿鲜红的短外衣（扣子和束腰为黄色），头戴高筒黑皮帽。伦敦塔楼卫士的着装为黑帽、黑衣，上绣红色王冠及红色边线。近卫骑兵则着黑衣、白马裤、黑长靴，戴白手套，头戴银盔，上面飘着高高的红穗。如果有幸在街头看见女王坐着金色雕花的大马车列队过市，那真是眼福不浅。

至于一般人的穿着，当然不会像王公贵族在盛典上穿戴得那样华丽。由于地位、年龄与场合的差异，人们的衣着各有不同。不过，英国人一般都很注意服饰的得体。不论男女老少，都很注重穿戴整洁、干净及颜色搭配的和谐。女性的服装多为纯色，如粉红、淡黄、白色等，很少有花纹。以前，女性不论是上班还是在家，都穿裙子。男士外衣的颜色比较素暗，衬衣的颜色则比较醒目。过去在政府机关或大企业工作的职员，上班或外出时都穿一身"公务套服"，以灰暗的颜色为主，穿白衬衫、系领带，这类人被称为"白领工人"。与之相比，工厂工人上班时多穿蓝色工作服，所以被称为"蓝领工人"。至于礼仪要求，以前则大半只与上层社会有关。赴宴一般要穿礼服；到高级餐馆就餐，要穿外套、系领带；看戏或听音乐会，衣着要整齐，出席首场演出甚至要穿礼服。

二战以后，英国人的衣着像其他西方国家一样发生了很大变化，服装越来越随意，样式也越来越多。特别是20世纪60年代，英国出现的摇滚乐手成了青少年崇拜的偶像，他们的怪诞服装也影响了青年一代：男子的花衬衣、钉铜扣的夹克，女子的超短裙、富有东方情调的长裙等，都曾被纷纷效仿。现在，与大多数国家一样，英国服装的总体趋向是追求舒适与多样化，非正式的服装逐渐占了上风，如便装夹克有取代西装的趋势，牛仔长裤以及针织服装也日趋流行。工余闲暇之时，运动服装也日渐成为男女老幼的日常服装。

这里需要提一下英国人的几种特殊服饰。①帽子。如果说英国人的服饰有什么特点，那就要首推英国绅士的圆顶硬礼帽了。这种帽子名为"波乐帽"（bowler 或 bowler hat），是一种硬胎圆顶呢帽，通常是黑色的，也有深灰或蓝黑色的。老一代的英国要人、伦敦的缙绅名流一般都戴它。过去在文艺作品中一提到"波乐帽"，读者便立刻知道讲的是一位英国绅士。不过，近年来由于服饰的变化，戴"波乐帽"的人已经很少，但在街头仍可时常碰到。对于女性而言，帽子的作用更为重要。西方女性穿着较正式的服装时，多半要配上一顶帽子，在英国上流社会尤其如此，它不但是淑女穿衣打扮中一种必不可少的装饰，而且是贵族女性身份的象征，例如我们在电视上看到英国女王在出席各种活动时永远都会戴一顶帽子。

英　国

不过女帽不像男帽那样千篇一律，而是配合着五颜六色的衣服变换着各种花样。②雨伞。英国天气多变，随时可能下雨，因此英国人外出常常手持雨伞。持伞者的形象在外国人眼中成为英国人的另一个象征。③苏格兰方格呢裙。这是苏格兰男子所穿的传统服装、北方高地居民的日常服装，也是苏格兰兵团某些部队的正式制服。一套这样的服装包括：一条长度及膝的方格呢裙，一件色调与之相配的背心和一件花呢夹克，一双长筒针织厚袜（右边袜筒中还插有一把刀子）。裙子用皮质宽腰带系牢，下面悬挂一个大腰包，挂在花裙前面的正中央，有时肩上还斜披一条花格呢毯，用卡子在左肩处卡住。苏格兰的民族乐器是风笛和小鼓。外国游客有时能碰上一支这样的队伍：他们身穿鲜红方格呢裙制服，头戴佩有羽饰的小帽，吹着造型奇特、声调别致的风笛，使人感受到一种浓郁的民族气息。

三　饮食习惯

英国人长期以来形成了不大讲究饮食的习惯。英国没有什么值得特别称颂的名菜佳肴，很少有英国人对他们的"吃"感到自豪。

英国传统的饭菜本来就讲求简朴实惠，花色品种不多。随着科技进步和生活节奏的加快，英国人更加追求营养与方便这二者的兼顾。人们越来越多地到市场购买成品或半成品食物，或者干脆去饭馆、酒吧随意吃些东西。各种冷冻与方便食品，如快餐、糕点、沙拉和饮料等，已成为英国销售量增长最快的食品。

英国人的饭菜花样虽然不算很多，但一日三餐也各有特色。英国的传统早餐比较丰富，一般可吃到鸡蛋、火腿、香肠、熏肉、黄油、果酱、烤面包、咖啡、牛奶、果汁、麦片粥或玉米片粥等。但这样丰富的早餐如今只能在旅馆或餐厅中吃到了，一般家庭都已简化，往往只有面包、黄油、果酱以及咖啡或茶。英国是世界上饮用牛奶最多的国家，牛奶的日消耗量达 1700 万升。

英国人的午餐，有的称"便餐"（lunch 或 luncheon），有的则称为"正餐"（dinner）。一般说来，前者是英格兰中上层人士的叫法，后者则为英格兰劳动人民及苏格兰人的说法。近年来随着社会生活节奏的加快，人们的午饭普遍趋于"快餐化",尤其是上班族,一般离家都很远,午休只有1个小时左右,所以只能吃顿"快速午餐",这也是英国这些年快餐和自助餐店越来越兴旺的原因。近年来还出现了一种特快餐店,其特点是立即可用,也可以带走食用。特快餐店供应的品种有汉堡、热狗、三明治以及牛奶、咖啡等饮料。此外,许多工厂、机构、大公司和高校也开办供应午餐或小吃的餐厅,这类餐厅大都有国家或资方补贴,因此价格较市面便宜。不少机构、商店、餐馆或街头还设有自动售货机,用几个硬币便可买到三明治、饼干、糖果、冷饮甚至热咖啡。

英国人的晚饭有的称"正餐"(dinner),有的则称"晚餐"(supper)。许多人都把晚饭视为一天中的主餐,时间在晚上七八点钟。一般家庭的晚餐都有一道热菜,或肉或鸡或鱼,配以土豆、西红柿、豆类或蔬菜。周末或宴请客人时,可在主菜之外再加一道汤、一份沙拉或一份甜食。有人不把晚饭作为正餐,而是在下午四五点时加一顿正餐茶(有火腿、猪舌、青菜、鱼或香肠,还有面包、黄油等),晚饭则放在晚上10点钟左右,作为就寝前的夜宵。

英国的菜肴一般不算丰盛,较受英国人喜爱的主要是英格兰的烤牛肉、苏格兰的熏鲑鱼以及约克郡的腌火腿与布丁。"烤牛肉加约克布丁"可被视为英国的"国菜",而"油煎鱼加炸土豆条"则是一道有英国特色的大众化快餐。

英国人在早餐与晚餐之间还有两次加餐。在许多机构,上午10点半到11点左右是"咖啡休息"时间,人们可以到休息室喝咖啡,吃几块饼干;下午4点到4点半左右则是"下午茶休息"时间,人们可以去休息室喝杯茶,吃些小点心。

英国人很喜欢喝茶。喝茶在英国相当普及,据统计,英国人每人每年平均消耗茶叶7.5磅(约3.5公斤),为西方各国之冠,名列世界前茅。英国人喝茶已有300多年的历史,茶最初是从中国传入的。但他们喝茶的习惯与中国人不同,很少喝绿茶和花茶,而是喝红茶,并且通常要加糖和奶。他们喝的茶要放在水里煮,一般每次只喝一杯,通常时间比较固定:上午10点半,下午四五点。英国中上层社会还将喝下午茶作为一项社交

活动。男女主人在家中用精致的茶具款待客人,桌上摆着手工制作的糕点和松饼,大家边喝边聊,谈政治,叙友情,既简便又实惠。

英国人自古酷爱饮酒。近年来英国人的口味也日渐国际化,高级餐厅里法、意、德、西、葡甚至东欧国家的酒类几乎应有尽有,但从传统上说,英国人的饮料是啤酒。一般人最喜欢喝的是苦啤酒(bitter),其他还有淡啤酒(mild)、黑啤酒(porter)、爱尔兰产的烈性黑啤酒(stout)、英格兰北部生产的一种叫 ale 的淡啤酒,以及与欧美啤酒比较相似的"拉格"(lager)。英国西北部地区盛产的苹果酒(cider)也是英国人喜爱的饮料。此外,杜松子酒加唐尼克汽水(gin and tonic)也是典型的英国饮料。谈到世界知名的英国酒类,当然非苏格兰威士忌(whisky)莫属。"威士忌"一词来自当地的盖尔语方言,意即"生命之水"。该酒的酿制原料分为两大类:一类是用洗净的大麦加啤酒花发酵、蒸馏而成;另一类原料是大麦和玉米。市面上出售的威士忌大都是按照这两种方式兑制的。英国人举行宴会或在家中待客,一般都备有香槟、雪利酒、杜松子酒、威士忌、马丁尼等酒,请客人自选。客人到后先至客厅饮酒聊天,然后再去餐厅就餐。用餐时要喝餐桌酒,一般是红葡萄酒、白葡萄酒和香槟之类,不同的菜配不同的酒,有几道热菜就换几种酒。餐毕还要请客人回客厅坐坐,吃干酪,喝咖啡,或继续饮酒。

一般人除在家或做客时饮酒外,有时还喜欢到小酒店或酒吧去喝酒。小酒店被英国人称为"家外之家",是居民社交活动的中心。一向沉默寡言的英国人到了这里,天南地北无所不谈。客人多时,店面人声鼎沸,仿佛是另外一个世界。人们从这里可以领略到英国人生活中一个很有特点的侧面。

四 婚姻、出生与丧葬习俗

(一)婚姻

根据英国法律,不管是在教堂注册结婚,还是在地方政府的"出生、死亡及婚姻注册处"注册结婚,这两种形式的婚姻都是合法的。

在英格兰和威尔士,婚礼一般要在圣公会的教堂举行,习惯上是女方父母常去做礼拜的教堂。男女双方要在各自住区的教堂事先发布结婚预告，如果在一定期限内没有人提出异议，婚礼便可如期举行。婚礼由教堂牧师主持，要有两个证婚人才能生效。如果结婚双方不是英国国教信徒，就需要到地方政府的"出生、死亡及婚姻注册处"办理手续。当事人先要提出书面申请，由注册官在注册处予以公布。如无人提出异议，双方再到符合他们宗教信仰的教堂举行婚礼。有时根据要求，注册官也可以为他们主持结婚仪式。

　　20世纪以前，在英国中上层社会，男子求偶及订婚都要举行一定的仪式。青年男女在社交场合可以相会，但未婚年轻女子要有一位年长的女性陪同。男子向女方求爱，须先取得女方父母的同意，然后才能进一步交往。后来变得比较自由，男方可先向女方表示爱慕之情，但在得到她的肯定后也须立即告知其父母。一旦双方感情成熟，便可宣布订婚。订婚时男方要购买订婚戒指，戴在女子左手的中指上。二战后，特别是自20世纪60年代起，英国像其他西方国家一样，在两性关系上越来越"开放"。青年男女不仅摆脱了"父母之命"的束缚，而且未婚同居已成为相当普遍的现象。当然，在未婚同居的人中，也并非都对婚姻、恋爱态度不严肃，有些人是对婚姻制度有自己的看法，另有一些人则系"试婚"性质，在同居数年后再履行结婚手续，成为合法夫妻。

　　2013年7月，英国议会通过了《同性婚姻法》，2014年3月13日生效。2014年2月，苏格兰议会也通过了《同性婚姻法》，同年12月16日生效。至此，在除北爱尔兰以外的其他三个地区，同性婚姻与异性婚姻一样成为合法婚姻。

　　英国人的婚礼大多在教堂举行。在婚礼上，新郎穿着礼服，由伴郎陪同，站在圣坛前等候。新娘则身穿白色婚纱、头披白纱，伴随着《婚礼进行曲》的乐声，挽着父亲的手臂，由伴娘前导徐徐走向圣坛，后面由侍童随同。新娘来到圣坛前面后，新郎站在她的右边，伴郎则站在新郎右边稍后的地方。新娘的左边是她的父亲（如父亲已故，可由哥哥、叔伯等代替）。伴娘及侍童们则站在一对新人的后面。举行仪式时，牧师先问："是谁把这个女人嫁人的？"新娘的父亲答："是我。"之后便在就近

英 国

座位上坐下。然后牧师问男女双方是否愿意结为夫妻,一直到死永不分离,两人分别回答"是",之后新郎给新娘戴上戒指。牧师祷告说过"阿门"后,新婚夫妇由至亲及主要宾客陪同进入祈祷室,签署登记簿。礼毕,新娘挽着新郎的右臂,伴着《婚礼进行曲》步出教堂。此时,亲友们向他们抛撒米粒或彩纸屑,以示祝福。

婚礼后通常要举行新婚招待会,内容可简可繁,但一个大蛋糕是必不可少的。第一块蛋糕要由新娘切下。招待会接近尾声时,新人先离席,回房间换上旅行装,然后再出来向客人及亲友们告别,开始蜜月旅行。

英国人对结婚纪念日比较重视,特别是逢五、逢十的整数倍纪念日。其中最为重要的有"银婚"(结婚25周年)、"金婚"(结婚50周年)和"钻石婚"(结婚75周年)。

(二)出生

在英国,婴儿出生后,父母要为孩子物色"教父"与"教母"。按传统习惯,如果生了女孩,便要为她找两个教母、一个教父;如果是男孩,则要为他找两个教父、一个教母。英国的教父、教母一般并不是一对夫妇,而且,所谓的"教父""教母",原意是为了在宗教信仰方面给孩子以帮助,后来其宗教的意味越来越淡薄,更多的是希望多几位长辈亲友关心孩子的成长和教育。即使是在长大成人后才接受洗礼成为教徒的,也要在洗礼前找人做教父、教母,其用意则在于帮助他提高宗教信仰方面的教养。

婴儿正式起名要和接受洗礼同时进行,所以洗礼也称命名礼。洗礼是基督教的一个重要仪式。基督教认为,人生而有罪,需经过洗礼除去污垢,方能被接受为教中人。施洗礼时,教母抱着婴儿站在"圣水盆"处,然后将婴儿交给牧师。牧师接过孩子后在其头上点几滴水,叫着他的名字并说:"我奉圣父、圣子、圣灵之命给你施洗。"施洗最初是把受洗者整个浸入水中,后来逐渐演变为用圣水清洗其全身或身体的一部分,再后来除"浸礼会"外,一般只在孩子的头上点几滴水象征一下即可。在教堂中举行洗礼后,观礼的亲友照例要对婴儿赞美一番表示祝贺,接着由婴儿父母举行招待午宴或茶会。孩子出生后,家人往往在报纸上登个小启事。亲朋好友得知后,一般要给婴儿的母亲送花,并送给孩子一件小巧但价格不高的小礼物。被邀参加洗礼和招待会的亲友，一般也要送些礼物。婴儿母亲的挚友或孩子的教母往往送其一把银汤匙，以示其一生富有、丰衣足食。

（三）丧葬

过去英国人有大操大办丧事的习俗，上了年纪的人希望死后有一个"像样的丧礼"。随着时间的推移和社会风气的变化，英国的丧葬礼仪越来越趋于简单化。不少人主张，应当在孤独与静默中寄托哀思、怀念故人。

一般情况下，在家人去世后，其至亲会在报上登一则小启事，说明某人的丧礼将于何月何日何时在某教堂举行。亲友们看到启事后，届时如无特别要务均应前往参加，以表示对死者最后的敬意和对家属的慰问。丧事的祭奠物品只能是鲜花或花圈。

丧礼一般分为两部分，前半部分在教堂举行，由牧师主持追思礼拜。到会者按照事先安排的节目唱圣赞诗、奏哀乐、祷告。丧礼的后半部分是葬礼，在墓地举行。英国的习惯是，只有死者的家属、关系最近的亲戚和最亲密的朋友参加在墓地举行的葬礼，一般的朋友则不参加。

英国人的葬制以土葬为主，死者头朝东方，表示迎接日出与复活之意。少数人也举行火葬。

参加丧礼的客人，无论男女都要穿黑色或颜色暗淡的服装。男子最好系无花黑领带。另外，要保持肃穆，不可大声言谈。葬礼举行后，失去亲人的家属还有一定时间的服丧期。丧偶的女子两三个星期内不能见客人，除非是最亲近的亲友；6个月内不能外出拜访；1年之内除音乐会、剧院以及挚友的小型宴会外，不能参加任何舞会、大型宴会或场面热闹的应酬活动。服装也要以素雅的颜色为主。丧偶的男子则在一定时期内穿着要正式一些，在头两个月内避免花天酒地式的交际活动。不过，英国礼仪在这方面本无一定之规，而且，随着时代的发展，近年来对这方面的要求越来越宽松。

五　社交礼仪

英国人在与人交往中有一些独特的习俗和礼仪。西方有一句谚语"英国人的家就是他的城堡"，生动地道出了英国人钟爱在家里所拥有

英　国

的不受人干扰的"个人天地"。举例言之，居住的房屋最好是远离闹市，曲径通幽；若有邻舍，也要以篱笆相隔，绿树荫窗，使自己的生活起居、社交往来不为外人所知。邻居之间推门直入，或相识之人未经约定便来拜访等，都是对别人生活的打扰，属失礼行为，甚至没有正当的理由或在不适当的时间给别人打电话，也都属于打扰别人"个人天地"的行为。

英国人不仅忌讳别人打扰他的生活，而且凡是他不愿主动告诉别人的事，也都属"个人天地"，别人不宜打听。如果问了，便是失礼，可能落个没趣。也正因为如此，英国人未经介绍不会轻易与陌生人搭讪。英国人的沉默寡言并非出于傲慢，也不只是怕别人搅乱自己的清思，相反，更多的是出于对别人的尊重，怕打扰了别人。当然如果一个外国人道声"对不起"，首先打破这层薄冰，还是可以进行一番友好谈话的，但在地铁上则属例外。地铁是英国人一边赶路一边看报的场合。在车站或车厢内，各人看各人的报纸，谁也不看别人的面孔。

英国人内向而含蓄，个人感情一般不外露，所以"一见如故"的事可以说是凤毛麟角。事实上，和一个刚刚结识的人天南海北地高谈阔论，会被人看作失态。可能正因为大家不轻易"谈心"，所以英国人见面时最普遍的话题便是"谈天气"。对天气的评论，不仅成了熟人相互致意的客套话，也是刚刚认识的人开始一段谈话的"序曲"。有的英国人说起风雨阴晴来博古通今，从个人感受到往年记录，口若悬河。所以有人说，谈论天气是英国民族的主要消遣方式。

英国人有很强的民族自豪感，他们常以可上溯几百年的典章制度、工业文明和帝国历史引以为豪，然而在谈到个人的事情时，则表现得很自谦。他们视夸夸其谈为缺乏教养，视自吹自擂为低级趣味。在闲谈时，他们很少表现自己，偶尔发表意见，也往往先来个开场白："依我看来，似乎是……""如果我没有记错……"诸如此类的辞令，不胜枚举。谈起自己的经验或成就，英国人就更谦虚了。如果他曾荣获某项世界冠军，他会说对此项运动"略知一二"，这也就是所谓英国式的"轻描淡写"。他可以把惊人之举描绘得平淡无奇，把兴奋激动化为无动于衷。英国人对自己很

第一章 概　览

喜欢的东西，也只说声"不错"；对感到很不高兴的事，也难得勃然大怒。

除上述礼仪外，这里简要介绍一下日常交往中的传统礼仪。

结识　英国人相互结识一般需要经过介绍。通常的礼节是：向长者引见年轻人，向女性引见男子，向地位高的人引见地位低的人。英国在众多场合都实行"女士优先"原则，如通常是要向有贵族头衔的人介绍没有贵族头衔的人，但如果贵族是男性，而另一方是女性，则应将贵族介绍给女性；到别人家做客，一般要先和女主人寒暄、握手，然后再同男主人打招呼。在私人交往中，常常通过写信介绍朋友相识。介绍信一般都简单明了，不写其他事项，写好后不封口交给被介绍人。被介绍人一般不直接持信去拜访对方，以避免收信人必须当面做出反应。如被介绍者系男子，就先去拜访处把介绍信连同自己的名片留给对方的秘书或助手，而不直接求见；如被介绍人是女性，则通过邮局将信寄去，等候对方的回复。对方收到信后，一般在三四天内做出回复，根据情况或回拜，或约见，如无法安排，也要尽早回信说明。随着时代的发展，现在越来越多地通过电子邮件的形式介绍朋友认识，但在未得到明确答复之前，仍然不要冒昧前往。

拜会　拜会要按事先约定的时间前往，迟到或早到都不合适。如情况有变不能如约前往，则要尽早通知对方，说明原因并表示歉意。初次拜会属礼节性拜会，客人一般不宜待得太久，以20分钟左右为宜。

茶会　英国家庭和朋友来往常以请人喝茶的方式进行。这种非正式的茶会，少则二三人，多则超过10人，时间一般在下午4～5点钟，历时1个多小时。大型的正式茶会，客人可多达二三百人，这种场合要掌握到会的时间，但离去时不必专门向女主人道谢、告辞。

宴会　宴会是社交应酬的最郑重方式。官方或商务性质的宴会一般规模较大，家庭宴请则人数较少，有条件的家庭平日正式宴请多为宾主共12人。邀请别人参加宴会，必须于若干天前发出请帖，一般至少是10天。请帖上面有法语缩写"请答复"（RSVP）字样。过去，受邀者不论能否参加，都应书面答复。近年来，这方面的程序已简化，除了特别隆重的大型宴会外，一般都由主人先打电话邀请，等对方口头接受之后再发出请帖。此时请帖上的"RSVP"用笔划去，写上"P. M."或"To remind"

（备忘），客人只要届时出席，则无须再答复。

晚宴根据其正式程度，可由主人指定客人的服装，在请帖上写上"informal"（便装）、"black tie"（黑领结或小礼服）或"white tie"（白领结）。白领结的宴会是最正式的，白领结的大礼服也就是燕尾服。黑领结次之，但也比较正式，客人要系黑领结，着黑色不带燕尾的小礼服（夏天则是上白下黑）。女士要穿长的或较长的连衣裙。

宴会一般男女人数相等，排座位时是男女相间；如男女数目不等，一般应男多于女。座位的排列有两种方式，一种是男女主人对面而坐，各占长餐桌的两端；另一种是男女主人都坐在长餐桌的中间，也是面对面。最重要的男客人坐在女主人的右边，在女主人的左边次之，如此依序排下去。女客人也是这样排列，男主人右侧的座位最重要，左侧是次重要的女客人，依次类推。

客人陆续到达后，先在客厅聊天。此时主人送上开胃酒——威士忌、雪利酒、鸡尾酒、啤酒、果汁或其他饮料，由客人自选，时间持续20～30分钟。客人到齐后，由女主人邀请大家进入餐厅。入座时，男客人要协助他旁边的女客人，替她把椅子向后挪动一下，等她坐定后自己再就座。

桌上每人面前餐具的排列顺序是：中间是餐盘，左边是叉子，右边是刀子。刀叉的数目是相等的，根据宴会的繁简程度，一般是2～3份。汤匙则摆在刀子的右边。餐盘的前面横摆着的是吃布丁的匙和叉子、吃水果的小刀。左方较小的盘子是面包兼沙拉碟，正前方偏右是大水杯，再向右依次排列的是白葡萄酒杯、红葡萄酒杯、香槟酒杯。刀叉与杯子的数目视宴会的规格而定；主人准备了几道菜、几种酒，便预备几份刀叉和几种杯子。

刀、叉、匙的取用，是由外及里依次使用。汤先上来，喝汤时可以吃面包，要用手掰下小块食用。面包碟里的小刀是专门用来抹黄油用的。喝汤时不可发出声音，喝到盘底时，要用左手稍稍抬起靠近自己的盘边，用汤匙由里向外舀汤送入口中。汤以后的第一道菜一般是鱼虾之类，这道菜要用鱼刀、鱼叉，通常也就是摆在两侧最外边的一对。鱼刀比较钝，刀与叉边上都有曲线的纹饰。吃肉类的刀则较锋利，刀与叉都朴素无纹。刀不能入口，客人不要擦刀叉。无论什么食品都不得用叉子整个叉起来往下咬，要切成小块，一块一块地叉起来吃。每次取菜不宜太多，除骨头、果核外，不要有剩余。主人喜欢看到客人把各自餐盘内的食品吃干净。如果是由侍者上菜，一般每样都要上两次。第一次取用后如打算再吃一些，客人要把刀叉呈八字形打开，刀刃向内，摆在自己的餐盘上；如不拟再用，就把刀叉并拢放在盘中。英国人在食用较软的食品如烧丸子或布丁之类的食物时，凡不必用刀时都避免用刀，只用叉或点心匙切下送入口中即可。

较丰富的宴会一般备有两种以上的酒：吃鱼时配白葡萄酒，吃肉菜时配红葡萄酒。如果最后还有香槟酒，那就是很隆重的宴会了。英国人席间不劝酒，宾主饮多饮少全凭自己，但也不时举杯互祝健康。

除了茶会、晚宴之外，英国还有诸如午宴、冷餐会、鸡尾酒会、舞会、游园会、文娱晚会以及酒吧小酌等多种社交方式。

午宴 一般在午后 1 点钟左右举行，在服装、礼仪等方面均不像正式晚宴那样严格，菜肴也比较简单，除了冷天之外大都没有汤。如果是相熟朋友之间的聚会，也可以不排座位。午宴多半是业务上有关系的人士相聚的方式。那些没有异性参加的社交聚会，也多采用此种方式。

冷餐会 又名自助餐，一般宴请的人数较多，也无固定座位，可在室内举行，温暖季节也可在室外举行。食物和餐盘、刀叉都摆在会场边的长桌上，由客人排队依次自取，然后自己找地方食用。

鸡尾酒会 这是商界和外交界以及其他交际活动比较频繁的人士喜欢采用的酬酢形式。企业开业、展览会揭幕、送往迎来、新的负责人上任、新书出版等都可举行鸡尾酒会。酒会历时不长，时间都在请柬上写明，可一次邀请数十人乃至数百人。无论宾主都人手一杯，在会场与人站立交谈。酒会上备有小吃，如干果、小面包、各类煎炸食品等，只为佐饮，不为充饥。鸡尾酒会参加人数的多少都没有关系，所以请柬上一般都把"RSVP"（请答复）的字样划去，而写上"Regrets only"（如不能出席，请回复）。

舞会 英国的大型舞会一般在夜间 10 点钟左右开始，但也有下午的"茶舞"，通常是下午 4～7 点举行。主人有时只请少数客人吃饭，多数

英　国

客人则只是受邀参加饭后的舞会。客人接到请柬要看清内容，以免造成尴尬局面。舞会可在家举行，也可在饭店举行公众舞会。对已婚的客人要邀请夫妇同时参加。客人出席舞会要注意服装整齐。跳舞时男客应轮流请女客共舞，尤其要与女主人共舞，不要总是同自己的妻子或女友跳个不停。遇有重大节日时，伦敦的上层社会可能不止一处举行舞会，同时接到两份请帖的事时有发生，但在大型舞会上，客人可以随时离去，这不算失礼。

游园会　英国人酷爱乡间生活，富有的人家平时在大城市居住，他们往往在乡间还另有田园房舍。每年7月底至9月上中旬在乡间居住时，他们常常举行游园会招待友人。游园会一般在下午举行。时间是午后3点半或4点到6点半。主要活动是与朋友相会、谈心，间或有音乐表演或体育活动。这种游园活动规模较大，劳师动众，所以二战后民间很少举行。但英国女王每年在白金汉宫的花园要举行3次游园会（另有1次在苏格兰举行），招待社会各界人士及海外来访的名流，被邀请者都将此视为一种荣耀。

文娱晚会　邀请朋友到剧院观剧、看电影、听音乐会，也是英国人经常采取的交际方式。参加这类活动不能迟到，音乐会尤其如此，迟到者须在奏完一曲的空当甚至等中场休息时才能入场就座。剧场要保持安静，在剧场内咳嗽尤为英国人之大忌。为演出喝彩也有讲究，看剧是在每一幕完结时鼓掌；看芭蕾舞则可以在演出中间、一段独舞或双人舞表演结束之后鼓掌；听音乐会则只能在一曲终了之后鼓掌，不可在中间稍有停顿时发出掌声。

酒吧小酌　在英国，最简便的应酬方式莫过于邀一两个友人到酒吧去喝杯酒了。在这里没有繁文缛节，无须衣着考究，也无须发请柬预先通知，临时遇见就可即兴相邀。一杯酒落肚之后，往往便可天南海北地交谈。只是需要礼尚往来，叨扰别人之后，要记着过些日子回邀对方。

六　节假日与传统活动

英国有许多传统节日与有意义的活动。传统节日或与基督教有关，或

第一章 概　览

源自久远的民俗；有全国性的，也有地区性或地方性的。英国一般实行每周 5 天工作日，职工每年可享受至少 3 个星期的带薪休假。此外，1 年中还有 8 天 "银行假日"。银行假日是指此时银行停业，所以成为举国休假的日子。银行假日的具体日期各地区并不完全一致，英格兰和威尔士地区为元旦、耶稣受难日、复活节星期一、5 月的第一个星期一和最后一个星期一、8 月的第一个星期一，以及两天圣诞假日。苏格兰地区可自行规定公众假日，基本上同英格兰一致，只是元旦有两天假日，复活节则不一定休假。北爱尔兰的假日除与英格兰一致外，还规定 3 月 17 日为圣帕特里克节，以及 7 月 12、13 日两天是本地区的假日。值得注意的是，英国没有明确的建国纪念日，因此也没有一般意义上的 "国庆日"。英国驻外使领馆都在女王 "官方诞辰" 这一天举行招待会，并把这一天当作国庆日来庆祝。伊丽莎白二世女王的生日是 1926 年 4 月 21 日，而 "官方诞辰"则是靠近 6 月 11 日的那个星期六。

下面就从圣诞节开始，依照时间顺序对某些比较重大的节假日与一些有意义的传统活动介绍如下。

圣诞节　12 月 25 日是纪念耶稣诞辰的节日。这个日子是罗马教皇在 5 世纪时规定的，选择这一天据说是为了与古代风俗保持一致。远在基督教兴起之前，古罗马人和欧洲的其他民族都在冬至前后举行一些重要的庆祝活动，一方面欢送寒冬的终结，另一方面则庆祝阳春已经在望。现在的圣诞节已不仅是宗教节日，而是普天同庆的世俗节日。为了庆祝这一天，人们早在几个星期前就开始准备，如寄圣诞卡、采购礼品、装饰房间等，因而这也是百货店、食品店以及礼品店生意最兴旺的时期。

12 月 24 日的晚上被称为 "平安夜"。这天晚上，新旧基督教各派的教堂都要举行特殊的宗教仪式，有的年轻人及学生去各处巡游，高唱圣诞颂歌。圣诞节当天，人们合家团聚，共进节日盛餐（圣诞节的主餐通常都有一道烤火鸡或烤鹅，还有一道 "圣诞布丁"；此外圣诞节期间人们每天还要吃一个以干果和鸡蛋为主要原料做成的小馅饼，以祈求好运）。英国女王一般在当天下午通过广播和电视发表圣诞讲话，向全国和英联邦各国表示祝贺。这一天，孩子们除了得到心爱的礼物（特别是由身穿红衣

英国

裤、须发皆白、头戴红帽的"圣诞老人"分发的礼品）以外，还能玩圣诞节的各种游戏。从广义上讲，圣诞节不只是12月25日这一天，而是整整12天。在此期间，几乎所有家庭都用圣诞树和常青植物，特别是冬青和槲寄生点缀房间，从圣诞节前两天一直保留到"第十二夜"（即次年1月6日）才取下烧掉。

新年 新年与圣诞节相隔不远，为期12天的圣诞节假期又包括新年在内，因而在英国多数地区，新年反倒显得不那么重要了，但在苏格兰和英格兰北部的个别地区，相较于圣诞节，人们更重视新年。苏格兰人习惯在新年前夜守岁，或在自己家中，或与朋友一起举行晚会。更有许多年轻人跑上街头，一边喝酒一边跳舞，或高唱苏格兰那首世界闻名的民歌《友谊地久天长》。午夜12点各教堂的钟声敲响，人们互相亲吻，不管认识或不认识的，彼此一般不拒绝，以祝贺新年。苏格兰有一种风俗，他们对"第一脚"（指除夕午夜过后第一个来拜年的人）很重视。这个人必须是黑皮肤、黑头发的男人，最好是个陌生人。如果他不够黑，手里就要拿一块黑煤，还要拿一块面包或一枝槲寄生，进门后他要把煤放进这家的炉子中，把象征善意的面包和盐放在桌上。这一切"仪式"都要在沉默中进行，然后他才开口向这家人祝贺新年快乐。主人随即拿出小面包或糕点、葡萄酒或威士忌来招待客人。苏格兰风俗认为，如第一个拜年的人符合这些条件，就会给这家人带来好运。英格兰有些地方在除夕夜举行化装表演和游行，有些地方每年举行火球游行。另外，在伦敦市中心的特拉法加广场，人们在除夕夜聚集街头，午夜时分当大本钟钟声响起时，陌生的男女便在街头互相亲吻，年轻人还故意冲进广场中心的喷泉。

情人节 每年的2月14日是英国的"圣瓦伦泰因节"，也译为"情人节"。圣瓦伦泰因是古代一位殉教的基督教圣徒的名字。据传这一天是鸟儿选择配偶的日子，可能基于这个原因，圣瓦伦泰因节就成了年轻人选择情侣的情人节。在这一天，青年男女互赠礼品，或互寄"情人卡"。这种卡片只有收信人的名字，并无寄信人的落款，但多半会在收信人的意料之中，信中言辞大多表达爱情的心声。

圣大卫节　大卫是威尔士的保护神。3月1日是圣大卫节，相当于威尔士人的"国庆节"。传说圣大卫是早期基督教的一个圣徒，生活艰苦，有时甚至只吃面包和青葱。所以每逢3月1日，威尔士人除了佩戴威尔士的"国花"黄水仙外，还有人佩戴青葱。

圣帕特里克节　圣帕特里克是爱尔兰的守护神，3月17日为圣帕特里克节，也是爱尔兰共和国的国庆日。每到这天，包括北爱尔兰在内的世界上所有的爱尔兰人都要举行庆祝活动。每个人届时都要佩戴爱尔兰"国花"酢浆草，衣着上要有绿色，甚至还要吃带绿色的蛋糕。

愚人节　4月1日是包括英国在内的许多西方国家的愚人节，又称"万愚节"，是一个以戏弄别人取乐的"节日"。关于这个节日的起源说法不一，有人认为，古代新年曾是3月25日，而4月1日是新年8天假日的最后一天，故允许人们再纵情欢闹一次；也有人认为，耶稣曾在4月1日这天遭受犹太人的戏弄，所以这一天便成了愚弄人的日子。

大学竞舟　牛津和剑桥两所大学每年在伦敦泰晤士河上举行一次划艇比赛。赛程是从普特尼逆流而上划到莫特莱克。这场一年一度的比赛吸引着沿河两岸成千上万的观众，从而形成了全国性的重要活动。比赛时间在每年的三四月间。两所高校都把比赛的结果与本校的荣誉联系在一起，故双方都十分重视。参加比赛的两个队每队各有桨手8人，舵手1人，比赛全程为7.2公里。

圣乔治节　每年4月23日是英格兰地区传统的圣乔治节。圣乔治是英格兰地区的保护神，有资料表明，圣乔治是古罗马帝国的军士，英格兰地区一直将他的名字当成本民族的象征。每到4月23日，圣乔治旗（白底上有个红十字）就在英格兰各地尤其是圣公会教堂的上空飘扬。英格兰人会在衣领上佩戴一朵"国花"红玫瑰，以纪念这位传说中的保护神。

莎翁纪念日　英国戏剧大师莎士比亚的诞辰是1564年4月23日，52年后（1616年）他又恰巧在这一天故去。每年的这一天（或靠近这一天的周末），莎翁的故乡（阿文河畔的斯特拉特福城）都要举行化装游行，一些研究"莎学"的重要学术会议也往往在此时举行。该市有一个常年演出莎剧的"莎士比亚纪念剧院"，每逢此时门票最难买。

英 国

复活节 这是仅次于圣诞节的一个重大节日,是基督教为纪念耶稣被钉在十字架上之后第三日"复活"而设立的节日。日期不固定,根据《圣经》的记载,是按阴阳二历结合计算的。具体是,每年3月21日起第一次满月后的第一个星期日即为复活节,如果月圆正值星期日,就顺延至下一个星期日。所以历年复活节的实际日期并不固定,最早可以在3月22日,最晚则是4月25日。英国的复活节假期一共4天,即从受难日(星期五)开始,一直到复活节的星期一。复活节这天的主要活动是大吃鸡蛋,因为鸡蛋象征死后又会复苏的生命。教堂、学校或家庭在这一天把煮熟的鸡蛋藏进树洞、草丛或山石后面,邀请前来聚会的孩子们四处寻找。亲友之间在节日期间赠送的礼物主要是鸡蛋。信奉英国国教的人到教堂去做礼拜,领取"圣餐"——一块火柴盒大小的面包,蘸上点红葡萄酒,作为纪念耶稣和坚定信仰的一种方式。

五朔节 5月1日是英国传统的五朔节。这是一个非常古老的节日,在古罗马时代即已存在。5月1日在凯尔特人的历法中是夏季的第一天,是春末祭祀"花果女神"的日子。在度过漫长的寒冬、5月终于到来之时,古人就要庆祝太阳普照大地,并祈求风调雨顺、五谷丰登。人们用老牛拉绳,在村庄草地上竖起高高的"五月柱",上面饰以绿叶,象征生命与丰收。村民们尤其是青年男女都围着"五月柱"翩翩起舞。姑娘们一早就到树林中采集花朵与朝露,并用露水洗脸。小女孩还把花草编成花环,抬到街上去游行。而"五月柱"则是用挺拔的树干做成,上面漆以五颜六色,顶上挂着花环,花环上拴着各色彩带。在这一天,孩子们手持彩带围着柱子跳舞。有的村庄要选出一个少女做"五月皇后"。在少数村庄,女孩子们还保留着结队游行的习俗,小伙子们在这一天则要跳一种叫"莫里斯"的土风舞。跳莫里斯舞并不仅限于五朔节,在这种土风舞流行的地区,在"圣灵降临节"(5月最后一个星期一,为基督教的第三大节日)以及夏季的其他节日,人们也都跳这种舞。

女王阅兵 每年离女王"官方诞辰"最近的那个周末(一般是6月的第二个星期六),伦敦的官员都在白厅西面的"骑兵卫队广场"举行盛大的军旗分列仪式,由女王亲自检阅王室近卫军——御林军。这样的阅兵式已有大约 200 年的历史。第一次是在 1755 年，是为了向英王乔治二世（最后一个亲自领兵作战的英国君主）致敬。从 1805 年开始，英王阅兵就成为每年必定举行的大典。检阅结束后，部队高举队旗在雄壮的军乐声中举行分列式，向女王致敬。最后，女王乘马车走向御林军的首领，亲自率队沿直通王宫的林荫大道行进到白金汉宫。在宫门前，她再一次接受敬礼，然后大队人马列队离去。

北爱尔兰"奥兰治节" 每年 7 月 12 日和 13 日是北爱尔兰的公众假日，这是为了纪念 17 世纪末信奉新教的奥兰治的威廉王战胜信奉天主教的詹姆斯二世。节日期间，贝尔法斯特的新教徒一早起来就用一种名叫"甜蜜的威廉"的石竹花和橘红色的唐菖蒲来装饰旗杆。所有男人都斜披橘红绶带，排好队伍，准备游行。全城大约要出动几百个乐队，伴随大队人马吹吹打打招摇过市，这一游行持续数天，整个市区都为鼓声所震撼。但由于新教徒的游行队伍常常试图通过天主教徒居民的居住区，因此经常出现彼此对立和冲突的紧张局面，在 1998 年《复活节协议》签署之前，"奥兰治节"往往成为北爱尔兰地区治安最为紧张的日子。

威尔士赛诗节 威尔士人酷爱诗歌，喜欢音乐，几乎人人都能演唱。每年 8 月举行的这一盛大的民族节日充分表现了威尔士人的这一特点。每年赛诗节的地点不固定，在威尔士地区的南北两地交替举行。在赛诗节开幕式上，主持人身穿法衣，手持和平宝剑向与会群众三呼"要和平吗"，群众齐声回应，然后整队退场，接着是各种比赛开始。所有仪式、讲话、歌词以及应征诗作，一律使用威尔士语。

苏格兰艺术节 又称爱丁堡艺术节，是每年夏季（通常在 8 月）在爱丁堡举行的音乐戏剧节。艺术节始于 1947 年，旨在为欧洲的和平团结提供一个活动舞台，此后艺术节不仅年年举行，而且规模越来越大，已发展为全世界最大的艺术节之一。一般历时 3 周到 1 个月，内容包括音乐、舞蹈、戏剧、电影、电视和图书展览等。届时大批访问者云集爱丁堡，前来参加或欣赏各种音乐会、戏剧演出和艺术展览。许多演出者都是知名艺术家，同时也为新秀提供机会。在高居该城之巅的古爱丁堡城堡里，军队也同时表演，借助于新式装备展示军事技巧，并随着激昂的军乐进行复杂

的操练。这种独具民族特色的军乐团演奏是爱丁堡艺术节的保留节目，也是其吸引观众的主要原因之一。

2014年的爱丁堡艺术节吸引了来自全世界的2.5万名艺术家，以及超过400万名来自世界各地的游客。它不仅繁荣了苏格兰文化，也带来了可观的收入。2014年爱丁堡艺术节为苏格兰带来了2.61亿英镑的收入，其中4100万英镑来自于住宿，3700万英镑来自于餐饮，在一定程度上为处于后金融危机时期的苏格兰经济起到了拉动作用。

此外，每年秋季，苏格兰高地的某些城镇也要举行一年一度的传统音乐和体育节。其中最著名的是9月举行的布雷玛集会，王室成员的参加更显示了这一集会的重要性。参加集会的人都身着饰有本民族标记的高地服装，男子穿着用苏格兰方格呢制成的叠褶短裙。活动内容有轻松活泼的民间舞蹈，吹奏悠扬浑厚的风笛，比试体力的竞争角逐，如摔跤、射箭、掷锤子和铅球。其中最吸引人的是投松木杆比赛，既需要过人的体力，又要有高超的技巧。

万圣节与万灵节 10月31日至11月2日虽不是英国的公众假日，却是全国性的传统节日：10月31日是万圣节前夕（Halloween，哈罗温），11月1日是万圣节，2日是万灵节。这些节日是古凯尔特风俗和基督教信仰相结合的产物。古凯尔特人的新年是11月1日，他们认为10月底是温暖季节的结束，新年则是冬季的开始，此时黑暗与神秘统治大地，妖魔与巫婆四处活动。所以，每逢这些节日，到处都要燃起篝火或火把，借以驱邪逐妖。这些节日也是占卜命运和纪念亡人（万灵节）的日子。10月31日的"哈罗温"，可以说是英国的"鬼节"，是孩子们乃至青年人尽情嬉笑、顽皮、吓唬人的日子。

烟火节 17世纪初，有几个狂热的天主教徒因反对英国国教，密谋在1605年11月5日英王主持议会开幕时炸毁议会，由一个名叫盖伊·福克斯的天主教徒点燃火药。后来事情败露，盖伊于11月5日被杀。詹姆斯一世命令全国燃放焰火以示庆祝。次年，议会通过法案，规定每年11月5日为法定节日。此后，每年的11月5日，青年人就自做一个代表盖伊的假人，里面塞满破旧衣服、报纸或牧草之类，在晚间的篝火会上付之一炬，同时放起烟火，欢庆一番，这个节日实际上已经变成"篝火夜"或"烟火狂欢节"了。

伦敦市长就职游行 这里所说的伦敦城是指大伦敦的老城区，面积约有260公顷，常住人口只有几千人，但由于是工商金融中心，平日来这里上班的有40万～50万人。伦敦城的市长和重要官员都是按照古时的传统由各行业公会选举产生。伦敦城还有一个古老的习俗，即英国君主进入城区要先得到市长的允许。当然，当今女王伊丽莎白二世如要到伦敦城巡察，市长大人是绝不会拒绝的。伦敦城每年9月29日选举市长，11月8日新市长在市长官邸举行就职典礼。出席的官员都身穿长袍，头戴假发，市长的权杖和宝剑也要摆出来。仪式在室内举行，各个古老行会的执事头戴三角帽，身穿古制服，站在门口阻止闲人入内。每年11月的第二个星期六，是新市长上任视事的日子。这天照例要举行颇有声势的古装游行。游行队伍长达一二公里，主要由各式彩车组成。市长乘坐的车辆在最后，是一辆由6匹骏马拉的大马车。车子雕金画彩，辉煌夺目。马匹身上的挽具重达百余磅。车夫头戴假发，身穿华丽制服，侍从们也身着古装，或陪坐于市长身边，或随行两侧，或挽辔而行。市长在官员陪同下，从官邸游行到市政厅，举行仪式后再到皇家大法院宣誓。当天晚上，市政厅举行盛大宴会，英国首相和坎特伯雷大主教照例都要亲临。大主教主持祝酒，而首相则可趁此机会发表政治性演说。

休战纪念日 又称阵亡将士纪念日。为缅怀在两次世界大战中死难的将士，英国人民每年在离第一次世界大战停战日11月11日最近的星期日，举行特别的教会仪式和市民仪式，以示纪念。最主要的仪式是王室成员在伦敦第一次世界大战牺牲将士纪念碑前敬献花圈。出席纪念仪式的还有首相及反对党领袖等政界要人。在纪念日，人们普遍佩戴假罂粟花，它代表第一次世界大战时在佛兰德战场的玉米地里生长的罂粟花，以此象征参加过一战和二战的士兵。

圣安德鲁节 11月30日是苏格兰人的民族节日"圣安德鲁节"。安德鲁是一个身世不详的圣徒，是苏格兰的保护神。这天，苏格兰人都喝威士忌酒，跳苏格兰舞，唱苏格兰民歌，以示庆祝。

英国

第三节 特色资源

一 著名城市

（一）伦敦

伦敦是英国的首都，位于英格兰东南部，是英国政治、经济、文化及交通中心，也是英国第二大港口（历史上曾是世界上最大的港口），2012年全年吞吐量为4370万吨。事实上，这里所说的"伦敦"在行政概念上指的是大伦敦行政区（Greater London），它地跨泰晤士河两岸，面积1610平方公里，人口841万人（2013年），居英国城市之冠，人均GDP也居英国首位。大伦敦行政区共包括12个内伦敦市区和20个外伦敦市区，大伦敦市长由直接选举产生。

大伦敦行政区的GDP约占整个英国的20%，其最重要的产业为金融服务业。伦敦是仅次于纽约的世界金融中心，伦敦城（City of London）面积仅有2.9平方公里，常住人口也只有不到8000人，但聚集了数以百计的世界知名银行与其他金融服务巨头，被誉为"伦敦的曼哈顿"。新闻媒体业是伦敦第二大最具竞争优势的部门，著名的舰队街曾以集中了英国各大报纸及出版中心而闻名遐迩。此外，伦敦还是一个零售业中心，其非食品类零售业在英国名列前茅。目前，越来越多的科技公司正在伦敦安家落户，特别是伦敦东部的"科技城"，已成为英国科技创新的核心地带，被称为伦敦的"硅谷带"。2014年1月，伦敦还被评选为"欧洲未来城市"。此外，伦敦还是英国最大的加工工业中心，尤以通用机械和电机业著称，另外还有飞机、汽车、精密仪器、炼油、化学、服装、造纸、印刷、食品、卷烟等工业。

伦敦也是一个著名的历史和文化名城。众多的名胜古迹每年都吸引着成千上万来自国内外的游客，成为英国旅游收入的一个主要来源。此外，它每年都要举办各种形式的文化活动。英国著名作家塞缪尔·约翰逊曾经说过："如果你厌倦了伦敦，那么你也就厌倦了生活"（When a man is tired of London, he is tired of life)。

伦敦实行标准的格林尼治时间,与北京的时差冬季(10月至次年4月)为8个小时,夏季为7个小时。其他英国城市与北京的时差也同样如此。

(二)伯明翰

伯明翰位于英格兰中部,是英国仅次于伦敦的第二大城市,有常住人口109万人(2013年)。伯明翰12世纪时已成为英国重要的商业城市,16世纪开始发展工业,17世纪后随着工业的迅速发展,伯明翰遂享有"世界工厂"之美称。直到20世纪末,伯明翰一直是全国主要的制造业中心,也曾是全世界最大最集中的工业区,主要生产汽车、自行车、摩托车、机床、电器等。在其最鼎盛的时期,英国25%的出口产品是在该地区制造的。但是,随着20世纪末的经济转型,制造业已不是伯明翰的主要产业,2012年,其制造业的雇用人数约占就业总人数的8%。与此相反,服务业已成为伯明翰最重要的产业,2012年服务业雇用人数占就业总人数的88%,特别是在公共管理、教育、医疗、金融和其他商业服务领域。当然,一些传统的、有优势的制造业仍然得以保留,最著名的公司包括捷豹路虎汽车制造公司和吉百利食品有限公司。此外,作为一项传统制造业,其金银和珠宝饰物制品一直享有盛名,伯明翰是英国两大珠宝产地之一,占英国总产量的40%。

此外,伯明翰还是著名的高等教育中心,共有6所大学,是英国除伦敦之外大学数量最多的城市,伯明翰图书馆、伯明翰皇家芭蕾舞团等文化设施或文化团体都在世界享有盛名。伯明翰也是英国主要铁路、公路干线和运河网的交汇点。其运河最有特点,加起来比威尼斯的还长,是"伯明翰运河航线"的一小部分。

(三)利兹

利兹是英国第三大城市(2012年常住人口为75.8万人),位于英格兰西约克郡、奔宁山脉东麓、艾尔河畔,附近煤、铁资源丰富。利兹的历史可以追溯到盎格鲁-撒克逊时期,17~18世纪成为英格兰最大的毛纺织业生产和销售中心之一。工业革命时期,利兹充分利用它在交通、工程和制造业方面的有利条件,成为英国一个重要的机车制造和重工业中心。

目前，利兹是英国第三大制造业中心，其服装工业极其发达，仅次于伦敦，居全国第二。利兹还是西约克郡重要的文化、商业、金融和零售业中心；英格兰中部重要的文化、行政和交通中心。利兹共有3所大学，学生人数超过25万人。利兹是除伦敦之外最大的法律服务中心，此外，其金融和保险业也很具竞争力。

（四）曼彻斯特

曼彻斯特位于英格兰西北部平原，常住人口51万人（2013年）。曼彻斯特兴起于13世纪，16世纪中叶成为繁荣的纺织工业中心，并在此基础上发展成世界上第一座工业化城市，因而素有"工业革命故乡"之称。19世纪末，由于运河的开通，它成为英国第四大港口。20世纪，曼彻斯特曾以纺织、服装、印刷、食品加工、机械、化学和炼油等工业著称，但第二次世界大战之后的"去工业化"进程对它的影响很大，很多工业部门逐渐萎缩。1996年曼彻斯特发生了该城有史以来最大的一次恐怖爆炸事件，但该事件成为曼彻斯特经济得以复兴的一个转折点。如今，曼彻斯特已成为英格兰重要的交通枢纽及商业、金融和文化中心，特别是以金融、信息、旅游和文化产业为核心的服务业在其经济中占有越来越重要的地位。

曼彻斯特素以建筑艺术、文化、音乐和科技发明等闻名，它拥有数个世界第一的头衔：这里有世界上第一座火车站；曼彻斯特大学发明了世界上第一台计算机；拜伦·瑟福在这里发现了原子裂变。曼彻斯特也是各种思潮发源、交汇的地方：这里是女性最早获得选举权的地方；马克思和恩格斯也是在这里开始写作《共产党宣言》。

（五）爱丁堡

爱丁堡是苏格兰首府，人口47.75万人（2013年）。爱丁堡是一座历史与文化名城，1437~1707年是苏格兰王国的首都。18世纪，爱丁堡成为欧洲的文化、艺术、哲学和科学中心，有许多世界著名的诗人、作家、学者、医生和发明家在这里出生，或者曾在这里读书、工作，故爱丁堡有"北方雅典"之称。2004年，为表彰其为文学做出的贡献，爱丁堡被联合国教科文组织命名为世界上第一个"文学之城"（City of Literature）。爱丁堡也以教育闻名，爱丁堡大学建立于1583年，其医学、法律、工程技术专业都很有名。由于历史悠久，爱丁堡成为闻名世界的旅游胜地，其新城和旧城都被联合国教科文组织收入世界文化遗产名录。在英国，爱丁堡吸引的游客数量仅次于伦敦，每年有超过数百万游客，特别是在一年一度的爱丁堡艺术节期间，更会吸引成千上万的艺术家和游客。爱丁堡城堡是苏格兰民族精神的象征，早在6世纪就已成为苏格兰皇室的住所。它筑于一座海拔135米高的死火山岩顶上，一面斜坡，三面悬崖，易守难攻，在该古堡上可以俯瞰整个爱丁堡市。除此之外，爱丁堡还保留了很多维多利亚时代的古建筑。

爱丁堡的造纸和印刷出版业历史悠久，造船、化工、核能、电子、电缆、玻璃和食品等工业也很重要。随着北海油田的开发，又建立了一系列相关工业与服务业。它也是英国重要的运输枢纽。但爱丁堡的经济传统上以银行业和保险业为核心，特别是其银行业，已有超过300年的历史，如苏格兰银行建立于1695年。爱丁堡是仅次于伦敦的英国第二大金融中心。

（六）格拉斯哥

苏格兰的最大城市，位于苏格兰中西部克莱德河口，人口59.6万人（2013年）。格拉斯哥最初只是一个小乡村，后来逐渐成为苏格兰的主要港口。随着15世纪格拉斯哥大学的建立，它于18世纪逐渐成为苏格兰文艺复兴的中心，此后发展成英国与北美和西印度进行贸易的主要中继港口。工业革命之后，格拉斯哥建立了造船、钢铁、机器制造和纺织等工业，第二次世界大战后又发展了电子、雷达和炼油及食品、饮料、烟草、印刷等工业，曾一度成为英国的主要制造业中心。格拉斯哥有英国最大的造船业，占英国总产量的1/3，也曾居于世界前列。如今，尽管包括造船业在内的制造业已远不如从前，但格拉斯哥仍是英国最大的制造业城市之一，同时，诸如金融服务、通信、创意产业等服务业迅速崛起，如今，格拉斯哥已成为欧洲十大金融中心之一，也是苏格兰最大的零售业中心。

（七）加的夫

威尔士首府，位于塞文河河口，是威尔士的最大城市，人口34.6万人（2013年）。加的夫是英国西南部的重要港口和工业中心。19世纪时，加的夫成为威尔士的主要港口；同时，得益于周边丰富的煤炭资源，加的

英 国

夫从一个小城镇迅速发展成为一个工业中心。20世纪初，加的夫曾一度成为世界上最大的煤炭出口港。第一次世界大战之前，通过加的夫港每年运输的煤炭超过1000万吨。1905年，加的夫被列为城市，1955年成为威尔士首府。第一次世界大战之后，由于煤炭的贸易量急剧减少，加的夫的采煤业迅速衰落。如今，其经济也主要以金融服务和商业服务等服务业为主。另外，加的夫是一个旅游城市，拥有较多著名古建筑，尤以古堡、教堂最为出名。

（八）贝尔法斯特

北爱尔兰首府、最大城市，人口28.6万人（2012年），它也是北爱尔兰最大的港口、铁路枢纽和主要的工商业城市。贝尔法斯特的港口可供远洋巨轮停泊，它与英格兰、苏格兰西岸的各港口之间保持定期通航。历史上，贝尔法斯特曾以发达的亚麻、烟草和造船工业著称。众所周知的巨型游轮"泰坦尼克号"就是在此建成下水的，其制造商"哈兰德与沃夫"（Harland and Wolff）在20世纪初曾经是世界上最大、产量最多的造船厂。贝尔法斯特还是北爱尔兰的文化中心，建于1845年的著名的女王大学（Queen's University）就设于此。1998年以前，由于北爱尔兰问题迟迟未能解决，贝尔法斯特也充斥着暴力流血事件，但在那之后，贝尔法斯特已恢复平静与安宁，市中心也得到了扩建，特别是维多利亚广场。和平协议的签署促进了北爱尔兰经济的快速增长。

（九）剑桥

剑桥位于伦敦以北80公里，是世界著名的大学城，人口12.4万人（包括学生）。12世纪初建市，市内街道狭窄而幽静，古典式的教堂、博物馆等建筑几乎随处可见。位于本城的剑桥大学创建于1209年，是世界上最古老的著名高等学府之一，多年来在全世界最著名大学排名榜上一直排在前五名。剑桥大学共有31所学院，历年来，这里共诞生了90多名诺贝尔奖得主，使剑桥大学成为诺贝尔奖得主最多的高等学府。剑桥市的经济主要以研发、软件咨询、创意产业和旅游为主，工业较少，有建筑、印刷、面粉、水泥等。2010年，《福布斯》曾将剑桥命名为"世界上最美丽的城市"之一。

(十) 牛津

牛津与剑桥一样，也是英国著名的高等教育中心、世界著名的大学城，拥有众多图书馆、天文台、博物馆等。牛津市有人口 15 万人。位于本城的牛津大学建校于 1168 年，历史悠久，是英语国家最古老的高等学府，历来为各国学子所向往。默顿学院是牛津大学最古老的学院，其他学院多在 13~16 世纪创立。牛津大学共有 38 所学院，所有学院均实行高度自治，其本科生的导师制是一大特色。牛津大学被誉为政治家的摇篮，至 2015 年已培育出 26 位英国首相（包括于 2015 年连任的首相卡梅伦）和多位著名外交家。牛津市内有很多塔状建筑，故又有"塔城"之称。遍布城市各个角落的商业企业特别是高科技企业，使牛津这座古老的城市焕发了青春活力。其工业较少，主要有汽车、酿酒、印刷出版等。

二 名胜古迹

(一) 伦敦及其周边

伦敦历史悠久，有诸多名胜古迹，共有 4 处世界文化遗产：伦敦塔，邱园 (Kew Gardens)，包括威斯敏斯特宫、威斯敏斯特教堂和圣玛格丽特教堂在内的一组古迹，以及格林尼治天文台。其他一些标志性的名胜古迹还有白金汉宫、圣保罗教堂、特拉法加广场、伦敦塔桥等。此外，伦敦还有诸多博物馆、图书馆、美术馆等，例如著名的国家博物馆、国家美术馆、国家图书馆等。下面分别做简要介绍。

1. 伦敦塔

伦敦塔于 1097 年威廉二世统治期间建成，位于泰晤士河北岸、伦敦塔桥附近。由占地约 7.28 公顷的庞大建筑群组成，以 27 米高的白塔为中心，内城墙有 13 座塔楼，外城墙有 6 座塔楼、2 座堡垒，四周有护城河，系由内外两部分组成的防御要塞。最初的作用是保卫和控制整个伦敦市，17 世纪前为王室住地，在这里居住的最后一位国王是詹姆斯一世。此后，伦敦塔曾先后被作为军械库、国库、铸币厂、避难所和国家监狱，伊丽莎白一世就曾经被关押在这里一段时间。伦敦塔最后一次被作为监狱是在第二次世界大战期间，曾关押过鲁道夫·赫斯。现为收藏文物的博物馆。

英 国

1988 年伦敦塔被列入世界文化遗产名录。

2. 邱园

邱园原为英国皇家植物园。其历史可追溯到 1759 年，由乔治二世与卡洛琳女王之子威尔士亲王的遗孀在所住庄园中建造，当时占地面积仅 3.5 公顷。1804 年，邱园被移交给国家管理，并逐步对公众开放。经过英国王室的 3 次捐赠，到 1904 年时，邱园的规模达到了 121 公顷。邱园拥有世界上已知植物品种的 1/8，共有将近 5 万种植物，收藏种类十分丰富。邱园还拥有数十座造型各异的大型温室。2000 年在植物园内还建成了"千年种子库"，不仅储存了英国本土的植物种子，还保存了全球 24000 种重要和濒危植物的种子。2003 年被列入世界文化遗产名录。

3. 威斯敏斯特宫

通称"英国议会大厦"，是英国上院和下院的所在地。自英国君主立宪政体建立以来，这座风格独特的哥特式建筑便成了英国政界商讨国家大事及制定法律的场所，也是英国各政党论战的讲坛。该大厦始建于都铎王朝时期，现有建筑是于 19 世纪重建而成的，是哥特复兴式建筑的代表之一。该建筑包括 1100 多个房间、100 座楼梯和长达 4.8 公里的走廊。目前它依然保留了初建时的许多历史古迹，如威斯敏斯特厅（最早建于 1097 年），用于举行重大的庆典仪式。1987 年，威斯敏斯特宫被列入世界文化遗产名录。

4. 威斯敏斯特教堂

威斯敏斯特教堂就位于议会大厦旁边，始建于 960 年，1045 年进行扩建，1220~1517 年重建，也是一座哥特式风格的代表建筑。1540 年英国国教与罗马教廷决裂后，它就成为英国圣公会的最高教堂，而且，1066 年后，除爱德华五世和爱德华八世以外的英国国王都在这里举行加冕典礼，他们去世之后也被埋葬在这里。除王室成员之外，英国的很多名人也埋葬在该教堂，如牛顿、达尔文等著名科学家，丘吉尔、张伯伦等著名外交家，以及拜伦、雪莱等著名诗人。

5. 大本钟

大本钟，即英国议会大厦附属的钟楼，是英国有名的古钟，建于

1858年，大钟重14吨，直径6.7米，时针长2.75米，分针长4.27米，钟摆重305公斤。从1923年起，大本钟根据格林尼治时间发出的钟声通过广播被传遍到了全世界。

6. 格林尼治天文台

格林尼治是英国原皇家格林尼治天文台所在地，是全世界计算时间和地球经度的起点，位于伦敦东南泰晤士河南岸。15世纪初，英国摄政王汉弗莱在当地的小山上修建了一个瞭望塔，用以观察进入伦敦的船只。1675年英王查理二世在位时将其改建成皇家格林尼治天文台。1884年国际天文工作者在华盛顿的国际经度会议上决定，以经过格林尼治天文台旧址的经线为本初子午线，并以此地作为"世界时区"的起点，据以校准时间。格林尼治有一座"子午宫"，一条宽10多厘米、长10米的铜质子午线镶嵌在大理石中，笔直地从地宫中延伸出来，这就是引得无数游客拍照留念的"本初子午线"。1948年皇家天文台迁址，原址改为航海博物馆的一部分。

7. 白金汉宫

女王在伦敦的王宫始建于1703年，因白金汉公爵所建而得名。1761年，英王乔治三世将其买下送给妻子，故又称"女王宫"。1838年，维多利亚女王登基，白金汉宫便成为历代国王的住处，后来又成为国王接见和宴请外国元首、政府首脑、外交使节，并召见本国首相和大臣的地方。王宫门前御林军卫士的换岗仪式已成为吸引海内外游客的一大景观。白金汉宫于每年8月7日至9月30日对外开放，但并非所有地方都允许游客参观，且只有在女王不在的时候才对外开放。

8. 伦敦塔桥

英国著名桥梁之一，位于泰晤士河上，建于1886~1894年，因桥身系由4座塔形建筑连接而得名，历史上有"伦敦的门户"之称。中间桥墩上的两座主塔高42.7米，两塔之间的跨度为61米。塔桥分为上下两层，下层桥面可以自动开合，平时通车，桥桁开启时还可通过万吨级船只；上层为一条宽阔的悬空人行道。塔桥和附近古城堡的塔群交相辉映，成为泰晤士河上有名的一景。

9. 圣保罗教堂

伦敦的著名教堂，位于泰晤士河北岸纽盖特街与纽钱吉街交界处，为604年圣奥古斯丁以来的伦敦主教堂所在地。现有教堂由英国建筑大师克里斯托弗·雷恩爵士在1675～1710年按照竖长横短的十字架形状设计建成，是巴洛克风格建筑的代表。教堂主体是一座两层的十字形大楼，中间拱托高100多米的穹隆圆顶，它是世界第二大圆顶建筑教堂。该教堂也被视为英格兰人的精神支柱，人们把它看作火焰中飞舞的凤凰再度升起的地方。

10. 特拉法加广场

又称"鸽子广场"，位于伦敦市中心。1840年为纪念英国杰出的海军将领纳尔逊而建，并以他战斗过的地方即特拉法加海港而命名为"特拉法加广场"。广场中央矗立着纳尔逊身着军装的雕像。在纪念碑周围和喷水池旁经常有无数鸽子与游人嬉戏，故该广场又被称为"鸽子广场"。

11. 温莎堡

王室行宫，位于伦敦以西35.4公里的温莎镇，濒临泰晤士河南岸。11世纪，"胜利王威廉"在此修建木质结构城堡，这就是温莎堡的最早由来，迄今已有900多年的历史。亨利一世时首次成为王室住地，后经多次修建和扩建，现已成为英国最大的城堡，占地13英亩。历史上，温莎堡是一些英王的出生地、举行婚礼的场所、囚禁处和墓葬地。1917年起，英国王室以温莎命名，称"温莎王室"。目前，温莎堡与白金汉宫一样，也是英国国王的主要官邸之一。

12. 国家博物馆

又名不列颠博物馆，位于伦敦新牛津大街北面的罗素广场，于1753年建成，1759年1月正式对公众开放，是世界上历史最悠久、规模最宏大的综合性博物馆，也是世界上首家国立公共博物馆，对公众免费开放。国家博物馆收藏有文物600多万件，其中的古埃及艺术品是最负盛名的馆藏，而东方艺术文物馆则最引人注目，其中收藏了很多来自中国历代的稀世珍品。

（二）湖区

湖区位于英格兰西北海岸，靠近苏格兰边界，面积2300平方公里，

1951年被规划为国家公园，是英格兰和威尔士11个国家公园中最大的一个。这里拥有英格兰最高峰斯科费尔峰，还有英格兰最大的湖泊温德米尔湖，此外还有大小共15个湖泊，因此，用"湖光山色"来形容这里是最恰当不过的了。它是第一个入选环球绿色旅行目的地的风景点，同时还是美国《国家地理》杂志评选出的"一生必去的50个地方"之一，它被选中的理由是：它是人类和自然良好共处、相得益彰的经典。

（三）巨石阵

巨石阵坐落在伦敦西南部100多公里的索尔兹伯里平原上，占地11公顷左右，由一些呈环形排列的巨石组成，每块石头约有50吨，历来被认为是英国最神秘的史前遗迹之一。据考古学家推测，巨石阵建于公元前2300年左右，但对其用途则莫衷一是，至今尚无公认的解释。巨石阵最神奇的地方在于，它的主轴线、通往石柱的古道和夏至日早晨初升的太阳在同一条线上；另外，其中还有两块石头的连线指向冬至日落的方向。

（四）苏格兰高地

苏格兰也拥有很多风景优美的地方，特别是苏格兰高地，风景独特，被很多人称为"欧洲最美的地方"。苏格兰高地是对苏格兰高地边界断层以西和以北山地的统称，面积在2000平方公里左右。这里人烟稀少，山脉众多，有英国的最高峰本内维斯山。这里不仅拥有英国许多最美丽的山地景观和海岸景观，还拥有大量独特的自然遗迹和人文历史遗迹。苏格兰高地的行政中心是因弗内斯市，以怪兽闻名的尼斯湖就在该城郊外。

除上文介绍的这些之外，英国作为一个著名的世界旅游胜地，还有其他许多名胜古迹，但限于篇幅原因，笔者无法一一进行介绍，还请读者自己去探寻。

第二章

历　史

第一节　上古简史

一　罗马征服前的古代居民

据1994年的考古发掘，考古学家在英国发现了50万年前的古人类骨骸，这表明大不列颠岛上自古就有人类居住。但除了一些遗迹之外，人们至今仍无法获知关于岛上最早居民的准确信息。公元前4世纪，古希腊哲学家亚里士多德曾提到过"不列颠诸岛"。不过大不列颠岛第一次被载入史册是在公元前1世纪，当时罗马帝国的恺撒大帝东征西讨，曾两次率军队入侵大不列颠岛南部。

据考证，在远古时代，大不列颠岛是欧洲大陆的一部分。旧石器时代的不列颠居民就来自欧洲大陆。在公元前3000年至公元前2000年左右的新石器时代，一部分来自中北欧的移民（阿尔卑人或称"陶盆人"）开始在大不列颠岛东部定居，而通过海路来到这里的伊比利亚半岛移民则分别在英格兰西南部、爱尔兰、威尔士、马恩岛和西苏格兰定居下来。他们带来了耕种、畜牧、造船和纺织等技术，其生活以农牧为主，这便是英国最早的居民。

伊比利亚人又称"巨石器人"，现今康沃尔、爱尔兰以及威尔士和苏格兰沿海地区均留有他们的遗迹。他们曾在以索尔兹伯里平原为中心的一些白垩丘陵地带居住，这里有英国最古老、最富历史意义的两条道路：

英 国

"伊克尼尔德路"和"皮尔格里姆路"。大路两旁有许多长冢：既有高耸在斯伯锡里和多尔伯里的大土阜，又有巨石圆柱阵，其中最著名的就是巨石阵。这些遗迹宏伟壮丽，说明该民族人数众多，组织完善。想必需要千千万万人的合作才能修建起这些大土阜，以及这些将各个居民区相互连接起来的道路。丘陵地带的阶地表明，当时存在以锄镐做农具进行生产的集体农业，已经出现了一定程度的劳动分工和专业化生产。例如，诺福克居民采挖加工燧石，并且在不列颠进行交易。居住在东部沿海一带的阿尔卑人拥有自己特有的陶器，故有"陶盆人"之称。该民族熟悉青铜的冶炼和用途，他们经过东盎格利亚，溯泰晤士河流域，与伊比利亚人相会于现今的威尔特郡地区，于是这一地区就成为前凯尔特文明的中心。

约在公元前2000年，英国从新石器时代进入了青铜器时代。公元前800年至公元前200年，原先居住在欧洲大陆西部的凯尔特人各部落分三批移居不列颠。他们不仅懂得青铜的用途，而且给英国带来了铁器时代的文明（英国的铁器时代大约开始于公元前500年）。其中一支凯尔特人被称为不立吞人（Britons），"不列颠"的称谓由此而来。约在公元前200年，入侵者中的最后一支也是最为开化的比尔格部，统一了凯尔特人各部落，成为大不列颠岛的主人。

在不同的地区，凯尔特人与先前来到不列颠的伊比利亚人有了不同程度的融合。虽然不列颠西部的主要民族为伊比利亚人，最后却是凯尔特人成功地使大不列颠岛接受了他们的部落组织。凯尔特人部落的基本单位是氏族，这些氏族联合起来成为规模更大的团体，最终发展为部落和部落联盟。凯尔特人从事多样化的农业，并且把耕犁输入英国。从某些方面看，这时的农业技术仍很粗陋，他们犁田时也往往只是耙松地面而已。可是他们较善于使用金属，在耕作技术上不断进步，所以能开辟新的居住点和耕作区。特别是比尔格部的到来，在凯尔特不列颠的发展史上开始了一个新阶段，正是他们才使不列颠东南部成为重要的产粮区。与此同时，市场渐渐兴起，与高卢人的贸易也发展起来。有了贸易，就产生了最早的货币。强大的部落酋长开始自命为某些地区的国王。这就是公元前55年恺撒入侵时不列颠民族的状况。

二 罗马统治不列颠时期

公元前55年和公元前54年，罗马皇帝恺撒率领罗马军队两次入侵英国。不列颠的财富固然是引起罗马人注意的一个重要因素（大不列颠岛富产珍珠、谷类和锡），不过他们更看重的是不列颠的战略地位。罗马征服了高卢，而不列颠是支持高卢人抵抗罗马的中心。因此，罗马人认为必须对不列颠进行征讨以示惩戒，只有这样罗马对高卢的占领才算确有把握。罗马军队两次渡海入侵大不列颠南部，均被不列颠人击退，只好在劫掠了一些奴隶和财富之后撤出不列颠。

公元43年，罗马皇帝克劳狄一世率军入侵大不列颠岛，开始了英国历史上的罗马占领时期，大不列颠岛遂成为罗马帝国的一个行省。罗马人以伦敦为基地，在那里修建了码头与兵站，并逐步向岛屿内地扩展。他们首先征服了英格兰，又用了30多年的时间才平息了威尔士地区的抵抗，但对当时荒蛮的苏格兰地区无能为力。公元122年，罗马皇帝哈德良来到大不列颠，下令在英格兰北部与苏格兰交界处，从东海岸到西海岸修筑一道长118公里、宽2.5~3米的军事屏障，以防御苏格兰土著的侵扰。这是一道用石头砌成、拥有17座要塞的坚固城墙，西起卡莱尔，蜿蜒至东部的纽卡斯尔。这条名为"哈德良长城"的城墙，就是当时罗马帝国最北部的边界。今天，英格兰与苏格兰的边界距"哈德良长城"已北移了许多。

罗马不列颠分为两部分：民政区即低地区，军事区即高地区。军事区都是荒凉、贫瘠且多山的地方。民政区情况则不同，是富饶的产粮区，这也正是罗马十分重视不列颠的原因。直到公元360年前后，不列颠每年都要运送大批粮食到高卢去。绝大多数发达的城镇也都集中在民政区。

罗马统治不列颠近400年之久，给这个岛屿带来了不少变化。岛上原来并没有成规模的城市，是罗马人以其先进的技术，修筑了四通八达的道路，建设起许多城市。伦敦就是在罗马统治时期发展起来的。作为罗马占领者的一个军事行政中心，随之而来的商业繁荣给伦敦带来了经久不衰的生机。伦敦发展成为一座占地广阔、规划合理、有坚固城墙保护的城市，它不仅是罗马不列颠行省的一个重要城市，而且是当时最重要的商业贸易

英 国

中心。不列颠还有 5 座城市属罗马自由市之列，它们是维鲁累米恩、科耳切斯特、约克、林肯和格洛斯特。这些城市按照罗马城市的标准样式，像棋盘一样被设计成许多方格子，便于居民有序地居住。城内沟渠纵横，分上下水道，不但有公共浴室，而且有集中供暖设施。各城市之间建有别墅，即罗马贵族和不列颠富人居住的乡间住宅。在罗马占领期间，一些森林区被开垦。沿着河流和大路，在森林地带的边缘，人们伐木辟地，农业有了相当程度的发展。不过耕地仍主要分布在便于耕种、地势偏高的沙土地带，采用的是几千年来一直沿用的原始耕作方法。森林、沼泽和肥沃的低洼黏土地带尚未得到大规模开垦。罗马贵族以不列颠人为奴隶，经营农场和畜牧业，但允许被奴役者耕种小片土地，以交纳定额地租或服劳役作为回报。与之并行的是凯尔特人的部落农业。

罗马统治不列颠时期，尤其是公元 2~3 世纪的某些年代，被视为不列颠的"黄金时代"。当时社会秩序井然，法律严明，人们过着相对安定的生活。罗马文明（包括市政、法治、语言文学、宗教信仰等）得到了相当广泛的传播，但是到公元 3 世纪末，不列颠的罗马文化已开始面临严峻挑战。到公元 4 世纪初，罗马帝国统治下的不列颠社会已出现了不稳定的迹象，渐渐失去了安全感。罗马帝国的灭亡，是种种内外因素的结合促成的。其中，促使帝国灭亡的国内因素尤为重要。罗马帝国的全部经济都有赖于奴隶，为了使奴隶得到补充，需要不断向外扩张，以获得新的奴隶来源，一旦罗马在军事上难以保持新占领土，衰落就不可避免。罗马帝国的政治组织实行的是军事独裁制，互相争雄的帝国和外省将军们的争权夺利，使得内乱不断发生，极大地削弱了帝国的军事实力。与此同时，来自帝国外部和外省对罗马帝国的冲击与反抗，则加速了帝国的灭亡进程。公元 4 世纪，以匈奴西迁引发的亚欧民族大迁移，导致大批日耳曼部落联盟向罗马帝国境内推进。日耳曼人的进攻与境内奴隶和外省被奴役民族的反抗日渐给罗马帝国造成了难以承受的压力，中央政府逐渐放弃了对边远省份的控制，于是一个又一个省被其他民族或部落控制，并建立起各个独立王国。在外省中，不列颠是最遥远、最难控制的，所以它脱离罗马帝国统治的时间也最早。值得注意的是，最初攻打不列颠的并不是渡海而来的日耳曼部落，而是苏格兰和爱尔兰地区未被征服的凯尔特人。经过长达 250 年至 350 年的和平时期以后，凯尔特人多次向不列颠进发，并直抵伦敦城下。最初，罗马人还收复了部分领土，但在公元 409 年，罗马发生内乱，它在不列颠的大部分驻军不得不撤回本土。这时大队日耳曼族人渡过莱茵河进入高卢，切断了不列颠与罗马本土的交通联系，使得撤走的罗马军团再难以回到不列颠。罗马人的离境为大不列颠岛重新获得独立创造了条件。

三 盎格鲁-撒克逊入主英格兰时期

罗马军队撤离不列颠之后，罗马皇帝在各地接二连三告急文书的催促下于公元 410 年宣布："罗马帝国的各个行政区应该设法自卫。"当时中央政府已不复存在，代之而起的是许多小公国，它们只得急忙组织自己的管理机构和防务，以对付岛上荒僻地区未被征服的凯尔特部落和外族入侵者。

大约在公元 5 世纪中叶，居住在易北河口附近和丹麦南部的盎格鲁-撒克逊人以及来自莱茵河下游的朱特人等日耳曼部落开始入侵不列颠，持续达一个半世纪。在这一过程中，不列颠人不断遭到屠杀或沦为奴隶，有一部分被迫迁至西部和西北部山区，但大部分人最后与入侵者融合。英国文学中关于阿瑟王和圆桌骑士抗击蛮族与入侵者的传说，大约就发生在这一时期。到 7 世纪初，入侵者先后建立起 7 个国家，即东部和东北部盎格鲁人的麦西亚、诺森伯里亚和东盎格利亚，南部撒克逊人的威塞克斯、埃塞克斯和苏塞克斯，以及东南部朱特人的肯特。这个时期史称"七国时代"。

盎格鲁-撒克逊人喜欢居住在河谷地区。他们认为，河边的草地是有经济价值的地方，低处可种庄稼，高处便于放牧。他们迫使本地人做奴隶，耕种其原有的土地。后来，有些古老的田庄逐渐荒芜，那些本土人便聚居到河边或溪头的村子里，但有些地区的本地人仍在丘陵地带耕种土地。

在日耳曼人入侵不列颠的过程中，原来的氏族组织逐渐解体，而以地域为基础的村社结构取而代之。由于频繁的军事活动，农民被迫屈服于更为强大的国家权威，国王的地位日益显赫。他的支持者和随从逐渐形成了一个新的阶级，这一阶级孕育了封建制度的胚胎，逐渐控制了整个社会。这个过程起初并不太显眼，但从7世纪起日益明显，特别是8世纪末丹麦人入侵英格兰的战争，大大加快了英国的封建化进程。由于战争频仍，税收沉重，迫使自由农民纷纷破产沦为依附农。国王以诏书的形式将土地册封给贵族，成为封建领地。农民为躲避战祸和捐税，求得自保，便将土地交给地主，再领回耕种，以示接受地主保护。国王还赋予地主"特恩权"，即对领地内的依附农实行政治、经济、法律等全面的统治权。特恩权加速了农民的农奴化。封建领主是主人，也是农奴的保护者。他必须支持属民，发生纠纷时支持他们，发生饥荒时供养他们；反过来，属民必须为他劳作，为他打仗。封建领主所实行的个人统治制度，在盎格鲁－撒克逊入侵者中间逐渐扎下根来。

在罗马帝国占领不列颠以后的两个世纪中，基督教还没有成为帝国的国教。由于罗马帝国对宗教比较宽容，基督教和其他宗教都得到了发展，大不列颠岛上也有了基督教会。当不列颠人同盎格鲁－撒克逊入侵者进行长期斗争的时候，基督教会和岛上的幸存者一起退到了岛的西部。后来，现在的整个威尔士地区都皈依了基督教。圣帕特里克于公元432年来到爱尔兰传播基督教，将已有的基督教会组织起来，使尚未入教的王国皈依基督教，并使爱尔兰同西欧的基督教会联系起来。圣帕特里克死后，他的弟子和信徒们又将基督教自爱尔兰传播到了英格兰和苏格兰地区。不过，此时传到英国的基督教同欧洲国家普遍接受的基督教有所区别，特别是它同罗马教廷没有什么联系。罗马教廷于6世纪末决定派人到英格兰去传播和加深基督教信仰，使异教徒皈依基督教，并使不列颠基督教会同罗马教廷合为一体。圣奥古斯丁和罗马教廷的其他使者先后来到英格兰，成功地使信奉战神的盎格鲁－撒克逊人改信基督教。公元664年，罗马基督教徒和凯尔特基督教徒在惠特比召开宗教会议，讨论解决他们之间的争端和分歧。会上讨论的关键问题是，不列颠的基督教学说是否应该同基督教世界的基本原则保持一致。经过激烈的争论，盎格鲁－撒克逊大多数王国的教会都同意归属于罗马教廷。尽管凯尔特人的教会领袖和爱尔兰的教士们仍持不同意见，但这并不妨碍大不列颠岛第一次在信仰和道德方面实现了统一，大部分地区都同罗马教廷有了直接联系。到 7 世纪下半叶，英格兰全境几乎都皈依了罗马天主教，岛上建立了许多教堂。这对英国的文化艺术、社会生活、学术思想、政治制度等方面均产生了深远的影响。

在"七国时代"，盎格鲁－撒克逊各王国为争夺霸主地位进行了长期而复杂的斗争，居主导地位的最初是肯特王国。肯特之所以最早掌握了霸权，是因为侵入此地的法兰克人在文化上占优势，并且同欧陆保持着接触。诺森伯里亚王国的强盛时期，就是凯尔特教会输入的较先进文化广泛传播于全国之时。但由于地理位置不利和国力不强等因素，其极盛时期结束之后，霸主地位便转移到了麦西亚王国。麦西亚的勃兴，很大一部分原因可能是肥沃的中部平原拥有众多人口和繁荣的农业，他们又由于战胜威尔士而获得了丰富的战争经验。麦西亚两代国王埃塞尔鲍德和奥法统治时期的繁荣昌盛，赋予了麦西亚在大不列颠岛上不可忽视的地位。奥法不仅自称英格兰国王，而且还自称为"全英格兰国王"，统治着岛上的绝大部分地区。不过，麦西亚王国没有坚固的天然疆界，因而十分易受攻击。相比之下，威塞克斯不仅拥有广阔而肥沃的土地和天然的优良疆界，在其西南还拥有一块腹地，可以充分供其扩张之用。公元 800 年以后，威塞克斯在埃格伯特统治后不久便渐渐胜过了其他王国。然而，此前诺曼人开始入侵大不列颠岛，大大加快了岛上形势的变化。在诺曼人入侵的过程中，首当其冲的是麦西亚和诺森伯里亚，两国不久就遭到蹂躏。威塞克斯虽摆脱了旧的对手，却又面对另一个更为可怕的敌人。

从公元 8 世纪末起，以丹麦人为主体的斯堪的纳维亚人频繁入侵英格兰，统治英格兰达 250 年之久的北欧海盗时代由此开端。在反抗丹麦人入侵的过程中，盎格鲁－撒克逊各王国逐渐形成了联盟。力量强大的威塞克斯王国国王埃格伯特于公元 827 年统一了七国，开创了撒克逊王朝。9 世纪末，丹麦人已在大不列颠岛上建立起大片的居住地。埃格伯特的孙子阿尔弗雷德大帝智勇双全，经过多年的战争终于击退丹麦人，在公元 879 年和丹麦人达成协议，划定英格兰东北部归丹麦管辖，称为"丹麦区"。由于阿尔弗雷德的努力，撒克逊人和丹麦人相互交融，丹麦人的血统和文化

习俗在英格兰保存下来。

10世纪初，阿尔弗雷德的后继者逐渐收复丹麦区，实现了英格兰的统一。阿尔弗雷德的孙子艾特尔斯坦成为全英格兰第一位国王。10世纪是英格兰在文明道路上向前迈出关键一步的时期，也是英国行政机构臻于完善的年代。在争取实现英格兰统一的过程中，撒克逊人一直有意识地重建行政机构：重新划分各郡，每郡设郡守，即直接对国王负责的行政长官；在郡下设区，区以下的城镇设置了防御设施。从郡、区到城镇有一套严密的司法系统，负责维持社会治安，税收制度也得到了恢复。在全国各地，无论是郡还是区和市，法院均定期开庭；币制和度量衡得到了统一；传统的建筑和装饰艺术得以恢复；学术研究在修道院中繁荣起来；土生土长的英国文学也开始萌芽；大不列颠岛上又恢复了文明。

11世纪初，丹麦人卷土重来，克努特大帝及其儿子统治英格兰达25年之久。1042年丹麦帝国瓦解，长期流亡诺曼底公国的原撒克逊王朝王位继承人爱德华回英国即位，恢复了撒克逊王朝的统治。爱德华死后无嗣，1066年法国诺曼底公爵威廉率兵入侵英格兰，同年10月占领伦敦，撒克逊王朝覆灭。

第二节　中古简史

一　诺曼征服

1066年，入侵英国的诺曼底公爵加冕为英王威廉一世，史称"征服者威廉"，由此建立诺曼王朝。在诺曼底军队入侵英国后的最初20年间，英格兰居民的敌对情绪十分强烈，诺曼底军队不得不依靠在重要地点建筑城堡来压制和对抗当地居民。但不久之后，他们就逐渐与撒克逊人融合。诺曼王朝及其继承者金雀花王朝都曾在法国西北部拥有大片领地，成为地跨海峡两岸、统治达400余年的强大帝国。

在诺曼底人征服英格兰后的一段时期，有3位强有力的统治者对诺曼王朝和金雀花王朝的历史发展进程产生了重要作用和影响。诺曼王朝的开创者威廉一世残酷无情，意志坚定，在英格兰建立了一整套诺曼底制度。他的小儿子亨利一世目光远大、处世稳重，是一位旷世之才，对诺曼王朝的巩固和发展做出了重要贡献。为了争取盎格鲁－撒克逊人成为自己的支持力量，亨利一世同英格兰撒克逊王室的后裔、最后一位王位继承人的侄女马蒂尔达结婚，两族通婚由此得到了最高形式的认可。此后，亨利一世率领英格兰士兵渡海到大陆作战获得全胜，迫使诺曼底承认其权威，英格兰－诺曼底国家的决策权自此从大陆转移到伦敦。亨利一世编纂和重申撒克逊时代的旧有法律，使这些法律尽可能与诺曼底封建制度的新观念统一起来，并将其君权同旧的撒克逊法制相结合，大不列颠岛恢复了统一。

1154年，亨利一世的外甥安茹伯爵亨利·金雀花登上英格兰王位，史称"亨利二世"，开创了金雀花王朝（也称安茹王朝）。亨利二世是一位伟大的政治家，他促成了英格兰国家的空前统一，在英国历史上开创了一个无比辉煌的统治时期，对后世具有十分重要的影响。亨利二世统治着一个版图空前辽阔的大帝国。英格兰人和诺曼底人都承认亨利二世是他们国家和领土的统治者。在他的统治下，英格兰、苏格兰和爱尔兰结成了某种伙伴关系。金雀花王朝从亨利二世即位，到末代君主理查三世被都铎王朝的亨利七世取代，统治英格兰长达300余年。自1399年到1485年，系由兰开斯特家族和约克家族先后或交替任国王，故又称兰开斯特王朝或约克王朝。

诺曼王朝和金雀花王朝是英国封建制度确立、完善和走向衰落的时期，其后期则是资本主义生产方式萌芽的时期。

二　封建制度的确立与发展

诺曼底人的入侵和征服加速了英格兰早已开始的封建化进程，使封建生产方式在英国基本确立。诺曼底人把以军事服役为基础的租地制度传入英格兰，自上而下推行军事等级制度，摧毁了撒克逊原有的统治阶级。威廉一世大量没收盎格鲁－撒克逊贵族和自由农民的土地，把全国1/6的可耕地和1/3的山林据为己有，其余分给亲信和随从，并根据分封土地的多少授以贵族爵位。来自安茹、曼恩、布列塔尼，甚至阿尔卑斯和比利牛斯

英 国

山脉以外地区的骑士，都得到了与其地位相称的土地。教会同样也由诺曼底人接管。在分封的领地上到处都出现了封建庄园，成为英国封建社会的基本经济单位。领主是庄园的最高统治者，大部分农民沦为农奴，为领主服劳役，但庄园里仍然有不少自由农民。1086年，威廉一世对全国土地进行调查，并编制成土地调查书，详细记载了土地的归属以及农民的不同身份，其目的是让国王能够掌握封臣的财产状况，并要求他们严格履行各种封建义务。

诺曼底人推行的新制度使英国在向采邑制演变的过程中迈出了关键性的一步。英格兰人原来实行的是封臣可以自己选择领主的制度。他们平时为领主工作，战时随领主出征，领主则必须保护他们不受侵犯，并在法庭上支持他们。此外，封臣还可以投奔新领主，从新领主那里得到土地。根据诺曼底人实行的新制度，不管封臣投奔到哪里，土地仍归原领主所有。因此，封臣与领主关系原有的灵活性大大减少，从而更能适应所谓的"诺曼底原则"，即封臣与领主的关系不仅受道义和法律的约束，而且受物质因素的影响。这样，就形成了以土地为基础、以国王为顶尖的金字塔，所有土地都以劳务为条件分封到个人手中。应该说，诺曼底时代的统治阶级是比撒克逊时代更彻底的地主阶级。

然而，在诺曼底人实施的新制度中，孕育着抗衡封建制度的力量。这种力量存在于各个郡内权势不大的贵族及其没有爵位的子孙——地方治安官和郡选议员中间。在诺曼底人征服英格兰后，原有的撒克逊贵族消失，但后来逐渐形成的乡绅阶层可以在决策时发表决定性意见。威廉一世不希望像法国国王那样受制于诸侯，他把英格兰分成一些规模较小的郡，委派官员治理，因而达到了在治安和财政管理方面所需要的力量平衡，同时也使这些郡无力单独谋反。由于英格兰的被征服过程仅用了短短的几年时间，而且封建政治制度是从上到下强制实施的，所以这一制度在英国的完备性和彻底性是其他国家不可比拟的。从一开始，国家的势力就很强大，而封建贵族的势力相对较小，国王对封臣的权力是实实在在的。而新生贵族（乡绅）既希望过太平的生活，又希望享有一定权利，他们自然成为王权的拥护者和支持者。总之，诺曼王朝通过种种措施，建立起强大的中央集权式封建统治，并得到中、小封建主及教会和富裕市民的广泛支持。大封建领主虽反对王权过于集中，但由于其封地比较分散，一时难以向王权发起挑战。

诺曼底人的征服和统治，使英格兰的历史发展同欧洲大陆再次联系起来。诺曼底人将大陆更为先进的封建采邑制传入英国，也把盎格鲁－撒克逊人原有的某些良好传统保留下来。诺曼底人中央统治机构中的王室法庭（即最高法院和监督机构），以及撒克逊王国的财政措施，都被保存了下来并得到发展。撒克逊的地方政府体制，即郡、郡守和法院也被保留下来。国王通过这种体制同全国保持着广泛联系。各郡组织的民军在诺曼底人征服英国之后依然存在，必要时国王可以将他们组织起来服务于自己的需要。就这样，诺曼底人和撒克逊人的制度逐渐紧密地结合在一起。诺曼底人的征服还对教会起到了振兴作用，把英格兰教会从死气沉沉的状态中拯救出来，使它再次接触到欧洲大陆基督教会的文化遗产。

三 《大宪章》

自诺曼底人征服至1200年前后，是英国国家权力增强以及国王作为国家元首的权力逐渐壮大的时期。在封建制度下，国王同封臣之间形成了一种契约关系，体现了阶级力量对比关系的平衡。为保持这种平衡，国王权力的发展须限制在一定范围之内，以不破坏和超越这种契约关系为限度。

1199年约翰继承王位。法国国王以约翰不履行封臣义务为借口，派兵占领约翰在法国的大部分领地。约翰虽承认自己不再拥有对这些领地的所有权，但积极准备对法作战。为筹措军饷，约翰在国内强征捐税，没收土地，从而侵犯了大批贵族、骑士乃至市民的利益，引起普遍不满和反抗。

1205年，坎特伯雷大主教去世，教皇英诺森三世不承认由国王约翰指定的诺里季为继位者。双方几经斗争，无法达成妥协，最终在1212年兵戎相见。1214年，约翰国王于布汶战役大败，逃回英国。次年春，英国诸侯、骑士纷纷要求约翰颁布宪章，以保障他们的权利和自由。同年6月，诸侯和骑士们在其要求遭到国王拒绝后，在市民的支持下武装进入伦

英 国

敦，迫使国王在他们事先用拉丁文写成的63条条款上签字。条款主要内容有：保障诸侯、骑士的封地及其继承权；非经依法判决，自由人不得被逮捕和监禁，也不得没收他们的财产或宣布他们不受法律保护；教会有选举神职人员的自由；非经主教和诸侯首肯，不得临时征税；不得强迫骑士额外服役；承认伦敦等城市已经享有的权利和保护商业自由等。此外，条款还规定，要选出由25名贵族组成的委员会来监督国王执行宪章。这便是史称的《大宪章》或《自由大宪章》。当然，以今天的眼光看，这很难说是真正意义上的"自由大宪章"，而只是贵族享有的"一长串特权目录"。但如果撇开具体内容，就其精神实质而言，它在英国历史上则具有重要意义和影响：它首次把过去的一些不成文规定以文字形式确定下来，明确了这样一条原则——王权并不是至高无上的，国王也必须服从法律。这样，封建习俗中长期存在的法律至上的基本思想就通过《大宪章》升华为一项宪政原则，成为英国有限君主制传统的重要基石。

四 议会雏形

《大宪章》的制定与实施所产生的一个重要影响，是促成了英国议会制度的形成。

英国议会的起源，可以追溯到盎格鲁-撒克逊时代的"贤人会议"和诺曼王朝初期御前会议中的"大会议"①。

13世纪初至14世纪初的100多年间，是英国议会酝酿、萌芽、成形并得到重大发展的时期。它与谘议会不同的一个重要特点是，扮演着越来越重要角色的平民代表——乡村骑士和城市平民——先后进入议会。促成这一事态发展的根本原因，是一个多世纪以来英国工商业的发展及由此导致的社会阶级结构的深刻变化。随着封建制度的确立和发展，货币经济在封建体制内部成长起来。伴随着养羊业和羊毛出口业的发展，英国的内外贸易和手工业也兴旺发达起来。

13世纪前期，乡村家庭手工业已在东南部地区形成规模，西南部地

---

① 也称"谘议会"，是由贵族和王室官员参加、负责为国王提供咨询和建议的中央政治机构。

区也涌现出一批新兴的采矿和冶金企业。12世纪英王多次参加十字军东征，客观上促使英国商人与地中海沿岸各国建立了直接联系，扩大了英国对外贸易的范围，推动了英国内外贸易的迅速发展，带动了城市的繁荣，伦敦成为全国的经济和贸易中心。此外，在英国逐渐兴起了多达百余个中小城市，且绝大多数都获得了自治权。伴随着财富的积聚，城市平民，尤其是一些家道殷实、拥有政治欲望的上层市民，要求参加国家高层政治活动的意识日趋强烈。商品经济的发展也冲击着农村的庄园经济，不少地主允许农民以货币地租代替传统的劳役地租。自从亨利二世实行"盾牌钱"这一军事改革后，骑士可用"免役税"代替以往跟随国王征战这种所谓"血税"，因而有了更多的时间和精力从事农牧业或工商业，其社会属性和经济利益与城市平民阶层日趋接近，开始向新兴资产阶级转化。正在萌发、成长的城乡新兴资产阶级拥有越来越强大的经济政治实力，使国王和朝臣们对其刮目相看。大贵族为了扩大对抗王权的基础，也在努力寻求新兴资产阶级的支持。到13世纪中叶，城乡新兴资产阶级的代表进入国会的条件和时机日趋成熟。

1216年约翰去世，其子继承王位，称亨利三世。亨利三世统治时期，社会动荡不安，是一个多事之秋，但也是一个大胆尝试变革的年代。特别是他统治晚期，正是英国议会制的萌芽时期。当时战争频仍，统治者内部互相倾轧，国家基本上处于贵族以及得到教会支持的国王雇佣军的控制之下。战争的耗费加上奢侈的生活开销，使得亨利三世不得不时时伸手向谘议会要钱。这不但引起了诸侯的抵制，小地主和商人也联合起来反对他。为了寻求广泛支持，避免在筹措军费的过程中发生抗税事件，1254年4月谘议会成员规模扩大，除原有的大贵族之外，各郡还选派两名骑士代表参加。这成为骑士进入谘议会的起点。

1257年，亨利三世为其幼子领受西西里王国，要求谘议会提供所需金钱，遭到诸侯拒绝。以西门伯爵为首的贵族集结军队，迫使国王同意召开牛津会议。1258年举行的牛津会议提出的《牛津条例》得到了国王认可。该文件除重申《大宪章》的基本原则外，还规定：①成立以大贵族为主体的15人委员会参与国事管理，国王必须依照该委员会的意见治理国家；政

英 国

府官员和地方官员每年应向该委员会述职以决定去留。②谘议会每年召开3次会议，届时国家所有重大事宜均由其决定。③每郡选出4名骑士，监督地方官工作，调查民情并及时上报。次年10月，国王还颁布了《威斯敏斯特法规》，作为对《牛津条例》的补充，宣布保护贵族、骑士和市民的利益。在此前后，谘议会开始使用"议会"这一名称。

亨利三世及其臣属当然不愿长期受这两个法规的约束，他们力争夺回失去的利益。1262年，亨利三世得到罗马教廷的支持，下令取消《牛津条例》和《威斯敏斯特法规》，致使贵族再次聚集在西门伯爵周围，组织新的反抗。1264年5月，贵族军队击败王军。

1265年1月，西门伯爵在伦敦召开议会。为了寻求城市平民阶层的支持，这次会议的参加者除贵族和各郡的骑士代表外，还首次要求每个市选派两名市民代表参加，此后市民进入议会成为惯例。这次会议因其主持人为西门伯爵，故被称为"西门议会"，被认为是英国下院乃至议会制度的重要起点，一些学者甚至将其作为英国议会产生的标志。

1272年亨利三世病故，爱德华一世即位。他登基的过程充满波折，使他认识到议会是一种沟通王权与社会各阶层关系的有效途径和工具，若运用得当，则有利于保证中央的财政收入和国家的稳定。他统治英国期间，议会的召开日渐制度化和经常化。特别是1295年秋季召开的"模范议会"，出席者达400人。他们分别代表当时英国社会的3个重要阶层：教士、贵族和平民，这被视为英国议会形成的一个重要界标。从13世纪末到14世纪初，议会3个阶层的代表数额逐渐趋于稳定。

1325年后，无平民代表即可召开议会的时代结束了，英国议会完成了从萌芽到成形的历程。

五 英法百年战争

13世纪末，佛兰德①已发展成为欧洲著名的毛纺织业中心，其经济繁

---

① 欧洲历史地名，包括今天比利时的东佛兰德省和西佛兰德省、法国的加来海峡省和北方省，以及荷兰的泽兰省。

荣主要依靠加工从英国进口的羊毛。佛兰德伯爵及其下属的贵族却与法国休戚与共，不但对佛兰德市民的利益漠不关心，反而认为他们是有叛逆之心的危险分子，担心他们的富裕和强大会危及其统治地位。因此，佛兰德市民同封建贵族在经济、社会和政治方面存在着根本分歧，前者亲英，后者亲法。佛兰德伯爵多次为羊毛贸易设置障碍，每一次都会引起加来海峡两岸利益相关者的强烈不满和反对。

1336年，英王爱德华三世采用巧妙的外交手法，下令禁止向佛兰德输出羊毛，给佛兰德造成了严重的危机。佛兰德城镇居民立即起来反对封建贵族。他们经过艰苦斗争，控制了佛兰德的大部分地区。获胜的居民担心封建贵族和法国人报复，便向英格兰求援。英国对此做出了积极响应，英法百年战争（1337~1453）由此爆发。

战争的直接原因是由两国统治阶级之间的联姻所造成的王位之争和领土纠纷。英王爱德华三世同时也是法国的安茹伯爵，他在欧洲大陆拥有两块领地——基恩和加斯科尼，而法兰西国王则想将其据为己有。由英法两个王室之间的血统关系导致的王位继承之争则成为引起双方开战的直接导火索。法兰西国王查理四世1328年逝世后，法国王位没有直系继承人。英王爱德华三世依据其母亲的血统提出对法国王位继承权的要求，于1337年宣布自己为法兰西国王，拒绝对新登上王位的法兰西国王表示效忠。法王随即宣布将爱德华三世在法国的领地收归法国王室所有。不过，导致这场战争的更为深层的原因是争夺市场和商业利益。当时对英国商业具有重要意义的两个地区都在法国的版图之内：一个是英国羊毛的出口市场佛兰德，另一个则是英国盐、酒和铁的主要供应地加斯科尼。

战争初期，英国依靠武器精良，于1347年大败法军，占领了加来港。1356年英国在普瓦提埃再次打败法王约翰二世。1360年两国签订和约，法国承认英国占有基恩、加斯科尼和加来，英国将罗亚河以北的土地归还法国。几年之后，两国再次开战。法国人在杜·古斯克兰的统率下，采用游击战术对英军予以沉重打击。

1377年爱德华三世去世，法军侵袭英国沿海，之后英军对佛兰德的出征也以失败告终。英国在经历40年战争之后财力几乎耗尽，国内贵族

英 国

之间的内讧又接连不断，百年战争第一阶段至此结束。

1415年，英王亨利五世率军再次侵入法国。此次入侵，经济动机并不是最主要原因，更多的是出于国内政治方面的考虑。亨利五世当时在本国的地位并不牢固，他希望通过出征法国既可以抚慰贵族，又可以转移国人的视线，不再注意国内问题和他在治国方面的缺陷。

1428年5月，英军包围了法国南方战略要地奥尔良。法国民族女英雄贞德率军抗英，在1429年5月的一场血战中，一举化解奥尔良之围。这次战役的胜利成了法国转败为胜的转折点，贞德的爱国精神大大激发了法国人的抗英热情。

1439年，法国的武器质量已大大超过英国，而且拥有比较强大的财力作后盾。相比之下，英国却因内争不已，战场上连连失利，最终被迫于1453年结束战争，英国除仍占领加来港外，丧失了在法国的其他所有领地。

六　玫瑰战争

爱德华三世在世时，通过让子女与最强大的贵族子嗣联姻的方式来加强家族势力。因此，大量土地和财富便集中到与王室联姻又抱有政治野心的少数人手里。这样一来，爱德华三世采取的联姻策略非但没能起到加强王室的作用，反而造就了众多竞争对手和强大的反对势力，使王室面临着更大的危险。特别是在英法百年战争中滋长了好战和贪婪习性的高级军官与骑士，这些人回到英国后，比以前更加贪婪，渴望弥补因战争失败而造成的损失，从而成为引发社会动荡和内战的不安定因素。

1455年，兰开斯特王朝的亨利六世免除摄政王理查的职位，导致理查拥兵夺权，内战由此开始。由于兰开斯特家族使用的族徽是红玫瑰，理查所属约克家族的族徽是白玫瑰，故称"玫瑰战争"（1455～1485）。

1460年理查阵亡，次年其子爱德华率兵占领伦敦。1461年陶顿战役中，兰开斯特阵营失败，爱德华登上王位，称爱德华四世，约克王朝由此建立。

1483年，爱德华四世去世，其子继位，称爱德华五世，但由爱德华四世之弟理查摄政。不久,理查即位,废除爱德华五世而自封理查三世。此举引起两大王族阵营内部的重新组合,约克派和兰开斯特派的许多重要人物都聚集到里奇蒙伯爵亨利·都铎的周围。亨利·都铎是兰开斯特家族的一名远亲,是"兰开斯特家族中最有继承权"的威尔士人,他的青少年时代是在动荡的生活中度过的,曾流亡布列塔尼。

1485年8月,亨利·都铎率约克派和兰开斯特派的联合力量以及一支法国军队,渡过英吉利海峡在米尔福德港登陆,经过博斯沃思一战打败了理查的军队。亨利·都铎成为英格兰国王,称亨利七世,创都铎王朝。金雀花王朝就此寿终正寝。

玫瑰战争的结束,也标志着一个新时期的到来。金雀花王朝及其制度所产生的封建贵族势力经过近30年的相互残杀,大部分已被消灭或瓦解。

玫瑰战争在形式上虽是一场王朝战争,是爱德华三世的子孙为争夺王位继承权而进行的战争,但其背后是封建势力和新兴资产阶级之间的争夺:兰开斯特派占据着好战的北方,约克派则在富庶的南方占统治地位。最终,工商业发达、经济上更为先进的南方地区战胜了封建落后的北方地区,为接下来以新兴资产阶级为后盾的都铎王朝打下了基础。

第三节 近代简史

一 都铎王朝的新君主政治

玫瑰战争的结束标志着英国中世纪的终结。在此基础上建立的都铎王朝(1485~1603),是英国社会由封建主义向资本主义过渡的时期。资本主义经济在封建社会内部发展起来,但其上层建筑依然是专制王权。

(一)专制王权的加强

英国的封建制度在13世纪达到顶峰,14~15世纪出现危机,持续达30年之久的玫瑰战争是这一危机的集中表现。危机最终依靠专制王权得到了缓解。亨利七世和都铎王朝的其他君主在镇压、削弱敌对的世袭贵族势力的同时,还罗致了一批出身低微、有才干的人出任谋臣和地方官员,

英 国

并被封以贵族称号,从而扩大了王政的社会基础。与此同时,一方面,针对以往君主迅速更替给土地所有者造成的不安全感与法律上的混乱,政府颁布法律,宣布所有忠于国王之人其生命和财产受到保护。这有利于争取人心,也有助于新王朝地位的稳固。另一方面,正在成长的新兴资产阶级希望保持有利于经济发展的和平环境,要求加强王权以压制贵族;而他们到海外经商也必须有强有力的国家做后盾。这一切都为都铎王朝推行新君主政治提供了条件。

都铎王朝为加强王权采取了一系列措施:继续打击旧贵族的叛乱;禁止贵族私自养兵,对拒不解散家兵者予以严惩;建立"星室法庭",在国王的直接控制下审理贵族、高级军官的犯罪行为及违抗王命的案件;加强政务会(包括在北部地区和威尔士边境地区分别建立政务会),建立枢密院,提升一批城乡新兴中产阶级出任政府要员和地方治安法官。对议会则采取"不求不理"的态度。亨利七世节俭理财、开源节流,在大量扩充王室领地的同时,又以各种方法广征封建税、关税及其他赋税,还勒索礼金。国王不依靠议会获取财政收入,后者的权力和作用便日见衰微。

王权与新兴资产阶级联盟是都铎王朝新君主政治的一个重要特点。都铎王朝鼓励发展手工业、商业和海上探险活动,支持并积极参与海外的商业与殖民扩张活动,因此特别重视造船和加强海军力量,凡制造百吨以上船只者可由国库给予补贴。亨利八世统治时期,英国已经造出了当时世界上最大的军舰、载重量达1500吨的"长驱"号,并由此向建立近代海军的方向发展。在加强向海外扩张方面,伊丽莎白一世是一位很有建树的君主。正是在她的统治下,英国的冒险家们加紧进行海外探险,于1583年以英国女王的名义占领纽芬兰,又于1585年在北美建立了英国的第一块殖民地弗吉尼亚。英格兰于1588年打败了西班牙强大的"无敌舰队",确立了海上霸权。同时,英国人开始不断绕行好望角,或者穿过中东的荒漠向远东拓展,并于1600年建立了专门向印度扩张的"东印度公司"。不过,随着新兴资产阶级力量的发展壮大,他们与君主之间的关系开始发生变化。

16世纪末17世纪初,由于王权限制资本主义牧场的发展,再加上镇压清教徒的活动,引起了逐渐强大的资产阶级与新贵族的反感和对立情绪。资产阶级与王权之间的长期联盟逐渐解体,这是导致后来爆发资产阶级革命的根本原因。

(二) 圈地运动

英国的圈地运动是资本原始积累的一种典型方式。15世纪最后30余年至16世纪最初10年,也就是大约从兰开斯特王朝结束至都铎王朝建立初期这段时间,是圈地运动的第一个高潮期,马克思将其称作"为资本主义生产方式奠定基础的变革的序幕"。

在中世纪早期,英国农村实行的是敞地制,或称公田制。敞地是由数百条形状狭长的条田构成的。庄园的土地除耕地外,还有草地和荒地,都是公用地,沿袭农村公社时期的惯例,领主和农奴都可以使用。无论是条田、草地还是荒地,原本都没有永久性的围墙。后来,有些地方将条田铲平,将分散的条田合并起来,用固定的树篱圈围,或者把荒地和草地占为己有,用栅栏将其与外界隔开,这就是圈地。合并的敞田和圈占的荒地,一般被用作开办农场或牧场,变原来分散的个体经营为集中统一经营。事实上,这种圈地现象在13世纪就已经出现。14世纪英国的小农场逐渐发展,15世纪迅速扩大。到了15世纪70年代,圈地活动急剧发展,在英国的40个郡中,圈地涉及35个郡,因而形成了一种普遍的社会现象,史称"圈地运动"。

牧羊业的发展是推动圈地运动发展的直接原因。羊毛贸易是英国商业资本最初和最重要的投资领域。英国的牧羊业自13世纪后半期逐步发展起来,羊毛主要供出口,运往佛兰德,在那里织成呢绒销往其他欧洲国家。直到14世纪中叶,英国仍是一个以羊毛出口为主的国家。英法百年战争的爆发导致英国羊毛出口贸易路线受阻,英国政府鼓励发展本国羊毛加工业,并帮助佛兰德的技术工人移居英国。这样,从14世纪后半叶起,英国的呢绒工业迅速发展起来,对羊毛的需求与日俱增。养羊出卖羊毛成了有利可图的产业,人称"羊腿可以使沙土变黄金"。牧羊业的发展推动圈地运动走向高潮。

15世纪末至16世纪初的圈地运动来势迅猛,波及农村一切旧的土

地占有形式。贵族地主、租地农场主和自耕农当中的一部分人,侵夺了各种形式的耕地和公用地之后,赶走各种不同身份的佃农,把这些土地变为专门靠雇工劳动经营的大地产。其结果不仅提高了土地收益,也改变了剥削方式,使资本主义租地制农场生产逐渐发展起来。到16世纪中叶,英国约有半数土地已经转入农场主手中。圈地运动加剧了农村的阶级分化。

封建贵族阶级也日益分裂为两个营垒:大贵族日趋没落,中小贵族中的一部分人逐渐资产阶级化;而农民阶级中的极少数人发展为乡绅或资本主义租地制农场主,大批小农被剥夺了土地,沦为丧失了生产资料的雇工,他们一部分成为资本主义租地制农场的雇工,其余的被呢绒工业或城市商业吸收,成为雇佣劳动者。

15世纪后半叶开始的圈地运动,实质上是土地关系和农业经营方式的一种变革。农业的变革反过来又促进了资本主义因素在工业部门的增长。呢绒业是英国资本主义因素萌发较早的一个工业部门。早在14世纪后期,英国呢绒业最早冲破城市行会的束缚,以农村为基地发展起来。毛纺织业从15世纪起开始向手工业工场的经营方式过渡,到16世纪,手工业工场已成为毛纺织业大生产的普遍形式,出现了很多集中生产的大呢绒手工工场,有的甚至集选、梳、纺、织、修、熨、漂、染八道工序于一家,雇佣工人超过千人。圈地运动把大批失业劳动力抛向社会,为资本主义农场和资本主义手工业工场的进一步发展创造了有利条件。

16世纪是英国西南部地区绒面呢生产的黄金时代。据有关记载,1565年绒面呢的出口占英国商品输出总额的78%。随着资本主义经营方式的出现,英国的工商业资产阶级逐渐形成,资本主义生产方式在封建社会的母体内逐渐成熟。

(三) 宗教改革

都铎王朝的亨利八世和伊丽莎白一世时代,是英国宗教改革史上的重要时期。宗教在英国和欧洲大陆的历史上都占有重要地位。教会接受大量捐赠,积累巨额财富,左右国家政策,成为社会上最为富有和强大的组织,常引起国王的忌妒和觊觎。基督教会又是欧洲政治生活中一支具有重要影响的力量。罗马天主教会常常干涉各国朝政，因此国王与教会之间的矛盾日趋激化。随着中央集权民族国家的形成和发展，打破以罗马教廷为中心的神权垄断成为建立和巩固君主专制政体的一个不可缺少的步骤。此外，教会代表的反动封建势力竭力限制与阻挠新兴资产阶级和工商业的发展，同市民阶层也发生了尖锐的矛盾。所以，宗教改革本质上是一场打着宗教旗号的政治运动。这就是16世纪英国和欧洲爆发宗教改革的基本背景与动因。

英国与罗马天主教会发生冲突的导火索，是国王亨利八世的婚姻问题。亨利八世在其兄长死后娶其嫂凯瑟琳为妻，因仅生一女而无男嗣，欲与其离婚另立王后。但罗马教皇迫于神圣罗马帝国皇帝查理五世（凯瑟琳的外甥）的压力，对亨利八世的请求迟迟不予批准。亨利八世忍无可忍，于1531年决定与罗马教廷断绝一切关系，并于1534年敦促国会通过《至尊法令》，宣布英国教会不再听命于罗马教皇。英王自任教会最高首脑，有权任命教职和解释教义，把教会直接置于国家的管制之下，并将英格兰圣公会定为国教。之后，议会又宣布封闭和解散寺院。在某种意义上，宗教改革也是资本原始积累的途径之一。政府没收寺院的财产和土地，除用以创办少数学校并资助几个新设的主教区外，其余的都为王室所夺取，然后再卖给贵族、朝臣、商人和投机者集团。他们又把其中的大部分转卖给小地主和农业资本家。与此同时，政府还解散修道院，将其人员和靠修道院救济的贫民投入劳动后备军；将土地投入市场，其世袭租户被赶走，成为雇佣劳动者的来源之一。

1547年亨利八世逝世时，英国王室已与罗马教廷完全断绝联系，也已没收了教会的部分财产，但教义革命尚未开始。此后经过多次反复、变革和调整，在伊丽莎白一世时期实现了宗教妥协，并最终确立了教会隶属于国王的制度。但英国教会保存了天主教的组织形式，即各主教管理教会的制度和复杂的教阶制度，而没有采取新教那种较严格的民主形式。英国教会还保持了天主教统一的教会传统，然而也有所改革，特别是摆脱了中世纪时带入教会的一些腐败习俗和教条。同时，它又尽可能将教义规定得模糊不清，以使各方都能接受。这样，英格兰、苏格兰和威尔士教会都逐

英 国

步摆脱了罗马天主教的教义,其宗教仪式和信仰更加接近于欧洲大陆宗教改革后的"新教",只有爱尔兰仍忠于罗马天主教会。

二 资产阶级革命

1603年,伊丽莎白女王去世,身后无嗣,根据1582年英格兰与苏格兰缔结的同盟协定,苏格兰国王詹姆斯六世继承英国王位,称詹姆斯一世,建立了斯图亚特王朝(1603~1649、1660~1714)。当时英国的社会、经济、政治、宗教等各个领域都发生了深刻变化。在经济领域,圈地运动向纵深发展;工业部门采用了新的生产组织形式;商业空前兴旺,一些对外贸易公司转运商品、贩卖黑奴,在资本原始积累方面聚敛了巨额财富。经济的发展导致了社会关系的重要变化,一些靠资本主义经营方式致富的乡绅成为新贵族,他们在经济利益方面与新兴工商业资产阶级日趋一致。前者反对政府征收"骑士税"等封建赋税,后者则对政府推行的贸易专卖制深感不满。经济利益的一致促使双方政治上的接近,他们不愿再忍受封建制度的束缚。与此同时,资产阶级对英格兰国教的腐败越来越不满,认为烦琐的宗教仪式和各种宗教开支是在浪费钱财。更重要的是,国教教会是国王巩固专制统治的支柱。因此,新兴城乡资产阶级便以加尔文教为武器,开展了反对国教的清教徒运动。而詹姆斯一世面对英格兰的不同国情,仍要按照"苏格兰习惯"行事。他和其子查理一世在英国实行封建君主专制,宣称"君权神授"、君权至上。他们残酷迫害清教徒,向宠臣出售专卖权,强行增加新关税,忽视对外贸易,推行与西班牙重新修好等政策,激起了资产阶级和新贵族的强烈不满。由于财政拮据,国王为了筹款不得不召开议会寻求支持,而新兴势力正好利用议会提出自己的要求和政治主张,于是"不听话"的议会一次次被强行解散。

1628年,查理一世为解决财政困难召开议会,但无意执行与议会之间达成的关于不得强行借债和征税的协议,并于次年解散议会,开始了长达11年的无议会统治。17世纪30年代末,苏格兰由于反对英国政府强制在当地推行国教仪式而爆发了人民起义,局势更为紧张。为了筹措军费镇压起义，1640年4月查理一世召开议会，但议会反而与苏格兰开展谈判；3周后议会被解散，史称"短期议会"。是年11月国王被迫再度召开议会。该届议会一直存至1653年，故称"长期议会"。长期议会议员的选举是在全国群情激愤的情况下进行的，很少有人支持王党的候选人。相反，一些反对封建王党的激进人物和"市井之徒"，即清教徒乡绅和贵族，以及许多"短期议会"的成员纷纷当选。长期议会在群众运动的推动和帮助下，逮捕了国王的宠臣斯特拉福德伯爵温特沃思，并以叛国罪判处其死刑。

1641年11月，议会通过《大抗议书》。这是革命开始时议会反对封建王党的纲领性文件，要求政府对议会负责。议会与王党之间的矛盾更趋激化。1642年1月3日国王颁发诏书，拟以叛国罪逮捕议会领袖皮姆与汉普顿等5名议员，但未能得逞。此举引起白金汉郡、肯特郡及伦敦市民和农民的不满。他们手持武器，走上街头示威，国王陷于空前孤立。查理一世匆忙逃往北方，准备发动讨伐议会的内战。同年3月5日，议会通过《民兵法案》；紧接着，7月又通过了"十九项提议"，并据此与国王进行谈判，但被拒绝。8月22日，国王在诺丁汉宣布武力讨伐议会，第一次内战爆发（1642~1646）。内战初期，议会军在兵力和财力方面均占优势，但因其领导人埃塞克斯伯爵罗伯特·德佛鲁和曼彻斯特伯爵爱德华·蒙塔古等人只要求国王遵守宪法，而不想推翻君主专制制度，故而一再延误战机。此时，议会军中出现了一位杰出的将领克伦威尔，他组织的"铁骑军"和在他倡议下改组重建的"新模范军"为扭转战局发挥了重要作用。

1644年，克伦威尔领导的"铁骑军"取得马斯顿大捷，成为议会军转败为胜的转折点。1645年6月，两军在纳西比展开血战，王军大败，"新模范军"取得决定性胜利。1646年6月，议会军攻克王军大本营牛津，不久国王查理一世成为阶下囚。第一次内战亦称"清教徒革命"，以议会的胜利宣告结束。

此后，资产阶级议会同封建王党势力之间的矛盾暂时缓解，而议会内部的矛盾迅速激化。代表大资产阶级和新贵族上层利益的长老派认为革命

英 国

已经结束，急于同国王谈判，筹建君主立宪政体；代表新贵族中下阶层和资产阶级利益的议会左翼独立派认为斗争不应停止，但这一派力量单薄；代表小资产阶级的平等派则坚决主张将革命进行到底。王党分子利用革命队伍内部的分裂，于1648年2月在南威尔士的肯特、埃塞克斯等地发动叛乱，并占领彭布鲁克要塞，拉开了第二次内战的序幕。同年4月，作为独立派代表的克伦威尔与平等派联合，于29日在伦敦郊区温莎召开军事会议，决定平定王党叛乱。5月，王党在肯特郡再次发动叛乱，准备进攻伦敦，并占领巴尔维克。

6月至7月，议会军平定了东南部的王党叛乱。7月8日，苏格兰10万军队应查理一世之邀入侵英格兰。8月16日，克伦威尔亲率大军于普雷斯顿与苏格兰军队进行决战，歼其主力，从而结束了内战。9月，克伦威尔进军爱丁堡，苏格兰政府宣布废除与查理一世签订的协定。

1648年底议会通过决议，宣布国王为发动内战和反对国会的罪魁祸首；不久成立了由135人组成的特别高等法庭，对国王进行审判。1649年1月27日，在法庭宣读判决书之前，庭长发表长篇演说，指出法律高于国王，议会高于法律。30日，查理一世被押上断头台。在处决国王后，议会通过了废除上院和王权的决议，下院成为最高权力机关，并由41名议员组成对议会负责的政府"国务会议"。同年5月19日，英国正式宣布为共和国。此后，作为资产阶级的代表，新政府依靠克伦威尔的武力平定了要求开垦荒地的掘土派，粉碎了要求政治平等的平等派，征服了爱尔兰和苏格兰，打败了荷兰和葡萄牙。在这样的背景下，克伦威尔日趋独裁。他解散议会，成立"护国政府"（1653~1659），本人则成为终身护国公兼国务会议主席。1658年9月克伦威尔病殁，其子理查继位护国公。

理查继位后，因高级军官不服从他的领导，理查被迫于1659年5月弃职。国内局势发生动荡，王党分子乘机和长老派联合发动叛乱。1660年2月，驻苏格兰军队统帅蒙克率兵南下占领伦敦，召开议会拥戴前国王查理一世之子查理二世复辟。查理二世采取了一系列反动政策，引起资产阶级和新贵族的强烈不满。在王位继承问题上，议会与国王的矛盾日趋激化。同时议会内部也分裂成两个党派：一派是托利党，代表土地贵族的利益，主张加强王权；另一派是辉格党，代表资产阶级和新贵族的利益，主张限制王权，扩大议会的权力。

1685年，查理二世去世，其弟詹姆斯二世继位。他主张恢复天主教会，允许天主教徒担任文武官员，招致托利党和辉格党的共同反对。他们联合起来策划推翻詹姆斯二世。1688年6月，议会邀请詹姆斯二世的女婿、信奉新教的荷兰执政威廉三世入主英国。11月，威廉三世率兵在英国登陆，12月进入伦敦，詹姆斯二世逃往法国。

1689年2月6日，议会正式宣布詹姆斯二世退位，立威廉三世为英王，史称"光荣革命"，意即"不流血的革命"，以区别于过去的内战和暴力革命。但实际上，这种"不流血的革命"是在陆海军的威慑下才得以实现的，而且，伦敦发生了群众暴动、烧毁天主教堂等事件，因此，所谓"光荣革命"，只不过是流血较少而已。

1689年，英国议会通过《权利法案》，1701年又通过《王位继承法》。这两项法律大大加强了议会的权力，确立了英国资产阶级和新贵族专政的君主立宪制。英国资产阶级革命至此结束，虽然它具有很大程度的保守性和妥协性，但最终确立了资产阶级的统治地位。

三 联合王国的形成与发展

我们今天所说的"英国"，通常是指"联合王国"（"大不列颠及爱尔兰联合王国"，1921年后改称"大不列颠及北爱尔兰联合王国"），但本书前面部分所叙述的英国历史部分，主要涉及英格兰的历史。这里我们将就联合王国其他组成部分的历史发展，特别是联合王国作为一个统一民族国家的形成和发展过程，做一些扼要的补充说明。

英国统一国家的形成，在某种意义上可以说是英格兰作为英国的一个主导民族数世纪以来在政治与军事上不断进行扩张的结果。这种征服最先是从距英格兰中心地区最近、与其关系最为密切的威尔士开始的。早在盎格鲁-撒克逊人入主不列颠的年代，威尔士人已被迫退至西部山区。诺曼底人入主英格兰以后，在边界地区拥有采邑的封疆贵族大肆蚕食威尔士的

英 国

土地，威尔士人的生存空间受到了进一步挤压。

13世纪后期，爱德华一世开始了对威尔士的直接征服，在海上和陆上同时发动血腥战争，至1285年完成了对威尔士的征服。1301年，威尔士完全归属英格兰王位继承人威尔士亲王。1536～1542年通过了一系列合并法案，威尔士与英格兰正式组成统一国家。

爱德华一世在位期间，英格兰和苏格兰之间发生了激烈冲突。此前，这两个王国尚能和睦相处。在盎格鲁-撒克逊统治时期的"七国时代"，侵入苏格兰的盎格鲁-撒克逊人已定居于直抵北部东海岸一带的洛西恩平原，成为英格兰诺森伯里亚王国的一个组成部分。1018年卡尔汉姆一战，洛西恩又被重新并入苏格兰版图。

在1066年诺曼底人入侵后，苏格兰出现了一个诸侯集团，他们与英格兰有着密切关系，并且在两个国家都拥有大量地产。自亨利二世统治以来，英格兰国王一直声称对苏格兰拥有宗主权，但这一主张并不总是能得到承认。1286年，苏格兰国王亚历山大三世去世，他的孙女、年轻的继承人玛格丽特也于1290年不幸身亡，苏格兰发生王位继承危机。

英格兰国王爱德华一世毛遂自荐，表示要为苏格兰的王位继承主持公道，条件之一就是要承认他的宗主地位。此后，爱德华一世行使了仲裁人的权利，将约翰·巴利奥尔扶上王位，并确立了对苏格兰的宗主权。但苏格兰不甘心受英格兰的控制，遂与当时正同英国作战的法国结成联盟。于是爱德华一世乘机进军北方，占领苏格兰商业城市贝里克，废除巴利奥尔的王位，将苏格兰置于英格兰统治之下。但此后多年，苏格兰人民一直在进行前赴后继的反抗。

1297年，小地主出身的苏格兰民族英雄威廉·华莱士（即电影《勇敢的心》男主角的原型）领导一支由农民和市民组成的军队，发动反抗英格兰统治的起义，屡屡打败英格兰的正规部队。1305年华莱士被俘，后被处死。之后，曾于1290年争夺过王位的罗伯特·布鲁斯的孙子小罗伯特·布鲁斯（后称罗伯特一世）率众抗英，于1314年经班诺克本一役打败英格兰军队，赢得苏格兰独立。1328年，英格兰与苏格兰签署《北安普敦条约》，苏格兰的独立获得英王承认。1371年，随着罗伯特二世的加冕,斯图亚特家族登上了苏格兰王位。

1603年,英王伊丽莎白一世逝世,因其身后无嗣,生前她指定苏格兰国王为其继承人。当时的苏格兰国王詹姆斯六世于1603年4月登上英格兰王位,称詹姆斯一世,以个人身份促成了两个王国的联合。1707年英格兰与苏格兰签订《联合法案》,正式组成大不列颠王国。

英格兰与爱尔兰的合并也经历了无数波折。公元12世纪后半叶,撒克逊-诺曼底人开始侵入爱尔兰。当时在英格兰流亡的一位爱尔兰王位继承人,被获准在亨利二世的撒克逊-诺曼底骑士中招兵买马。这一事态的发展影响了爱尔兰日后的命运。

1169年,彭布鲁克伯爵理查德·克莱尔趁爱尔兰内乱之机,率数百重骑兵,辅之以威尔士弓箭手,在爱尔兰登陆。他们采用新式战术,迅速取得了胜利,并将征服的地区献给亨利二世。1171年,亨利二世抵达他的新属地,接受新附庸的朝拜。在此后的一个世纪中,撒克逊-诺曼底人的扩张活动达到了顶点。他们在爱尔兰东南部沿海城镇确立了自己的统治,其直辖区"佩尔"就是现在的都柏林周围地区。征服者中有不少威尔士人,他们迅速与当地居民同化,形成了一个爱尔兰化的撒克逊-诺曼底人封建贵族阶层,处在"佩尔"的外围地区。再向外围则是尚未被征服的爱尔兰西部未开化地区。英国的统治遭到爱尔兰的盖尔人以及爱尔兰化的撒克逊-诺曼底人的抵抗和反对。爱尔兰的酋长们雇佣外国人帮助作战,夺回了大片土地。一旦英国无暇顾及爱尔兰之时,就会形成盖尔人酋长与撒克逊-诺曼底贵族据地争雄的局面。盖尔人受苏格兰人班诺克本大捷的鼓舞,甚至邀请小罗伯特·布鲁斯的兄弟爱德华·布鲁斯率一支苏格兰军队来到爱尔兰,帮助他们对抗英国,并于1316年加冕他为爱尔兰国王。但这支军队没能打败英国军队,布鲁斯战败身亡,爱尔兰未能获得独立。

都铎王朝时期,爱尔兰的混乱局面再度为英国的征服提供了条件。1534年,英国派兵平定了爱尔兰菲茨杰拉德家族的叛乱。1541年,爱尔兰议会正式宣布英王亨利八世为爱尔兰国王。16世纪,英国在宗教改革过程中强迫爱尔兰人接受英国国教,并没收爱尔兰人的土地,将其强行卖

给英国的投机家,有时甚至还在爱尔兰设立英国移民的殖民地或种植园。爱尔兰人民不堪忍受英国的压迫和剥削,多次发生大规模起义。17世纪40年代,当英格兰的内战进行得如火如荼的时候,爱尔兰境内爆发了反抗英国统治的人民起义和争取民族独立的战争。

1649年,克伦威尔率1.2万大军和13艘炮舰出征爱尔兰,经过3年残酷的战争,爱尔兰1/3的人口死于非命,2/3的土地被侵占,爱尔兰人民的反抗被镇压下去。1652年8月,英国议会颁布了《爱尔兰处理法案》,占爱尔兰人口1/10的英国国教徒取得了对土地和政府各部门的控制权。英国不仅剥夺了天主教徒同时也剥夺了爱尔兰长老会教徒和不服从国教者的基本公民权。在其后的一个世纪中,爱尔兰新教徒也开始反抗,要求削弱英国的控制。

18世纪末,在法国大革命的影响下,爱尔兰统一党领导的民族运动将爱尔兰的独立要求与激进的共和主义结合起来,努力消除天主教徒和新教徒之间的对立,使双方联合起来反对英国以及爱尔兰统治阶级中的亲英派。他们于1796年派代表前往法国寻求支持,但由于法国方面的延误,爱尔兰人等候达两年之久的援助迟迟没有到来。在这种情况下,他们只得于1798年5月单独起事,虽经苦战,但起义最终被残酷镇压下去。是年8月,当法军在爱尔兰登陆时,起义已成过去。面对爱尔兰人民的反抗和法国入侵的威胁,英国决定采取进一步行动。

1800年,英国通过与爱尔兰的《合并法案》,该法案次年生效,取消了爱尔兰议会,将爱尔兰划入英国版图,英国更名为"大不列颠及爱尔兰联合王国"。1803年爱尔兰爆发第二次反英起义,但也被镇压下去。

四 工业革命

英国资产阶级革命建立了有利于资本主义发展的国家机器,加速了资本的原始积累。议会一纸法令使圈地合法化,此后其规模迅速扩大,资本主义农场和牧场在被圈占的土地上纷纷建立起来。丧失了土地的农民为资本主义工业的发展提供了充裕的"自由"劳动力。政府在国内实行保护关税政策,阻止外国商品输入,奖励本国工业品出口,并以低税率保护本国工商业的发展。在海外，英国为争夺殖民地，于1689~1763年与法国屡屡兵戎相见。整个18世纪，英国成为贩卖黑奴的国际中心。上述种种资本原始积累手段为工业革命提供了基础。

与此同时，手工业生产已广泛实行细致的劳动分工，以机械取代手工生产成为可能。18世纪后半叶，机器开始应用于工业生产，这标志着工业革命的开始。棉纺织业在当时是一种新兴产业，既没有建立行会，也没有法规予以限制，因而得以迅速发展。为与印度的棉织品进行竞争，英国首先将机器应用于棉纺织业。此前，凯伊在1733年发明了飞梭，织布速度大增，导致了严重的"纱荒"。

18世纪六七十年代，珍妮纺纱机和水力纺纱机应运而生。1771年，第一座天然动力工厂建立，此后水力织布机和综合精纺机又被设计出来。棉纺织业的技术进步带动了其他工业的发展，毛纺、呢绒、造纸和印刷等行业也陆续采用机器生产。但发动机器当时主要依靠水力，因此工厂必须建在水边，使工业发展受到极大限制，新动力的发明便成为当务之急。1769年瓦特发明了单动式蒸汽发动机，他又于1784年发明联动式蒸汽发动机，并很快应用于纺织业和冶金业。蒸汽发动机的广泛使用，特别是机器制造业的出现，使工业革命迅速扩大到各个部门。煤炭、钢铁和交通等重工业部门也迅速发展起来。这样，经过近百年的时间，到19世纪三四十年代，英国各主要产业部门都已实现了工业化。英国从传统的农业社会进入工业社会，成为世界上第一个工业大国。

首先，工业革命改变了英国的经济地理面貌：以伦敦为中心的东南部一向工商业发达，人口稠密。工业革命后，大量人口却涌向西北，因为那里煤铁丰富，大工厂纷纷兴起，曼彻斯特、伯明翰等成为新兴工业中心。其次，工业革命使生产关系发生了急剧变化，造就了两个对立的社会阶级：工厂主和企业家迅速获得巨额财富；工人虽然在新开设的工厂和矿山中找到了工作，但劳动条件极其恶劣，于是他们开始破坏机器，袭击工厂主和资本家。这是工人运动的最初形式。1769年，政府颁布法律，明令对破坏机器者处以死刑。组织较为严密、觉悟较高的成衣、纺织工人等组织罢工协会，开始了同盟罢工。这就是近代社会阶级斗争的开始。英国政

英　国

府于1799年实施新的法律，禁止罢工，禁止组织职工协会。最后，工业革命促进了生产力的飞跃发展。据统计，1850年英国生产了全世界60.2%的煤、50.9%的铁，加工了全世界46.1%的棉花，被称为"世界工厂"。英国大力推行"自由贸易"政策，英帝国（英国及其殖民地）在世界贸易中所占比重超过美、德、法三国的总和。英国凭借其雄厚的经济实力和强大的海军，长期称霸于世。19世纪因此被称为"英国统治下的和平年代"，或"英国世纪"。

五　议会改革和宪章运动

随着工业革命和资本主义经济的不断发展，英国出现了一批新兴工业城市和强大的工商业资产阶级。但是，他们在很大程度上还被排除在政治权利之外，在议会中没有代表。广大人民也被剥夺了选举权，在2000多万人口中，有选举权的还不到50万人。因此，新兴工商业资产阶级强烈要求改变不公正的政治地位。特别是当时英国还在实施重商主义的《谷物法》，限制外国谷物进口，导致食品价格昂贵，人民怨声载道。工人纷纷罢工，举行群众大会，提出普选权要求。1820~1832年，农民也纷纷暴动，其活动范围遍及英国16个郡。工业资产阶级利用这种动荡的社会形势，提出了议会改革要求。辉格党与托利党在选举改革问题上展开了激烈斗争，托利党反对议会改革，辉格党则坚决支持。

1830年和1831年，辉格党三次提出改革方案，均因托利党的反对而遭到上院否决。此举引起民众的极大不满，他们纷纷举行示威和请愿。同时，国王扬言要增封足够的贵族来迫使该议案通过。在双重压力之下，上院不得不做出让步，《议会改革法案》于1832年经议会两院通过。其要点是：首先，将选举权扩大到中产阶级。法案规定降低选民的财产资格，选民由40多万增至80多万人，占成年男子的15%，占总人口的比例由约2%增至3.3%。其次，取消上院提名下院成员的权力，上院失去了对下院的控制。最后，调整了下院席位的地区分配。在有2000~4000名居民的30个市，议员减为1名；同时剥夺了56个腐败的自由市选派议员的权力，并赋予一些新兴工业城市这一权力。尽管这一宪法性改革只是初步改变了下院的构成，并未从根本上动摇土地贵族的优势地位，但它暂时调整了统治阶级的内部关系，为工业资产阶级的代表打开了进入议会的大门，对英国日后的政治生活产生了深远影响。

但是，1832 年的议会改革并未给工人阶级带来任何利益，因此工人继续开展斗争，力争使工人代表也能进入议会。1837 年，伦敦工人协会向议会提出包含 6 点要求的请愿书，主要内容为：成年男子都应获得选举权；采取秘密投票方式；取消候选人的财产资格限制；议会每年改选一次；各选区按人数产生代表；等等。次年 5 月，请愿书以《人民宪章》的名称予以公布，宪章运动在全国兴起，签名者多达 128 万人，但议会拒绝了这一请愿，政府派军队对示威群众进行镇压，致使运动一度陷入低潮。

1839 年，宪章派又重新组织起来，并于 7 月在曼彻斯特成立了"全国宪章协会"。在它的组织和领导下，宪章运动得到更大规模的发展。1842 年，在经济危机的影响下，运动再次出现高潮，签名者达 350 万人，除要求实行《人民宪章》外，还提出限制工作日、增加工资等要求。议会仍予以拒绝。一些城市的工人纷纷举行总罢工，导致城市瘫痪，但在政府的镇压下，运动又陷入低谷。

1848 年，在法国二月革命的影响下，宪章派逐渐恢复活力，并掀起了第三次高潮。4 月 4 日，宪章派在伦敦召开全国代表大会，决定继续向议会提出请愿，并举行大规模示威游行。议会第三次拒绝了请愿。由于宪章派缺乏强有力的领导，再加上政府的残酷镇压，使得宪章运动最终仍难逃失败的厄运，但宪章运动作为英国工人阶级第一次独立的政治斗争，迫使统治阶级感受到工人阶级的巨大政治威力，为工人阶级日后争取政治与经济权利的斗争打下了坚实基础。后来，1867 年的《议会改革法案》在进一步扩大资产阶级选举权的同时，也使一部分工人获得了选举权。

六 殖民扩张

从 16 世纪到 20 世纪初，英国一直对外实施殖民侵略与扩张，其殖民地遍布世界各地，号称"日不落帝国"。英国的殖民扩张同它所经历的资本原始积累、工业资本和金融资本的发展阶段有着密切联系。

英　国

　　英国的资本原始积累时期，大致是从16世纪到18世纪后期工业革命兴起的这段时间。这一时期的特点是商业资本起主要作用，商业资本家成为殖民扩张的主要推动者，其殖民掠夺主要通过政府特别授权的贸易公司进行。从16世纪80年代至17世纪初，英国最早在北美东岸进行殖民活动，至18世纪30年代，它在那里总共建立了10余块殖民地。1612年，英国弗吉尼亚公司开始在百慕大岛殖民。17世纪二三十年代，英国先后占领了西印度群岛的一些岛屿，并把这些岛屿变成种植园、贩卖奴隶的场所和进行海盗活动的基地。英国通过消灭西班牙的"无敌舰队"及后来击败荷兰的三次英荷战争，最终奠定了海上霸主地位。

　　18世纪，英国开始与法国争夺殖民霸权。在1689～1763年英法两国发生的4次重大战争中，英国均取得了胜利，从而扩大了其殖民地范围。特别是1756～1763年的"七年战争"结束后，英国不仅夺得北美的加拿大和密西西比河以东的全部土地，还抢占了格林纳达等地，原来被西班牙占领的佛罗里达也归属英国。

　　1783年，北美13个殖民地独立，英国在北美的殖民活动遭受沉重打击。于是，它将殖民扩张的重点转向东方，特别是印度。1600年，英国建立东印度公司，同年12月31日，该公司获得伊丽莎白女王颁发的特许状，成为英国在东方的殖民机构。1612年，该公司击败了在印度的葡萄牙人，从印度莫卧儿王朝获得贸易特权，并在苏拉特设立商站和货栈，1620年和1633年又分别在马德拉斯和胡格利设立商站。1858年，英国议会通过《改善印度管理法》，宣布解散东印度公司，改由英国女王直接统治印度。

　　18世纪初期至中叶，英国探险船队"考察"了澳大利亚东岸和新西兰，开始向该地区移民。在反对拿破仑的战争中，英国又抢占了法国、荷兰和西班牙的许多海外殖民地，如塞舌尔、毛里求斯、锡兰（斯里兰卡）、开普、圭亚那、特立尼达和马耳他等地。

　　随着工业革命的兴起和发展，英国工业资本的势力达到高峰。代表工业资产阶级利益的英国政府全力促进出口，由重商主义改行自由贸易政策，并开始了以工业资本为主要推动力的殖民掠夺时期。英国凭借其强大的经济实力和海上霸权，在"自由贸易"的旗号下向亚、非、拉和太平洋地区大片"无主"地区进行扩张，建立了一个庞大的殖民帝国。英国政府所标榜的"自由贸易"，即所谓的"贸易而不统治"，实际上则是"倘有可能，则实行贸易加无形统治；一旦需要，便实行贸易加统治"。英国在对一系列"无主"土地确立霸权和控制的同时，对那些"有主"的土地和不愿接受其"自由贸易"政策的国家便实施武力征讨和占领。

1814～1815年，英国迫使尼泊尔割让南部土地。1824年和1852年，英国两次入侵缅甸，将其部分地区纳入英属印度。1824年，荷兰被迫将新加坡转让给英国，马来亚也被划入英国的势力范围。1841年和1842年，文莱先后将沙捞越和北婆罗洲割让给英国。1843～1849年，英国先后吞并信德、克什米尔、旁遮普等地区，完成了对印度的征服；在此前后还向印度周边地区扩张。英国又通过侵略中国的两次鸦片战争，获得巨额赔款，强迫中国开放通商口岸，向英国割让香港岛（1842年）和九龙半岛界限街以南的土地（1860年）。1833年，英国强占濒临南美东岸的马尔维纳斯群岛。1839年，英国占领了土耳其所辖的亚丁港。1808年、1861年和1874年，非洲的塞拉利昂、尼日利亚和黄金海岸相继成为英国的殖民地。1843年，英国兼并了纳塔尔。

19世纪70年代以后，资本主义开始由自由竞争向垄断阶段过渡。英国的"世界工厂"地位逐渐丧失，世界范围内争夺销售市场和原料产地的斗争严重危及英国在亚、非、拉三大洲的势力范围。英国统治集团中的许多人主张采取积极扩张和兼并的殖民政策。从那时起，英国的帝国政策便由自由资本主义时期比较注重"非正式影响"转变为对殖民地的疯狂追逐和大肆兼并。

在亚洲，英国于1839年和1878年两次发动入侵阿富汗的战争，迫使后者实际上成为英国的附属国。1886年，英国占领曼德勒，完成了将缅甸并入印度的计划。1887年宣布哲孟雄（锡金）受其保护。同年，荷属马尔代夫群岛改受英国保护。1876年中国云南被迫向英国开放。1888年和1904年，英国两次入侵中国西藏。1898年，英国乘中国在甲午战争中战败之机，强租威海卫，又强租九龙半岛北部及其附近岛屿。在太平洋地

英　国

区，1874年英国占领斐济，1884年宣布巴布亚为其保护地。

1893~1904年，英国先后占据所罗门群岛、汤加、吉尔伯特群岛和库克群岛等地。1878年，英国从土耳其手中夺得塞浦路斯岛。不过，非洲是这一时期英国殖民争夺的重点。随着1869年苏伊士运河通航，埃及成为英国同法国争夺非洲大陆的焦点。到1882年，埃及实际上已成为英国的殖民地。英国于1868年和1885年先后将巴苏陀兰和贝专纳变成其保护领地，1887年又占领了祖鲁兰。19世纪末，经过与德、法、意等国的激烈争夺，东非的索科特拉岛、索马里、乌干达、肯尼亚、桑给巴尔岛等先后沦为英国的保护地。1899年英法两国达成瓜分非洲的协议，苏丹沦为英国的殖民地。经过1899~1902年的英布战争，英国占领了德兰士瓦和奥兰治两个共和国，南非成为其殖民地。

到20世纪初，世界上的殖民地已基本被瓜分完毕，英国所占份额最大。1876年时，它已拥有2250万平方公里的殖民地和2.519亿人口；到1914年增加到3350万平方公里的殖民地和3.935亿人口，相当于英国本土面积的137倍和人口的8倍多。

第四节　现代简史

一　工业垄断地位丧失

由于资本主义政治经济发展不平衡规律的作用，英国从19世纪70年代起开始逐步丧失工业垄断地位。19世纪六七十年代，欧美各国开始进入技术革新和工业生产迅猛发展的时期，即"第二次工业革命"。如果说第一次工业革命是以蒸汽机为标志，那么这一次则是以电动机为象征，并且带动了电力、石油、化工、汽车等新兴工业部门的创立和迅速发展，特别是德、美等后起的资本主义国家出现了跳跃式发展。它们不受大量旧有企业固定资本的束缚，广泛采用新的科技成果，迅速发展新兴工业部门，用更先进的设备进行生产，从而创造出更高的利润和经济增长率。而英国是最早实现工业化的国家，其工业主要集中在纺织、煤炭和钢铁等传统部门，设备老化，技术陈旧，发展速度缓慢。在世界技术革新浪潮的推动下，英国虽建立了一些新兴工业部门，但规模较小、发展缓慢，无法与德、美等国一争高下。这些后起的资本主义国家迅速赶上并超过了英国这样的老牌工业国家，英国开始步入"相对衰落"时期。据统计，1870～1913 年的 43 年间，英国工业产值增长了 1.3 倍，而美国和德国则分别增长了 8.1 倍和 4.6 倍。19 世纪 80 年代，美国的工业产值已超过英国。20 世纪初，英国又被德国超过。美国在世界工业生产总值中所占比重由 1870 年的 13.3% 上升到 1913 年的 16%，德国由 13.2% 上升至 15.7%，而英国则由 32% 下降为 14%，其"世界工厂"地位不复存在。

不过，对这一时期英国经济状况的评析还应持谨慎态度，一方面要看到英国经济出现了相对衰落的趋势，另一方面也要充分考虑到其雄厚的基础和实力。所以，它的衰落只是相对的，其衰落过程也是漫长曲折的。就 20 世纪头十来年的情况看，英国在造船、国外铁路投资以及国际贸易、世界航运和金融方面，仍居世界首位；在煤炭、钢铁、纺织和机械方面，也仍有很大潜力。

二 两次世界大战之间的经济与政治状况

英国虽然赢得了第一次世界大战，并通过《凡尔赛条约》与其他国家瓜分了原德属殖民地和奥斯曼帝国，从而使海外属地面积增加了近 260 万平方公里，人口增加 1300 万人，但战争也使它付出了高昂的代价。一战使英国死亡近 75 万人，损失了 1/3 的国民财富和 70% 的商船队，变卖了 1/4 的海外资产，经济受到极大破坏。战前英国是世界上最大的债权国和最大的金融中心，一战后，世界金融中心从伦敦转移至纽约，英国成为美国的债务国。英国在国际贸易领域的优势也不复存在。1919 年英国的出口贸易比战前减少 45%，国际贸易逆差日益严重。1913 年时，英国在世界出口贸易中居首位，美国位居第二；一战后，英美两国的位置恰好互换。英国在世界工业生产中的比重进一步下降，从 1913 年的 14% 降至 1930 年的 10%。英国的海上优势也一去不复返。

英　国

1922年2月召开的华盛顿会议签订了《限制海军军备条约》，规定英国的主力舰和航空母舰的吨位与美国相等，从此英国丧失了"海上霸主"地位。所以有人指出：英国赢得了战争，但丧失了优势；打败了敌人，却输给了盟友[①]。

一战后，英国经济长期处于萧条停滞状态，导致国内社会矛盾激化。工人运动和各种形式的社会主义运动迅速发展。工党（其前身为1900年成立的"劳工代表委员会"，1906年改称"工党"）取代自由党成为第二大党。资产阶级为了应对高涨的工人运动和日益严重的经济危机，一再把工党推到前台。工党领袖麦克唐纳于1924年、1929年和1931年先后3次组阁（第一次与自由党合作；第二次单独组阁；第三次为三党联合执政的"国民内阁"）。严重的失业问题和劳资纠纷不时引发工人罢工。1926年爆发的煤矿工人大罢工，引发了运输、印刷、化学、钢铁、金属等其他行业工人参加的总罢工，参加人数达600万人。政府为此实行戒严，议会还于1927年通过的法律中规定总罢工为非法。

这一时期英国政治生活中的一个重大事件，是爱尔兰人民争取民族独立的斗争取得了重要进展。进入20世纪以后，爱尔兰人民加强了反英斗争。第一次世界大战期间，爱尔兰爆发了复活节起义，并于1916年宣告成立爱尔兰共和国临时政府，但经过5个月的奋战，起义失败。1918年当选的爱尔兰共和派议员拒绝出席英国议会。1919年1月，他们在都柏林组建了爱尔兰议会，宣布建立爱尔兰共和国，并组成临时政府，英国政府派军队前往镇压，几乎将全部爱尔兰议员都投入监狱。但爱尔兰"共和军"开展了反对英国统治的游击战争。1921年12月6日，经过艰苦谈判，英国被迫签订《英爱条约》，承认爱尔兰南部26郡为"自由邦"，享有自治权；北方6郡仍归英国直接管辖，成为"大不列颠及北爱尔兰联合王国"的组成部分。1937年，爱尔兰议会通过新宪法，宣布爱尔兰自由邦为独立共和国，但仍留在英联邦内。1948年12月21日，爱尔兰议会通过《爱尔兰共和国法案》，宣布脱离英联邦成为完全独立

[①] 美国在战争后期加入英国一方对德作战，成为其主要的盟友之一。

国家。1949年4月18日，英国承认爱尔兰完全独立，但仍拒绝归还北方6郡。

三 英联邦的形成

白人自治领在英联邦内获得同英国平等的政治地位，是两次世界大战之间英帝国演变史上的重大举措。英联邦的形成过程，可以上溯到19世纪中叶，从那时起，英国开始赋予其海外领地以内部自治权力。当时白人移民的力量与日俱增，他们不满于被遥远的伦敦任命的殖民官员统治，也对被完全剥夺发言权的状况不满，要求殖民当局更多地考虑他们的利益。英国统治集团为了使这些由白人移民建立或白人居统治地位的海外领地留在帝国内，避免重蹈北美13州脱离母国独立的覆辙，允许它们依照母国的模式实行程度不等的内部自治和责任政府制度。1867年英国议会通过《英属北美法案》，加拿大成为英帝国内第一个自治领。此后，澳大利亚、新西兰和南非也先后取得了自治领地位。不过直到第一次世界大战以前，还没有任何一个自治领能够独立决定自己的对外政策。第一次世界大战期间，这些白人自治领站在英国一边参加了战争，在人力和物力方面给予母国以重要支持，从而为他们战后要求进一步调整帝国内部关系提供了条件和可能。1926年举行的帝国会议通过了贝尔福勋爵起草的《帝国内部关系委员会报告》，确认各自治领是英帝国内地位平等的自治实体，在内政和外交事务方面彼此无隶属关系，唯以对英国君主的共同效忠为纽带，作为英联邦成员自愿联合在一起。1931年英国议会通过《威斯敏斯特法案》，将帝国内部关系的这种变化以法律形式确定下来，英联邦遂正式形成。当时的英联邦只包含英国和白人自治领，其成员除英国外，还包括加拿大、澳大利亚、新西兰、南非、爱尔兰和纽芬兰。后来，纽芬兰因经济困难于1934年放弃自治领地位，并于1949年并入加拿大。爱尔兰于1949年成立共和国，脱离英联邦。

在帝国内部关系演进的过程中，由于政治上的离心倾向不断滋长，加强经济联系就成为维护帝国和英联邦团结的一种重要手段。早在19世纪末20世纪初，随着自身经济力量的不断壮大，各自治领提出了消除帝国

英 国

内部贸易壁垒、母国与自治领彼此给予优惠待遇的主张,希望分享帝国的市场。在英国国内,以约瑟夫·张伯伦为代表的帝国"卫士"认为,建立帝国商业联盟是走向政治联盟、实现帝国统一的先导,主张紧紧抓住这样的机遇进行关税改革。但是,英国多年来已经习惯于自由贸易政策,国内仍然存在着相当强大的反对贸易保护主义的势力。当时英国虽已丧失"世界工厂"的优势地位,然而其弱点尚未充分暴露,所以关税改革进展迟缓。但是经过第一次世界大战,英国的实力遭到严重削弱,20世纪20年代,英国经济陷入了长期的萧条停滞状态。

在激烈的国际竞争和1929~1931年世界经济危机的冲击下,英国统治集团终于正式放弃了传统的自由贸易政策,走上了贸易保护主义道路。1932年7月在渥太华召开的帝国经济会议上,英国同当时也深受财政和经济危机之苦的各自治领共同商定,通过加强帝国内部的经济合作,摆脱经济危机造成的困境。为此,双方签订了一系列双边贸易互惠协定,建立了关税同盟性质的帝国特惠制体系。与此同时,为了稳定货币、增强同其他资本主义国家的竞争能力,还组成了以英帝国为主的英镑集团。所有这些经济措施,不仅有助于帮助英国和各自治领共渡经济危机的难关,还在相当一段时间内对维系英帝国和英联邦的团结发挥了重要作用与影响。

四 绥靖政策

绥靖政策也称姑息政策,是一种对侵略不加抵制、姑息纵容、退让屈服、牺牲被侵略国家,同侵略者勾结和妥协的政策。二战前,英国推行的这一政策在下列几个重大事件中表现得最为突出。

20世纪30年代,西方大国在日本侵略中国东北的"九一八"事变中采取了名为调解、实为对侵略者姑息纵容和安抚的政策。英法两国控制下的国联不区分侵略者与被侵略者,无视中国东北的沦陷,通过决议要求中日双方停止冲突,撤退军队。1932年,国联派出以英国李顿勋爵为首的调查团,该调查团提交的报告竟牺牲中国的主权和领土完整,主张在承认日本侵略既成事实并照顾其他列强利益均沾的基础上,建立一种由国际共管中国东北的政治体制。西方大国之所以竭力避免同日本发生公开冲突，是有其战略考虑的。就英国而言，在当时欧洲局势紧张、面临危机的情况下，它不愿分兵远东对付日本。更主要的是，当时包括英国在内的西方大国不仅将日本看作重要的反苏力量，而且希望用它去对抗由中国共产党领导的人民革命运动，充当西方在中国恢复"秩序"的宪兵队。

英、法推行的绥靖政策在意大利吞并埃塞俄比亚和西班牙内战问题上也充分暴露。意大利早已垂涎东北非的战略要地埃塞俄比亚。为了实施其侵略计划，它多方谋求英、法的谅解，而英、法为了拉拢意大利共同对付德国，也积极寻求意大利的合作和支持。这种相互需求是英、法在意大利侵略埃塞俄比亚问题上采取默许、纵容政策的最重要原因。英、法希望通过牺牲埃塞俄比亚安抚意大利，以便保住它们之间十分脆弱的对德联合阵线。英、法在西班牙内战问题上采取的"不干涉政策"，充分暴露了绥靖政策的本质。1936年由左翼党派组成的人民阵线在西班牙大选中获胜。在群众运动的推动下，人民阵线政府实行了一些政治经济改革措施。当年7月，西班牙法西斯在佛朗哥的领导下发动军事叛乱，推翻了人民阵线领导的政府。纳粹德国和意大利迅速决定给西班牙叛军以大力支持，而英、法等国统治集团则不顾德、意在西班牙站稳脚跟后可能给它们带来的威胁，决定推行"不干涉政策"，希望借助西班牙的反动势力和德、意之手，消灭那里的民主力量。

绥靖政策最典型和最集中的表现，则是英、法、德、意之间签订的《慕尼黑协定》。到东方去夺取"生存空间"是纳粹德国的既定政策，从1938年起，纳粹德国开始采取行动来实现其扩张目标。英、法多年来推行的绥靖政策给德国顺利实现这一目标提供了很大便利，特别是英国，1937年内维尔·张伯伦出任首相后，英国更是全面推行绥靖政策。张伯伦认为，只有修改《凡尔赛条约》，同德国达成谅解，才能保障欧洲和平。在奥地利危机期间，张伯伦在英国议会发表演说，暗示奥地利一旦受到德国侵略，其他大国不太可能对其进行援助。于是，德国于1938年3月顺利出兵占领了奥地利，随后便加紧推行侵略捷克斯洛伐克的计划。张伯伦的方针是拉法国总理达拉第同其一起充当德国和捷克之间的调停人，他

85

英 国

一再敦促捷克政府对捷克苏台德地区日耳曼人的要求做出让步,建议他们运用一切外交手段谋求和平。1938年9月,英、法、德、意四国领导人在慕尼黑举行会议,决定立即将苏台德地区割让给德国。但不到半年时间,纳粹德国就撕毁《慕尼黑协定》,派兵进入布拉格,接着又对但泽(格但斯克)和波兰走廊提出领土要求。1939年9月,第二次世界大战爆发。

对于绥靖政策的制定与推行,张伯伦、达拉第等英、法统治集团的代表人物当然负有不可推卸的责任。不过,这一政策并非可以简单地归之于个人好恶的产物,而是有其复杂的国内外背景和深刻的社会历史根源。就英国而言,其原因可归纳为以下几个方面。

(1) 英国经济、军事实力的相对衰落对其安全战略造成了制约与影响。英国的相对衰落始于19世纪末20世纪初,第一次世界大战后变得更加明显。1929年以后,世界经济危机更是严重动摇了英国本已被削弱的经济根基。然而,尽管其经济实力已大为减弱,但负担有增无减。第一次世界大战结束后,大英帝国的版图进一步扩大。殖民地民族解放运动的兴起和发展,迫使英国军队不得不在一些地区和国家采取"警察行动",分散了它的力量和对欧洲事务的关注。更重要的是,随着帝国主义国家间以及不同社会制度、意识形态之间对立的加剧,英国不仅要警惕德、意、日三个法西斯国家,还要防备被视为"主要敌人"的苏联。总之,陷于日渐衰落的大英帝国,面对着众多对手的挑战,有限的资金和能力同战线过长的现实之间形成了尖锐矛盾。在这种情况下,英国统治集团试图从绥靖政策中寻找出路,以便集中力量对付他们所认为的主要敌人。

(2) 和平主义思潮是绥靖政策得以推行的社会思想基础。第一次世界大战所造成的巨大破坏和人员伤亡,战后的困苦和折磨,使人们对战争感到失望,怀疑付出如此巨大的代价是否值得。因此,设法避免一场新的破坏力更大的战争,就成为绝大多数英国人的愿望。在两次世界大战之间,和平主义思潮已广泛渗透到英国社会各个阶层,并对英国政治尤其是其安全防务政策产生了重大影响。在裁军和重整军备问题上,英国民众和工党普通党员都不希望发生战争,认为军备竞赛只能加剧发生新的战争的危险。况且,重整军备势必加重民众的负担,这也不符合普通工党党员的意愿。因此，工党长时期不但不赞成重整军备，而且要求进一步裁军。这种思潮为英国上层集团制定并推行绥靖政策提供了条件。

（3）对社会主义苏联的恐惧与敌视以及将"祸水东引"的愿望，是导致绥靖政策出笼的直接动因。1917年俄国十月革命的胜利，打破了资本主义一统天下的局面。西方国家在对苏联实行武装干涉和封锁的图谋失败之后，不得不同苏联建立正常的贸易和外交关系。但他们对苏联的敌视、猜忌和恐惧是根深蒂固的。纳粹在德国夺取政权后撕毁《凡尔赛条约》，积极扩军备战并大肆向中东欧扩张，这些都得到了包括英国在内的西方主要国家统治集团的默许、纵容和支持。他们这样做的一个重要考虑是：纳粹与社会主义制度这两者虽然他们都不愿容忍，但纳粹不会给现有社会制度造成重大威胁，而社会主义会从根本上危及资本主义制度的生存，因此"两害"相权取其轻，他们宁可选择纳粹主义。英、法统治集团指望法西斯统治在欧洲站稳脚跟后，反过来能放手推行纳粹德国早些时候公开宣布的政策，即向中欧和波罗的海沿岸进一步扩张其势力，那么它迟早会同苏联发生正面冲突。他们认为，由希特勒击败斯大林并在这一过程中削弱德国的力量，这样一种前景是十分令人神往的。

五 第二次世界大战中的贡献

1939年9月1日德军入侵波兰，第二次世界大战全面爆发。英国作为波兰的保护国，被迫在严重准备不足的情况下于9月3日对德宣战。开战后的头半年基本上是"西线无战事"。战争的爆发虽然宣告了"绥靖政策"的破产，但张伯伦依然希望将战火东引，幻想德国也许不会在西线进攻，因此对战争采取一种消极态度。这就导致欧洲战事朝着对英国十分不利的方向发展：波兰在英国空洞的承诺下很快被德国占领；芬兰在德苏两国的夹击下被迫投降、遭到瓜分；丹麦被占领；挪威遭到入侵。一系列失利消息传到英国，舆论一片哗然。转折点发生在挪威战役爆发后。

1940年5月7日至8日，英国议会围绕挪威战局进行了激烈的辩论，

英 国

张伯伦的政策遭到保守党内强硬派和在野党的猛烈抨击。民意调查也显示，多数公众都不支持张伯伦。张伯伦被迫于5月10日辞去首相职务，由保守党强硬派领袖、著名政治家温斯顿·丘吉尔组织战时联合内阁。这一变化为英国进行反法西斯战争奠定了基础。

就在丘吉尔接任首相当天，德军越过荷、比、卢边界，在西线发动了全面进攻，低地国家很快沦陷。3个星期后，英、法军队实行"敦刻尔克大撤退"（撤至英伦三岛）。6月下旬法国投降。英国成了欧洲唯一还在与纳粹德国作战的国家，英国人在危机时刻表现出顽强战斗的民族精神。随着纳粹德国真实面目的暴露和战争的来临，英国人从和平幻想中苏醒过来，决心以生命和热血去捍卫国家独立和民族生存，支持政府将对德战争进行到底。二战期间，英国人民进行了英勇的战斗，特别是在1940年8月到1941年5月的"不列颠之战"期间，英国对侵占了欧洲大陆绝大部分地区的纳粹德国和法西斯意大利进行了顽强抵抗。英国人民在二战中为反法西斯事业做出了重大贡献。

丘吉尔深知，单凭英国的力量是很难摆脱困境的，要取得对德战争的胜利，除了进行全国总动员外，重要的是要争取国际支持，同美、苏两个大国和世界上的一切反法西斯力量结成反法西斯同盟。为了争取美国参战，丘吉尔与美国总统罗斯福保持着密切的书信来往和频繁的个人接触。1940年6月，两国达成以英国出租西印度群岛的8个海军基地换取美国50艘驱逐舰的协议。1941年8月，丘吉尔在大西洋北部纽芬兰附近海面的军舰上同罗斯福会晤，发表了有利于形成反法西斯同盟的《大西洋宪章》。1941年12月日本偷袭珍珠港，美国正式加入第二次世界大战。丘吉尔在对苏政策上也表现出一个政治家的非凡气度，完成了个人政治立场的巨大转变。众所周知，丘吉尔曾是一个反共政治家，是十月革命期间西方对苏武装干涉的组织者之一，然而当德国成为英国的主要威胁时，他转而采取现实主义态度，主张联苏抗德。二战爆发后，他清醒地认识到，只有苏联在德国的东方开辟新的战场，英国在军事上才能从孤军奋战中解放出来。因此，当1941年6月德国进攻苏联后，他毫不犹豫地宣布要给苏联提供"一切可能的援助"。丘吉尔派人赴苏商谈两国联合对德作战的大计，于 1942 年 5 月 26 日签订了《英苏同盟条约》，推动了世界反法西斯统一战线的形成。为了壮大世界反法西斯力量，丘吉尔还对流亡伦敦的各国政府给予了巨大的帮助和支持。

英、美、苏等国之所以能够在二战中结成反法西斯同盟，主要原因在于，在面对德、意、日法西斯威胁的危急时刻，挽救本民族危亡的共同利益压倒了彼此之间的矛盾与对立。但是，随着战局的发展，盟国内部特别是西方国家同苏联之间暂时被掩盖的矛盾与摩擦凸显出来。苏德战场是二战中欧洲的主战场。对于苏联在战场上取得的每一步进展，西方国家都怀有一种矛盾心态：一方面，打败纳粹德国固然是好事；另一方面，担心苏联的胜利将使它在战后有关欧洲和世界的安排中占据有利地位，从而危及西方的利益。因此，英美两国在开辟欧洲第二战场的问题上一拖再拖，借以消耗苏联的力量，保存自己的实力。以英、美为主的西方盟军在经过 1942～1943 年的北非战役后进军意大利，丘吉尔力主进攻巴尔干、插入中欧，以阻拦苏军西进的道路。不过战争的客观进程，使丘吉尔的如意算盘落空。到 1945 年欧洲战局结束时，东欧和巴尔干地区基本上落入了苏军的占领和控制之下。战后东西欧分治的"雅尔塔体系"便是在此基础上确立的。

第五节 当代简史

一 两党"共识政治"的形成

战后英国政治的一个重要特点是，从二战结束到 1979 年撒切尔夫人上台之前的 30 多年内，英国两大主要政党（工党和保守党）不论谁执政，都执行大体一致的内外政策，从而形成了"共识政治"的局面。

战后英国的内外政策，起源于 1945 年 7 月大选获胜后上台的艾德礼工党政府。当时英国面临的世界形势与战前迥然不同。在国际上，以美苏两大国对立为特征的两极体系取代了战前以欧洲为世界政治经

济中心的旧秩序；以苏联为代表的社会主义力量在欧洲和世界范围内有着很大影响；民族解放运动风起云涌，殖民体系危在旦夕。在国内，和平虽然得以实现，但百废待兴，人们期望医治战争创伤，迅速恢复国民经济，要求进行社会变革，改善生活条件。正是在这样的背景下，艾德礼工党政府在内政外交方面做出了一系列重大决策。在对内政策方面，其重点是实施工党的"社会主义"政策和凯恩斯主义经济理论；主要内容是加强国家干预，实施充分就业，进行大规模国有化，建立以医疗、养老和失业救济为核心的社会保障制度。在艾德礼任期内，国家接管了英格兰银行，矿山、铁路、民航、通信、电力、钢铁等行业实行了国有化。工党政府还颁布了《国民保险法》《国民救济法》《国民医疗保健法》等一系列社会保障法，试图将英国建成"从摇篮到坟墓"、涉及生老病死各个环节的福利国家。在外交上，艾德礼工党政府采取联美抗苏政策，积极推动和支持建立北约，同时极力抵制美国对英帝国势力范围的渗透和侵蚀。对于殖民地，工党政府则采取灵活务实的态度，从现实出发，能守则守，不能守则退。战后不久，它就从印度次大陆和巴勒斯坦撤退，并成功地使印度、巴基斯坦和锡兰（斯里兰卡）留在了英联邦。

战后英国"共识政治"局面的出现，在很大程度上也源于保守党政策思想的发展演变。1945年大选的失败，促使保守党领导层进行深刻反省。他们认识到，保守党要从失败中振兴，就必须提出适应时代发展的政策。为此，保守党于1945年11月组成了一个以巴特勒为首的政策小组，其成员多为具有自由主义思想的年轻人。经过一年多时间，该小组起草了一份名为《工业宪章》的文件。在该文件中，保守党表示要将"中央指导的必要性和对私人企业的鼓励协调起来"，第一次承认政府指导和市场机制并存的原则。文件还表示，保守党"决心维持充分就业，保持并改进社会福利事业"，要将"经济战略的控制权掌握在政府手中，而又尽可能保留私人企业的战术作用"，并且认为，"煤矿、铁路和英格兰银行的国有化不可逆转"。这实际上是承认了国有化方针、福利国家和充分就业原则。因此，保守党1951年再度执政时，尽管对工党的价值观念及其政策方针存有根深蒂固的反感和疑虑,但还是面对现实,继承了艾德礼工党政府的政策理念,并稍加改动(如对钢铁工业重新实行私有化),成为保守党的政策,并在以后的几届政府任期内延续了这一政策。这套两党共同推行的大体一致的方针政策,被称为"巴茨克尔主义"①。在外交方面,两党在政策上的一致性和连续性则更为突出。

二　英帝国解体

第二次世界大战严重动摇了英帝国殖民体系的基础,导致战后英帝国迅速解体。二战期间,英国在远东的部分殖民地被日本占领,当地人民的抗日武装斗争为战后争取民族解放创造了条件。其他一些殖民地虽未受到日本侵占,但为了动员当地群众支援宗主国同德、日法西斯作战,英国政府不得不做出某些让步,甚至允诺战后让其独立。另外,一些距战场较远的殖民地则是英国重要的军队来源、后勤供应基地和物资中转站,为了动员它们的人力和物力支援战争,缓和当地人民同宗主国的矛盾,英国不得不吸收当地上层人士参与某些政事,容许本地民族经济有一定发展。总之,反法西斯战争使广大殖民地人民得到了锻炼,增强了他们为民族独立而进行斗争的信心与力量。与此同时,英国自身的力量在战争中遭到严重削弱,再加上战后其相对衰落进程进一步加剧,因而给这些地区摆脱殖民羁绊提供了客观条件和机遇。另外,第二次世界大战促进了社会主义思想在全世界的传播,也促进了社会主义制度在许多国家的建立,从而改变了整个世界的力量对比格局,形成了十分有利于殖民地、半殖民地国家争取独立的国际环境。美国也利用英国实力严重削弱的机会,在反殖民主义的旗号下,竭力向英国的殖民地和势力范围渗透。美苏两个主要大国在战争期间和战争结束之后,出于各种不同的目的和需要,对反殖民主义斗争表现出的"同情"和"支持",无疑也在某种程度上加剧了英帝国的解体进程。

---

① "巴茨克尔主义"这一称谓最先是由《经济学家》杂志提出来的。它是由当时的保守党政府财政大臣巴特勒和工党影子内阁财政事务发言人盖茨克尔这两个人的名字缩略合并而成,是为了表明两党基本政策的相同或相似性。

英　国

根据各地区民族解放运动兴起和发展以及英国政策的变化情况，英帝国殖民体系的解体过程大体可以分为3个阶段。

（1）战后初期到20世纪50年代中期为英国殖民撤退的第一阶段，这一时期英国帝国政策的主要特征是，"撤退"与"固守"相结合。印度次大陆和缅甸的反英独立运动以及马来亚（后改称马来亚联合邦）人民持续数年的武装斗争，迫使英国最终撤出这一地区。从20世纪40年代后期到50年代末，印度、巴基斯坦、缅甸、锡兰（后改称斯里兰卡）、马来亚和新加坡先后获得独立。

（2）20世纪50年代是中东和阿拉伯地区各国人民掀起反帝反殖斗争高潮的时期。在此之前，英国在战后初期内外交困的形势下已被迫从巴勒斯坦撤出，并于1948年结束了对巴勒斯坦的委任统治。50年代，伊朗的石油国有化运动，塞浦路斯人民的反英武装斗争，特别是埃及人民反对英、法、以三国入侵苏伊士运河区的胜利，促进了中东和地中海地区人民抗英反殖斗争高潮的到来。到50年代末，英国对这一地区的控制，特别是在地中海东部主要国家的势力和影响已基本结束。60年代至70年代初，海湾地区与阿拉伯半岛东南沿海一带的科威特、南也门、阿曼、巴林、卡塔尔和阿拉伯联合酋长国先后摆脱英国统治而独立。

（3）20世纪50年代末60年代初非洲大陆开始觉醒，这是英帝国全面解体进程中的决定性阶段。走在非洲英属殖民地民族解放运动前列的是西非的黄金海岸（加纳）和尼日利亚，它们分别于1957年和1960年获得独立。在此之前，肯尼亚人民的武装斗争（"茅茅运动"）对非洲各国人民争取民族独立的斗争产生了重要影响，而1956年的苏伊士运河战争则加速了英属非洲殖民地的瓦解。面对这一形势，英国政府决定适时调整政策，时任英国首相的麦克米伦关于非洲形势的一席话恰如其分地说明了这一问题。1960年2月3日他在南非议会发表演说称："变革之风已经吹遍这个大陆，不管我们喜欢不喜欢，民族意识的增长是个政治事实。我们大家都必须承认这是事实，并且在制定国家政策时把它考虑进去。"正是基于这一认识，英国决定从殖民地全面撤退，同意在短时间内给予非洲和其他地区的大批英属领地以独立地位。仅在 1960~1968 年，英属非洲殖民地就有 15 个国家获得了独立；英国在亚洲、南太平洋和加勒比海地区的属地，大多也摆脱了英国的统治。到 20 世纪 60 年代中后期，英帝国的殖民体系已基本瓦解。

三 撒切尔主义

战后英国两党政府共同实施的巴茨克尔主义是建立在工党的社会主义政策和凯恩斯主义需求管理学说基础之上的福利资本主义。它曾对医治战争创伤、促进国民经济的恢复和发展发挥了重要作用，也促成了某种程度的社会平等和稳定，因此被看成是劳动人民斗争的成果。工党领导人曾自豪地声称，英国第一个在世界上建成了福利国家。然而到了 20 世纪 70 年代，巴茨克尔主义似乎已经走进了死胡同。英国经济陷入严重的滞胀状态，福利国家所造成的庞大开支和"福利依赖文化"成为英国经济发展的重要制约因素。与此同时，世界石油危机的冲击和布雷顿森林金融体系的解体，也给英国经济提出了更加严峻的挑战，加剧了英国相对衰落的趋势。面对这种情况，保守党和工党内部都发出了要求改变政策方向的呼声，撒切尔主义应运而生。

1979 年 5 月，以撒切尔夫人为首的保守党新右翼上台执政，开始推行后来被称为"撒切尔主义"的一系列方针政策。撒切尔政府一反战后以来两党一致奉行的在国家干预下通过扩大投资、增加就业和提高消费等方式刺激经济发展的传统方针，转而采取以治理通货膨胀、实施健康的公共财政政策为中心的经济发展战略。保守党政府大力推行"民众资本主义"，实行大规模私有化，大量出售国有资产股票和市政当局拥有的公房。撒切尔政府热衷于推行有利于中上层阶级的税制改革，并在社会福利制度改革中试图更多引进市场机制和自助原则，以减轻政府负担，扩大企业和个人的责任。撒切尔政府多方限制工会的权力，镇压劳工运动，放弃了昔日工党政府的收入再分配政策。在国际上，撒切尔政府强调英国的国家利益，推行强硬而务实的外交政策。所有这一切都是为了提高英国经济的活力和竞争力，以期恢复英国日趋下降的大国地位。

英 国

撒切尔主义在治理经济方面的确取得了一些引人注目的成就,给长期处于相对衰落状态的英国经济带来了转机,使其在20世纪80年代中期开始出现某种程度的"中兴",1982~1989年的持续增长势头为战后所罕见:增长速度在西方主要大国中仅次于日本;劳动生产率、人均收入和企业竞争力均有明显提高;通货膨胀率由1978年的18.1%下降到1989年的4.4%。尽管20世纪80年代末通货膨胀率重又高企,90年代初经济又陷入严重衰退,但它很快于1992年比较顺利地走出谷底,实现了较长时间的"低通胀稳步增长",显示出英国经济具有很强的适应和调整能力。

撒切尔主义的实施带来了英国社会政治经济生活的深刻变化。英国经济治理的政策方针较过去有了重大改变,自由竞争原则和精神已广泛而深入地贯穿于社会经济生活的各个方面。国有企业和公房被大批变卖,英国出现了一个新兴的小股票持有者和自有房产者阶层,其私有化进程势不可挡。工会的权力和影响受到极大削弱和限制,英国成为欧洲工人运动最少的国家之一。

撒切尔主义作为战后英国资本主义发展过程中的一次不无成效的实验和调整,对英国的社会经济和政治发展具有重要的意义与影响。不过,这是以牺牲或损害广大劳动者阶层,包括一部分中产阶级人士的利益为代价的,它使英国社会的贫富差距拉大,社会排斥现象异常突出。失业和贫困导致社会矛盾加剧、犯罪问题日益恶化,严重危及社会安全和稳定。有调查显示,1979~1992年,英国人口中20%~30%的最贫困人群并没能从经济增长中受益;而无论是以绝对收入水平还是相对收入水平衡量,最贫穷人群的10%都比以前变得更加贫困。

20世纪70年代,只有6%的人收入不足国民平均收入的一半;然而到1990年,这一比例已超过总人口的20%。如何处理发展与稳定、公平与效益之间的关系,成为20世纪80年代末以来英国面临的一个突出而棘手的问题,这也为此后工党上台创造了条件和可能。

四 布莱尔的"第三条道路"与工党的政治社会改革

撒切尔主义的实施给英国的政治经济生态带来了诸多深远影响,其中之一是促进了英国工党政策的革新。1979年以后，奉行撒切尔主义的保守党连续执政18年；而工党在4次大选中连续失败，说明它对选民缺乏吸引力，其政策脱离了英国的实际情况。为了改变这一状况，工党自20世纪80年代开始对其政策逐步进行调整，这被称为"工党的现代化"。其实质是，为了适应发展变化的形势，争取选民支持，工党采取步骤改变其"过左"的形象，力求使其政策被多数选民接受。

1994年布莱尔出任工党领袖后，大大加快了这一"现代化"进程。他指出，工党要想获胜执政，就必须摒弃"过时的意识形态"，从理论、纲领到具体的政策和组织措施方面进行全面革新。他主持了对党章第四条"公有制条款"的修改，正式放弃国有化目标，对市场和私有经济给予充分肯定。在组织上，布莱尔主张扩大工党的群众基础，重视争取中产阶级人士，力求将工党建成一个真正的"人民党"；主张建立激进的中左政治联盟，以取得对工党长期执政的广泛支持。他特别期望同工商界搞好关系，主张在政府与产业界、雇主与雇员、公营和私营部门之间建立"伙伴关系"。布莱尔还竭力摆脱工会对工党的束缚，推动扩大工党"个人党员"队伍，增强了工党组织的活力。总之，工党经过此番政策调整和组织改造，其形象已变得更加温和，其政策主张更易于被包括中间阶层选民在内的多数英国人接受，从而增加了工党取代保守党上台执政的机会。

工党作为传统上代表中下层劳动人民的政党，在争取中间阶层选民的同时，仍不能脱离其基本群众基础，必须代表他们的利益，反映他们的情绪和愿望。面对撒切尔主义自由化改革给中下层劳动者特别是贫困阶层所带来的损害和痛苦，以及急剧变化中的世界给人们的生活稳定和安全所造成的冲击与威胁，工党不失时机地重提"社会公正"口号，主张将市场与社会正义结合起来，将维护社会凝聚力和团结作为对市场经济的补充。工党针对"撒切尔革命"的严峻后果和负面影响，提出应给工人和贫困阶层提供起码的社会保障。布莱尔在宣布摒弃老工党"过时的意识形态"的同时，一再重申中左翼所主张的社会正义、社会团结等传统价值观念不会改变，但强调要赋予这些观念以现代的内涵。在总结老工党经验教训的

英 国

基础上实现"现代化"的新工党,利用人们对右翼新自由主义政策的失望情绪,终于在 1997 年 5 月大选中获胜。在 2001 年和 2005 年举行的大选中,布莱尔又率工党两次获胜。

"布莱尔主义"是对布莱尔为更新工党、治理英国所提出的一套方针、政策和设想的概括性称谓。"第三条道路"被认为是布莱尔主义的核心和理论基础。根据布莱尔的言论和工党政府执政 13 年的政策实践,"第三条道路"的主要内容和特征可概括如下:①在基本政治价值观念上,"第三条道路"在接受民主社会主义核心价值的同时,奉行实用主义政治哲学,主张超越传统的左右分野,摒弃阶级政治,以寻求更广泛的社会支持。②在经济方面,"第三条道路"主张既非放任自流,也非国家干涉主义的政策,推行一种新型"混合经济"模式,力求将经济活动中的国家干预与市场的作用有机结合起来。布莱尔认为,在现代经济中,价值和竞争优势的主要来源是人及智力资本,主张建立富有活力的以知识为基础的现代经济。③"第三条道路"主张推行"积极的"福利国家政策,变福利国家为"社会投资国家";谋求将解决就业问题与改革社会保障制度相结合,强调加强职业培训、提高就业能力,用创造就业机会代替救济性的福利保障。④"第三条道路"主张实行新的社会治理方式,建立一个基于伙伴关系和权力下放的现代政府,推动"民主制度民主化"。"第三条道路"力图将公民社会建设与国家治理结合起来,在政治力量与公民社会之间建立一种合作互动的良性关系。⑤"第三条道路"将生态环境问题也列入了社会政治议程,希望探索一条能促进经济增长和生态环境协调发展的道路。⑥"第三条道路"主张从全球视角观察社会、政治和经济问题,并推行一项基于国际合作的外交政策。

"第三条道路"作为布莱尔政府的治国纲领和方略,总体上取得了一定成效。在英国经济出现"过热"迹象的背景下,布莱尔政府继续推行严格控制财政开支和通货膨胀率、放松市场管制、鼓励竞争的经济政策,尽管经济增长速度放慢,但发展平稳,实现了"软着陆"。在就业方面,即便在经济发展速度放慢的情况下,英国的失业率在欧盟主要国家中仍然

第二章 历 史

是最低的，政府财政状况依然保持良好。其宏观经济政策形成的良好投资环境，使英国成为欧洲最有吸引力的投资场所，在发展"新经济"方面，英国走在欧洲国家的前列。

从上述概括可以看出，尽管布莱尔工党政府声称它所推行的"第三条道路"既非旧工党以国家干预为主要特征的传统民主社会主义，也不同于右翼政党奉行的自由放任道路，但是，至少在经济政策方面，工党政府基本上全部继承了撒切尔主义自由化改革的成果。所以，有人指出，所谓的"第三条道路"不过是"具有人道主义面孔的撒切尔主义"，布莱尔推行的是"以新自由主义面目出现的"撒切尔主义。

在政治方面，布莱尔政府推行以下放权力为中心的宪政改革，从而推动了英国政治的民主化，对英国的政治结构产生了积极影响。下放权力扩大了直接民主的适用范围，如建立苏格兰和威尔士地方议会，通过北爱尔兰和平协议，决定英国是否加入欧洲单一货币等问题，都采用或曾计划采用全民公决方式。这种情况在英国现代政治史上并不多见。

布莱尔政府在社会保障方面的改革比较谨慎，但打开了新思路，提供了新途径。一方面，在重申福利国家的社会理想的同时，改变以往由政府大包大揽、"从摇篮到坟墓"的依赖性福利模式，强调政府的角色不是提供所有社会保护，而是为其提供组织和规范。另一方面，工党政府主张改变提供福利的对象和方式，以鼓励人们工作，促进就业，减少纳税人的负担。因此，在"社会投资国家"理念的导向下，布莱尔政府在福利制度中引入私营成分，试图将福利变成政府、企业、社会和个人共同参与及分担责任的公共事业；减少传统福利救济的受益范围，集中救济老人、无劳动能力者以及单亲家庭等社会弱势群体；倡导劳动伦理，并将教育与培训作为一种促进就业和自立的普遍福利形式。

在对外关系上，以重振英国的大国地位和影响为目标，布莱尔政府发起了全方位的外交攻势，但其外交重心依然是英美关系和英欧关系。几年来，英美"特殊关系"得到了彰显和发展。英欧关系则出现了重要变化，英国从怀疑、疏远甚至阻碍欧洲一体化进程变为积极参与并试图在欧洲发挥领导作用。英国在重大国际问题上的影响和分量有所增加，国际地位明

显提高，特别是在北约和欧洲事务中，英国的声望和发言权明显增强。英国加强欧洲防务的主张也得到了欧盟各国的普遍赞同和支持，在争取欧洲防务主导权的问题上处于有利地位。

然而，布莱尔的"第三条道路"也面临着许多问题和挑战。英国经济的持续稳定增长对实现"第三条道路"具有决定性意义，但是，英国的经济前景取决于一些不可控制的经济和非经济因素。这些因素绝大多数都是经济全球化的结果。例如，英镑的坚挺既损害了本国的出口竞争力，也威胁到在英国的外来投资。而以金融自由化为核心的"新经济"的发展，则导致金融衍生品过度膨胀，使其难以抵挡全球性金融经济危机的冲击。1998年的亚洲金融风暴即严重影响了英国的商品出口。而在2007年夏开始的全球金融海啸面前，英国显得更加脆弱，在欧洲国家中率先陷入了严重的金融危机与经济衰退。英国经济境况跌入"60年来最糟糕"的时期，这也使得英美新自由主义发展模式走入了死胡同。

宪政改革实现了权力下放和地方自治，焕发了地方民主的活力，但由此也引发了新的问题。在苏格兰和威尔士，地方分离主义有所抬头，尤其是苏格兰民族党的力量迅速上升。1999年之后的历次苏格兰和威尔士地方议会选举结果表明，在这两个地区，民族主义政党已经成为工党的主要竞争对手，苏格兰尤甚。

政党政治的惯性也在工党政府中表现出来。上台之初，工党以廉洁为人称道，但不久，政治腐败和丑闻即被曝光。受党派利益牵制，英国下院选举制度的改革在工党执政13年间未能有所突破，因为下院选举实行比例代表制不利于大党的政治控制力和影响力。此外，布莱尔本人的领导方式和风格也受到许多人的批评。

在社会保障体制方面，虽然改革收到了一定成效，但面对累积了半个多世纪的福利国家的弊端，改革难以在短时间内取得根本性的突破，并且，英国的贫富差距仍在继续拉大。根据英国国家统计局有关财富分配的年度报告，衡量贫富差距的基尼系数从1995/1996年度的33上升到1996/1997年度的34，1998/1999年度上升到35。这意味着，在工党执政的头两年，英国富人与穷人之间的收入差距加大了。虽然导致收入分配变化的原因有许多，但对于长期以来将缩小贫富差距作为执政目标的工党来说，不免有些尴尬。

在外交政策方面，布莱尔政府的"人权外交"在国际社会引起了广泛关注和批评。科索沃战争的实践表明，"第三条道路"奉行的是一条更富干预主义色彩的对外政策路线。不过，影响英国外交的主导因素始终是由其国家利益所决定的现实主义传统。皮诺切特事件①反映了英国在外交政策价值取向上的两难处境。如何处置和平衡英美关系与英欧关系也令布莱尔政府左右为难。布莱尔追随美国总统布什将英国拖入伊拉克战争，不仅使英国在欧洲陷于孤立，而且给布莱尔本人和工党继续执政造成严重的损害和负面影响，这成为布莱尔被迫提前移交权力的导火索。

2007年6月27日，布莱尔正式向女王递交辞呈，结束了长达10年的首相生涯，原财政大臣布朗接任首相。布朗面临的主要任务和挑战是确保工党赢得下届大选。但布朗的难题在于，作为布莱尔的政治搭档，他无法否定布莱尔主义，但又不能全盘继承布莱尔路线，内外政策既需要与布莱尔保持一致，又要拉开适度差距。布朗上任之初一再表示，他将走出一条不同于布莱尔的执政"新路"，以"新观点、见解和经验获得英国民众的信任"。但布朗接任首相不久，就由于对北岩银行（The Northern Rock）危机事件处理迟缓、政府部门丢失大量个人保密信息、选举捐款问题和所谓的"骗补门事件"②而在政治上屡屡陷入被动。在经济方面，从2008年初开始，英国结束了长达16年的经济增长期，出现经济衰退，而经济形势的不尽如人意直接导致了选民对工党政府的不满，英国步入了"经

---

① 1998年底，应西班牙政府的要求，英国逮捕了在伦敦治病的智利前总统皮诺切特，并开始了长达16个月的引渡法律程序。英国政府最初软禁皮诺切特显然是按照人权外交原则行事的，但几经周折，最终还是释放了皮氏。这固然是因为皮氏年老体衰、健康状况不佳，但考虑更多的恐怕还是英国与拉美国家的关系，尤其是英国在南美的经济和商业利益。显然，对英国而言，坚持人权原则固然重要，但国家利益更是根本。

② 2009年5月，英国媒体披露，包括半数内阁成员在内的多名议员涉嫌利用议员身份骗取额外补贴，首相布朗和当时的保守党领袖卡梅伦也被波及。受此影响，多名政府要员被迫辞职或被解职，议会下院议长马丁因此成为300多年来首位被迫辞职的议长。

99

济步履维艰、政局动荡不定"的时期。布朗的3年执政之路艰难又坎坷，并最终导致工党于2010年的大选中失败。

五　联合政府时期

在2010年的大选中，保守党和工党均未获得半数以上的议席，经过谈判，保守党联合自由民主党共同组阁，成立了第二次世界大战结束以来的第一个联合政府。但鉴于保守党的议席数远远高于自由民主党，因此，在这届政府中保守党占主导地位，对英国的内外政策起着决定性作用。

联合政府在很多方面都引入了政策改革措施，但从总体来看，它的政策延续性更大于变化性，特别是在选举制度改革、权力下放以及"从工作到福利"的社会保障制度改革思路等问题上，联合政府在很大程度上沿袭了工党的理念。从经济政策来看，由于联合政府执政的5年间始终未能彻底摆脱经济衰退的阴影，因此，其经济政策重点是财政紧缩、削减财政赤字，特别是削减公共开支、提高税收。2011年，英国经济本已止跌回升，但在2012年再次陷入衰退，不过自2013年又迅速恢复增长，在欧盟国家中属于恢复较早的国家。而在政治方面，联合政府上任之初公布了诸如议会和选举制度改革、增强公民权利、进一步权力下放等措施，但进展缓慢。在福利改革方面，联合政府提出的改革政策显得比较温和，同时，其提出的教育改革和医疗改革措施力度也都不大。但联合政府先后推出了多项严格的限制移民政策，目的是控制进入英国的移民数量，此举招致了欧盟的严厉批评。

在对外关系方面，联合政府一改工党执政时期的积极对欧政策，态度日趋强硬，尤其是在一些涉及比较敏感的国家主权和与安全有关的领域，例如预算摊款问题、银行业监管问题、欧盟刑事司法问题等，英国都与欧盟"对着干"。与此同时，在英国国内，疑欧情绪日益高涨，以要求英国退出欧盟为宗旨的英国独立党的力量上升得十分迅速。迫于压力，2013年1月，首相卡梅伦发表演说，正式承诺，若保守党能够赢得2015年大选，则将在2017年底之前就英国是否退出欧盟举行全民公投,从而使得英国"退欧"成为一种可能。

总之,在联合政府执政期间,英国面临着"内忧外患":在国内,疲于应付不景气的经济状况;在外交方面持"收缩"立场,在欧盟问题上也无法找到一个两全其美的解决途径。

第六节 著名历史人物

阿尔弗雷德大帝(Alfred the Great, 849~899) 盎格鲁-撒克逊时代威塞克斯王国最杰出的国王之一(在位时间为公元871~899年)。他智勇双全,曾率领军队粉碎北欧人的入侵,实现了英格兰的重新统一。同时,他还运用自己的智慧,实现了英格兰与丹麦的和解。此外,阿尔弗雷德还是一位伟大的政治家和文化教育事业的重要开创者:他不仅在南起英吉利海峡、北至泰晤士河谷的广大地区设立了自治市,还组织人力修编法典、撰写史籍,奠定了日后英国习惯法的基础,同时他还关心文化教育事业、研究历史,编撰《盎格鲁-撒克逊编年史》的工作就是由他开始的。

亨利二世(Henry II, 1133~1189) 原名亨利·金雀花(Henry Plantagenet),中世纪英格兰最杰出的国王之一(在位时间为1154~1189年)。他开创了金雀花王朝(也称安茹王朝)。他在位期间,促成了英格兰国家的空前统一,在英国历史上开创了一个富有成果而又具决定意义的统治时期。他还对国家的行政、军事及司法制度等进行了重大改革,特别是加强了王室法庭的作用,使其可以不经地方法庭而直接传讯案犯和审理案件,同时,自由人如不服领主法庭的裁决,可越过领主向王室法庭上诉。王室法庭可派出巡回法官受理案件。此外,他还在英格兰实行统一法度和陪审团制度,使习惯法作为统一的法律体系发展起来。

伊丽莎白一世(Elizabeth I, 1533~1603) 英国从中世纪向近代社会转变时期一位杰出的都铎王朝女王(在位时间为1558~1603年)。伊丽莎白是英王亨利八世的女儿,在登上王位之前历尽挫折。她在位时间长达44年,正是英国社会发生剧烈变化的时代,但她能够顺应时代发展的

英 国

趋势，重用代表新兴力量的大臣，推行符合社会发展要求的政策，促进了英国经济的发展和工商业的繁荣，促成了英国历史上一个"伟大时代"的到来。在宗教方面，她成功地将新教确立为英国国教；在外交方面，1588年英国打败西班牙的"无敌舰队"，一举成为当时欧洲的头号强国。

奥利弗·克伦威尔（Oliver Cromwell，1599~1658） 英国资产阶级革命中"独立派"的著名领袖和军事领导人。1642年内战爆发后，随着战局的发展，克伦威尔的军事指挥才能得到了越来越广泛的承认，成为议会军中一位杰出的将领。1644年，克伦威尔领导的"铁骑军"取得马斯顿荒原战役大捷，成为议会军转败为胜的转折点。他积极倡议吸收中下层人民参加军队并组建"新模范军"，成为议会同封建王党势力展开斗争的主要依靠力量。1646年6月，第一次内战结束。王党分子于1648年挑起第二次内战，克伦威尔率领军队很快平息了叛乱，英国正式宣布为共和国。在这一过程中，克伦威尔也日趋走向独裁。他解散议会，成立"护国政府"，就任护国公。1658年9月克伦威尔病故。

罗伯特·沃波尔（Robert Walpole，1676~1745） 英国18世纪前期著名的国务活动家，内阁制的开创者。沃波尔25岁当选为下院议员，是一位坚定的辉格党人。他于1720年到1742年担任首席财政大臣。自1688年"光荣革命"以来，财政大臣一直拥有授予官职之权，能控制议会。尤其是在乔治一世统治时期，由于国王是德国人，既不懂英语，对英国的议会政治也不感兴趣，因此沃波尔经常代表国王主持内阁会议，成了内阁的实际首脑，被称为"英国历史上第一个首相"。唐宁街10号被作为首相官邸也是源于他。沃波尔在国内推行了许多有利于地主和资产阶级利益的政策，而在外交方面，他则坚持有利于休养生息的和平政策，为英国的经济发展赢得了有利环境，英国经济实力有了显著增长，但沃波尔晚年被迫改变外交政策，为了扩展奴隶贸易、垄断西印度群岛的市场，1739年英国对西班牙宣战。1741年英国举行大选，沃波尔虽然获胜，但在反对派的压力下于1742年被迫辞职。

威廉·皮特（William Pitt，1759~1806） 又称"小皮特"，英国

近代史上的著名政治家。他于1781年进入议会下院,曾在谢尔本内阁中担任财政大臣(1782年)。1783年12月,年仅24岁的小皮特被任命为首相,一上任就提出《改革英国东印度公司法案》,实际上剥夺了东印度公司在印度的行政权力。小皮特是亚当·斯密最早的学生之一,他在任期内推行的政策适应并代表了新兴工业制造业主和与之有密切关系的自由商人的利益。他精简税则,坚决打击逃税漏税现象,与贪赃舞弊做斗争。他大力推行自由贸易,撤销了原棉进口关税;提出在爱尔兰与英格兰之间实施自由贸易;同法国订立商务条约,取消了双方的贸易限制,从而扩大了英国制造业的销售市场。他还顺应国内"废奴运动"的要求,在下院提出了废除奴隶贸易的决议案。但在法国大革命期间,他积极组织并先后3次领导了"反法联盟",以充足的经济和军事实力支援欧洲大陆的封建君主对拿破仑作战。对法战争也影响到小皮特的国内政策,为了阻止法国的革命思想在英国传播,他宣布中止实施《人身保护法》,还使下院通过了禁止集会的法令。白色恐怖遍于全国,许多人被审判和流放。小皮特也是一个狂热的殖民主义者。1798年,他不仅派兵镇压爱尔兰起义,之后还通过英爱《合并法案》,确立了英国在爱尔兰的殖民统治地位,同时他还扩大了英国在西印度群岛、拉美和加拿大的殖民地,并批准实施了对澳大利亚的殖民和对非洲的扩张计划。

罗伯特·皮尔(Robert Peel,1788~1850) 19世纪英国著名的国务活动家,保守党创始人,对英国的历史发展产生过重要影响。皮尔所处的时代正是英国完成工业革命、由农业社会向工业社会转变、经济政治形势发生急剧变化的时期。他作为一个资产阶级政治家,能从维护资产阶级的根本利益出发,顺应形势变化,及时调整立场,采取自由主义的治国方略。在1823年出任内政大臣期间,他首先改革极刑制度,并创建了专门维持社会治安的警察队伍(又称"皮尔队")。1824年他取消了《禁止结社法》,使工会合法化,力图将工人运动引向合法经济斗争的轨道。1829年他提出了《解放天主教徒法案》。同时,他能顺应改革潮流,改造托利党,使之适应新形势的要求。1834年皮尔第一次出任首相。任职之初他发表了著名的《塔姆沃斯宣言》,集中反映了其改造托利党的

英 国

思想纲领——新保守主义。其基本理念是，在维护现存政治制度和统治阶级根本利益的前提下，实行谨慎的改革政策。吸引资产阶级，考虑和反映资产阶级的利益与要求，这是该党一个带有根本性的变化。从19世纪30年代中期起，"保守党"一词开始取代"托利党"。19世纪六七十年代，保守党从代表土地贵族的政党演变成为资产阶级政党。在皮尔的第二届首相任期内，他实行了以废除保护关税制为中心内容的经济政策，于1846年废除《谷物法》，自由贸易政策在英国正式确立。

亨利·约翰·坦普尔·帕麦斯顿（Henry John Temple Palmerston，1784~1865） 19世纪英国著名的国务活动家和外交家。帕麦斯顿从1808年开始，几度担任政府要职。他曾先后任海军副大臣、陆军大臣、外交大臣、内务大臣和首相等职务，在英国政界掌权长达20年。不论是在担任外交大臣还是在担任首相期间，帕麦斯顿都对英国的外交产生了重大影响。他崇尚英国传统的均势外交，宣称"我们没有永久的朋友，我们也没有永久的敌人。只有我们的利益是永恒不变的，这些利益才是我们应当遵循和追求的"。1839年比利时问题的解决是帕麦斯顿运用均势外交获得成功的一个例子。而在所谓"东方问题"（即瓜分奥斯曼帝国"遗产"问题）上，帕麦斯顿采用各种手段，在俄、法之间纵横捭阖，为英国争得了有利的结果。但他还一手策划了1839年入侵阿富汗的战争和1840~1842年侵略中国的鸦片战争、1857年入侵伊朗的战争、1856年第二次鸦片战争。在欧洲的民族和民主革命问题上，他在政治上的保守和反对立场也有所表现。帕麦斯顿于1865年去世，标志着英国外交史上一个重要时代的结束。

维多利亚女王（Queen Victoria，1819~1901） 在位近64年（1837~1901）。在这期间，英国达到了发展史上极盛时期的顶峰。有人把19世纪称为"英国统治下的和平年代"，维多利亚女王成为"英国世纪"的象征。在国内，她为后代君主树立了君主立宪制的新规范；在国际上，19世纪中叶，英国不仅在工业方面处于绝对领先地位，其力量和影响还表现在对世界海洋的控制以及不断扩展的海外殖民帝国等方面。英国凭借雄厚的经济实力和强大的海军，在"自由贸易"的旗号下加紧向亚、非、拉和太平洋地区进行殖民扩张,建立了一个空前庞大的殖民帝国。

本杰明·迪斯雷里(Benjamin Disraeli,1804~1881) 维多利亚时代英国著名的国务活动家之一。他曾三次出任财政大臣,两次出任首相,在改造托利党和巩固保守党势力、提高其影响方面发挥过重要作用,特别是他在1867年提出了一项激进的《议会改革法案》,史称"第二次议会改革"。这是保守党的一次胜利,迪斯雷里也因此名声大振。1868~1874年保守党在野期间,迪斯雷里加强了对保守党的改造和管理。经过他的努力,保守党完成了从代表土地贵族利益的政党向资产阶级政党的演变。在外交政策领域,为迎合资产阶级渴望夺取更多海外市场的意愿,他强调保守党要以大英帝国的利益为重,主张积极对外扩张,因而大力推行殖民政策,同时主张对俄国实行强硬外交。1878年,英国联合其他欧洲列强召开柏林会议,迫使俄国同意修改同土耳其签订的《圣斯特法诺条约》,英国从土耳其取得了塞浦路斯岛。迪斯雷里为此获得了维多利亚女王颁发的嘉德勋章,其个人声望也达到了顶峰。

威廉·爱华特·格莱斯顿(William Ewart Gladstone,1809~1898) 维多利亚时代后期与迪斯雷里齐名的英国首相。格莱斯顿从政61年之久,两次担任财政大臣,四次出任首相。最初他是保守党人,后来转入自由党,并成为自由党领袖。格莱斯顿在担任财政大臣和首相期间,经济上实行自由贸易政策,政治上实行自由主义,促使英国进入了资产阶级自由贸易和自由主义的极盛时代。同时,他还实行了许多重要的社会和政治改革,例如,在全国普及初等教育,改革大学教育,颁布文官制度,设置内政部监督地方自治机关的活动,进行司法改革,确认工会的合法地位等。而在爱尔兰问题上,他努力争取赋予爱尔兰自治地位,例如取消英国教会在爱尔兰的国教地位;颁布《土地条例》,规定租地标准为15年,在这期间地主不得任意驱逐农民等。他还两次提出《爱尔兰自治条例》,但没能在英国议会通过。

大卫·劳合·乔治(David Lloyd George,1863~1945) 20世纪初期英国著名政治家,先后担任过贸易大臣、财政大臣、军需大臣、陆军大臣和首相。1901年他领导了一场声势浩大的反对向教会学校增加税收的抗

英 国

议运动。劳合·乔治从此因作为激进的反对派而闻名，被称为"自由党大军的杰出将领"。在内政方面，他将主要精力集中于解决社会问题，特别是解决劳资纠纷和进行社会改革，例如，他提出了《养老金法》和《国民保险法》，被认为是英国福利国家制度的先驱。在政治领域，他在任期间先后通过《议会法》和《议会改革法案》，削弱了上院的权力，并赋予年满21岁的男性和年满30岁的女性以选举权，同时规定女性也有当选为议员的权利。在爱尔兰问题上，英国在劳合·乔治任期内最终通过了《爱尔兰自治法案》，爱尔兰自由邦成为享有全权的自治领。总的来说，劳合·乔治推行的一系列社会改革措施，对英国的社会、政治和经济生活产生了一定的影响，在缓和阶级矛盾、巩固资产阶级统治方面起到过重要作用。

詹姆斯·拉姆赛·麦克唐纳（James Ramsay MacDonald，1866~1937） 英国工党创始人和早期领袖之一，曾于1924年、1929年和1931年先后3次出任首相。1900年2月27日，英国各社会主义团体和工会组织在伦敦开会，宣布建立劳工代表委员会，麦克唐纳当选为书记。1906年，劳工代表委员会正式更名为工党。在第一次世界大战中，麦克唐纳坚持反战立场。1918年2月由麦克唐纳起草的工党第一个党纲问世，首次将由社会主义取代资本主义作为工党的目标。但麦克唐纳反对暴力夺取政权，主张"遵照社会主义路线前进，而以民主为指南"，用政治的方法、自由的精神达到经济改造的目的。1921年，麦克唐纳发表代表作《批评的和建设性的社会主义》。他认为资本主义是新型的奴隶制，必然为社会主义所代替，但实现方法应是民主的方法；主张社会财产公有，实行不劳动者不得食的原则。他在担任首相期间，在内政方面，采取措施改善保险制度和医疗、教育体系；在外交方面，承认苏联，与其恢复正常邦交，促进欧洲和解。

温斯顿·伦纳德·斯潘塞·丘吉尔（Winston Leonard Spencer Churchill，1874~1965） 英国杰出的政治家，二战中领导英国人民抵抗德国法西斯侵略的著名首相。二战前，丘吉尔意识到德国军国主义的复活必将危及英国和欧洲的安全，呼吁政府提高警惕，增加军事预算，重整军备，联合欧洲一切力量抑制德国的霸权和侵略图谋。英德战争爆发后，他先在内维尔·张伯伦的政府中任海军大臣。1940年5月接任首相,在国家存亡的危急关头,他以坚定的意志和具有挑战风格的演讲激励英国全体将士的斗志,鼓舞人民去赢得这场战争的胜利。他为二战的胜利付出了巨大的精力和心血,赢得了人民的尊敬和崇高的国际声誉。然而,他在1951年重返政坛后,致力于建立西方联盟,同苏联和社会主义阵营抗衡,著名的"铁幕"之说就是出自他的演讲。同时,他还呼吁欧洲联合,但英国置身于欧洲经济共同体之外。丘吉尔于1955年辞去首相职务。

克莱门特·理查德·艾德礼(Clement Richard Attlee, 1883~1967)
二战后英国首届工党政府首相(1945年7月至1951年10月),曾长期担任工党领袖(1935年10月至1955年12月)。艾德礼毕业于牛津大学,曾在伦敦经济学院任教。1922年当选为议员,并先后在麦克唐纳政府任职。1940年,艾德礼任丘吉尔政府掌玺大臣,也是实际上的副首相、后者的得力助手。1945年,艾德礼出任首相,组成二战后首届工党政府。工党执政后宣布进行"新的实验——在资本主义范围内建设社会主义"。同年12月开始实行国有化政策,并大力建设国民福利制度。在外交上,艾德礼工党政府采取联美抗苏政策,同时又极力抵制美国对英帝国范围的渗透和侵蚀。同时,他使英国摆脱了殖民地,完成非殖民化。1950年1月,艾德礼工党政府承认中国。艾德礼工党政府是战后以来英国历届政府中做出重大决策最多、特色最为鲜明的一届政府,其中某些决策对于战后英国的历史发展具有决定性的意义和影响,奠定了此后几十年英国内外政策的基本格局。1955年,艾德礼卸任工党领袖,截至2015年底,他是英国历史上领导工党时间最长的人。

哈罗德·麦克米伦(Harold Macmillan, 1894~1986) 战后英国著名的政治家和保守党领袖。1924年,麦克米伦当选保守党议员,二战中担任过一系列重要职务。二战结束后,他与保守党其他成员组成了一个以巴特勒为首的政策小组,制定了一份名为《工业宪章》的文件,实际上承认了国有化、福利国家和充分就业原则。麦克米伦被誉为保守党中著名的改革派人士。他在丘吉尔和艾登内阁中担任过要职,特别是为解决住房问题做出了出色成绩。1957年麦克米伦出任首相。他

英国

任职期间，首先，将修好英美关系作为外交的首要任务，并成功恢复和发展了英美伙伴关系；其次，加快推进非殖民化进程，到他卸任时，英国的大部分殖民地都已取得独立地位；最后，1961年8月，麦克米伦政府决定申请加入欧洲经济共同体。虽未成功，但开启了英国加入欧洲一体化的进程。

詹姆斯·哈罗德·威尔逊（James Harold Wilson，1916~1995） 20世纪六七十年代的工党领袖，曾先后担任4届英国首相（1964年、1966年、1974年2月、1974年10月）。1945年，威尔逊当选下院议员。1961~1962年，他担任工党全国执委会主席，1963年当选为工党领袖。1964年就任首相后着手进行社会改革。继战后艾德礼工党政府实施全面国有化之后，威尔逊政府掀起了第二次国有化高潮，将被保守党政府实行私有的钢铁工业重新实行国有化，还将公路运输的骨干企业和部分港口及机场收归国有。1974年10月，威尔逊第四次出任首相，他及继任的卡拉汉政府实施了第三次国有化运动，不仅继续扩大"夕阳工业"的国有化范围，同时积极推进对新兴工业与高科技产业的国有化试验。工党政府建立了英国国家石油公司，直接参加北海油田的开发，获取了巨额利润。但是，20世纪70年代中期西方世界陷入严重的经济危机，英国也未能幸免。1976年3月威尔逊突然宣布辞职。

玛格丽特·希尔达·撒切尔（Margaret Hilda Thatcher，1925~2013） 英国历史上第一位女首相，曾连续三届执政，长达12年（1979~1990）。1975年6月，撒切尔夫人通过竞选成为保守党第一位女领袖。1979年开始担任首相。她执政后推行的一系列特色鲜明的方针政策，被称为"撒切尔主义"。其核心是宣扬和维护资产阶级的自由价值观；认为战后以来英国政府职能的不断膨胀和国家对经济生活各个领域的干预，扼杀了企业和个人的创造精神，因此极力主张减少政府干预；强烈反对工党所主张的社会主义，致力于建设一种个人和企业能够自由选择的社会。撒切尔政府以治理通货膨胀为中心，实行新自由主义经济政策，大力削减政府开支，放松对市场的管制，推行国有企业和住房的"私有化"。它多方限制工会权力，镇压劳工运动，削减社会福利。它还大力加强中央集权,削弱乃至剥夺地方政府的自治权力。在国际上,撒切尔政府强调英国的国家利益,推行强硬而务实的外交政策,在欧洲政策上尤其如此。撒切尔夫人的强硬作风为其赢得了"铁娘子"的称号。撒切尔政府在治理英国经济方面取得了引人瞩目的成就,英国经济在20世纪80年代中后期开始出现一定程度的"中兴"。尽管有些人认为撒切尔夫人独断专行,但她得到了很多人的拥护,曾领导保守党连续三次取得大选胜利。在她执政后期,由于货币主义政策的后遗症逐渐显露,加上保守党内部在欧洲问题上的矛盾和分歧日益激化,撒切尔夫人逐渐失去党内上层的支持,被迫于1990年11月辞去首相职务。

第三章

政　治

第一节　国体与政体

一　政治制度的沿革与特征

国体即国家体制，表明国家的根本性质。马克思主义认为，国家的本质是由社会各阶级在国家中的地位决定的。以每个社会的经济形态及在社会中居统治地位的阶级为标准，迄今在人类社会发展过程中出现过的国家类型大致可以划分为4类：奴隶制国家、封建制国家、资本主义国家和社会主义国家。政体是指国家政权的组织形式。国体决定政体，并通过政体来体现。亚里士多德曾把古希腊城邦国家分为君主政体、贵族政体和共和政体，后人在此基础上又加以一定补充和发展。目前，西方国家的政体主要有君主政体和共和政体这两种。

英国自近代以来进入资本主义，是典型的资产阶级议会制君主立宪制政体国家。其政治体制以议会内阁制为核心，以两党制、常任文官制以及地方自治为主要特点。英国是近代资本主义政治制度的开拓者，当今西方国家普遍实行的议会及议会制度、内阁及内阁制度、政党及政党制度、文官及文官制度，以及与之相关的政治法律原则，几乎无一不源于英国。它对其他资本主义国家政治制度的形成和发展具有重要影响。即使社会主义国家的某些机构设置及其相关机制，也隐约可见英国影响的印记。

英国由封建君主制向资产阶级议会制君主立宪制转变，其间经历了漫

英 国

长的演变过程。罗马人撤离不列颠之后，原居住在欧洲大陆的日耳曼人中的盎格鲁-撒克逊部族入主不列颠，出现了英国历史上的"七国时代"，在国王与骑士之间以采邑制为纽带形成了封建等级制度。不过，大规模的封建化是在1066年诺曼底人征服英国之后出现的。威廉一世建立的诺曼王朝将大量土地分封给自己的亲信和教会，强化中央王权和封建庄园制。国王是全国最大的领主，贵族处于附庸地位，御前会议是国王行使统治权的主要机关。12世纪金雀花王朝亨利二世的改革，奠定了英国中央行政管理机构的基础，使封建制度更趋完善。《大宪章》的签署（1215年）和议会的出现，限制了国王的权力，推动了封建等级君主制的形成。

1455～1485年的玫瑰战争使旧贵族的力量消耗殆尽，其后果就是建立了实行封建君主专制制度的都铎王朝。15世纪时，一种全新的生产方式——资本主义在英国萌芽，同原有的封建生产方式发生了矛盾与冲突。到斯图亚特王朝统治时期，封建专制王权已成为资本主义发展的严重障碍，从而导致17世纪英国资产阶级革命的爆发。

1649年英国曾废除君主制，实行共和制，建立了短暂的资产阶级和新贵族的联合专政。1688年"光荣革命"后正式确立了君主立宪制度，国王和贵族院（上院）的权力受到严格限制，下院逐渐成为权力中心。随着资产阶级议会制度的发展，选举制度、内阁制度、政党制度、司法制度、地方自治制度等也逐步形成和确立。此后，随着英国和世界形势的发展变化，这些制度又得以相应修改与调整，但其基本内容和精神一直延续至今。

自1688年实行君主立宪制以来，英国政治制度的演变一直相对平稳。究其原因，主要有以下两个方面。首先，对国家权力的争夺问题已基本解决。政党只有通过掌握议会才能夺取权力，也就是只能通过在选举中获得议会多数或绝对多数席位来组织政府，而不再像过去那样由不同的阶级或政治派别通过武力夺取政权。这就为英国长治久安的政治局面奠定了坚实基础，为社会和经济发展创造了良好环境，同时也为对外侵略扩张提供了一个稳定的后方。更重要的是，英国虽地处长期动荡不定的欧洲，却从未出现过某些大陆国家所出现的独裁统治，而且始终保持着资产阶级民主传统。其次，由于历史和文化等方面因素的影响，英国社会深受"保守主义"① 的影响，其经济创新和政治变革的步伐明显落后于欧洲大陆。当然，这些因素也决定了英国战后以来的发展速度明显落后于其他西方国家，表现出相对衰落的发展趋势。

每个国家的政治生活都受其政治制度的制约和影响，正是由于其政治制度的成熟性以及其他一些特点，才决定了英国的社会历史发展进程与欧洲大陆有着不同的地方，特别是其政治制度鲜明的连续性和渐进性。现代英国的主要国家机构和政治制度，几乎无一不是从遥远的古代继承下来的历史遗产。若干世纪以来，除17世纪中叶资产阶级革命期间以外，英国既没有因遭受外来入侵而偏离其历史进程，也没有因国内的政治纷争和王朝更替而导致历史传统中断。英国工人阶级的斗争大多以经济利益为目标，英国人特有的守法观念使他们很少开展暴力革命。争夺控制国家权力的议会斗争程序和方式一直未变，这不仅得到了各政党的遵守，同时也为全国民众所接受，使国家始终朝着不断改进和巩固其资本主义民主制度的方向发展。不过，连续并不等于静止不变；恰恰相反，连续中孕育着变化。英国历史上的每一种机构和制度，无不伴随着时代前进的步伐不断发展变化，但这些变化大都采取循序渐进的方式。英国社会的发展以渐进和改良著称，其社会政治发展进程相对平稳，较少大起大落，从而为国家的发展创造了较为稳定的政治环境。英国没有像某些欧洲大陆国家那样因国内革命或法西斯专政而造成政治制度的极端化，避免了由剧变引发剧烈的社会震荡，当然，正是由于这种连续性，才形成了英国政治制度中的某些"顽疾"。例如，倾向于保守的思想文化传统、历史上的等级观念等，均有形或无形地阻碍着社会政治经济生活的变革与创新。再如，高级文官对大臣的决策起着重要作用和影响，但长期以来，对他们的聘用只强调选拔人文学科方面的"全才"，但这类人不仅思想保守、脱离社会，更严重的是缺乏现代管理知

---

① 当然，这种所谓的"保守主义"并非说英国保守落后、故步自封、社会没有进步，它只是相对没有那么激进而已。

113

英 国

识，因而被称为"天才的门外汉"。而真正具有专业知识的人才很难进入决策层，这与美国的情况形成了鲜明的对照。因此有人认为，这是导致英国经济发展缓慢、相对衰落的"英国病"的病因之一。为改变这种状况，英国的文官制度曾进行过多次改革，但牵涉的因素过多，因此进展缓慢。

不列颠民族又素以崇尚经验、珍视传统、注重实效、不拘泥教条而著称于世。英国哲学的传统特色是经验主义，这一民族文化的特质在政治制度史上集中表现为"先有行动后有规则"的发展模式。英国历史上出现的各种政治机构和制度，很少是在现成理论的指导下精心设计和有意识构建而成的，而是顺应社会发展变化而出现的实用主义产物，所以英国至今没有一部成文宪法。国家政治制度的运作主要依据以经验为基础但已法律化了的先例、习惯和常规。宪法性法律的制定、修改或废除，也都由议会按照与普通法律同样的程序来决定，没有其他成文宪法国家那种特殊机构和程序。此外，英国对于立法与行政机构之间、内阁与首相之间权力的消长，同样没有明确规定。尤其是在二战后，内阁决策成员的数量日趋减少、决策日益分散化的情况下，这实际上已成为加强首相权力的一个重要动因。这些同成文宪法国家对权力分配的严格规定与司法监督形成了鲜明的对照。

由于不受成文宪法的约束，英国政治制度具有其他资本主义国家所不具有的灵活性和适应性。英国人特别强调制度的实用性，能灵活对待社会政治矛盾，善于根据变化了的形势进行调整、折中和妥协，在保持旧有形式的前提下实现内容的更新。某些中世纪的封建机构略加改造便成为现代资产阶级国家机器的组成部分，例如，议会原本是国王的御用工具，却能演变成与王权分庭抗礼甚至凌驾于王权之上的权力实体。英国的主要政党是通过互相竞争实现轮流执政的，竞争的焦点主要是诸如税收、福利等具体的社会经济政策，而不是原则或理论问题。这就决定了保守党和工党这两个主要政党不仅在政策上有许多相同的地方，而且在立法上同样存在着很大程度的趋同现象，从而形成一种"你中有我、我中有你"的独特政治景观。

二　宪法

宪法是一个国家的根本大法，以宪法来规范国家与社会、政府与公民之间权利与义务关系的政治制度即为宪政制度。与其他西方国家相比，英国的宪政制度有其自身的独特性。

英国的宪法并不是在某一特定时期形成的，而是几个世纪以来政治历史不断演变的产物。我们说英国宪法是不成文宪法，是指它没有一部统一的宪法法典。自二战结束以来，历届政府曾数次试图改革宪法，但均未取得预期效果。其中一个重要原因在于，为适应不断变化的形势，不断有新的成文法和不成文法出现，在现实与法律之间因之并没有发生长期严重脱节的情况，因此对于编纂一部成文宪法的需求并不迫切，所以英国至今仍没有一部成文宪法。

但是，说英国宪法是不成文的，并不等于说它完全没有成文性法律。英国宪法的构成比较复杂，既有成文的宪法性法律文件，又有不成文的宪法性惯例，且成文性法律文件所占比例较少。因而，宪法构成的多样性是英国宪法的一个重要特征。

英国宪法的构成如下。

第一项是常规（或称惯例）。严格地说，常规并不是法律，而是经过长期历史发展形成的一些惯例，在实践中逐渐得到了法律和司法机构的承认，被普遍接受为具有约束性的政治原则。常规包括规则、理解、先例、习惯和传统等，其来源很广泛，比较重要的有国王的信件和日记、政治家的声明、退休阁员大臣的回忆录、议会辩论中的一些声明，还有著名学者对宪法的阐释和描述等。常规被视为英国宪法的"神圣"法律，之所以具有如此重要性，原因在于常规界定的都是一些具有宪法性质的根本原则，如国王的权力、首相的权力、议会的权力、议会与政府之间的关系以及英国与自治领的关系等，都是英国政治制度中的根本原则，因此常规才被誉为"不成文宪法"的准则。例如，与首相权力有关的常规包括"首相主持内阁政务""首相选任大臣组织政府和内阁"；再如，在议会与内阁的关系方面，有"内阁若失去下院信任应辞职""首相可以解散议会下

英 国

院"等，这些均是常规，而无成文法规定。

第二项是宪法性法律，即成文法。此类宪法性法律最早可追溯到 13 世纪，即《大宪章》，它规定了国王的权力和公民权利等具有根本性的政治原则，至今仍是英国宪法的一部分。此外，英国议会在各个历史时期还通过了其他一些宪法性法律，涉及国家立法机构的构成和权力、中央政府的构成和作用、法院的等级和地位、个人自由及对权力的限制、政府与个人之间的关系、公民及侨民的法律地位、某些国家机构的地位（如武装力量和教会等）、中央与地方政府的关系，以及英国与其殖民地及英联邦的关系等。例如《人身保护法》《权利法案》《王位继承法》《议会法》《合并法》《地方政府法》等，但这些成文法仅占英国宪法的一小部分。

第三项是判例法。在英国，法院尤其是高等法院的一些重要判决和解释具有宪法效力，对下级法院具有约束力。1607 年确立的司法独立原则和 1678 年关于法官享有某些豁免权的原则，均是在对案件的判决中确立的，它们也是英国宪法的重要组成部分。

此外，以公民投票方式所体现的公民意志也越来越成为英国宪法的重要来源。如 1910～1911 年就改革上院举行的公民投票，1975 年就英国的欧共体成员国地位举行的公民投票，以及 1997 年和 1998 年分别就向苏格兰、威尔士和北爱尔兰下放权力，以及就伦敦直选市长等问题举行的公民投票所产生的结果，都具有宪法效力。

由此可见，英国宪法与欧洲大陆诸国的成文宪法有着很大的不同。成文法律文件与不成文宪法性惯例的结合，是英国宪法的一大特点。英国没有一部汇编完整的宪法法典，其宪法中的成文部分也是若干世纪历史发展和积累的结果。这些都充分反映出英国宪法内容庞杂、系统性差、范围广、时间跨度大等特点。例如，在 1689 年颁布《权利法案》之后长达 300 年的时间里，英国再也没有制定过有关公民基本权利的法案，直到 1998 年 11 月才颁布了《人权法案》（2000 年 10 月生效）。而在此之前，英国公民的各种权利是通过各项法律规则来保障的，这些规则包含在议会立法、司法裁决和习惯法之中，而其他西方国家则是很早就通过明确的法律条文对公民权利予以规定。

与宪法的不成文性质相对应,英国的宪法性法律具有极大的灵活性。法律的制定、修改和废除都由议会经同一程序决定,以适应形势变化的需要,甚至还隐含着这样的惯例,即在没有对法律规定做任何修正之前,或在没有先例可循的情况下,允许政府就某些行为做适当变通,久而久之便形成了宪法常规。

英国宪法的特色,最主要的还是体现在它所反映的宪政精神和内涵上。英国宪政内涵的首要原则是"王权有限"精神。这一原则缘起于《大宪章》所体现的"王权有限"思想与实践,以后逐渐与三级会议和人民主权等思想和实践相结合,最终形成了指导英国近现代立宪政治的这一宪政精神。其核心思想是:英王是世袭的国家元首;从法律上看,英王独揽国家大权,但英王须根据大臣的建议执行职务,因此英王并无实权,王权仅属礼仪性质。

具有英国特色的另外一项宪政原则是从"主权在民"理论推导出的"议会至尊"(或称"议会主权")原则。英国议会由3部分组成,即女王、上院和下院。议会至尊表现在:在法律上,议会可以制定、修改和废除一切法律,具有宪法意义的法律也不例外,均无须特别程序;议会可以授予权力也可以收回权力;在行政上,议会下院是行政权力的最高来源;在财政上,议会下院控制着国家的经济命脉;任何机构和个人均不得干预议会下院的立法。

英国的宪政体系是以议会内阁制为中心构建起来的。英国与绝大多数资本主义国家一样,在国家机构的组织与权力分配方面实行三权(立法、行政、司法)分立并相互制衡的制度,但因各国情况不同,其运作形式也有所不同。三权分立原则通常是指:同一个人不得同时在一个以上权力机构中任职;任何权力机构都不应控制或干预其他权力机构的工作;一个权力机构不能行使另一个权力机构的职能。在英国,虽然分别设置了立法、行政、司法3个权力机关,但三者实际上并不分立,而是有诸多重叠。

在实际运作中,行政机构与立法机构的联系极为密切,两者权力几乎完全融合在一起:首先是个人承担多重作用和责任,政府大臣全

部由立法机构成员担任；其次是行政机关行使立法作用，在这方面，最突出的例子是授权立法；最后是英国的选举制度规定，由在议会中占多数议席的政党领袖组阁，因此，政府实际上能够有效地控制议会，立法的实质是行政立法，下院的作用只不过是批准行政机构提出的立法动议。在司法与立法的关系方面，根据规定，全日制法官不得参加竞选议员；作为司法界首领的大法官可以参加议会的立法事务，但他在议会辩论中的发言只限于法律的改革和惩罚政策；法院无权审查立法的有效性，立法机构（议会）也无权干预法院的判决，但可以改变其判决所产生的影响；议会的每个议院都有各自的特权，并有权惩罚违反这些特权的人。在行政与司法的关系方面，法官由大法官和首相推荐、女王任命；地方治安官由大法官推荐、女王任命，但须接受地方议会的建议。而司法机构的成员有的参与立法事务，有的参与行政事务，有的则两者都参与。其中最明显的例子就是大法官，他既是上院议长，又是内阁成员，身兼3种职能。

总之，在3个权力机关错综复杂的关系中，内阁居于核心地位。尤其是在二战后，内阁权力不断扩大，"议会主权"事实上已让位于"内阁主权"。

三 国家元首

英国是君主立宪制国家。国王是世袭的国家元首、立法机关的组成部分、联合王国武装部队总司令、英国国教的世俗领袖和英联邦的元首。英国人既注重传统又十分讲求实际，在长期的政治实践中善于以灵活的态度对待历史遗产。他们对待王室的态度就是一个突出的例子。君主制是封建制度的产物。17世纪的英国资产阶级革命推翻了君主制，曾实行过短暂的共和制，但当新兴资产阶级会同贵族地主牢牢掌握了国家政权以后，又将国王请回来，建立了君主立宪制度，这一制度延续至今。

当今的英国君主是1952年登基的伊丽莎白二世，其全称为"蒙上帝的恩惠，大不列颠及北爱尔兰联合王国以及她的其他领土和领地的女王、英联邦的元首、基督教的保护者伊丽莎白二世"。从法律上看，今天的英国国王仍拥有至尊地位和至高无上的权力。但在政治实践中，她在行使这些权力时一般情况下都只是按照议会或内阁的意志照章行事而已。英国君主早已"临朝而不理政"，一切权力实际上都是由政府和议会行使的。

国王的职权主要有以下几类。

（1）国家元首。作为"一切权力的来源"，国王有君临议会和组织或解散政府、任免官员、统帅军队、领导教会、授予荣誉等权力；对外有代表国家宣战与媾和、承认其他国家或政府、任免驻外使节、签订条约、兼并或割让领土等权力。不过，国王的这一系列权力只有在与议会或内阁及其大臣联合行动的情况下才能行使。

（2）立法权。从法律上讲，一切立法权的行使和议会两院的运作都是在国王的意愿下进行的。每届议会的开幕和闭会都由国王宣布；在议会开幕式上照例由国王宣读"我的政府"的政策纲领声明；议会两院通过的法案只有在国王签署后才能生效。另外，国王还有权颁布具有法律效力并对整个社会都有约束力的命令。不过，这些权力都是应政府要求或议会委托而行使的。

（3）行政权。在英国，政府被称为"女王陛下的政府"，"国王是中央政府行政部门的首长，并在法律的执行需要任何中央公务机关参与的时候，执行法律"。政府的任何权力行为都是以国王的名义实施的，但实际行政权完全掌握在政府及其官员手中。

（4）司法权。国王有权发布大赦令、减轻犯人刑罚，甚至停止刑事追诉；有权允许殖民地的诉讼当事人向枢密院司法委员会提出上诉。

（5）其他权力。除上述权力外，国王还有权召开枢密院会议；听取首相、大臣和其他官员的汇报；阅读公文；签署政府文件；内阁的决议应禀呈国王并得到国王认可，以及从事其他一系列公务活动的权力。另外，英王还有一些个人特权：除法律明文规定外，法律一般不适用于国王本人，国王不能被起诉，即"国王不能为非"，国家政策中出现的一切错误都不能向国王追责，国王也不对任何政治决策负任何政治责任。

尽管如上所述，今天英国国王的绝大多数权力都不具有实质意义，但英

119

国之所以保留君主立宪制度，主要是由于国王仍具有下列无可替代的功能。

（1）国王是国家统一和民族团结的象征。作为国家元首，国王虽无实权，却拥有至高无上的地位。一切重大典礼均由其主持，外国元首也由国王在白金汉宫予以接待。加之王室成员在白金汉宫的日常生活起居情况对外一概保密，更增加了其神秘性，从而加强了国王在英国政治生活中扮演的一种非人格化角色，使其成为人们仰望和团结的中心。

（2）国王是国家政治制度连续性和稳定性的体现与保证。英国国王虽然已转变为虚位元首，实权不大，但其王位世袭制度使国家权力在形式上体现了代代相传的连续性。另外，在现代政党政治和代议制政府框架下，政府和执政党可以不断更换，但名义上的国家首脑永远是国王。这样，英国政治制度的稳定存在和发展就获得了一种外在保证。

（3）国王是协调党派斗争和社会矛盾的工具。在实行政党轮流执政的英国，执政党与在野党之间的矛盾和斗争有时是形式上的、和缓的，有时却是实质性的、激烈的。这显然不利于政治机制的有效运作，不利于政治和社会的稳定。此时，国王作为一个超阶级、阶层和党派的"中立人"，可以出面调解对立双方的矛盾冲突，从而在"国家利益"的形式下使矛盾得到缓解。

（4）国王是英联邦联系的纽带。英国国王作为英联邦的元首，在维系英联邦团结方面发挥着相当重要的作用。诞生于两次世界大战之间的英联邦，在二战后英帝国殖民体系瓦解的过程中，成为维系英国同前殖民地和附属国之间联系的一种有效渠道和形式。截至2016年3月，英联邦共有53个成员国。英国女王伊丽莎白二世是英联邦的元首，同时兼任16个英联邦成员国的国家元首。女王和王室成员经常对英联邦国家进行访问，出席英联邦国家首脑会议，参加英联邦国家的一些庆典活动。英王已成为英联邦成员之间相互联系的重要纽带。

但是，随着时代的发展，近年来，英国的君主制和王室也不时面临严峻的挑战和考验。共和之风时有兴起，这种情绪在工党左翼中间曾一度表现得特别强烈，甚至曾有少数工党人士表示要"剥夺王室大部分的剩余特权"。同时，英国国内反君主制情绪的滋长也与不时曝光的王室成员丑闻有关。多年来，英国王室在公众心目中一直保持着一种"超凡"形象，这在一定程度上与其长期被笼罩在神秘的光环中有关。然而近年来，王室成员的各种绯闻不断被曝光，特别是曾被渲染成"世纪婚礼"的查尔斯王子与戴安娜王妃的婚姻最终以离婚和戴安娜王妃因车祸身亡而告终，安妮公主的离异和安德鲁王子的风流艳事等，一度使人们对君主制的道德基础产生了疑问。英国王室作为"楷模家庭"与"道德领袖"的形象也曾受到质疑。此外，在其他许多问题上，诸如女王是否应纳税、王室是否应保留特权等，也常受到舆论与公众的质疑和批评。显然，君主制的未来不仅取决于它在英国政体中的作用，也取决于王室成员特别是君主个人的形象和表现。

另外，应该指出，部分英国公众对君主制的不满和反对，从根本上说是同世界范围内的民主化潮流联系在一起的。王权毕竟不是民主制度的产物，王室的存在也不能不令人想起某种封建残余势力。二战后，欧洲许多国家的社会党政府都曾试图通过法律取消君主制，许多英联邦的成员国也实行了共和制。多年来一直以英国君主为其国家元首的澳大利亚和新西兰，也常常为是否宣布为共和国进行激烈的辩论。

当然，必须指出的是，英国的君主制虽然面临着诸多质疑和挑战，但并不意味着英国很快就将成为共和国。是否继续保留君主制是关系国家政体的重大问题，更何况英国王室至今仍在作为国家统一的象征等方面发挥着重要作用，特别是英国的历史传统决定了改革只能是渐进的，激进改革在很大程度上将会失败。另外，英国王室仍然得到绝大多数英国民众的支持，多次民意调查表明，希望保留王室的民众比例一直在半数以上，21世纪初甚至达到过70%，就连一向在王室问题上持较多批评态度的工党，也表示"没有取代王室的计划"。不过，布莱尔政府上台执政后曾有意推动对君主制的改革，特别是1997年戴安娜王妃因车祸意外身亡唤起了要求王室改革的呼声。人们希望王室走下高高的神坛，实现平民化、大众化。为此，伊丽莎白二世女王和查尔斯王子做出了加快王室改革步伐的各种承诺。1998年，经工党政府提议，伊丽莎白二世女王同意结束王位的男性优先继承权，这被认为是使君主制跟上时代步伐、向民主化发展的一个重要象征。正如某些媒体所认为的，英国王室若想继续存在下去，就必

须跟上时代潮流,"学会倾听其臣民的声音"。

在 2011 年召开的英联邦国家政府首脑会议上,英国首相卡梅伦宣布,包括英国在内的 16 个英联邦成员国均同意废除男性优先继承权,而且不再禁止国王与天主教徒结婚。但由于国王是英国国教的最高领袖,因此,法律仍然禁止天主教徒登上英国王位。2013 年 4 月,此项法律获得英国女王批准,待其在其他所有英联邦成员国批准后即生效。

四 政府首脑

英国的政府首脑为内阁首相。经过几个世纪的历史演变,特别是二战结束以来,政治权力中心逐渐从议会转移到政府;而在政府中,首相又逐渐成为独揽大权的中心人物。

按惯例,英国首相由英王任命议会多数党领袖担任。从理论上说,首相作为政府首脑,在组阁时对内阁大臣及所有政府成员的选择是完全自由的。但实际上,他事先需要与其高级同僚进行磋商,而且在组阁时必须考虑保持党内各派的平衡。同时,如果是两党联合执政,还要考虑两党之间的平衡。在执政期间,首相随时可以改组内阁,其原因是多方面的,或为改变政府形象,或为吸收新鲜血液,更重要的是把屡屡向首相发难的"叛逆者"清除出内阁。首相的这种"屠夫"作用既是他的重要权力之一,也是对首相能力的要求。大臣辞职实际上是首相改组内阁的一种体面形式,而且,这种所谓的"光荣退休",并不会影响该大臣以后的政治生涯。

首相负责主持内阁会议,首相不在的情况下,也可由一位高级大臣代为主持。内阁会议的决策往往以首相最后的总结为准,这项权威是不可以被挑战的。此外,尽量不以投票表决方式通过决策,这几乎成了二战以后英国内阁会议的一条不成文规定。

任何法律或正式文件均未对首相的权力和作用予以规定,首相的权力和作用是在历史的发展进程中逐步形成和积累起来的,并得到议会的默认和内阁同僚的尊重。首相的权力包括:①政府首脑,作为内阁主席,率领政府全体官员向议会负责,决定内政外交的重大政策,审查议案并监督各行政部门的工作；②控制内阁的议事日程，主持内阁会议；③掌握重大人事权，并有权增设或合并政府部门；④改组内阁；⑤解散议会，提前举行大选；⑥控制国家预算；⑦宣布紧急状态等。

二战以后，首相的权力不断增加，其中比较重要的有：控制内阁委员会，设置内阁秘书处，聘请或任命专家、学者和企业界人士担任首相和政府部门的顾问，组建智囊团直接为首相服务等。撒切尔政府任内进一步加强了中央集权，如减少内阁的集体权力和作用，加强首相对中央各部门的控制；控制地方政府，削弱乃至在一定程度上剥夺其自治权；削减教育方面的自主权；加强对议员的控制；对高级文官的任命趋于政治化；改革工会，削弱其权力和作用等。为此，有人担心，若照此趋势发展下去，英国有可能出现"首相政府"或美国式的总统政府，甚至会出现极权和独裁趋势。

事实上，英国首相的权力虽大，却仍然要受很多因素的牵制和约束。如来自于内阁的压力：首相虽领导内阁，但并不能完全控制内阁；首相要受议会和议会党团的牵制；在决策方面，首相会受到种种限制，如消息的来源和渠道、压力集团和社会舆论等。此外，首相本人的知识水平、政治素质、领导艺术，以及国家的资源条件等，都是限制性因素。总之，权力与监督是密切结合在一起的，这一点充分反映了英国资产阶级民主制度的特点。

第二节 议会制度

一 议会发展简史

英国的两院制议会是世界上最早的代议制机构，英国也因此被誉为"议会之母"，对其他国家的代议制度具有重要影响。英国议会的发展进程和权力的转移并不是按照事先制定的计划进行的，而是为适应不断变化的环境和形势发展的需要而产生的一种自然演变过程。英国议会的发展基本上反映出两个特点：一是一切变革只限于对国王权力的限制和上下两院

权力的消长，以及议会内部机制的调整，并没有替代或取消任何一个机构，总体上维持了历史延续性。二是在权力转移的过程中，始终以下院权力的变化为核心——它从无到有，从无权到有权，从获得一定权力到拥有至高无上的权力，然后又逐步失去权力，以致成为下院多数派政党的"驯服工具"。

英国议会的发展和演变大致经历了这样几个重要阶段：中世纪时期、都铎王朝时期、斯图亚特王朝时期以及汉诺威王朝时期。英国议会的缘起至少可以追溯到13～14世纪。诺曼王朝时期的大议会是议会上院的前身，由贵族和教会人士组成。13世纪时，国王又先后召集郡和自治市的骑士和自由民开会，这常被看作议会下院的起源。爱德华一世时，召集了首次有贵族、牧师、骑士和自由民参加的大议会，但在对税收问题进行表决时，他又把贵族和牧师单独召集在一起，这就是上院的由来，而骑士和自由民则组成下院，由此形成了议会两院制。

下院的形成、发展和权力的不断壮大，是同国王对税收的迫切需要紧密联系在一起的。由于战争频繁，开支庞大，国王不得不扩大税收范围，向各郡的自由民征收额外税收，由此促成了自由民产生代表的原则。这样一来，下院的地位和权力都得到了增强：它在财政上拥有一定的拨款权；在税收上拥有对国王要求的否决权；有权审计政府账目；有权任命政府大臣并可废黜国王。

14世纪时，英国议会在组织结构、议事程序和规则等方面已大致成形，议会的权力和职能也基本确定，议会制度初具规模。15世纪，英国议会又有了进一步发展，尤其是下院地位明显提高，议事程序和规则趋向完善，议员的权利和地位也逐渐规范起来。议会制度已经牢牢地成为英国政治文化的一部分。但是，在这段时期，国王的权力还是比较强大的，与议会的关系总体上也比较和谐，例如，亨利八世将下院作为推行其政策的工具；而伊丽莎白一世也牢牢地控制着议会。16世纪中期，议会将办公地点设在威斯敏斯特宫并作为惯例固定下来。

在斯图亚特王朝时期，詹姆斯一世坚持王权神授，结果被下院废黜。查理一世时，内战的失败导致他被判处死刑。克伦威尔取消王权和上院，宣布英国为"共和国",立法机构改为一院制。他死后,英国又恢复了君主制。1688年"光荣革命"最终结束了国王与议会对国家权力的争夺。1689年颁布的《权利法案》确立了议会的最高权力地位,规定了王权的继承办法,同时还公布了不得侵犯个人自由的条款。这一法案的颁布标志着英国宪政发展史上的一个高潮。

汉诺威王朝(18世纪)以来,议会在以下几个方面有了重要发展:议员任期从3年增至7年,而且,从1771年起,下院获得了对政府报告进行辩论的权力。与此相应,国王的实际权力被削弱,到18世纪中期,国家权力主要掌握在大臣和议会手中,内阁制度逐步形成并不断发展。下院逐步实现民主化,其地位和权力也均超过上院;而且,随着政党制度的出现并逐渐成熟,议会中的少数派也不再是国王的"敌人",而成为"国王陛下忠诚的反对派"。与此同时,随着时代的发展,上院和下院之间、下院和政府之间的权力对比继续发生着变化。

(一) 上院权力向下院转移

1688年"光荣革命"后,国王退出了对国家权力的争夺,权力的转移主要在议会内部展开,也就是从上院逐渐向下院过渡。18～19世纪,由于上院主要代表贵族和地主的利益,下院则反映了新兴资产阶级及部分中产阶级和工人的要求,因此下院较上院有着更为广泛的代表性,也由此造成了利益上的冲突。这样的冲突必然要反映到对政治权力的争夺上来,但斗争方式不再是武力争夺,而是逐渐演变为以和平方式获取更多权力。

14世纪末,下院利用审批税收和财政拨款的独特权力,确立了在国家政治中的地位。1671年,下院通过的一项决议否定了上院修改税收计划的权力。1678年,下院再次肯定只有自己才拥有财政拨款权,而在立法方面,下院已与上院享有同等权力。

18世纪,由于议会两院的根本利益一致,因此两院大体上能和谐相处。两院的领导人以及包括首相在内的政府高级官员均由上院贵族担任,同时下院的构成也由上院控制。

1832年的议会改革动摇了上院的权力基础:首先,扩大了公民权;

125

其次，取消上院提名下院成员的权力，上院因此失去了对下院议员的有效控制；最后，调整了下院议席的地区分配，撤销了56个腐败自治市选派议员的权力，从而加强了中产阶级在议会中的地位和影响。

在议会两院权力消长的过程中，1911年和1949年《议会法》的通过和实施具有重要意义。

1909年，上院否决了下院的《人民预算案》，导致两院间的激烈斗争。经过长达两年的较量，终于在1911年通过了限制上院权力的一项至关重要的立法，史称"1911年议会法"。它明确规定，下院拥有财政立法权，上院不得否决，最多只能延搁1个月，逾期可呈送国王批准；在其他公议案上，上院可延搁两年；下院任期从7年减为5年。上院的权威由于财政权被剥夺而被大大削弱。1949年的《议会法》对1911年的《议会法》又做了进一步修改，规定财政议案只能由下院提出，上院不得对其进行修改和否定。此外，该项法案还将上院延搁下院通过的公议案的时间减少为1年。由此，下院已牢牢控制了财政立法权，并确立了高于上院的权力。上院虽然名义上仍拥有立法权，但除继续执行英国最高法院的职能，以及具有推迟法案至多1年的权力外，其实质权力已所剩无几。

随着权力重心从上院转向下院，政府主要官员也越来越多地改由下院成员担任。在18世纪和19世纪初，上院通过任意授予官职、行贿和控制选举等手段，对下院发挥着很大影响。在1832年第一个《议会改革法》实施之前的半个世纪内，内阁成员主要由上院成员担任。在1867年第二个《议会改革法》实施之后，确立了大臣必须由两院成员共同担任的常规，而首相则必须是下院成员。20世纪初，内阁成员中还有一半是上院贵族；1911年之后，已很少有贵族担任阁员；及至二战后，贵族在政府中的优势已不复存在。由于一系列改革法的颁布和实施，上院的权力受到严重削弱，不过还能起到一些辅助性作用，用以弥补下院和政府工作中的疏漏和不足，使立法和政策更趋完善。

（二）下院权力向政府转移

在英国的政治制度中，行政权与立法权是密切结合在一起的。由于种种原因，特别是在二战之后，下院与政府和内阁之间的权力对比关系发生了变化，权力重心逐渐向后者转移，从昔日由议会选择政府、控制政府，慢慢发展到基本上由政府控制议会。今天，议会与政府之间的这种不平衡关系已明显倾向于后者，议会不再是决策过程中最重要的组成部分。

下院权力向政府转移的具体表现有以下几个方面。第一，政府控制决策权。由于立法数量的不断增加，再加上立法领域愈益复杂化，造成议员的作用和影响不断减弱，立法工作逐步为政府所控制，特别是对财政立法权的控制。自1911年《议会法》以法律形式确立议会（下院）在财政立法上的独一无二权力以后，财政立法权便逐渐向财政部和首相转移，下院实际上只能发挥最低限度的检查作用。第二，政府控制议会。19世纪30年代至80年代，议会有权让政府成员下台。19世纪末，政党间的竞争日趋激烈，议员就立法产生的分歧90%以上都与政党间的分歧有关，因此各政党都加强了内部纪律，特别是对其议员投票有严格的纪律约束。每个政党的议员都要按照本党的决定投票，由党的领袖任命的"党鞭"投票前负责保证本党有足够的议员出席，投票时则负责对本党议员的投票情况进行监督。因此，只要本党议员内部不发生严重分歧，执政党的立法建议就很容易获得通过，从而保证内阁的统一和稳定。这样一来，政府就通过执政党议会党团实际上控制了议会。第三，政府控制下院的议事日程。按惯例，政府控制下院50%以上的会议日程，其余留作处理私议案。政府在控制下院议事日程方面享有两项特权——如有必要，在议会辩论中可增加一个议程；另外，在通过议案的每一个阶段都可以运用终止审议的手段。

由于没有成文宪法的约束，若干世纪以来，英国议会的作用和权力在不断发生演变，并且有被弱化的趋势，但它仍然在英国的政治生活中发挥着重要作用，如为政府提供大臣人选，为政府与反对党之间提供一个持久性的论坛，使政府及其议案合法化，以及调查和影响政府的议案和行动等。

二 议会结构

议会是英国的最高权力机关和立法机构，由3部分组成，即国王、上院和下院。一项议案只有在得到三方全部同意之后,方可成为法律。议会可以为整个英国立法,也可以为英国的任何一部分立法,还可以为英国的殖民地立法。由于没有成文宪法的限制,议会既可以按照自己的意愿立法,也可以修改或废除已颁布的任何法律,还可以改变已确立的常规或将其以法律形式固定下来,甚至可以延长某项法律的有效期而无须得到选民的同意。议案一旦获得通过,任何法院都不能质疑其合法性。

(一) 上院及其改革

上院也称贵族院,依照惯例和传统,所有贵族都是上院议员。英国的贵族包括宗教贵族和世俗贵族。宗教贵族包括坎特伯雷大主教与约克大主教以及英格兰教会最重要的 24 个教区的主教,世俗贵族则包含世袭贵族、终身贵族、王室贵族和负责上诉审的司法贵族。其中,世袭贵族占多数。在世袭贵族的表决权被剥夺以前,上院约有议员 1300 人。

由于世袭贵族仅依靠其出身和门第就可以世代享有出席上院的特权,工党认为,这不符合"民主"和"平等"等价值观,因而世袭原则不符合现代民主精神。工党长期以来一直主张取消或改造上院,当然,它的目的并不只是为了上院的民主化和"清除中世纪的破烂"。从党派属性来说,上院总体上倾向于保守党,保守党往往利用上院来否决其他政党执政时提出的重要议案,阻挠其实行政纲,因此工党坚决主张改革上院。

为了改造上院的世袭性质,1958 年,英国通过了《终身贵族法》,规定可以册封"终身贵族",希望通过增加非世袭贵族的比重来解决世袭贵族垄断上院席位的问题。但是这样做不仅时间漫长(到 20 世纪 80 年代末,议会上院共有贵族约 1200 人,其中终身贵族只占 1/4),而且难以从根本上解决世袭问题(世袭贵族仍然拥有世袭权利,况且法律并没有规定以后不得再册封世袭贵族)。

布莱尔政府上台后,积极推动上院改革。1999 年 1 月,布莱尔政府发表了上院改革白皮书。根据白皮书,改革分两个阶段进行。第一阶段的主要目标是废除上院现存的贵族世袭制,约占上院议员总数 2/3 的世袭议员(上院当时共有议员 1295 名,其中世袭贵族 759 人)将丧失在上院的参政权和投票权。同时,英国王室在上院中的代表席位也将随之取消。第二阶段是上院的重组。上院议员一部分通过任命产生，一部分由选举产生。白皮书提出，上院的组成应反映英国的政治现实，要具有广泛的地区代表性，以体现和巩固既分权又统一的联合王国；同时还应包括各界人士和各类专家，以便政府在进行决策时能够及时听取各方面的意见。改革旨在使上院更具代表性、更有效率，但又不会破坏英国的宪政平衡。

1999年10月26日，上院经过紧张激烈的辩论，通过了政府提出的改革法案，同意取消世袭贵族的议员身份，废除其在上院所享有的世袭投票权。工党政府上院改革的第一阶段目标基本实现。这被认为是20世纪英国进行的最重大的一次宪政改革。

第二阶段的改革主要涉及上院议员的产生方法。工党曾承诺对部分上院议员进行直接选举，但此种变化将不可避免地导致上院地位和作用的改变，影响到英国权力机构之间的平衡。英国各政治派别之间和政党内部对此都存在尖锐的分歧与争论，所以，上院第二阶段的改革进程更加困难和漫长。不过，工党政府在任期内还是取得了一些进展，通过了一些具有重要历史意义的法案。

2003年，布莱尔政府提出7项上院改革方案，但由于保守势力的强烈反对而不得不暂时搁置，其中一项计划是选举上院议长。经过3年的协商，各方终于达成一致，同意上院议长由上院全体议员选举产生，这标志着英国议会制度的改革又前进了一步。2006年7月4日，拥有600多年历史的英国上院首次以选举方式产生了一位新议长。这也意味着已延续1400年的由首相提名、国王任命的大法官兼任上院议长的历史已告终结。另一个重要进展是，2007年3月7日，英国下院通过一项议案，同意上院议员由选举产生，从而打破了上院改革问题的长期僵局，下院也首次在这一问题上达成了统一认识。但是，随后，上院在3月14日通过了上院议员应全部通过任命方式产生的方案，显示出两院对上院的改革方式仍存有歧见。由此可见，这项改革要真正完成，可能需要经过十分漫长的时间。

2007年6月，布朗接任英国首相，提出宪政改革绿皮书，但由于不

久就遭遇金融危机，宪政改革几乎未取得任何实质性进展。唯一的实质性举措是在2009年7月30日，上院600多年来作为最高法院的地位被终止，另设独立的最高法院（于当年10月1日正式运作）。至此，上院议员拥有的最后一项实质性权力被剥离。

2010年上台的联合政府也将上院改革作为政治改革的重点，保守党和自由民主党在联合组阁声明中提出上院议员应全部由选举产生，以此来彻底打破权力世袭制。但是，实际进展情况并不尽如人意。2011年5月，副首相克莱格向议会提交了上院改革草案，但直到2012年6月初，联合政府才正式向议会下院提交上院改革议案，拟到2025年时将上院议员人数减少到470名（2014年底时上院议员共有825名），并从2015年起对其中80%经由比例代表制选举产生，任期15年，不可连任，其余20%则由独立委员会任命。如该法案能够通过，那么，上院议员中的360名将由选举产生，90名将由任命产生，再加上最多12名大主教（现在为26名）和8名"部长级议员"。此外，尽管上院仍然称为"贵族院"，但上院议员不再拥有贵族头衔。然而，此举不仅遭到工党反对，也遭到了一部分保守党议员的反对，两党议员认为此种选举制度有利于自由民主党增加本党成员在上院的席位，同时也将对下院的优先地位造成威胁。因此，在议会下院讨论该方案的过程中，有91名保守党议员表示反对，并威胁说若将该方案作为法案提交投票，他们届时将会投反对票。为防止出现党内分歧，卡梅伦首相不得不宣布推迟上院改革计划。9月3日，副首相克莱格宣布撤回上院改革方案，从而使得此项改革前途未卜。

（二）下院与选举制度改革

英国下院议员选举实行单选区制（即每个选区选出1名议员），按照"得票多者当选"的简单多数原则，由选民通过直接选举产生。截至2015年5月举行的第五十六届议会选举，英国共划分为650个选区。

英国下院选举采用的简单多数原则手续简单，避免了反复投票，有利于在议会中产生稳定多数，为英国两党制的实施和政局的长期稳定提供了制度上的保证。但多年的实践证明，这种制度也存在着严重的缺陷与问题。它不能如实反映各政党之间的力量对比，不能充分反映民意，有时甚至会歪曲选民的意志。依照简单多数原则，得票最多者获胜，但得票最多并不意味着一定过半数，这也就是说，当选议员并不一定是由选区内的多数选民选出的，因而并不一定能体现多数选民的意志。假如在全国的多个选区都出现这类情况，那么整个下院就不一定能代表全国选民的多数，由此产生的"多数党"实际上也就并非由"多数"选民选出。据统计，在英国历次大选中获胜上台的执政党，其所得选票总数超过半数者寥寥无几，也就是说往往半数以上的选民并不支持政府，更为严重的是，有时执政党的席位尽管居多数，其得票率却低于反对党。例如在 1951 年大选中，保守党与工党的得票率分别为 48% 和 48.8%，而其所得席位却分别为 321 席和 295 席。保守党在得票率比工党少 0.8 个百分点的情况下，席位却比工党多 26 个。此外，这一制度对小党特别不公平，因为主要政党往往都有自己的"安全选区"（该党支持者相对集中的地区），而小党的选票则大多比较分散。这样，尽管小党在全国范围内得票总数相当可观，实际取得的席位却很少。如在 1983 年选举中，自由党和社会民主党联盟得票率达 25.4%，仅比工党少 2.2 个百分点，但只获得了 17 个席位（工党为 209 个），仅占议席总数的 3.5%（工党为 32.1%）。英国学者里得利教授曾指出："英国似乎拥有西欧最强有力而又最不具代表性的政府体制。"这一论断不无道理。

鉴于英国选举制度存在的种种弊端和不合理，经常有政党、团体和个人提出改革选举制度的问题。对改革要求最为积极和强烈的要数小党和少数派团体，因为选举制度如不改变，它们将很难有机会进入下院。而对改革最不积极、最不情愿的是两大政党，特别是保守党，因为它们之所以能够长期执政，在很大程度上得益于这一选举制度。因此，如何排除这两大政党的阻挠和反对，是选举制度改革面临的最大难题。不过近年来，工党在这个问题上的态度已有所松动。

1997 年大选前，工党持续在野 18 年，在 4 次大选中一再失利。为了推翻保守党的执政地位，工党中有不少人主张同中间党派组成联合战线，而改革选举制度正是中间党派提出的实现联合的一个重要条件。工党 1997 年的大选纲领承诺就下院选举制度问题举行公民投票，主张尽快任

命一个独立委员会审议这一问题。工党政府上台后设立了以詹金斯为首的选举改革委员会，该委员会曾提出一个由简单多数向有限比例代表制过渡的方案，但并未得到实施。

另外，布莱尔政府还邀请自民党同工党一起组成由对等人数参加的内阁协商委员会，就包括选举制度改革在内的双方共同感兴趣的问题进行定期磋商。不过，工党内部在该问题上存在严重分歧。由于选举制度改革涉及英国两党制的未来和各党的根本利益，各方面的矛盾很多，因此，选举制度改革在工党政府时期并未取得实质性的进展，特别是在下院的选举改革方面仍然裹足不前。但从1999年开始，在欧洲议会议员的选举中，英国已经全部采用了比例代表制。而且，从1999年起，在苏格兰和威尔士地方议会的选举中，也有一部分议员的选举采用比例代表制。

在2010年5月的大选中，保守党获得306个议席，工党获得258个议席，自由民主党获得57个议席，其他小党派合计共得到29席，没有一个政党单独获得半数以上的议席，保守党与自由民主党联合组阁，这也是1974年以来英国再一次出现"悬浮议会"。

在与保守党进行组阁谈判时，自由民主党提出的条件之一就是进行选举制度改革，这一点也被写入了联合组阁声明之中。改革计划的主要内容是，将议员人数从650人减少到600人，重新划分选区，并以可替代投票制取代简单多数投票制。根据这一制度，当选议员需要获得半数以上的选票，目的是改变议员代表性不足的问题。若该计划能够通过，则有可能导致英国的政治版图发生重大改变。2011年5月，选民就该计划举行了全民公投（这也是1975年以来的首次公投），结果以68%的反对票否决了这一改革动议。这一结果无疑对自由民主党十分不利，这也说明，涉及政治体制的改革推行起来是多么困难。在2015年的议会下院选举中，保守党获得了330个议席，刚刚超过半数（50.8%），单独组成政府。

（三）议长与议会委员会

从法律上说，国王是议会立法活动的领导者，议会的一切立法活动都是以国王的名义进行的。但自 9 世纪中后期以来，国王的立法权实际上只是一种形式上的程序权（议会通过的议案须经国王签署，并以"国王的政府"名义发布才能正式成为法律）。在上、下两院的日常活动中，真正起领导作用的是议长。

在布莱尔政府启动上院改革之前，上院议长是内阁成员，由首相提名，国王任命，一般由大法官兼任。自 2006 年 5 月起，上院议长改由上院议员选举，国王任命。上院议长任期为 5 年，可连任 1 次。但当选后为示公正，必须退出原来所属的政党。第一任经选举的上院议长为海曼男爵；第二任议长为迪苏莎女男爵，2011 年 9 月当选。上院议长主要负责上院的日常工作，并主持辩论，但没有投票权，即使是在赞成票和反对票相等的情况下也无权投票。

下院议长则按惯例由下院多数党推举，经全体议员选举产生，但须经国王批准。下院议长一经当选，可连选连任，不受执政党更换的影响，但必须放弃原有的党派关系，以示政治中立。下院议长负责主持日常辩论和议会委员会的工作，但一般不参加辩论和投票，只有在特殊情况下（赞成与反对票相等时），他才可以投票。

议会的日常活动主要依托委员会进行。英国议会两院设立的委员会主要分为以下几种类型。

1. 一般委员会（General Committees）

原为常设委员会（Standing Committees），2006 年改为一般委员会，是下院独有的机构。一般委员会成员由各党派按比例和议员资历选举产生，主席由议长任命，一般情况下都是执政党的议员占多数。一般委员会的主要职能是审议公私议案（上院审议法案时则要召开全体会议），委员会的名称依照所讨论方案的名称命名，例如，讨论气候法案的委员会就称为"气候议案委员会"。除财政议案之外的公议案在"一读"后，即交由一般委员会逐条、逐段、逐句加以讨论修改。设立此类委员会的目的是为了加快法案的审议过程。除专门审议法案的一般委员会之外，其他一般委员会的类型还有 3 个专门负责讨论地区事务的大委员会（Grand Committees），即苏格兰大委员会、威尔士大委员会和北爱尔兰大委员会；

另外还有授权立法委员会与欧盟文件委员会。

2. 特别委员会（Select Committees）

为研究特定的专项问题而设立，并处理临时性的咨询事项。与一般委员会不同，特别委员会很少审查议案，其主要任务是监督政府的行政行为。其报告向公众公开，而且一般情况下要求政府部门对其调查做出答复。上下两院均设有特别委员会，但其机构设置和功能并不完全相同。下院特别委员会一般与各个政府部门相对应，主要负责监督政府部门的支出、政策和行政问题，此外还设有少量跨部门特别委员会，如公共审计委员会和环境审计委员会。特别委员会在调查行政活动和政府政策时，可直接向大臣、高级文官以及有关机构与个人进行调查，还可以举行听证会和发表报告。政府一般要在 60 天内对特别委员会的报告结果做出答复。绝大多数下院特别委员会的主席经由议员选举产生。而上院的特别委员会数量较少，并不像下院那样对应不同的政府部门，而是专业性更强。截至 2015 年底，上院只设有 5 个特别委员会：欧洲联盟事务委员会、科学与技术委员会、通讯委员会、宪法委员会和经济事务委员会。这些特别委员会就其专业领域进行调查，并提出报告，政府也要对它们的建议做出答复。

3. 联合委员会（Joint Committees）

经两院共同商议或应任何一院的要求而设立，主要处理两院共同关注的没有争论的问题。联合委员会主席可由任何一院的议员担任。其工作方式与特别委员会类似，主要是对某个特定领域或特定问题进行调查。其报告也是公开发布的。2015 年底时共有 3 个常设联合委员会：人权委员会、国家安全战略委员会和成文法委员会。只有在两种情况下才将议案提交联合委员会，一是合并法案（即合并现有成文法），另外就是对税收法律的重新修订。此外，还会根据一些特定事项设立临时联合委员会。

议会的运作，包括议会委员会的活动，实际上都是在议会党团的支配下进行的。同一政党的议员在议会内组成自己的集团，即议会党团。议会党团组成后即选出党团领袖，首相是执政党团的当然领袖。其他政党统称"反对党"，其中议席最多的反对党被称为"女王陛下的反对党"，其党团领袖为"影子内阁"的"首相"。此外，各党团还设总督导1人，督导员若干人。他们是党团领袖与本党普通议员之间的桥梁和纽带，是领袖和党团集体意志的执行人。英国的议会党团实行严格的纪律，议员如果不服从本党议会党团的领导或决定而独立行动，就有可能被开除出议会党团。

英国议会设在伦敦的威斯敏斯特。下院会议厅面积很小，仅能容纳议员的2/3。厅内左边为反对党议员的座位，右边为执政党议员的座位。政府成员和反对党"影子内阁"成员分别坐在前排，称"前座议员"；一般议员坐在后排，称"后座议员"。

三 议会的职权与运作

（一）下院的职权

英国议会拥有立法、征税、批准预算、监督政府和决定王位继承等权力。这些权力主要由下院行使，具体表现为以下几个方面。

（1）立法权。可以通过、修改或废除任何法律，包括宪法性法律。对议会的立法，其他任何机关都无权审查或宣布无效。此外，议会还可以授权大臣和地方政府制定与各自职权有关的法规、法令和规则等，称为"授权立法"。议会有一定的程序，用以防止和监督滥用授权立法；同时法院对授权立法范围的控制也十分严格。

（2）财政权。财政权是议会制约和监督政府工作的重要手段，包括批准公共预算和税收方案的权力，同时也拥有对政府各种财政开支和公共账目的审查权。

（3）行政监督权。英国实行议会内阁制，内阁对议会负集体责任。当内阁的重要政策得不到下院支持或下院通过不信任案时，内阁必须总辞职，或由首相提请国王解散下院重新举行大选。同时，下院还可以向政府提出质询，对政府的政策和工作进行辩论和调查，以及通过批准国际条约等方式，对政府实行监督。

（二）上院的职权

经过漫长的历史发展，英国议会的权力重心已经转移到了下院，但上院仍是议会不可或缺的组成部分。它主要有3项权能。①立法权。上院有权审议立法法案，但是，对于下院呈递的议案，上院只拥有"搁置否决权"，即没有否决权，最多只能将议案拖延1年生效；而对于下院通过的财政法案，最多只能拖延1个月。②监督政府的权力。上院的各种委员会有权对政府政策提出质询和报告，政府需在规定期限内做出答复。③运用专业知识，对公共政策进行审议，并提出建议。此项功能尤其体现在上院的5个特别委员会之中。

2009年之前，司法权是上院的最重要职权。因为此前上院是英国的最高上诉法院，有权受理除苏格兰刑事案件以外的所有民事和刑事案件，也有权审理涉及贵族的案件和下院提出的弹劾案，但此项权力随着最高法院的成立而告终止。

（三）议会任期

每一届议会的最长任期为5年，但经常会在未到届满之时就提前举行大选。2011年9月，《议会固定任期法》生效，明确规定大选时间为上届议会任期第五年5月的第一个星期四，从而废弃了首相可在征得女王同意后提前举行大选的宪法惯例。同时，《议会固定任期法》规定，只有在满足以下两个条件的情况下才可提前举行大选：①下院议员2/3以上多数同意；②议会通过对政府的不信任案之后的14天内，本届议会无法组成新政府。在国家处于危机状态下，议会可以延长任期，如两次世界大战时；议会也可在首相建议下由国王发布命令予以解散。议会的任期可划分为几个会期，通常每一个会期为1年，从每年的10月或11月开始到下一年的10月或11月结束。在每一个会期中，议会下院开会的天数约为168天，上院约为150天。在会期开始时，由国王在议会发表演说，概述政府的政策和立法计划。在议会休会期间，议会工作全部停止。

（四）立法程序

一套完整的立法程序一般由以下几个步骤组成。

（1）提出议案。议案分公议案、私议案和混合议案。凡涉及全国并与政府政策有关的议案，称公议案。凡涉及地方当局、某些团体、集团或某些个人的权力或利益的议案，称私议案。兼有公私两种议案特点的议案，就是混合议案。一项议案既可首先在下院提出，也可首先在上院提出。

(2) 通过议案。任何议案都必须经下院和上院各自的三读程序通过，然后交国王批准才能生效。以一项首先在下院提起的议案为例。

所谓"三读"，即提议者在下院宣读议案名称或要点后交付印刷，此为"一读"，一读阶段并不对议案进行辩论，随后进入"二读"阶段。"二读"是法案审议的最重要阶段，也是议员首次有机会对议案进行辩论。一般是在"一读"之后两周之内进行"二读"，由政府部长、发言人或负责该议案的议员启动程序，然后再由反对党发言人以及后座议员提出各自的意见，最后全体议员就议案进行投票，若通过则进入委员会阶段；在该阶段，由专门委员会（多为公议案委员会）就议案的一般内容和原则进行辩论，并提出修改意见，只有少数议案要由下院全体议员组成的委员会进行辩论并提出修改意见；委员会提出修改意见后进入"报告阶段"，在该阶段，全体议员对委员会修改后的议案进行辩论，然后立刻进入"三读"，也就是对议案进行辩论的最后机会，辩论的时间非常短，而且仅限于议案中已经包括的内容，而不再讨论要增加什么内容。

下院三读通过后，再将议案呈交上院，上院也经过类似的三读程序予以通过或决定拖延搁置。若是在上院启动的议案，则先经上院三读程序通过后，再交由下院经过三读程序通过。最终通过的法律文本必须是上、下两院都认可的，否则议案就被视为没有通过。此外，上院二次拖延的议案，经下院连续两次通过后即可交国王批准生效，而无须上院同意。

(3) 公布议案。议案经议会两院通过后，呈送国王批准，由国王发给特许证书，交两院议长宣布。国王对议案虽有否决权，但200多年来从未行使过。如未明确说明法案生效的时间，则从国王批准当日的午夜零时起生效。

（五）议员的待遇和权利

下院议员系由本人所在选区的选民直接选举产生，议会到期或解散，议员便自动解职。若个别议员死亡、辞职或晋封为贵族后留下空缺，则在该议员所在选区举行补选。经选举产生的议员既代表本选区选民的利益，同时也代表其所属的政党，当选区利益与政党政策发生矛盾时，议员一般站在本党的立场上，但也有例外。议员除参加议会中各种委员会的工作外，还参加议案的审议、辩论和通过，以及对首相、大臣进行质询等。议

员享有在议会中的言论自由、在民事活动中免遭逮捕、免于参加陪审团和免于在法院中出庭做证等权利。

第三节 中央与地方政府

一 中央政府机构

英国实行以立宪君主为国家元首的议会内阁制行政组织体系。行政机构含政府、内阁及其直属机构、政府各部、枢密院和地方行政机构。国王是国家元首，但不是政府首脑，政府首脑是首相。英国政府的正式名称是"女王陛下的政府"。

在英国，政府与内阁是两个概念。政府是首相及其领导下的全体大臣的总称，包括内阁及非内阁主管大臣、国务大臣、各部政务次官、执政党的督导员以及王室官员，共100多人（2014年底时共有121人）。内阁是英国政府的核心领导机构，首脑是首相。

中央政府的构成如下：①首相。按照传统，首相兼任财政部首席大臣和文官事务长官，同时负责选任政府成员、主持内阁会议，以及向国王通报政府的一般活动等，首相也是所有政府政策和决定的最终责任人。②阁员大臣。他们除负责某一具体部门的工作外，通常还参与内阁讨论，对国家的方针政策做出决策。③非阁员大臣。他们一般只负责掌管一个部门的行政事务，不参加内阁会议，有时也受首相的委托完成某项特殊职责。④检察长。检察长包括检察总长和副检察长（负责英格兰、威尔士和北爱尔兰的司法事务），以及专门负责苏格兰法律事务的检察总长和副检察长。⑤国务大臣。国务大臣一般只在任务繁重或主管大臣需要经常到国外访问的政府部门中设立，其地位介于主管大臣和政务次官之间，有的国务大臣还是内阁成员。⑥次级大臣，或称政务次官。他们多是在本部门大臣的指导下负责本部门某一个方面的工作。

内阁是英国政府的领导核心，是行政决策机构。其职责是：制定政府或各部的政策并提交议会讨论，在议会通过后负责政策的执行和监督；协调和确定政府各部的职权范围；依法行使"非常权力"；安排国王的政务活动；推动立法等。内阁由在下院中获得多数议席的执政党领袖（一般为首相）负责组织，对其成员和人数均无明确的法律规定，一般在20人左右。2016年7月，英国政府改组，以特蕾莎·梅为首的内阁成员包括首相，财政大臣，内政大臣，外交大臣，大法官兼司法大臣，国防大臣，就业与养老大臣，卫生大臣，议会下院领袖，国际开发事务大臣，教育大臣，议会上院领袖，交通大臣，企业、能源和产业战略大臣，北爱尔兰事务大臣，环境、食品与农村事业大臣，社区和地方政府大臣，威尔士事务大臣，退欧事务大臣，文化、媒体和体育大臣，苏格兰事务大臣，以及国际贸易大臣，共22人。此外，检察总长以及一些重要部门的国务大臣有时也参加内阁会议。内阁主要以会议方式工作，凡重大问题都由内阁会议决定。会议由首相召集，一般是在议会会期内每周召开1~2次。会议内容保密，不做记录，也不进行表决，最后由首相将会议上的观点加以归纳即成决定。内阁成员对政府政策和行动负连带责任，不论阁员是否存在意见分歧，对外必须保持一致。为减轻内阁的工作压力、有效地完成政府的各项使命，设立了内阁委员会负责一些辅助性工作。由于历届政府对内阁委员会的设立情况保密，因此很难窥其全貌，根据已有资料，内阁委员会可分为3类：处理重要问题和一般问题的常设委员会，以及临时性或特别设立的委员会。委员会的成立、成员的选择、主席的任命等均由首相决定。每个委员会只对内阁负责，不对议会负责。它们的工作有：参与决策并草拟议案，进行深入细致的专业性和技术性很强的调研工作，研究和制定长期规划。此外，它们还具有协调、促进和监督各部门工作的功能。除内阁委员会外，内阁办公厅为部级内阁直属机构，下设19个办事处，为履行内阁职责的大臣提供服务，同时也是协调高层政策的部门。此外还设有专门的办公室负责文官的组织与管理。

　　政府各部是中央行政组织体系的主要部分，是具体实施内阁和首相某一领域政策的职能机构。政府各部的设置要由法律规定，但对其数量没有法定限制，名称也不尽相同，由历届政府根据实际需要进行调整。20世纪70年代以来，政府部一级的单位大体保持在17~21个。部的设置基本上分3种：第一种是职能类，如外交部、国防部、内政部和教育部、交通部、卫生部等。第二种是地区类，如威尔士事务部、苏格兰事务部、北爱尔兰事务部。第三种属中央核心部门，如财政部、内阁办公厅和首相办公室等。由于各部职能不同，规模大小也不尽相同，但组织模式大同小异。各部均按职能性质划分为若干司，司以下设处，处以下设科。而且，各个部一般都设有为部长提供咨询的常设机构。还有一些行政机构名义上隶属于部，但享有独立权力，部长就其活动负政治责任。另外，由于英国实行权力下放和地方自治，有些部的管辖范围并不是整个英国，例如，就业与养老金部的职权范围就不包括北爱尔兰，有些部的功能甚至只包括英格兰地区。

在英国，枢密院是一个比较独特的机构。它是英国国王的私人顾问机关，也是代表王权的最高行政机关，由御前会议与谘议会演变而来。中世纪时，枢密院成为协助国王处理立法、司法和行政事务的中央行政机构。1688年"光荣革命"后，君主立宪政体逐步确立，枢密院遂失去实际权力。18世纪初，原枢密院外交委员会发展为内阁。从此，枢密院名义上仍为英国最高政府机构，实际上大部分权力由内阁行使。枢密院的主要任务为主持王室典礼和内阁宣誓就职仪式，处理某些上诉案件，以枢密院令的形式宣布议会开会、休会和解散，对外宣战或媾和，以及发布内阁制定的部分政府命令等。从理论上说，国王可以任命任何人成为枢密院成员，但事实上则须首相提名。2015年底，枢密院成员有650人，包括首相、全体内阁大臣、反对党领袖、3名英格兰国教大主教、上院和下院议长、大法官、部分王室成员（如伊丽莎白女王的丈夫菲利普亲王），以及英国和英联邦的著名人士等，但并非所有人都有权参加所有类型的会议。枢密院成员均由首相提名、国王任命，任期终身，但在有些情况下，国王有权剥夺枢密院成员的资格。例如，2011年6月，由于被曝出报销丑闻，艾略特·莫莱被剥夺了其成员资格。枢密院设有司法委员会、高校委员会、苏格兰高校委员会、准男爵委员会等各种委员会，其中司法委员会最为重要，负责审理教会法院以及英联邦某些成员国和联合王国海外属地司法机关的上诉案件。

二　中央政府的职权及特点

英国实行责任内阁制，但对于内阁的权力并没有法律明文规定，随着政府权力的发展和国家权力重心的转移，内阁的权力也日趋膨胀。内阁职权主要根据惯例行使，范围十分广泛，一切重要的内外政策均由它制定和执行，军队、警察、监狱等国家机器受它直接指挥和控制，议会和国王实际上也受它的支配。其主要职权有：①决定重要的对内对外政策，尤其是经济政策、政府预算、社会政策、国防政策、外交政策等。②立法方面的职权。这主要体现在两个方面，一是授权立法，二是提交立法动议，尤其是宪法性法律，都由内阁起草，或在内阁的监督下起草。③协调和促进作用。20世纪20年代以来，由于政府部门数量增加，内阁往往承担起政府各部门和内阁委员会之间的协调或解决分歧的工作。④对政府政策进行监督，尤其是对财政的监督。⑤国家处于紧急状态时，内阁有权采取紧急行动。

英国的责任内阁制具有以下特点。

（1）以君主的名义、内阁掌握实权的方式进行统治。君主立宪制决定了国王在法律上是国家权力的中心，但依照宪法惯例，实际权力由内阁负责行使。内阁是政府的领导核心，负责制定一切重大政策，指挥和控制整个行政机构。

（2）虽然分别设置立法、行政和司法三个权力机构，但实际上三者并不分立，这尤其体现在人员的重叠方面，但这并不等于三者之间不存在制衡和监督。内阁虽居于中心地位，但也受到各种力量的制约和监督，使其权力不至于过于集中。议会通过质询、辩论、批准立法、倒阁等活动对内阁实行监督。

（3）内阁集体负责制与大臣个人负责制相结合。前者已成为宪法性常规，它意味着内阁成员必须为达成一致而做出妥协；与此相应，内阁最终做出的决定也必然是能够被大多数人接受的政策。这一原则既约束大臣，也约束首相。内阁要为它的各种政策和行动承担集体责任，倘若不能接受这种约束就必须辞职。大臣个人负责制反映在政治责任和法律责任两

方面。一方面，大臣协助首相制定政策、草拟议案；另一方面，主管大臣对本部门的一切工作和活动承担不可推诿的责任，既向首相负责，也向议会负责，如出现严重失误，除承担政治责任外，还有可能承担法律责任。

（4）严格的行政程序。法定权力是行政机关权力的最主要来源。议会可以通过法律授予行政机关任何权力，但对权力行使的范围、条件、目的和程序等有明确的法律规定。行政机关必须严格遵守这些规定，否则其行为无效。另外，英国还建立了一系列严格的行政监督制度，其中包括：司法审查；行政监督；行政监察专员制度；行政损害赔偿、申诉、上诉程序；普通法院管辖行政诉讼等。

（5）相对独立的地区行政系统。由于民族特点和历史传统，苏格兰、威尔士和北爱尔兰三个地区具有自治传统，为此，英国政府设置了苏格兰事务部、威尔士事务部和北爱尔兰事务部，并在这些地区实行不同程度的分权和自治。而且，中央政府有些部门的管辖范围并不涵盖英国全境。如前所述，养老金与就业部只负责英格兰、威尔士和苏格兰的相关事务，而不涉及北爱尔兰；再如，环境部的管辖范围主要涉及英格兰。苏格兰和北爱尔兰设有比较完备的行政系统。如苏格兰有自己的企业、能源与旅游部，欧洲与国际发展部，交通与岛屿部，教育、科学与苏格兰语言部，公共卫生部等十几个部门。北爱尔兰设有农业与农村发展部，教育部，环境部，财政与人事部，医疗、社会服务与公共安全部，司法部等。

（6）庞大的非政府行政机构。在英国政府的活动中，许多公共组织并不属于政府部门。它们在法律范围内或在有关政府大臣的指导下从事某些公共事务的管理，这类机构大体上可分为执行机构、咨询机构和仲裁机构。

（7）重视对政策和资源的协调。此种协调包括政府各部门之间的协调，政府与社会之间的协调，以及国内外的协调。

三　地方政府

英国地方政府的情况十分复杂，英格兰、苏格兰、威尔士和北爱尔兰的地方政府结构与职能有很大差别。

（一）英格兰地方政府

英格兰地方政府一般分为郡（或区）与自治市（或市）两级，但有些地方只有一级政府，可能是城市、自治市，也可能是郡政府。

英格兰地方政府称为"地方议会"，由地方选民通过直接选举产生。法律对地方议会候选人有明确规定。但与全国大选不一样，地方议会候选人无须交纳个人保证金。地方选举通常在5月的第一个星期四举行，采用秘密投票、一人一票方式，但投票率较低，一般在40%左右。不同的地方议会的选举规则不同。有些郡议会和伦敦自治市每四年重新选举地方议会全部成员，而有些地方议会选举则是在没有郡级选举的年份举行，每年选举1/3的地方议会成员，另外一些则是每两年选举1/2的地方议会成员。

在政党构成方面，地方议会与全国议会也不一样。在全国议会中，执政党拥有多数乃至绝对多数席位，占微弱多数的情况较少，且不能持久。但地方议会的情况比较复杂，基本上有以下几种：①某一政党占垄断地位，即长期占有80%以上的席位；②某一政党占统治地位，即经常占有60%以上的席位；③两党竞争，任何一个政党所占席位都不超过60%，权力经常在两党之间易手；④多党相持，两个主要政党所占席位均未超过半数，而第三党或其他政党只占不到10%的席位，权力常在各政党之间易手，或组成联合政府，如果出现多党互相敌视、不能合作的情况，便称作"悬浮"（意即悬而不决）政府；⑤由独立派掌权，占60%以上的席位，各政党只占很少席位。

从某种意义上来说，地方政府是与公民最接近的一级政府，也是向公民直接提供各种服务的机构。随着历史的发展，特别是权力下放进程的加快，地方政府的作用也在不断增强。地方政府的职能依其性质，大致可归纳为3类，即保护、便利和福利。保护职能涉及警察、消防、民防，以及对消费者的保护和对生态环境的控制、规划与保护。便利职能包括筑路、架桥、建造港口、发展公共交通和建造停车场等。福利职能的覆盖面更广，如"从摇篮到坟墓"的个人服务、地方教育、环境服务、自来水、住房和娱乐设施等。总的来说，在维多利亚时期，地方政

府的作用更强调保护和便利两方面。20世纪之后，尤其是二战以后则着重于福利及其效益。

英格兰地方政府的活动主要有以下特点，地方议会负责立法，而具体的行政工作则委托或授权各种委员会具体执行。地方议会只负责处理最重要的政策问题，并对其下属委员会的工作予以检查和监督。各委员会在活动中遵循以下原则：①地方议会可以授权给委员会，也可收回授权，未经授权的事项，地方议会不会接受委员会的建议或报告。②委员会的工作受地方议会的监督和控制。③政党政治对委员会的影响虽不如在全国议会中那么强烈，但仍有一定关系。④在委员会的工作中，主席居主导地位，他不仅主持并把握会议的辩论，而且与地方政府各部门的领导人保持密切接触。在委员会开会之前，主席一般要与他们先进行磋商，尤其是在需要快速决策或很难做出决定时，主席都要事先征求他们的意见，并亲自向地方议会全体会议解释委员会的决定或建议。⑤实施高度透明的地方管理。地方政府机制有效与否同其民主程度直接有关，而选民能在多大程度上参与决定地方管理，则基本上反映了其民主的水平。英国地方政府制度正是凭借其广泛的代表性，让选民充分参与管理，再加上地方政府与地方压力集团之间有着密切联系，以此保持和促进其民主性并增加管理的透明度。⑥廉政与查弊。法律规定：凡有贪污、腐败及其他不法行为者不得在地方政府任职；地方议会成员要公布个人财产；其利益与他所代表的社团利益发生冲突时，必须立即予以声明，同时在发表言论和投票时必须回避，而且必须存档以备地方政府和当地选民检查，如有违反当以犯罪论处。利用地方议会成员身份牟取私利同样是犯罪行为。为有效减少弊端并及时予以纠正，1967年英国引进了北欧国家的查弊制度，并于1974年正式实施。

（二）伦敦和英格兰其他地区的权力下放问题

在英国实现和巩固国家统一的历史进程中，中央与地方关系发展的总体趋势是中央集权不断加强，而地方政府的独立性受到削弱和侵蚀。这一趋势在保守党连续执政的18年间更为明显，政党政治因素在其中发挥了重要作用。例如，保守党政府以"提高效率""节约开支"为由，强行废

第三章 政 治

除了伦敦等6个都市的地方议会，其根本原因是这些地方都是工党的政治基地，其地方议会被工党控制。当然，不可否认，这也是出于实施"撒切尔主义"战略的需要。因为如果不能有效控制地方政府的行为（特别是财政开支），保守党政府全面改造福利国家的计划就难以实现。撒切尔夫人主政时期推出的地方税制改革和大批出售市政公房的政策，就是在这种思想指导下出台的。地方政府的自主权在很多方面遭到不同程度的削弱乃至剥夺。保守党政府推行的这些政策措施，引起了地方政府的普遍不满和强烈反对，为此，工党政府于1997年上台后大力推动地方分权和权力下放，这不仅符合其政党政治的需要，而且顺应了民意和西方国家普遍实施分权治理的时代潮流，符合包括英格兰地区在内的大多数地方政府的要求和愿望，故而取得空前的进展。

但是，向苏格兰和威尔士等地区下放权力特别是苏格兰在自治权方面取得的巨大进展及其所表现出来的强烈民族主义情绪，引起了一部分英格兰人的不满，所谓"英格兰民族主义"情绪日益滋长，某些英格兰政治家甚至提出要建立一个"与爱丁堡议会相似的英格兰议会"。英格兰民族党前任领袖克里斯托弗·迪克森甚至断言："从现在起的几年里，我们英格兰将独立存在。"有人还据此提出联合王国"合久必分"的前景问题。为此，布莱尔政府在英格兰采取了有限的权力下放措施，并将英格兰划分为8个地区，分别设立地区开发机构，以便更好地发挥英格兰地区地方政府的积极性。

重建大伦敦市议会也是工党政府向英格兰下放权力的一个重要步骤。1986年4月，撒切尔政府撤销了大伦敦市等6个都市议会。伦敦成为世界上唯一没有市长及市政机构的首都。大伦敦市议会被取消后，市政机构设置非但没有得到简化，反而变得更加复杂，原来的两级地方政府结构变成了多级制度。仅伦敦各机构之间的通信线路就由原来的44条猛增到500余条。此外，由于32个伦敦自治市或大城市区都有各自不同的政治、社会和地理特点，因此很难制定一项普遍适用的共同方针政策。在大伦敦等市议会被取消之后，建立了各种委员会或联合委员会接替从前由地方议会承担的许多具体事务，但这些委员会的大部分成员并非经选举产生，致

145

使地方政府明显趋于非民主化。换言之，新设置的机构不仅缺乏效率，而且对其义务没有明确规定，因此引起了社会各界的强烈不满。1997年工党上台执政后，决定通过全民公决和立法的方式建立大伦敦市政府。1998年5月7日，伦敦市民举行全民公决，赞成设立一个拥有直选市长和25名议员的大伦敦市议会。

2000年5月4日，经选举产生了大伦敦市长和大伦敦市议会。不过对工党政府而言，事与愿违的是，先后4届经直接选举产生的伦敦市长均非工党成员：第一任为前工党左翼人士、1986年大伦敦市地方议会被解散时的主席利文斯敦（2004年连任）；第二任为保守党人鲍里斯·约翰逊（2008年5月当选，2012年连任）。

2010年联合政府上台后，继续推行向英格兰下放权力的进程。联合政府执政不久，地区开发机构被取消。2011年11月，《地方化法》生效，其宗旨之一就是为了推动中央政府向地方政府的权力转移实现永久化。在英格兰，联合政府采取的主要举措包括将直接选举市长的做法扩大到伦敦以外的其他大城市。2012年5月，在10个英格兰城市就是否支持直选市长举行了全民公决，但只有布里斯托尔的选民支持直选市长，其他9个城市都持反对意见。不过，向英格兰下放权力的进程仍在缓慢但坚定地推进着。2014年11月，英国政府与大曼彻斯特地方政府达成权力下放协议；2015年2月，英国政府再次发布关于向大曼彻斯特下放权力的文件，除承诺通过直选产生市长之外（有望于2017年选出首任市长），还承诺向其下放医疗保健与社会照顾服务领域的全部财政控制权，以及交通、住房和警务等领域的权力。截至2015年5月，英格兰和威尔士共有16个市镇采取了直选市长的方式。

2015年5月上台的保守党政府向议会提交了《城市与地方政府权力下放法案》（Cities and Local Government Devolution Bill），承诺继续推进直选市长改革，并向英格兰地方政府下放更多权力。此外，它还承诺解决所谓"西洛锡安问题"，即英国议会的苏格兰议员有权对影响英格兰和威尔士的问题投票，但英格兰或威尔士议员无权对已经下放给苏格兰自治政府的问题投票，这被有些人认为是不公平的。为此，女王在此届议会开幕演说中提出对下院议事程序进行改变,"创设更公平的程序,以确保影响英格兰和威尔士的决定只有在代表这些选区的多数议员同意的情况下才能做出"。

(三) 苏格兰和威尔士的权力下放

关于在苏格兰和威尔士实施地方分权的问题,既有历史原因,也源于20世纪六七十年代这些地区民族意识的高涨和民族主义势力的迅速发展。

20世纪70年代后期,工党执政期间曾主持制定并提出了《苏格兰法案》和《威尔士法案》,拟分别在这两个地区建立权力有限的地方议会,但该法案在这两个地区随后举行的全民公投中遭到否决,因此权力下放的动议未能付诸实施。在保守党连续执政的18年中,苏格兰和威尔士与保守党中央政府的关系变得更为紧张,其中尤以苏格兰为甚。其中不仅有历史渊源,而且有政党政治(二战后苏格兰已逐渐成为工党的堡垒)和现实利益的因素(苏格兰要求更多地分享北海石油工业的利益)在起作用。1987年,苏格兰工党和联盟党发表联合声明,主张建立苏格兰国民议会。民意调查显示,50%的苏格兰人支持设立国民议会,32%的人甚至要求苏格兰独立。工党在1997年的竞选纲领中明确表示,它若获胜就将满足苏格兰和威尔士要求权力下放的愿望,认为这会使联合王国的力量得到增强,并消除分离主义的威胁。

1997年,工党在大选中获胜,随后全力推进权力下放进程。1997年9月,苏格兰和威尔士先后就中央下放权力、建立各自的地方议会等问题举行公民投票,并分别以74.3%和50.3%的赞成票获得通过。在苏格兰的公投中,还以63%的赞成票同意苏格兰议会有权在上下浮动幅度不超过3%的情况下改变收入税的基本税率。

1998年,英国议会分别通过了《苏格兰法》和《威尔士法》。1999年5月举行了苏格兰和威尔士的地方议会选举。根据规定,在苏格兰议会的129名议员中,73名由简单多数产生,其余56名则采用比例代表制。威尔士的选举制度较为复杂,选民可以投两票:一票投给选区候选人,另一票投给政党候选人。威尔士议会共有60名议员:40名由选区选出,采用简单多数投票制；其余 20 名则依照递补比例代表制由 5 个大区选出。1999 年以来，在苏格兰和威尔士已经进行过 4 次选举（1999 年、2003 年、2007 年和 2011 年），选举结果显示，在威尔士，工党一直保持着第一大党的位置，但议席无法达到半数；民族主义政党威尔士民族党力量上升很快，2003 年起成为第二大党。在苏格兰，这种情况更为明显。在 1999 年和 2003 年的选举中，工党还明显占有优势（得票率超过苏格兰民族党 10 多个百分点），但在 2007 年的选举中，苏格兰民族党比工党多赢得 2 个议席，超过工党成为苏格兰第一大党；在 2011 年的选举中，苏格兰民族党一举赢得 69 个议席，首次获得半数以上席位，并单独组阁。而保守党在这两个地区的力量一直比较弱。

苏格兰和威尔士的地方议会和地方政府拥有较为广泛的权力，分别负责各自的医疗卫生、教育、内政和法律、地方治安、经济发展、农业、道路、交通、环保、体育和艺术等事务。外交、国防、社会保障、宏观经济及财政和商业政策等重要事务，则仍由英国议会和中央政府控制。与威尔士相比，苏格兰还在财政税收方面拥有某些有限的权力；在欧盟设有自己的办事机构，协助中央政府处理同苏格兰有关的一些事务和共同政策问题（如共同渔业政策）。

毫无疑问，由工党政府开启的权力下放进程是一把"双刃剑"，不可否认，它起到了一些明显的积极效果。权力下放缓和了非英格兰地区的居民，尤其是苏格兰居民历来针对中央政府的对立情绪；增强了地方政府领导人的责任感；加强了苏格兰和威尔士的自治权力，有利于这些地区的稳定和发展。从中央政府的角度来看，下放权力可以减轻其工作压力，减少机构设置和行政开支，有利于决策更接近于基层，从而增强决策的客观性和执行力度；有利于协调中央与地方之间的关系，缓和双方矛盾，防止或避免不必要的冲突；同时，中央与地方的责任和权限划分更为明确，地方的义务更加明晰，在出现失误时地方无法诿过于中央。

但是，权力下放进程也带来了一些负面效应。威尔士和苏格兰与英格兰之间在政治、经济上客观存在的一些矛盾和差距不仅继续存在，而且随着地方分权进程的发展，导致了一些新的矛盾和问题。各地区的政治经济发展不平衡使它们在中央财政拨款等问题上的矛盾比较突出，倘若处理不当就有可能引发某一地区选民和议员的不满，导致民族主义进一步滋生和发展，进而危及整个国家的联合和统一。而且，地方分权对英国现行的政治结构、特别是对政党政治造成了严重冲击。在苏格兰和威尔士的地方议会选举中，威尔士民族党和苏格兰民族党获得的支持率不断增加，工党和保守党的力量遭到侵蚀，使得一直主宰英国政治的传统两党政治模式开始出现裂痕。同时，权力下放也使得民族主义和地方分离主义情绪不断上涨，这在威尔士和苏格兰都有所表现，并进一步推动了权力下放的力度。

在威尔士，尽管威尔士民族党的影响力远不及苏格兰民族党，但它近年来赢得了越来越多的支持；同时，要求威尔士议会获得与苏格兰议会同等地位和权力的呼声也越来越高。2011年3月，威尔士就是否同意扩大威尔士议会立法权问题举行全民公投，63.5%的选民投了赞成票。根据投票结果，自2011年5月起，威尔士议会在教育、健康、住房、食品等20个领域获得了一级立法权。2014年12月，《威尔士法》生效，威尔士获得了税收和借款方面的广泛权力；2015年2月，威尔士大臣向英国议会提交了题为《向威尔士下放权力的持久性安排》的报告，旨在向威尔士下放更多权力，同时以法律形式将这些权力固定下来；2015年5月27日，英国女王在议会开幕演说中再次肯定，将通过"强有力的和具有持续性的宪政安排"，以法律形式向威尔士下放广泛权力。向威尔士下放的权力包括能源、交通、环境和公路限速等领域的决策权，威尔士境内陆上石油和天然气的开采许可权，以及自主决定与威尔士议会和地方政府的运行及组织等有关的相关程序与规定的权力。最后，未来也有可能逐步向威尔士下放某些领域的税收权和更多的财政权。

在苏格兰，这一点表现得更加明显。苏格兰民族党自成立以来，其宗旨就是实现苏格兰独立。2007年5月，苏格兰民族党在苏格兰地方议会选举中成为第一大党，时任苏格兰首席部长的苏格兰民族党领袖亚历

英 国

克斯·萨蒙德公开宣称，苏格兰将争取在2017年脱离英国，成为一个独立国家。2011年，苏格兰民族党在地方议会选举中获得超过半数的议席，单独组阁，立刻着手实质性推进独立。2012年1月，萨蒙德表示，计划于2014年就苏格兰独立问题举行全民公投。苏格兰地方政府经过与中央政府反复谈判，10月15日，苏格兰地方政府与中央政府签署《爱丁堡协议》，定于2014年底之前就苏格兰独立问题举行公投。2014年9月18日，苏格兰400万常住居民举行公投，以决定苏格兰是否将成为一个独立主权国家，公投结果显示，反对苏格兰独立的比例超过支持独立者10个百分点，为55.3%，苏格兰32个地区中，有28个地区反对独立。根据《爱丁堡协议》，英国中央政府和苏格兰地方政府都表示尊重这一结果，英国的统一得以保持。

然而，苏格兰问题并未一劳永逸地得到解决。根据《爱丁堡协议》，在公投结束后，中央政府将按计划向苏格兰下放更多权力，特别是在税收方面：从2015年起，苏格兰获得自主决定土地印花税和垃圾填埋税的权力；从2016年起，苏格兰有权收取与英格兰税率不同的所得税。而且，就在公投之前三天，英国三大政党领袖签署了一项保证协议，承诺在苏格兰不独立的前提下，向其下放更多权力，并就权力下放的进程和时间表达成了一致，同时还承诺国家医疗体系的资金支出由苏格兰政府自行决定，并维持"巴奈特方案"确定的分配方式（根据该方案，苏格兰人均获得的预算高于英国其他地区的平均值）。但是，向苏格兰下放更多权力可能导致威尔士、北爱尔兰甚至是英格兰的连锁反应，它们可能同样要求中央政府向其下放更多权力，特别是英格兰。长期以来，苏格兰和北爱尔兰的民族独立运动使得学者甚至政治家们也忽略了英格兰长期存在的民族主义，但要求英格兰拥有更大自治权甚至独立的极端呼声一直存在。卡梅伦首相在公投结束之后发表演说，在承诺向苏格兰下放更多权力的同时，也承诺将同样向英格兰、威尔士和北爱尔兰下放更多权力，并特别提到了英格兰的问题："我们现在有一个伟大的机会改变英格兰人民的治理方式。""我们听到了苏格兰人民的声音，如今是时候倾听数百万英格兰人民的声音了。"

第三章 政 治

在 2015 年 5 月举行的英国议会选举中,苏格兰民族党成为最大赢家,"席卷"了苏格兰全部 59 个议席中的 56 个(它在这之前的最好成绩是 1974 年的 11 个议席),并取代自由民主党成为英国第三大党;而工党在苏格兰的影响力则被削弱:它仅获得了该地区的 1 个议席,包括苏格兰地区领袖吉姆·莫菲(Jim Murphy)在内的多名高级官员纷纷落败,而苏格兰原本一直是工党的坚强"堡垒"。此次大选使英国的政党政治格局在一定程度上发生了改变。

苏格兰民族党在本次大选中的突出表现,使得苏格兰是否会再次寻求独立这一问题重新成为人们关注的焦点。苏格兰前首席部长萨蒙德在当选议员后,明确表示将再次推动苏格兰独立。2015 年 9 月,苏格兰民族党领袖斯特金(Nicola Sturgeon)明确表示,将再次发起就苏格兰独立举行第二次公投,并将在 2016 年的苏格兰地方议会选举竞选纲领中提出这一目标。如果苏格兰民族党能够当选为苏格兰议会第一大党(且是多数党),那么,它再次启动独立进程的可能性就增加了很多。

为缓解苏格兰独立问题带来的压力,也为了兑现在 2014 年 9 月苏格兰独立公投之前英国三大政党做出的向苏格兰进一步下放权力的承诺,大选结束之后,保守党政府立刻着手实施权力下放。卡梅伦首相在选举结束后发表的简短演说中明确指出,将"遵守承诺,尽快按照各政党达成的协议,向苏格兰、威尔士和北爱尔兰下放权力"。他还特别指出:"我们计划在苏格兰创建世界上最强大的自治政府。"同时,他还提到,如果不以同样公平的方式对待英格兰,那么,"任何宪政安排都将是不完整的"。

2015 年 5 月 28 日,在新一届议会开始工作的第一天,英国政府向议会提交了《苏格兰法案》,该法案以史密斯委员会起草的报告(2014 年 11 月 27 日出台)为基础;2015 年 1 月 25 日,英国政府又发表了包含相关立法建议草案的敕令书。根据该法案,苏格兰议会将主要获得以下一些新的权力:第一,苏格兰议会和政府将成为永久性机构,并有权制定与苏格兰议会和地方机构的选举及其运行有关的全部规定。第二,在税收方面有更大权力,苏格兰议会将有权自主征收 40% 左右的税收和自行决定

151

60%左右的公共支出，特别是自行制定除存款收入和股息收入以外的所得税税率的权力，且这部分税收全部归苏格兰议会支配；增值税收入的一半归苏格兰政府预算支配；航空乘客税和石方税（Aggregates Levy）也将下放给苏格兰政府。第三，在住房补助等福利政策方面获得更多权力（苏格兰政府可支配的福利金总额在 25 亿英镑左右）。第四，下放其他权力，包括交通、通信以及能源方面的一些权力。预计该法案将在 2016 年苏格兰议会选举之前生效，届时苏格兰议会将拥有包括一级立法权、二级立法权、财政预算权、税收权（部分）等在内的广泛权力，它的确将成为"世界上权力最大的"地方政府。

（四）北爱尔兰自治问题

北爱尔兰作为大不列颠及北爱尔兰联合王国的一个组成部分，它是否能够留在英国，关系到英国的国家统一，也关系到国家的结构形式。同苏格兰和威尔士一样，它也面临着自治、权力下放和如何处置中央与地方关系的问题。不过，它与苏格兰和威尔士的情况有所不同。北爱尔兰原是爱尔兰的一部分，而爱尔兰又是英国最早的殖民地。北爱问题是英国历史上爱尔兰问题的延续，是英国对爱尔兰长期实行殖民扩张和统治的产物，因此，北爱尔兰问题早期带有更加鲜明而强烈的争取民族解放和实现爱尔兰国家统一的性质。

自 1921 年爱尔兰岛实行分治以来，英国就在北爱尔兰实行了一定程度的权力下放，设立了咨询性质的北爱尔兰国民议会和政府，实行内部自治。20 世纪 60 年代末，随着北爱尔兰天主教居民民权运动的发展，新教徒与天主教徒居民之间的矛盾激化，后转化成大规模流血冲突，英国政府派大批军警进驻北爱尔兰进行镇压，并于 1972 年宣布撤销北爱尔兰议会和政府，开始对这一地区实行"直接统治"。英国耗费巨资，试图靠武力在北爱尔兰恢复秩序，但收效甚微。在 1972 年以后的近 30 年间，与北爱尔兰问题有关的暴力活动与动乱造成 3000 多人丧生，3 万多人受伤，其中绝大多数为无辜平民。

北爱尔兰问题不仅给英国造成了巨大的财政负担和人力消耗，也给其国际形象及对外关系造成了诸多损害。英国政府越来越意识到难以用武力解决问题,因此转向了和平方式。20世纪80年代中期,北爱尔兰和平进程缓慢起步。1985年,英国表示欢迎爱尔兰政府参与解决北爱尔兰问题,两国政府签订了《英爱协定》,规定设立两国政府间机构协商处理北爱尔兰事务,但是,由于北爱尔兰对立两派的分歧根深蒂固,特别是当时没有吸收两派的代表直接参与和平进程,使得这一进程实际上长期陷于停顿状态。

20世纪90年代以后,随着冷战的结束,国际形势趋于缓和,和平与发展成为时代的主流。以和平方式解决国家和民族之间的争端,成为一种"国际大气候"。与此同时,北爱尔兰地区内部事态的发展也促使和平进程出现新的转机。一方面,寻求以武力实现爱尔兰统一的爱尔兰共和军及其政治组织新芬党面临巨大压力,被迫改变策略,寻找新的方式。另一方面,亲英国的新教徒联合派也不得不面对变化了的现实,为换取稳定和对北爱尔兰的主要控制权,同意赋予北爱尔兰所有居民(特别是与其具有不同宗教信仰和民族特性的居民)平等的政治权利。此外,美国克林顿政府开始积极介入北爱尔兰问题,这也对英国政府造成了巨大压力。正是在这种背景下,20世纪90年代中期北爱尔兰和平进程重新启动,但直到1997年工党上台之前始终未能取得重大突破。有关各方在解除非法武装问题上存有分歧,新芬党也被排除在和谈之外。

布莱尔政府执政后,决定全力推动和谈进程走出僵局。首先,它决定吸收新芬党参加和谈。尽管在1997年的北爱尔兰地方选举中,新芬党只获得了17%的选票,在所有政党中仅排名第四,但是,作为北爱尔兰共和军的政治组织,它的态度对和谈的成败有着至关重要的影响。此外,它在美国也拥有重要的支持力量和影响。因此,工党上台后立即同新芬党进行接触并举行会谈。在爱尔兰共和军宣布重新实施停火后,布莱尔政府努力排除新教徒联合派的抵制,接纳新芬党参加北爱尔兰多党谈判。布莱尔还多次与新芬党领导人举行会晤,以示鼓励与重视。其次,布莱尔还提出,有关解除准军事组织武装的谈判可以和多党会谈同时举行,而不以事先交出武器为先决条件,从而消除了妨碍新芬党与其他有关各方一起讨论

英 国

北爱尔兰问题的最大障碍。另外，英国和爱尔兰两国政府以及英美两国在谈判过程中注意相互协调立场，尽量兼顾各方的利益和愿望，寻求利益平衡点，为和谈创造了较为有利的国际环境和外部条件。

1998年4月10日，在贝尔法斯特举行的北爱尔兰多党谈判冲破重重阻力，达成了有关北爱尔兰政治前途的和平协议，持续达30年之久的北爱尔兰冲突问题终于取得历史性突破。根据协议，北爱尔兰继续留在英国，同时成立新的跨边界机构（北南部长委员会），在北爱尔兰与爱尔兰之间建立更紧密的联系。协议要求以比例代表制方式选举产生享有广泛自治权的北爱尔兰地方议会，组建由各方代表参加的执行机构。5月22日，北爱尔兰就批准和平协议举行全民公决，以71%的赞成票通过。6月举行了北爱尔兰地方议会选举。北爱尔兰地方议会共有108名议员，分为18个选区，每个选区选出6名议员。

1999年2月，北爱尔兰地方议会通过地方政府框架决议，规定地方行政委员会由10个部门和12名部长（包括地方议会选举产生的首席部长和第二部长）组成。委员会拥有除安全和税收以外的广泛权力。12月2日，北爱尔兰地方自治政府正式成立。

但是，由于对立两派之间多年的矛盾与隔阂，北爱尔兰局势并不稳定，冲突时有发生，地方自治政府也曾多次被停止运作。特别是2002年6~7月，北爱尔兰首府贝尔法斯特经历了几年来最为严重的暴力冲突。2002年10月，英国警方突击搜查了新芬党在北爱尔兰地方议会的办公室，拘捕4人。民主统一党随后宣布退出联合政府。英国政府于10月14日宣布中止北爱尔兰自治政府的运作，由中央政府进行统一管理。

按照计划，北爱尔兰地方议会选举本应于2003年5月29日举行，但僵局迟迟未能被打破。直到10月23日，英国首相布莱尔、爱尔兰总理埃亨和北爱尔兰各主要政党领导人才得以在伦敦举行会谈，商谈何时举行地方议会选举。2003年11月，一再推迟的北爱尔兰议会选举才得以举行，但得票最多的两个政党民主统一党和新芬党无法就联合执政达成妥协，因此该届议会并没有真正运行，英国政府也没有恢复北爱尔兰自治。直到

2006年5月,才成立了一个由2003年当选议员组成的不具立法权力的"议会",其主要职能是督促各政党进行谈判,并为新政府做准备。2007年1月30日,"过渡议会"解散,随后各政党开始了竞选活动。

2007年3月,北爱尔兰举行了《圣安德鲁斯和平协议》签订后的第三次地方议会选举,民主统一党和新芬党仍是得票率最多的两个政党。3月26日,这两个政党达成权力共享协议。5月8日,由民主统一党领袖伊恩·佩斯利担任首席部长、新芬党领袖马丁·麦吉尼斯担任第二部长的地方自治联合政府正式成立。经过5年的漫长历程,北爱尔兰地方自治政府终于恢复行使自治权。2011年举行了第四次地方议会选举。选举结束后,组成了由民主统一党领袖彼得·罗宾逊任首席部长和新芬党领袖马丁·麦吉尼斯任第二部长的联合政府。

2014年12月23日,北爱尔兰五大政党与英国政府及爱尔兰政府签署了《斯托蒙特宫协议》(Stormont House Agreement),该协议的主要内容之一是向北爱尔兰议会下放公司税权力。2015年1月,英国政府向议会提交了关于向北爱尔兰议会下放公司税权力的法案,该法案被列入保守党政府2015年5月28日向新一届议会提交的立法纲要。其主要内容是,从2017年4月起,北爱尔兰议会将有权自主确定公司税率。北爱尔兰的现行公司税率为21%,若将其下调至12.5%(爱尔兰的标准),届时将有3.4万家企业受益。

四 文官制度

英国文官制度始于19世纪中叶,是西方国家中最早建立常任文官制度的国家。

中世纪的英国实行以王权为中心的"封建恩赐官职制"。17世纪的资产阶级革命以封建势力与资产阶级的相互妥协宣告结束,官员任免的恩赐制继续存在。随着资产阶级力量的发展,重要官员的任免逐渐由议会多数党控制,"政党分肥制"得以盛行。但无论是"封建恩赐官职制"还是"政党分肥制",都存在严重缺陷:大批庸碌无能之辈进入官员队伍,影响政府工作效率;经常大批更换政府工作人员,造成官员队伍不稳定,影

英 国

响政府的正常运作和改革的连续性；此外也容易产生权钱交易等腐败现象。为了克服上述缺陷，19世纪中叶，英国开始采用以考试录用、终身任职为核心的常任文官制度。

英国的官员分为政务官和事务官。政务官即首相、大臣、副大臣、国务秘书等政府官员，他们随政党更替、内阁变换而进退。事务官即为文官，即处理一般行政事务的官员，终身任职，不随政党更迭而变化，从而保证了政策和政府工作的连续性。事务官不与政党共进退，因而在很大程度上保证了其中立性和公正性。文官制度的建立，也提升了政务官的工作效率，将后者从收集和筛选信息、提出预案等各种烦琐的事务中解放出来，这样一来，政务官接收到的信息更加明确，进行决策判断时也可以做到更加高效和准确。此外，文官与政务官的体系完全分离开来，前者负责具体事务的执行，同时也在组织经验和知识的传承、信息的传递等方面发挥着巨大作用，这些都是有利于英国政府在政党交替执政的过程中维持稳定运转的关键因素。

19世纪中叶以后，英国逐步制定了与文官的任用、考核、提升、奖惩、培训、工资、福利和退休等事项相关的一整套制度。但是，英国对于文并没有一个统一、精确的界定，文官也不是包括公共部门的所有雇员。英国《文官统计资料》的解释是：以公民身份为王国政府服务、未在政治或司法部门任职的人员，或者以个人身份为王国政府服务、由政府支付报酬的工作人员。按照这一解释，大臣、法官、军人、警察、议会以及直接向议会报告的机构（如国家审计办公室、监察员和选举委员会）所雇用的人员，国有企业（例如英格兰银行、英国广播公司、皇家邮政公司等）、地方政府官员以及国民卫生管理部门的雇员均不包括在文官范畴之内。英国文官主要指在中央政府各部、国家税务系统和财务系统工作的各类人员。截至2013年10月，英国共有文官44.7万人。

所有文官的录用均须首先通过考试。考试方式通常有公开考试、有限制竞争考试、鉴定考试和特种考试四种类型，各种不同职级的候选人根据不同的条件和要求参加不同类别的考试。报考者除参加笔试外，还辅以不同形式的考查或面试。

在工作过程中，文官要定期接受年度考核，主要包括考勤和考绩两种类型，但以考绩为主。考核结果不公布，但成绩不良者，则由所在机构通知本人，并说明理由。本人如认为不当，可提出申诉，请求更正。考绩包括10项因素：工作知识、人格性情、判断力、责任心、创造力、可靠性、机敏适应性、监督能力、热心程度和行为道德。

考核结束后，晋升委员会根据考勤和考绩的总评分，确定对文官的奖励或惩罚。奖励有荣誉奖励、物质奖励（奖金等）和晋升奖励。惩罚有警告、申诫、暂停或延期晋升、停职或免职等。文官的升迁也以考勤和考绩的结果为主要依据。晋升事宜由人事主管及其他高级主管组成的晋升委员会决定，但须交部长批准。高级文官的晋升需由内阁会议批准。一般性职位的晋升注重资历，高级职位的晋升则更注重业绩，当然，对有特殊才能者可实行越级晋升。

英国文官享有比较优厚的工资福利待遇。高级文官实行年薪制，低级人员实行周薪制，主要原因是前者比较稳定，后者流动性较大，故实行周薪制比较灵活、务实。除基本工资外，政府还根据实际需要向文官支付各种津贴，如地区津贴、转岗津贴、超勤津贴、技能津贴等。英国文官为终身制，为使文官安心工作、忠诚服务，除对其实行加薪晋级等奖励外，他们的退休年金也有专门规定。

与此同时，为保障文官的权益，并对文官进行有效监督，英国设立了行政裁判所，负责行使行政司法权。当然，普通法院也可以行使行政司法权。另外，内阁办公室是文官的最高领导机构，负责对中央政府的文官数量实行控制，并对各机构的相关经费开支进行监督。

与"封建恩赐官职制"和资产阶级"政党分肥制"相比，英国的现代文官制度具有巨大的历史进步性，特别是有助于加强政治平等和提高行政效率。英国的文官制有以下3个主要特点：①稳定性。文官从被录用到退休，一直在政府部门工作，流动性较少，与外界接触也不多，同时不受政党和政府更迭的影响，因而有助于保持政治稳定和政府政策的连续性，但也易滋长墨守成规的倾向。②强化职业道德。英国文官具有严格的职业道德标准和纪律要求，这有助于建立良好的政风与法纪。③重视通才教

育。文官考试主要针对大学课程的内容,录取的多是全能型的"通才"。其优势在于能够全面处理各种一般性问题,同时也能够很便利地在政府不同部门之间轮换工作;但其劣势在于专业性不足,在科技高度发展、社会经济生活变得十分复杂的情况下,这一缺点就显得比较突出了。

战后以来,特别是近二三十年来,英国文官"专业性缺位"的问题愈发明显。同时,随着文官队伍的急剧膨胀,机构臃肿、人浮于事、效率低下等弊端也开始凸显。

英国历届政府针对上述缺陷对文官制度进行了多次改革与调整。早在1960年,受政府委托,以富尔顿(Lord Fulton)为首的"富尔顿委员会"在经过大范围调查之后,提出了旨在建立新型文官制度的改革方案——《富尔顿报告》。其要点有:建立文官部,统一文官管理;各部建立统一的职级结构并向所有人员"开放",打破原有的部门垄断;成立文官学院;限制高级文官的权力;建立对外开放交流机制。可以说,报告提出的改革方向切中了英国文官制度的种种弊端,但由于文官队伍已经成为一个强大的利益集团,改革遇到了巨大阻力,仅有一部分措施得到了实施。

撒切尔夫人执政时期再次对文官制度进行改革,其重点是力求使文官的知识体系更好地与现实需求相结合,尤其是要求文官在具备丰富知识的基础上,更要精通某个专业领域,即在成为"通才"的基础上更具"专业性"。这项改革措施提升了整个文官队伍的专业性,使得文官系统在政府职能划分越来越精细的情况下,能够更好地应对挑战。同时,针对文官数量急剧膨胀的状况,保守党政府大力削减文官队伍,到1997年下台时,文官人数已从1979年的73万人减少到50万人。

布莱尔政府上台后也将文官制度改革作为政策重点之一。1999年发布的题为《政府现代化》的白皮书中提出了改革文官制度的7个领域:使文官制度更加开放;政策执行更有效率;高级文官职位增加女性和少数民族的数量;建立灵活薪酬体系;建立快速晋升渠道,以吸引最好的人才进入文官体系;更广泛地运用信息技术;将公共服务与政策制定更好地结合起来。

2012年6月,保守党和自由民主党联合政府公布了一项"文官改革方案",其宗旨是进一步减少文官数量、提高文官制度的效率、使文官队伍更具专业性和更加开放,同时减少其官僚风气。该方案认为,在信息时代,弥补文官在专业技能方面的缺陷是最为紧迫的任务,这些技能包括:数字技术、工程管理技术以及商业与合同管理技术。

第四节 司法制度

一 历史沿革

英国的司法制度可以追溯到盎格鲁－撒克逊时代,当时由大贵族、高级僧侣等组成的贤人会议就已具备司法机关的职能。诺曼人征服英国后,开始构建统一的司法制度。由国王的亲信组成的御前会议实际上行使着高等法院的职能,它以其判例作为普通法适用于全国。此外,还在全国各地设立了由国王任命法官的法院,以取代原有的地方法院,从此以后,以判例法为渊源的司法制度开始形成。亨利二世进行了广泛的司法改革,建立了隶属于御前会议的中央巡回法院,推行陪审团制度,对形成统一的司法制度产生了重要影响。《大宪章》颁布后,最高司法机关从御前会议中正式独立出来,逐步形成了由棋盘法院(即理财法院,专门负责处理涉及王室财政税收的案件)、王座法院、财产法院和衡平法院等组成的复杂的司法组织系统,以及采用普通法与衡平法的封建司法制度。资产阶级革命后,又对原有的封建司法制度进行了调整和改造,司法组织不断简化,衡平法院不再自成体系,逐步形成了一套适应资本主义发展需要的近现代司法制度。

1971年制定的《法院法》对法院组织系统进行了进一步改革,英国的司法制度更趋完善。不过,它仍保留了许多封建痕迹,法院体系和诉讼程序十分复杂与烦琐,封建时代的许多判例至今仍具有法律效力。

二 司法组织体系

英国虽然是单一制国家,但由于历史原因,全国的司法体系并不统

英 国

一,其中英格兰和威尔士为一个系统,苏格兰是另一个系统,北爱尔兰基本上同英格兰和威尔士是一个系统,但略有差异。它们之间互相独立,不仅在法律体系方面有相当大的差异,在司法程序和法院结构方面也有许多不同之处。不过,它们的律师和法官都可以在特别法院与法庭任职,也可以被派往欧盟法院任职。另外,也有少数法院的权能覆盖不同的地区和人群,例如,避难与移民法庭的管辖权包括整个英国;而就业法庭的管辖权只涵盖英格兰、威尔士和苏格兰;军事法院的管辖权则涵盖英国的所有军人。

(一) 英格兰、威尔士和北爱尔兰的司法体系

英格兰、威尔士和北爱尔兰的司法体系大同小异,主要分为民事法院与刑事法院两个系统。民事法院系统由郡法院、高等法院(含王座法院分院[包括商事和海事法院]、大法官分院和婚姻家庭分院)、上诉法院(民事庭)和最高法院四个审级组成。刑事法院系统包括治安法院、皇家刑事法院、上诉法院(刑事庭)和最高法院。英国实行两级刑事裁判,一为地方法院(治安法院),处理大量量刑较轻的刑事案件;另一为巡回刑事法院(皇家刑事法院派往各地区的巡回审判机构),处理较为严重的刑事案件。民事法院系统事实上也由地方和中央两级裁判体制组成,即郡法院和高等法院,重大民事案件由高等法院(中央法院)审理。上诉法院是民事和刑事案件的上诉法院,其判决对除最高法院以外的其他所有法院均具有约束力。在 2009 年 10 月 1 日最高法院成立之前,议会上院是英格兰、威尔士和北爱尔兰所有民事案件与刑事案件以及苏格兰民事案件的最高一级上诉法院,也是终审法院。最高法院成立之后,上院的这一功能被废除,转由最高法院行使这些职能。此外,最高法院也负责审理与权力下放有关的案件,例如,威尔士、苏格兰和北爱尔兰地方政府的法律权力、地方议会的授权立法等问题,而这部分职能原本由枢密院司法委员会行使。

为加快对与儿童有关的案件的审理速度,从 2014 年 4 月 22 日起,在英格兰和威尔士设立了专门的"家庭法院",与家庭事务有关的法律案件不再由郡法院处理。其上一级法院为高等法院中的家庭分院,但其上诉法院仍为上诉法院的民事庭。

除民事和刑事法院系统外，英格兰和威尔士、北爱尔兰还设有一些专门法院，负责处理一些特殊问题：如审理军事犯罪的军事法院，审理少年犯罪的少年法院，审理劳资纠纷的劳资关系法院，以及诸如专利法院、就业上诉法庭、限制贸易活动法院等一系列专门的司法机构。

（二）苏格兰的司法体系

苏格兰拥有自己独特的司法体系。其法院组织系统也包括民事法院和刑事法院两套体系。在民事法院中，低级民事法院相当于英格兰和威尔士的郡法院，虽然理论上它的裁决不受任何限制，可以审理所有案件，但在实际运作过程中，凡涉及赔偿金额较高的案件一般由苏格兰最高民事法院审理。苏格兰最高民事法院既是低级民事法院的上诉法院，也是一些民事案件的初审法院，向哪级法院提起诉讼取决于当事人。最高民事法院设在爱丁堡的苏格兰议会厅，它分为两部分：一个是外庭，为初审法院；另一个是内庭，为上诉法院。苏格兰民事案件的终审法院为英国最高法院。在刑事法院中，量刑较轻的案件可以由治安法院审理，但大多数刑事案件都由郡法院审理，重大案件要有陪审团参加。与民事案件不同，英国最高法院对苏格兰的刑事案件没有终审权，其终审权属于苏格兰高等法院。

（三）行政法庭

在英格兰和威尔士，还设立了行政法庭，是为审理行政行为过程中出现的诉讼问题而设置的专门法庭，也称行政裁判所，其涵盖对象为所有行使公法功能的机构和个人。大多数行政法庭是根据议会立法或成文法的授权建立的，其主要作用有两方面，既行使行政司法管辖权，同时负责对下级法院进行监督。行政法庭属于高等法院的王座法院，大致可分为以下几种类型：社会和福利法庭、税收法庭、土地法庭、工业法庭、赔偿法庭、租金与住房法庭、许可证法庭等。行政法庭的成员构成采用"平衡的法庭"形式，即法庭主席是独立的，其余成员来自两个不同利益的组织或集团，人数对等，这样更有利于实现裁决的公平和公正。行政法庭享有多方面的独立性：大臣不能干预行政法庭的裁决；如果受到任何形式的干预，则行政法庭的裁决无效；行政法庭的主席或成员不能由政府官员或服务于政府的人员担任。对行政法庭也有严格的监督和控制，如其裁决必须

受法院的审查，必须服从上级法院的控制，同时必须遵守"自然公正"原则，以及受法庭理事会监督等。

（四）枢密院司法委员会

枢密院司法委员会是英国海外属地和王室属地的上诉法院，也是某些自治领法院的终审法院，还是英格兰基督教会法院的上诉法院。但它实际上并不进行审判，也不做出判决，只是向女王提供推荐意见。女王接受推荐，就意味着终审判决，不能再上诉。该委员会的成员除英国的法官之外，还包括英国海外属地和自治领的法官。

（五）检察机关

英国中央政府设有检察总长办公室，在检察总长领导下开展工作。但检察总长办公室并不是负责就刑事案件提起诉讼的机构，检察总长和副检察长的主要职能是作为国王的法律顾问、王室的首席法务官，以及政府的法律顾问，向国王和政府提供法律咨询，同时负责监督其他具有检控权力的机构，包括皇家检察署和严重欺诈局等机构的活动。此外，他们还出席有关英王权利案件的审判；应首相要求参加内阁会议，在议会接受问询，同时还负责监督案件的判决是否量刑过宽，并将其认为不恰当的判决向英格兰和威尔士上诉法院提起诉讼。检察总长和副检察长两个职位都由下院议员担任。在英格兰、威尔士和北爱尔兰，只要未经法律明令禁止，大多数刑事案件特别是罪行较轻的刑事案件，实际上都是由警察当局决定是否起诉，还有一些案件的诉讼是由政府各部或地方当局提起。检察总长办公室下设的皇家检察署，其主要职责除在刑事调查过程中向警察部门和其他刑事调查机构进行咨询以外，还负责决定最终对哪些案件提起诉讼，特别是诸如谋杀和强奸等罪行严重的刑事案件。对于这类案件，如果没有皇家检察署的授权，警察机关无权做出提起诉讼的决定，但在涉及国家安全等极少数情况下，是否提起诉讼应由检察总长最终决定。需要特别注意的是，只有在应调查部门要求的情况下，皇家检察署才能对相关案件提出建议，它无权主动要求或命令调查机构就某个案件进行调查。

但在苏格兰，所有刑事案件均由检察机关负责起诉，警察当局不能做出任何起诉决定。苏格兰检察部门分为两级，即皇家检察院和地方检察官服务署。警察当局只是向地方检察官报告每一个案件，由检察官决定由自己还是交给代理律师提出起诉。苏格兰检察机关由检察总长领导，并有副检察长和若干助理协助其工作。此外，苏格兰检察机关还负责对所有突然死亡以及死因不明的事件进行调查，以及调查针对警察的具有刑事性质的投诉。总之，在苏格兰司法系统中，检察机关发挥的作用远比英国其他地区重要。

（六）司法行政机关

在很长一段时间内，英国并没有单独的司法行政部门。在英格兰和威尔士，司法职权由大法官和内政大臣共同行使；在苏格兰则由苏格兰事务大臣行使。为了适应形势发展，特别是打击恐怖主义的需要，2007年5月英国内政部一分为二，改设内政部和司法部两个独立的部。内政部负责反恐、安全、移民、庇护等英国面临的主要安全问题；而司法行政职权则由司法部行使，负责起草法律、管理法院、监狱、缓刑及审判等事务。

三 审判制度和法官制度

（一）诉讼程序

民事诉讼分为简易程序和庭审程序两种。大部分民事案件不经庭审而以简易程序裁决。庭审程序十分烦琐复杂，判决大多委托行政机关执行，包括强制返还、扣押动产或不动产、有价证券和其他收入，截留部分工资，以及破产清算等。

刑事诉讼也分为简易程序和起诉程序两种。量刑较轻的刑事案件由治安法院以简易程序审决（也可起诉），可诉罪案件由王室法院以起诉程序审决（也可以采用简易程序）。但一般情况下，刑事案件首先由治安法院审理，而谋杀或强奸等案件则必须由王室法院经由起诉程序审理。同时，由于起诉程序审决必须有陪审团陪审，故又称"陪审程序"。上诉方式除一般上诉外，还可就法律问题以"报核"形式上诉。高等法院可对审判进行监督。原则上，所有民事和刑事案件都公开审理，并可充分报道。

陪审团制度起源于英格兰，迄今已在司法实践中沿用了几个世纪。为

英　国

简化审判程序,如今,陪审团制度一般只应用于审理重大刑事案件,审理民事案件时则很少应用。在案件的审理过程中,法官决定法律问题;陪审团决定事实问题,裁定被告是否有罪。在1967年《刑事司法法》颁布以前,陪审团的裁决必须完全一致;之后改为在某种情况下可以由多数裁定。根据1971年的《法院法》,这一原则已扩大到民事案件。陪审团完全独立于司法和行政机构。

公民为陪审团服务是强制性的。凡年龄在18~65岁、没有犯罪前科的英国公民,以及13岁以前移居英国并在英国连续居住满5年的外来移民均可担任陪审员。如没有适当理由而拒绝参加陪审,将受到罚款处分。过去,陪审团制度是对被统治者的一种保护,而今则有助于法官的独立,确保对案件裁决的公正、公平和公开,同时增强公民的社会责任感。

（二）司法审查制度

按照规定,上一级法院的裁决对下一级法院的裁决具有强制约束力。反过来,下级法院法官的裁决如存在明显的不公正,则要受到上一级法院的审查,审查标准之一就是"自然公正"原则。高等法院（行政法庭）有权对中央政府各部门和地方行政机关的行政行为、授权立法,以及下级法院的判决进行司法审查。鉴于英国议会的"议会主权"原则,法院无权审查议会的立法,个人也无法以议会立法侵犯了个人权利为由要求法院进行司法审查,但在议会立法与欧洲联盟法发生冲突的情况下,则可要求对议会立法进行司法审查。

（三）法官制度

英国对法官的任用有严格的资历要求,有成文法的明确规定。大法官、最高法院和上诉法院法官等高级法官均由首相推荐、女王任命,终身任职。法官必须是"法律协会"的出庭律师,并有一定年限的司法实践。法官一经任命,非经本人同意,如无渎职或其他违法犯罪行为,一般不能被免职。

在设立司法大臣之前,大法官拥有对英格兰和威尔士司法人员的任免权。2007年5月增设司法部负责司法事务之后,改由司法大臣通过司法任命委员会任命英格兰和威尔士的法官和司法行政长官,并向首相、女王推荐任命高级法官。苏格兰的法官则是由苏格兰事务大臣提出建议人选,由女王任命。

第五节 政党制度与主要政党

一 两党制的形成和发展

英国是最早出现资产阶级政党、最先确立现代政党制度的国家,也是一个典型的两党制国家。

17世纪英国资产阶级革命时期,在议会内部形成了代表不同阶级利益的政治派别。1679年,议会就詹姆斯二世的王位继承问题展开了激烈争论。反对詹姆斯继承王位的议员被政敌称为"辉格"(Whig,苏格兰强盗),赞成者则被反对者骂作"托利"(Tory,爱尔兰信仰天主教的歹徒)。此后两派逐渐以此自称,形成两个相对固定的政治派别,即托利党和辉格党。托利党代表地主贵族的利益,支持和维护君主制与王室特权。辉格党代表新兴资产阶级和新贵族的利益,主张限制王权、提高议会权力。随着资本主义的发展和阶级力量对比的变化,托利党和辉格党均经历了多次分化、改组与重新组合。随着19世纪30年代英国工业革命基本完成,社会阶级结构发生重大变化。在统治阶级内部,形成了代表土地贵族、金融贵族和大商人利益的保守势力与代表工业资产阶级利益的革新势力。前者以土地贵族为核心,在原托利党的基础上组成了保守党。后者则以热衷于自由贸易的工厂主为核心,在原辉格党的基础上组成了自由党。

19世纪末20世纪初,自由资本主义被垄断资本主义取代,保守党逐步由代表土地贵族利益的政党演变为代表垄断资产阶级利益的政党,自由党逐渐衰落,大批工业资本家转向保守党,并且随着工人阶级队伍不断壮大,工党崛起取代自由党,成为英国第二大党。时至今日,尽管英国的政党政治发生了一些变化,但保守党和工党作为两大主要政党的基本政党政

英 国

治格局并未受到动摇。

从总体上看，英国两党制的发展大体可分为4个阶段：1867~1922年、1922~1940年、1940~1970年、1970年至今。第一阶段的政党政治有以下几个特点：首先，议会中的议席几乎全部被保守党和自由党垄断（二者加起来最多达到过总数的98.2%）；其次，1885年大选后，爱尔兰自由党曾一度崛起，对两党制构成了一定的冲击；最后，工人阶级队伍日益发展壮大，促使英国政治两极分化，自由党经过两次重大分裂（党内内讧和在爱尔兰自治问题上的分歧），元气大伤。第二阶段有如下特点：随着工人阶级力量不断壮大，两党制发生了重大转折，工党取代了自由党的位置，并逐渐赢得了广泛而深厚的社会基础，为后来稳定的两党政治格局奠定了牢固基础。但在这一阶段，仍然是保守党占主导：或由它一党执政，或由它控制政府。第三阶段的政党制度有以下两个比较突出的特点：第一，议会和政府几乎完全由保守党和工党控制，自由党和其他小党处于无足轻重的地位，两党制比以前更为稳定和牢固。第二，两大政党的政策高度趋同。在第四阶段，两党制虽仍是英国政党政治的重要标志，但其稳定性受到越来越多的冲击，第三政党力量的发展再次显现出向两党制挑战之势。这一点在2008年的金融危机发生之后表现得更加明显，特别是在2010年大选中出现了自1974年以来首个"悬浮议会"，保守党和工党获得的议席均未超过半数。另外，2008年以后，英国独立党的力量增长很快，特别是在欧洲议会选举和地方选举中的表现十分抢眼。而在2015年的大选中，苏格兰民族党则表现突出，超过自由民主党，成为议会第三大党。所有这些变化都对英国的政党政治格局造成了重要影响，特别是保守党和工党的垄断地位受到了严重冲击。

英国两党制之所以经历了几个世纪仍然保持稳定，是由许多因素造成的。首先，受保守主义的重要影响，三大保守主义要素即"守旧"倾向、王党主义和帝国主义，深深地渗入英国的社会和政治生活，英国政治因此一向以连续性和稳定性著称；其次，历史传统导致英国各派势力都承认两党制的合法性；最后，现行的选举制度——简单多数制，有利于保持大党在选举中的优势地位，使得小党很难进入议会。

英国长期稳定的两党制具有一系列显著特点：第一，两党制能够产生长期稳定、有效的政府；第二，两党制有助于形成高度的中央集权，为英国提供了强有力的政府，从而有利于政策的推行和社会稳定；第三，两大主要政党在政策与立法方面越来越趋同，两党制并不是敌对性的政治制度，而是一种良性的竞争制度，在一定程度上也可以说是相互补充或相互纠偏的制度，因为两大政党共同服务于英国的资本主义制度；第四，对政党领袖的选举不重个人权威而重视其政策主张，尤其是个人的领导能力，最重要的是能否带领全党夺取大选胜利；第五，政党活动具有连续性，各政党均拥有健全和完备的中央和地方组织，纪律严格，这与美国政党的组织松散、纪律松弛形成鲜明的对照；第六，反对党是英国政党政治中不可或缺的组成部分。

与其他国家不同，反对党在英国政党政治中发挥着独特作用，是英国宪政制度的重要组成部分，也是两党制保持长期稳定的前提之一。在英国，最大的反对党被称为"英王陛下忠诚的反对党"，它在英国政治实践中的作用并非无足轻重，也并非完全一味反对执政党。第一，它是对政府权力的一种有效制衡和监督。反对党通过议会辩论和质询，以及利用媒体对政府进行监督。第二，在选民要求改变政策而没有被政府接受的情况下，反对党可对政府追究责任。第三，在下院的某些实际事务上与政府进行合作。通过1979年的下院改革，设立了与政府中重要部门相对应的议会常设委员会，反对党议员在这些委员会中与执政党议员共同工作，监督政府。在完善立法和财政并使其具有可行性方面，反对党与执政党一样负有责任。第四，反对党的存在表明了英国宪法中言论自由这一极其重要的原则，这项原则一向被看作其民主、自由的象征。总之，英国两党制的实质是以两个政党轮流执政来维护资产阶级的统治。两党制的灵活性和机动性，有利于调节各政党、各阶级、各集团间的矛盾，不至于因不同集团之间的争权夺利而导致整个制度崩溃。

二　主要政党

在英国，除保守党和工党这两个最大的政党以外，还有自由民主党、

英国独立党、苏格兰民族党、威尔士民族党、新芬党,以及绿党等一些小党存在。

(一) 保守党

中右派政党,秉持保守主义理念。保守党有较强的内聚力和生命力,使它成功地一次又一次摆脱挫折,长期活跃在英国的政治舞台上。

保守党的前身是于1679年成立的托利党,1812年开始正式使用"托利党"的名称;1830年,威尔逊·克罗克尔(Wilson Croker)在一篇文章中首次称托利党为"保守党",并于1834年被保守党创始人罗伯特·皮尔接受为该党的正式名称。19世纪,保守党一直与自由党轮流执政。1912年,保守党与自由统一党合并。20世纪,保守党共执政57年。其中,从1979年到1997年,保守党连续4届执政长达18年。2011年,它与自由民主党组成联合政府。2015年大选后,保守党单独执政。

多年来,保守党的各项政策也发生了一定变化。在20世纪30年代发生世界性经济危机时,保守党采取了新的经济政策,如逐步放弃不干涉主义,放弃金本位制,采取保护关税等。二战后,保守党政府在相当长一段时间内顺应时代潮流,接受了凯恩斯主义经济理论,推行政府干预、混合经济和福利国家政策。从20世纪70年代末起,保守党与工党之间的共识政治破裂,保守党转而推行撒切尔的新自由主义社会经济政策。在国内,严格控制货币供应量,减少公共开支,实行国有企业私有化,出售公房等。在外交上,加强与欧共体各国的合作和协调,改革农业政策,协调欧美关系,加强大西洋联盟等。90年代初,英国经济曾陷入衰退,但很快得以恢复,并在从1992年到2008年长达16年的时间里连续保持增长。2008年的金融危机使英国经济遭受重创。2010年上台的联合政府采取了以经济紧缩、削减财政赤字为重点的经济政策。在社会政策方面,保守党也提出了一些福利改革措施,其核心是鼓励更多领取救济的人去工作,认为只有工作才是改变贫困的最佳方式。

保守党的领导组织由领袖、议会党团、全国联盟、竞选总部和保守党委员会组成。领袖权力很大,执政时出任首相,在野时为反对党领袖。从1965年起,保守党领袖由议会党团通过公开竞选产生。议会党团由下院全体保守党议员组成，下设业务委员会（亦称 1922 年委员会）、后座议员委员会和督导会。全国联盟是保守党议会外的组织，包括保守党年会、中央评议会、执行委员会、区组织机构和选区协会等。全国联盟的作用只限于讨论问题和提出建议，无权决定党的政策，其主要任务是在议会外从事宣传和组织工作，以扩大党的势力和影响。竞选总部负责筹措资金、组织选举和起草政策文件。保守党委员会是保守党的最高决策机构，每月召开一次会议，对相关重要事宜做出决策，日常工作则由其下属的各个委员会负责。

20 世纪 50 年代中期，保守党党员曾达到过 300 万人，但此后不断减少。到 2013 年 9 月时，其成员人数仅为 13.4 万人。保守党现任领袖是特蕾莎·梅（Teresa May），她于 2016 年 7 月接替其前任戴维·卡梅伦。

（二）工党

于 1900 年成立，是一个中左派政党，秉持民主社会主义理念。工党前身为劳工代表委员会，1906 年改名为工党。在 1922 年大选中，工党所得席位首次超过自由党，成为议会中第一大反对党。1924 年工党第一次组成少数党政府，由此开创了保守党和工党控制议会中绝大多数席位的局面。二战时期，工党与保守党组成联合政府。战后以来，前几届工党政府与保守党执行了大体一致的内外政策，巴茨克尔主义充分反映了两党在经济社会政策上的共同之处。20 世纪 70 年代末以后，党内左翼势力占上风，各项政策明显"左"倾，如主张重新国有化、扩大工会权力、单方面核裁军、退出欧共体和北约组织等，脱离了广大选民，造成工党持续在野 18 年。长期在野的状况，促使工党领导集团从 20 世纪 80 年代中期开始调整和革新政策。1994 年布莱尔出任工党领袖后，大力推进工党的"现代化"。1997 年工党在大选中以压倒多数获胜，在 2001 年和 2005 年举行的大选中，布莱尔又率工党连续两次赢得胜利。

工党的组织机构由领袖、议会党团、全国代表大会、全国执行委员会和全国政策论坛等组成。工党在野时每年都要在全国代表大会上选举领袖，执政时可不改选。议会党团由下院全体工党议员组成。在野时，由党

的领袖、副领袖、下院议会党团主席、上院工党领袖、两院总督导员以及工党议员代表等组成议会委员会，领导议会党团的活动。执政时，则由工党内阁代替，另设联络委员会与后座议员保持联系。在议会外，全国代表大会（工党年会）是工党的最高权力机构，全国执行委员会则是其最高决策机构。

2013年底，工党拥有成员将近19万人。现任领袖为杰雷米·科尔宾（Jeremy Corbyn），于2015年9月当选。

（三）自由民主党

该党是由原自由党与社会民主党在1988年3月合并而成。在此之前的近70年时间内，自由党（即"辉格党"）一直是英国第三大政党。1918年前它曾与保守党轮流执政。1916年该党发生分裂，加之工党成立后影响不断扩大，致使自由党逐步失去劳工阶层选民的支持。1920年之后，自由党在英国政治中的地位被工党取代。1981年，工党的一些右翼议员越来越不满工党的"左"倾政策，于是成立了社会民主党。社会民主党在很多政策问题上同意自由党的主张，如在英国加入欧共体、实行比例代表制选举改革、收入政策和宪政改革等问题上，两党的观点大同小异。因此，这两个政党在1983年和1987年大选中结成竞选联盟，并在1983年取得了25%的选票，非常接近工党的得票率。然而，由于英国现行选举制度是按单选区简单多数、胜者全得的规则分配席位，故其所得席位并不多。之后经两党主要领导人提议，自由党与社会民主党于1988年正式合并，称为"自由民主党"。

自由民主党成立之后，在英国大选中表现不俗，特别是在最近的几次大选中取得了重要进展。在1997年大选中它获得了46个席位，2001年取得52个议席，2005年为62个议席。在2010年的选举中，自由民主党获得了23%的选票、57个议席，与保守党组成联合政府，共同执政。但它在2015年的大选中表现不佳，甚至连第三大党的位置也拱手让给了苏格兰民族党。

2013年底自由民主党有党员4.4万人，现任领袖是蒂姆·法伦（Tim Farron），于2015年当选。

(四) 英国独立党

该党成立于1993年，属于右翼民粹主义政党，其宗旨是要求英国退出欧盟。最初成立时该党并未引起人们的注意，但近年来，特别是欧债危机之后，持续低迷的经济状况导致英国国内疑欧情绪严重，因此，英国独立党的退欧主张吸引了一部分选民，甚至有个别对欧洲一体化持极度怀疑态度的保守党成员也转而加入了英国独立党。英国独立党在欧洲议会和英国地方选举中的表现尤为突出。在2009年的欧洲议会选举中，它一举获得13个议席，得票率（16.5%）超过了工党。在2014年的欧洲议会选举中，英国独立党更是获得27.5%的选票、24个议席，在英国政党中排名第一。而在2013年的英格兰地方选举中，英国独立党也取得了历史性突破：它获得了23%的选票、147个地方议席，被认为是二战之后除三大党之外的所有政党中表现最好的一次。此外，英国独立党在2014年10月和11月的两次议会下院补选中获胜，自成立以来首次进入英国议会。但它在2015年大选中仅获得1个议席，领袖尼格尔·法拉奇（Nigel Farage）辞职。但他的辞职申请被拒绝，因此继续留任。2016年7月，他再次宣布辞职。2014年底，英国独立党拥有成员4万名。英国独立党之所以能够吸引部分选民的支持，这与其疑欧主张不无关系，同时，它还反对现有体制，反对外来移民，从而给英国的主流政党带来了不小的压力，甚至有可能影响政府的政策。

(五) 苏格兰民族党

该党是一个地区性政党，于1934年成立。其成立之初就以争取苏格兰的最终独立作为政治目标，但强调通过宪法手段实现这一目的；标称奉行民主社会主义。苏格兰民族党首次赢得英国议会下院议席是在1945年的补选中，但很快就在3个月后的大选中失去了这一席位。直到1967年，苏格兰民族党成员维妮·艾文（Winnie Ewing）才在议会下院补选中为苏格兰民族党赢得1个议席。在1974年的英国大选中，苏格兰民族党一举获得了11个下院议席，加上北海油田的开发成功，大大刺激了该党的民族主义情绪。然而在此后的英国大选中，苏格兰民族党遭受重大挫折，得票率不断下降，尤其是在20世纪70年代末，因在苏格兰独立问题上党内左、右两派意见分歧严重，导致无论是在全国范围内还是在苏格兰，其影响力都在下降。直到布莱尔政府实行权力下放，成立苏格兰地方议会，它的影响力才逐渐回升。在 1999 年的地方议会选举中，苏格兰民族党成为苏格兰第二大党，并成功地参与组织苏格兰地方政府。在 2007 年的苏格兰地方议会选举中，苏格兰民族党更是一举获得 47 个议席，超过工党，成为苏格兰议会第一大党，却尚未取得超过半数的议席。然而，在 2011 年的苏格兰议会选举中，苏格兰民族党获得 69 个议席，超过了半数。首席部长萨蒙德随后着手实质性推进苏格兰独立进程。2014 年 9 月，苏格兰独立公投否决了独立的可能，萨蒙德辞职，尼古拉·斯特金（Nicola Sturgeon）接任苏格兰民族党领袖兼首席部长。在 2015 年 5 月的大选中，苏格兰民族党席卷了苏格兰地区全部 59 个议席中的 56 个，影响力与日俱增。此外，苏格兰民族党在欧洲议会拥有 2 个议席。

截至 2015 年底，苏格兰民族党成员共有 9.2 万名，仅次于工党和保守党。

（六）威尔士民族党

该党于 1925 年成立，是一个地区性政党。它强调威尔士的文化和历史传统，支持权力下放并主张威尔士独立。1966 年，威尔士民族党首次进入英国议会下院，当年获得 1 个席位。在 1974 年 2 月和 10 月的两次大选中，它分别获得 2 个和 3 个席位，但此后获得的支持率不断下降，特别是 20 世纪 70 年代末党内产生左、右派之争，上层领导发生分裂，大大削弱了该党的力量和影响。截至 2014 年底，威尔士民族党拥有成员约 8000 人，领袖为戴维斯博士（Dr. Dafydd Trystan Davies）。

（七）北爱尔兰主要政党

北爱尔兰主要有 4 个政党，即厄尔斯特统一党、民主统一党、新芬党和社会民主工党，根据 1998 年和平协议，四党组成联合政府，共同管理北爱尔兰地方事务。另外，按规定，北爱尔兰地区的政党在英国议会下院共拥有 18 个议席。

第四章

经　　济

第一节　概述

一　市场经济的形成

英国的商品经济是在封建社会自然经济的基础上逐步形成和发展起来的。16世纪初期，英国基本上还是一个农业国家，小农经济占支配地位。随着农业生产的发展，特别是16世纪圈地运动的兴起，开始出现资本主义农场的萌芽。16世纪地理大发现后，由于国外市场的刺激，羊毛纺织业得到迅速发展，规模较大的手工工场也已出现。17世纪英国的工商业已经比较发达。随着圈地运动加速进行，大量农民的土地被剥夺，被迫加入雇佣劳动大军，为资本主义的发展提供了廉价劳动力。与此同时，英国加紧向海外扩张，从海外掠夺的大批财富为资本主义的发展提供了必要的货币资本。伴随着资产阶级和新贵族经济实力的增强，其政治统治的欲望也迅速上升，于是爆发了资产阶级革命。资产阶级依靠自己掌握的政治权力，通过对农民的进一步剥夺和大肆掠夺殖民地，加速了资本的原始积累，为后来的工业革命奠定了雄厚的基础。

18世纪后半叶，工业革命（第一次工业革命）首先在英国开始，到19世纪40年代基本完成。这场革命不仅对英国而且对全世界都具有划时代的意义：由于机器生产代替了手工劳动，生产技术有了质的飞跃，生产力得到极大发展，在不到100年的时间里，欧美国家所创造的物质财富超

英 国

过了人类以往几个世纪的总和,人类社会第一次从农业社会跨入了工业社会。工业革命也为英国提供了历史性机遇,它利用工业化的先发优势,成为"世界工厂"。而对整个人类社会而言,工业革命给未来经济和社会生活的方方面面都带来了深刻的甚至是史无前例的影响。

二 经济盛衰过程

英国在工业革命方面的领先地位,大大加强了它在世界经济和政治中的地位与影响。英国凭借其雄厚的经济和军事实力,曾在相当长时间内称霸于世,19世纪因此被称作"英国世纪"。1860年前后,英国达到了极盛时期的顶峰。据统计,1850年英国生产了全世界60.2%的煤、50.9%的铁和46.1%的棉花。英国还曾是世界上最庞大的殖民帝国,曾统治着世界上1/4的人口,其疆域遍及五大洲,约占全球陆地总面积的1/4,号称"日不落帝国"。

但是,由于资本主义经济政治发展不平衡规律的作用,英国从19世纪70年代起逐步丧失了在世界上的优势地位,在第二次工业革命中落后于其他一些资本主义国家。当时,欧美各国进入了技术革新和工业生产迅猛发展的时期,特别是德、美等后起之秀出现了跳跃式发展。它们不受旧企业固定资本的束缚,广泛采用新科技成果,快速发展新工业部门,从而创造了更高的经济增长率。英国则由于主要工业力量集中在纺织、煤炭和钢铁等传统产业,设备老化,技术陈旧。在技术革新浪潮的推动下,英国虽建立了一些新工业部门,但规模小、发展慢,无法与后起的德、美等国相比。19世纪80年代,美国的工业产值超过英国,20世纪初,英国又被德国超过。

第一次世界大战和1929~1932年世界经济危机的双重打击,使英国的相对衰落进程变得更为明显。持续20世纪大部分时间的"英国病"于此肇始。一战使英国元气大伤,英国商船在战争中损失了70%,保持多年的海上霸权不复存在。战争还使英国的对外贸易锐减,它在航运、金融和出口贸易方面的领先地位也相继丧失。第二次世界大战进一步加快了英国衰落的进程。二战期间,英国损耗了25%以上的国民财富,商船吨位较战前减少了28%，海外投资总额减少约25%。战争给英国造成的巨大破坏及其在经济、军事方面对美国的严重依赖，使得它难以继续在世界事务中发挥主导作用。二战后，殖民地民族解放运动高涨，加速了英帝国的解体进程。到20世纪60年代中期，英帝国殖民体系土崩瓦解。更为严重的是，从20世纪50年代中期起，英国经济发展出现"走走停停"的大波动局面，60年代末又出现通胀与失业并存的持续滞胀状态，使其经济增长率长期低于其他发达国家。1950~1980年，英国工业的年均增长率只有2.1%，而美国超过4%，联邦德国是5.8%，法国是4.7%，意大利为6.5%，日本则高达11.2%。其结果是英国工业产值在西方发达国家中所占比重急剧下降：1950年占8.6%，1960年占7.4%，1970年占5.4%，1980年只约占4%。这样，英国由仅次于美国的西方第二大工业强国降至第五位，落在日本、联邦德国和法国之后。英国已无可挽回地由世界一流大国沦为在当代政治、经济中只能发挥二流作用的中等发达国家。

这里就英国经济相对衰落的根源，即"英国病"的病因进行一些扼要分析。

第一，资本积累率和劳动生产率低于大多数主要资本主义国家，而资本积累和固定资本投资是资本主义扩大再生产的源泉。同几个主要资本主义国家相比，从20世纪50年代一直到70年代，英国的资本积累率都较低。而从国内投资总额在国内生产总值中所占比重来看，英国虽与美国大致相同，但大大低于联邦德国、法国、意大利和日本。英国固定资本投资年均增长率也比其他主要资本主义国家缓慢：20世纪五六十年代，英国固定资本投资年平均增长率分别为5.6%和5%，虽然略高于美国，但大大低于德、日、法、意等国；到了70年代，英国固定资本投资年均增长率下降到2.2%，不仅低于德、日、法、意等国家，也低于美国。英国国内投资增长缓慢，导致设备更新较慢，从而使其劳动生产率的增长速度低于大多数主要资本主义国家：1953~1979年，英国劳动生产率年均增长速度为2.2%，而联邦德国为4.4%，法国为4.3%，意大利为4.6%，欧洲经合组织国家平均为3.8%。

第二，经济结构存在固有缺陷。英国是最早进行工业化的国家和老牌

英 国

殖民帝国，尽管工业化和殖民扩张曾给它带来相当丰厚的利益，但也留下了陈旧的工业部门、墨守成规的技术、畸形经济结构和相对落后的经营管理方式，成为其经济发展过程中的巨大阻力。据世界银行统计，在英国国内生产总值中，创造价值的物质生产部门所占比重从1960年的47%下降到1980年的37%；而在同期，非物质生产部门所占比重则从53%上升至63%。英国物质生产部门所占比例低于德、法、意、日等国，特别是制造业的比重很低。这不能不对英国的出口和整个经济的增长产生不利影响。英国第二产业中的高新技术产业发展乏力，而传统产业又相对衰落，这是其竞争力低下的根源所在。

第三，科研体制存在缺陷，技术进步缓慢。英国长期重视基础理论研究，轻视科研成果的开发利用；科研体制陈旧，研究、开发与生产脱节，研究成果难以转化为生产力；企业界对技术进步的投入不足。这导致的结果是，其科研成果为各国共享，但英国本身收益甚微。英国对引进外国技术一向比较保守，同日本和德国相比，其技术引进费用不仅绝对额少，增长速度也较慢，使它不能像德、日那样通过大规模引进先进技术带动和加速设备更新，迅速提高劳动生产率。另外，英国政府对于科研经费的分配也不够合理，军事研究费用比重过大，而民用科研经费不足。英国科技人员的收入、科研条件以及社会地位均不及美国等一些西方国家，导致人才流失现象严重。

第四，殖民体系瓦解对英国经济的影响。英国作为典型的殖民帝国，其历史发展和在世界上的地位在很大程度上同它拥有疆域广阔的殖民体系是分不开的。殖民体系的瓦解使英国丧失了在殖民地的土地占有权、矿产开采权、铁路经营权、海关管理权，以及征税、发行货币等特权，导致海外收入锐减。此外，殖民体系的瓦解，尤其是"帝国特惠制"和"英镑区"的解体，还使英国赖以获取有利贸易条件的机制消失，对其对外贸易是巨大的损失。但从另一方面看，英帝国殖民体系的瓦解促使英国加速产业结构的调整和改造，加快了其经济和外交面向欧洲的转变，从根本意义上说，这一转变又是符合英国长远利益的。

第五，高福利造成的负面效应。长期存在的高福利制度给英国经济带来了不少副作用：①福利支出的增长速度超过国内生产总值的增长，使政府财政赤字越来越高，最后只得通过提高税收和举债来弥补。②企业为职工交纳的各种福利费用全部转嫁到生产成本上，使产品价格提高，降低了英国商品在国际市场上的竞争力。③公民收入越多，税负越重，且得不到各种福利补贴，打击了人们的工作积极性；而社会保障又减弱了人们寻找工作的动力，使结构性失业问题更加严重。

第六，劳资矛盾和保守思想的制约。英国是工业革命的发祥地，又有强大的工会组织，故而成为劳资矛盾最尖锐、罢工频繁的西方国家之一，使其劳动生产率受到很大影响。同时，英国人还具有一种倾向于保守的思想文化传统，即强烈的等级观念与安于现状的思想。这与现代资本主义体制的灵活与高效等特征相悖，有形或无形地阻碍着创新与变革的发展。

此外，英国长期以来军费开支过大，使其无法将更多资金投入经济建设，这也是导致经济发展缓慢的一个重要因素。

三　产权制度与经济治理政策的调整

19世纪末20世纪初，西方主要资本主义国家均由自由资本主义步入垄断资本主义阶段。生产社会化程度的迅速提高与生产资料资本主义占有形式之间的矛盾日益尖锐，迫使垄断资本不得不借助国家机器去干预社会经济生活。19世纪末以来，同许多西方国家一样，英国也已不再是原先那种单一的私人资本主义经济，而是出现了社会化的公共经济，从而形成了公私经济并存的新格局。在第一次世界大战期间，为满足战争的需要，英国实行战时经济体制，国家全面介入社会经济生活。1929～1932年的世界经济危机促进了垄断资本主义的进一步发展。为应付危机，英国组织"英镑集团"，实行"帝国特惠制"，彻底放弃自由贸易政策，全面实行保护关税，积极寻求治理经济的新政策和新办法，凯恩斯主义经济理论应运而生。

第二次世界大战后，工党政府进行了大规模的国有化运动。在1945～1951年的艾德礼政府时期，国家出资购买了英格兰银行，接管了钢铁、煤炭、电力、公用事业、邮政、通信、铁路、民用航空和所有内陆交通部

英 国

门。1964年10月威尔逊政府执政后，又开始进行第二次大规模国有化，将不久前被保守党政府私有化的钢铁工业重新实行国有化，公路运输的骨干企业、部分港口和机场被收归国有。威尔逊－卡拉汉政府在1975～1979年执政期间掀起第三次国有化高潮，不仅继续扩大"夕阳工业"的国有化范围，还积极推进对新兴工业与高科技产业的国有化试验。1977年工党政府成立"英国宇航公司"，将英国飞机制造公司等一些航空和动力工业企业收归国有。国家还出资收购了一些汽车、造船、电子、仪表、医疗与自动化设备企业。工党政府成立了英国国家石油公司，直接参加北海油田的开发，并将私人所有的商业港口与运输设备置于国家管理之下。到1979年，国有企业就业人数占就业人口总数的5.9%，产值占英国国内生产总值的10%以上，固定资产投资占全国总投资额的15%。1981年，在英国10家最大的公司（按营业额排序）中，国有企业有3家，即电力委员会、邮政公司和国家石油公司。英国成了战后国有化程度最高的西欧国家之一。

国有化是二战后英国实施的第一次重大社会经济变革的内容之一，也是战后前30年保守党和工党共同推行以巴茨克尔主义为标志的"共识政治"的一个组成部分。其主要内容是加强国家干预，实施充分就业，进行大规模国有化，建立以医疗、养老和失业救济为核心的社会保障制度。它曾对医治战争创伤、促进国民经济的恢复和发展发挥了一定作用。然而，到了20世纪60年代末和70年代初，巴茨克尔主义陷入死胡同，1973～1975年的经济危机，使英国经济陷入严重滞胀状态，国有企业的长期严重亏损被认为是英国经济发展的沉重包袱之一。在这种背景下，1979年5月上台的以撒切尔夫人为首的保守党政府开始推行新自由主义政策，国有企业的私有化被认为是其改革的"旗舰"措施。撒切尔政府首先出售了英国国家石油公司的一部分股权，开始有计划、有步骤地推行私有化。不过直到1983年大选前，私有化进展得比较缓慢，规模也比较小。

1983年撒切尔夫人在大选中连胜，巩固了自己的政治地位，此后，私有化步伐进一步加快。撒切尔政府以出售英国电信公司为先声，先后对英国煤气公司、英国航空公司、英国钢铁公司、英国航空管理局等大型国有企业实行私有化。1989年下半年,政府又将私有化扩展到电力、供水等公共服务部门。1990年以后政府拟定了进一步推进私有化的计划。到1992年,英国有46家大型国有企业实现了私有化,超过全部国有企业的60%,在西方主要国家中,英国成为国有企业在国民经济中所占比重相对较低的国家之一。保守党政府所推行的私有化,在增加政府财政收入和弥补财政赤字方面发挥了一定作用,从整体上说,撒切尔夫人实行的自由化改革,特别是她采取的增强市场机能、减少规章条例限制的基本经济战略,对推动英国经济发展发挥了明显的作用。

1997年布莱尔工党政府上台执政后,大体上继承了保守党政府的新自由主义经济理念,并在伦敦地铁、国家医疗体系,以及学校等部分公共服务项目中引入了一定程度的私有化举措。同时,工党政府上台伊始就赋予英格兰银行以独立确定利率的重大权限,这被认为是英格兰银行成立300多年来最为激进的内部改革,表明工党政府坚持经济自由化的方针,迈出了保守党政府都没敢迈出的一步。工党政府的经济政策旨在实现稳定的经济增长和就业,以便创造更多机会,提高人们的生活水平。布莱尔政府力图以经济稳定为平台,谋求通过提高人们的技能、促进企业家精神的传播和创新、建设强大而富有竞争力的市场等途径,提高生产率和可持续发展能力。在税收和福利政策方面,工党政府的宗旨是鼓励人们通过工作获得福利,而不是"福利依赖";同时,工党政府努力通过改善教育和基础设施来提高人们的就业能力。

工党政府在前两届任期内,较好地贯彻了其政策目标,通过谨慎的财政和货币政策保证了宏观经济的稳定,成功实施了削减财政开支的计划,在扭转长期以来公共债务不断增加的趋势方面取得了一定成效。但从第三届任期开始,特别是在布朗接任首相后,由于战争、反恐、教育和医疗等各项开支急剧增长,国家预算赤字和政府债务攀升,宏观经济调控难度加大,英国经济由疲软、增速减缓,最终发展到逐步显露衰退迹象。2008年下半年,英国在欧洲国家中率先陷入了严重的金融危机与经济衰退。为了阻止银行体系崩溃,政府连续出台大规模金融纾困救援计划,推行

"量化宽松"货币政策,大量向银行注资,对一些处于破产困境中的银行和某些大银行实行国有化或部分国有化。此外,面对房地产市场的持续低迷状态,工党政府还出手救助房市,通过提高房地产交易印花税的起征点和出资帮助偿还部分债务等办法,向首次购房者和还贷困难的购房者提供援助。总之,工党政府不得不采取一系列与其新自由主义方针相悖的政策举措,但未能阻止经济下滑趋势。

2010年大选前夕,英国经济陷入二战以来最严重的衰退,选民不仅对执政党工党严重不满,也不买保守党的账,导致这两大政党获得的议席均未达到半数。经过反复谈判,保守党与自由民主党组成联合政府。面对十分严峻的经济形势,联合政府在2010~2015年采取了大量措施恢复经济增长,特别是由于财政赤字不断攀升,其经济政策重点放在了经济紧缩、削减财政赤字方面。2010年6月22日,联合政府公布了为期5年的财政紧缩计划,被认为是20世纪40年代以来持续时间最长、最严厉的财政预算案:到2014/2015财政年度,每年削减赤字320亿英镑,其主要措施是削减开支和增加税收。同时,加强金融监督也是联合政府的政策重点之一。

在联合政府各项经济刺激政策的推动下,英国经济很快得到恢复。在这种情况下,2013年底,联合政府开始推进皇家邮政公司的私有化进程。该计划本是布朗政府拟推进的改革计划之一,但是,由于经济状况不佳,被迫于2009年7月决定推迟该计划。联合政府执政后,开始实施这一计划,并于2013年10月正式将皇家邮政公司改组为私有上市企业,该公司62.2%的股份被出售。这被认为是20世纪90年代以来英国最大规模的一次国有资产私有化举措。

四 二战后社会经济结构的变化

第二次世界大战后,英国的社会经济结构发生了深刻变化。从二战结束到20世纪70年代中期这段时间,通常被视作战后资本主义发展过程中的"福特资本主义"阶段。这一时期资本主义生产模式的特点是,借助生产流水线的实施与推广形成大规模生产,并最终形成规模经济。与之相应的资本积累战略主要着眼于国内市场,力图使从事大规模生产的工人群众同时成为自己产品的消费者,也就是将大规模生产与大众消费结合起来。此时的产业工人阶级是社会中占主导地位的政治力量,他们不仅构成主要的选民集团,而且是经济快速增长的主要推动者和福利国家的主要受益人。但是,20世纪70年代中期以后,日益发展的经济全球化与新科技革命促进了产业结构的转型和社会阶级结构的变化。随着劳动生产率迅速提高,在市场日趋饱和的情况下,继续维持大宗产品的生产已不能实现充分赢利的目标。为满足不断增长的对消费品的个性化需要,大规模批量生产方式逐步被灵活、分散、知识和技术密集型的专业化生产取代。西方发达国家先后进入了资本主义的后福特主义或后工业化时期,英国的社会经济结构也随之发生了很大变化。

首先,随着生产方式的变革,第一和第二产业(农业和工业)在国民经济中的地位和比重不断下降,而以信息技术为核心的第三产业(服务业)得到迅猛发展,成为新的支柱产业和经济增长点。统计资料表明,战后英国三大产业部门的产值在国民经济中所占比重发生了重大变化。1950年到1987年,第一产业在国民经济中所占比重从5.7%下降到1.7%,2015年约1%;第二产业所占比重从48%降至37%,2015年时降至约20%;而第三产业占国民生产总值的比重则从1950年的大约一半(46.3%)增至1987年的61.3%和90年代末的约66%,2015年约79%。

其次,产业结构的转型引发了就业结构的变化,大量劳动力向服务行业和行政职能部门转移。第一产业的就业人数迅速减少,从1950年占全国就业总人数的5.6%下降到1987年的1.5%;第二产业的就业人数也在不断减少;唯有第三产业就业人数迅速增加,占全国就业总人数的比重从1950年的43.8%上升到1987年的68%。到20世纪90年代中期,服务业就业人数占全部就业人口的比重已高达75%,进入21世纪后,这一趋势仍在继续。根据2014年的统计数据,英国服务业就业人口占全部就业人口的80%,制造业占10%,建筑业占7%,农业、渔业和林业占1.25%,采矿业和公共事业(能源、供水等)占1.75%。在工薪阶层内部,产业工人,特别是从事体力劳动的非技术或半技术工人的数量急剧减少,而掌

英　国

握高新技术、收入相对稳定的"白领阶层"在社会生活中的影响不断提高。至于所谓"中间阶层",由于这是一个界限比较模糊的概念,有不同的定义,因此也就有多种不同的统计方法和数据。如果以专业技术人员、经理和主管等作为中间阶层,那么这一阶层人数所占的比重则从1968年的33.5%上升到1997年的约65%,到2014年这一比例约为70%。总之,无论按照怎样的方法和定义进行统计,英国就业人员中的经理、主管、专业人员和技术工人的比重都在迅速增加,而半技术和非技术工人的比重则呈明显下降趋势,也就是说,中间阶层越来越庞大。

这里还需要就"充分就业"概念和就业结构的变化做一些说明。一是关于女性参加工作的问题。20世纪五六十年代,在实行凯恩斯主义需求管理的时期,就业基本上是男性的事情,女性结婚后一般不再工作。因此,当时的"充分就业"是指保持比例较高且稳定的就业率,也就是说失业率在3%左右。而目前,女性构成英国近半数的劳动力(2014年为46%)。二是越来越多的人在从事非全日制工作。随着经济结构的变化和高新技术的广泛应用,像其他工业发达国家一样,英国企业也大量雇用非全日制工人和临时工。2014年,英国有大约1/4的雇员从事非全日制工作。三是越来越多的人从事自营职业。据统计,2014年,英国有320多万不受雇于任何人的自营职业者。

五　经济体制基本框架

英国是世界上第一个建立市场经济体制的国家。工业革命是英国市场经济体制形成的重要标志。在几百年的市场经济发展过程中,英国经历了由自由放任的市场经济到国家干预的市场经济,再到趋向自由化的混合市场经济这三种形态。英国还创造了一些具有世界影响的市场经济理论,例如古典经济学和凯恩斯主义的需求管理理论。

目前,英国的经济体制是一种以私人和私人集团产权占有为基础,以企业自主分散决策为主,以完善、规范和法制化的市场机制为资源配置的主要手段,并辅之以必要宏观间接调控手段等为特征的市场经济体制。

第四章 经 济

英国经济属发达的公私混合型经济。自二战后到20世纪80年代，在工党的推动下，国有化企业一度有较大发展，但私营部门始终在经济中占主导地位。特别是撒切尔夫人主政时期进行的大规模私有化运动，使包括天然气、石油、电力供应、煤炭、宇航、汽车和电信等部门在内的上百个大型国有企业实行了私营化。到1989年，国有企业的总资产比1979年减少了45%。1990年底国有企业在国内生产总值中的比重由1979年的10%降至不足5%，1997年更降至不足1%。由于保守党和自由民主党联合政府进一步实行了包括出售邮政公司大部分股份在内的私有化措施，英国的主要国有企业除伦敦市政交通（伦敦地铁电力系统已私有化）、核燃料工业和民用航空事业以外，已所剩无几。据估算，私营部门提供了将近80%的产出以及82%的就业岗位（2014年）。

如前所述，私营企业在英国经济中占有绝对主导地位。近年来，英国的各种私营企业数量呈快速增长趋势：2000年，英国共有大、中、小型各类企业约350万家；而2014年初，私营企业数量首次突破500万家，达到了520万家。其中，中小企业（雇员人数不足250人）在英国私营经济中发挥着重要作用：其雇用人数占私营企业雇员总数的60%、私营企业营业额的47%。而其中绝大多数为雇员人数不足50人的小企业，其数量占私营公司总数的99.3%（雇员人数不足9人的小企业占私营公司总数的将近20%），雇员人数占私营企业雇员总数的48%、私营企业营业额的33%；而中型企业（雇员人数50~249人）的数量仅占私营公司总数的0.6%，雇员人数占私营企业雇员总数的12.2%、私营企业营业额的13.5%。雇员人数在250人以上的大公司占的比例很少，仅有不到7000家，仅占私营企业总数的0.1%，但其雇用人数占到了私营公司雇员总数的39.9%，营业额更是占到了私营企业营业额的53.3%。

在《金融时报》公布的2013年世界500强企业中，英国公司有36家；而在欧洲500强企业中，有117家为英国公司。其中排名最靠前的是壳牌石油公司（Royal Dutch Shell），在世界500强企业中排第十七位，而在欧洲则排第二位。

值得注意的是，英国还有一种长期存在的"地下经济"，尤其在运

输、旅馆、饮食和建筑行业等方面比较活跃。从事这类经济活动的大都是小企业，被雇佣人员多为失业者和季节工人以及家庭妇女。这类经济活动在官方统计中被标注为"未注册企业"，因此其具体情况也无法掌握。

英国的经济决策权比较分散。私人企业享有充分的自主决策权，是经济活动的主体，可以对从投入到产出的方方面面自由做出决定，但集体决定对企业的决策仍有重要影响，许多经济决策权掌握在少数大企业、大工会、大银行，以及代表各大经济利益集团的英国工业联合会和职工大会等组织手中。政府虽然无权直接干涉企业的经济活动，但可以通过各种间接途径对经济进行调节，特别是通过由经济计划、以市场化为主体的资源配置调节机制、经济政策、经济立法和经济信息等要素组成的比较完整的体系，通过宏观间接调控来实施经济调节。国家调节经济的主要手段包括：财政政策（财政预算、税收、公共借贷等）、货币金融政策、外贸与汇率政策、收入分配体系、科技政策、社会福利政策、保护消费者利益政策、反垄断政策等，从而达到对经济进行干预的目的。

六 在当今世界的地位

英国曾是世界上的头号强国，但二战后已无可挽回地沦为一个二流国家。不过20世纪80年代以来其情况有所改善。1980年到1990年，英国的经济增长速度超过了德法等国。1981～1989年的8年间，英国经济年均增长速度超过3%，与其主要竞争对手相比，竞争力明显增强。数十年来英国经济相对衰落的趋势，已得到某种程度的遏制。20世纪90年代初，英国经济虽陷入严重衰退，不过很快就比较顺利地实现了复苏，并得到较快发展。在随后的几年中，其国内生产总值年均增长率甚至达到了4%。1997年，英国经济总量超过了意大利；1999年，英国又超过法国，成为世界第四大经济体。在1992～2007年的15年间，英国经济增长速度是所有发达经济体中最快的（GDP年均增长率为2.68%），其通胀率保持低位，就业率也高于其他各主要经济体。2007年英国人均国内生产总值较1991年增长了43%。到2007年底，英国在人均国民收入、劳动生产率

第四章 经 济

的增长幅度等方面，在"七国集团"（G7）中都名列前茅。

然而，随着2008年全球金融危机的爆发，英国经济从当年第二季度进入衰退，全年实际GDP仅增长0.7%，是1992年以来增长最慢的一年。从2010年开始恢复增长，但复苏进程十分缓慢，而且面临着诸多不稳定因素。直到2013~2014年，英国经济增长才逐步稳定，增长率超过2%，2014年年中经济总量恢复到金融危机以前的水平。

由于经济衰退，2008年底，英国被法国超过，在世界经济排行榜上排名第六；2011年又被巴西超过，在世界经济排行榜上排第七位。但随着经济形势好转，2014年，其经济总量超过了巴西和日本[①]，排第五位。

综上所述，英国经济的相对衰落虽是不争的事实，但它仍是一个具有相当雄厚的工业实力和科技基础的发达国家。它有自身的优势和强项，也有弱点与不足。就优势而言，英国是世界上经济最为开放的国家之一，外向型程度极高。伦敦是全球经济网络中心，是联结欧洲和美国的桥梁，英国也是吸引对外直接投资最多的欧洲国家，在全球范围内仅次于美国，它在朝全球化方向发展方面居于有利地位。英国市场宽松、灵活，自由化程度高，其劳动力市场较少条条框框，在创造就业机会方面比其他欧洲主要大国更具竞争力。英国拥有十分发达而富有竞争力的金融、保险、通信、信息、咨询等服务行业，在某些高新技术领域也具有相当的优势和潜力。英国有重视科技和教育的传统，从20世纪80年代开始就采取了一系列措施推动教育事业与新科技革命的发展，为在21世纪开展国际竞争奠定了良好基础。

这里需要指出的是，尽管最近20多年来，英国经济增长的速度重又赶上或超过了某些西方大国，但时间还不是很长。如果就更长时期（特别是自20世纪五六十年代以来）的年平均增长率而言，英国则明显低于其主要竞争对手，劳动生产率也低于许多工业发达国家。另外，英国经济外向型程度高既是优点，也是弱点，因为这使其容易受到外界的影响和冲

[①] 此为联合国、国际货币基金组织和世界银行三大国际机构根据名义GDP（按国际汇率折合为美元）得出的排名。

击，2008年开始的金融危机和随之而来的经济衰退，使英国经济严重受创，就是一个明显的例子。

第二节　农业、渔业和林业

一　发展简史与基本情况

随着17世纪英国资产阶级革命的胜利，资本主义生产方式在农业生产中也逐渐占主导地位，到18世纪末，英国已经成为欧洲最先进的大农业国家。直到19世纪70年代以前，农业一直是英国最重要、雇佣人数最多的产业部门，而且，除18世纪初的一段时间以外，农产品产量也长期处于持续稳定增长状态，这主要得益于《谷物法》的实施限制进口谷物，以保护本国土地贵族的利益。但是，该法的实施导致谷物价格骤升，损害了工业资产阶级的利益，因而《谷物法》于1846年被废止，英国农业拥有的优势相继丧失，英国也随之从贸易保护阶段向自由贸易阶段过渡。

19世纪70年代以来，英国的谷物生产很不稳定，绝大多数农产品价格呈下降趋势。其原因有二：第一，英国自完成工业革命成为"世界工厂"以来，奉行"本国工业、殖民地农业"的政策，从殖民地输入大量廉价农产品，以牺牲本国农业为代价换取殖民地的工业品市场。第二，自由贸易政策加速了农业的衰落，美国、加拿大和阿根廷的谷物纷纷进入英国市场（20世纪初，英国有75%的小麦、75%~80%的黄油和奶酪及一半的肉类食品依靠进口）。到第一次世界大战爆发时，这一局面有所改观，当时由于部分国际供应线被切断，迫使英国不得不采取措施提高农业生产，以满足战时需要。

20世纪30年代，英国放弃了自由贸易政策，转而加强农业保护主义措施。不过政府政策的真正转变是在第二次世界大战之后。20世纪40年代末世界性的粮食短缺及解决国际收支问题的迫切性，再加上50年代殖民体系逐渐瓦解，促使英国政府推行鼓励自给自足的农业政策。政府以多种方式支持农业生产：为大部分农产品提供保证价格，为生产者广泛提供津贴，为农民支付购买化肥、改善水利和消灭病虫害的费用，等等。政府还对农业研究和在农民中推广新技术提供财政支持，尽管二战后耕地面积和农业劳动力人数均有所减少，但由于科技发展带动了农业的现代化、机械化和电气化，使英国农业摆脱了长期落后的面貌，农牧业产品产量迅速增加，单位面积产量有了较大提高。英国农业生产的增长速度在欧洲名列前茅，农业结构更加合理，农产品自给率不断提高，并于1984年达到78%的顶峰（1956年自给率仅为47%）。但之后自给率不断下降，到2013年农产品的自给率减少为60%，其中能在英国本土种植或生产的农产品自给率为73%（1984年曾达到过89%）。肉类产品自给率为80%；奶制品和禽蛋的自给率为84%；而谷物类的自给率仅为50%，新鲜水果和蔬菜的自给率非常低，只有19%，其余均依靠进口，进口量占到了英国全部食品进口量的将近40%。鉴于这种情况，英国各界有识之士开始担忧本国的粮食安全问题，包括全国农业联合会（National Farmers' Union）在内的一些组织也向英国政府提出了"警告"。

2014年，英国的土地中约有73%用于农业、13%用于林业、10%为城市用地，其余4%是山地及其他用地，但农业用地呈不断减少趋势。2014年，英国共有农业用地1720万公顷，其中可耕地630万公顷，约占农业用地总面积的1/3，其余为牧场和草场。英国农业人口人均拥有70公顷土地，是欧盟平均水平的4倍。

二　农　业

英国农业高度发达，农业技术水平和农业劳动生产率在欧盟国家中名列前茅。与其他西方国家的发展趋势相同，多年来英国农业人口占全部就业人口的比重不断减少：2012年农业劳动力为48万人，仅占全国劳动力总数的1.5%。全国农业总产值为239.27亿英镑，占国内生产总值的不足1%。全国共有22.2万个农场，平均每个农场拥有土地77公顷。其中，土地面积在20公顷以下的农场约占全国农场总数的一半。从土地类型来看，约2/3的农用土地为自耕，余者为出租。政府坚持执行有利于保护农用土地的管理政策。其长期农业政策旨在发展一种以市场为导向、可

持续发展和更具竞争力的农业产业，谋求将社会、经济和环境保护等目标相结合，并鼓励农产品实现多样化。

英国农业以畜牧业为主，种植业次之，园艺业居第三位，它还是一个畜牧、粮食产品、农业化肥和农业机械的出口大国。

（一）畜牧业

畜牧业在英国农业生产中占有十分重要的地位。全国一半以上的全日制农场主要饲养牛、羊以及从事奶制品生产。绝大部分牛、羊养殖业分布在苏格兰、威尔士、北爱尔兰以及英格兰北部和西南部的丘陵与高山沼泽地区。英国在繁殖种牛、种羊和种猪方面，在世界上享有一定声誉，同时还出口从高质量动物身上提取的精液和胚胎。

英国畜牧业产值约占农业总产值的2/3，其中牛、羊饲养业提供了农业总产值的42%，奶制品生产是最大的产业部门。牛奶的生产自给有余（2012年人均每周消耗液体牛奶1506毫升，但比10年前减少了100毫升），羊肉和猪肉的生产也自给有余，牛肉和禽肉则稍显不足（自给率在90%左右）。

2014年英国牲畜的存栏量如下：牛980万头、羊3370万只、猪438.3万头、家禽1.7亿只。2012年畜产品的产量分别为：牛奶134.57亿升、鸡蛋91.8亿枚、牛肉87.7万吨、羊肉28.6万吨、猪肉78.1万吨、禽肉161.3万吨。

20世纪末21世纪初，由于疯牛病、口蹄疫等疫病肆虐，英国畜牧业损失惨重。英国于1986年11月发现首例疯牛病，但直到1996年3月暴发大范围疯牛病危机后，当时执政的保守党政府才正式承认疯牛病与致人死亡的克雅氏症可能有某种联系，顿时全球哗然，欧盟当即宣布禁止英国牛肉出口。此后英国的疯牛病危机时起时伏，到2000年底疫情才得到基本控制。在这期间，英国共有300多万头患有疯牛病或"疑似症状"的牛被屠杀和焚烧，牛肉及其制品的出口下降了99%，经济损失高达40多亿英镑。疯牛病尚未完全平息，2000年8月，英国又一度发生猪瘟，直接经济损失1.5亿英镑。而从2001年2月20日开始，口蹄疫又接踵而至，且来势凶猛、波及面大。由于英国政府及时采取措施，是年5月疫情得到控制。在这次口蹄疫危机中,全国共屠宰猪、牛、羊等牲畜 380 万头,直接和间接经济损失达 90 亿英镑,其中农民和供应商的损失为 36 亿英镑。

疯牛病与口蹄疫的肆虐,促使英国政府重新审视农业与食品安全政策。英国和欧盟其他成员国一样,在农牧业中普遍实行工业化的集约生产方式,这种生产方式像对待工厂一样对待土地,将畜牧业当作机器生产,单纯强调提高产量、降低成本,追求最大产出。集约意味着土地高度集中和更大程度的机械化,经营方式也越来越远离自然。肉骨粉制成的动物饲料得到广泛运用,有机饲料的使用率极低(疯牛病暴发前只有 3% 左右)。而肉骨粉制成的动物饲料是传播疯牛病的重要途径,大批牲畜集中圈养也为传染病的暴发与蔓延提供了温床。英国和欧盟都已认识到生态农业的重要性,准备逐步摒弃工业化农业生产方式和以动物肉骨粉等高蛋白饲料为主的畜牧业,转向更加注重消费者利益、注重质量、鼓励自然放养的经营方式。但总体来看,有机畜牧业所占的比重仍然微不足道。截至 2013 年,以有机方式饲养的牲畜数量所占比例分别为:牛为 2.9%,羊为 3.0%,猪为 0.6%,禽类为 1.5%。

(二)种植业

英国农作物的种植区主要集中在英格兰东部、中部和南部平原地区,以及苏格兰东海岸富饶的低地农场,主要种植谷物(小麦、大麦和燕麦)、油料作物和甜菜。在英格兰低地、沿泰晤士河和亨伯河的冲积地区及兰开夏南部泥炭地带的农场,则大规模种植马铃薯和蔬菜。威尔士西南部和英格兰西南部的重要农作物是早熟马铃薯,苏格兰东部和北爱尔兰则生产品质优良的马铃薯种。

2014 年,英国谷物种植面积为 318 万公顷,约占全部可耕地总面积的 51%,比 1984 年减少了 25%。其中两种最重要的谷物,即小麦和大麦的种植面积变化情况并不相同:小麦种植面积变化不大,大体在 160 万～210 万公顷浮动;而大麦的种植面积则呈直线下降趋势,从 1984 年的 200 万公顷下降到了 2014 年的 110 万公顷。油料作物是英国除谷物之外最重要的农作物,2014 年种植面积为 69 万公顷,占全部可耕地总面积的 11%,而 1984 年时其种植面积仅为 27 万公顷。马铃薯种植面积占全部可

耕地总面积的2%。

英国生产的谷物自给有余。其中，2014年的小麦产量为1660万吨；大麦产量为691万吨，燕麦产量为82万吨。油料作物和马铃薯的生产基本上也可以自给，2014年油料作物的总产量为246万吨。但马铃薯的生长受天气变化的影响较大，例如，由于英国2012年遭受了多次极端天气的侵袭，当年马铃薯产量仅有460万吨，是过去30年来的最低产量。

（三）园艺业

英国人特别钟情于园艺，从王室成员、贵族名流到普通百姓，从白发苍苍的老人到年轻人，各个阶层、各个年龄段的英国人都对园艺业有着浓厚的兴趣。据不完全统计，20世纪末期英国园艺爱好者多达2000万人，约占全国人口的1/3。许多人积极赞助园艺业，2000年仅英国皇家园艺协会就收到了80万美元的捐款。人们对园艺的热爱使园艺业在英国发展成为一个产业，每年为社会提供大约6万个就业机会。英国园艺作物广泛分布在全国各个农作物产区。2014年英国园艺用地为16.4万公顷，约占可耕地面积的3%，其中71%用于种植蔬菜；水果种植面积约占20%，剩下的9%为花卉苗木。英国拥有花卉苗木品种多达8万种，产值超过15亿英镑，但每年还需进口水果和蔬菜约350万吨。

三　渔　业

英国是个海洋岛国，附近大小岛屿众多，渔业资源丰富，境内的河流和湖泊也盛产鱼类，因此历来渔业发达。二战后，由于设备陈旧，水域污染，再加上工业化的不断发展，渔业受到很大影响，特别是1977年以来，各国相继实行200海里捕鱼区政策，英国的捕获量进一步下降。但渔业仍是英国的一项重要产业，英国也仍然是欧盟最重要的渔业生产国之一。从捕鱼能力来看，2013年，英国在欧盟中排第二位，但排名第一的西班牙是其捕鱼能力的两倍。英国的捕鱼量约占欧盟各主要鱼种总捕获量的20%。从渔船数量来看，英国在欧盟排第七位。

2013年，英国渔业大约为本国提供了鱼类产品总需求量的2/3。当年的捕获量为62.4万吨，总价值7.18亿英镑。其中深水鱼占总捕获量的

38%，浅水鱼占 25%，水生贝壳类占 37%。所捕鱼类主要为鳕鱼、黑线鳕、牙鳕、鲽鱼、鲱鱼、鲭鱼和鳎鱼等品种。在 2013 年所捕获的深水鱼中，鲭鱼和鲽鱼分别为 16.4 万吨和 9.4 万吨；在浅水鱼类中，鳕鱼和黑线鳕分别为 2.9 万吨和 4 万吨；而在贝壳类水产品中，虾的捕获量为 2.8 万吨，蟹为 3.2 万吨，贝类为 5 万吨。另外，英国还养殖大马哈鱼、鳗鲡和各种鲑属鱼类，以及贝类水生物等。

2013 年，英国共进口鱼类及鱼类制品 7.39 万吨，主要进口鳕鱼、金枪鱼、虾和三文鱼；当年出口量为 4.53 万吨，主要出口三文鱼、鲭鱼和鲱鱼。

近年来，英国渔船的数量与渔民人数均不断下降。2013 年，英国渔船队拥有注册船只 6399 艘，比 2003 年减少 10%，比 1996 年减少 26%。其中，长度超过 10 米的深海渔船有 1363 艘。截至 2013 年底，英国有专业渔民 12140 人，比 2003 年减少 7%。其中，英格兰有渔民 5600 人，苏格兰有 5000 人，威尔士和北爱尔兰分别有 730 人和 810 人。为保护渔业资源，英国政府提供专项经费，以减少捕鱼量，并向退役渔船提供补贴。英国还有 1400 多处水产养殖企业和 1000 多家店铺，雇佣员工 3000 多人，销售额为 3 亿英镑。

渔业是苏格兰的一项重要产业。尽管其捕捞量总体来说也是呈下降趋势，但仍然超过了整个英国的一半：2013 年的捕获量为 36.7 万吨，其渔船数量占英国渔船总量的 59%。苏格兰多年来还一直是欧盟最大的大马哈鱼养殖基地。

英国的渔业生产已被纳入欧盟共同渔业政策。欧盟每年一次规定各成员国的捕获量。根据规定，英国渔船有权在超出其海岸 6 英里水域之外捕鱼，欧盟其他成员国也拥有在英国领海 6~12 英里（1 英里≈1.609344 千米）之内捕鱼的权利，同样，英国渔船也享有在其他成员国相同范围水域的捕鱼权。在 12~200 英里之间的水域，欧盟各国的渔船有权在不超过欧盟规定捕获量的情况下在任何地方作业。每个成员国必须对本国渔民，以及在本国水域作业的其他成员国渔民执行共同渔业政策的相关规定，欧盟对此负有监督权。

英 国

四 林业

英国的气候非常适合树木生长。在久远的年代，英国海拔 300 米以下的地区绝大多数都被森林覆盖，但是，由于各种原因，20 世纪初期英国森林的覆盖面积只有不到 5%，当时是一个森林匮乏的国家。此后，经过几代人的努力，情况得到了很大改善。在 1905 年至 2014 年的 100 多年间，英国的森林面积增加了将近 200 万公顷，截至 2014 年 3 月，为 310 万公顷，森林覆盖率为 13%，其中，英格兰为 10%，苏格兰为 18%，威尔士为 15%，北爱尔兰最低，仅为 8%。但英国的森林覆盖率仍然远低于欧洲和全世界的平均水平：全世界的森林覆盖面积为 31%，欧洲为 45%，欧盟二十七国（不包括 2013 年入盟的克罗地亚）为 37%。

在英国的森林中，针叶树的种植面积约占 51%。其树种包括桦树和松树，是冰河时代结束后大范围生长的第一批树木；栎树，木质坚硬，但成长较慢，在全国各地生长普遍；山毛榉多生长在南方的白垩地带；榆树和白蜡树则在全国大多数地区均可生长。

由于英国森林覆盖率不高，大量木材和木制品依赖进口，进口量约占总需求的 85%。2013 年，英国共生产木材 1150 万立方米，其中绝大部分（1100 万立方米）为软木材，相当于国内总需求量的 15%。2013 年，英国共进口 6300 万立方米各种木材，以及 590 万吨纸制品，价值 67 亿英镑，其中纸制品和纸浆价值 42 亿英镑。同时，英国也出口少量软木。2013 年，英国共出口 64 万吨圆木和 12.6 万吨软木木屑，价值 17 亿英镑。

英国的林业发展纲领是，保护和扩大森林资源、保养林地，使其成为野生动物的家园和公众的休闲娱乐场所，有一半左右的林地向公众开放。政府还致力于促进国内用材林市场的发展。英国的用材林面积为 230 万公顷，其中不足 1/3 由林业委员会和威尔士自然资源管理局、北爱尔兰森林服务局等负责管理。林业委员会坚持每年都新种植一定数量的用材林，同时对旧有林木进行修复；其他林地所有者在林业委员会的资助下，也积极发展林业生产。2013～2014 年，林业委员会用于公共森林的净支出为 4000 万英镑，另外还有 1.26 亿英镑用于其他活动（科研、行政管理、赠款、合作项目等)。除此之外,英国政府从1998年起设立了"林地赠款项目"(Woodland Grant Scheme),用于资助私人林地所有者种植新的林地,或对原有林地进行维护。2013/2014年度,英国政府共提供7350万英镑用于对私人林地所有者的资助。

2013年,英国的林业和木材加工业共雇用员工11万人(包括纸浆、造纸等在内的全部木材加工业),其中,锯木厂直接雇用的专职员工为3000人。2013年,英国木材加工业创造的总增加值(GVA)为65.41亿英镑,其中,初级木材加工创造的总增加值为16.3亿英镑。

第三节 工 业

英国工业部门种类齐全,主要分为制造业、建筑业及能源(包括电力、燃气、供水等公共事业)三大部门。统计部门在统计国民经济产值时,通常是将采矿业与上述3个部门的产值合并在一起计算。[①]

就整个国民经济结构而言,战后英国经济的发展呈明显的去工业化趋势,服务业增长迅速,在国内生产总值中所占比重从20世纪50年代初的大约一半上升至20世纪90年代末的约2/3,到2013年超过了3/4(78%左右);而物质生产部门无论是就业人数还是产值都呈大幅下降趋势,尤其是作为生产率增长潜力较大部门的制造业,其占国内生产总值的比例由20世纪50年代初的超过1/3降至1997年的1/5,到2013年进一步降至10%左右;建筑业占国内生产总值的比例为6%,而能源工业、采矿业以及供水和废水管理等公共事业合起来所占比例为4.5%。

英国工业产出在国民经济中所占比例之所以一直呈下降趋势,主要原因在于,与经济增长的总体趋势相比,工业产出的增长速度十分缓慢,如果以2009年的产出为基准(指数为100),则1997~2007年,实际工业产出指数仅从110增加到了113。始于2008年的金融危机更是对英国生产

---

① 在英国的官方统计中,很少用到"工业部门"这一词语,而是多用"生产部门"(production sector)。

英 国

部门造成了沉重打击：截至 2013 年初，工业产出比金融危机前减少了 15%，特别是采矿业产出大幅度下滑。

英国各个工业部门内部的发展也很不平衡。就制造业而言，化工、电子、仪表、航空、汽车等新兴工业部门发展较快，而冶金、纺织、造船等传统部门则发展缓慢，或停滞不前甚至呈下降趋势，其中纺织业最不景气。英国的高新技术产业比较发达，许多产品的制造和出口都处于世界领先地位。电子和光学设备、人造纤维和化工产品，特别是制药行业仍保持着雄厚的实力。生物制药、航空和国防工业是其研发重点，也是英国最具创新性和竞争力的部门。与制造业相比，采矿业的发展不平衡状况更加突出：采煤业生产大幅度下降，而包括石油和天然气生产在内的其他采掘部门则增长迅速。

一 制造业

19 世纪中期，英国成为世界上第一个工业化国家，并依靠发展钢铁、重型机械、棉纺、采煤、造船以及制成品贸易等积累起大量财富。近年来，制造业在国民经济中所占分量虽呈现不断下降趋势，但只是相对而言，从绝对值来看，制造业在英国经济中仍起着重要作用，英国仍然是世界上主要的制造业大国之一。2013 年英国制造业产值为 2190.36 亿美元，在世界上排第十一位（2008 年金融危机开始前排第八位）；制造业部门的出口额占英国出口总额的 54%，而在制造业出口产品中，有 25% 为高科技产品。

在英国，几乎所有的制造业都由私营企业经营，而外国公司在其中占有重要地位。英国制造业约 1/4 的产值、20% 左右的工作岗位是由外国公司提供的。

2013 年，英国制造业就业人数为 260 万人，占全国就业人口总数的 8%，而 1978 年时这一比例高达 25%。就地区分布而言，在东、西米德兰就业人口中制造业所占比例最高（24% 左右），伦敦则最低（只占 7%）。西北部仍然是工业重心，其工业产值占英国工业总产值的 15% 左右；东南部地区排在第二位，占 12%；作为金融中心的伦敦，其工业产值仅约占英国工业总产值的8%。

20世纪90年代初，由于英国经济衰退，曾导致制造业不景气，但从1993年起很快恢复增长。1998年的年产量较1991年增长了10%，但此后又有所下降。始于2008年下半年的经济衰退对制造业影响很大。但制造业内部各部门的情况并不一样，棉纺、皮革、木材生产、汽车制造业和金属加工等部门受到的冲击最大，2013年，有些部门的产出甚至还达不到1990年时的水平；而化学工业、橡胶和塑料产品、电子和光学仪器，以及交通设备等生产部门，近年来则都有所发展。特别是在汽车制造、航空航天以及核技术等领域，近年来更是实现了强劲增长。

需要指出的是，制造业生产乃至整个工业产出在国民经济中的地位下降这一趋势不仅在英国存在，而且是绝大多数工业化国家普遍存在的现象。但是，与其他西方发达国家相比，英国经济的不平衡现象要更严重一些。这一状况始于20世纪80年代初，近年来表现得更加明显。

现就英国制造业中若干主要产业部门的情况简介如下。

（一）化学工业

化学工业是英国主要的制造业部门之一，规模居欧盟第三位（仅次于德国和法国）、全球第六位（前五位分别为中国、美国、日本、德国和法国），销售额占全球份额的2%、欧盟的13%。英国一向是有机化工与无机化工产品、塑料产品和橡胶、化肥等基本化学工业产品的主要生产国。近年来，增长速度最快的是制药、杀虫剂和化妆品等实用性化工产品，特别是制药业已成为英国制造业的重要产业，销售额约占化学工业部门销售总额的35%。英国是世界第二大药品出口国（占全球药品出口总额的7%、发达国家药品出口市场份额的13%），在世界10种最畅销的药品中英国有4种。2011年，英国药品出口额为235亿英镑，占化学工业产品出口总额的将近一半。制药业也是英国为数不多的实现贸易盈余的产业之一。2013年，英国制药业实现营业额601亿英镑，增加值为133.4亿英镑，占英国经济总量的0.8%。英国的生物工程工业在世界上仅次于美国。但近年来，英国的化工产业正面临着越来越多的挑战，特别是原材料和能源价格上升，以及来自东南亚尤其是中国等国家越来越激烈的

英　国

竞争。

2012年英国化学工业部门直接雇员为28万人（间接雇员则达到60万人），约占工业部门就业人口总数的5%。当年化学工业部门销售总额超过600亿英镑。该部门共有将近3000家公司，其中只有不到200家公司的雇佣人数超过250人。化学工业产值占制造业的15%，英国国内生产总值的1.5%。化学工业对英国的出口做出了巨大贡献，是制造业中最大的出口部门，约占英国出口总额的19%、全世界化学制品出口总额的5%。1995年以来，化学工业每年创造的出口价值为2000万英镑左右。

英国有多家世界知名的制药公司，其中，葛兰素史克公司和阿斯利康公司均为英国排名前十位的公司。

葛兰素史克公司（GlaxoSmithKline）由葛兰素－卫康和史密斯克兰（两家公司的历史均可追溯至19世纪中叶）联合形成，于2000年12月成立，是世界第六大制药公司。公司总部设在英国，以美国为业务营运中心，在全球115个国家拥有将近10万名员工，并在36个国家设有84个生产基地，产品远销全球。该公司在抗感染、中枢神经系统、呼吸和代谢四大医疗领域代表当今世界的最高水平，在疫苗领域也雄居行业榜首，是全球最大疫苗公司之一，该公司也是唯一被世界卫生组织认定的三大全球性疾病（疟疾、艾滋病和结核病）药物和疫苗研制公司。葛兰素史克公司2012年营业收入430亿美元，市场价值1147亿美元，总资产636亿美元。在2013年《金融时报》全球500强排行榜中，葛兰素史克公司排第四十六位，在英国排第五位。

阿斯利康医药公司（AstraZeneca）由前瑞典阿斯特拉公司和前英国捷利康公司于1999年合并而成，公司总部位于英国伦敦，研发总部位于瑞典。阿斯利康在诸多医疗领域，特别是心血管和代谢性疾病、肿瘤以及呼吸、炎症和自身免疫等领域具有国际领先水平，同时也致力于抗感染、中枢神经系统和胃肠道疾病等领域。阿斯利康在全球16个国家设有29个生产基地，其产品销售覆盖100多个国家和地区。2012年，阿斯利康在全球共雇佣51700名员工，2012年营业收入286亿美元，市场价值625亿美元，总资产524亿美元。在2013年《金融时报》全球500强排行榜中排第一百一十六位,在英国排第十位。

(二) 电子与光学仪表设备工业

电子与光学仪表设备工业包括电子、光学仪器与软件服务三部分,是英国制造业中近年来发展非常迅速的一个部门,从产量来看,英国是世界第五大生产国,也是欧洲最大的消费类电子产品制造国。其产品主要包括:办公用品与电脑,机电工程设备与装置,收音机、电视机与通信设备,医疗器械、精密仪器与光学仪表等。2012年该行业就业人数为85万人,约占英国就业人口总数的3%。2012年,英国电子与光学仪表设备工业产值为780亿英镑,其中仅IT业一项的产值就占到了国内生产总值的3%。世界上许多主要的电子工业公司在英国都设有生产基地。国际商业机器公司、索尼、康柏、松下、东芝、日本电器公司、诺泰尔、塞噶特和休乐特-佩卡德等跨国公司,在英国都有大量投资。英国生产的高保真视频设备在世界上享有盛名。英国还拥有欧洲最大的电脑工业,生产各种用途广泛的电脑系统。英国的本土与外国公司还生产大量机电工程设备与各种装置,在发电装备系统的生产方面居世界领先地位。同时,英国也是欧洲移动通信设备的主要市场与重要生产基地之一。英国的半导体产业很发达,特别是在设计和研发方面拥有很大优势:欧洲半导体设计公司总部40%在英国,但同时,半导体行业投资的80%来自于国外直接投资。

(三) 汽车工业

汽车工业是英国制造业的一个重要部门,由两部分构成,即汽车与零部件制造,以及汽车贸易(包括零售、流通以及售后服务)。

英国的汽车工业曾有过无比辉煌的时期,从20世纪20年代到50年代末,英国一直保持着世界第二汽车生产大国的地位。但从20世纪60年代起,其汽车产量不断下降,且其总量的99%由福特、宝马、通用、标致、本田等国外公司生产。更有甚者,为全世界所耳熟能详的汽车品牌,包括劳斯莱斯、宾利、路虎、捷豹、莲花等,也均被国外公司收购。曾经的汽车业巨头罗孚集团于2005年破产(该公司最鼎盛时期占有英国汽车市场份额的40%),后被中国的南汽和上汽收购。

但这些事实并不意味着汽车制造业在英国的衰落,它在欧洲仍处于领

英 国

先地位，而且，尽管英国的绝大多数知名品牌已被外国公司收购，但它们依然依托英国本土强大的制造基础在英国进行生产。同时，英国的汽车工业仍然是国外直接投资的重要部门。另外，英国的汽车制造业在设计和研发方面仍然具有非常强大的优势。英国每年平均花费将近17亿英镑用于包括发动机制造与设计在内的多种前沿技术研发项目。特别是在动力总成系统和传动技术、电动汽车、可持续发电及其供应等领域，英国始终站在汽车研究的前端。良好的科研创新环境吸引了包括捷豹、福特、通用等众多全球汽车制造商在英国设立研发中心。2013年，英国用于汽车及其零部件的研发费用为21亿英镑，其中91%来自外国企业。另外，英国在发动机技术和系统方面具有绝对的领先能力。发动机领域的生产技术和专业研究知识已经成为英国汽车行业的核心支撑技术之一，2013年，英国总共生产255万台发动机，占欧洲发动机生产总量的30%，其中有62%的发动机出口至100多个国家。

2013年，英国拥有可进行批量生产的轿车制造商7家、商用车制造商8家、公交车客车制造商11家、大型高档车兼跑车制造商10家以上。根据英国汽车制造商与交易商协会的数据，2013年，英国共生产整车158万辆，相当于每20秒就有一辆新车下线，其中81%的产品出口到世界各地。2014年，英国汽车及其零部件的出口额为298亿英镑，但进口额更高，为343亿英镑。英国政府的目标是到2017年汽车年产量实现200万辆。

2013年英国汽车制造业营业额为550亿英镑，创造产值270亿英镑，雇用人数72万人，其中直接就业人数14万人。除整车制造外，英国还拥有众多世界顶级的汽车零部件和配件生产企业，世界排名前二十的主要部件厂家90%都在英国设有生产基地。2013年，英国共有2350家汽车零部件生产商，雇员人数8.2万人。

作为世界第三大汽车销售市场，2013年英国的汽车销售额达到600亿英镑，当年的新车注册总数为260万辆，占欧洲新车注册总数的14%。巨大的市场令英国成为海外投资商首屈一指的投资目的地。英国汽车制造商和贸易商协会的报告表明，2012~2013年，英国吸引的投资占欧洲所吸引投资总量的1/3，仅在汽车行业，英国就吸引了超过100亿英镑的海外投资。

（四）航空航天和防务工业

英国的航天工业仅次于美国，技术完善、门类齐全，包括设计和制造飞机机架、航空发动机、导向武器系统、模拟装置、人造卫星及宇航材料、飞行控制设备、航空电子设备及元件等，以及为客户提供包括太空旅游在内的各种相关服务，为人类航空航天业做出了重要贡献。但英国并非传统的航天大国，其航天工业的发展始于20世纪70年代，从那时起到90年代初的10多年间，宇航工业的生产能力和产值扩大了1倍，出口净增300%，但英国政府以前对民用航空领域的投入并不算高。

金融危机以来，英国政府改变了对航天工业的策略，认为该部门能够成为引领英国经济走出衰退的重要领域。2010年2月，英国政府发布《航天创新与增长战略》；2011年，英国成立航天局（UKSA），并发布《英国空间技术发展战略》，同年成立"国际空间创新中心"（ISIC）；2012年成立"卫星应用技术与创新中心"（Catapult Centre）；2013年3月，英国政府投资20亿英镑，用于帮助航天工业增加11.5万个就业岗位。

在上述措施的激励下，英国的航天工业取得了显著进步，特别是2011年英国航天局成立以来，航天工业产值年均增长率达到了7.5%，2013年产值为240亿英镑，营业额中的75%来自于出口市场。该部门直接雇佣人数超过10万人，而如果加上间接就业的人数，则航空航天领域雇佣人数能够达到23万人。预计2030年其年产值可望达到400亿英镑。2013年英国宇航业占全球市场份额的17%。

英国的防务工业也很发达，在全世界仅次于美国，也是世界上第二大武器出口国，其武器出口量约占全球份额的20%。2013年该部门年产值为350亿英镑，占制造业产值的10%；就业人数30万人，全国共有9000家公司从事防务工业。

英国航空航天工业与防务工业领域多为私营公司，其中，英国宇航系统公司和罗尔斯·罗伊斯公司均为世界知名企业。

英国

英国宇航系统公司（BAE Systems）前身为英国航空航天公司（British Aerospace），是英国最大的飞机制造及导航设备生产企业，也是世界第三大航空和防务工业制造商。1977年，英国政府根据《飞机及船舶建造工业法令》将4家大型飞机制造公司合并，后又于1999年与通用电器公司的马可尼电子系统防务分部合并，改称"英国宇航系统公司"。该公司主要设计和生产军民两用飞机、水面舰只、潜艇、空间系统、雷达、航空电子设备、制导武器系统、通信设备、电子仪表，以及其他一系列防务装备产品。该公司在全世界5个国家（美国、印度、澳大利亚、沙特阿拉伯和英国）共雇用员工8.8万人，其中英国本土员工4万人，2013年销售额为182亿英镑，市场价值128亿英镑，总资产209亿英镑，该公司与100多个国家都有合作关系。

罗尔斯·罗伊斯公司（Rolls Royce）是著名的航空、航海引擎及豪华汽车制造企业。该公司于1906年由汽车设计师罗伊斯和汽车销售商罗尔斯合伙建立。在两次世界大战期间，该公司设计和制造的飞机引擎被广泛装备于英国及盟国的各种作战飞机，战后，该公司因精于制造航空喷气发动机而成为世界上军民两用航空喷气发动机的最大生产商之一。它是世界上第二大飞机引擎制造企业，在全世界所有起降的飞机中，每2.5秒就有一架飞机的引擎是由罗尔斯·罗伊斯公司制造的。该公司也是世界上第十六大防务工业制造企业。2013年该公司拥有净资产289亿英镑，销售收入198亿英镑，市场价值322亿英镑，公司员工4.2万人，其中在英国国内雇用员工2万人。罗尔斯·罗伊斯公司隶属英国维克斯集团，在2013年《金融时报》全球500强企业中排第二百七十六位。

（五）食品、饮料和烟草工业

按照产值、销量和出口额计算，食品、饮料和烟草工业是英国最大的制造业部门。英国食品业主要生产面包、饼干、点心、巧克力、糖果、鱼肉制品、奶制品以及水果和蔬菜加工制品。含酒精饮料中的最重要产品是威士忌，为英国享誉世界的名牌产品，几乎全部在苏格兰生产，约4/5运销国外。另外，英国还生产大量啤酒和软饮料。英国国内销售的香烟和其他烟草制品几乎全部是由英国本土烟草企业生产的，此外英国生产的高质量香烟还出口到许多国家。英国的啤酒和烟草产量均在欧盟排名第一，其啤酒产值占欧盟二十七国（2013年统计数字，不包括2013年入盟的克罗地亚）的18.2%，烟草产值占欧盟二十七国的31.2%。

2013年，英国食品与饮料产业年营业额为954亿英镑，约占制造业部门总营业额的18%，其中食品和不含酒精饮料的营业额为818亿英镑；食品与饮料产业当年总增加值（GVA）为257亿英镑。英国每年出口的食品与饮料总额为195亿英镑，其中75%出口到其他欧盟国家。英国共有食品和饮料制造公司7835家，其中绝大多数均为雇员人数不到10人的小公司。该部门雇员总数超过40万人，约占英国制造业就业人口总数的17%。

近年来，人们越来越深刻地认识到环境保护和食品安全的重要性，英国从20世纪90年代初开始大力发展有机食品和健康食品产业。2013年，英国有机食品的年产值约12亿英镑。英格兰中东部地区的食品加工业发展速度最快，提供了全国约15%的食品、饮料和香烟。化学和纳米技术等领域的前瞻性研究推动着英国食品与饮料产业的不断创新。

2013年，世界四大烟草公司共占有大约45%的全球市场份额，其中有两家是英国公司，即英美烟草集团（British American Tobacco）和帝国烟草集团（Imperial Tobacco）。英美烟草集团始创于1902年，是世界上第二大烟草集团，2013年营业收入为247亿英镑，市场价值1032亿英镑，总资产439亿英镑，旗下拥有200多个品牌，包括"555""箭牌"等。每年销售卷烟7000多亿支，约占全球市场份额的15%。该集团在39个国家设有45个卷烟厂，拥有员工87000名。在2013年《金融时报》全球500强企业中排名第五十五。帝国烟草集团是世界第四大烟草集团，始建于1901年，产品涉及卷烟、手卷烟丝、烟纸、雪茄和烟斗烟丝等，拥有众多知名品牌，包括"兰博"（Lambert&Butler）、"恩巴斯"（Embassy）、"大卫杜夫"（Davidoff）、"金高卢"（Gauloises Blondes）和"威斯"（West）等。帝国烟草公司业务遍及130多个国家和地区，拥有21家卷烟厂、7家雪茄烟厂（含手卷烟厂）和4家卷烟纸厂，2013年，其全球雇员37200人，资产总额440亿英镑，营业收入152亿英镑，市场价值371亿英镑。

英 国

该公司在 2013 年《金融时报》全球 500 强企业中排名第二百五十二。

除烟草外，英国的饮料制造业也很发达。其中，南非米勒公司（SABMiller）和帝吉亚欧公司（Diageo）均为英国排名前十的著名企业，在 2013 年《金融时报》全球 500 强企业排行榜中分别排第七十五位和第八十二位。南非米勒公司是世界上最大的啤酒生产公司之一，在伦敦和约翰内斯堡股票市场分别上市，总部设在英国伦敦。南非米勒公司从事啤酒和其他饮料的大规模生产和销售，业务遍及世界五大洲，在 40 多个国家拥有 100 多个啤酒厂、150 多个啤酒品牌，年啤酒销售量达 1890 万吨。2013 年，该公司营业额为 105 亿英镑，市场价值 555 亿英镑，总资产 344 亿英镑，在全世界雇佣员工 71000 人。帝吉亚欧是一家横跨蒸馏酒、葡萄酒和啤酒三大顶级酒类市场的企业，拥有 100 个世界顶级酒类品牌中的 14 个：除在全世界销量最多的苏格兰威士忌"尊尼获加"（Johnnie Walker）以外，黑啤"健力士"（Guinness）、利口酒"百利"（Baileys）、伏特加"皇冠"（Smirnoff）等均在同类酒精饮料中销量排名世界第一。2013 年，帝吉亚欧销售额为 108 亿英镑，市场价值 521 亿英镑，资产总额 220 亿英镑，在全世界共雇佣员工 26000 名。

另外，在这里也要简要介绍一下联合利华公司（Unilever）。联合利华是一家英国和荷兰的合资公司，作为一家拥有奥妙、多芬、力士、旁氏、清扬、夏士莲、凡士林等诸多耳熟能详日用化工产品的公司，中国消费者对其并不陌生。但与其家用化工产品相比，联合利华公司较少为读者所知的是，它还是英国最主要的食品生产企业之一，特别是它于 2000 年并购了百仕福公司（Bestfood），使联合利华在调味品界处于领先地位。家乐是联合利华最大的食品品牌，销售遍及 100 多个国家，销售额达到 23 亿欧元，产品涵盖汤类、肉羹类、调味酱、面条和现成膳食等。此外，在大多数欧洲及北美国家的人造黄油和涂抹酱市场，联合利华也处于领先地位，其品牌包括贝塞尔（Becel）和福罗拉（Flora）等；在橄榄油市场，联合利华也具有举足轻重的地位，它最重要的品牌是佰多力（Bertolli）。联合利华还是全球主要的冰激凌生产商，"和路雪"（Wall's）在中国几乎家喻户晓；它还是全球最大的茶包生产商，立顿（Lipton）也是我们熟知的品牌。2014年，联合利华在全世界拥有500家子公司、400多个品牌，其中14个品牌的年销售额超过了10亿英镑。2014年，联合利华在100多个国家拥有17.4万名雇员，年营业额484亿英镑，净资产369亿英镑，市场价值357亿英镑，在2013年《金融时报》世界500强排行榜中排第四十四位。

（六）纺织、制衣和制鞋工业

纺织业曾经是英国历史上最重要的工业部门之一，第一次工业革命正是起源于英国纺织业部门的革命，在18~19世纪，英国几乎垄断了全世界的纺织业生产和贸易。但19世纪之后纺织业开始衰落，特别是20世纪90年代以来，由于来自发展中国家低成本的激烈竞争，英国纺织业的衰落速度日益加快：仅1997~2001年的5年间，其产量就下降了30%之多。但不可否认的是，从就业、出口及产值来看，英国的纺织业在国民经济中仍起着重要作用，在世界上也仍占有一定地位。特别是2008年金融危机以来，英国政府重新开始推动制造业的发展，并启动了纺织业复兴计划，特别是依托其在高附加值产品领域的优势，重点推动中高档纺织产品的发展。另外，英国的毛纺织业和亚麻纺织业仍以其产品的高质量和不断创新而闻名于世。英国也是世界上主要的地毯生产国之一。2013年纺织业产值为115亿英镑，共有将近8万家公司，就业人数34万人（20世纪70年代纺织业就业人口多达80万人）。

二 能源工业

（一）概况

英国是欧盟国家中能源资源最为丰富的国家，也是世界上石油、天然气和煤的重要生产国之一。这是由英国的地质条件造成的。英格兰和苏格兰的广大地区在古代曾遍布沼泽化的森林，后来为岩石沉积物所覆盖，这些地区遂成为煤层的蕴藏区。较晚时期的沼泽化作用使泥煤矿床得以在北爱尔兰和苏格兰一些地区形成。而苏格兰的湖泊和不列颠群岛周围大陆架上的水下生物群后来被冲积物掩埋，经过地质构造作用转化为油页岩、石油和天然气。这就是北海和大西洋西岸英国大陆架油气田的成因。

英 国

煤曾在英国工业革命和早期经济发展过程中发挥过重要作用。英国煤的储量相当丰富，根据1937年第十七届国际地质年会的相关材料，英国煤炭资源的蕴藏量超过1800亿吨。不过，自20世纪50年代以来，随着石油与天然气等新能源的广泛开发和使用，煤的产量和重要性在不断下降。

20世纪70年代以前，英国的石油供应几乎全部依靠进口，直到20世纪70年代初期，英国能源的进口量还占其总消耗量的50%。但自20世纪五六十年代在北海发现油气田，并从70年代中期北海油田开始大规模开采以来，英国大陆架就成为重要的海上石油和天然气生产基地，英国也一度成为能源净出口国。不过，1999年以来，由于英国大陆架的石油产量逐年下降，导致英国的能源产量不断减少，1999~2013年共减少了62%。2004年，英国成为能源净进口国，煤、燃料、原油与天然气的进口量均高于出口量。2013年，英国的初级燃料供给量为2.135亿吨石油当量，其中，本国能源产量为1.1316亿吨石油当量。2013年之前，英国还是石油制品的净出口国，但由于2012年7月位于艾塞克斯的科伊顿（Coryton）炼油厂关闭，导致到2013年，英国自1973年以来首次成为石油制品进口国。当年各种能源的总需求为2.139亿吨石油当量，但最终消耗量为1.5亿吨石油当量，其中，石油占45%，天然气占32.5%，电力占18%，其他能源为4.5%。从能源消耗的部门构成情况来看，各部门所占比例分别为：交通部门占36%，家庭占29%，工业部门占16%，非能源用途占5%，其他部门占14%。2013年，英国的能源进口再创新高，为1.78亿吨石油当量，而出口则创下1980年以来的最低纪录，仅为7620万吨石油当量。当年能源的进口量占到了总消耗量的47%。

近10年来，英国能源部门的就业人数有所增加。2013年，英国能源工业直接就业人口为16.9万人，相当于全国工业雇员总数的6.2%，另外还有许多人间接从事与能源有关的工作，例如，仅与英国大陆架石油开发有关的辅助人员数量就有20万人左右。2013年，能源工业的产值占国内生产总值的3.3%（1982年的峰值高达10.4%，2000年以后则降至4%以下，其主要原因在于石油和天然气产量不断减少）。但最近10年来，能源部门的投资额则呈不断上升趋势，2013年，该部门的投资占英国总投资额的18%、工业部门投资额的56%。2013年，在英国20家最大的公司中，从事能源生产或销售的公司有4家，即壳牌石油公司、英国石油公司（British Petroleum，BP）、英国天然气公司（British Gas，BG）和英国国家电力公司（National Grid）。

（二）石油和天然气

几个世纪以来，英国陆上石油的开采量一直很少。第一次世界大战以前，英国的石油生产主要依靠兰开夏郡的油页岩，年产量在300万吨左右。第一次世界大战结束后，英国打出了第一口陆上油井。1939~1940年，共打出陆上油井250口。但直到20世纪60年代初，英国的原油年产量仅为15万吨，远不能满足国内需求，当时英国的石油供应几乎完全依赖进口。

1969年，在北海英国大陆架近海岸外首次发现石油，并于1975年开采成功，从而使英国丢掉了"贫油国"的帽子。1999年，英国原油和液化天然气的生产达到顶峰，原油日产量超过290万桶，即38.41万吨石油当量，但之后开始下降。2013年原油产量为4060万吨，还不到1999年的1/3。1999~2013年，原油产量年均下降8%左右。2011年，英国进口的石油首次超过出口。英国进口的石油主要来自于挪威、俄罗斯和石油输出国组织（OPEC）成员国。英国石油的出口市场则主要是荷兰、德国、法国和美国等国家。与此同时，随着几家炼油厂的关闭，英国的石油制品产量也在下降，英国于2013年首次成为石油制品净进口国。2013年英国共有7家炼油厂，生产石油产品6470万吨，比2000年减少了1/4，但其炼油能力仍很雄厚，仅次于德国和意大利。

尽管近年来石油产量呈不断下降趋势，但英国仍然是世界上重要的石油生产国。其原油产量居欧盟国家首位，在欧洲经济区国家中则仅次于挪威，是世界第九大产油国。截至2013年底，英国大陆架已累计出产石油35.83亿吨。英国石油最大的可能储量为10.84亿吨，其中具有技术可行性和商业开采价值的探明储量为7.46亿吨。

英国液化天然气的大规模生产同样受益于北海油田的开发。英国是欧

英 国

盟仅次于荷兰的第二大天然气生产国,但与石油生产的情况类似,自其产量于2000年达到峰值之后,近年来一直呈不断减少趋势。2000~2013年,英国大陆架液化天然气的产量以年均8%的速度在减少。2013年,英国天然气的产量为424亿立方米,仅为2000年产量的34%;总需求为851亿立方米,本国生产的天然气仅能满足需求量的一半。2004年,英国成为天然气的净进口国,2013年进口总量达到535亿立方米,其中,液化天然气的进口于2011年达到峰值,为275亿立方米,但2013年骤降为103亿立方米,其中,来自卡塔尔的进口量高达93%。

截至2012年底,英国已累计生产天然气2.45万亿立方米;天然气的总储量为3万多亿立方米,其中已探明储量为2.7万亿立方米。

英荷壳牌石油公司是世界第四大石油和天然气公司,在2013年《金融时报》全球500强企业中排第十七位,在英国排名第一。该公司1907年由皇家荷兰石油公司和英国壳牌运输贸易公司合并而成。壳牌集团原有持股公司两家,服务公司11家,业务公司280家,在全世界70多个国家拥有雇员9.2万人。2005年,英荷壳牌石油公司股东大会通过决议,将其两家控股母公司的董事会合并。该公司经营业务主要是石油,包括油气资源的勘探、开发、储运、提炼和大宗贸易等,此外还从事化工、金属、煤炭、核能等方面的业务。壳牌公司每天生产320万桶石油,共拥有30多家炼油厂和化工厂。总部设在海牙,在美国、荷兰和英国设有子公司。2013年该公司总资产2191亿英镑,营业额2933亿英镑,纯收入167亿英镑,公司市场价值1376亿英镑。

英国石油公司是世界第五大石油和天然气公司,在2013年《金融时报》全球500强企业中排第三十七位,在英国排名第四。英国石油公司的前身为1909年成立的英国-波斯石油公司,1935年改称英国-伊朗石油公司,1954年改称现名。英国石油公司主要经营的项目包括:石油勘探、生产、运输、精炼、销售,以及天然气、石油制品和化工塑料产品的生产和销售。英国石油公司最大的股东原为英国政府及英格兰银行,二者共持有该公司股份的51%。1987年英国政府开始将股权出售给公众,1996年英国石油公司完全实现了私有化。2013年,该公司实现营业额2358亿英镑,纯收入 72.7 亿英镑，总资产为 1841 亿英镑，拥有雇员 85700 名。

（三）煤炭

英国的煤炭工业可以追溯到罗马统治时期，并在很长时间内一直是英国的主要能源，特别是在 18 世纪和 19 世纪，煤炭在英国工业革命中起到了决定性作用。1913 年，英国煤炭的开采量达到峰值，为 2.92 亿吨，出口 7400 万吨，雇佣工人达 100 万人。二战后，煤炭工业被国有化，煤的产量开始下降。1947 年（煤炭工业国有化的当年）产煤 2 亿吨，1955 年时尚有 850 家煤矿在生产，但自 20 世纪 60 年代以来，由于其他能源的开发和应用，致使煤炭业迅速走向衰落。由于设备陈旧，20 世纪 80 年代中期，英国政府决定关闭一些不堪使用的老矿井，导致政府与矿工之间爆发了尖锐而持久的斗争。自此之后，煤炭业的衰落进一步加速。不过，目前煤炭在英国的不可再生能源消耗中仍占有相当重要的地位。英国的煤炭工业现在全部掌握在私人手中。

2013 年，由于一些煤矿关闭（包括苏格兰煤炭公司），煤炭产量再创新低，仅为 1300 万吨。自 2003 年起，英国就已成为煤炭的净进口国，2013 年进口煤炭 4900 万吨，主要从俄罗斯（占英国煤炭进口总量的 41%）和美国（占英国煤炭进口总量的 25%）进口。2013 年英国煤炭总需求量为 6000 万吨，是欧盟内仅次于波兰的第二大煤炭消耗国，占欧盟煤炭消耗总量的 19%。在就业方面，与整个工业部门的总体趋势相同，煤炭业就业岗位的下降速度非常快，到 2013 年底仅雇佣职工 3715 人，而 2011 年时还有 5972 人。

（四）电力

英国电力工业发达，基本上能够满足国民经济各部门和家庭的需要，但它是电力的净进口国，2013 年电量供应的 3.9% 依靠进口。英国的电力生产主要是火电和核能发电，水力与风力发电量所占比例很少。近年来，与英国燃料结构的变化相适应，天然气在电力生产所消耗的初级能源中占有的比重显著增加，煤炭所占比重则不断下降。2013 年英国的发电量为 359 太瓦时，是 1997 年以来的最低发电量；最终用电量为 317 太瓦时，生产能力为 85 吉瓦。按照所消耗的能源种类划分，2013 年，火电（燃煤

英 国

发电）占总发电量的 36%，天然气发电占 27%，石油发电占 7%，而可再生能源的发电量则呈不断上升趋势，达到了 15%，再次刷新纪录，这主要是由于风力发电和太阳能发电量大幅度增加，同时，这也使得低碳电量所占比例达到了 35% 的历史最高水平。从能源的最终消耗来看，民用用电量占总量的 30%，工业用电占 26%，商业用电占 21%，燃料企业本身占 8%，公共管理用电占 5%，交通占 1%，农业部门占 1%，另外 8% 则被损耗掉了。

核能是英国重要的一次性能源来源，英国也是世界上最早制定民用核能规划的国家。早在 1956 年，英国便已建成了一座核电站。1997 年，核能发电达到峰值，占到了全国发电总量的 26%，此后有所下降。2013 年，英国拥有 9 座核电站、16 台核电机组，所提供电力约占英国发电总量的 20%，但它们多数已老化，其中 8 座将在 2023 年前关闭。2008 年，英国政府发布了核能白皮书，重启核电发展计划；2011 年 7 月发布"国家核能政策声明"，宣布将新建 8 座新一代核电站，拟迎来"自 20 世纪 50 年代以来最大的核能复兴"；2012 年 11 月发布《新能源法案》，支持发展包括核能在内的新能源，并在 2013 年 3 月宣布了在英格兰西南部新建一座核电站的规划，这是 1995 年以来英国政府首次批准兴建核电站。2014 年 9 月，欧盟批准英国欣克利角核电站计划，2015 年 10 月 21 日，中国广核集团与法国电力集团达成战略投资协议，投资共建欣克利角 C 核电项目，中方投资 60 亿英镑，持股 33.5%。

（五）可再生能源

化石燃料是英国能源供应的最主要来源，2013 年占能源供应总量的 86.2%，但这已经是有史以来的最低水平。这得益于历届英国政府都非常重视开发和利用具有良好经济发展前景并有利于环境保护的新能源和可再生能源。

2009 年 7 月，英国政府公布了国家战略文件《英国低碳转型计划》，计划到 2020 年使来源于风能、潮汐能等可再生能源的发电量达到总发电量的 31%，核能发电量达到 8%。同时，根据欧盟 2009 年的"可再生能源指令"，到 2020 年时，英国的可再生能源须达到能源总消耗量的 15%。

为此，英国政府加大了发展可再生能源的力度，并于 2011 年发布"可再生能源路线图"，制定了相关目标以及相应措施，特别是规定了适当的财政激励措施，从而有效地推动了可再生能源的发展和应用。

2013 年，英国可再生能源的发电量为 53667 吉瓦时，是 2000 年的 5 倍多，约相当于英国发电总量的 15%。风能对可再生能源发电量的贡献最大，占到了 43%。在供热方面，可再生能源占到了能源消耗总量的 15%，相当于 173 万吨石油当量。与此同时，用于交通的生物燃油所占比重也在不断增加，2013 年共生产 3 亿升生物柴油，但与柴油的总使用量相比仍微不足道（不足 3%）。在英国当年所消耗的全部能源中，可再生能源占到了 5.2%。在全部可再生能源中，生物能源占 70%，其余 30% 分别来自于风能、太阳能和水能。

三 建筑业

建筑业部门的产出既包括新房建设，也包括房屋的维修和维护，同时还包括建筑材料的生产。

英国的建筑业在世界上颇负盛名，并多次参与世界上一些颇有影响的国际建筑工程。特别是在 20 世纪 80 年代末，英国建筑业一度扩展迅速；然而，该部门在 1990~1992 年的经济衰退中受到了沉重打击。从 20 世纪 90 年代下半期开始特别是 90 年代末期，建筑业得到迅速恢复。其中一个重要原因是为庆祝新千年而兴建了很多工程，从而极大地带动了房地产市场的发展，成为推动英国经济增长的关键因素之一。从 2000 年第一季度到 2007 年第四季度，建筑业产出增加了 17% 之多，但受金融危机影响，从 2007 年下半年起，英国房地产市场出现"泡沫"，房价下跌，新建住房的数量也不断减少。不过，随着全球经济从 2010 年起逐渐复苏，加之伦敦为主办 2012 年奥运会新建或翻修了多座建筑，英国建筑行业得到一定恢复。尽管如此，从 2008 年第一季度到 2013 年第二季度，建筑业产出仍然减少了将近 16%。不过，从 2013 年开始，在英国经济形势总体好转的情况下，建筑业实现了较快增长，特别是房地产市场持续升温，房价连续上涨。2013 年，建筑业产出为 900 亿英镑，占英国国内生产总值的

6.7%。其中，房屋维修和维护占建筑部门总产出的36%，新建房屋占19%，新建基础设施占11%，其他新建公共工程占9%，而其他类型的新建民用工程（包括工厂、仓库、加油站、商店等）占25%。

为进一步复兴建筑业，并将其作为拉动和保持英国经济可持续增长的重要部门，保持建筑业在世界上的领先地位，2013年7月，英国政府发布了"建筑业2025年战略"，制定了到2025年建筑业部门拟实现的目标。该报告认为，建筑业是一个大有前途的行业，到2025年，全球建筑业市场的增长将超过70%，因此为英国建筑业提供了诸多机遇。为此，报告提出，到2025年，英国建筑业拟降低成本33%，并将从接受订单到完成项目这一过程的速度提高50%，建筑部门的排放量减少50%，建筑产品与建筑材料的出口额增加50%。

建筑部门为英国的就业做出了重要贡献，2014年就业人数为290万人，约占全部就业人口的10%，其中超过35%为私营业主。英国绝大多数建筑工程都由私人公司经营，且多为小公司，其中97%的公司雇用人员不超过25人，雇佣600人以上的公司还不到建筑公司总数的1%，却承担了全国建筑工程总量的20%。除了在英国国内承担建筑工程以外，英国建筑公司的业务还遍及世界各地，其中包括建筑咨询业务。英国还向海外出口建筑材料，2014年的出口值为60多亿英镑，欧盟是其主要市场，但它每年还要进口将近140亿英镑的建筑材料。

第四节 服务业

在英国的经济统计中，服务业是一个十分宽泛的概念，泛指除第一和第二产业以外的所有非物质生产部门，即第三产业。服务业除包括批发和零售、金融、餐饮、旅游与娱乐业以及商务服务等服务性行业外，还包含教育、卫生、政府行政和防务部门等。英国服务业高度发达。2013年服务业产出超过了英国国民生产总值的3/4，就业人口约占全国就业人口总数的78%。

本节介绍的服务业不包括教育、卫生、政府行政和国家防务等公共部门，仅指通常所说的商业、金融和服务行业。英国的商业、金融服务业，以及为个人生活与休闲提供服务的各种产业都非常发达，尤其是金融服务业。伦敦作为世界上最重要的国际金融中心之一，其银行、投资、保险、期货交易和其他相关业务均在世界上占有重要分量。旅游、旅馆及餐饮业、计算机服务、会展服务，以及广告、市场研究、管理咨询等商业服务，则属非金融服务部门。2013年，非金融服务部门的产出约占英国全部非金融部门产出的55%，在英国经济中发挥着重要作用，但由于非金融服务部门的种类过于庞杂和分散，就不再一一做详细介绍，而仅着重介绍商业和除旅游业以外的服务部门，旅游业则有专门章节予以论述（详见本章第六节）。

一　批发与零售业

包括食品与饮料在内的产品配送和销售，是一项重要的服务业活动。它主要分为批发和零售两大类，并由此构成了庞大的销售网络。大型批发商和零售商或直接或通过承包商经营这一庞杂、广泛的销售网。2013年，英国批发与零售商业（包括汽车与摩托车的销售与维修）的增加值为1534亿英镑，占英国全部非金融类经济部门增加值的15%，营业额为14873.5亿英镑，这也是批发与零售商业部门的增加值自2010年来首次出现增长，但仍略低于金融危机爆发之前的水平。

2014年，英国从事批发业的企业为10.4万家，雇用员工112万人。2013年批发业（不包括汽车和摩托车销售）增加值为508亿英镑，自2008年金融危机爆发以来首次出现增长；营业额为9771亿英镑。在食品和饮料行业，几乎所有大型零售商都拥有自己的采购和中央配售业务，而其他许多小批发商和独立零售商则自愿结成一些具有"象征性"的集团，负责向其提供中央采购设施，并组织协调促销活动，以帮助企业保持竞争力。批发合作协会是向零售服务合作社提供商品与服务的主要供应商，是零售行业合作集团的创办与发起者。2000年4月，批发合作协会与零售服务合作社合并，组成英国最大的零售协作集团，负责合作社销售的90%的食品供应，其年营业额为47亿英镑，包括1100多家商店，员工超

211

英 国

过5万人。

2013年英国零售业部门（包括个人与家庭用品的维修，但不包括汽车和摩托车销售）的增加值为785亿英镑，占英国增加值总额的5%。零售业已经从金融危机的影响中得以恢复（2008年增加值为将近700亿英镑），当年的营业额为3588亿英镑，约占英国消费总额的40%。2014年英国共有19万家零售商，占全部注册企业总数的9%，但其中17万家雇员人数不足10人，总共有300万人在这一部门就业，全国75家最大的零售企业雇员人数占了66%。零售业雇员人数占英国全部就业人口的1/10，零售业也是英国规模最大的私营部门。零售业务涉及面非常广，包括从全国性的超级市场和其他零售网络，到独立的食品杂货商店、五金店铺、药房、报刊代理商以及其他零售商。从事多样化经营的大零售商发展得相当快，有些还通过子公司或特许协议等方式在海外营销。与此相反，小的独立零售商店和合作社一段时间以来则呈衰落之势。小零售商为增强竞争力，通常较大型超市和百货公司的营业时间更长，但是某些超市连锁店也在尝试每周6天、每天24小时营业模式。1994年之前，根据英国法律，所有商店星期日不得营业，但从1994年8月28日起，新的法律准许商店在周日营业，并且规定小商店可以自主决定营业时间，而大型商店（面积超过280平方米）则只可在周日上午10点到下午6点之间最多营业6个小时。

英国零售业最大的3家超市连锁公司是：乐购（Tesco），主要经营食品及药品等业务，2012年营业额645亿英镑，纯收入28亿英镑，总资产508亿英镑，市场价值307亿英镑，雇员52万人，为英国第一、世界第三大零售集团，在2013年《金融时报》全球500强企业中排第一百六十五位，在英国排第十九位，其食品销售占英国国内市场30%的份额，非食品类占5%。乐购于2004年进入中国市场，截至2012年9月，在中国47个城市拥有134家门店。2014年5月，乐购与中国最大的零售商华润万家集团成立合资公司。英国第二大零售集团为桑斯博里（Sainsbury），2012年营业额223亿英镑，纯收入6亿英镑，总资产123亿英镑，市场价值71亿英镑，雇员10万人。第三大零售集团为马莎集团（Marks and

Spencer），2012年营业额99亿英镑，纯收入5亿英镑，总资产73亿英镑，市场价值63亿英镑，雇员人数8.1万人。马莎百货于2008年进入中国，2015年进入北京市场。

近年来，从事多样化经营的大型零售业集团拓宽了其商品和服务供应的范围。大型零售商在经销家庭用品和服装的同时，将重点更多地放在销售自有品牌的食品杂货（占所出售商品超过半数）和环保产品上。"店中店"已成为普遍现象，店内设药品销售柜台、邮政代办点、顾客自助餐厅、出售化妆用品等，已成为许多大型超级市场的一个特点；同时这些超级市场往往还销售书籍、杂志、报纸、视频和电子产品等，一些大型综合百货商店还设有出售运动服装和体育运动器械的零售点。

此外，近年来随着电子商务的发展，绝大多数连锁超市都在不断扩大和改善在线销售与服务。目前英国已成为欧洲最先进、最具竞争力的电子商务国家之一。根据经合组织（OECD）的数据，2011年，英国是其所有成员国中在线购买商品和服务的消费者所占比例最高的国家（64%）。特别是在B2C商务方面，英国的在线销售额是全球平均销售额的3倍。2012年，英国零售业在线销售额达290亿英镑，约占英国零售总额的9%。

机动车辆及其零部件和汽油等相关产品的销售，是英国零售行业中的一个重要部门，大多数新车的销售业务都由汽车制造企业指定的拥有特许权的专营店承担。2013年英国汽车零售业以及相关服务与维修部门为英国经济贡献了307亿英镑的产出，占服务业产出总额的2.4%、英国经济总产出的1.9%，当年营业额为1514亿英镑，略高于2008年金融危机爆发时的水平。

二 金融服务业

（一）概况

金融服务业包括银行、保险、证券、金融衍生品以及基金管理，与此相关的专业性服务包括法律服务、审计和管理咨询等。金融服务业对英国经济起着举足轻重的作用。2014年，英国金融服务部门为英国经济贡献

了1269亿英镑的增加值,占全国总增加值的8%,直接就业人口110万人,占全国就业人口总数的3.4%;若加上间接就业人口,则该部门就业人数可达到210万人,占全国就业人口总数的7.2%。金融服务业还为英国的对外贸易和税收做出了重要贡献,是重要的贸易盈余部门,2013年金融服务业净出口789亿英镑,其中保险和养老金这两个部门的贸易盈余分别为209亿英镑和383亿英镑。2014年,仅银行业一个部门就为英国贡献了214亿英镑的税收,而整个金融服务部门则贡献了656亿英镑的税收,占当年税收总额的11.5%。

伦敦城指的是位于伦敦圣保罗教堂东侧一块面积仅为1平方英里(约2.59平方公里)的地方,聚集着数以百计的银行及其他金融机构。它在行政上是大伦敦的一部分,但拥有自己的市政、司法和警察机构。历史上,若得不到伦敦城市长的允许,连英国女王都不得进入。伦敦城以东的"金丝雀码头"被称为"新金融城",这里的规划和设计要更现代化一些。伦敦城是英国金融业的心脏与欧洲最大的金融中心,云集了英国与世界各国数百家重要的金融机构和交易所,其中有英格兰银行、伦敦股票交易所和劳埃德保险市场。伦敦金融服务业的增加值占到了全国金融服务部门增加值的一半。伦敦金融城的重要性还突出地表现在以下方面:①它拥有世界上第四大银行业部门,也是海外银行的聚集地,2014年有251家外国银行在伦敦设立了分支机构或办事处,同时,它是全世界最大的跨境借贷中心,拥有全球借贷业务的18%;②它是世界上第三大国际保险中心,也是欧洲最大的国际保险中心,2013年来自全球的保险金收入达到3300亿美元,占全世界国际保险业务总额的22%;③伦敦股票交易所是世界证券交易的鼻祖,其股票交易量位于纽约和日本之后,居世界第三位,这里交易的非英国股票占全球交易量的40%;④它是世界上最大的外汇市场,约占全球净外汇交易量的40%(2013年);⑤它是世界上第二大基金管理中心,它管理的对冲基金占全球对冲基金总量的18%、欧洲对冲基金的85%;⑥它是世界上最大的金融衍生品市场之一,占全球场外(OTC)衍生品交易量的49%;⑦它是世界上最大的黄金现货交易市场、船贷市场和重要的非贵金属交易中心;⑧它是重要的国际债券交易中心，占全球二级市场交易量的70%；⑨它可以提供全方位的辅助和支持服务，包括法律、会计和管理咨询等。

导致伦敦城具有如此重要地位且经久不衰的原因，主要有下列因素：①有长期的国际金融经营史，对许多外国金融机构具有特殊吸引力；②拥有大量金融机构、经验丰富的从业人员和最先进、最完备的通信网络；③政府的金融管制比较宽松，尽将限制性措施减少到最低限度，允许外国银行在同等条件下与英国同行进行竞争；④在进行欧洲外汇交易时，没有关于最低准备金的要求，也没有对利率的各种管制；⑤英国政局相对比较稳定；⑥伦敦的地理位置适中，与欧洲其他金融中心处于同一时区；⑦英语是银行界通用的交易语言；等等。

2013年，伦敦城直接就业人口为43.5万人，共有14385家公司，其中98.5%为中小企业，这些企业雇员人数占伦敦城雇员人数的48%。

除伦敦作为世界三大金融中心之一在英国的金融服务业中发挥着核心作用以外，爱丁堡、格拉斯哥、伯明翰、曼彻斯特、加的夫、利物浦、利兹和贝尔法斯特等英国城市也是重要的金融中心。其中苏格兰的爱丁堡和格拉斯哥并称欧洲第五大金融中心。

（二）银行业

英国银行业在国民经济中发挥了重要作用。在2008年金融危机爆发之前，英国银行业整体排名全球第二，但根据英国《银行家》杂志公布的2013年全球资产排名前1000名的银行榜单，当年英国银行业已跌至全球第十名。此后，英国银行业虽逐渐走出低谷，开始实现复苏，但整体实力无疑遭到了严重削弱。

英格兰银行是英国的中央银行，承担货币发行、对银行业进行监管和对金融市场进行管理等职能，所有商业银行在英国吸收存款都需要经过英格兰银行的批准。英国的商业银行主要包括存款银行（也称"零售银行"或"清算银行"）、商人银行（具有向政府和企业提供专业咨询的职能，也可吸收一定数量的存款）、贴现银行（英国特有的经营国库券和商业票据的金融机构，它在英格兰银行与存款银行之间，以及存款银行与工商企业之间，起着中介人的特殊作用）和海外银行的分行。此外，一些非银

英 国

行类金融机构，如房屋互助协会，也可吸收存款。到2013年底，英国共有300多家银行和包括房屋互助协会在内的金融机构获得了吸收存款的授权。英国的商业银行越来越向"全能银行"的方向发展，其从事的业务范围越来越广。此外，来自欧洲其他国家的100多家金融机构的分支机构也有权在英国从事跨境储蓄业务。

近年来，英国的银行业发展很快，特别是从20世纪90年代末开始，英国银行业的发展远远超过了其他金融服务部门。1979年，英国银行的总资产只占英国国内生产总值的65%，而到2014年，英国银行业的总资产已经超过国内生产总值的450%，其中规模最大的3家银行每一家的资产规模都超过了英国的国内生产总值。若按照银行业资产规模占国内生产总值的比例排名，英国仅次于瑞士，在全球排名第二。与此同时，英国银行与其他金融机构持有的外币资产比例非常高，超过了总资产的一半。

存款银行是商业银行中最主要的一种形式，与其他类型的商业银行相比，它有3个明显的特点：一是拥有最庞大的分支机构网络；二是吸收了英国80%以上的企业和个人存款；三是经营业务十分广泛，几乎囊括了商业银行的一切业务。近年来，英国的零售银行业务取得了前所未有的发展，而且越来越向集中化方向发展，苏格兰皇家银行、巴克莱银行、汇丰银行和劳埃德银行这四大银行控制了全国活期存款账户总额的68%、信用卡业务的61%、个人借贷的46%、储蓄存款的19%和抵押借款的17%。

英国的投资银行也很发达，欧洲一半左右的投资银行业务是在伦敦进行的。2013年，在全球最大的15家投资银行中，英国有3家（巴克莱银行、汇丰银行和苏格兰皇家银行），这15家投资银行都在英国设有分支机构。

英国的非银行类金融机构有信托储蓄银行、房屋互助协会、保险公司、投资公司、租赁公司和国民汇划银行等各种形式。目前银行和非银行类金融机构之间的区别已变得越来越模糊，事实上这两类机构的服务都多样化了。不过，在银行的"零售"与"批发"业务之间还是有一些区别的。"零售"业务的服务对象主要是个人消费者和小企业，主要业务是资金的储蓄和支取手续，以及钱钞的传送体系。"批发"业务则包括以更高的利率接受大宗储蓄，在货币市场调度基金，以及大笔贷款和投资。几乎所有银行都从事大规模交易活动，包括一些商人银行和海外银行，而且有很多业务是在银行之间进行的。在英国，约有85%的家庭至少有1人在银行或房屋互助协会有活期存款账户。

英国银行业在经历了长期持续增长之后，受到2008年金融危机的冲击，一度陷入严重衰退。最先受到冲击的是北岩银行，该银行原为英国第五大抵押贷款银行，于2007年9月陷入挤兑危机，这是英国银行1866年以来的首次零售存款挤兑事件，其直接后果导致英国政府不得不于2008年2月收购了北岩银行的全部股份（2011年底出售给维珍集团）。2008年10月，英国政府公布第一项银行救助计划，提供总值5000亿英镑的资金，帮助英国银行渡过难关；2009年1月又公布了总值500亿英镑的第二项银行救助计划。英国政府先后收购了苏格兰皇家银行（曾为世界第五大银行）和劳埃德银行81%和43%的股份。自2012年起，在英国四家最大的银行中，汇丰银行和巴克莱银行已经实现盈利，但苏格兰皇家银行和劳埃德银行经营状况仍未见明显起色，仍处于较严重的亏损之中：2012年，苏格兰皇家银行亏损51.65亿英镑，劳埃德银行亏损5.7亿英镑。2013年，英国四大银行实现营业收入约1080亿英镑，较2008年减少13%。各大银行均采取了通过裁员缩减开支以实现盈利的手段。到2013年底，英国四大银行全球雇员人数为60.6万人，比2008年下降了24%，创2004年以来的最低水平。各大银行正在努力完成资产重组，恢复正常营业状态。例如，苏格兰皇家银行已经开始进行整顿，并已启动私有化计划，但这一过程可能需要很长时间。

截至2013年底，英国最大的四家银行资产和营收情况分别为：汇丰银行，总资产16513亿英镑，市场价值1304亿英镑；巴克莱银行，总资产14873亿英镑，市场价值374亿英镑；劳埃德银行，总资产9203亿英镑，市场价值343亿英镑；苏格兰皇家银行，总资产13089亿英镑，市场价值168亿英镑。

(三) 保险业

英国是世界第三大保险业市场（仅次于美国和日本），也是欧洲最大的保险业市场，其保险收入约占欧洲市场总额的24%。保险业务分为两种：长期人寿保险和一般保险。一般保险业务涵盖的范围很广，包括火灾、意外事故、普通债务、汽车、航空和运输事故等。2013年，英国共有387家公司从事人寿保险，911家公司从事一般保险。除劳埃德公司（与劳埃德银行同名，但不是同一公司）外，英国本土著名的保险公司还有：阿维瓦商联保险公司（Aviva）、保诚保险公司（Prudential Legal and General Group）、耆卫公司（Old Mutual）和标准人寿保险公司（Standard Life Assurance）。保险业在英国经济中占有重要地位。2013年，英国保险业的产出为250亿英镑，超过金融服务业增加值的1/5。它还是英国主要的出口部门，其纯收入的26%来自于海外业务。英国保险业每年缴纳税收超过120亿英镑。截至2013年底，英国保险业管理的投资为1.8万亿英镑，占全国投资总额的25%。2013年英国在世界范围内的保险收入总额达1912亿英镑，保险业从业人数将近32万人。

英国家庭的参保率比较高，有76%的家庭购买了家庭财产保险，74%的家庭购买了汽车保险，64%的家庭购买了住房保险，63%的家庭购买了人寿保险。

伦敦是世界上主要的保险业中心之一，也是全球最大的再保险中心之一。1688年开业至今的伦敦劳埃德公司是一个国际性保险市场，以经营高风险保险业务闻名于世，它本身并不直接承接保险业务，而是一个由99家企业联合体（辛迪加）组成的保险交易市场，其业务遍及世界200多个国家和地区，94%的"富时100指数"公司和全部"道琼斯指数"公司均在劳埃德市场投保。2013年，劳埃德市场保费收入为261亿英镑，占整个英国保险业务额的18%，实现税前利润32亿英镑，是2009年以来利润率最高的一年。

(四) 资本市场

资本市场是中长期资金的交易市场，由直接从事借贷活动的中长期借贷市场与证券市场构成。伦敦股票交易所是纽约和东京之后的世界第三大股票交易所，为保持伦敦作为国际金融中心的地位发挥着极其重要的作用。除伦敦以外，伦敦股票交易所在贝尔法斯特、伯明翰、格拉斯哥、利兹和曼彻斯特等地还设有分支机构。伦敦是全球重要的证券和债券交易中心。截至2015年2月，共有2424家公司在伦敦股票交易所挂牌交易，证券市值4.24万亿英镑。其中，在主板市场挂牌交易的有1088家公司（海外公司有303家），证券市值达4.16万亿英镑；创业板市场挂牌交易的公司有1336家，证券市值800亿英镑。至2015年2月，在首次公开发行业务领域，伦敦股票市场共有5165家公司，市场价值1.8万亿英镑。

（五）货币市场

伦敦货币市场包含银行之间的储蓄市场，再加上一定范围内通常是短期且可转让的证券交易。在这些市场中，银行是主要参与者，但要受英格兰银行的监督。

货币市场的活动主要是借贷或投资于国外市场，尤其是为进行国际贸易和投资而筹措资金。货币的转让主要以美元、欧元等重要国际货币的形式进行。

伦敦是欧洲货币市场的中心，吸纳了大多数主要的国际银行和证券公司。参与者有多国贸易公司、金融公司、各国政府，以及国际组织，如世界银行和国际投资银行等。近年来欧洲证券市场已有了相当大的发展，主要是因为包括欧洲债券、欧洲中期票据和欧洲商业证券等在内的证券交易被看作是一种比银行贷款更为灵活的选择。

另外，由于伦敦在国际贸易和国际金融方面所处的重要地位以及英镑作为一种重要的国际结算货币，伦敦成为世界上最大的外汇交易中心之一，每天的交易量超过全球净交易量的30%。

第五节　交通与通信

英国的交通运输和通信等基础设施发展很快。英国的公路四通八达，尤其是高速公路的建设不断加快，在全国形成了一个广泛而有效的网络，运输效率不断提高。随着城市间高速火车运营范围的扩大，英国城市间的

英 国

铁路客运已成为世界上班次最多的交通系统之一。英吉利海峡海底隧道的开通，使英国的铁路运输系统与欧洲大陆直接联系起来，大大提高了运输能力。近年来，英国对海港、机场和空中交通控制设备等方面的投资也有所加强，例如，2000年7月英国政府宣布了一项10年投资计划，公共与私人部门计划于2001~2010年投资1800亿英镑，用于推动国家交通系统的现代化。20世纪90年代末以来，特别是金融危机爆发后，为刺激经济增长，英国政府将大力发展基础设施作为工作重点之一，用于公共交通的投入逐年增加，于2009/2010财政年度达到峰值，为230亿英镑，此后有所下降；到2013/2014年度又有所增加，为202亿英镑，其中34%用于铁路的建设和维护，26%用于地方公路的建设，17%用于发展公共交通，15%用于国家级道路，其余8%用于其他交通设施。2013年12月，英国政府公布了《国家基础设施建设计划》，拟在之后的20年于能源、交通、通信和水利等项目上投资3750亿英镑，以改变过去基础设施投资不足的状况。其中，2015年有700亿英镑投入公路、轨道交通、港口和机场等交通设施的建设。与此同时，英国的电信基础设施建设也在不断得到发展。

一 交通运输

（一）概况

英国的客运发展非常迅速，在20世纪最后30年间，汽车、轿车和出租车的客运量翻了一番，空运特别是国际航线出现了持续且较大幅度的增长。火车的客运量在一段时期内曾有所下降，但后来也出现了较大增长（例如，2001~2013年铁路客运里程增长了15%）。汽车是居民出行的主要交通工具，1999年英国客运总里程为7280亿公里，之后增长速度有所放缓，到2007年客运总里程达到7920亿公里之后开始下降，2013年为7680亿公里，其中各类小汽车、轿车和出租车合起来占客运总里程的83%，公共汽车占5%，铁路占9%，摩托车占1%，自行车占1%，空运占1%。就陆路交通而言，85%的旅客出行系由各类小汽车、家庭轿车和出租车运送，而公共汽车和铁路的运送量分别为6%和9%。

在货物运输方面，大部分货运都由公路运输承担。按货物运输里程计算，2013年英国全部货物运输（国内）为220亿吨，比2005年的峰值下降了14%之多，其中公路占68%，火车占9%，水路占18%，管道运输占5%。若按货物运输的重量计算，则公路占81%，为14.75亿吨。

总体上看，英国公共交通的利用率比其他欧盟国家要低，特别是乘公共汽车出行的比例自20世纪50年代以来呈持续下降趋势。主要原因在于，近年来英国私人汽车的拥有量在不断上升。1951年，拥有私人汽车的家庭只占英国家庭总数的14%；到1994年这一比例上升为69%，其中24%的家庭拥有两辆或两辆以上私人汽车；到了2013年，拥有汽车的家庭比例增加到75%，拥有两辆以上汽车的家庭为32%。若按人口计算，2013年每100人拥有汽车56辆（1950年仅为8辆）。在17岁以上的人口中，拥有驾照的比例为73%（1975年为48%）。然而，私人汽车过多也造成了交通堵塞和空气污染，英国政府近些年采取了多种措施设法解决这一问题。例如，2003年开始在伦敦征收交通拥堵费，这一措施收效显著，进入伦敦的汽车数量减少了20%。

但从总体上看，英国的机动车数量仍然有增无减。2013年底，在英国领有许可证的机动车辆已达3503万辆，比1994年时增加了39%。其中2914万辆是小汽车，比1994年增加了37%；335万辆是轻型货车，46.9万辆是载重量在3.5吨以上的重型货车，摩托车、机动脚踏两用车和低座小摩托车共122万辆，公共汽车16.5万辆，其他类型的交通工具68.7万辆。2013年新增注册车辆271万辆，其中小汽车223万辆。自1950年有统计记录以来，新增注册车辆总体呈不断增加趋势，其中2003年新增车辆最多，为320万辆。

2014年，英国交通部门（包括仓储部门）就业人数为14万人。

（二）汽运

2013年英国新增公路571公里，公路总长度为39.5万公里，其中3617公里为高速公路，50391公里为主干道，其余为各级地方公路。

在英格兰，公路干线包括大多数高速公路的建设与管理，由运输大臣负责；在苏格兰由苏格兰事务大臣负责；在威尔士则由威尔士事务大臣负

英 国

责。中央政府提供公路建设和养护所需的大部分费用，运输部下属的公路机构具体负责英格兰公路的建设、改善和养护。在北爱尔兰，上述事务由北爱尔兰环境部下属的道路服务机构负责。非干线道路在英格兰由郡议会、大城市区议会、伦敦自治市议会等地方机构负责，在威尔士和苏格兰则由单一的公路机构负责。英国政府2000年公布的10年投资计划提出，公共部门投资213亿英镑用于战略公路网建设，私人部门投资25亿英镑用于帮助缓解交通拥堵压力。2012/2013年度，英格兰用于道路建设和维修的投资为64亿英镑，其中18亿英镑用于主干道的维修和建设。2014年12月，英国政府公布了一项投资建设80多条新道路的计划，拟投资150亿英镑，主要用来改善伦敦至东南线、南海岸线以及英格兰东北部的高速公路。该项投资被认为是20世纪70年代以来最庞大、意义最为深远的道路计划。

在公共交通方面，2013年，英国共有4.2万辆公共汽车和长途公交车，其中32%为小巴或中巴，22%为双层公共汽车。除由地方机构经营的17家公司外，几乎所有的公共汽车服务都由私人经营。5家主要的大公司集团控制着公共交通服务，它们大多还从事其他交通服务项目，有的还将业务扩展到了海外。不过，也有一些小业主拥有不超过5辆运营车辆。大多数公共运输服务都是商业性质的，约占运营总里程的83%。

在公共交通的运力方面，伦敦的公共汽车运行里程占整个英格兰的一半多，但负责为伦敦提供公交服务的机构并不拥有自己的公共汽车，而是通过合同来组织并负责监督30家私营公司经营的750条公共汽车线路。伦敦公共汽车客运章程对服务标准有规定，公共汽车享有一些优先权，例如公交专线和交通信号灯优先等。另外，伦敦还对公交车是否有方便残疾人士的设施有规定，截至2014年3月，英国有94%的公共汽车可供残疾人士乘坐（2005年时这一比例仅为52%），伦敦的比例则高达99%。伦敦的双层巴士于1954年7月开始正式运营。此前伦敦的公共交通工具主要是有轨电车，二战后随着经济的恢复与发展，城市交通拥挤问题日益突出，有轨电车在伦敦狭窄、多弯路的街道上行驶多有不便，市政府决定以双层巴士取代有轨电车。双层巴士的出现，不仅一度有效地解决了伦敦的交通拥挤问题，而且它那带着浓厚英国特色的设计和红色的车身，成为伦敦街道一道亮丽的色彩，也成为伦敦的一种标志。不过进入 21 世纪后，双层巴士也显露出其运营成本高、无法让坐轮椅的残疾人搭乘等问题。为使伦敦交通现代化，2004 年伦敦市政府决定，从 2005 年起淘汰双层巴士，代之以更舒适的被称为"柔性巴士"的新型公共汽车。目前伦敦还保留了少量红色双层巴士，主要用于观光旅游。

英国的长途汽车服务也由私人经营，政府对其行驶路线和运行车辆的数量都没有限制。全国快车公司经营着一个全国性的线路网络，大部分是由国家特许的。跨国长途客运需要得到本国政府的授权和对象国的批准。在欧盟内，大多数旅游服务已实现了自由流动，从 1993 年起，只要是在欧盟境内，同一辆旅游客车可以全程运送同一个旅游团，自 1996 年 1 月起，这一规定扩大到所有非定期性质的服务。

出租车也属于公共交通系统。2013 年，在英格兰和威尔士总共有 7.8 万辆获得营运许可的出租车（威尔士仅有 5000 辆），主要在市区运营；苏格兰约有 9000 辆；北爱尔兰有 1.1 万辆。伦敦和其他几个大城市对出租车有严格的要求，例如，出租车必须能够为坐轮椅的残疾人提供服务（英格兰和威尔士共有此类出租车 4.53 万辆）；再如，地方政府有权限制出租车的数量。另外，在伦敦以外的地区还有供私人雇用的领有执照的其他机动车辆，英格兰和威尔士共有 15.26 万辆。

（三）铁路

英国于 1825 年修建了世界上第一条铁路。1948 年英国的主要铁路公司实行国有化，由英国铁路委员会统一管辖，1997 年铁路服务又重新完成了私有化。

英国的铁路体系主要包括：铁路轨道公司，负责经营全国所有的铁路轨道与基础设施；3 个铁路车辆公司，主要出租机车与旅客车厢；25 个客运列车运营公司；4 个货运服务公司；7 个基础设施维修公司和 6 个轨道维护公司。铁路轨道公司拥有的资产包括 3.2 万公里铁路轨道，4 万处桥梁、隧道和高架桥，2500 座车站，以及通往 1000 多个货运终端的连接线路。除 14 个主要大站由铁路轨道公司直接经营外，其余车站全都出租给拥有客运服务特许权的 25 家客运列车运营公司管理。

英　国

英国铁路服务重新私有化后交通事故频发，舆论认为，其原因有：①铁路设备陈旧。②20世纪90年代铁路运输重新实现私营化后，为防止出现垄断，政府将完整的铁路系统分割成众多经营实体，结果形成多头管理而实际上无人真正负责的状态，导致铁路运营体系混乱。③尽管近年来对铁路的投资相当可观（例如，在英国政府2000年启动的一项为期10年的投资计划中，私人部门对铁路服务的投资超过34亿英镑，公共部门的投资将近15亿英镑），但实际上远远无法满足资金需求，英国的铁路运输系统已明显落后于欧洲先进国家，这一点备受诟病。解决和完善铁路交通体系，是英国政府面临的一项十分紧迫的任务，为此，近几年英国政府计划加快高速铁路的建设。2003年，英国开通了第一条高铁，是从伦敦穿越英吉利海峡直到法国巴黎的跨国线路，总长109公里。英国的第二条高铁于2012年启动，是一条贯穿英国南北的线路，总长525公里，第一期工程从伦敦到伯明翰，预计2026年完工；第二期工程从伯明翰至利兹和曼彻斯特，预计2033年完工。

英国铁路货运量的80%系大宗商品，主要是煤、焦炭、铁和钢、建筑材料和石油。1994年英吉利海峡海底隧道的开通为非大宗货物的运输提供了重要机会。这项欧洲规模最大的民间工程总共投入约90亿英镑资金，全部由私营部门提供。

英国铁路的发展在20世纪50年代达到高峰，铁路总长超过了3万公里；自1959年开始，铁路长度逐年下降，到2014年，英国铁路总长仅为15753公里。但从20世纪90年代开始，英国的电气化铁路发展很快，呈逐年上升态势，到2014年时已有5268公里。尽管铁路长度不断下降，运送乘客数量却逐年增加，2014年铁路客运总量为600亿人次/公里。在货运方面，若按照运输里程计算，则货运量为227亿吨/公里，其中，煤占了37%；而若按照运输的重量计算，则当年总运量为1.17亿吨，比1980年减少了24%。

（四）伦敦地铁

1863年世界第一条地下铁路在伦敦开通。经过150多年的发展，截至2015年底，伦敦地铁共有11条线路，270座车站，总长度402公里，是世界上最长的城市地铁。地铁是伦敦交通的大动脉，日客流量约350万人次，2013/2014年度共运载乘客126.5亿人次，是1983/1984年度的2倍。伦敦地铁公司是一家规模巨大的股份有限公司，该公司明确承诺，若地铁晚点15分钟以上，便要向乘客履行赔偿责任。

2003年以来，伦敦地铁公司投资了5.68亿英镑用于扩建新线路和改造旧有线路。此外，依据一项被称为"公私伙伴关系"的投资计划，维修和更新伦敦地铁基础设施的责任将交由私人部门负责；而伦敦地铁公司将继续承担安全和客运服务方面的责任。按照与伦敦地铁公司签订的合同，私人部门的经营期为30年，以后再将全部资产交还公共部门。根据该项计划，私营部门15年内将为地铁网络提供80亿英镑的投资和50亿英镑的维修费用。但在实施"公私伙伴关系"投资计划问题上，伦敦市政府曾同中央政府有过分歧。

除伦敦外，格拉斯哥是唯一拥有地铁的英国城市，于1896年建成开通，是世界上第三个开通地铁的城市。格拉斯哥地铁只有1条线路，15座车站，全长10.5公里。2011年3月，苏格兰政府批准了一项投资2.9亿英镑的计划，用于对格拉斯哥地铁进行全面升级改造。

（五）水运与港口

英国有发展海运的有利条件：其海岸线有许多深海湾与海港；环绕大不列颠岛的北大西洋暖流使英国的港湾从不封冻，终年可以航行；大不列颠岛的任何地方距离海岸都不超过120公里，英国大部分地区都可以发展和利用海运。因此，海上运输业很早就得到了发展，并对英国的经济与国防具有重要影响。英国内河可通航里程约3200公里，其中620公里用于货运。泰晤士河是最繁忙的内陆水运通道，其次为福斯河。

据统计，英国对外贸易（按重量计算）的95%是通过海上运输完成的（若按价值计算则为75%）。鉴于英国的商船吨位一直呈下降趋势，英国政府已采取措施鼓励振兴本国造船工业，并鼓励本国船只在国内登记。2001~2008年，英国500吨以上的商船曾经一度从476艘增加到了631艘，但之后又开始下降，到2014年时为508艘，其中30艘为客运船只，总吨位1628万吨。如果加上英国海外附属领地的商船，英国拥有的商船

数量能够排到全世界第十位；但若仅计算英国本土拥有的商船数量，则英国仅能排到第十六位。

2013年，英国海运总收入为81.27亿英镑，比2008年的峰值下降了22%。其中货运总收入36.71亿英镑，船只出租收入31.60亿英镑，客运收入12.96亿英镑。

英国具有商业价值的港口约有100个，其中有52个吞吐量在100万吨以上，同时还拥有数百个小港湾供地方货运、渔船停靠、岛屿间的摆渡与游乐使用。英国的十大主要港口为：伦敦、格里姆斯比－因明翰、蒂斯－哈特浦尔、福斯、萨仑沃、南安普敦、米尔福德－黑文、费利克斯托、利物浦和多佛。

2013年，英国主要港口承担的货运贸易量为5.03亿吨，其中约4/5为国际贸易：进口为2.72亿吨，出口为1.36亿吨，国内贸易仅为9600万吨。主要港口承担着98%的货运，而小港口的货运能力加起来仅占2%。不列颠港口联合集团（Associated British Ports）是英国最大的一家港口所有者，拥有21个重要港口，它所承担的货运量达9390万吨（其中3000万吨为出口货物），约占英国海运货物总运量的25%，年产出约为56亿英镑。

近年来，英国国际海运的客运量呈逐年下降趋势。1999年国际海运乘客为5000万人次，而2014年仅为2132万人次。抵达或离开英国的乘客几乎都来自欧洲大陆或爱尔兰，其中，来自法国的乘客占74%。英国南部和东、西部的港口运输繁忙，是来往于英国与欧洲大陆之间的重要交通枢纽。

（六）民航

2013年，英国所有航空公司的飞行总里程为18.04亿公里，低于2007年的峰值（19.25亿公里），其中国际航班飞行里程为16.83亿公里，国内航班为1.21亿公里。若按是否固定航班划分，则固定航班飞行里程为14.88亿公里，非固定性航班的飞行里程为3.16亿公里。全年运送旅客总数1.36亿人次，其中国际旅客1.16亿人次，国内旅客2000万人次；固定航班运送的旅客为1.18亿人次，非固定航班为1800万人次。客机上座率为83.9%，其中，国际航班上座率为84.4%，国内航班上座率为

69.3%。在货物运输方面，2013年英国航空公司共运输货物111.5万吨，低于2007年的峰值（123.3万吨），其中国际货物运输104.8万吨，国内货物运输6.7万吨。

英国的航空公司全部为私营，一些重要的空港也是如此。1971年，英国航空公司（British Airways）由英国海外航空公司和英欧航空公司合并而成，总部设在伦敦，是英国最大的航空公司，也是世界上最大的国际航空公司之一。英国航空公司的航线涵盖全世界70多个国家，总长约64万公里，班机服务网络包含170个目的地。主要业务是提供民航运输，并向世界各地提供咨询及管理服务，同时提供飞机维修、导航以及电子数据处理业务。2013年度它的营业额为114亿英镑，运送旅客4000多万人次，其主要航线班机的旅客负载率为79%。截至2013年底，英国航空公司拥有280多架飞机，包括空客380和波音787等机型。它与全世界135个国家的641个班机起降站建立了庞大的航空服务网络，拥有雇员4万名。

截至2013年底，英国共有机场59座，其中21座机场的客流量在100万人次以上，36座客流量在10万人次以上。伦敦共有5座机场，占全国总客流量的61%和承运货物运输量的78%。伦敦希思罗机场是世界上最为繁忙的国际旅客集散地之一，也是英国最重要的旅客和货运空港。2013年这里承运旅客7230万人次，占全国所有机场承运旅客总数的32%，承运货物142万吨，占全国所有机场承运货物总重量的63%。伦敦盖特威克机场是仅次于希思罗机场的英国第二大空港，也是世界第六大国际空港，还是世界上最为繁忙的单跑道机场。2013年盖特威克机场总共承运旅客3540万人次。除伦敦以外，英国其他重要的地区性空港有曼彻斯特、爱丁堡、伯明翰、格拉斯哥等。2013年，英国所有机场共承运旅客（包括出发和到达）2.28亿人次，是2008年以来的最高值，但仍低于2007年的峰值。2013年，英国所有机场共运输货物226万吨。

二　通信业

（一）电信业

在英国的经济部门中，电信业是发展最快的部门之一。在诸如移动电

英 国

话和网络服务这样一些新兴的服务业中,增长势头尤其强劲。英国是最早在电话服务领域实行自由化的欧盟国家之一,自1981年以来,政府就采取各项政策促进市场竞争,并在1984年将原属垄断性质的英国电信公司(British Telecom)私有化,鼓励私人公司进入电信市场,提供各种电信服务。1991年,政府对电信政策进行重新审查,结束了仅有两家公司垄断市场的局面。截至2013年底,已有300多家供应商获得了将近400个许可证。英国还积极推动国际电信市场走向更加自由开放,但随着互联网的发展和广泛应用,近年来英国电信市场的营业收入呈现下降趋势,2013年营业额约为386亿英镑,而2008年为416亿英镑。

电话是英国家庭最广泛使用的消费品之一,到2007年,拥有电话的家庭所占比例已经达到了99%,但自2008年以来,固定电话拥有量不断减少。2013年,全国共拥有固定电话线路3340万条,2008年时还有3420万条;同时,固定电话的通话时长也急骤下降:2013年为916亿分钟,而2008年时则高达1407亿分钟;固定电话业务的营业收入也出现一定程度的下降:2013年为84亿英镑,而2008年时则为102亿英镑。除了互联网的发展,移动电话拥有率和使用率的增加是导致固定电话业务量下降的另外一个重要原因。截至2014年第一季度,英国93%的成年人拥有移动电话,其中,拥有智能手机的成年人占61%,但这一年移动电话的注册数量首次开始下降,而且,移动电话市场的营业收入也略有下降,为156亿英镑。

英国电信公司的历史可以追溯到1846年英国电报公司的成立,1984年成为一家私人公司,但直到1993年,英国政府才将其持有的股份全部出售,该公司完全实现私有化。公司总部设在伦敦,主要业务是提供电信服务、信息服务以及生产电缆、电视机。它掌管着世界上最大的公共电信网,在英国拥有2000多万条固定电话线路,4800万条宽带线路,5600部电话交换台,超过1.28亿公里铜线,超过1100万公里光纤网络,以及广泛的IP电话主干网络。截至2014年第一季度,英国电信公司的固定电话业务占英国市场份额的37.6%,在全世界170多个国家拥有用户超过1500万,雇员达8.9万人。2013年度公司营业额193亿英镑,纯收入20

亿英镑，资产总额 233 万亿英镑，市场价值 219 万亿英镑。

沃达丰公司（Vodafone）成立于 1984 年，1985 年开始生产移动电话，1987 年已被公认为世界上最大的移动通信公司；1999 年和 2000 年先后完成对美国移动电话集团 Air Touch 和德国曼内斯曼集团的并购，并于此后继续实行扩张战略，到 2013 年在全球 27 个国家均有投资，并在另外 14 个国家与当地运营商合作经营移动电话网络。按市场资本排序，在 2013 年《金融时报》全球 500 强企业排行榜上，沃达丰是仅次于中国移动的世界第二大移动电话集团。沃达丰也从事与先进的互联网应用技术有关的业务。截至 2014 年底，它在全世界范围内拥有客户 4 亿家，2013 年营业额达 464 亿英镑，纯收入 69.57 亿英镑，资产总额 1376 亿英镑，市场价值 912.8 亿英镑，雇员人数 8.6 万人。

（二）互联网

近年来，英国的互联网发展速度相当快，尤其是英国电信公司于 2002 年 2 月大幅度下调宽带服务费之后，英国家庭的宽带接入率快速上升，其人均互联网接入率在全世界仅次于美国和北欧国家。截至 2014 年第一季度，英国互联网用户已达到 2260 万，接入率为 82%（2002 年时这一比例仅为 46%），宽带接入率达到 77%。就年龄层次而言，75 岁以上成年人能上网的比例仅为 32%，而 16~24 岁的人口中上网比例为 94%。就受教育程度来看，70 岁以下、拥有大学学历以及相当于大学学历的成年人在家中上网的比例为 93%，而所有家庭成员均没有正式文凭的家庭，其互联网接入率仅为 56%。在固定互联网的市场占有率方面，英国电信公司所占比例最高，为 31%，维珍媒体（Virgin Media）为 27%，滔客公司（TalkTalk）为 15%。近几年来，高速光纤成为固定互联网的发展热点。2000 年英国开始建设高速光纤，截至 2014 年第一季度，其用户已达到 610 万，接入率为 26.7%。

2014 年 2 月，欧盟委员会批准了英国通信管理机构英国电信办公室（Ofcom）解除对 70% 的批发宽带接入市场进行监管的计划，以促进竞争、创新和投资。

随着智能手机的应用越来越广泛，移动互联网成为新的热点，2014

年英国移动互联网接入率达到57%，而2009年时这一比例仅为20%。随着互联网的发展，电子商务也越来越发达，2013年，互联网广告收入达到10.3亿英镑，而2009年时还仅为3800万英镑。

（三）邮政服务

英国的邮政服务始于1635年，它也是世界上第一个发行背面带胶水的邮票作为预付邮资的国家。1840年，英国建立了一套面向公众、统一收费的信函传递系统，发行了世界上第一枚邮票，标志着现代邮政事业的开始。在此后的一个多世纪，它一直走在世界邮政改革的前沿。1911年英国开辟了世界上第一条按预定时刻运营的航空邮递线路；1919年开辟了世界上首条跨国航空邮路；1980年在伦敦与多伦多之间成功实现卫星传送文件，开始了世界上第一项电子邮件业务。当今英国邮政已形成了可观的效益和规模，2013年度全国邮政网络的收入为75亿英镑，连续三年实现增长，并已超过金融危机前的水平（2008年为70亿英镑），当年投递的邮件总数为148亿件，自2008年以来呈逐年下降趋势（2008年为206亿件）。其中，皇家邮政集团（Royal Mail Group）的投递业务约占全国邮政业务总量的90%（其他邮政服务公司当年处理的信件为5610万件）。其国际邮政服务有着良好的信誉，服务费也比较低。皇家邮政集团在希思罗机场有邮件处理中心，处理80%的对外邮件，每周有1400个航班向全世界的280个地点直接发送邮件。皇家邮政集团2013年度营业收入为73亿英镑，占全国邮政系统营业总收入的97%。

皇家邮政集团的邮件拣选全部实现了机械化。英国的明信片制度是世界上最复杂也是最便利的，它可以用机械将明信片拣选到邮递员可抵达的就近街道，有时甚至可直接拣选到客户的地址。"世界包裹邮务"提供一种特别服务，在英国和世界上239个国家和地区经营直接快速投递业务。

为适应21世纪信息社会和电子商务大发展的新形势，近年来英国政府与邮政运营部门加大了改革力度。首先，增加投资，采用新技术，不断推出新业务。为适应电子邮件和互联网发展的需要，邮政部门推出了信件和电子邮件混合业务，发件人得以通过传统邮寄渠道将电子邮件发送给没有上网的用户。1999年，这项业务扩展到了100多个国家和地区。其次，加大跨国并购力度,为参与国际邮政市场竞争做准备。1999年英国邮政总局收购了德国第三大私人包裹投递公司。2000年3月它又同荷兰和新加坡的邮政机构组成世界上最大的国际邮务合资企业。最后,推进私有化进程,加快内部重组。皇家邮政集团原为国有企业,根据2011年的《邮政服务法》,开始推行私有化进程,2012年4月,"邮政股份有限公司"从皇家邮政集团分离出来,成为一家国有公司。截至2013年底,英国政府仅持有皇家邮政集团30%的股份。皇家邮政集团于2013年10月在伦敦证券交易所上市,并于当年12月被收入"富时100指数"。目前该集团除拥有皇家邮政公司之外,还拥有专门负责投递包裹的"世界包裹服务公司"(Parcelforce Worldwide)以及一家国际物流公司"国际物流系统"(International Logistics Systems)。

英国有邮政局11500个,其中300家由邮政股份有限公司直接管辖,其他为特许或代理机构。邮政系统的直接雇员有17.6万人,其中,皇家邮政集团有雇员15万人。

第六节 旅游业

一 概况

英国是世界上最早发展旅游业的国家,旅游及相关产业非常发达。旅行社、旅馆和餐饮服务业的发展均得益于迅速成长的旅游业。

旅游业属英国增长速度很快的关键部门之一,也是英国经济的支柱产业之一。根据2013年联合国世界旅游组织发布的"国际旅游目的地国家排名",就接待国外游客的数量而言,英国在全世界排名第八(比2010年下降了两位)。当年旅游业产值为1270亿英镑,占国内生产总值的9%;其中,旅游业的直接贡献为690亿英镑,间接贡献为580亿英镑。英国国家旅游局预测,旅游业将成为英国增长最快的经济部门,其增速将超过英国经济的整体增长速度,到2025年,旅游业产值将达到2570亿英镑。

英 国

2010年以来，旅游业也是英国就业人口增长最快的经济部门，占2010~2012年新增就业岗位的1/3。2013年，旅游业从业人口310万人，比2010年增加了17万，占英国就业人口总数的9.6%；其中有将近23万人为独立经营者，比2009年增加了10个百分点。他们承揽了大量旅游服务工作，包括旅馆、宾馆、招待所、饭店、休假中心、汽车旅馆和野营园地等。其中，与旅游相关的餐饮业就业人口最多，占旅游部门就业人口总数的44%；其次是与文化、体育、娱乐和会议活动相关的部门，占旅游部门就业人口总数的25%；从事租车、旅行社等与旅客出行相关活动的人员占旅游部门就业总人口的18%；宾馆类从业人员占旅游部门就业人口总数的13%。

作为全球十大旅游目的地国之一，英国每年都吸引着成千上万的海外游客。2007年以前，到英国旅游的外国游客总体上实现了稳步增长，但2008年金融危机的爆发使得当年海外游客数量骤减，降幅高达15%。游客人数从2010年恢复增长，2013年达到创纪录的3280万人次，占全球国际游客总量的2.8%，为英国创造的旅游收入为210亿英镑，占全世界旅游总收入的份额为3.4%。在到英国的游客中，来自法国（12%）、德国（10%）和美国（9%）的游客最多，加起来约占1/3；而若按旅游支出计算，则排在前三位的游客分别来自美国、德国和法国，加起来占外国游客消费总额的1/4，美国一个国家的游客支出就占12%。伦敦希思罗机场和盖特威克机场以及多佛港和英吉利海峡隧道为主要入境口岸。但是，54%的海外旅客旅程只限于伦敦或只在伦敦周边活动。其他一些旅客的旅程还包括参观游览英格兰其他地区（占游客总数的32%）以及苏格兰（8%）、威尔士和北爱尔兰的景点，尤其是爱丁堡、曼彻斯特、格拉斯哥和伯明翰等历史名城。

2005年1月，中英两国签署《关于中国旅游团队赴英国旅游签证及相关事宜的谅解备忘录》，英国正式成为中国公民的旅游目的地之一（但英国也是当时25个欧盟成员国中最后一个与中国签署旅游备忘录的国家）。此后，赴英旅游的中国公民不仅在数量上急剧增长，在英国的消费也呈直线上升趋势，购物消费更是成了中国游客的独特标识。2013年，前往英国的中国游客为19.6万人次,比2005年增加了1倍,其中度假占36%,商务占24%,探亲访友占23%,其他原因占17%。当年中国游客在英国的消费总额为4.92亿英镑。2009~2013年,中国游客在英国的旅游支出年均增长9400万英镑,年均增长率为44%。但是,由于英国没有加入《申根协议》,中国游客赴英国旅游需要办理单独的签证,从而限制了赴英旅游的中国游客数量,使得赴英游客数量远远落后于赴法国、意大利和德国等其他欧洲国家的游客数量。

英国居民主要选择在国内度假,其中23%的人选择像布莱克浦尔、伯恩默思、大雅茅斯这样一些传统的海滨城市,以及德文郡和康沃尔郡的休养胜地作为度假地点。2013年,在国内旅游的英国人数为5700万人次,自2009年(5900万人次)以来一直呈下降趋势,当年英国人用在国内旅游方面的支出约为230亿英镑。3天以内的短期休假是推动国内旅游市场不断增长的一个重要组成部分,2013年英国人用于这方面的开支达89.5亿英镑。另外,每年也有大量英国人去海外度假。在2008年之前,无论是去海外度假的游客数量还是在海外的消费,均呈不断上升趋势。但由于金融危机爆发,从2008年开始,这两个方面的数据都开始下降,其中降幅最大的是2008~2009年,这两个数据均下降了20%左右。从2011年开始,到海外旅游的英国人数量开始恢复,2013年为3700万人次,共支出242亿英镑,但无论是出行人数还是旅行支出,均低于金融危机之前。其中,79%的人是到欧洲旅游,但比2003年有所下降(83%);同期,到亚洲旅游的英国人比例明显增加,从2003年的3.4%增加到了2013年的5.2%。

英国有诸多历史名城,以及风景如画的乡村和沿海地区,对英国本土和国外游客都具有极大的吸引力。主要旅游景点包括博物馆、画廊、历史建筑、纪念碑和剧院等,购物也是海外游客的一项主要活动。商务旅行在英国旅游市场占有越来越大的份额,包括来英国参加会议、展览和商品交易会,以及其他一些商务活动。与此同时,包括步行、划船、爬山或其他形式的活动在内的各种节假日活动也越来越受欢迎,但相较于自然风光,英国更吸引外国游客的是其人文环境。在2014年安霍尔特-捷孚凯国家

英 国

品牌指数（Anholt–GfK Roper Nation Brands Index）排行榜中，英国综合排名第三，仅次于德国和美国，在"旅游"这项指标方面，其对外国游客的吸引力主要包括：充满活力的城市生活、丰富的历史建筑与博物馆以及文化遗产等。对游客吸引力最大的还是那些传统的博物馆和美术馆。2012年，参观人数最多的前五位旅游景点分别为：国家博物馆（560万人次）、泰德当代美术馆（530万人次）、国家美术馆（520万人次）、自然历史博物馆（500万人次）和维多利亚阿伯特博物馆（320万人次）。

二 旅游促进政策

英国旅游业发展较快，这与它拥有多种有利条件有关。首先，它拥有巨大的国内旅游市场。英国人历来喜好旅游，随着经济的发展，人们的生活富裕程度提高，旅游度假已成为英国人生活的一个重要组成部分。每逢节假日，人们就蜂拥而出旅游度假。其次，英语在世界上是主要的交际语言，英国又拥有伦敦、伯明翰等著名城市和风光绮丽的海岸及乡村，还有文艺复兴时期的建筑、雕塑、绘画等诸多古迹，因此对国外游客有很大的吸引力。最后，英国政府重视发展旅游业，采取了一系列促进旅游业发展的政策措施。英国文化、媒体和体育部主管英格兰的旅游事业，苏格兰、威尔士和北爱尔兰的地方议会分别负责各自的旅游事务，英国文化、媒体和体育部下辖的英国旅游局直接负责旅游业的推广，它主要针对世界上27个旅游资源市场（提供了外国旅英游客总量的89%），大力促进游客在英国的旅游消费；积极推动英国旅游设施的开发，以满足外国游客的需要。针对金融危机对旅游业产生的不利影响，英国旅游局从2009年4月起，发起了一项耗资650万英镑、向全世界推介英国旅游的活动。从2011年开始，英国旅游局又启动了一项耗资1000万英镑的市场推广项目，该项目为期4年，目的在于大力提升英国在其他国家和地区的形象，拉动旅游业的发展，并通过旅游业刺激英国经济增长。另外，2012年伦敦奥运会也是英国旅游市场发展的一个契机，英国政府抓住这一机会，于2012年2月至2013年3月耗资2500万英镑，在全球14个城市开展了提升英国形象的旅游推广活动，其中包括中国的上海市。2013年底，英国政府宣布再次追加 9000 万英镑用于旅游推广。

英格兰、苏格兰、威尔士和北爱尔兰的旅游机构也在政府的财政资助下，致力于发展本土旅游并和英国旅游局一起在海外开展旅游促销活动。此外，英国还成立了政府支持的以民办为主的旅游组织。英国旅行代理商协会（Association of British Travel Agents，ABTA）是一个公助民办的全国性旅游托拉斯，它设有调研机构，负责研究和分析国内外旅游业的现状和发展趋势，并提出旅游业发展计划和建议。青年旅馆协会则经营着一个完备的旅馆网络，为年轻人及其家庭提供包括厨房在内的一系列服务设施。政府还和旅游产业一起采取措施提高食宿和服务质量，解决该产业所面临的一些关键性问题，诸如提高对游客的吸引力、促进商务旅行的发展、鼓励劳动技能开发的最佳实践活动、开展政府与产业界的交流等。

英国对旅游业的规划和管理十分规范且富有特色。在英国任何一个城市和名胜古迹都设有"旅行者咨询中心"，负责向游客免费提供各种咨询、赠送图文并茂的旅游图，并帮助制订合理的旅行计划，预订旅馆和车票，等等。为了适应不同消费层次旅游者的需要，英国旅馆业实现多层次、全方位的服务：最便宜的是路边店，既有简易干净的"青年旅馆"，也有相当普及的英式家庭旅社；中档消费水平的有全英连锁的汽车旅馆和自助式的"农舍旅馆"；高档的则有大酒店、星级旅馆、度假村等。要想既浪漫又经济的话，则有野营区、露天宿营区。这里既有整齐编号的房车群，也有帐篷和睡袋出租，它们大多淹没在树荫中，有的濒临大海，环境幽雅，十分浪漫。英国旅游部门还十分注意根据英国人的特点经营旅游点。例如，英国人偏爱度假，喜欢选择一个度假点游玩、看书、休闲，不喜欢走马观花似的在各旅游点之间疲于奔命，因此，英国的度假地都非常注重文化品位，让游人在远离都市享受宁静的同时，能使心灵受到陶冶。再如，英国人非常喜爱远足，有关部门便在海滨、高原、峡谷、乡野开辟许多供人远足的路线。这些小路起伏蜿蜒，鲜花盛开，并设有座椅供游客休息，或安装有瞭望大海的栏杆。英国人还非常喜欢野餐，在几乎所有旅游点都建有野餐地。这些地方一般都有几十套木质大桌椅，供游人野餐、休息，人们可以一边野餐，一边欣赏大自然的风光。

三　旅行代理机构

绝大多数到海外度假的英国人，都是从旅行代理机构处购买含交通与食宿费用在内的"一揽子休假票"。由旅行社代办的较近的度假地点有西班牙和法国；远途的像北美、加勒比海地区、澳大利亚和新西兰等，随着机票价格的下降也日渐普遍。某些人喜欢独立旅行，旅行公司也可以为顾客安排出行。全国约有85%的旅行代理机构属于英国旅行代理商协会的成员，这些成员绝大多数是小公司，但也有少数拥有数百家分支机构的大公司。英国旅行代理商协会成立于1950年，2013年其会员包括1200家旅行营销商，其中约半数既是零售代理人也是旅游运营商，此外它的成员还包括5000家商店和办事处。2013年旅行社与旅游运营业的营业额为315亿英镑。"英国入境旅行运营商协会"（The British Incoming Tour Operators' Association）是代表入境旅游业务运营商的主要机构。

第七节　对外经济关系

英国素以贸易立国。几百年来，外贸对英国经济有着极其重要的意义和影响。17世纪末，英国取得了海上霸权和世界贸易市场上的优势，18世纪又取得了北美和印度的市场，到19世纪中叶，英国在世界上率先完成工业革命，成为"世界工厂"，从那时起直到20世纪初，英国出口的工业品大约占全世界的一半，因此英国一直将对外贸易看作像生命一样重要。第一次世界大战后，英国在世界贸易中的地位明显下降。到20世纪30年代，受世界经济危机影响，英国的进出口贸易均有较大幅度下降，及至二战前，其进出口贸易也未达到1928年的水平。第二次世界大战以后，随着世界市场不断扩大，在世界新科技革命的推动下，英国的外贸获得了巨大发展。1988年同1950年相比，38年间英国的对外贸易总额增长了24倍，但除个别年份外，连年出现逆差，再加上其他发达国家的发展速度大都超过了英国，致使英国在世界贸易中的地位一降再降。1950年仅次于美国，是世界第二大出口国（占世界出口总额的比重为10%）；

1962年下降到第三位（其所占比重为7.7%）；1970年又降至第四位（比重为6.2%）；1980年再降到第五位（比重为5.5%）。造成这种情况的原因包括：原殖民帝国时期形成的产业和贸易结构，已不能适应帝国瓦解之后的新形势；英国出口商品的生产成本较高，竞争力相对较弱；受海外投资丰厚利润的影响，国内资金大量外流，不利于国内生产的进一步发展，并转移了本国的一部分出口值。

尽管如此，至今英国在世界范围内仍保持着广泛的经济联系。英国作为一个居民仅占世界人口总数不到1%的国家，是世界第七大商品贸易国（2013年世界贸易组织排名），占世界商品贸易总额的3.2%。相较于商品贸易，英国的服务贸易则更为发达。2013年英国是世界上第二大服务贸易出口国，仅次于美国，占世界服务贸易出口总额的6.3%，弥补了很大一部分货物贸易赤字。同时，英国作为一个典型的"外向型"国家，商品与服务贸易占国内生产总值的比例也比较高，为61.6%（2013年），其人均出口值高于美国和日本。鉴于对外贸易对其经济的重要性，英国历来坚持自由、公开、多边以及不断扩大世界贸易的政策，为此，它在世界贸易组织、国际货币基金组织、经济合作与发展组织等国际经济组织中积极开展活动，为实现这一政策目标而努力。英国为推动乌拉圭回合谈判取得圆满成功做出了重要贡献，使世界贸易组织的多边贸易制度得到适当的贯彻执行，并通过它谋求在减少贸易壁垒方面取得更大进展。

一　对外贸易

2013年，英国商品与服务贸易的出口值为5113亿英镑，其中商品出口值为3068亿英镑，服务出口值为2045亿英镑；进口总值为5434亿英镑，其中商品进口值为4170亿英镑，服务进口值为1264亿英镑。在对外贸易中，商品再出口发挥了极大的作用，英国有将近一半的进口商品用于再出口。受金融危机的影响，2008年英国商品出口有所下降，但2009年迅速恢复，2009~2011年商品出口额增长了30%，并于2011年达到3092亿英镑的峰值，此后又有所下降，但进口则呈持续上升态势，也就意味着商品贸易赤字在不断扩大。

英 国

(一) 商品贸易结构

英国历史上是制成品和半制成品的出口国、粮食及原料的进口国。1970年时，制造业产品占货物出口的84%。从20世纪70年代中期开始，由于北海石油的出口增加，制造业产品出口所占比例有所下降，到20世纪80年代中期降到67%左右，但之后制造业在商品出口中的份额又有所增加，1999年高达86%。不过，在这30年间，英国的制成品进口增长迅速。1970~1999年，制成品在进口总额中所占的比重由25%上升为61%，而原材料进口所占的份额则由15%降至3%，但从总体上看，自1982年以来，制造业的进出口从未有过盈余。食品、饮料和烟草进口所占的份额从20世纪50年代起一直呈下降趋势，1999年降至不足9%。主要原因是国内农产品的自给率不断提高，以及粮食开支在居民消费总额中所占的比例显著下降。2004~2013年，制成品在进出口总额中的比例保持在50%左右，这主要是由于机械产品和交通设备占了很大份额；半制成品在进出口总额中所占比例约为25%。

自20世纪70年代中期以来，北海油田的大规模开发对改变英国的进出口格局产生了很大影响。从1980年到2004年，英国的石油出口额持续超过进口。1985年英国的石油贸易创下了80亿英镑盈余的历史纪录。由于原油及石油产品的出口急剧增长，1995年英国燃料的出口量超过1975年的6倍，而进口仅相当于1975年的60%。到20世纪80年代中期，燃料在出口中的份额已从1975年的4%上升到22%，但到1995年又回落到6%；在进口中的份额则从1975年的19%下降到80年代中期的13%，再降到1995年的3.5%。1999年英国石油和石油产品贸易盈余达46亿英镑。但由于英国已探明的原油储量日渐枯竭，从2003年开始石油出口大幅下降，进口量急剧增加。2005年英国的石油进出口第一次出现赤字，差额为22亿英镑。2012年英国石油贸易赤字创历史最高纪录，为144亿英镑。2013年由于石油进口大幅减少，贸易赤字下降为100亿英镑。

2014年英国主要出口商品包括机械设备（399亿英镑，占出口总额的13.7%）、汽车（259亿英镑，占出口总额的8.9%）、电子器械（244亿英镑，占出口总额的8.4%）、医药和医疗产品（209亿英镑，占出口总额的

7.2%)、原油（181亿英镑，占出口总额的6.2%）、精炼油（153亿英镑，占出口总额的5.2%）、其他制成品（128亿英镑，占出口总额的4.4%）、科学仪器与光学仪器（111亿英镑，占出口总额的3.8%）、飞机（106亿英镑，占出口总额的3.6%）和有机化工产品（68亿英镑，占出口总额的2.3%）等。主要进口商品为电子器械（511亿英镑，占进口总额的12.4%）、机器设备（365亿英镑，占进口总额的8.9%）、汽车（284亿英镑，占进口总额的6.9%）、其他制成品（243亿英镑，占进口总额的5.9%）、医药与医疗设备（240亿英镑，占进口总额的5.8%）、精炼油（220亿英镑，占进口总额的5.3%）、原油（212亿英镑，占进口总额的5.1%）、服装（174亿英镑，占进口总额的4.2%）、除轿车以外的其他汽车（173亿英镑，占进口总额的4.2%）和科学仪器与光学仪器（109亿英镑，占进口总额的2.8%）等。与10年前相比这一商品贸易结构发生了很大变化，特别是珠宝与贵金属的进出口额都大大减少，均已跌出前十名。

（二）主要出口市场

历史上，英国的殖民地和英联邦国家是其最大的贸易伙伴。1950年，英国与英联邦国家的贸易占其贸易总额的39%，西欧国家占30%，北美为13%。现在，英国对外贸易的主要对象是发达资本主义国家，特别是欧盟国家和美国。1970年，英国与这些国家的贸易占其进出口总额的比例均为70%；到1995年，这一比例已分别上升到80%和83%。在英国加入欧共体之后，它与欧洲伙伴国之间的贸易所占份额逐年增加。1972年，也就是英国加入欧共体的前1年，它与14个欧共体国家[①]之间的贸易仅占其外贸总额的40%。到1995年，这一比例已上升到57%。但随着英国与亚洲国家（特别是中国、日本、沙特阿拉伯等国）的贸易关系越来越密切，英国与欧盟伙伴国的贸易额在其对外贸易总额中所占比重有所减少，但欧盟仍是英国最大的贸易伙伴，2014年分别占英国出口额的50.4%和进口额的54.4%。

就国别来看，2014年，在英国最大的10个出口市场中，欧洲国家有

---

① 指的是1995年时除英国以外的14个成员国。

英 国

8个（其中7个为欧盟成员国），另外两个非欧洲国家为美国和日本。多年来，美国一直是英国的第一大出口市场，2014年占英国出口总额的比例为12.6%，接下来依次为：德国（10.6%）、荷兰（8.0%）、法国（6.5%）、爱尔兰（6.4%）、中国（4.7%）、比利时及卢森堡（4.4%）、瑞士（3.5%）、西班牙（3.1%）和意大利（3.0%）。而在进口市场方面，德国多年来保持着领先地位，2014年占英国进口总额的比例高达14.9%，中国已跃居英国的第二大进口来源国，占后者进口总额的8.8%，接下来依次为：荷兰（7.8%）、美国（6.9%）、法国（6.0%）、比利时及卢森堡（5.3%）、挪威（4.2%）、意大利（4.1%）、爱尔兰（3.3%）和西班牙（2.8%）。

（三）进出口控制

尽管英国是一个对外开放程度较高、支持贸易自由化的国家，但自第二次世界大战以来，英国历届政府先后实行过各种不同程度的进出口限制措施。

为了限制生产和生活资料进口额的大幅度上升，减少贸易赤字，英国于1948年实行进口限额和许可证制度，1964年又对大多数进口制成品和半制成品征收15%的临时附加税（1966年取消）。英国加入欧共体后开始执行区内统一规定，逐渐放松进口管制。1974年，由于石油价格大幅上涨以及世界经济危机的影响，各国竞争加剧。英国又对一些商品实施进口限制，如食品、钢材、纺织品、服装、电器等。到1979年，除少数商品外，大部分进口限制均已取消。

然而，英国和欧盟对中国的纺织品和服装，以及对俄罗斯、乌克兰、哈萨克斯坦等国的钢材及其制品都有一定限制。对中国纺织品和服装的限制受多边纤维制品协议的约束，在中国加入世界贸易组织后，此类限制已经取消。此外，根据联合国的规定，英国或是从制裁、禁运出发，或是出于保护人类的生命和健康及动植物保护的考虑，将下列物品列入禁止或限制进口名单：军品、核材料、某些毒品、爆炸物，以及某些农产品、园艺品和食品。

第二次世界大战后，英国历届政府始终执行鼓励出口的政策。除谈判签订各种双边和多边国际协定外，英国还通过设立专门的贸易机构、提供资金和技术援助、利用政府官员出访、组织各种贸易代表团和考察团出访、举办商品展览会等方式，帮助出口商开发国外市场。1961年在贸易部专门设立了出口信贷保证部，对出口商提供包括客户拒付货款、战争、生产费用意外上涨等各种风险的信贷保证。1964年又以出口回扣形式，给汽车、机械和酒类的出口商退还一部分间接税。英国企业、创新与技能部下设"贸易与投资署"，专门负责贸易和投资的促进工作，旨在大力推进英国的对外贸易与国际投资。但是，有时出于外交政策和国家安全以及需要遵守国际协议或制裁行动等考虑，英国也对某些战略物品的出口实施控制，其大多数控制措施适用于其他所有国家，但有些制裁和禁运只适用于某些特定的国家。还有一些出口控制涉及常规军备以及军民两用工业产品，对某些军民两用产品的控制名单还必须得到澳大利亚集团、核供应集团和导弹技术控制体系三个组织所有成员国的批准。英国是这三个组织的成员国，其宗旨是防止化学武器、生物武器、核武器和导弹发射系统的扩散。

二 国际收支状况

国际收支是指一个国家在一定时期内（通常为1年）同其他国家之间进行的各种经济往来而产生的货币收支对比情况。国际收支一般分为两大项，即经常项目和资本项目。经常项目包括贸易和非贸易两部分，前者是指商品进出口的货款收支；后者则含运输、金融、保险、旅游、利息和侨汇等方面的非贸易收支。资本项目由资本的转移以及获得和处置非生产性与非金融资产（如著作权）所产生的收支项目组成。另外，在英国的国际收支平衡表中，我们还可以看到一个叫作"财务状况"的栏目，它包含各种投资（直接投资、有价证券和其他投资）和官方储备资产（黄金、外汇和特别提款权）的收支情况。

英国的国际收支通常是以经常项目，即有形贸易和无形贸易两部分的收支综合平衡状况来衡量的。无形贸易是相对于有形的商品贸易而言的，主要由3个部分组成：一是国际运输、旅游、金融、保险和商务服务等方面的劳务收支；二是英国居民和企业在海外的投资所得以及外国居民和企

业在英国的投资所得，包括利息、利润和股息；三是政府间的赠款、居民汇款，以及移民随身携带的财物等财产转移。

英国作为一个贸易大国，在商品贸易与劳务出口方面曾长期在世界上占有绝对优势地位。从19世纪末到第二次世界大战前，英帝国及其殖民体系拥有世界贸易市场的1/3，在国际贸易中居世界首位。从1816年到1938年的122年间，除其中11年外，英国的国际收支经常项目都是顺差。二战后，随着英国经济实力和国际竞争力的不断削弱，它在世界贸易中的地位和份额迅速下降，其国际收支状况也日益恶化。从1946年到1979年的34年间，有一半的年份出现逆差，自1950年至1979年，赤字累计达280多亿英镑。1980年以来，由于北海的石油产量和出口量增长迅速，英国的国际收支状况得到明显改善。从1980年到1983年，英国的国际收支经常项目连续4年出现顺差，但从1984年开始就再也没有出现过顺差。从1984年到2013年，英国的国际收支状况可以分为四个阶段。第一个阶段为1984~1989年，经常项目赤字逐步上升，到1989年高达247亿英镑（占GDP的4.7%）；第二个阶段为1990~1997年，这一阶段经常项目赤字逐步减少，1997年仅为130亿英镑，仅占GDP的0.1%；而从1998年开始到2008年的第三个阶段，经常项目赤字又节节攀升，2008年的经常项目赤字达到了564亿英镑，创历史最高纪录，但从占国内生产总值的比例来看，低于1988年和1989年，为3.7%；第四个阶段为2009~2013年。在金融危机爆发后的前三年，即从2009年到2011年，英国的经常项目赤字减少到了270亿英镑，占GDP的比例为1.7%，从2012年开始又大幅度增加，跃升至619亿英镑，占GDP的3.7%，2013年进一步上升至724亿英镑，相当于GDP的4.2%，是1989年以来的最高值。这主要是因为，其一，在贸易方面，自1982年以来，商品贸易年年出现逆差，而且其数额还在不断增大。2013年商品贸易逆差为1102亿英镑，创下有史以来的最高纪录。其二，英国的投资收入多年来均保持盈余状态，但从1999年投资首次出现逆差开始，其发展态势就十分不稳定：2013年，英国的投资收入逆差为123亿英镑，而经常项目中的资金转移则为272亿英镑的赤字，仅有服务贸易多年来保持盈余，2013年为781亿英镑。

这也恰恰是英国经常项目收支的特点,即商品贸易赤字的相当大一部分通常由无形贸易的收入盈余来弥补,因此无形贸易对英国的国际收支具有重要意义和影响。这一特点又是同英国拥有发达的国际金融、保险、航运(海运和空运)等与进出口贸易有关的服务业分不开的。1948年以来,英国无形贸易的净收入持续增加。因此战后以来,英国尽管商品贸易赤字越来越严重,然而无形贸易方面存在的大量盈余,在相当大程度上抵销或缓解了有形贸易所造成的国际收支经常项目逆差。不过,近年来无形贸易中政府部门的劳务、利息、资金转移等支出日益增加,也给英国国际收支的前景增加了变数。

三 资本输出与利用外资

如前所述,英国经济对外开放程度很高,这一点除体现在其对外贸易在国民经济中占有极其重要的地位之外,还体现在资本的内外流动方面。英国对资本输出与引进外资均不存在政策限制。它是世界上的主要资本输出国之一(根据联合国贸易发展会议的报告,1999年英国甚至一度超过美国成为世界上最大的对外投资者),也是欧盟内吸引外来投资最多的国家。政府既鼓励英国企业家投资海外,也欢迎外国企业家来英国投资。因为对外投资有助于拓展英国的出口市场,又可获得投资收益;而引进外资则能引进新技术、新产品和新的管理方法,对维持就业和创造新的工作岗位有着重要意义。

截至2013年底,英国的海外直接投资累计资产总额(存量)为11445亿英镑,外国公司在英国的直接投资累计金额为9750亿英镑。到2013年底,英国的海外有价证券投资总额为19574亿英镑,外国在英国的有价证券投资总额为21164亿英镑。在英国的对外直接投资中,欧洲国家所占份额为51%(欧盟为43%),美国为23%,亚洲和非洲分别占10%和3%。近年来的趋势是其在亚洲的投资所占份额越来越大,美国基本保持不变,在欧盟的比例则有所减少。就外国对英国的直接投资而言,仍然是欧洲所占比例最大,为58%(其中欧盟为41%),美国为29%,亚洲国家为7%。

英 国

始于 2008 年的金融危机，严重殃及英国的海外资产及外国在英国的投资，出现了资金的大量逆向流动。2007 年，英国的海外直接投资还高达 1361 亿英镑，2008 年就缩水了一半多，仅为 603 亿英镑，而到 2012 年时，英国的海外直接投资仅为 265 亿英镑；2007 年，外国在英国的直接投资为 982 亿英镑，2012 年则仅为 354 亿英镑。但根据联合国贸发会议《2014 年世界投资报告》，英国仍是欧洲最有前途的投资国家，在全世界排名第四（次于美国、中国和日本），而在最具吸引力的投资目的地国家中，英国则落后于德国，是欧洲第二大最具吸引力的投资目的地国家，在全球排名第七。

（一）对外投资

英国是世界上最大的资本输出国之一。从 19 世纪中叶起，英国就以生产资本和借贷资本的形式向殖民地、附属国和其他国家输出资本。到 1913 年，其国外投资总额已达 40 亿英镑，相当于国民财富的 1/4。第二次世界大战以前，英国的海外私人直接投资居世界之首。二战使主要资本主义国家之间的力量对比发生了很大变化，由于战时英国的海外资本严重受损，而另一方面战后美国的资本输出得到了迅速发展，导致英国的领先地位在二战后被美国取代，退居世界第二位。

二战以来，特别是自 20 世纪 60 年代下半期以来，英国对外投资的增长速度加快。1960～1973 年的 13 年间，英国私人对外直接投资的年均增长率为 6.4%；1973～1984 年的 11 年间，年均增长率则为 11.1%。英国对外直接投资的增长速度虽然不如德国、法国和日本，但投资的绝对额在西欧国家中一直居首位。英国资本输出出现这一状况的一个重要原因，是从 20 世纪 70 年代前期到 80 年代初，英国连续遭到经济危机的猛烈冲击，大批企业倒闭，国内投资环境十分不利；同时英镑地位急剧衰落，通货膨胀率不断上升，财政金融危机和经济危机交织在一起。英国资本为了追求更大的利润，积极寻求向海外发展。撒切尔政府上台后大力推行以金融自由化为主要内容的金融体制改革（如 1979 年废除外汇管制），进一步促进了英国对外投资的迅速增长。此后随着经济全球化的迅速发展，全球范围内的投资活动更是呈现出空前活跃状态，英国公司在海外频繁进行并购活动。20世纪80年代上半期，英国的对外投资额与美国和日本相差无几，但随着90年代初期的经济衰退，英国对外投资也相应大幅下降，不过很快又急剧攀升。2000年英国对外投资总额达1690亿英镑，为历史最高，但那之后开始下降，受金融危机的影响，这一趋势在2008年之后尤其明显。2013年时，英国的对外直接投资在欧盟国家中仅排第七位，其对外直接投资存量占全世界对外直接投资存量总额的比例也从2002年的13%降至8%。

战后初期，英国对外直接投资主要集中在英联邦国家。20世纪50年代，英联邦国家在英国对外直接投资总额中所占的比重始终保持在60%以上，但在1973年英国加入欧共体后，其对外直接投资的重点发生了明显变化。1974年英国对外直接投资的44.69%投到了英联邦国家，1980年这一比例降为32.23%，与此形成鲜明对照的是，北美、西欧等发达资本主义国家在英国对外直接投资总额中所占比重大幅上升。从1962年到1980年，西欧在英国对外直接投资总额中所占的比重由13.37%增加到26.2%。同期，北美所占的比重从23.06%升至34.18%；其中美国所占比重由8.85%增至28%。1980年，西欧和北美在英国对外直接投资总额中所占比例合计高达60.4%。20世纪80年代以来，英国对西欧的直接投资出现明显下降，与此同时，对美国的直接投资却有了迅速增长，美国成为英国海外投资的最大市场，如1986年英国在美国的对外直接投资达803亿美元，占其全部对外直接投资的50%。1988年英国投资者共收购400多家美国公司，在美国吸引的外国投资中独占鳌头，相当于外国在美国投资总额的65%，如今，美国仍然是英国对外直接投资的最大市场。英国资金大量进入美国，一方面是因为英美两国文化语言相近，以及美国政府大力推行吸引外资的自由化政策；另一方面是因为英国投资者希望借此获得美国的技术、管理和销售技能。

需要指出的是，尽管英国对外直接投资的重点已转向发达国家，但它对发展中国家特别是英联邦国家的直接投资仍占有相当重要的地位。一般说来，在英联邦和其他一些发展中国家投资的利润率要高于在发达国家投资的回报率，因此，尽管由于政治和社会动荡等，导致在某些发展中国家

英 国

投资有较大风险，但英国资本依然不愿意放弃这一传统海外投资市场，特别是包括中国在内的亚洲市场，更是引起了英国越来越多的关注。

英国对外开发援助也一直是以英联邦的发展中国家为重点，其援款主要用于发展当地的农业和采矿业以及修建道路、开辟港口等基础设施建设，以便为英国企业提供更多的原料进口来源和更大份额的出口市场。

截至2013年底，英国对外直接投资存量达11445亿英镑。2013年，英国对外直接投资流量706亿英镑，较2012年减少了81亿英镑。英国的对外投资主要集中在石化、医药、橡胶、塑料、食品饮料、纺织和服务等行业。

（二）利用外资

二战后随着资本国际化的发展，发达国家的资本输出加速，在英国的外国公司发展很快。许多世界级的公司纷纷在英国投资设厂，将英国作为它们在欧洲的生产基地。按照吸引的外资存量计算，英国是吸引外国投资最多的欧盟成员国，在全世界范围内吸引的外资也仅次于美国。截至2013年底，英国吸收外国直接投资存量为9750亿英镑，同比增长8.3%，占GDP的比重为63.3%，是欧盟吸引外资总额的约19%。外资对英国经济发挥着重要作用：它们提供了英国全部制造业工作岗位的18%、净产值的24%、投资的32%，以及英国出口总额的约40%。国外直接投资在英国采取的形式主要有收购、兼并现有企业、扩大生产规模、建立科研基地或跨国公司等。2013/2014财政年度外资在英国投资项目为1773个，其中新设项目820个，扩建项目677个，并购项目276个。从投资金额看，金融服务业是最大的外商投资领域，占外资总额的45%，外商投资存量为3830亿英镑。其中，采矿业占9%，通信业占8%，石油、医药和化工业占6%，公用设施占6%，食品饮料业占4%，专业服务占4%，金属和机械业占3%，其他领域占15%。从投资项目的数量看，高端制造业占24%，创意产业和通信业占23%，金融和专业服务占22%，能源和基础设施占17%，生命科学占8%，电子和通信占6%。而从国外投资流向的地区来看，则主要集中在以伦敦为中心的英格兰地区，在2013/2014财政年度投资的1773个项目中，伦敦占656个，除伦敦外的英格兰其他地区占 840 个，苏格兰 122 个，威尔士 79 个，北爱尔兰 50 个，另有 26 个跨地区项目。

2013 年，英国共吸引外国直接投资 370 亿美元，创造就业岗位 6.6 万个。美国是其最大的投资国，占英国吸引对外直接投资存量的 29.4%；欧洲国家占 58.1%，其中，荷兰占 15%，德国占 7%，法国占 5%；亚洲国家占 7%；大洋洲国家占 0.1%；非洲国家仅占 0.02%。

英国在利用外资方面所取得的成就是由多方面因素促成的，主要有：①英国制定了一系列利用外资的优惠政策（如外资企业享有国民待遇，投资领域不受限制，实施有利于投资者的劳工法和税法等）。②英语作为广泛使用的国际商业语言，使外来投资者易于融入英国社会。③英国拥有先进便利的交通通信系统以及伦敦城在国际金融市场中享有的优势地位，为外资进入英国市场提供了极大的便利。④英国的劳动力市场较为灵活，对外资具有很大的吸引力。⑤英国社会相对稳定，工人有较高的劳动技能和素养，居民消费水平较高。⑥英国主管贸易与投资的部门"贸易与投资署"采取多种措施吸引外来投资，例如，它在七个不同领域设立了专门投资公司，帮助寻找对英国经济具有最重要价值的外资。这七个领域包括生命科学、农业技术、金融服务、汽车产业、重建、离岸风能和创新领域。投资公司致力于将专业知识、合同、信用与政府支持结合起来，以吸引潜在投资者。这些都是吸引外资的有利条件。

四　中英经贸关系

英国是中国在欧洲的传统贸易伙伴。新中国成立后，双方的有识之士就建立了两国之间的贸易合作关系。从 20 世纪 50 年代初到 1972 年两国建交之前，英国一直是中国在西欧最大的贸易伙伴。两国正式建交后，特别是中国改革开放以来，双边贸易有了更快的发展，贸易额由 1980 年的 7.64 亿美元增加到 1990 年的 20.27 亿美元。20 世纪 90 年代以来，特别是香港主权回归中国后，中英经贸关系更是跨入了一个新的发展时期。2003 年中英战略伙伴关系的建立有力地推动了中英经贸关系的进一步发展，自此之后直到 2008 年，双边贸易额的增幅每年都超过 20%，其中

英 国

2004 年更是高达 37%。受金融危机影响，2009 年双边贸易额下降了 14%，但从 2010 年开始即恢复增长。2013 年中英两国双边贸易额达到 758.8 亿美元（2009 年为 392 亿美元），其中，英国对中国出口 181.5 亿美元，增长 15.9%；自中国进口 577.3 亿美元，增长 2.9%。在欧盟各国深陷金融危机的泥潭、中国与其他欧盟国家的贸易停步不前或出现下滑的情况下，中英贸易逆市上扬，成为中欧贸易的领跑者，这一成绩实属不易。与此同时，中英两国的贸易结构也在不断升级优化，已从传统的诸如纺织品、原材料等劳动密集型产品扩展到汽车、航空、通信、动力等高附加值产品。

2013 年，英国对中国出口的前四大类商品是运输设备、机电产品、化工产品和贱金属及制品，2013 年出口额分别为 71.9 亿美元、34.8 亿美元、20.1 亿美元和 15.3 亿美元，占英国对中国出口总额的 39.6%、19.2%、11.1% 和 8.5%，其中贱金属出口比上一年下降 11.4%，运输设备、机电产品和化工产品出口分别增长 34.9%、3.9% 和 17.5%。2013 年英国对中国出口矿产品增速较快，出口额达 3.6 亿美元，而 2012 年仅为 0.3 亿美元。

英国自中国进口的前三大类商品是机电产品、纺织品及原料、家具玩具，2013 年进口额分别为 214.9 亿美元、89.6 亿美元和 76.2 亿美元，占英国自中国进口总额的 37.2%、15.5% 和 13.2%，比上一年分别增长 4.6%、4.6% 和 0.9%。贱金属及制品、鞋靴伞等轻工产品和塑料橡胶也是英国从中国进口的重要商品，2013 年合计进口 86.8 亿美元，占英国自中国进口总额的 15%。中国在英国的机电产品市场占有最大份额，占比为 15.6%，高出第二位进口来源地德国 1.9 个百分点。另外，中国在劳动密集型产品上优势明显，是英国纺织品及原料、家具玩具、鞋靴伞等轻工产品、皮革制品及箱包最大的进口来源地，分别占英国同类商品进口额的 27.4%、43.0%、37.8% 和 37.5%，中国产品的竞争者主要来自土耳其、德国和意大利等国家。

在双边商品贸易不断扩大的同时，中英两国的服务贸易也取得了长足进步。2001～2010 年的 10 年间，中英服务贸易额从 5.9 亿英镑增加到了

21.3亿英镑。为进一步促进中英两国的服务贸易，使其成为引领双边贸易结构转型的主要动力，2011年，中英两国签署了《服务贸易合作谅解备忘录》，建立了双边服务贸易合作机制。但从总体上看，中英两国服务贸易规模较小，仅约占英国服务贸易出口总额的1.5%，因此仍有很大的提升空间。

在双边贸易增长的同时，中英两国的双向投资格局也在逐步形成。一方面，英国对华投资取得了可喜的进展。2003年，英国对华投资仅为7.4亿美元，到了2011年，英国对华投资达到16.1亿美元，9年间约增加了120%。而且，在2007~2011年，英国对华投资超过德国，成为欧盟成员国中对华投资最多的国家，但2012年英国对华投资大幅下降，不仅被德国反超，也被荷兰超过，直到2014年，它才再次超过荷兰，成为欧盟第二大对华投资国家。但受金融危机影响，英国2014年对华实际投资金额仅为13.5亿美元（不包括银行、保险、证券等金融行业），仍低于2011年。截至2013年12月，英国在华累计投资184亿美元。大量对华投资表明了英国政府和企业家的战略眼光，促进了双边经济合作，带动了英国对华出口，特别是技术出口。

近年来，在英国对华投资不断增长的同时，中国对英国的投资发展也很强劲。2006年，中国对英国的投资仅为3500万美元，到2010年即达到3.3亿美元，在5年时间内增加了8倍多。2011年以后，中国对英国的投资增长更为迅猛，仅在2011年1月至2012年6月的一年半时间内，中国对英国投资就达到了68.8亿美元，是过去几十年中国对英国投资总和的5倍多。特别是2012年，中国企业通过参股并购等方式在英国投资80多亿美元，超过2009~2011年的总和，被称为"中国对英投资年"。除了投资数额的增长，近年来，中国在英国投资的项目规模也越来越大，同时，投资领域也越来越广泛，特别是在基础设施领域，英国是少数欢迎中国投资其基础设施的西方国家之一。2012年，中国投资有限责任公司入股泰晤士水务公司和希思罗机场，这是中国企业首次参与发达国家的基础设施项目。另外，中国企业还参与投资了英国的核电站项目，这将成为双方合作的新契机。

英 国

应该看到的是,尽管中英经贸关系近年来发展迅速,但还存在着一定问题。第一,贸易不平衡问题。尽管近年来,特别是 2005 年以来,中国从英国的进口力度不断加大,其增长率远远超过中国对英国的出口,但中国仍然是英国贸易逆差的最大来源国,且呈逐年增长态势,因此,英方经常在中英双边对话会议上提及贸易不平衡问题,要求中国加大从英国的进口;而中方则希望英国放宽对华高科技产品出口限制,这已成为英国对华贸易长期逆差的重要原因之一。第二,尽管中英双边贸易发展很快,但与中德贸易相比(德国是中国在欧盟的第一大贸易伙伴),还存在着巨大的差距。同时,中英双边贸易在各自的全球贸易总额中所占比例并不大,仅有 10% 左右。此外,英国近几年对华投资增速放缓,也已落后于德国,而且,从总体上看,英国对华直接投资在中国吸引的外国直接投资总额中仅占很小的比例,在 2003~2012 年,比例最高的年份也只有 1.5% 左右。第三,承认中国市场经济地位问题。由于英美关系的特殊性,在该问题上,英国政府的立场相对于德国和法国而言与美国更为接近,这种态度无疑影响到中国相关企业和相关产品向英国的出口。所有这些因素都是中英贸易向更深入发展的障碍,是同中英两国的经济实力和两国之间密切的政治关系不相称的。

第八节　财政金融体制

财政是国家对国民收入进行分配和再分配的工具,在调节和干预经济方面起着重要作用。英国政府主管财政的部门是财政部。政府各部门的概算必须经财政部核准和内阁讨论后,方可提交议会。英国议会对国家财政实行监督,由下院具体执行,上院无权过问,更无权否决。对政府预算执行过程中与完成之后的稽核,由女王任命的下院官员——督察长和审计长负责。

战后以来,英国的财政理论和宏观经济调控政策发生了重要变化。在二战结束之后的前 20~30 年内,英国两党政府基本上奉行的都是凯恩斯主义经济理论及其需求管理政策,重视财政政策先于货币政策,热衷于推行宽松的财政措施。20世纪70年代以后,特别是撒切尔保守党政府上台以后,货币主义取代凯恩斯主义成为英国国内的主导经济理论与政策思想。货币主义强调货币政策居于优先地位,主张控制货币供应量,削减政府开支,减少需求,解决通胀问题。1997年工党政府上台后,尽管对前任政府的政策做了适当调整,侧重点有所变化,但也十分重视控制通胀率,强调保持经济的持续稳定发展,继续推行适度从紧的健康的财政政策。由于2010年上台的保守党和自由民主党联合政府面临的主要任务是摆脱金融危机,控制不断上升的政府赤字,因此,其任内主要采取的仍是财政紧缩政策。

二战后英国的财政支出长时间呈快速增长趋势,财政支出占国民生产总值的比例大幅度上升,从20世纪50年代的39.4%升至1984年的53.3%。80年代以后英国政府实施控制财政开支、压缩公共开支的公共财政战略,情况有所改善,政府总支出占国内生产总值的比例,曾一度由80年代初期的47%以上降至1990/1991年度的40.5%。90年代初的经济衰退导致这一比重再次上扬,但情况很快得到好转,尤其是工党政府上台后采取了一系列控制公共开支的政策,收到了一定的效果,在1999/2000财政年度,英国政府的公共开支占国内生产总值的比例降到了不足38%,这是20世纪60年代以来的最低水平。不过,由于工党政府上台之前的承诺之一是改善公共服务,因此,在随后于2000年7月完成的《财政开支综合审查报告》中,将公共开支预算增加了430亿英镑,用于改善医疗、教育和交通等部门的状况。因此,从2003年开始,政府公共开支不断增加,2007年英国政府财政赤字共计394亿英镑,相当于GDP的2.8%;政府债务总额6188亿英镑,相当于GDP的43.8%。更为严重的是,2008年以来受国际信贷危机的影响,英国金融服务与住房部门的增长均大不如前,从而导致财政收入增长减缓、财政压力加大,财政赤字和公共债务不断攀升。2009/2010财政年度,英国的财政赤字达到了1443亿英镑,占GDP的11.5%,创下了二战结束以后的最高纪录。此后由于英国政府采取了严厉的财政紧缩措施,财政赤字连年下降,到2013~2014年底占GDP的比例减少为4.1%,但与此同时,政府债务仍在不断增加,继2009/2010

英 国

财政年度突破万亿英镑之后仍在继续增加，2012/2013 财政年度达到 13867 亿英镑，占 GDP 的比例为 87.2%。英国政府预测政府债务还会继续增加，直到 2017/2018 财政年度才会开始下降。

20 世纪 70 年代至 80 年代，英国通货膨胀率（以 CPI 为标准）波动剧烈，1980 年 5 月曾达到 20.8% 的最高峰，但撒切尔政府推行的自由化改革对治理通货膨胀产生了一定的效果。自 1993 年以来，通胀率一直在 2% 到 3.5% 的幅度内上下摆动，尤其是工党政府 1997 年上台执政之后的 10 多年间，英国的通货膨胀率一直保持在较低水平，2002~2005 年均在 2% 这一官方预期目标以下。但从 2006 年开始，英国的通货膨胀率就突破了这一目标（2006 年和 2007 年均为 2.3%），在 2008 年开始的全面经济衰退中，英国先是经历了物价急剧攀升，特别是食品与石油价格持续上涨，使得全年的平均通货膨胀率高达 3.6%。之后在通货紧缩的威胁下，消费物价指数又呈明显下降趋势，特别是随着危机的深入发展，经济不景气使得人们的收入缩水，英国民众的消费习惯也在改变，商店也纷纷推出大幅降价的促销活动，廉价商品销售旺盛。然而从 2009 年年中到 2012 年年中这段时期，由于多种因素的变化起伏波动较大，包括全球金融市场的冲击、英镑的贬值、商品价格的波动以及增值税税率的变动等，使得这段时期的通货膨胀率十分不稳定。从 2012 年年中开始，通货膨胀率开始稳步下降，2013 年和 2014 年全年通货膨胀率分别为 2.6% 和 1.5%。

一 中央政府财政

财政作为国家的经济杠杆，对国民经济、福利、国防以及对外贸易都起着重要的干预和调节作用。国家财政的这种职能是通过一年一度的预算实现的，英国财政年度的起讫日期是从当年 4 月 1 日到翌年 3 月 31 日。

为保证严格控制公共开支，1997 年上台执政的工党政府曾为其财政政策提出过两条指导方针：一是在一个经济周期内政府的借贷只能用于投资，而不得用来资助当前的公共开支，这就是所谓的"黄金原则"。二是公共部门的净债务占国内生产总值的比例在该经济周期内应保持在一个稳定、适中的水平上。但是，这两项原则都未能得到贯彻和遵守，特别是在金融危机爆发之后，为了救助陷于危机中的银行机构，政府公共开支不断增加，财政赤字与公共债务均大幅攀升。

2013/2014 财政年度，英国政府的财政收入为 6200 亿英镑，占 GDP 的 38%，其中间接税为 2580 亿英镑，占总收入的 42%，所得税和资本税为 2030 亿英镑，占总收入的 33%，国民保险费 1070 亿英镑，占总收入的 17%，公司税和其他收入为 460 亿英镑，占总收入的 8%。公共部门的开支为 7140 亿英镑，其中规模最大的一项开支是社会保障费用，为 2556 亿英镑，占支出总额的 36%；其次是国民卫生保健占 18%（1432 亿英镑）；再次是教育占 13%（902 亿英镑），国防占 6%（442 亿英镑），其他支出占 27%。若从中央政府和地方政府在财政开支中所占的比例来看，则当年资助地方政府的支出占公共开支的 23%，中央政府的开支占 76%，其余 1% 用于对国有企业的支持。

二 地方财政

英国的财政体制是中央和地方两级预算。按照法律规定，地方预算不纳入国家预算，由所在地方政府机关批准，不需要上一级或中央政府机关审批。地方预算有固定的地方税和地方经济收入，但在实际执行过程中，地方财政在很大程度上依赖于中央政府的拨款：2013/2014 财政年度，地方税在地方收入中所占比重仅为 10% 左右，中央预算下拨给地方的补贴在地方收入中所占比重则约为 55%，英格兰地区更是达到了将近 60%。英国地方政府的开支占国家公共开支总额的比例也从 15% 增加到了 23% 左右，主要用于教育、社会治安、对个人提供的社会服务、住房、其他环境服务，以及道路和交通的建设与维护。资金来源除中央政府拨款和地方税收外，主要是在有关规定的范围内进行借贷，以及出售土地和建筑物所得。根据 2011 年生效的《地方政府审计条例》，英格兰和威尔士地方政府每年的财政开支都要受到由这两个地区审计委员会指派的独立审计员的审计；而苏格兰的财政支出则由苏格兰审计委员会负责。并且地方选民有权参与并监督地方财政开支的审计工作。

英 国

三 税收

税收是英国政府财政收入的主要来源。2003年以来,在英国的财政预算中,各项税收合计占总收入的75%左右(不含国民保险费,若加上国民保险费则为93%左右,各个财政年度略有差异)。英国的税收以所得税占首位,增值税居第二位,消费税居第三位。个人所得税是对个人收入征收的一种累进税,收入越多,税率也越高。增值税是对商品或劳务征收的一种支出税,在生产和消费的每一个环节都予以课征,最后一个环节税收由消费者负担。消费税是对石油、香烟、酒类、赌博以及汽车执照等方面的支出所课征的税收。英国税收名目繁多,除上述种类外,还有公司税、石油收入税、资本收入税、资本转移税、车辆和印花税等。除此之外,作为福利国家重要内容的社会保险,是由政府专门设立的预算外国民保障基金负责管理。国民保障基金收入半数以上来自国民保险费,绝大部分系由雇主和雇员交纳。

总体上看,与欧盟其他国家相比,英国的税收是比较低的,就税收占国民生产总值的比例而言,曾多年呈现下降趋势。1986年至1991年,英国的税收和社会保险金占国民生产总值的比例从37.5%下降到30%左右。20世纪90年代初的经济危机导致这一比例有所上升,但从1993年开始很快下降,到2001年再度下降到约30%,但此后又逐步攀升,到2012年约38%,2013年略有下降,为37%,而欧盟成员国的平均比例则在40%~45%。

四 公共债务

1929~1932年世界经济危机之后,英国国债激增。二战后在凯恩斯主义赤字财政政策的影响下,政府财政赤字长期化,公共部门的借款需求恶性膨胀。在1946~1984年的39年中,有财政赤字的年头就有33年。1979年撒切尔政府上台后强调紧缩财政开支,情况有所改善。但随着90年代初经济衰退的到来,财政赤字再度呈现增长势头。公共部门借款需求是反映国家弥补财政收支差额的重要指标,减少公共部门借款需求在国内生产总值中的比重、谋求实现收支平衡,是英国政府财政战略的一项重要目标。英国政府自20世纪80年代以来坚持实施的中期财政战略,到90年代中期收到了明显成效,公共部门的财政状况开始好转。布莱尔工党政府上台主政后,在债务管理方面推出了一项重要变革措施,将债务与现金的管理职责由英格兰银行转交给财政部,并专门成立了债务管理局,负责金边债券的销售和市场管理。1998/1999年度财政预算的经常项目实现了73亿英镑的结余。公共部门的净债务占国内生产总值的比例从1996/1997年度的44.1%降至1998/1999年度末的40.6%。2001/2002年度更降至3143亿英镑,占国内生产总值的29.7%。不过随着2008年金融危机的全面爆发,政府不得不实施庞大的救市和财政干预计划,为陷入困境的金融机构大量注资,政府财政赤字迅速飙升。2009/2010财政年度英国公共部门借款突破万亿英镑,之后还在继续增加,2012/2013财政年度达到13867亿英镑,占GDP的比例为126.6%,若不包括银行部门的贷款,则占GDP的比例为79.1%(若按马约标准计算则为87.2%)。英国政府预测政府债务还会继续增加,直到2017/2018财政年度才会开始下降。

五　货币政策

货币政策也称金融政策,系一国中央银行为实现国家的宏观经济目标而在金融领域采取的方针和调控措施。英国的货币政策由英格兰银行制定和执行。英格兰银行最初仅是一家法人团体,1694年根据一项议会法案和皇家特许建立,并于同年7月27日正式营业,它把全部资本120万英镑都贷给了政府,从而取得了货币发行权,到18世纪80年代,它实际上已成为政府机构的一部分。1946年英国政府正式取得了它的全部股本。作为英国的中央银行,它的任务是:服务于国家经济的有效运转,保持一个稳定而有效的货币和金融框架,支持政府实现持久的低通胀;维护货币的完整和价值;维护国内外金融体系的稳定;保证金融服务部门的有效性等。英格兰银行还以政府代理人的身份管理国家的黄金和外汇储备;代表政府和其他银行从事外汇交易。1997年5月,工党政府执政后,对英格

英　国

兰银行进行了大胆改革，1998 年生效的《英格兰银行法》授权它独立决定银行利率，不再受财政大臣的控制。

　　国家为实现货币政策目标，相继采取一系列政策手段，就是所谓的"货币政策工具"。英国的货币政策工具主要包括下列诸项：①公开市场业务。英格兰银行通过在公开市场上买卖政府证券来影响各银行在该行保持的存款余额，从而影响它们的贷款业务规模。②利率。利率是英国的一个传统货币政策工具，1971 年以前，这一工具是英格兰银行的贴现率，贴现率作为官方利率，其升降会引起整个市场利率水平的变化。1972 年英格兰银行用最低贷款利率取代了贴现率，它仍能像贴现率一样起到带动市场利率变动的作用。利率由英格兰银行货币委员会负责制定，该委员会由 9 名成员组成，其中 5 名来自英格兰银行，另外 4 名成员为英格兰银行行长指定的外部人员。该委员会每月召开一次会议，就当月利率做出决定。③特别存款。特别存款这一货币政策工具的作用是减少银行的储备资产，降低其流动性比率。银行要恢复其流动性比率，就需要卖出证券或紧缩贷款，从而达到控制银行贷款增长的目的。④储备要求。这就是所谓的存款准备金制度，它要求银行按英格兰银行指定的形式保持某种资产即储备资产。英格兰银行通过控制储备资产来控制货币供应量。

　　金融危机爆发以来，为应对金融危机与欧债危机的影响，英格兰银行于 2009 年 3 月降息 50 个基点至 0.5%，并推出量化宽松政策。尽管随着英国经济形势好转，有经济学者认为英格兰银行应于 2016 年初加息，但直到 2016 年 2 月，英格兰银行仍然决定维持基准利率 0.5% 不变，这已是其连续 83 个月维持超低利率水平。

六　金融监管

　　为使金融服务部门能进行自由和公平的竞争，为其提供一个适合市场发展需要的规范化机制，英国政府致力于改善金融市场的功效，以促进市场的发展，并使投资者的利益得到相应保护。财政部负责对金融服务进行管理与监督，特别是负责对涉及银行和房屋互助协会的投资业务等操作规范进行立法，同时对保险和投资委员会实行监督。此外，长期以来，英国对商业银行的监管权一直高度集中在英格兰银行手中。1979年通过的《银行法》授权英格兰银行审查和批准金融机构的设立，它还有权对由其颁发牌照的所有银行行使监督检查权。1987年通过的《银行法》进一步加强了英格兰银行的监管权力和责任。不过，为了适应金融全球化和欧元诞生的挑战，1997年，英国政府提出改革金融监管体制的方案，将包括英格兰银行、证券和期货监管局、投资管理监督组织、私人投资监管局等9家机构在内的全部金融监管职责移交给新成立的金融服务局（FSA），统一负责对商业银行、投资银行、证券、期货、保险等9个金融行业进行监管。2000年议会通过了《金融服务与市场法案》。该法案规定，以完整的条例规章体系取代部分基于自我约束的管理机制，确立新的单一补偿体制，设立统一的查弊体系，成立单一的仲裁法庭并授权金融服务局处理市场的陋习和弊端。2008年金融危机爆发后，英国加强了对金融市场的监管，尤其是加强了对银行业的监管。例如，2008年10月英国政府颁布了《银行业改革法案》，其核心是设立一项特别决策机制，该机制授予英国政府在银行陷入破产危机时出面进行干预，包括对即将破产的银行实行国有化，或将其转让给私营企业，或成立一家过渡银行来监管其资产等。该法案的适用对象既包括银行，也包括房屋互助协会。另外，英国政府还计划增强金融服务局的作用，例如，可授予金融服务局更大的权力，在银行行为有可能对整个金融体系的稳定产生不利影响时，金融服务局可以质询银行的条例并命令其整改。

  2012年12月，英国议会通过《金融服务法》，2013年4月生效，为英国金融体系规定了新的管理框架。金融服务局被取消，新成立了金融行为局与谨慎监管局，并在英格兰银行设立了金融政策委员会，以加强对金融业的监管。2013年12月，英国议会通过了《金融服务（银行业改革）法》，进一步加强对银行部门的监管。该法主要包括4个方面的内容：一是推进结构性改革。通过建立"围栏"，强制将零售银行和投资银行等高风险业务隔离开，即"围栏"内的业务可以为欧盟的个人及中小企业提供存贷款和支付结算服务，"围栏"外的业务只能将不在保险范围内的存款和批发性资金作为融资来源，从而保证个人和小企业不会由于银行的其

英 国

他行为而受到损失。二是提高资本要求。大型受隔离银行和总部设在英国的具有全球重要性的外国银行，必须拥有相当于风险资产17%的吸收损失能力，包括股本、一级资本、二级资本以及具有吸收损失能力的自救性债券（Bail-in Bonds），以便银行清盘时，存户将优先于其他债权人及银行债券持有人获得偿还。三是促进竞争，特别是通过将金融危机爆发后接管的银行股权出售等方式促进银行业竞争。四是加强对银行从业人员的管理和监督，特别是对高级管理人员适用更严格的准入机制，通过新制度使银行高层承担更多责任，甚至包括刑事制裁，以杜绝银行从业人员采取过度冒险行为。

__第五章__

军　事

第一节　概述

一　军事大国地位的盛衰

英国在 19 世纪至 20 世纪初的 100 多年间曾称霸世界，人称"英国统治下的和平年代"，或称"英国世纪"。在拿破仑战争结束后形成并发展起来的国际体系中，英国不仅是世界头号工业强国和最大的殖民帝国，也是一流的军事大国。

在英国的军事力量中，海军占有极为重要的地位。英国作为海洋国家，主要通过海上贸易和海战谋求向外扩张，以达到积累财富的目的。因为有海洋作为天然屏障，英国不需要像大陆国家那样保持一支庞大的陆军。相反，为了控制海洋，执欧洲均势之牛耳，它将主要精力与财力用于发展船舶和建设一支强大的海军。自进入近代以来，英国加强了海外扩张与殖民，因而更加重视海军建设。

英国海军创建于 1500 年，即都铎王朝的亨利七世统治时期。亨利八世时，英国海军开始将大炮安装在侧甲板上，这一改革使弦侧炮既能杀伤敌人，又能击毁敌方船只，从而使海战由过去的"接弦战"向"远距离作战"方式转变。女王伊丽莎白一世统治时期，英国利用海盗从西班牙船只劫掠得来的财富建造更为先进的战舰，安装了射程更远的弦侧炮。1588 年，英国海军利用其舰船的机动性和火炮射程的优势，战胜了西班

英　国

牙的"无敌舰队",确立了英国世界头等海上强国的地位。之后,英国又利用其海军优势,在英荷战争中击败荷兰,在英法七年战争中打败法国,在拿破仑时代再次力挫法国海军,取得了海上霸主的地位。英国人控制了绝大部分海外殖民地和海上航线,获得了利润巨大的转口贸易的垄断权。英国的海上霸主的地位维系了百余年,在大英帝国的全盛时期,英国海军的实力比世界上其他任何两支海军力量的总和都更强大。英国的海军基地遍布世界各地,并拥有全世界最大的商船队。不过,在英国海军实力的巅峰状态背后已经在孕育着一系列隐患。在19世纪末开始的第二次工业革命的推动下,美、德等国在经济上开始崛起,它们在造船技术等军事工业领域也取得了飞速发展。以蒸汽做动力的装甲舰代替了木帆船,大炮口径加大,射程也更远。随着潜艇和飞机的出现,海上作战方式发生了重要变化,开始在包括水上、水下和空中在内的三维空间全面展开。第一次世界大战之前,德国发展海军的计划引起了英国的恐慌,英、德两国之间展开了激烈的海军军备竞赛。

19世纪与20世纪之交,英国面临的是一种与此前完全不同的国际战略形势。19世纪70年代,一个统一的德国出现在欧洲,打破了原有的力量平衡;在世界范围内,美国和德国的经济实力已先后赶上和超过了英国;俄国经过近两个世纪的扩张和发展,正在崛起成为欧亚强国。特别是各国在世界范围内为争夺销售市场和原料产地而展开的竞争,激化了欧美各大国之间的矛盾。世界范围内的力量重新组合在加紧进行,此时的英国已不像昔日那样可以"置身于联盟体系之外"而执欧洲均势之牛耳,它深感力不从心,不得不走上实际"结盟"的道路。

1899~1902年的第二次布尔战争使英国付出了沉重代价。布尔人是南非的荷兰移民后裔,为争夺南非的黄金,英国人和布尔人的矛盾逐渐升级,最终引发战争。英国在这场战争中总共投入了45万兵力,尽管最终获胜,但这次战争暴露出英国陆军的脆弱性,也暴露了英国在世界上的孤立状态。以英布战争为转折点,英国外交放弃了自19世纪以来奉行的"光荣孤立"政策,加紧重建陆军与海军,大力推进军事现代化改革。英国设立了帝国防务委员会,负责全面安排帝国防务;还设立了一个与海军部结构相同的陆军部和总参谋部（后改组为帝国参谋本部），负责协调整个大英帝国的军事力量。这些机构的设置和相关改革，使英国的军事领导部门拥有了一支可以随时动员并派往欧洲大陆的远征军。英国还加紧改进军事技术和武器，装备经过改进的来复枪和加农炮，炮兵成为重要兵种。海军开始建造庞大的铁甲舰，到 1907 年时英国已拥有 7 艘无畏级战列舰和 3 艘无畏级巡洋舰，而德国尚无 1 艘这样的舰只。尽管如此，由于英国的海军战略仍仅停留在水面作战这个单一空间，因此，第一次世界大战期间，在遇到德国潜艇的攻击后，英国猝不及防，损失了 70% 的商船，海军也受到重创。一战期间，英国进行了有史以来的首次大规模征兵，在欧洲大陆投入大量陆军与法、俄一起同德、奥作战，并使用飞机和坦克参加野战。英国虽然赢得了第一次世界大战，但付出了巨大代价，不仅伤亡惨重（损失达 74.47 万人），而且其财政金融体系遭到沉重打击。英国在战前号称"世界银行"，战后则变成了债务国，其世界金融中心地位受到严重削弱。更为深远的后果是，英国霸业的另一个支柱海上优势也在战争中严重受损。在两次世界大战之间，1922 年的《华盛顿限制海军军备条约》和 1930 年的伦敦海军会议使英国失去了"海上霸主"地位。

第二次世界大战使英国面临更为严峻的考验。由于第一次世界大战给人们造成了巨大痛苦和灾难，两次大战之间英国公众的和平主义思潮空前高涨，成为张伯伦之流推行"绥靖政策"的社会思想基础。这种大气候不能不对英国的防务政策造成影响。1918 年到 1938 年间，英国关心的是裁军和国联的调解活动，直到 1939 年下半年，英国才放弃"有限战争"概念，开始在法国部署强大的陆军作战部队。英军显然是在准备严重不足的情况下参加二战的。二战初期，英国海军仍沿袭一战期间的水面作战方式，而德国利用潜艇向英国商船和航空母舰发动攻势，致使英国损失惨重，英国只得转让 8 个海军基地以换取美国的 50 艘驱逐舰，同时开始从海上封锁战略向保卫海上交通线的战略转变。英国以航空母舰、巡洋舰、驱逐舰、护卫舰以及拖网渔船和反潜飞机、水上飞机协同作战，以应对德国的潜艇。经过激烈角逐，盟军逐渐控制了大西洋的作战主动权，英国成为第二次世界大战的主要战胜国之一。

英 国

战后初期，英国在世界上发挥着仅次于美、苏两个超级大国的准一流军事大国的作用，英军在世界范围内承担着空前广泛的防务义务。在欧洲，它不仅担负对德国、奥地利和意大利的占领任务，而且，为帮助希腊右翼统治集团镇压共产党游击队，还有相当数量的英军驻扎希腊。在中东和非洲，二战期间英国占领了大片领土，除了原先处于它控制之下的巴勒斯坦、外约旦、伊拉克和埃及苏伊士运河区之外，还新增了原意属非洲殖民地、法属叙利亚和黎巴嫩，以及伊朗南部地区。在远东和东南亚，英国军队驻扎在二战中曾被日本占领的许多国家和地区，除原英属缅甸、马来亚、新加坡和香港以外，还有法属印度支那、荷属东印度群岛（印度尼西亚），以及英国的保护国文莱、沙巴和沙捞越。除此之外，英国部队还在印度次大陆负责维持治安，并负责保卫从直布罗陀、马耳他到苏伊士运河和亚丁湾等一系列帝国交通线上的战略要地。

但是，二战的结束使英国在欧洲和世界范围内面临着一种全新的力量对比格局。它已降格为一个同美苏两国完全不同级别的国家：就海上力量而言，美国海军相当于英国的 3 倍，而英国的陆军力量也无法与苏联相比。不过，在战后相当长一段时间内，英国仍未摆脱世界"一流大国"的梦幻。到 20 世纪 60 年代，英国仍拥有航空母舰 7 艘，巡洋舰 10 艘，驱逐舰和护卫舰 86 艘，各种类型的潜艇 255 艘，两栖和辅助舰艇 200 艘，仍在全球范围内保留着相当于"一流大国"的海军力量，以保护其海上交通线和基地网络。但是，随着英国国力的下降和战后殖民地民族解放运动的迅速发展，英国大部分海外驻军逐步撤回国内。英国由昔日的全球性军事大国转变为一个地区性军事强国，英国海军也被迫由全球性海军向区域性海军转变。

不过，尽管英国的防务重点在逐渐由海外向欧洲地区收缩和集中，但这并不意味着它从此放弃了运用军事力量捍卫其在国际上的利益与影响。英国统治集团在处理帝国遗留问题时，通常情况下均能采取现实主义态度，但在涉及"重大利益"和所谓"帝国荣誉"问题时，往往表现得非常固执，甚至不惜动用武力。1982 年英国同阿根廷因马尔维纳斯群岛主权之争所爆发的南大西洋战争（英国称其为"福克兰群岛之战"），就是一个突出的例子。英国在这次战争中出动上百艘舰船,参战总兵力达3.5万人,对阿根廷军政权在马岛发动的袭击进行反击。英国在马岛之战中的胜利,表明它仍拥有相当可观的军事力量,也有能力运用军事力量实现某些目标和需要。英国前首相梅杰曾声称,英国是为联合国维和行动提供武装部队最多的国家之一。它在世界上40多个国家和地区部署或驻扎军队,发挥着比以往任何时候都更为广泛的作用和影响。布莱尔在上任不久后发表的对外政策讲话中也曾宣称:"我们在帝国后的这个时期不可能成为军事意义上的超级大国,但是我们能使世界感受到英国存在的影响。"他将建立强大的防务能力作为英国在世界上发挥作用和影响的手段之一。

20世纪90年代以来,英国在海湾战争、科索沃战争、伊拉克战争、阿富汗战争,以及利比亚战争中都扮演了十分重要的角色。英国在无力作为一流军事大国单独行动的情况下,希望通过多边和集体安全机制,利用其在军事上仍然存在的某些优势,在世界上发挥超出其经济实力的作用和影响。

二 安全防务战略的历史沿革

传统上,英国安全防务政策的目标是力求在海洋战略与大陆战略之间保持平衡。前者以英国传统的海上优势为基础,目的在于保护其帝国和海外商业利益;后者旨在保持欧洲的力量均衡,从而保卫英伦三岛的安全。

(一) 海洋战略占主导

为了适应向海外扩张的需要,英国从16世纪开始逐步建立起一支强大的海军,确立了海上霸主地位。为了保卫帝国和海外的商业利益,英国海军尽力保护其海上交通线(从英国本土绕南非好望角到印度的航线和从本土经苏伊士运河到远东的"帝国生命线"),并在世界范围内建成庞大的海军基地网络。由于帝国及海外商业利益的极端重要性,英国在过去几个世纪一直将海洋战略放在首位,由其主导本国的安全防务战略。与之相应,英国在欧洲大陆奉行保持力量均衡的战略。英国作为一个海洋国

英 国

家，长期以来侧重于发展海军力量，在通常情况下对欧洲事务尽量采取"超脱"态度。但在欧洲的均势遭到破坏或受到严重威胁时，英国往往给予与谋求霸权者相抗衡的一方以一定的经济、外交和军事支持，并根据自身利益随时调整或变换结盟关系。英国的目的在于拥有一个稳定的后方，以便集中力量向海外发展，最大限度实现自己的核心政治经济利益。英国军事理论家利德尔·哈特这样表述英国传统的军事战略：①英国应凭借强大的海军力量和殖民地丰富的资源，实施海上封锁和经济战，并尽力减少对大陆承担的军事义务。②在大陆发生战事时，英国应严格采取防御战略。③对于敌人（这里指德国。——作者注）的进攻，应该让法国进行阻击，英国派往大陆的部队则应限制在最小规模之内。总之，英国在欧陆战事中奉行这样一条行为准则：与本国无关的战争决不轻易插手；即使打仗，也要用最小的代价去达到目的。

（二）大陆战略渐占优势

进入20世纪后，随着国际形势的变化和英国自身力量的消长，英国不得不把越来越多的军事力量放在维护本土安全与保持欧洲力量均势方面。第一次世界大战期间，英国的经济实力和作战能力受到了严重削弱。两次世界大战之间，英国在放弃昔日海军"双强标准"① 的同时，拟向欧洲大陆部署大量陆军部队，并部署大批远程轰炸机准备对德作战。与此同时，它伙同法国一道对德、意法西斯推行"绥靖政策"，试图将祸水东引，将矛头指向苏联。二战初期，英国及其西欧盟国严重受挫，后来在苏联和美国参战后形势才逐步好转。二战极大地削弱了英国的经济和军事实力，它已没有足够的力量承担繁重的海外义务，不得不将西方世界的领导权让给美国。事实上，1941年12月美国参战后，它已经取代英国成为西方的主要发言人。二战以后，美国已成为头号世界经济强国和海、空军事力量大国。苏联则是欧洲和世界上最大的陆上军事强国。而其他西欧国家有的战败，有的被严重削弱。在这种情况下，英国和其他西欧国家单靠自己的力量难以同苏联抗衡，因此英国不得不将保卫本土及西欧的安全放在

---

① "双强标准"是指英国的海军实力要超过其他两个海军最强大的国家合起来的实力。

其防务政策的首位,并将组织防务集团(北大西洋公约组织和西欧联盟)、借助美国的经济和军事力量同苏联抗衡作为军事与外交战略的首要任务。与此同时,英国依然十分关注本国的海外殖民地和商业利益,为维持它在苏伊士运河以东的海外防务体系做出了不懈努力。

(三) 战后对欧洲防务承担义务

二战后,英国通过北约和西欧联盟对欧洲防务承担义务,这是它历史上为保卫本土安全而对欧洲大陆采取的力量均势政策的延续。当然,在战后国际形势和力量对比发生变化的情况下,英国的均势政策采取的形式也发生了重要变化,其军事、外交和体制方面的特点也与过去不同。

首先,对于英国战后所承担的军事义务而言,与以往比较,最显著的变化在于其长期性。1945年以来英国防务政策的一个重要特点是,有相当数量的英国军队为保障本土安全而长期驻扎在欧洲。这支部队虽由驻德占领军演变为北约集体防务力量的组成部分,但其保障英国安全的目的并没有改变;当然,其内容已由保卫二战成果、防止德国东山再起,转变为从军事上对付苏联和东欧国家。英国部队之所以长期驻扎在欧洲大陆,主要有两个方面的考虑:①战后西欧大陆国家与苏联之间的力量对比极不平衡,为了稳定西欧局势、防止不测事件发生,英国认为在和平时期也有必要在欧洲大陆保有一支相当规模的常备军。②使欧、美安全防务联系不致脱钩,确保美国继续在欧洲大陆保持军事存在。

其次,在外交上,由于战后苏联对欧洲力量均势的挑战,英国已无法像过去那样,通过在欧洲国家之间采取平衡策略来应付这种局面,因此结盟就成为一种固定政策。战后初期,包括英国在内的西欧国家不仅在经济上被严重削弱,而且存在着社会政治危机,它们能否联合起来与苏联抗衡,在很大程度上取决于美国能否提供足够的经济和军事援助,并直接参与西欧防务。美国是当时唯一能够制衡苏联的力量,因此争取美国对欧洲安全防务承担义务,就成为英国外交的首要目标。英国在战后通过一系列步骤促成了北大西洋联盟的建立,使美国在欧洲新的力量均势中扮演了一个重要角色。

最后,从组织体制方面来看,与过去那种含糊不定、容易发生变化的

英　国

英法"谅解"不同，英国的防务政策主要是通过由北约组织形成的固定机制与格局实施的。北约自1949年建立以来，不仅是英国本土防卫的枢纽，而且是确保美国在军事上继续插手欧洲事务以及英国在欧洲大陆保持一个牢固立足点的重要保证。英国统治集团认为，正是大西洋联盟为英国和西欧其他国家提供了有效的对苏威慑力量，为保持欧洲的均势和稳定提供了必要的防务手段。北约组织还为英国外交提供了一个重要渠道，有助于它在西欧和西方联盟中发挥较大作用和影响。

（四）核威慑力量的发展

二战后英国安全防务战略发生的一项重要变化，是英国决定发展自己的核威慑力量。早在二战期间，英美两国就在发展核武器方面进行了合作开发。但是，1946年美国国会通过原子能法案，决定将英国排除在核合作之外。时任英国外交大臣的贝文表示，英国"不能默认美国垄断"核武器。1947年初，英国工党政府决定独立进行原子弹的研制工作，其主要考虑是：①从战略方面讲，面对战后初期西欧和整个世界的不确定形势（特别是核武器和远程兵器的出现大大削弱了英国的战略安全性），英国本土的安全问题突出起来。在英国统治集团看来，苏联是一个严重威胁，而美国又靠不住，因此英国有必要建立一支独立核力量，以确保英国自身和西欧的安全。②英国将核武器看成一流大国的象征和标志，是英国被获准参加国际安全"最高级会议"的通行证和门票。为了维持大国地位，它必须拥有自己的核武器。③英国还将核武器看作同美国讨价还价、对其施加影响的一种手段和资本，是它与美国结成"特殊关系"的合格证书。

1951年保守党上台执政后对发展核武器采取了更为积极的态度。1952年10月，英国在澳大利亚的蒙特贝洛岛成功试爆了第一颗原子弹。同年，英国三军参谋长提出全球战略报告，认为应该更多依靠核威慑来遏制苏联。1955年英国政府正式公布了发展热核武器计划。英、法、以入侵埃及苏伊士运河战争的失败，更加坚定了英国发展和完善核能力的决心。1957年5月英国氢弹试验成功，它成为世界上仅次于美、苏的第三个核大国。1957年发表的国防白皮书，提出将建设一支独立的核威慑力量作为英国防务政策的重点。

不过,英国在发展核力量的过程中也遭到了意外的打击和困难。从战后初年到1958年的十多年时间内,英国的核研制开发工作在没有美国任何帮助的情况下取得了相当大的进展。在此背景下,美国同意恢复两国之间的核协作关系。1958年美国国会通过《麦克马洪法案修正案》后,英美两国政府签订了在将原子能用于防务需要方面进行合作的协定。英国获准在一定范围内接触美国的核机密,可以向美国购买核武器系统和部件。但在合作过程中美国横生枝节,1962年11月美国单方面废弃了英国已向其订货的"闪电"导弹计划,致使英国的核计划面临夭折的危险。美国的做法在英国引起了强烈反响。1962年12月,英国首相麦克米伦赴拿骚与肯尼迪总统会谈,双方达成协议:由美国向英国提供北极星导弹,由英国自制核弹头和潜艇,组成英国的"独立"核力量。但作为交换条件,英国承诺将拟议中的英国核潜艇导弹部队划归北约组织指挥,只有当英国最高国家利益受到威胁时,它才有权就核武器的使用问题独立做出决定。《拿骚协议》表明,英国不仅在核武器的运载工具方面要依靠美国,核部队平时还"划归"北约,其独立性是不完整的。但是由于财力限制,英国又不得不依靠美国。1980年7月,英美两国政府又签订了由美国向英国提供"三叉戟"导弹的协议,以取代到90年代中期即将过时的北极星导弹潜艇系统。截至2015年底,英国的战略核力量仍主要由"三叉戟"导弹潜艇系统组成。

(五) 苏伊士以东防务的终结

英国从苏伊士运河以东地区撤军,是二战后英国安全防务战略调整过程中一个最突出的变化。当时英国为了保卫帝国及其海外商业利益,曾在世界范围内建立了全球防务体系,但在19世纪末20世纪初,英国的财力及其军事实力同它在世界范围内所承担的义务之间就已产生明显的不平衡。随着英国相对衰落趋势的加强及国际局势的急剧变化,帝国防务面临着越来越尖锐的矛盾和问题,第二次世界大战突出地暴露了英国防务战线长、力量单薄的弱点。在欧洲,只是在得到美国的经济和海空军力量援助并由苏联承担对德作战主要任务的情况下,英伦三岛才得以免遭被占领的

英　国

厄运。在亚太地区，英国没有足够的力量保护其殖民地免遭日寇入侵，也未能给予澳大利亚和新西兰应有的保护，后者只得向美国寻求支持。美国遂取代英国成为远东和太平洋地区居主导地位的国家。二战的结束加剧了英国相对衰落的趋势，虚弱的经济基础使英国的防务政策必须依据不同事态的轻重缓急做出选择。与此同时，从东地中海到印度洋至太平洋，殖民地国家争取民族独立的斗争蓬勃发展，给英国的海外基地及其殖民统治造成了严重挑战。埃及人民反对英国驻军、要求收回运河区的斗争，严重危及了帝国生命线的咽喉——苏伊士运河的安全。南亚次大陆国家走上独立的道路，则从根本上削弱了帝国的防务体系。

战后初期，工党政府曾对英国的海外防务进行了调整，结束了在一些地区的临时性军事占领，从巴勒斯坦和希腊撤出了驻军，随着印度、巴基斯坦、缅甸和锡兰（斯里兰卡）的独立，英军又撤出了南亚次大陆。英国内阁曾讨论过英军是否从中东撤退的问题。英国在苏伊士运河以东地区的防务体系，本来是保卫英国通往印度的海上通道，南亚一系列国家的独立，使这一防务体系失去了本来的意义。然而，英国军方和以贝文为首的一些内阁成员认为，中东拥有丰富的石油资源，对于抵御苏联南下非洲和印度洋具有重要的战略意义，因此决定继续维持苏伊士以东的防务体系。

但是，英国的力量在二战中遭到极大削弱，甚至本国的安全都需要寻求美国的支持和保护，自然难以向英联邦国家和殖民地提供必要的保护。事实上，早在战时一些老自治领就已纷纷向美国寻求防务支持，如加拿大与美国结成了北美防务体系，而1951年签订的《澳新美安全条约》，英国也被排除在外。在高涨的民族解放运动面前，英国曾试图通过同一些前殖民地附属国订立防务协定或修订旧协定的办法，以保持其在海外的驻军和基地，但是随着民族独立运动的发展和英国财政经济困难的加剧，它不得不接连放弃其海外阵地。英国在20世纪40年代末同缅甸和锡兰（斯里兰卡）订立的防务协定和相关安排分别于1953年和1957年被废除。1954年英埃就修订1936年条约中关于苏伊士运河区基地的条款达成协议，1956年6月最后一批英军撤离埃及。1956年3月，约旦"阿拉伯军团"的英国司令格拉布将军被解职，1957年3月约旦废除了《英约同盟条约》，英军被迫撤离。1958年伊拉克革命后，英国撤出了在伊拉克的两个空军基地。为了镇压马来亚人民的武装斗争，保卫在远东的利益，英国曾在马来亚和新加坡长期保持大量驻军。1966年，马来西亚同印度尼西亚的武装对抗宣告结束，之后英国大幅减少了在这一地区的驻军。1967年11月30日南也门宣告独立，英国撤出了在亚丁的全部驻军和基地。1969年的利比亚革命推翻了旧王朝，利比亚政府宣布取消同英国签订的防空体系协定，英国被迫撤出在利比亚的基地和驻军。

促使英国政府最终做出从根本上放弃苏伊士以东防务的决定性因素，是连续不断的财政经济危机，使其被迫接连削减各种海外开支。进入20世纪60年代以后，英国经济形势日趋紧张，英镑地位的脆弱和英国国际收支所面临的压力，使得压缩各项公共开支，特别是海外防务开支越来越难以避免。1967年11月18日英镑被迫贬值，政府权衡各方面的利弊，做出了从苏伊士以东全面撤退的决定。1968年1月16日，英国首相威尔逊在下院宣布，英国将在1971年底完成从新加坡、马来西亚和海湾地区的撤军。1970~1974年执政的希思保守党政府曾对工党政府的决策做了一些修正，希望延缓撤退的速度，但事态的发展表明，英国难以继续承受在海外大量驻军的重负。在世界石油危机的冲击下，1974年上台的工党政府决定迅速完成从苏伊士以东撤退的工作。1975年3月，工党政府宣布大幅度压缩防务开支和海外驻军费用，决定将英国驻新加坡和马耳他的部队撤回国内，对其在塞浦路斯和香港的驻军予以压缩，并关闭在马尔代夫的空军基地和毛里求斯的海军交通站，中止同南非签订的《西蒙斯敦海军协定》。在此之前，英军已于1971年底撤离了海湾地区。这样，英国防务由全球范围向欧洲和北大西洋地区集中与收缩的进程基本告一段落。

三 冷战后的安全防务战略

20世纪90年代初，根据变化了的国际环境与需要，英国对其安全防务政策进行了相应调整，其中最直接的变化是武装部队裁员和防务经费的压缩。随着冷战的终结，英国原来面临的大规模潜在战略威胁基本消失，

英国

至少是大幅度减缓。1990年英国政府提出了改革防务结构的《改革选择方案》，在此基础上对防务开支及英国所承担的防务义务进行了一系列评估和重新审查。根据英国政府的计划，到20世纪90年代中期，三军人数将从90年代初期的30多万人减到24万多人。其中陆军从15.6万人减到11.6万人；海军和海军陆战队从6.3万人减到5.3万人；空军从8.9万人减到7.5万人。到20世纪90年代末，英国正规军的兵力将削减近1/3，至2000年，三军正规军人数计划减至21.6万人。上述计划均已完成或超额完成。另外，英国也在大量裁减海外驻军。特别是在德国实现重新统一的情况下，驻德英军进行了大规模裁减，其中，陆军到20世纪90年代中期已从5.6万人减至2.3万人，至2015年初再次减至1.6万人，按计划将于2020年以前从德国撤出全部驻军。英国政府的防务拨款也在逐年下降。2000年英国防务开支比1990年减少了25%~30%。国防开支在国内生产总值中所占比重从1992/1993年度的3.8%下降到1997/1998年度的2.8%，但略高于北约成员国的平均水平。

裁员节支无疑是冷战结束后英国安全防务政策调整的一项重要内容，但从根本上说，调整防务政策的目的是在国际安全环境发生根本性变化的情况下，重新界定英国的安全与防务政策，使其安全战略、防务安排及武装部队的结构能够适应新形势。冷战后，英国及其盟国不再面临过去那种大规模外来入侵的威胁，然而随着东西方军事对峙的结束，欧洲长期被掩盖的各类矛盾日趋表面化和尖锐化，欧洲及邻近地区的诸多不稳定因素，如民族和种族冲突、宗教和领土纠纷、转型国家的不确定形势、受某些国家支持的恐怖主义和有组织犯罪，以及大规模杀伤性武器的扩散等，成了导致新的紧张局势的重要根源。因此，英国及北约的安全防务战略除实施传统的旨在"保卫领土安全"的"集体防御"之外，将侧重点放在预防和控制地区性危机与冲突方面。英国1992年的国防政策声明提出英国防务应承担三重作用：确保联合王国的国土安全；保护联合王国及其盟国不受任何重大的外来威胁；通过维护国际和平与稳定，为增进英国更广泛的安全利益做出贡献。在2001年美国"9·11"事件后，特别是2005年7月伦敦连续发生两次地铁和公共汽车连环爆炸案件之后，恐怖袭击成为英国本土安全面临的最重大威胁之一。英国情报界认为,在未来很多年,英国都会是恐怖组织袭击的目标,英国政府已将反恐列为国家安全防务的一项重要内容。

2008 年 3 月,英国政府发表《国家安全战略:相互依赖世界中的安全》(The National Security Strategy of the United Kingdom: Security in an Independent World),这是英国自第二次世界大战以来发表的首份国家安全战略。该报告阐明了冷战结束之后英国国家安全观念和安全战略的转变。该报告认为,冷战结束以来,国际安全版图已经发生了重大变化。在传统安全方面,英国比大多数国家都更加安全,英国现在也比历史上的大部分时间更加安全,但是,英国目前面临的国际安全形势异常复杂,各种安全威胁和风险也更加复杂和不可预测。报告指出,英国目前面临的安全威胁包括:恐怖主义;核武器与其他大规模杀伤性武器;全球不稳定和冲突;脆弱国家和失败国家;跨国有组织犯罪,以及国内紧急事件(包括传染病、极端天气以及人为事件等)。导致这些威胁的深层次原因包括:气候变化、对能源的争夺、贫困与治理不善、人口变化与全球化等。

2010 年 10 月,英国联合政府发表了《国家安全战略——不确定时代中的强大英国》(A Strong Britain in an Age of Uncertainty: The National Security Strategy)。与该战略同时被公布的还有一份《战略防务与安全评估报告》(Strategic Defence and Security Review,拟每 5 年评估一次)。后者是以国家安全战略报告中的风险评价为基础,对英国武装部队(包括军队、警察和情报部门)未来 10 年的定位和能力进行的首次重新评估。该报告不仅在对于英国国家安全的定位与评估方面,而且在对于英国国家安全的威胁因素的阐述方面,均与 2008 年工党政府的国家安全战略大同小异。报告认为,目前国家安全的概念与一二十年之前截然不同,更不用说半个世纪或一个世纪之前,而今,英国面临着更加复杂和更加多样化的威胁来源。该报告认为,英国目前面临着 4 项最主要的安全威胁,即:恐怖主义;网络攻击;应用化学武器、核武器和生物武器对英国及其盟国进行的非传统攻击;重大事故或自然灾害。根据威胁发生的可能性及其影响,该报告将英国的防务重点分为 3 级:应对上述四大安全威胁;防范大

271

英 国

规模杀伤性武器攻击；抵御对英国的常规军事进攻。而在《战略防务与安全评估报告》中，则将英国面临的安全威胁分为 8 类，包括恐怖主义、海外不稳定与冲突、网络安全、国内紧急事件、能源安全、有组织犯罪、边境安全、防扩散与军备控制。

2015 年 11 月，保守党政府发表了（《国家安全战略及战略防务与安全评估———一个安全和繁荣的英国》）（下文简称"2015 年《国家安全战略》"）（National Security Strategy and Strategic Defence and Security Review 2015—A Secure and Prosperous United Kingdom）。由于英国刚刚经历了金融危机和经济衰退，因此，该报告将经济安全列为国家安全的首要因素，认为国家安全取决于经济安全，反之亦然，国家安全战略的首要目的是确保强大的经济实力。与此同时，该报告认为，英国面临的安全威胁有加剧的趋势，特别是诸如"伊斯兰国"、乌克兰危机、网络攻击与传染性疾病等，使得英国及其整个世界面临的安全形势更加严峻。报告认为，英国今后面临的最重要任务是应对以国家为基础的威胁（即传统安全威胁）、打击恐怖主义和极端主义、打击各种有组织犯罪在维护网络安全方面发挥领导作用，同时确保有能力应对各种危机事件。

由此可见，英国政府认为，当前，英国和整个国际社会面临的安全环境和安全威胁的性质都发生了巨大变化，传统安全不再是最突出的威胁，而非传统安全的重要性则与日俱增，这也意味着不安全因素更加多样化。因而，面对未来不确定的形势，新的安全战略要求改革军队结构，加强军事行动的机动性和灵活性。部队要具备从参加小规模维和行动与人道主义救援，到参与大规模的高强度战争等军事行动的广泛能力。

在核武器方面，英国认为独立核威慑对于国家安全至关重要，希望继续保持最低限度的核威慑力量，同时减少对核武器的依赖，且其战略核导弹不再针对任何国家。对于战术核力量，英国表示要大幅度削减短程核导弹、核炸弹和核炮弹。同时，英国将防止大规模杀伤性武器扩散作为优先任务，积极推进相互均衡与可核查的核裁军谈判，赞成签订《全面禁止核试验条约》。它认为，核扩散的风险在加剧，英国在可预见的将来无法完全排除遭受核威胁的可能性。但它也宣布，旨在全球范围内消除核武器的谈判一旦取得令人满意的进展，英国将把自己的核武器纳入这一谈判进程。

北约组织仍是英国防务和安全政策的基石，扩大北约组织并使之成为能够为欧洲的未来提供政治权威和指导方向的机构，是英国的努力目标。维护和加强北约在冷战后欧洲安全结构中的中心地位，这不仅是美国的战略需要，而且符合英国的战略利益和外交需要。因此，英国积极参与冷战后北约的调整和改组工作，它在推动北约进行战略调整和军事改组方面发挥着重要作用与影响。

当前，英国防务政策面临的一个突出问题是，如何处理其与欧洲安全和防务特性的关系。西欧国家寻求在安全和防务方面拥有一定程度欧洲特性的问题，早在冷战时期就已提出，但在当时的情况下还谈不上"欧洲特性"。冷战结束后，这一问题被正式提上议事日程。英国鉴于对欧关系问题上的"超脱"传统和英美之间存在的"特殊关系"，长期以来一直对发展欧洲共同防务持保留和抵制态度，但欧洲安全事态的发展，特别是科索沃战争促使英国的立场发生了重要变化。英国政府表示，在肯定北约仍然是欧洲安全盾牌的前提下，欧洲应具备单独处理危机、实施小规模维和行动以及人道主义救援行动的能力，而不必事事都要求美国参与。在英法《圣马洛协议》的推动下，欧盟加快了发展共同安全与防务政策的进程，西欧联盟正式并入欧盟，成为欧盟防务的组成部分，2003年，欧盟宣布建成快速反应部队。

第二节　防务结构

一　防务任务

英国武装部队的任务旨在保卫国家的领土、领空和领水，同时也要为英国海外领地的安全提供支援，并为联合王国及海外领地的民事机构提供支持。2010年的《战略防务与安全评估报告》明确指出，英国军队应执行以下7项任务：保卫英国及其海外领地的安全；提供战略情报；提供核

英 国

威慑能力；在危机来临时支援地方应急机构；通过战略兵力投送和远征干预作战来捍卫国家利益；在军事上为英国的影响力提供支持；为维护和平与稳定提供保障。2015 年《国家安全战略》又增加了 1 项任务，即增强盟友、伙伴国及多边机构的国际安全与集体行动能力。

英国海军的宗旨是确保联合王国的领水完整，保卫英国在周围海域的权益以及在全世界的利益；在大不列颠岛周围水域保持警戒，为商船和海运提供安全保障。英国空军也为满足海上需要发挥作用，例如，通过"猎迷"飞机为水面船只和潜艇提供空中监察。

英国陆军的宗旨在于，通过部署可使用的所有部队或其适当部分，为保卫联合王国及其海外领土的完整提供防卫能力。此外，陆军还承担为在北约域外地区冲突中的人道主义行动提供军事支持，为反击对北约的战略进攻提供军事力量等任务。

英国拥有一个多层次的防空体系，负责对联合王国及周围海域实施空中防卫。以北约空中早期预警部队为依托的空中监控体系（英国空军为其提供 6 架飞机），为其提供持续不断的雷达覆盖。英国空军还提供由空中加油机支持的"旋风"F-3 型战斗机 5 个中队（战时将另外补充"旋风"F-3 型战斗机 3 个中队）。英国海军的防空驱逐舰也可以同空中监控体系相联系，为其提供雷达和电子战掩护与地对空导弹。地面发射的"轻剑"地对空导弹负责保卫英国空军的主要基地。海军航空兵也对英国的空防发挥自己的作用。

英国除在德国驻有一支武装部队之外，还在直布罗陀、塞浦路斯、文莱和马尔维纳斯（福克兰）群岛等地拥有驻军。直布罗陀为北约在西地中海提供司令部和通信设施，塞浦路斯则为北约在东地中海及其以外地区提供战略通信设施和军事行动的基地；在马尔维纳斯群岛的驻军，则是由于与阿根廷的争议尚未解决；在文莱的驻军是应文莱政府的要求而保留的。

英国的武装部队还承担其他一些任务，其中包括：为民事部门提供军事支持，如为维持社会生活必需品的供应而执行渔业保护勤务；为打击毒品的行动提供帮助；为公民社会在紧急状态下提供军事帮助；进行军事搜查和救护。

二 防务力量结构

二战后，尤其是20世纪60年代以来，随着经济实力的下降和殖民体系的瓦解，英国已由世界一流军事大国向地区性军事强国转变。尽管如此，它依然保持着比较平衡和完整的防务结构。就防务力量结构而言，虽然规模较小，但门类齐备：从核武器到常规武器，从战略武器到战术武器，以及陆、海、空各个军兵种，一应俱全。1960年，英国废除了义务兵役制，其军队人员数量不断减少，但随着科技的发展进步，英国武装部队在不断实现现代化的同时，人员也更加专业化，训练更有素。同20世纪50年代初相比，英国陆、海、空三军人数已削减了2/3以上，由1950年的68.8万人减至2014年的15.96万人。

（一）陆、海、空三军

截至2014年3月底，英国常规部队共有159630人，其中27850人是军官。英国国防部计划到2020年再裁员2.9万人。英国陆军常规部队为91070人；空军为35230人；海军为33330人。2015年《国家安全战略》指出，未来陆军的最少人数不会低于8.2万人，同时将增加海军和空军共700人。此外，还有预备役总兵力28860人，其中经过训练的预备役人员为22480人。根据"2020未来预备役规划"，到2020年，英国的预备役人员将增加到34900人。

现役军人的服役时间分短期、中期和长期三种。各军种的军人都必须接受良好训练。不管是授予军衔，还是从列兵开始的职位晋升，都是直接基于军人所受的教育或对其他资格的认证。军官最初通常是在达特茅斯的皇家海军学院、利普斯敦的突击队训练中心、桑赫斯特的皇家军事学院和克伦威尔皇家空军学院等院校接受系统训练，之后还要接受专门训练，甚至包括学习大学的学位课程。军官的高级训练课程由联合军事指挥参谋学院提供。

非授衔军人所从事的工作种类十分广泛，服役期也长短不一。他们在服满最低期限的兵役之后，可以随时离职（但须预先通知）。陆军和空军的服役期从3个月到22年不等，海军的服役期则最长可达37年（海军陆

英国

战队是 22 年）。此类军人同样要接受基本训练和专门训练，政府鼓励他们获取国家承认的资格证书。

预备役部队是英国武装力量的重要组成部分。现役军人在经过正式服役期后便可转为正规预备役部队，以便在危机时刻扩充国家的军事能力。志愿预备役部队则直接从公众和社团中招收，包括英国海军预备役部队、英国海军陆战队预备役部队、陆军预备役部队和英国空军辅助部队。在战时或危机时期，预备役部队随时准备支援正规部队。1996 年颁布的《预备役部队法》规定，可以更灵活地使用预备役部队，尤其是志愿预备役部队，例如在维和及救灾等活动中就常常动用志愿预备役部队。

如前所述，面对着更加多样化和更加复杂的安全形势，英国认为，为实现其防务政策目标，需要建设一支高度机动灵活、准备充分、目的清晰的武装力量，以适应作战、预防冲突、危机管理和人道主义行动等多方面的需要。为增强各军兵种的联合作战能力，英国政府于 1998 年发表的《战略防务评估报告》提出，拟在力量结构和作战能力建设方面采取下列措施：①建立联合快速反应部队。这是一支包括 50 艘战舰和支援船只、4 个陆军旅和 100 架战斗机的混合力量，能够完成从作战到维和行动等一系列快速使命，也可以承担大规模军事部署第一阶段的行动。[①] 2015 年《国家安全战略》提出要将这支部队扩展到 5 万人（2025 年）。②建立"鹰"式飞机联队。由海军和空军的舰载和陆基"海鹰号"飞机组成联合指挥部。③建立一个新的直升机联合指挥部，包括海军和陆军的直升机（含 2001 年服役的"阿帕奇"攻击型直升机），以及空军的支援型直升机，共约 350 架。④建立一个防御核武器、生物和化学武器的联合团队。⑤成立一个致力于防务理论研究的联合研究中心，以适应防务理论发展的需要。

就三军建设的具体目标而言，1998 年《战略防务评估报告》提出了

[①] 2001 年美国"9·11"事件后，为应付在英国发生类似的恐怖袭击事件，英国政府组建了一支由陆、海、空军和海军陆战队预备役部队中的志愿人员组成的总数为 6000 人的反恐快速反应部队。

下列要求：海军的重点在于实现由大规模公海作战向同其他军兵种协同实施近海作战的方向转变。为此，需要建造2艘新的可运载50架飞机和直升机的大型航空母舰（2012年开始服役）；一支由32艘驱逐舰和护卫舰（原来的42型驱逐舰2008年时由45型取代），以及22艘水雷对抗船只组成的水面舰只部队；10艘"猎人杀手"型潜艇，每艘都可以发射"战斧"式陆基导弹。陆军为提高其机动性、火力和力量投放能力所采取的措施有：将空降旅改编为1个机械化旅，将装甲或机械化旅由5个增加到6个；创建1个新的强大的空中攻击旅（由伞兵团的2个营联合组成），同时配备新的威斯兰"阿帕奇"攻击型直升机；由德国撤回的1个装甲团改建成1个新的装甲侦察团；将坦克团由原来的8个改编为6个规模更大的团（人员和坦克数目显著增加）。空军计划的重点是，加强可迅速向危机地点部署适当类型飞机的能力，其措施包括：为"旋风"和"鹰"式飞机以及"欧洲战斗机"采购新的空对空、反装甲和空对地导弹；改善"猎迷"侦察机支援维和与作战行动的性能；使空中战略运输能力实现现代化，租借4架波音C-17飞机，并购买25架空中客车A400M大型运输机。

　　时隔12年后，英国联合政府2010年发表的《战略防务与安全评估报告》对军队建设提出了新的规划。报告提出，为了更好地应对未来的安全威胁，英国将再次对军队结构进行调整，以使未来的军队具备均衡性（在海上、陆地和空中的全面、综合、先进的作战能力）、高效率（用最少的装备获得最好的质量和效果）、灵活性与适应性、远征能力与联合能力（与其他政府部门、国际合作伙伴、地方机构和地方安全力量以及民众进行合作）。为此，未来的军队将主要由以下3个部分构成：①由作战部队构成的"部署部队"，例如部署在阿富汗的"高戒备部队"，同时还包括对国家安全极为重要的常备部队，如担负英国防空任务的航空部队、部署在南大西洋的海军和核威慑力量；②能够对危机做出快速反应的"高戒备部队"，同时也包括参与多国行动的英国部队，主要用于对危机事件做出快速反应，如实施人质救援或反恐作战，此种部队由相应的陆、海、空精英力量组成；③"低戒备部队"，包括结束恢复重建任务后返回本土的部队，他们随时准备进入"高戒备部队"。此种部队主要用于支持

持久性行动，因为他们更具灵活性。就具体军种而言，则拟在力量结构和作战能力建设方面采取以下主要措施。

第一，海军。未来军队要具备的能力包括：持久的海上核威慑能力；在海上捍卫英国及其南大西洋海外领土的能力；在世界重要区域的持续存在，以达到常规威慑牵制之目的的能力；水面军舰和潜艇的强大干预能力；从海上通过专用舰船为陆军提供直升机和海滩掩护战车支援的能力；在特遣队级别指挥英国和盟国海军的能力。具体实力包括："三叉戟"核导弹发射系统及支援部队；7艘新型"机敏"级攻击核潜艇，可从英国快速部署到作战海域，燃料能够使用25年，能够在世界各个海洋地区实施隐蔽作战，具备核威慑保护和海上联合特遣大队作战能力，具备发射"战斧"式巡航导弹和对地攻击能力；装备一艘新型作战航母并使另一艘航母处于延期戒备状态，并搭载联合攻击战斗机和直升机；由19艘护卫舰和驱逐舰组成的水面舰队（包括6艘45型防空驱逐舰），具备在各种环境中作战的灵活性，包括大规模海上作战和提供海上安全支援；英国海军陆战队，其第三突击旅是英国高戒备快速反应部队的主要力量之一。这支部队可从海上通过直升机、战车和包括登陆舰及指挥舰在内的专用军舰提供后勤和指挥与控制支援，登陆和维持一支1800人的突击大队；一支基于"野猫"和"灰背隼"直升机的海上直升机队伍，这些直升机要具备在反潜战和水面战中对敌方目标进行定位与实施攻击的能力；基于"狩猎"级和"桑当"级扫雷舰的反水雷队伍，并计划在将来用更为灵活的多用途扫雷舰予以替换，这种扫雷舰除了扫雷之外还可承担水文地理和近海巡逻等任务。这支舰队将具备重要的安全和核威慑保护能力；一支全球海洋勘测和冰区巡逻船队伍；一支能满足英国海军需求的补给和加油船队伍；一支由滚装船组成的海上战略运输队伍；一支由具备网络战斗能力的战舰、潜艇和飞机组成的海上情报、监视、目标定位和侦察（ISTAR）队伍。另外，海军还拟制定新的航母攻击政策，其核心是提升作战效率，安装飞机弹射器和阻拦装置，使攻击更有力，并提高与美国和法国的航母及舰载机的协同作战能力，同时逐渐淘汰战斗力有限的舰载机，以便在未来10年和更远的将来，发展更为有效的航母作战能力，以应对来自不同国家、不同类型和不同规模的潜在威胁。根据 2015 年发布的《国家安全战略》，2018 年将有 2 艘伊丽莎白女王级航空母舰开始服役，并取代搭载数量有限的无敌级航空母舰，作为未来海军的远洋主力。2020 年前后将购买多架 F-35 战斗机和 3 艘后勤支援舰。

第二，陆军。未来的目标是：能实施短期干预作战的轻型专业部队；能实施规模较大、更复杂的干预行动或持久维稳行动的多任务部队；能支援常备任务，包括保卫南大西洋海外领土和英国安全，如炸弹处置，以及在战区层次具备指挥英国和盟国军队的能力。为此，具体要求如下：5 个多任务旅，每个旅由侦察部队、坦克部队、装甲部队、机械化轻步兵和后勤部队组成，其中 1 个旅保持高戒备状态，随时可进行干预作战，其余 4 个旅保持支援和实施持久维稳行动能力；16 个空中突击旅，保持高戒备状态，具备轻型、短期干预作战能力，在编制和训练上以实施伞降和空中突击作战为目的，具有自己的后勤支援队伍；可打击 70 公里以外目标的精确制导多管火箭发射系统（GMLRS）和能盘旋于战场上空几小时、随时准备攻击短暂目标的巡飞弹（loitering munitions）；各类新型中型装甲车，包括"小猎犬"装甲抢修车、装甲侦察车以及"未来快反系统通用战车"（Future Rapid Effects System Utility Vehicle，FRESUV）；防护型支援车，以取代无防护型支援车，用以在战场上提供后勤支援；重型装甲车，包括"武士"步兵战车、AS90 型履带式自行榴弹炮、"泰坦"与"特洛伊"装甲工程车和"挑战者"主战坦克，其数量适当减少，但能在高威胁环境中有效实施作战；情报、监视、目标定位和侦察（ISTAR）能力，包括"守望者"无人机；便携式和车载式电子战设备；用以保护前沿作战基地的可部署监视装置；用以防护来自大炮和迫击炮等间接火力威胁的部队保护系统。陆军直升机包括：能为地面部队提供精确火力和情报、监视、目标定位和侦察支援的"阿帕奇"攻击直升机；用于侦察、指挥与控制和护航的"野猫"直升机；军事维稳支援大队（MSSG），为部队指挥部提供计划分队支援，为重建和发展工作提供专家咨询，为地方的维稳行动提供军事顾问，尤其是在安全环境不允许部署军队的情况下，这将是海外维稳建设综合措施的一部分。其他能力还包括：应对爆炸军械

英 国

和简易爆炸装置的能力；一个完整的可部署师级司令部，该司令部拥有负责下属部队战备和训练的二级司令部，这些部队在得到相应的报警后可进行扩编并在持久行动中执行作战任务；盟军联合快速反应部队（ARRC）司令部，负责指挥整个战区的多国部队。

第三，空军。英国未来空军应具备的能力包括：负责英国和南大西洋海外领土的防空任务；具备常规威慑和遏制能力的可靠的空战能力；能实施持久对地攻击的远征作战航空力量；战略和战术运输机队伍；其他空军力量，包括情报、监视、目标定位和侦察（ISTAR）、直升机和英国空军地面战斗团部队。为此，未来空军将由以下部门构成：一支由"台风"和"联合攻击战斗机"组成的战机队伍，其中1/3处于高戒备状态，这是世界上最先进的两种战斗机，能在未来高威胁领域环境中实施作战，同时具备防空、精确对地攻击和战斗情报、监视、目标定位和侦察能力。英国政府2015年《国家安全战略》计划再购买138架F35战斗机；一支由8架C–17、22架A400M运输机和14架改装型空客A330未来战略运输机和空中加油机组成的现代化战略/战术运输机队伍，负责英国军队及其装备在世界各地的部署、支援和撤运，为英军飞机提供空中加油支援，以获得最大飞行距离和续航时间，这些飞机将取代老化的"三星"（TriStar）和VC10运输机，首架飞机在2011年年底交付使用；12架新型"支奴干"直升机，用以提高陆地和海上战场的机动能力，同"灰背隼"运输直升机一道负责人员和装备的远距离快速运送。这一结构更为合理的直升机队伍将为部队提供更方便、更经济的支援和更强大的作战优势。同时，英国空军还努力增强其指挥与控制能力，用以指挥英国和海外空中作战，为可部署联合部队中的空军部队司令部担负各战区的多国部队指挥任务。打造战略监视与情报平台也是未来英国空军的主要任务之一，以作为战斗情报、监视、目标定位和侦察能力的一部分担负广泛的监视与侦察任务。这些平台包括用以担负空中指挥、控制和监视任务的E3D"哨兵"空中预警与控制系统；负责全球独立战略情报搜集任务的"联合铆钉"信号情报侦察机；各种无人机系统，用以补充战略情报、监视、目标定位和侦察资产，降低在敌方领空作战的风险；由战机携带的"风暴影子"

巡航导弹，这种先进导弹可攻击中、远距离地面目标；先进空射武器，用以补充"台风"和联合攻击战斗机的作战能力；2015年《国家安全战略》拟购买9架波音P8海上反潜巡逻机，以加强侦察能力，高戒备状态的英国空军地面战斗团部队防护中队，负责保护在敌方领土作战的飞机和人员安全。最后，英国空军的目标还包括加强模拟训练能力，为部队训练提供更有效和更经济的训练环境。

（二）核力量

英国在实施各项防务任务时，除依靠建立在高科技基础之上的三军常规力量外，仍将独立核威慑力量作为国家安全的最后屏障。它在2010年《战略防务与安全评估报告》和2015年《国家安全战略》中均指出，有必要保持最低程度的有效核威慑能力，以作为阻止极端威胁的最后手段。不过，英国的核力量平时划拨给北约指挥和控制，其核威慑能力也主要是通过北约来为欧洲－大西洋地区提供联合安全保障。

英国的战略核威慑力量原来主要由4艘装备有"三叉戟"洲际弹道导弹的"前卫"级战略核潜艇组成。核潜艇由英国自主建造，携带美国生产的"三叉戟"导弹，装配英国制造的核弹头。每艘潜艇可携载16枚导弹，每枚导弹可载8个分弹头，即每艘潜艇最多可携带128个核弹头。

英国政府2010年公布的《战略防务与安全评估报告》开启了冷战结束以来英国最大规模的裁军计划，核威慑也未能"幸免"。该报告指出，继续发展潜基核威慑能力，并实施现有潜艇的替代工作；继续进行"三叉戟"导弹系统和潜艇的更新计划，并采取相应措施减少开支。为推动合理使用经费，联合政府的计划包括：推迟现有核弹头的替换计划；降低潜艇导弹舱的替换成本；延长现有"前卫"级核潜艇的使用寿命至2020年末和2030年初，并在2028年交付第一艘新型潜艇；执行第二个投资方案，即"主投资定案"，在2016年前后最终确定采购计划、设计方案和潜艇数量。同时，联合政府拟将每艘潜艇携带的核弹头数量从48枚减少到40枚；将可使用核弹头的数量要求从不超过160枚减少到不超过120枚；将核武器的总库存量从不超过225枚减少到2020年时不超过180枚；发展未来"三叉戟D5"导弹发射系统，并在2030年以前不更换核弹头。

281

英 国

同时，英国还拟将现有"三叉戟 D5"型弹道导弹服役期延长至 2042 年，并在适当时间决定是否与美国合作研发新型弹道导弹。它还指出，在同一时间只需一艘"三叉戟"核潜艇处于巡逻状态即可，但总共需要有 4 艘核潜艇，才可以保证英国的安全。2015 年《国家安全战略》承诺继续遵守这些计划。

三　军事决策机构

（一）决策体制

英国最早设立的防务决策机构是 1904 年成立的帝国防务委员会，除首相外，其成员还有枢密院院长、陆军大臣、海军大臣等文职阁员，以及第一海军委员、陆军总司令和三军情报部长，首相任主席，并负责主持会议。这一委员会一直保持到 1939 年，在二战期间则是由首相组成 5~9 人不等的战时内阁统率全军。二战后于 1947 年设立统一的国防部，吸收合并了原来的国防部、海军部、陆军部和空军部，由国防大臣负责。

女王伊丽莎白二世为英军名义上的最高统帅，最高军事决策机构是内阁下设的防务与海外政策委员会，首相任主席，成员有国防大臣、外交大臣、内政大臣和财政大臣等；必要时，国防参谋长和三军参谋长列席会议。国防部为防务执行机构，它既是政府的一个部门，也是最高军事司令部。国防大臣负责制定和执行防务政策，并负责按照议会通过的防务开支为实施防务政策提供经费。国防参谋长和国防部国务大臣协助国防大臣工作，国防参谋长是武装部队的首长、国防大臣的首要军事顾问。国防部有两名国务大臣，一个负责防务采购，另外一个负责武装部队事务。

另外，还有其他一些高层委员会也在防务管理方面发挥着重要作用，特别是以下两个：①国防理事会，是国防部内审议重大防务政策的最高级别会议，由国防大臣主持，成员包括非阁员的国防国务大臣、三军政务次官、国防参谋长等。②国防参谋长和三军参谋长组成的参谋长委员会，由国防参谋长主持，在制定战略、作战计划等方面辅佐国防大臣，就军事问题向国防大臣和政府提出建议。

随着国际国内安全形势和安全观的变化，安全所涵盖的范围越来越广,已不再仅限于军事,因此,英国的安全机制也实现了相应的转型。2008年的《国家安全战略》提出,新的国家安全体系不应再像冷战时期那样仅由军队、警察、情报部门和安全部门组成,而应是一种集国家、企业和个人优势为一体的"伙伴型"民事－军事综合体系。2010年《国家安全战略》也指出,非传统安全的复杂性和多样性,要求国家采取综合应对方式,特别是跨部门之间的合作。在这一理念指导下,为应对更加复杂的安全环境,在布朗任英国首相期间,就曾动议成立美国式的国家安全委员会,以"保护英国免受从恐怖活动到气候变化在内的一系列威胁",但由于种种原因,直到工党下台,该委员会也未能成立。2010年5月,执政不久的联合政府成立了国家安全委员会(The National Security Council),由首相任主席,其他法定成员包括副首相(如果有的话)、外交大臣、财政大臣、国防大臣、内政大臣、能源与气候变化大臣和国际发展大臣,非法定成员则主要是内阁的其他成员,视决策的具体需要参加特定会议。国家安全委员会的职责是审查涉及英国国家安全的所有政策,目的在于在最高层级整合和协调各个政府部门对安全事务的处理,以加强政府各部门之间的协调,确定国家安全战略重点和优先问题,有效应对英国面临的各类风险。这一机构的设立无异于英国政府中心职能的重大变革,也标志着其安全治理正在由单纯的军事安全向综合方式转变。

(二) 文官控制

文官控制是英国军事决策的一大特色,其根本目的在于防止军人左右政治,保证有效贯彻资产阶级民主原则,形成军人(含退役军人)不得介入政治的惯例。此外,英国的岛国位置决定它重视海军,并将注意力集中于海外,这也是它希望保证军人不介入政治的重要原因。在英国,除在19世纪初的滑铁卢战役中率军打败拿破仑一世的威灵顿公爵担任过首相外,尚无第二例由高级军人任首相,而且,威灵顿公爵是在退役相当长一段时间之后才出任首相的。英国的国防大臣均由文职官员出任。

四 国防预算

由于"和平红利"的作用,英国的防务开支自20世纪80年代中期

英 国

以后逐渐减少，1991年的海湾战争曾导致防务开支有一定增加，但很快再次下降。不过，从1997/1998财政年度开始，国防开支持续增加，特别是从2003年开始，由于英国军队参与伊拉克战争和阿富汗战争，导致防务开支激增，此后虽增长速度有所减缓，但增长趋势一直持续到2009/2010财政年度，该年度防务开支曾达到436亿英镑，这也使得英国的国防预算曾一度居世界第二位，此后防务开支逐渐下降。但从总体来看，英国的防务开支占国民生产总值的比例呈不断下降趋势：1987年为4.4%，2011/2012年度仅为2.6%，这一比例虽低于北约国家的平均值（3.1%），也远低于美国的4.8%，但远高于欧洲国家的平均值（1.6%）。从全世界来看，该年度英国的防务开支排名第四，在北约成员国中仅次于美国，占世界各国防务开支总和的3.6%。2013/2014财政年度，英国的防务开支为346亿英镑，在政府各部门的开支中排第四位，其中152亿英镑用于购买武器装备，仅有不足15亿英镑用于研发。但在2015年《国家安全战略》中，英国政府提出要在接下来的5年中逐年增加国防预算。

第三节 对外军事关系

一 与北约的关系

英国是北约的创始成员国之一，它在北约组织中扮演着重要角色。英国大部分武装部队都划拨给北约支配，与北约其他成员国的部队一起，承担保卫欧洲和北大西洋地区安全的重要任务。英国认为，通过北约来加强集体安全机制，是保卫英国领土安全，维护欧洲稳定，促进安全与繁荣的基石。为此，英国政府在2010年《战略防务与安全评估报告》中指出，60多年来，北约一直是英国国防的基石，对北约应尽的义务仍将是英国的首要任务，英国将继续对北约的行动及其指挥和力量结构做出贡献，以确保北约盟国能对现在和未来的安全挑战做出有力及可靠的反应。英国的核威慑能力也是通过北约为欧洲-大西洋地区提供联合安全保障。另外，英国支持扩大北约的作用，承认北约在应对诸如网络攻击等新的威胁方面具有广泛的安全作用和重要地位；支持北约改革，特别支持实施在2010年11月里斯本峰会上确定的"战略新概念"，包括改进其指挥部工作方式、调整北约机构使其实现合理化，以及发展能够对当前和未来挑战做出有力及可靠反应的指挥体系与力量结构。另外，英国希望加强北约与欧盟这两个国际组织的合作，以确保共享专业技术并形成互补，避免技术和能力的重复投资。

在人员贡献方面，北约欧洲盟军副司令和参谋长最初由英国人和德国人轮流担任，后来就一直由英国人担任。此外，北约诺斯伍德海军司令部也由英国人指挥。同时，还有大约9500名英国人在北约的各种机构任职，英国是对北约做出人员贡献排名第二的国家。在缴纳的费用方面，2012年英国共向北约缴纳了大约2.12亿英镑，占北约预算总额的11.5%。

英国的陆、海、空部队均参加了北约的行动。英国海军的大多数舰艇均供北约调遣，并与北约其他国家的海军力量一起在大西洋、英吉利海峡和地中海执行任务，为北约快速反应部队提供维和行动服务。英国还为北约提供海上增援部队，可供北约使用的英国舰艇主要有：运载"海鹰"战斗机和"海王"反潜直升机的3艘航空母舰，32艘驱逐舰和护卫舰，22艘水雷对抗船，12艘核动力攻击潜艇以及两栖部队（包括2艘强击艇和1艘正在建造的直升机母舰）。

北约盟国欧洲指挥部于1995年4月组建的多国联合快速反应部队，是北约陆军快速反应部队的主要组成部分。英国在其中扮演着关键角色，提供了5.5万人的正规部队。在可供该部队使用的10个装甲师中，英国提供了2个师——由英国驻扎在德国的3个装甲旅组成的1个装甲师和由驻在英国国内的3个机械化旅组成的1个机械化师，以及1个虽驻扎在英国国内但划拨给多国部队其他师指挥的空降旅。该快速反应部队由英国将军指挥，60%的司令部参谋人员和部队一级的战斗支援与后勤补给部队也由英国提供。

英国空军也参加北约的快速反应部队，划拨约100架飞机和40架直升机归其调配和使用。"旋风"F-3战斗机、"海鹰"和"美洲豹"战斗机，以及"轻剑"地对空导弹也是北约快速反应部队的组成部分，而

英 国

"海鹰"和"旋风"GR-1、"旋风"GR-4战斗机则为该部队提供有效的攻击支援和战术侦察,"印第安人"和"美洲狮"式直升机则向该部队或其他地面部队提供空运。英国空军还提供"猎迷"海上巡逻机和搜索与救护直升机。

二 在欧洲防务联合中的作用

英国是欧洲防务联合的积极推动者。二战结束后不久,英国就在西欧筹建布鲁塞尔条约组织(后改组扩大为西欧联盟),以与苏联抗衡。但在北约组织成立后,西欧联盟长期以来只是作为北约防务体系的一个从属机构存在,并无实质性行动。

1984年,西欧国家曾拟重新"唤醒"沉睡多年的西欧联盟,以此作为推进西欧防务联合、实现欧洲防务特性的一种手段。但是,在冷战条件下,要想建成真正具有欧洲特性的安全防务面临着重重困难。20世纪80年代末以来的欧洲形势使得确立欧洲防务特性的问题被正式提上议事日程。1991年12月在荷兰马斯特里赫特城召开了欧共体首脑会议,就建立欧洲政治联盟和经济与货币联盟达成协议,确立了制定共同安全政策并最终实施共同防务的长远目标。1997年10月欧盟十五国签署《阿姆斯特丹条约》,进一步明确了欧盟的安全与防务目标,规定欧盟可以借助西欧联盟履行人道主义、救援、维和任务以及危机处理使命。

欧洲防务联合进程的发展,同欧盟与北约在欧洲安全结构重建过程中的竞争密切相关。北约组织及美国在欧洲的军事存在,在战后40多年来一直居于欧洲安全结构的中心。随着冷战的终结和欧洲形势发生的巨大变化,旨在维持美国在欧洲军事存在的旧联盟体制失去了存在的理由。美国一直在寻求一种能够继续留在欧洲的解决办法,这就是改造和加强北约,使其在欧洲安全结构中仍居中心地位。而以法国为代表的一些西欧国家则强调发展欧洲自身的防务特性,主张将西欧联盟建设成为欧共体控制下的防务实体,由它逐步取代北约,作为欧洲安全体系的核心。英国对这一问题的立场是:反对在北约之外建立独立的欧洲防务实体,主张北约在欧洲安全中扮演中心角色;认为欧洲防务特性的确立不应损害欧洲通过北约同美国形成的机制性联系；建议在北约组织之内加强欧洲安全支柱及其防务特性。英国的立场同它对欧洲一体化所持的怀疑态度是一致的，同时也有维护其既得利益的一面（英国作为北约的一个主要成员国，北约组织的强大与其切身利益密切相关）。英国这样做当然还基于维系传统的英美"特殊关系"，特别是在防务和情报方面维护两国之间的密切联系与合作的考虑。

由于欧洲主要大国在冷战后欧洲安全与防务结构的重建问题上存在利害分歧和不同的政策考虑，导致欧洲防务联合和军事一体化进程的推进十分缓慢。不过随着事态的发展，原本政策分歧较大的欧洲主要国家之间的立场逐步接近。主要原因在于冷战结束以后的欧洲安全形势，特别是波黑战争和科索沃危机表明，欧洲国家既需要对大西洋联盟做出更为强大而协调一致的贡献，也需要加强集体能力，以便在北约组织作为一个整体不参与欧洲事务的情况下，由欧盟出面领导危机管理行动。1998年12月法国总统希拉克和英国首相布莱尔的圣马洛会晤被认为是这一进程加速的起点。两国领导人在此次会晤中签署了一项旨在加强欧洲防务合作的意向书，强调欧洲必须拥有得到可靠军事力量支持、可自主采取行动的能力。1999年6月和12月先后在德国科隆和芬兰赫尔辛基召开的欧盟首脑会议，在制定共同防务政策的道路上迈出了关键的步伐。科隆会议通过了在安全与防务方面制定欧盟共同政策的协议，目的在于使欧盟具备"在可信的军事力量支持下自主行动的能力"，并决定在2000年底之前将西欧联盟并入欧盟，使其成为欧盟的"武装臂膀"。赫尔辛基会议批准了欧洲共同外交和防务计划，决定到2003年创建一支由5万~6万人组成的欧洲快速反应部队，并从2000年3月开始正式成立相关政治和军事机构，致力于欧洲防务决策与协调。2000年12月欧盟尼斯峰会在签署《尼斯条约》的同时，通过了《欧洲安全与防务政策报告》，正式批准建立欧盟快速反应部队，并成立政治和军事指挥机构。

欧洲主要大国之所以能够在欧洲安全与发展欧洲防务特性问题上逐步达成某些谅解，是同它们各自的政策调整分不开的。就英国而言，自1998年10月以来，它对发展欧洲防务的立场发生了很大变化，与其前任

英　国

长期以来的保留和抵制态度不同,布莱尔政府在坚持认为不能削弱北约地位的同时,对欧盟在外交与防务领域加强一体化表现出了较为开明的态度。布莱尔明确表示支持欧盟逐渐增加防务功能,使其能够在防止危机和维护和平方面发挥更有效的作用,《圣马洛协议》正是在这种背景下出台的。英国态度的变化当然不仅源于整个欧洲形势,特别是前南地区事态的发展变化;更重要的原因是对英国自身利益,特别是对其大国地位的重新定位。英国一直希望跻身于欧盟的领导核心,但由于历史原因,法德轴心一直充当着欧洲一体化的发动机。鉴于国内公众中存在着强大的欧洲怀疑主义势力,英国政府在欧洲经货联盟问题上行动迟缓,至今仍置身于欧元区之外,这不能不让英国有一种"局外人"之感。英国绝不愿意成为欧盟内的"二流大国",而是希望能在欧盟居主导地位。而它在政治军事方面拥有优势,希望在军事和安全保障领域中发挥作用,以弥补其他方面的不足。

2010 年上台执政的联合政府虽然也坚持认为北约是英国防务的基石和核心,但同时也积极致力于推进欧盟共同防务。它认为,欧盟成员国的共同安全利益体现在可以运用集体力量在国际上提高其共同利益和价值,包括重要的外交政策和安全问题。在联合地方和军队力量共同应对危机事件方面,欧盟的作用将越来越重要。英国在这方面的优先考虑是:推动欧盟对外行动署重点关注预防冲突和与联合国及北约发展合作关系;支持欧盟的各项军事和民事任务;继续支持代号为"亚特兰塔"(Atalanta)的欧盟反海盗行动,包括在 2011 年初派出一艘护卫舰执行任务、在诺斯伍德成立"行动指挥部";运用"欧盟－美国恐怖分子金融跟踪计划"阻止对恐怖分子的资助;确保 2014～2020 年欧盟预算能用于应对欧盟面临的主要安全挑战;为欧盟边防局(Frontex)做出积极贡献;等等。

与此同时,英法防务合作取得了重要进展。2010 年 11 月,英法两国签署了为期 50 年、涵盖范围广泛的《防务合作条约》。根据该条约,英法两国将在 40 多个领域开展合作,其中包括:2015 年前实现核试验设备共享,英国的"三叉戟"核导弹送往法国维护;共用两国航母编队、协调其战略巡航任务;共用英国的 A330 加油机和法国的海上巡逻机;共同维护和训练 A400M 运输机；合作研发新导弹和无人机；协同反恐和应对网络战争；共同组建约 1 万人的联合特遣部队；等等。

三 其他多边军事合作

为了保护英国的安全利益，除单边军事行动和如上所述参加北约和欧盟的相关军事行动以外，英国军队还积极参加联合国和欧洲安全合作组织等其他多边机制组织实施的军事合作，特别是作为联合国安理会常任理事国，英国十分重视联合国在世界和平与安全方面承担的重要责任。英国派遣部队先后参加了联合国的多项军事行动和维和行动，包括塞浦路斯、格鲁吉亚、东帝汶、波黑、塞拉利昂、刚果民主共和国等，以及在伊拉克与科威特边界的军事行动；英国"旋风"GR-1、"旋风"GR-4 型飞机和"美洲豹"式飞机在伊拉克"禁飞区"上空与美国空军一起实施警察行动；英国海军在海湾部署力量，执行联合国对伊拉克的制裁任务；有相当数量的英国部队部署在科索沃，帮助北约实施 1999 年对南斯拉夫停止轰炸后签署的和平协议。同时，英国军队还参加了在卢旺达、索马里、安哥拉、厄立特里亚、刚果民主共和国、塞拉利昂、莫桑比克、东帝汶、加勒比海和中美洲等地区和国家的国际撤侨和人道主义救援行动。

近年来，国际社会打击毒品走私的军事行动不断增加，英国军队对此也给予了大力支持。例如在加勒比海地区，英国海军的驱逐舰和护卫舰同美国、英国海外属地和地区的有关机构密切合作，打击毒品走私活动。

截至 2015 年 1 月，英国共有海外驻军 1.58 万人，主要部署在德国、加拿大、塞浦路斯、马尔维纳斯群岛、波黑、科索沃、塞拉利昂、阿富汗和伊拉克等地。随着英国未来将逐渐从德国、阿富汗和伊拉克撤军，英国的海外驻军数量将越来越少。

四 英美军事合作

英美"特殊关系"不仅体现在政治和经济领域，也体现在军事防务领域。其中一个重要方面是两国安全防务和情报部门之间的紧密合作。布莱尔政府执政以后，这一点表现得尤其明显，特别是英国在伊拉克危机和

英 国

阿富汗战争问题上追随美国,积极为其提供军事支持。1998年12月,美国在没有得到联合国安理会授权的情况下,擅自对伊拉克发动了代号为"沙漠之狐"的军事行动,英国是美国此次行动的唯一合作者。在为时4天的行动中,英美战机发射了约500枚导弹,大大超过了1991年海湾战争期间发射的289枚。此后,英美两国不顾国际舆论的反对,对伊拉克南北两个"禁飞区"持续不断地进行轰炸,给伊拉克人民的生命和财产造成了巨大损失。2001年"9·11"事件后,美国对阿富汗塔利班政权和"基地"组织发动了大规模军事打击行动,英国不仅参与了对阿富汗的轰炸,而且是唯一直接派武装部队(英国向阿富汗派出了由1700名突击队员组成的特种部队)同美国并肩作战的盟国。战事告一段落后,英国最先派遣人员赴阿富汗执行维和任务,并担任了联合国维和部队的第一任司令官。这些行动彰显了英美关系的"特殊性",扩大了英国的影响,但在国内外引起广泛质疑和反对,还在一定程度上危及了英国与其他欧盟国家的关系。而且,英国政府对美国亦步亦趋的举动招致了来自于英国国内的批评,特别是在公布在伊拉克并未发现大规模杀伤性武器之后,工党政府的声誉受到极大损害;与此同时,不断增加的维和任务也给已经不堪重负的英国武装部队带来了巨大压力。

为此,联合政府上台后开始逐步撤回在海外的驻军,而且在一定程度上改变了紧紧追随美国的做法。当然,与美国的防务与安全关系仍然被认为是对英国国家安全最为重要的国际防务关系,是一种"深厚的、广泛的、具有战略意义的互补性关系"。英美双方合作的优先领域包括反恐、网络、灵活能力、反扩散和伙伴能力建设。在2010年《战略防务与安全评估报告》中,英国认为,英美双方开展持续和广泛合作的领域包括:①加强战略反恐合作,包括通过分享一些关键能力来加强边境安全、交通安全,以及加强航空安全监视名单的数据共享;与第三国加强合作,以应对共同威胁、加强对科技开发项目的联合投资。②依靠两国现有的密切防务与情报关系来加强网络安全合作,其目的是更好地分享信息、情报和能力,在网络领域开展联合计划和联合作战。③建立一个高级别打击有组织犯罪联络小组,通过经验交流和创新方法,加大在利益相关地区和国家的合作，以应对严重的有组织犯罪威胁，该联络小组于 2010 年 11 月在伦敦举行了首次会议，由英国内政大臣和美国负责国土安全与反恐的国家安全事务副助理联合主持会议。④在重要情报领域加强双边合作。⑤通过加强多边和双边合作，就不扩散核武器和广泛的军备控制制定国际议程。例如，英国支持奥巴马总统提出的在全球确保核原料安全的倡议，并邀请国际原子能机构监督塞拉菲尔德核废料清理工作，这在核武国尚属首例。⑥在预防冲突方面加强合作。⑦根据 1958 年签署的《共同防御协议》保持双方的核关系，以加强核技术合作和信息交流。⑧继续保持联合攻击战斗机项目的合作。

2003 年伊拉克战争之后，由于不少英国人担心英美两国加强军事合作的新态势不仅可能会使美国与俄罗斯的关系更加紧张，也可能使欧盟对英国的戒心加重，同时削弱了英国民众对本国政府和美国政府的信任，因此，英国联合政府希望"重新平衡"英美关系，特别是强化外交政策和防务政策的独立性。这一点在 2013 年的叙利亚危机中表现得尤其突出。2013 年 8 月，英国议会否决了政府拟对叙利亚采取军事行动的动议，英国政府表示尊重议会的决议，不会直接参与美国在叙利亚的军事行动，这与英国在伊拉克战争中的表现截然相反。虽然这还不足以对英美"特殊关系"造成实质性影响，但也使双方"亲如兄弟一般"的关系遭到一定考验。不过，正如 2015 年《国家安全战略》所指出的，与美国保持密切合作对英国的国家安全至关重要。双方除了在涉双边事务中，在全球事务中也开展了一系列合作。

第四节　军事科技与军事工业

一　军事科技与防务装备

近年来，在世界军事革命浪潮的冲击下，西方大国开始调整其军事科技战略，改变过去注重规模和数量的外延型建军模式，侧重以高新尖端科技为基础建设新型军队。20 世纪末，英国制定了面向 21 世纪的军事科技

英　国

战略。1996年英国国防部发表了题为《军事信息技术发展战略》的研究报告，提出要以信息技术为核心发展军事科技，使英军在21世纪的军事科技竞争中占有一席之地。

  2010年发表的《战略防务与安全评估报告》也指出，要继续加大对科学技术领域的投资，认为这是提高军队整体能力的关键因素。同时，要使国防科研成果能够很快走出实验室，运用到战场上。未来的研发重点应是在重要领域发展应对威胁的能力，特别是自动化系统、传感器和包括纳米技术在内的新材料、网络和太空技术。该报告特别提出，要对军队的网络战能力进行改革，并成立一支"国防网络作战小组"，该小组的精英和专家将对英国和盟国的网络战提供支援，保证重要网络的安全和引领新型网络作战能力的建设和发展。该小组将整合英军现有的专业技术，包括军队和科技团体，以支撑英国在网络和物质空间的所有联合行动，包括计划、训练、演习和作战；同时，该小组还负责网络能力的研发、测试和认证，以支援传统的军事能力。网络作战小组将与其他政府部门和企业密切合作，打造强大的国际联盟，以提高灵活性和联合作战能力。2012年，英国政府发表白皮书《通过科技实现国家安全》，认为创新对于军事工业至关重要。

  此后，英国开始研制"未来野战军人系统"，其主要特点是用信息装备武装士兵，使未来的士兵都成为"高技术战士"。这些士兵配备的武器有：能获得全方位视野的360度转动头盔摄像机，运用激光瞄准器捕捉目标进行准确射击的步枪，所有功能都可以通过声音控制的机枪等。英国还积极发展军事模拟技术，通过先进的计算机系统进行仿真实验，建立与目标相适应的模型。这种模拟技术也称"虚拟现实"，使人在计算机虚拟的人工合成环境里对未来的高技术战场如同身临其境。英国也注意加速高新技术转化，加快武器更新。在武器网络化方面，加快建立多层次、全方位、一体化的指挥控制网络，形成一个从宏观到微观、从平时到战时的网络体系。在装备智能化方面，先进的电子计算机得到了广泛应用。

  装备现代化对于增强部队的机动性和灵活性具有关键意义。2013/2014年度，英国国防部用于购买军事装备的支出为152亿英镑，约占防务支出总额的 43.9%，这一比例在欧洲国家中是最高的。2015 年《国家安全战略》提出，将在未来 10 年内支出 1780 亿英镑用于购买军事装备。

英国是拥有专用军事卫星的少数国家之一。英国空军的奥克汉杰基地是英国主要的卫星发射中心。1969 年英国发射了第一颗军用通信卫星"空中网 1 号"，1974 年又将"空中网 2 号"送入轨道，20 世纪 80 年代末，英国航空航天公司和马可尼电子系统公司制造了 3 颗"空中网 4 号"卫星。该网络于 1990 年 8 月开始运行，分别在大西洋、非洲、印度洋上空的地球同步轨道上，向英国武装部队提供战略和战术信息。

英国是北约国家军备局长会议的成员，也是英、法、德、意等国军备合作组织的创建国之一。2000 年 7 月，英、法、德、意、西班牙和瑞典的国防部长共同签署了关于成立欧洲防务工业集团的框架协议，使欧洲国家在军备生产领域的合作迈出了重要的一步。英国参加的主要军备合作项目有："欧洲战斗机-2000"开发项目（同德、意、西班牙合作），海上防空导弹系统（同法、意合作），高性能的空对空"流星"导弹（同德、法、意、西班牙、瑞典合作），战场雷达系统（同法、德合作），EH-101 型直升机（与意大利合作），多重用途的装甲车（同法、德合作），新一代隐形坦克（同美国合作）和大容量运输机"空中客车"A400M（参加国还有比利时、法国、德国、意大利、西班牙和土耳其）。

二 军事工业

英国拥有仅次于美国的西方第二大军事工业，也是世界上第二大武器出口国，其武器出口量约占全球份额的 20%。2013 年该部门年产值为 350 亿英镑，占制造业产值的 10%；就业人口 36 万人，全国共有约 9000 家公司从事防务工业，绝大多数为私营公司。英国的防务制造业主要可分为四大类，分别是：军用飞机、武器弹药、军用船只与相关设备，以及航空器与相关器械。2013 年这四大类产品的销售额为 131 亿英镑。当年英国武器装备与服务的出口额再创纪录，为将近 98 亿英镑，达到了自 1988 年有统计数据以来的最高值，这主要是由于挪威和韩国订购了英国的奥古

英 国

斯塔-威斯特兰直升机，另外，中东地区也从英国进口了大量武器装备。

英国的军事工业同飞机制造业、车辆制造业、电子工业、宇航工业等部门交织在一起，很少有单纯从事军事工业的公司。就军用飞机和导弹制造而言，英国宇航系统公司是这一领域最主要的生产商，是欧洲最大的军工企业，也是世界第三大防务工业制造商。它制造的主要军用飞机有"台风"型战斗机、垂直快速起降的"鹰"式军用战斗机、"旋风"式战斗机，以及向世界17个国家出售的"隼"式喷气训练机。该公司还参加了美国波音公司和洛克希德公司联合研制攻击型战斗机的项目。英国宇航系统公司还是陆、海、空战术制导武器系统的主要生产者。1996年8月，英国宇航系统公司下属的英国宇航动力公司与法国马特拉公司（Matra Corporation）的导弹制造业务合并，组成了欧洲最大的制导武器康采恩——马特拉-英国航空航天动力公司（Matra BAe Dynamics）。2001年，它又与法国宇航-马特拉导弹公司、意大利芬梅卡尼卡集团和英国宇航系统公司合并组建了欧洲导弹集团（MBDA），总部位于巴黎，是世界上第二大导弹制造商。2013/2014财政年度，英国宇航系统公司是英国国防部设备采购的最大供应商，占后者设备支出总额的14%。

在直升机生产领域，由威斯特兰直升机公司与意大利奥古斯塔公司合并组成的奥古斯塔-威斯特兰公司（AgustaWestland），主要制造供军民两用的EH-101多功能中距离起降直升机，以及超级天猫座轻型直升机和供海军使用的直升机。此外，它还在波音公司的许可下，为英国陆军生产"阿帕奇"攻击型直升机。它还负责维修和保养目前已不再生产、该公司过去制造的产品，例如"海王"号中型直升机。奥古斯塔-威斯特兰公司是仅次于波音公司的世界第二大直升机制造商。

英国国家空间中心（British National Space Centre）通过参加欧洲太空署的活动，使以英国为基地的公司能够参与涵盖电信学、卫星导航、地球观测、空间科学和天文学等许多重要领域的空间科学项目。英国最大的空间工业公司是爱斯特里姆股份有限公司（Astrium Limited），成立于2000年5月，由马特拉-马可尼空间公司与戴姆勒-克莱斯勒宇航公司的空间部合并而成，为英国宇航系统公司与欧洲空中客车公司共有，是目前世界上最主要的空间公司之一。

  罗尔斯·罗伊斯公司不仅是英国著名的航空、航海引擎及豪华汽车制造企业，而且是世界上军民两用航空喷气发动机的最大生产商之一，也是世界上第二大飞机引擎制造企业和世界上第十六大防务工业制造企业。

第六章

社　会

第一节　国民生活

一　国民收入与生活水平

19世纪末20世纪初，英国经济步入了相对衰落的发展阶段。很多人认为，英国经济从此进入了持续下滑时期，似乎它仅仅是在勉强支撑、苟延残喘，而且是在从一个危机蹒跚地走向另一个危机，但事实并非如此。英国经济的衰落只是相对的，是相对于其昔日在世界上的绝对优势地位，以及相较于别国相对较快的经济发展速度而言的。从纵向比较来看，英国的经济发展尽管充满跌宕起伏，但总的趋势是呈螺旋式上升；英国在经历相对由盛而衰的转折过程中，其本身也发生了许多深刻变化。在两次世界大战之间，英国的新兴工业部门和新工业区得到发展，1935~1938年的工业生产指数比1910~1913年提高了75%。二战后英国经济保持了年均2%~3%的平稳增长，1951~1999年的国内生产总值年均增长率为2.5%，尤其是20世纪五六十年代，是英国历史上前所未有的经济快速增长时期。2000~2007年，除个别年份之外，英国国内生产总值的增长速度也均超过2%。但是，在经历了从1992年到2007年长达16年的增长期之后，2008年金融危机爆发，英国经济受到严重影响，2008年和2009年国内生产总值甚至出现了负增长（2009年的跌幅高达4.3%）。不过，相较于欧盟其他国家而言，英国以相对较快的速度走出了经济衰退的阴影，

英 国

2010年很快恢复增长,2013年成为经合组织所有成员国中增长最快的国家,2014年增长率再次超过2%,为2.6%。

随着经济的发展和福利国家的逐步建立,英国国民生活水平在20世纪有了明显改善。英国著名社会学家勃里格斯称,从1913年到1938年英国人的实际工资增长了50%,而每周工作时间则缩短了10%~14%。另一位学者朗特里根据自己的社会调查指出,1936年与1899年相比,工人阶级的总体生活水平提高了大约1/3。二战后英国经济显示出一派繁荣景象,人们的消费水平有了较大程度的提高。20世纪50年代英国不仅实现了充分就业,实际工资也有较大幅度增长,在不到10年间便增加了约40%。时任英国首相的麦克米伦称:"我们的绝大多数人民从未生活得如此好过。"英国似乎实现了所谓的"丰裕社会"。1951~1970年,英国人均收入的增长速度比20世纪前期任何一个20年的增长速度都快。从1971年开始,直到2008年,英国实际工资更是连续30多年呈强劲增长态势。但是,由于金融危机的影响,2009~2012年,英国人的实际工资收入下降了8.5%(而在1986~2012年的26年间,英国人均实际工资收入增加了62%)。其中,英格兰西南部和北爱尔兰下降幅度最大,接近10%。2013年4月至2014年3月,英国全职雇员的年均工资收入(中位数)为27200英镑。若不考虑物价上涨因素,则2009~2014年全职雇员的工资年均增长率仅为1.4%;但若将物价上涨因素考虑在内,则2009年以来实际工资收入一直呈下降趋势,2013/2014年度的工资收入基本上相当于21世纪初的水平。但全职雇员的平均工作时间略有减少,从1997年的每周40个小时下降到了2014年的39.2个小时。

随着平均工资的增加,2010年之前,英国家庭人均可支配收入也逐年增多。1971年时,英国人均家庭可支配收入(中位数)为8120英镑,1995年时为14000英镑,到2010年时达到21000英镑,比1971年增长了1.6倍,年均增长率在2.7%左右。此后开始减少,到2013年底为19000英镑。但这并不影响其总体增长趋势,而且,随着经济形势自2013年之后逐渐实现好转,个人与家庭的收入也得到增长。

储蓄情况从一个侧面反映了英国家庭的财政状况。1997~2007年,英国家庭的储蓄率直线下降，从 8.1% 下降到了 1.7%，主要原因在于家庭支出水平较高，信用卡的使用也越来越普遍。但从 2008 年开始，由于对经济前景的担忧，家庭储蓄率开始上升，并从 2010 年到 2014 年一直保持在 6.6% 的水平。

2012 年，英国家庭平均每周消费支出为 489 英镑，比 2006 年（按照 2012 年的价格计算）减少了 37.4 英镑。其中，用于住房、燃料和能源的支出最多，为每周 68 英镑。接下来是交通，为 64 英镑，娱乐与文化活动为 61 英镑，食品与不含酒精的饮料为 57 英镑。多年来，食品开支（恩格尔系数）在消费支出中所占比例显著下降，根据《经济学人》2013 年 3 月公布的各国恩格尔系数排行榜，英国人均用于食品饮料的支出为每周 43 美元，占可支配收入的 9%，仅高于美国，在全世界排名第二。根据联合国的标准，恩格尔系数在 20% 以下的国家为"极其富裕"国家，那么英国无疑属于这一行列。从营养方面来看，英国人消费的食物中碳水化合物的比例比过去明显减少，而水果、肉类、奶制品类的消费量则大幅度上升。

为了刺激消费，英国政府鼓励推行分期付款的商品赊销制度，越来越多的人开始拥有私人住房和汽车；拥有电视机、洗衣机和电冰箱等各类家用电器的家庭则更加普遍。自 20 世纪 70 年代以来的 40 多年间，英国家庭的消费支出差不多增加了 2 倍，耐用消费品拥有量增长迅速。2014 年，拥有家用电脑的家庭超过 90%，而 1985 年时这一比例仅为 13%；超过半数（54%）的家庭拥有至少一部平板电脑；使用因特网的住户为 82%；拥有卫星、数字或有线电视接收器的家庭超过 90%，但互联网对电视收视时间的冲击越来越大；1972 年，仅有 42% 的家庭拥有固定电话，到 2012 年时，几乎所有家庭都有至少 1 部电话（固定电话或移动电话），其中，2000 年，至少有 1 名家庭成员拥有移动电话的家庭比例为 58%，2012 年时这一比例达到了 86%，而固定电话的拥有率则从 2000 年的 93% 减少到 2012 年的不到 90%；使用中央供暖系统的住户达 98%，而 1972 年时这一比例仅为 37%；几乎每个家庭都拥有洗衣机和微波炉；1972 年，仅有 52% 的家庭拥有汽车，2012 年时这一比例超过了 3/4（76%），拥有

英 国

1辆以上汽车的家庭从9%增加到了32%。总之,现代化的家庭设备已成为人们的基本生活必需品。此外,大多数人的收入除能够满足最基本的需求以外,还拥有一定数量的余额可供度假休闲。由于经济危机的影响,2013年,在国内旅游的英国人数为5700万人次,自2009年(5900万人次)以来一直呈下降趋势,当年英国人用在国内旅游方面的支出约为230亿英镑。另外,从2008年开始,由于金融危机爆发,无论是去海外度假的英国人数,还是英国人在海外的消费支出,这两个方面的数据都有所下降,其中降幅最大的是2008~2009年,这两个数据均下降了20%左右。从2011年开始,到海外旅游的英国人数量开始恢复,2013年为3700万人次,共支出242亿英镑,但无论是出行人数还是旅行支出,都仍然低于金融危机之前的水平。

二 住房

住房是衡量生活水平的一项重要指标。20世纪初,英国多数人的居住条件还很差,空间狭小,没有厨房,没有卫生设备。为解决这一问题,20世纪以来的历届政府都将修建住房作为工作重点之一,特别是二战后,无论工党政府还是保守党政府,均将解决住房问题视为判断其业绩和争取选民的主要依据之一,从而使得建筑业成为英国经济增长的重要支撑点之一。艾德礼工党政府曾提出每年建造24.7万幢住房的目标;而保证一年建成30万幢住房(后又改为40万幢),则成了保守党1951年政纲中最吸引人的内容之一。在这种持续不断的住房建筑热潮推动下,英国人的住房问题已基本得到解决。按现在的标准,平均每个房间住2个人就属住房拥挤状态。

二战后新建的住房大多是由地方机构在政府资助下建造的。20世纪50年代初建造的全部住房中,有26.5%属于市政当局所有,1977年这一比例为32.1%。市政当局按比较优惠的条件向真正困难者提供住房,在贫困阶层中,大多数人都租用市政公房。撒切尔夫人主政期间大力推行住房私有化,将地方政府拥有的公房卖给个人,结果导致租住公房的比例大大减少。

英国战后兴建的住宅大都是面积不大而又经济适用的住房，一般是带花园的2~3层传统式一家一户的楼房，适合2~4口之家，有2~3个卧室，1~2个起居室，可做客厅、餐厅、书房，外加厨房、浴室、卫生间和储藏室等。公寓单元房则分为一室一厅、二室一厅或三室一厅不等，均有厨房、浴室、卫生间等设施。在英国的现有住房中，80%是独立的小楼房，20%是公寓式的单元房。英国人怀念"绿色英格兰"时期的乡绅生活，因此，英国的老式住房，尤其是郊外或乡野的别墅式小楼，往往绿树成荫、绿茵遍野，颇富田园风光。凡有条件的家庭都希望能有两处住房，一处位于伦敦那样的大城市，以便于工作；另一处位于幽静的乡村，以供周末休憩。巨富豪绅大都有自己的豪宅、别墅和庄园，不过能做到这一点的人毕竟只是少数，在不具备这种条件的情况下，人们首选位于郊区的传统式小楼。

英国私人拥有住房的比例比较高。英国人常说："每个英国人的家就是他的城堡。"可见他们多么重视拥有自己的住房。近40年来，英国政府采取了诸多政策鼓励私人买房，从而大大提高了自有住房的比率。1971年，英国拥有私人住房的比例还不到一半（49%），此后这一比例不断增加，2007~2008年达到峰值，为71%。其中，20世纪80年代个人拥有住房的增长速度最快。由于金融危机的影响，2008年之后英国人拥有私人住房的比例有所下降，到2012年时下降为67%，主要原因除了收入水平降低以外，政府住房贷款申请的控制和审核也更加严格，因此，在此期间，采用抵押贷款形式购买住房的家庭比例下降了4个百分点。但随着经济的恢复，以及英国政府采取了一些刺激住房市场的措施，使得英国人拥有私人住房的比例又开始回升，例如，2014年，英格兰和威尔士拥有自主住房的比例由2011年的81.1%增加到了82.4%。

对于没有自有住房的英国人而言，租房是首要选择，但房租支出一般都比较高，约占收入的1/3。英国人主要有3种租房方式：租住地方政府的公房、租住房屋互助协会的房屋，以及租住私人房屋。最近40多年来，租住地方政府公房的比例不断下降，1981年达到34%的峰值后逐渐下降，到2012年仅为10%；而通过房屋互助协会租房的家庭比例则从1971年的仅占1%增加到2012年的9%；租住私人房屋的比例1971年时曾高达20%，至1991年时下降到7%，但到2012年时又增加到了15%，主要原因仍是金融危机对房地产市场造成的不利影响，导致抵押贷款买房的数量大幅下降。

三　贫富差距

20世纪以来，英国的财富分配不平等问题有所缓解。1911年，英国1%最富有的人群拥有全国财富的69%，1946年减少到50%，1977年则为24%。主要原因在于：第一，国家通过税收和福利救助体系对居民收入实行再分配，使高收入阶层的部分财富流向低收入阶层。例如，1945年的一项研究报告表明，仅1937年一年这样的财富转移就达到了2亿~2.5亿英镑，其结果是最低收入阶层的总体收入提高了8%~14%，而中上层人士的收入则减少了10%~18%。第二，政府大力改善高等教育，使更多的人有机会接受更好的教育。第三，提高低收入人群的工资。第四，推动实现"充分就业"。这些措施都对缩小贫富差距起到了很好的效果。

但是，从20世纪70年代中期到90年代末期，财富不平等问题又开始加剧。主要原因包括：制造业的衰落造成长期失业率增加；金融部门增长强劲，并造就了一大批高收入群体；房地产价格上涨拉大了财富的不平等；高收入阶层的税率降低；等等。20世纪70年代，只有6%的人收入不足国民平均收入的一半，然而到1990年，处于这种处境的人已超过总人口的1/5。至于在财富拥有方面的两极分化，情况就更为严重。而且在某些时期，如20世纪80年代撒切尔夫人当政期间，英国社会的两极分化反而进一步扩大：1979~1992年，占英国居民总数20%~30%的最贫困人口并没能从经济增长中受益，相反，其中10%的最贫困人口无论就绝对收入还是相对收入而言都变得更加贫穷了。1996年时，英国10%最富有的居民占有各类家庭所拥有的市场财富总量的一半；1997年，英国居民中生活在贫困线以下的人口（在英国，相对贫困的标准是不足平均收入中位数的60%）所占比例达到顶峰，占人口总数的25%。

第六章 社　会

1997年布莱尔政府上台以后，将缩小贫富差距作为一项重要的政策目标。工党政府宣布了一系列旨在减缓或消除贫困的措施，特别是消除儿童贫困，其措施包括通过税收调节增加有儿童家庭的收入等，特别是1999年英国政府引入"国家最低工资"标准，对于缓解收入不平等问题发挥了很大作用，此后，贫困人群所占的比例有所回落，2006/2007年度为18%。但此后贫富差距又开始增大。特别是由于金融危机导致经济衰退，英国政府采取了某些缩减福利开支的措施，从而对低收入人群造成了较大影响，因为收入越低的群体对社会保障的依赖程度越大：收入最低的1/5家庭中，其收入的76%来自于社会保障救济；而收入最高的1/5家庭，其收入的76%来自于工资和其他报酬。

在过去将近30年间，即1986～2012年，英国居民的收入差距（最高收入与最低收入之间的差距）进一步拉大：1986年时，收入最高的1%的群体是收入最低的1%的群体收入的8.1倍，而2012年时这一差距扩大到10.3倍（差距最大的一年是1998年，为12倍）；在此期间，收入最高的10%和1%的群体工资收入分别增长了81%和117%，而收入最低的10%和1%的群体工资收入分别仅增长了47%和70%。从地区差别来看，伦敦是收入差距最大的地区，收入最高的1%的人群与收入最低的1%的人群财富差距为16.2倍，且在全国收入最高的10%人群中有1/3在伦敦工作，而在收入最低的10%的人群中，有超过12%的人在英国西北部地区工作，收入差距最小的地区是威尔士，为7倍。

从家庭收入来看，2011/2012财政年度，工资收入最高的1/5的家庭税前年均收入为81500英镑，而收入最低的1/5的家庭年均收入只有5100英镑。去除税收再加上社会保障的转移支付之后，两者的差距缩减为4倍。1998/1999年度，贫困家庭占英国家庭总数的比例为19%（未扣除住房支出），到2011/2012年度下降到了16%；若扣除住房支出，这一比例则为从24%下降到了21%。但是，贫困家庭所占比例下降的最重要原因是由金融危机导致的中位数收入减少，而不是由于最贫困家庭的收入得到了重大改善。到2013财政年度结束时，有21%的英国人家庭收入低于中位线的60%，即处于相对贫困状态。

英 国

横向比较而言，英国是欧盟国家中贫富悬殊最大的国家之一。英国人工作时间长，收入水平却比其他大多数北欧国家的工资水平低。在欧洲，差不多有 1/5 的家庭生活在贫困线以下，而英国的这一数字接近 1/4，只有希腊、爱尔兰和葡萄牙的家庭贫困程度与其大致相当。英国 36% 的家庭表示他们甚至支付不起度假一周的费用，而整个欧洲的平均比例是 30%。这一数字与德国、丹麦和荷兰等国家形成鲜明对比，在这些国家只有 1/8 的人表示支付不起度假的费用。

2012/2013 年度，英国的基尼系数为 34（未扣除住房支出，扣除住房支出后则为 38），在欧盟二十八国中排第二十一位。另据国际救援组织乐施会（Oxfam）2014 年 3 月发布的报告《两个英国的故事》，英国的贫富差距已经达到二战以来最严重的程度。报告指出，英国最富有的 10% 的家庭掌握着全国 54.1% 的财富，而且自金融危机以来变得更加富有，相反，尽管失业在减少，但很多低收入人口的工资收入并不能保证基本生活开支。2012 年，英国是经合组织 34 个成员国中第四个财富分配最不平等的国家，也是 20 世纪以来七国集团（G7）中唯一贫富差距在加大的国家。

儿童贫困是英国面临的一个尤其严峻的问题。1998～1999 年，生活在绝对贫困家庭（收入低于英国家庭平均收入中位数的 60%，且去除物价上涨因素，而且不包括住房支出）的儿童比例高达 35%。工党政府曾承诺到 2010 年将儿童贫困人口削减一半，但 2007～2008 年，生活在贫困线以下的儿童尽管较 1998～1999 年减少了 50 万人，其比例也下降到了约 22%，但仍高达 400 万人，因此工党政府被迫放弃这一目标，但承诺到 2020 年彻底消灭儿童贫困现象。然而，2010～2011 年贫困儿童的比例又略有上升，此后开始下降，但变化幅度不大，2012～2013 年为 19%（若去除住房支出，则这一比例高达 27%），人数为 260 万人，其中，生活在低收入和物质匮乏家庭的儿童有 13%，处于严重贫困状态的儿童比例为 4%。因此，到 2020 年消灭儿童贫困的目标几乎是不可实现的。

2010 年，英国联合政府颁布了《儿童贫困法》，提出了减少儿童贫困的目标和措施。2014年6月，英国政府发表《2014～2017年消除儿童贫困战略》，提出如下措施：通过帮助贫困家庭的父母找到工作，提高贫困儿童家庭的收入；提高低收入家庭的生活水平；提高贫困儿童的受教育水平。但是，英国消除儿童贫困的任务依然十分艰巨，生活在贫困线以下的儿童面对的不仅是经济问题，还面临着住房简陋、身体状况不佳、教育水平低下和缺乏发展机会等诸多问题，因而加剧了儿童贫困问题的复杂性。

四　就　业

（一）就业格局

在英国的统计数据中，习惯于将16～64岁的适龄工作人口划分为经济活跃人群与非活跃人群。经济活跃人群包括就业人口和虽处于失业状态但正在积极寻找工作的人；而经济非活跃人群的范围则比较广，包括退休人员、学生、长期患病者、因照顾家庭无法工作的人群等。2015年1月时，英国有经济非活跃人口903万人，占16～64岁人口总数的22.2%。而就经济活跃人群而言，从1994年到2014年的20年间，这部分人口所占比例（又称"就业市场参与程度"）变化程度不大：1994年初，英国经济活跃人群占16～64岁人口的比例为76.4%，2006年时曾超过了77%，2008～2009年发生经济衰退之后，这一比例有所下降，此后开始回升，2012年之后再次超过77%，到2014年底时，就业市场参与程度为77.7%，这一比例高于欧盟二十八国平均值4个多百分点。其中，25～49岁的人群就业市场参与程度最高，为86.3%；与此相反，16～24岁年轻人的就业市场参与度却呈下降趋势，仅为62.8%（1994年这一比例为73.1%），部分原因是年轻人接受高等教育或再教育的比例在增加；而在已经超过退休年龄的人群中，有12.1%的人仍处于经济活跃状态。在所有人群中，1994～2014年经济活跃程度增幅最大的是50岁至退休这一年龄段的人群，其经济活跃人口所占比例从1994年的68.5%增加到了2014年的75.3%。若从经济活跃人口的性别来看，男性和女性之间的差距在逐步缩小：1994年以来的20年间，女性的经济活跃程度在不断提高，从1994年的71.3%增加到了2014年的74.5%；而同期，男性的经济活跃程

英 国

度则呈不断下降趋势，从85.8%下降到了2014年的83.3%。

但这20年的就业情况与上述劳动市场的参与程度所呈现的发展趋势并不完全相同，因为就业情况受经济形势的影响更大。20世纪80年代以来，英国先后经历了1980~1981年、1990~1991年和2008~2009年3次严重经济衰退，这期间的就业形势也随之变得严峻。1983年是1971年有可比记录以来就业率最低的一年，仅为65.6%；1994年时由于受20世纪90年代初经济低迷的影响，就业形势也不乐观，就业率只有69%左右，此后就业率不断攀升，到2008年初曾超过73%，之后又逐渐下降，但一直保持在70%以上。2014年，英国共有就业人口3072.6万人，就业率72.9%，仅次于1974年（73%）；其中，男性就业人口1635.5万人，就业率77.8%（1971年为91.4%，呈逐年递减趋势）；女性就业人口1437.1万人，就业率68%（1971年仅为52.7%，多年来一直呈上升趋势，一部分原因是女性的退休年龄越来越晚）。在全部就业人口中，绝大多数（72%）为全职雇员（男性占64%，女性占36%），另有28%的人从事部分时间工作（男性占27%，女性占73%）。由于有些人拥有不止一份工作，因此若按照就业岗位计算，则要多于就业人口总数：到2014年底时，英国共有就业岗位3336.4万个，其中，私营部门2863.3万个，自营职业454.6万个，政府部门16.4万个，由政府资助的培训岗位有2.1万个。

近年来，英国的劳动力市场呈现出以下比较明显的特征。

第一，越来越多的女性走上工作岗位，女性就业人数逐年增加，这是英国劳动力市场最重要的长期趋势之一。1971年，女性占英国就业人口总数的比例还不到37%；此后逐年增长，到1994年已经占到了全部劳动力的45%以上，此后变化不大，到2014年为将近47%；而家中有5岁以下小孩但仍处于经济活跃状态的女性所占的比率，也保持在58%左右。与此同时，女性的就业率也在不断提高，从1971年的52.7%增加到了2014年的68%。在几乎所有服务业部门，半数以上的雇员都是女性；而在制造业、建筑业、农业和交通、通信等部门，将近1/3的职工是女性。

第二，越来越多的人从事部分时间工作，在经济衰退时期这一点更加明显，而女性则较男性更易于从事这类工作。2008 年，16 岁以上从事部分时间工作的人为 790 万人，占就业人口总数的 25.5%；到 2014 年，则有 28% 的人从事部分时间工作（男性占 27%，女性占 73%），约有 43% 的就业女性从事部分时间工作，而男性从事部分时间工作的人只占 7%。英国劳动力市场的另一个发展趋势是，越来越多的人在从体力劳动向非体力劳动转移，2014 年，从事非体力劳动的雇员占就业人数的比例超过 60%。

第三，就业岗位从制造业向服务业转移，是战后英国就业结构变化的一个突出特点。截至 2014 年底，英国服务业提供的工作岗位将近 2562 万个，占就业岗位总数的 83.4%，而像钢铁和造船业等传统制造业以及采矿等部门的就业岗位则大幅度下降，在英国就业岗位总数中所占的比例由 1955 年的 42% 降至 1978 年的 26.4% 后，再降至 2014 年的 8%。

第四，几十年来，私人部门就业人口所占比例越来越高，已由 1981 年的 71% 上升至 2014 年的 82.6%（2554 万人），而公共部门的就业比例则不断下降，2014 年公共部门就业人口为 540 万人，是 1999 年有可比记录以来的最低值，占全部就业人口的比例为 17.4%（2009 年为 22%），其主要原因在于英国政府为压缩公共开支，政府部门不断裁员，同时，诸如皇家邮政、劳埃德银行以及某些教育机构在内的一些单位在统计方面被重新划归私营机构。

第五，随着互联网的应用越来越普遍和便捷，越来越多的英国人在家里利用信息技术从事"远距离工作"，如果将其范围适当扩大，将以家庭为基地、在不同场所工作和那些 1 周至少有 1 天在家工作的人也包括进去，那么这类劳动者的人数将更多。2014 年初，英国约有 420 万人从事这类"远距离工作"，比 1998 年（当年英国首次对此类人员进行统计）增加了 130 万人，增幅为 2.8%。他们的主要工作绝大多数是在家里通过互联网完成的。此类人员往往从事技术含量更高的工作，而且每小时的平均工资一般情况下要更高一些，其中 2/3 左右为自营职业者。

第六，自营职业者（如店主、个体经营者、散工等）的比例不断增

加，特别是在2008年的金融危机之后。2008年以来，英国就业人口的增加主要得益于自营职业者的增加，2014年，英国自营职业者为460万人，占就业人口总数的15%（1975年这一比例仅为8.7%），是40年来的最高纪录。另外还有35.6万人在受雇于他人的同时从事自营职业。2009~2014年，65岁以上的自营职业者数量增加了1倍，达到100万人；另外一个特点是，女性自营职业者的增长速度超过了男性（女性增加了34%，男性仅增加了15%），但男性仍然在自营职业者中占有绝对多数，其比例为68%。在英国，自营职业者从业人数最多的3种职业为：建筑业、出租车司机和工匠，但近年来从事管理咨询、专业技术工作以及高级管理工作的自营职业者比例增加比较快。从整个欧盟的情况来看，英国的自营职业者比例并不算高，还略低于欧盟的平均值，但2009年以来，英国自营职业者的增长速度在所有欧盟国家中排第三位。

（二）失业问题

失业是导致贫穷的重要原因，也是资本主义的痼疾之一，因为资本主义雇佣制度要求有稳定的劳动后备军。随着资本主义的发展，失业现象变得越来越严重，两次世界大战之间，特别是20世纪30年代初世界经济危机期间，英国曾存在严重的失业问题。1921~1940年，每年的失业人数都超过了100万人，1931~1935年甚至超过了200万人。第二次世界大战后，英国政府在凯恩斯主义需求管理理论基础上推行充分就业政策，曾取得过相当大的成功，在20世纪50年代的"繁荣年代"，失业率仅略高于1%；到60年代，尽管经济不景气，但失业率也基本上保持在2.5%上下。因此，在保持长期稳定的高水平就业率方面，英国当时在西方大国中的表现十分突出，它在战后初期大约1/4个世纪的时间内实现了相对的"充分就业"。但是到了20世纪70年代，高失业率又成为英国的主要社会经济问题。70年代下半期，平均每年的失业人数为141.4万人，失业率为5.9%左右，从20世纪80年代起，英国经历了自30年代大萧条以来最严重的失业浪潮。1984年7月英国的失业人口曾达到310万人，失业率为11.9%，是1971年有可比记录以来的最高值；之后失业人数有所下降，20世纪80年代末90年代初降至200万人以下；然而1994年又升至近 300 万人，失业率超过了 10%。此后随着经济的复苏和回升，就业状况得到明显改善，2004~2005 年之后失业率一直保持在 5% 左右，但从 2008 年下半年开始，英国就业形势再次恶化，失业率重又高企。

英国的严重失业问题与经济周期的变动有直接关系。如前所述，20 世纪 80 年代以来，英国先后经历了 3 次严重经济衰退，导致大批企业倒闭或裁员，失业人数急剧上升。另一个原因是，经济和产业结构的调整加剧了失业问题的尖锐性和严重程度。20 世纪 80 年代以来，英国产业结构调整的进程加快，一些被称为"夕阳产业"的传统工业急剧衰落，而依靠科技进步的新兴工业和服务业迅速发展，但这些新兴行业所创造的就业机会，远远不能弥补由于传统产业的衰落而减少或损失的工作岗位。此外，职业培训不足、劳动者素质不能完全适应高新科技和现代社会发展的需要，也是导致失业问题严重的一个重要因素。不过近年来，尤其是在 1992~2007 年的经济连续增长期内，英国是西欧主要大国中就业形势相对较好的国家。之所以如此，一是得益于英国相对良好的宏观经济形势。英国经济自 1992 年走出谷底以后持续稳定增长，而欧洲大陆国家由于经济周期与英国不同，当时仍处于低迷状态；二是得益于英国 20 世纪 80 年代以来逐步放松对劳动力市场的管制。英国的劳动力市场被认为是欧洲国家中最为灵活的，有助于企业在创造就业机会方面采取积极灵活的态度；三是英国吸引了大量外国投资，创造了许多工作岗位。

此外，1998 年布莱尔政府上台后采取的各种政策对于缓解失业问题也发挥了比较明显的作用。工党政府提出了"从救济到工作"的"新政计划"。为了让那些长期找不到工作或不愿意工作的人走上工作岗位，布莱尔政府采取了下列措施：实行最低工资制，推行新的 10% 的所得税起征税率；实行"税收信贷"，激励人们寻找工作的主动性和积极性；帮助有工作能力的残疾人和单亲父母就业；改革失业救济金发放制度，规定被解雇人员和 18~25 岁的失业青年必须在自愿接受职业培训和继续求职的前提下，才准许领取失业救济金；提供新的培训和就业机会；等等。工党政府主张将解决就业问题与改革社会福利制度相结合，强调劳动伦理，消除个人对国家和社会福利制度的依赖，鼓励人们自己养活自己。到 1999

英 国

年3月末，有近13.76万名年轻人参加了"新政计划"项目，在业已完成该项目的12.87万名年轻人中，有44%找到了无须政府补贴的固定工作。与此同时，英国政府还设立了许多以促进就业为宗旨的机构。例如，2001年成立的工作年龄署（Working Age Agency），主要负责促进实现充分就业目标，根据个人的不同情况，它有针对性地提供各类服务和帮助，监督改进各种相关的就业措施；全国性就业中心主要承担职业介绍工作，制定了针对各种年龄段的求职者以及残疾人的具体措施，并且成立工作行动小组，帮助人们学习基本技能和消除寻找工作方面的障碍；工作转换服务机制则向那些受失业影响的人员提供金融、就业选择、职业发展、经验兴趣能力测试和市场需求等各方面的服务，并开展劳动市场技能方面的专门培训。

这些措施对于促进就业、减少失业的确起到了比较明显的作用，但是，始于2007年的金融危机使英国经济自2008年下半年开始陷入衰退，这对英国的就业形势造成了严重影响，失业率也随之飙升。继2008年失业率达到5.7%之后，2009年全年平均失业率达到7.6%。2010年底以来，英国经济形势开始好转，但失业率继续攀升，2010～2012年3年的失业率分别为7.9%、8%和8.1%，直到2013年才开始下降（7.6%）。到2014年，英国共有失业人口202.7万人，失业率为6.2%；其中男性112.5万人，失业率6.4%，女性90.1万人，失业率5.9%，但低于欧盟同期的平均值（8.9%）。

尽管从总体上看，随着经济形势的好转，英国的失业问题得到了一定缓解，但仍存在着较为严峻的结构性问题。特别是青年人（16～24岁）的失业率一直高于总体失业率，2011年底甚至高达22.5%，即使是在青年人失业率最低的年份（2001年），其比例也高达11.6%。

联合政府采取了多项措施刺激就业，其根本原则和出发点与工党政府大同小异，均是鼓励失业者寻找工作，消除个人对国家福利的依赖，认为只有工作才是改变贫困的最佳方式。联合政府为此采取的主要措施包括：不再无条件向有工作能力的失业人员发放救济，而是要看他们是否有工作意愿；对所有申请"残疾救济"的人员进行重新评估，排除那些完全有工作能力的人员；为鼓励和帮助失业人员寻找工作，政府制订了"为自己工作计划"，为失业人员创业提供专门指导人员和启动贷款等帮助；启动"有偿失业保障计划"，要求所有不具备英语和数学基础的青年人（18~21岁）从领取救济金的第一天起接受培训，否则将被剥夺为期4周的失业救济；若再次违反规定，则将被剥夺3个月的失业救济；失业超过6个月的人将被强制实习，以获得工作经验或者接受社区工作安排，完成每周30小时的无薪社区工作，否则将失去获得失业救济的资格。总之，正如英国首相卡梅伦所说："这项长期计划的关键是充分拉动就业，确保每个有能力工作的人都在工作……，这项计划为失业者提供了比以往更多的帮助，让他们得以掌握自己的未来。"

第二节 社会结构

一 社会结构的嬗变及其特征

与其他欧洲国家以及世界历史上的绝大多数国家一样，英国传统上是一个阶级分野极其鲜明、等级制度极其严格的国家，不同阶级的收入水平和生活习惯相差极大。人们的阶级意识也很强烈，衣着、仪表甚至口音都会成为阶级出身和门第高低的标志。例如，最近几年在中国风靡一时的英国电视连续剧《唐顿庄园》便很清晰地传达了这种信息。注重门第出身在英国是一种根深蒂固的传统，富人们总要想方设法得到一个爵士之类的封号，才能跻身于上流社会。在"公学"受教育的通常也都是上层阶级的子弟，而大多数工人子弟则很少有这种机会。直到二战以后，"公学"才开始接受一些富人的子女，但实际上也是要对这部分人进行潜移默化的影响，赋予他们以上层阶级的观点、仪表和讲话的腔调与口音。再有，英国的酒馆过去也有小酒吧与沙龙之分，小酒吧通常是对工人阶级的顾客开放的，而沙龙的常客则是中产阶级人士，但随着社会的发展，这些差别越来越小。

第二次世界大战之后，高等教育日益普及、经济结构发生了翻天覆地

的变化、普选权得以实现、女性的地位也有了巨大改变，从而导致英国的社会阶级结构发生了深刻变化，但很多传统依然保持至今，特别是由于英国从未发生过法国那样彻底的资产阶级革命，因此"贵族"这一阶级至今仍然存在。其中一个典型的例子是，今天英国议会的上、下两院仍以"平民院"和"贵族院"命名，上院成员均为贵族，尽管其实质性职能已所剩无几，但这种身份的象征依然有着重要的社会意义。在特定情况下，一些平民也会由于在某个领域的出色表现而被授予爵位。

2013年，英国伦敦政治经济学院对过去800年英国姓氏分布情况进行的一项研究表明，英国社会阶层的结构演变十分缓慢，其精英阶层的"平民化"进程比之前预测的慢了400年。诸如巴斯克维尔、达西、曼德维尔或蒙哥马利等姓氏在牛津、剑桥等著名高校仍然非常集中，此外，这些姓氏在英国的其他精英行业，如医疗、法律和政界也很普遍。该研究认为，教育的普及和普选权并没有提升英国社会阶层的流动性，特别是过去300年间英国社会阶层的结构整体上看并没有发生太大改变。

二 阶级、阶层及其特征

随着社会经济的发展和产业结构的转型与变化，特别是新科技革命的不断深化，以及不断进行的社会和政治改革，战后英国的社会阶级结构发生了不小的变化。但由于在目前发达国家的统计数据中，几乎没有按照阶级划分的社会分层资料，有关阶级的定义和阶级划分的标准又很不统一，因此很难按照马克思和恩格斯当年对社会阶级结构的划分标准来分析英国的社会结构情况。根据现有数据和资料，特别是关于贫富差距、人均收入等方面的资料，能得出这样一个大致的印象：在现在的英国，真正富有的资本家是极少数，占全国人口的比例约1%；工人阶级占一半左右；此外还有一个庞大的中间阶级。

就资产阶级而论，随着国家职能的不断扩大，特别是随着福利国家的建立和国家对社会经济生活干预程度的深入，资本家的行动自由被大大缩小。在私营企业中也发生了所有权与经营管理权的分离，大批科技专业人才进入企业管理队伍。在当代资本主义社会中，除由原来的家族资本家、大量小企业主和少数控制大财团的金融资本家构成的资本家阶级外，又产生了一个由新的经理资本经营者、专家资本经营者和法人资本经营者共同组成的资本经营阶级。据估算，英国资本家阶级占就业人口总数的比例不足 2%（其中小业主、小商贩和小农场主约占 2/3），而现代资本经营者阶级则不超过就业人口总数的 8%。工人阶级这个概念，在英国一般是指除去企业经理、行政主管、专业人员和自我雇佣职业者之外的所有工薪劳动者。它实际上包括从事非技术工作和半技术工作的蓝领工人，也包括从事技术工作的白领工人，有些统计资料中还包括白领职员（这部分人员在有些统计资料中也被划入中间阶级之列）。按照上述比较宽泛的定义，工人阶级在英国就业人口中所占的比例大约为 49%。战后英国工人阶级的变化主要表现在：产业工人特别是从事体力劳动的非技术或半技术工人的数量急剧减少；"白领阶层"的数量及其在社会生活中的地位与影响则在不断提高。

如前所述，目前西方国家的各种统计资料中很少按照"阶级"进行分类，更常见的做法是按照就业人口所从事职业的类别进行划分。英国国家统计局将其分成了 9 类。这九类职业及从事这些职业的人口占就业总人口的比例分别是：管理人员与高级官员（包括公司管理人员、政府官员、零售店店主等）占 15.7%，是比例最大的一类；专业人员（包括科研人员、工程师、医生、教师、律师、法官、信息技术专业人员等）占 12.8%；专业助理人员与技术人员（包括护士、药剂师、工程技术人员、艺术家、作家、社区工作者、运动员等）占 14.7%；行政人员和秘书（包括政府公务员、公司秘书等）占 11.3%；技术工人占 10.9%；从事个人服务的人群（包括看护儿童和老人、导游、理发师、家政服务人员等）占 8.3%；销售与客户服务人员占 7.6%；在制造业和加工业工厂工作的工人占 7.1%；从事最底层工作的人群（包括农业工人、清洁工、搬运工等）占 11.6%。

2011 年，英国广播公司与伦敦政治经济学院、曼彻斯特大学、伦敦城市大学，以及法国和挪威的一些学者共同开展了一项针对英国社会阶层的研究，其调查对象包括 16 万名英国人。根据此项调查，英国社会阶层

英　国

被重新划分为7类：精英、世家中产阶级、技术中产阶级、新兴富裕工人、传统工人阶级、新兴服务业工作者与不稳定无产者。精英阶层是英国社会最富有和地位最高的阶层，拥有极高的经济资本、社会资本和文化资本，包括首席执行官、IT与通信业主管、市场销售主管、金融管理人员、律师、牙医、广告与公共关系主管等，占英国人口总数的6%，平均年龄57岁。世家中产阶级的财富仅次于精英阶层，他们也是各个阶层中社交层面最广泛的阶层，包括电气工程师、专业心理治疗师、环境专家、警察、助产士、特殊教育教师等，占英国人口总数的25%，平均年龄46岁。技术中产阶级规模不大，但特色鲜明，经济资本相对富有，但社会和文化资本略有不足，包括飞行技师、药剂师、自然与社会科学家、医生、科研与管理专业工作者等，占英国人口总数的6%，平均年龄56岁。新兴富裕工人是一个年轻的群体，拥有中等收入和中等经济资本，包括邮政职员、销售与零售助理、收银员、水暖及通风设备工程师等，占英国人口总数的15%，平均年龄44岁。传统工人阶级的各类资本都不高，但一般拥有自住房，因此衣食无忧，包括电器技师、巴士司机、清洁工人等，占英国人口总数的14%，平均年龄66岁。新兴服务业工作者是一个新的分类，多数是居住在城郊的年轻服务业工作人员，经济资本不多，但拥有一定程度的文化和社会资本，占英国人口总数的19%，平均年龄34岁。不稳定无产者是社会中最贫穷、各类资本最少的阶层，没有自己的住房、几乎没有储蓄、基本上没有上过大学，他们从事最底层的工作，或者处于失业状态，占英国人口总数的15%，平均年龄55岁。

三　移民和种族关系

（一）移民

历史上，有很长一段时间，从英国移居海外的人数远远超过自海外移入英国的移民数量，这一趋势一直持续到20世纪30年代。1931年之后，英国接收的移民人数开始超过移居海外的英国人。二战前后（含战争期间）进入英国的移民有很多属于政治难民，主要是逃避纳粹德国迫害的犹太人以及一些来自东欧和其他地区的持不同政见者或经济难民。不过二

第六章 社　会

战后，特别是20世纪五六十年代以来，真正引起关注的是来自非白人英联邦国家的移民问题。

英国长期以来允许英联邦国家和原英属殖民地的公民自由出入英国，也可以在英国长期定居。二战前进入英国的英联邦国家移民主要来自于加拿大、澳大利亚、新西兰和南非等"老"自治领国家，而且这些移民主要是在英国从事短期工作和学习。这一格局在战后发生了显著变化。战后英国经济的发展需要大批廉价劳动力。在这种情况下，那些居住在经济不发达而又有大量过剩劳动力的英属殖民地和英联邦国家的有色人种居民，便纷纷涌入英国谋生。从20世纪40年代末开始，先是经济陷于停滞状态的西印度群岛居民（其中约半数来自牙买加），之后是来自南亚次大陆的印度人和巴基斯坦人大量移居英国。

20世纪60年代末，非洲的某些英联邦国家推行"非洲化"政策，导致当地一些祖籍为印度和巴基斯坦的亚洲人无法生存，于是又有相当数量的亚裔非洲人加入了向英国移民的队伍。这些移民绝大多数不具备专业技能，因此到英国后只能从事不需要或很少需要专业技能的工作。他们工作时间长，工资低，住房条件差，失业状况严重，子女受教育困难，因而普遍对社会不满，而不少英国本土居民又抱怨有色人种移民争夺了他们的工作岗位。因此，种族关系一度成为引起英国社会紧张和局势动荡的一个重要根源。

尽管如此，20世纪六七十年代，从总体上看，从英国移往海外的居民数量仍多于进入英国的移民，因此，在这段时期，进入英国的净移民数量长期为负数。从1983年开始，直到1993年，除个别年份外，进入英国的移民数量超过了从英国向海外移民的数量，但净移民人数最多的年份也只有5万多人（1985年），但从1994年开始，英国的净移民数量逐年上升，而且从1998年开始出现大幅度增长，从1997年的4.8万人骤增至14万人，并继续保持有增无减的趋势。2005~2007年，进入英国的净移民数量达到高峰，为26万~27万人，且自2005年开始，每年新增的净移民数量均保持在15万人至30万人之间，直到2011年才开始减少，但2013年再次上扬，当年新增净移民21.2万人：进入英国的移民为52.6

英 国

万人（其中20.1万人为欧盟公民，保加利亚和罗马尼亚两国的移民为2.3万人）；离开英国的移民为31.4万人。2004年之后净移民数量的增加，部分原因在于当年欧盟向东扩大，10个中东欧国家加入欧盟，受益于欧盟的自由流动政策，这些国家的公民可以在欧盟范围内自由居住和自由寻找工作。与此相反，2005年以来，来自非欧盟国家的移民数量则呈下降趋势，2011年以后下降幅度更大。

移民进入英国的最普遍原因是出于工作目的，2013年，这部分人为21.4万人，其次是学生，为17.7万人，这两部分人占进入英国移民总数的3/4。在出于工作原因向英国移民的人中间，有一半左右来自于欧盟其他国家；有25%~30%来自于欧盟以外的国家；剩余的则为英国公民。从英国向海外移民的英国公民绝大多数也是出于工作原因，其移居地主要是澳大利亚、西班牙、美国和法国等国家。

2002年，申请在英国避难的人数达到顶峰，为8.4万人，此后迅速减少，到2014年时仅为2.37万人，主要来自于巴基斯坦、伊朗、斯里兰卡和叙利亚等国家。

值得一提的是，近年来有大量非法移民涌入英国。出于众所周知的原因，对于非法移民的数量不太可能有确切的统计。据英国内政部估算，英国的非法移民有31万~57万人；英国伦敦政治经济学院以及英国的移民观察网则认为，非法移民数量远不止如此，而是70万~80万人。大量非法移民的涌入，使罪案频发，社会治安每况愈下，且被认为消耗掉了大量的公共服务（英国内政部评估认为，每名非法移民通过享受免费公共服务，消耗掉了纳税人4000多英镑的资金）。而且，"9·11"事件后，随着打击恐怖主义的形势更加严峻，人们更加关注非法移民引发的社会问题。近年来，英国和其他欧盟国家都加强了打击非法移民的措施，2002年6月举行的欧盟首脑会议通过了打击非法移民的共同行动计划。英国政府的主张是，加大对非法移民的打击力度、实行更加严格的移民政策，同时放松对技术移民的要求。例如，为严防恐怖分子与非法移民入境，英国政府于2008年起开始普遍采用存有护照持有者生物特征信息的电子护照。此外，从2008年3月起，所有申请来英国的人都必须使用生物签证。

2008年5月，英国内政部宣布于当年10月开始实施新的《移民法》，规定雇主必须在首先证明其无法在英国和欧洲经济区招聘到合适的劳动者之后，才能申请招聘来自于其他国家的员工。英国内政部还宣布，拟在3年内将原来负责移民事务的7500名官员分散重组为70~80个地区性移民管理执行小组，利用当地政府和警方的资源，对非法移民及移民犯罪活动进行迂回包抄、各个击破。

2010年上台执政的联合政府在执政之初就提出，要在本届议会任期结束（2015年5月）之前，将每年进入英国的净移民数量控制在10万人以下。为此，英国政府自2011年起出台了一系列限制移民进入的政策，2012年特别修改了签证政策，主要措施包括：第一，将移民家庭签证的收入门槛提高到25000英镑以上，此举有望将家庭签证的数量减少2/3；第二，来自非欧盟国家的专业人员在英国工作和居住满5年之后，如果年收入达不到31000英镑，则必须离开英国；第三，收紧外国留学生的签证条件，其中包括，大幅提高留学生的英语水平门槛和生活费用证明金额，同时严格限制留学生在英国的学习和打工时间，此外还取消了非欧盟留学生毕业后可以在英国工作两年的政策，除非其年收入在2万英镑以上，且其雇主必须是财政部认可的"有信誉企业"。

2014年5月，英国新《移民法》生效，规定实行更加严格的移民政策。该法案规定，在银行开户、租房和考取驾照时，都要核查申请人或租房人是否拥有合法移民身份；雇主若雇用非法移民将遭到更加严厉的惩罚；海外留学生等在英国短期生活的外国人需要付费才能享受医疗服务。此外，非法移民可对遣返令提出上诉的理由也从原来的17条减少到4条，而且非法移民必须首先被遣返回原籍之后才能提起上诉，从而使得驱逐非法移民及外籍罪犯的程序变得更加简便和快捷。

此外，从2014年1月1日起，英国政府还对申请社会福利的移民实行了一系列更为严格的新规定，目的是为了"确保只有合法移民且计划为英国经济做出贡献的人才能获得福利"。主要措施包括：第一，所有寻找工作的移民（包括在国外工作一段时间后回到英国的英国国民）在进入英国3个月之后才能申请以收入为基础的求职补贴，例如，住房补贴、

英 国

就业和支持津贴或养老金补贴；第二，在申请福利补贴之前要先接受更严格的"常住地审核"，新政策增加了更多审核内容，特别是英语语言能力首次成为审核内容之一；第三，通过常住地审核之后才可以申请求职补贴，但最长期限是6个月，若6个月之后希望继续申请该补贴，则必须有充分理由能够证明申请人的确有机会找到工作。

由于从2014年1月1日起，罗马尼亚和保加利亚两国公民可不受任何限制地在英国寻找工作，上述举措被认为是英国政府为阻止东欧移民入境而采取的歧视性措施，从而招致了欧盟委员会和其他一些欧盟成员国的批评。但英国首相卡梅伦坚持认为，欧洲的人员自由流动原则不能"毫无限制"，收入远低于欧盟平均水平的国家应被排除在该原则之外。2015年，随着欧洲的难民危机愈演愈烈，英国与欧盟在移民政策方面的矛盾更加突出。

(二) 种族关系

相较于法国等其他欧洲国家，英国的种族关系问题不算严重，但并非不存在，而且，种族关系问题在英国由来已久，英国资本原始积累的一个重要来源便是贩卖黑奴。二战后，随着大量英联邦国家的移民进入英国，种族关系日益成为英国的一个社会问题。这些移民来自英国的前殖民地，绝大多数生活贫困、文化水平较低，在英国从事被白人视为低贱的工作，无论政治、经济或文化地位均低人一等，他们在职业、住房等各方面以及在公共场所都遭受歧视。特别是20世纪80年代之后，英国的净移民数量逐年增长，少数族群在总人口中占有的比例呈上升趋势。例如，1991～2011年的20年间，在英格兰和威尔士，少数族群从300万人增长到了700万人，占这两个地区人口总数的14%，其中，来自非洲的少数族群数量增长最快，到2011年时在这两个地区达到了99万人。此外，来自巴基斯坦、孟加拉国、中国和印度的少数族群数量的增长也很迅速，从而使得种族关系问题更加突出。英国战后几十年来曾多次爆发种族冲突事件，并呈现出上升趋势。其中，最引人注目的是1993年的劳伦斯谋杀案，此案曾引发在全国范围内对种族歧视问题的激烈辩论。劳伦斯是一名黑人大学预科生，1993年4月在伦敦东南部惨遭几名白人种族分子杀害。尽管最后有 5 名嫌疑人被拘捕，却无人被定罪。独立调查委员会在调查取证后认为，伦敦警方在处理此案过程中存在严重失职，表现出"机构性的种族主义"。伦敦警方后来被迫向劳伦斯的父母赔偿了 32 万英镑。

21 世纪初，英国政府发表了一份题为《平等与多元化：使之成为现实》的政策咨文，指出："我们希望看到一个所有群体都拥有更大主动权的英国……只有这样，阻碍个人和群体前进的观念和偏见才能得到克服；文化、种族平等及社会多元化才会受到尊重与弘扬。"为改善种族关系，英国政府进行了多次立法，规定在提供服务、就业、居住、教育和广告等方面基于肤色、民族或种族等原因所导致的任何歧视均属非法。依据相关立法，先后成立了种族关系委员会、社区关系委员会和种族平等委员会，负责调节和处理种族关系方面的事务。新立法将反对种族歧视的范围扩大到间接歧视，规定任何人在认为自己受到种族歧视时都可以向法院起诉，尽管如此，英国的种族歧视现象仍比较严重，有色人种居民遭殴打、枪杀的事件时有发生，其他少数族群与英国白人之间的冲突也时常发生。警察有时不但不保护被袭击的有色人种居民，反而逮捕或殴打他们，或将有关案件搁置起来不予处理。至于就业方面存在着的事实上的不平等则更为明显，在英国的少数种族居民当中，黑人青年的失业比例是最高的。

2001 年 5～7 月，英国发生了过去 20 年来最严重的一系列种族冲突。2001 年 5 月 26～28 日，英国中部城镇奥尔德姆的亚裔青年连续两晚与白人青年发生大规模冲突，并与警察发生对峙，造成近 30 人受伤、20 多人被捕。事件起因源于一名亚裔青年与一名白人青年之间发生的争吵，一伙白人青年随后袭击了一处亚裔居民的住宅。数百名愤怒的亚裔青年随即走上街头，袭击了当地白人经营的酒吧和地方报社的办公室，并与白人发生暴力冲突。奥尔德姆亚裔人口占到了 12%，大多数来自于巴基斯坦、孟加拉国和印度，但近年来经济萧条、贫困和失业情况十分严重，这些因素在一定程度上加剧了种族冲突。而英国极右势力组织"英国民族党"和"全国阵线"在大选前夕频频在该镇举行竞选活动，鼓吹种族隔离主义，使得种族关系更加紧张，随后，在利兹、伯恩利和布拉德福德等城市也爆发了多起种族冲突事件。2001 年 7 月 7 日在英格兰北部工业城市布拉德

英 国

福德发生的种族骚乱被认为是20年来英国最严重的一起暴力冲突，事件起因是500多名亚裔青年在市中心举行示威，反对右翼种族分子的极端行为。一些白人种族分子在现场进行挑衅，并且高呼带有侮辱性的种族歧视语言，亚裔青年和白人青年随后发生冲突，2名白人青年被刺伤。骚乱一直持续到8日凌晨，80多名警察受伤，18人被捕。此次骚乱的缘由是，右翼极端组织"全国阵线"企图在布拉德福德举行集会，鼓吹反移民政策。该市共有大约15%的居民来自于巴基斯坦和孟加拉国。发生暴力冲突的这4个城市都是亚裔比例较高的城市，多年来种族歧视问题一直比较严重，而且这些城市均为英国早期纺织工业中心，近年来经济不景气状况严重，从而加剧了各种不满情绪。

2001年"9·11"事件发生后，"反恐"在全球范围内受到普遍关切。特别是自2005年造成重大伤亡的伦敦"7·7"爆炸案发生后，"反恐"成为英国社会政治生活中的头等大事。由于英国政府宣布向"邪恶意识"宣战，将反恐矛头指向了穆斯林极端分子，致使英国的普通穆斯林群众也面临着巨大的舆论和政治压力。穆斯林同英国政府和白人及其他族群的关系出现空前紧张的气氛。如何在反恐与缓和族群关系之间寻求适当平衡，成为英国政治中一个异常敏感的问题。

事隔10年之后，2011年8月，包括伦敦在内的多个英国城市再次发生大规模种族骚乱。骚乱的起因是，2011年8月4日，伦敦郊区托特纳姆的警察因怀疑一名叫马克·杜根的黑人男青年持有手枪，并计划攻击警察，因而拦截其所乘坐的出租车，并开枪将其射杀。随后，有300多人举行游行示威，要求伸张"正义"，并很快与警察发生冲突，游行示威演变成骚乱。这之后，骚乱先是蔓延至伦敦其他地区，进而扩大到伯明翰、曼彻斯特、利物浦、利兹和布里斯托等其他英格兰城市。骚乱平息后有3100名参与者被逮捕，其中1000多人被起诉。此次骚乱反映出英国社会面临的一些深层次问题。尽管从表面上看，是经济不景气激发了民众的不满情绪，但正如很多分析家所指出的，经济状况低迷并非唯一原因，甚至不是最重要的原因，因为只有在经济衰退伴随着其他结构性缺失时才可能导致动荡，特别是经济原因与社会原因、文化原因交织在一起的情况下。

此次骚乱暴露了英国一些深层次的社会"痼疾",尤其是日益加剧的社会分化和贫富差距、青年贫困及青年犯罪问题,以及种族与多元文化差异等根深蒂固的问题。

第三节 社会保障制度

一 确立与发展过程

社会保障制度是英国市场经济体制的一个重要组成部分,为市场经济顺利发展提供安全保障,起着社会"安全阀"的重要作用。英国作为一个老牌资本主义国家,其社会保障制度的缘起和发展有着久远的历史,最早起源于教会组织的慈善济贫活动,后来随着两部《济贫法》的颁布,才逐渐形成制度化和规范化的社会救助。1601年,伊丽莎白一世颁布了第一部《济贫法》,其涵盖的救济对象有3种:有劳动能力的贫民,无劳动能力的贫民,以及无依无靠的孤儿。这部《济贫法》首次以法律形式确认国家负有救济职责,这不仅是英国也是世界社会保障发展史上的一座重要里程碑。

不过,一般说来,作为传统农业社会向现代化工业社会转型的产物,真正意义上的福利国家起源于19世纪初。1834年的新《济贫法》通常被认为是代表了国家干预社会问题的一个转折点。尽管这部《济贫法》有着一定的缺陷,特别是它对于接受救助者规定了诸多惩戒性措施,包括丧失政治自由、取消选举权等,但它仍是社会保障史上的一大进步。此后,随着工业革命的发展,英国的社会福利制度也得到了推动,并在20世纪初到第二次世界大战期间奠定了其现代社会保障制度的基础。此时,包括英国在内的西方国家已进入垄断资本主义阶段,不仅出现了空前的经济危机,而且接连两次陷入世界大战,导致国家在经济和社会领域的干预得到极大强化。这个阶段的发展主要表现为社会保障项目迅速增加,建立了国民保险制度,提供养老金、病假和产假工资、失业金以及一些儿童福利,使得长期停滞不前的社会保障实现了实

质性的突破,但较为完整意义上的福利国家是在二战后最终形成和确立的。

20世纪四五十年代,是英国社会保障制度的最终形成期。1941年,保守党政府任命牛津大学教授贝弗里奇担任社会保险及相关服务联合委员会主席,负责对英国的社会保险制度进行评估和研究。1942年,该委员会发表题为《社会保险和相关服务》的报告,即著名的《贝弗里奇报告》。该报告奠定了英国现代社会保障制度的基础,将社会福利作为一项社会责任确定下来,使英国社会保障的深度和广度都发生了质的飞跃。因此,贝弗里奇后来被称为"福利国家之父"。1944~1948年,艾德礼工党政府在《贝弗里奇报告》的基础上先后颁布并实施了《国民保险法》、《国民保健法》和《国民救济法》等一系列涉及社会福利的法规,以法律形式进一步健全和巩固了国家福利制度。它强化了国家在福利领域的责任,使社会福利制度成为一个完整体系,构成了"从摇篮到坟墓"的社会保障网络。

从20世纪60年代到70年代初,英国福利制度的发展达到了顶峰。不可否认的是,二战结束之后的半个多世纪以来,英国社会保障制度对其经济社会发展,特别是在维持社会稳定、保障公民生活待遇方面发挥了重要作用。但随着福利政策的进一步推行,特别是20世纪70年代以来,英国社会保障制度中的一些弊端逐渐显露出来,并对经济社会的发展产生了一定的消极影响。特别是在如下两个方面:第一,社会福利开支不断增加,再加上经济危机等国内外因素的影响,英国政府已不堪承受社会福利开支造成的沉重负担。1956年时,社会福利开支占国民生产总值的比例还不到5%;到20世纪60年代末,这一比例已经超过了7%;到1981年时超过10%;在1982年第四季度达到11.4%的峰值后开始回落,但始终没有低于9%。而且,从2011年开始,福利开支再次突破国民生产总值的11%。到2013年第四季度,福利开支占国民生产总值的比例为11.3%。第二,英国的社会保障制度不仅没有解决社会贫困和贫富差距不断拉大等问题,而且,如同西方国家的几乎所有社会保障体系一样,英国的社会保障体系也"培养"出了一大批游手好闲、不愿就业、依靠政府救济为生的所谓"新自由人",使得社会福利制度在一定程度上成为"养懒罚勤"、抑制就业热情和导致"失业陷阱""贫困陷阱"等社会痼疾的重要原因,因而备受诟病,致使福利制度陷入前所未有的困境,促使英国政府痛下决心对社会保障体系进行改革。

在此背景下,保守党政府着手对福利国家进行改革,开始改变半个多世纪以来福利支出不断增长的势头,出现了"非福利化"的政策取向。继保守党政府之后,1997年上台的工党政府、2010年上台的联合政府也都在改革社会福利制度方面付出了很大努力。

二 福利改革

1979年,保守党政府开始执政。为解决公共开支不断增加这一问题,保守党政府对社会保障制度进行了很大程度的调整和改革,主要包括以下几项举措。

第一,"普遍性原则"有所软化,"有选择性原则"得到加强。以往,英国社会保障中的平均主义色彩十分浓厚,即国民不分贫富均可享有社会津贴,导致许多开支实际上流向了并不十分需要社会救助的阶层或家庭。保守党政府将社会保障的重点放在帮助低收入人群,认为社会福利的真正作用是帮助穷人,而不是平均分配;对于有工作能力却未工作的人则减少津贴,目的在于激励人们去寻找工作。同时,保守党政府用"家庭信贷"取代了"家庭收入津贴",用"额外资助"取代了"附加津贴",资助对象仅限于低收入、丧失工作能力、有子女的贫困家庭及单亲家庭和青年失业者等最贫困的人群。第二,在"平等"与"效率"的权衡问题上,更强调效率,即力图在保障基本社会需要的前提下提高效率。第三,在福利供应领域更多发挥市场机制的作用,让企业和个人在社会保障的资金提供方面承担更多的义务。保守党政府在福利支付、福利补贴和福利法规三大领域全面让权给私营部门,扩大了福利供应领域的市场经济成分。在探索社会福利"私有化"方面,保守党政府取得的最大进展是在住房领域。保守党政府推行住房私有化改革,用优惠的价格将战后由地方政府兴建的公房出售给住户,同时减少住房津贴,规定即使最贫困的家庭也必须负担

英 国

一定比例的房租。此外，保守党政府还在国民医疗保健服务和个人服务方面进行了一些私有化实验，旨在增加公民个人的责任，政府的工作重心逐渐从发放社会津贴转变为向社会提供优质服务。

通过将近20年的改革，英国的社会保障制度转型取得了一定成效，同时，公民的价值观和福利观也发生了重大转变，开始重新接受"个人责任"与"选择权"等自由主义价值观。并且，国家职能也开始得到转换，逐步减少了对经济社会生活的介入，社会保障制度开始向"基本安全网"的方向转化，不再承诺提高全体公民的生活水平，而是保证社会上弱势群体的基本需求。但是，鉴于社会福利改革是一个十分敏感的问题，削减社会福利开支将直接损害一部分民众的利益，因此，英国社会福利开支增长过快的势头并未得到真正的抑制：在保守党执政的18年间，社会保障开支占国内生产总值的比重不降反升，从1979年的9%增加到了1997年的10.6%。

1997年工党上台后，英国政府决心在保守党政府福利改革的基础上继续深化这场"福利革命"，主张推行积极的福利国家政策。工党政府认为，改革的方向应是变福利国家为社会投资国家，主张将解决就业问题与改革社会保障制度相结合，强调加强职业培训、提高就业能力，以创造就业机会代替救济性的福利保障。其核心思想是使国家从社会福利的管理者向服务提供者的角色过渡，同时调整福利国家的任务，从提供普遍的社会保障向促进就业、帮助弱势群体的方向过渡。1998年4月，工党政府发布了题为《我们国家的新动力：新的社会契约》的绿皮书，描绘了到2020年之前英国福利国家改革的发展蓝图。其提出的主要原则有：围绕"工作观念"重塑福利国家；公私福利合作；提供高质量的教育、医疗和住房等公共服务；帮助残疾人；减少儿童贫困；帮助极度贫困者；消除社会保险中的欺诈行为；将政府工作重心从发放福利津贴转向提供更好的公共服务，使现代福利制度更加灵活、高效和便民。工党改革的目的是促进英国社会保障制度的现代化，在减少贫困的同时，降低对社会福利的依赖性，提高工作积极性。为此，工党政府努力实现国家社会职能的转变，通过引入私营成分的方式减少国家在社会福利方面的负担，同时，工党政府致力于调整福利国家的基本任务，即"为有能力工作的人提供服务，为没有能力工作的人提供保险"。在这种思想指导下，工党政府采取了一系列措施促进就业，将"找工作"作为领取社会补贴的必要条件，设法解决长期失业、青年失业和单亲父母的失业问题。同时，工党政府还加强了对弱势群体的帮助，特别是对老年人、女性、部分时间工作者和临时工等群体予以真正的保障。

不可否认，工党政府福利改革的思路和方向是正确的，对英国社会经济的健康发展具有积极意义。特别是它强调将工作与福利结合起来，改变过分依赖政府的状况，并试图将福利制度建设成为由政府、企业、社会和个人共同参与与分担责任的公共事业，这些都是值得肯定的。但是，一方面为了实现竞选时关于改善公共服务的承诺，另一方面由于福利改革过于敏感，牵涉面过于广泛，因此，工党政府的实际改革步幅并不大，并未触及福利国家的一些根本痼疾。相反，在其执政期间，公共服务支出仍逐年上升，尤其是在社会保障方面。2007~2008年，英国的社会保障支出已达141亿英镑，是1979~1980年（69亿英镑）的2倍，约占国内生产总值的10%，比工党政府上台之初增加了将近14%。而到2010年第一季度结束时，也就是工党任期结束之前，社会保障支出占国内生产总值的比例攀升到了11.1%。

2010年上台执政的保守党和自由民主党联合政府同样致力于英国福利制度的改革，特别是在经济不景气的情况下，减少公共开支更是当务之急。为此，联合政府推出了一系列福利改革方案，其根本出发点延续了工党政府的基本理念，即只有工作才是改变贫困的最佳方式，特别是保守党强调"小政府、大社会"理念，认为福利制度的固有弊端导致了个人过分依赖政府、懒惰和不负责任等问题。因此，联合政府在削减福利支出的同时，采取激励措施让更多领取救济的人去工作。具体措施包括：不再无条件向有工作能力的人发放救济，而是取决于他们是否有工作意愿；对所有申请"残疾救济"的人进行评估，排除那些有完全工作能力的人；为鼓励和帮助失业人口就业，联合政府制订了"为自己工作计划"，为失业人员创业提供专门指导人员和启动贷款。

英 国

2012年3月,《福利改革法》生效。在该法律框架下,2013年,联合政府启动了近几十年来力度最大的福利改革,涉及法律援助、住房补贴、社会救济、残疾人福利、养老金改革等诸多领域。其主要内容包括:①救济金封顶。对就业适龄人员(16~64岁)的救济金实行封顶制,即最多不能超过普通工薪家庭的平均收入,单人家庭每周最多可领取350英镑救济。一对夫妇或单亲家庭每周最多可领取500英镑救济。②福利房限制。一个成年人或一对夫妇可拥有一间卧室的住宅,而对于有孩子的家庭,如果是两个16岁以下的同性孩子,则仅可拥有一间卧室;若孩子为异性,那么10岁以下的两个孩子也只可拥有一间卧室;若超过这一标准,则其获得的住房救济金将相应减少。③残疾救济金改革,用个人独立金取代就业适龄人员残疾救济金,但对申请人员进行严格审查。④救济金涨幅封顶,政府发放的救济金年度涨幅不得超过1%。⑤用单一信用卡统一过去林林总总、五花八门的各种福利金。⑥减少向地方政府拨付的地方政府税津贴,不足部分由地方政府自行补足。此外,为强制有工作能力的人就业,英国政府还启动了"有偿失业保障计划",要求所有不具备英语和数学基础的年轻人(18~21岁),从领取失业救济的第一天开始接受培训,否则将被剥夺为期4周的失业救济;若再次违反规定,则被剥夺为期3个月的失业救济;失业超过6个月的人员将被强制实习,以取得工作经验或是接受社区工作安排,否则将失去领取失业救济的资格。在养老金改革方面,联合政府推出的主要举措是延迟退休,计划在2030年将退休年龄推迟到68岁,2060年推迟到70岁,届时英国将成为退休年龄最高的国家之一,这被认为是自1908年英国实行国家养老金计划以来力度最大的一次改革。

但是,如同工党政府的改革一样,由于福利改革牵一发而动全身,因此不仅引起了各方的激烈争论,甚至还引发了社会不安和罢工、游行示威等抗议活动。例如,2011年11月30日,政府的养老金改革计划导致公共部门爆发了32年以来最大规模的罢工。因此,上述措施并未能像当初设计的那样全部或完全得到落实,有些措施被推迟实施,有些措施则做了一定弱化。

三　主要特点

英国的社会保障制度在西方发达国家中具有比较鲜明的特点。与美国自由主义思想指导下的社会保障制度相比，早期英国社会福利制度体现出更强的集体主义，国家干预的范围较宽，社会再分配的力度也更大。而同德国相比，英国福利支出虽然占国民生产总值的比重较小，但仍然体现出较强的社会再分配原则，政府的作用明显更重要一些。就再分配和国家干预的程度而论，英国与瑞典等北欧国家有着类似之处：尽管两国的福利支出差距较大，瑞典的支出水平高出英国很多，但其目标都是通过社会保障制度实现收入再分配，从而保证社会公平。

英国的福利制度主要有以下一些特点。

第一，福利项目的完整性。英国早在17世纪初就已形成法制化的贫困救助体系，但其他项目直到20世纪才发展起来，到二战前基本完成了福利项目的扩展和完善过程。二战后，英国实现了福利项目的体系化，加强了原来比较薄弱的项目，形成了"从摇篮到坟墓"的完整福利体系，使国民一生都能受益。当然，对于这个无所不包的福利体系中的不同福利项目，评价也是褒贬不一。对于医疗服务，英国国内外普遍评价较高，认为它使公民解除了对疾病风险的顾虑，并且有利于提高国民素质。从成本效益的观点来看，英国这方面的开支比美国、加拿大等国家低得多，说明其资源利用率较高。但随着时间的推移，英国国民医疗服务的各种弊病也日益显现，特别是病床紧张、等待手术时间过长等问题（关于医疗服务，将在本章第四节予以专门论述）。对贫困救助的评价分歧较少，但对其他项目则存在较大分歧，其中分歧最大的是住房福利。在20世纪80年代撒切尔政府进行的福利制度改革中，力度最大的就是住房政策改革。对失业保险也存在较多争论，争论的焦点在于失业保险的额度：待遇高了可能导致劳动者丧失工作动力；而待遇低了又无法拉开同贫困救助之间的差距，不能显示失业保险项目的意义。在老年福利方面，争论主要集中在如何处理基本养老保险和补充养老制度之间的关系。由于人口老龄化的压力日渐增大，以及人们对老年保障制度的认识发生了变化，英国近年来逐渐强调

英 国

补充养老制度的作用,有人甚至主张减少国家对补充制度的干预。

第二,英国社会保障制度向家庭生活的渗透程度较深,在一定程度上取代了传统的家庭赡养和抚养职能。英国的社会保险在福利给付问题上的指导原则,往往不是按照工资的一定比例支付待遇,而是考虑到劳动者的家庭赡养情况之后,再将福利待遇分解成两部分:一部分维持被保险人本人的生活;另一部分维持被抚养者或被赡养者的生活。在这一意义上,国民保险为被保险人承担了一大部分赡养家庭的责任。社会福利制度的其他一些项目,则直接体现了国家对家庭赡养责任的替代。其中最典型的是提供给未成年子女的福利,无论家长收入如何,子女都可以享受相应待遇,国家实际上替家长承担了部分赡养责任。这些福利是从未成年人的某些基本需要出发而设置的,例如提供给婴儿的牛奶和尿布。未成年人的教育历史上也是家庭的责任,教育的福利化使这方面的责任也逐渐转移给国家,甚至连中小学生的午餐都实行免费。全民性的国民卫生服务也在一定程度上体现了政府对家庭责任的替代,非缴费性养老金的出现,则意味着国家代替家庭承担了赡养老人的部分责任。总之,二战后建立的福利体系使国家的责任提升到了前所未有的程度,弱化了家庭的责任,体现了国家与个人的直接联系。这是英国福利制度的重要标志之一。

第三,普遍性原则。特殊性和普遍性是西方国家社会保障制度的两个基本原则。特殊性原则要求只有那些满足一定条件的群体才能享受相应待遇,强调的是个人责任;普遍性原则是指,无论人们的特定条件如何,都有资格享受规定的待遇。英国实行的是普遍性原则,即不论地域差异或收入高低,每个公民都有权享受社会保障权益。而且,英国国民保险待遇与缴费的多少是脱钩的,不管被保险人的收入和缴费多少,都同样享受定额待遇,并以此作为国民收入再分配的一种手段,而向被抚养人或被赡养人提供的待遇,则等同于将被保险人之间的收入再分配延续到了他们的家庭成员。由于国民保险几乎覆盖了全部劳动者,而通过向被抚养人或赡养人提供相应待遇,又将其延伸到了几乎全部公民,因此,尽管它在表面上是以社会保险的形式存在的,但实质上是一种普遍性质的福利待遇。英国的其他福利项目则更明确地体现了这种普遍性原则,其中包括国民卫生服务。

第四，政府在福利体系中发挥着重要作用。现代社会保障制度的产生，最重要的标志之一就是政府干预，但干预程度有很大不同。从社会保障体系的主体来看，存在着个人、企业（或雇主）、社会和国家四个层次。与其他国家相比较，英国更强调国家的责任。在经费来源上，国民卫生服务、个人社会服务以及非缴费性收入补贴项目等，基本上都是由国家通过税收承担支付责任。国民保险则要求个人和雇主共同缴费，这是各国社会保险的通用做法，也是社会保险区别于其他形式社会保障项目的主要特点。在这方面，英国也比较强调政府的责任，由国家提供一定的补贴。在住房福利方面，政府或是直接承担支出责任，或是通过减免税收的方式提供一定补贴，这两种形式都体现了政府承担责任这一原则。在组织形式上，尽管从布莱尔政府后期开始引入一些私营因素，但英国的社会保障体系仍在很大程度上由政府机构及公共雇员负责运作。英国的国民保险体系也由政府直接管理，并成为一个庞大的政府部门。国民卫生服务不仅在行政上由政府管理，医院的运行也由政府负责，其工作人员属于公共雇员。英国的社会组织在社会保障领域仅涉及"志愿部门"，在制度化的体系内几乎起不到作用。

四 主要内容

英国的"福利国家"由 5 个部分组成：社会保障、国民卫生服务、住房、教育和个人社会服务，社会保障制度是其主体部分。一般说来，英国"社会保障"概念的定义比较狭窄，其外延只限于收入性福利，包括国民保险和非缴费性福利（社会救济和补贴），而医疗保健服务、个人社会服务、住房福利和教育则被称为"实物性福利"。我们这里所指的社会保障体系，实际上包含了除住房和教育之外英国"福利国家"的大部分内容，即社会保险、社会救济和补贴、国民保健服务、社会救助和个人社会服务。

（一）社会保险

英国从 1948 年起实施《国民保险法》，并已逐步形成广泛的社会保

障体系，其目的在于保护个人及其家庭避免由于失业、年老、疾病或死亡而蒙受收入损失，并通过公益服务提高其福利待遇。按照《国民保险法》的规定，所有在离校年龄至退休年龄之间的公民都必须参加社会保险，缴纳一定数量的保险费；同时由国家和雇主注入大量资金形成社会保障基金，以满足社会保障的基本需求。按时缴纳社会保险费用的国民及其家庭成员可以享受养老金、疾病津贴、失业津贴、产妇津贴、孀妇津贴、工伤与伤残津贴和战争抚恤金等各方面的福利，并由社会保障基金予以支付。

（二）社会救济和补贴

社会救济和补贴是社会保险的必要补充，也是一种非缴费性福利项目。英国政府在1948年《国民救济法》的基础上又于1976年制定了《补充救济法》，建立了一套比较完整的社会救济制度，旨在满足特殊阶层居民应对特殊困难的需要，社会救济的接受者必须经过严格的资格审查。补贴制度是对社会保险制度的另一种补充，内容主要包括儿童津贴、家庭信贷、住房津贴和病残看护补助等。非缴费性福利项目的受益对象主要是非劳动人口，在资金来源上系由国家财政拨款予以支付。英国有大约70%的家庭从国家福利项目中获得至少1项补贴或救济（包括养老金和儿童福利津贴）；而在英国家庭的全部收入中，有18%来自于社会福利；收入最低的10%的家庭，其收入的70%以上来自于社会福利。

（三）国民保健服务

凡在英国合法居住的个人，无须取得保险资格即可免费或在只支付极少费用的情况下享受完善的医疗保健服务。国民保健服务由3部分构成：医院与社区医疗服务；家庭保健服务；卫生与其他服务。其中占主导地位的是第一项服务，每年的支出大约要占全部医疗保健服务费用的80%。国民保健体系所需资金主要由中央财政支付。2013年，英国公共部门用于医疗保健的支出为1255亿英镑，占当年医疗保健总支出的83.3%，约占GDP的8%，其余16.7%由私营部门或个人支付。

（四）社会救助

社会救助是对社会保险、津贴补助和社会服务的必要补充。英国的社会救助对象为：16岁以上收入不足以满足最低生活需要的英国居民；低收入雇员需要治疗牙科疾病、配眼镜、接受外科手术治疗等，但其收入不够支付这些费用；失业者在领取失业保险金期满后仍未找到工作；其他一些特殊人群，如被丈夫遗弃且需抚养未成年子女而又无法参加工作的女性；未婚母亲及其子女；不受社会保险计划保护的穷人以及无业游民、流浪汉等。但在获得社会救助之前须接受生活状况调查，只有在证明其符合救助条件之后才可领取社会救助金。社会救助金由政府拨付，但其标准低于社会保险。

（五）个人社会服务

个人社会服务的对象主要是老年人、残疾人、失去正常家庭照顾的儿童、精神病患者和有智力缺陷的人等弱势群体，由社会服务部门负责组织所属机构或其他社会团体予以照料。主要服务项目有为老年人开设养老院，提供家庭助手和膳食服务；设立残疾人康复中心；开办托儿所、幼儿园等。地方政府还提供单亲儿童和孤儿的收养、残疾儿童的康复护理和教育、儿童保护等相关服务。个人社会服务在福利支出中只占较小的份额，在组织管理上，个人社会服务主要由地方政府提供，但资金由中央政府拨付。

第四节　医疗卫生

一　国民健康状况

随着经济社会的发展，特别是社会保障制度以及医疗技术水平的进步，英国国民的健康状况得到了很大改善。首先，平均寿命明显增加。1890 年，英国男性和女性的平均寿命分别仅为 44.1 岁和 47.8 岁；1980 年英国男性的平均寿命提高到 70.8 岁，女性为 76.8 岁；到 2013 年则分别达到 78.9 岁和 82.7 岁。仅 1980~2013 年的 30 多年间，英国男性和女性国民的平均寿命就分别增加了 11% 和 8%。其次，死亡率大幅下降。1983~2013 年，英国国民的死亡率从将近 2.2‰ 下降到了 1‰，其中，男性和女性的死亡率分别下降了 45% 和 36%。最后，在婴儿死亡率方面，1850 年，英国有 15% 的初生婴儿在 1 岁之前夭折，1980 年该比例下降为

英国

1‰，2013年进一步减少到4‰。在1983~2013年的30年间，男婴和女婴的死亡率分别下降了59%和58%。

随着时间的推移，致死率最高的疾病类型也发生了很大变化。19世纪末英国死亡率最高的疾病是传染病；而20世纪80年代以来，则是心脏病、循环系统疾病和癌症。在2010年之前，循环系统疾病是导致英国人死亡的"头号杀手"；从2010年开始，最致命的疾病是癌症。

根据英国国家统计局2013年对国民幸福指数的调查，在16岁以上的英国人中，有66%的人表示对自己的健康状况比较满意，其中，男性的比例略高于女性。同时，对整体生活水平的满意程度与对健康的满意程度具有正相关关系。

二 国民医疗服务体系

（一）确立与发展

依据政府干预程度划分，世界各国的医疗保障制度大体上可以分为3种类型：一是市场主导模式，在这种模式下，医疗服务实行市场运作，病人或者直接支付医疗费用，或者通过商业保险由第三方支付部分费用。这种形式往往与政府提供的医疗救助并存，美国实行的就是这种体制。二是社会保险模式，即由被保险人及雇主、政府共同缴费形成医疗基金，由基金支付被保险人的医疗费用。欧洲大陆某些国家（如德国）就实行这种模式。三是由政府直接经办医疗服务机构，为全体公民提供医疗服务，同时辅以少量私人医疗服务。英国的国民医疗卫生服务就属于这种典型的由国家经办的医疗服务体系。

英国的国民医疗服务体系（National Health Service，NHS）是由二战后第一届工党政府创建并发展起来的，旨在使英国每一个居民都能在免费或支付低廉费用的前提下，尽可能方便地得到医疗和救护。而在此之前采用的医疗服务体系是一种混合模式，存在着市场因素、社会保险因素、慈善因素及政府供给因素。初级医疗以社会保险为主，同时也有市场因素在发挥作用；医院医疗以慈善因素为主，政府也提供一些服务；社区卫生服务则由政府提供。二战期间英国政府发表的卫生白皮书提出对医疗卫生制度进行改革，主张确立这样一项原则，即无论病人的支付能力如何，都应得到良好的医疗服务。在此基础上，英国政府1946年通过、1948年开始实施的《国民医疗保健法》，将所有医疗卫生事项都纳入国民医疗服务体系，对原有的私人医院实行国有化，并且在医疗保健问题上实行普遍性原则。该法规定：无论是劳动者还是非劳动者，无论个人的支付能力如何，只要有需要，就都可以得到免费医疗服务。这也就是英国医疗服务体系的3项核心原则，即覆盖所有公民；治疗免费；基于病人的医疗需要而非支付能力。这三项原则一直被英国人引以为傲，历届政府都不敢对其进行过于激进的改变，就连撒切尔的自由化改革也未能从根本上触动这一体系。

英国国民医疗服务体系十分庞大，无所不包，几乎囊括了所有医疗卫生服务，包括基本医疗、特殊项目治疗和医疗卫生知识的普及，对于传染病预防、药品和食品安全以及环境卫生等事项也有相应安排。在这一体系下，每一个英国居民都可以注册一名全科医生（general practitioner），进而获得由公立医院提供的一系列免费医疗服务。国民医疗服务体系建立后，经过十多年的不断完善和改进，在20世纪六七十年代进入迅猛发展阶段，医学科学取得了前所未有的进步，科学的医疗服务框架也逐渐形成，现代国民医疗服务体系格局基本成型。在这一体制下，英国民众的健康状况得到了较大提高，因而受到绝大多数民众的拥护。1996年的一次民意调查显示，86%的英国人认为国民医疗服务体系是英国最重要的公共服务项目；而《泰晤士报》20世纪末的一项调查显示，近半数被调查的英国公民认为，政府20世纪的最大功绩就是建立了国民医疗服务体系。在国民医疗服务体系之外，只存在很少一些按市场原则运作、由患者自行支付费用的私人医生服务和由护理中心提供的医疗服务，以及由宗教机构管理的私立医院（独立医院）提供的服务，但其规模很小，只对国民医疗服务体系起补充作用。

英国国民医疗卫生服务的费用主要由国家从税收中拨付，其余则从社会保险基金中以国民医疗保健费的名目支付一部分，再就是向患者收取少量费用。国家用这些资金开办医院，雇用医务人员，或者采用政府购买的形式向私人开业的医师购买医疗服务，以及向制药公司购买药品，给全体

英　国

居民提供近乎免费的医疗服务和药品。该体系建立之初，英国政府本打算对诊断、治疗和药品全部提供免费服务，但随着时间的推移，为了避免浪费并为经费日趋紧张的医疗卫生机构增加一些收入，政府决定改由病人在某些情况下支付一定比例的费用。例如，病人通常需要交纳一定的处方费，镶牙、配眼镜以及牙科和眼科的检查大多也要收费。另外，病情并不需要但本人要求留院治疗者的住院费也需要自付。不过，16 岁以下的儿童、社会救济金领取者和大多数老年人通常都能获得全额免费医疗服务。事实上，大约 80% 的医疗处方项目是免费的。从总体上说，居住在英国的本国公民和欧盟公民（英国和欧盟成员国之间签署有医疗互惠协议），以及在英国合法居住超过 6 个月的外国人均可免费获得医疗服务。

但是，随着时间的推移，免费医疗服务在给英国居民带来巨大益处的同时，导致政府支出与日俱增。1997～1998 年公共部门用于国民医疗卫生服务的费用约为 441 亿英镑，占政府开支总额的 14%、国内生产总值的 6%；到 2007～2008 年，此项预算支出为 900 亿英镑，即自 1998 年以来每年增加 3%；2008～2009 年，金融危机导致的经济衰退使国内生产总值减少，因此医疗卫生服务费用占国内生产总值的比例急剧上升，达到了 9.4%，此后开始下降。到 2013 年，英国国民医疗卫生服务费用为 1560 亿英镑，占国内生产总值的比例为 8.8%，是 2008 年以来的最低值；其中政府支出为 1255 亿英镑，占医疗服务总支出的 83.3%，其余为个人支付。1997～2009 年，英国公共部门用于医疗卫生服务的开支年均增长率为 8.4%；此后大幅下降，2009～2013 年年均增长率为 2.1%。然而，英国公共部门支出在国民医疗卫生服务支出总额中所占比例在七国集团中是最高的，比例最低的美国仅为 47.6%。

另一方面，英国的医疗服务质量并未随着支出的增加而得到相应提升，而是呈现出下降趋势，特别是患者等待医院治疗的时间越来越长，平均需要等待 15 天到 9 个月，导致越来越多的患者被迫到国外就医。为此，近年来，工党政府和联合政府均对国民医疗服务体系进行了多次改革。

（二）管理体制

英国国民医疗服务体系自建立以来，前 30 年相对比较稳定，此后 20

第六章　社　会

多年经历了几次规模较大的体制改革。

　　国民医疗服务体系建立之初，实行的是全科医生、医院和公共卫生三个系统并列的管理体系，在行政体系方面则形成了地域（region）和区（district）两级管理体制。1974年进行了一次比较重大的调整，在英格兰引入了三级管理体制，在原有的地域卫生署（Regional Health Authorities）之下设立了90个区域卫生管理局（Area Health Authorities）和206个区域管理组，但5年之后，政府决定撤销地域一级机构，新设立了192个区卫生管理局（District Health Authorities）。1983年，由格里弗斯领导的一个研究小组提交了一份要求加强国民卫生服务管理的咨询报告，建议加强垂直领导，由卫生部任命地域卫生行政首长，然后由地域卫生署任命区域卫生管理局行政首长。格里弗斯报告中的建议基本得到采纳，形成了后来英国医疗管理体系的基本格局。目前英国国民医疗服务体系中传统的三元结构痕迹仍然存在，但各部门之间的联系已得到加强，形成了一个以卫生部对医院的管理为核心的结构体系，并围绕这一体系建立了与其他部门的联系。

　　值得注意的是，1997年工党政府上台后开始实行权力下放，医疗卫生事务的具体运作改由地方政府负责。因此，尽管英国卫生部名义上是英国中央政府主管医疗卫生事业的最高权力机构，但它实际上只负责英格兰地区医疗卫生事务的管理和监督。苏格兰、威尔士和北爱尔兰的医疗卫生事务分别由其各自的地方政府负责，具体的管理体系并不完全相同。

　　在英格兰，卫生部下设英格兰公共卫生署（2013年4月成立），负责医疗卫生事务的具体管理。卫生署共划分为4个地区（英格兰北部地区、英格兰南部地区、英格兰中西部地区和伦敦地区）和15个地方中心。威尔士的医疗卫生事务由威尔士国民医疗服务署负责；苏格兰的国民医疗服务体系同英格兰一样，也建立于1948年，由苏格兰国民医疗服务体系委员会负责管理；北爱尔兰的医疗卫生事务则由北爱尔兰政府内的"医疗、社会服务与公共安全部"负责。这些机构分别根据相关地区居民医疗保健的需要，负责管理医院服务和社区医疗卫生服务；组织全科医生、牙医、药剂师和配镜师为居民提供相关服务；负责管理政府机构同这些服务

英 国

提供者签订的相关合同。医疗卫生管理机关还同负责社会工作、环境、教育及其他服务部门的地方机构进行密切合作。

（三）历届政府的重大改革举措

1. 撒切尔改革：建立"内部市场"，引进竞争机制

英国国民医疗服务体系具有明显的供给导向，医疗服务的供应方起主导作用。这种体制的最大优点之一是公民在享受医疗服务方面人人平等，不受个人经济能力的限制，从而使其成为一种普遍的福利，但也存在一些缺点和问题。特别是普遍性原则对需求缺乏约束，往往造成过度需求，如大量病人排队等候住院，而在初级医疗中则容易导致对药品的过度依赖和浪费。正是在这一背景下，英国开始对以供给为导向的国民医疗服务体制进行反思。在撒切尔经济自由化改革的影响下，保守党政府尝试引入市场机制，旨在围绕医疗需求进行相关改革。1988年英国政府对国民医疗服务体系进行了全面回顾和反思，在此基础上发表了题为《为了病人》的白皮书，其中引入了"内部市场"概念。从1991年开始，医疗服务体系的"供方"同"买方"分离。其指导思想是要赋予"买方"以更大的选择自由，而置"供方"于竞争压力之下，从而促使其提供优质、高效、与"买方"所付费用相称的服务。卫生管理机构不再直接"管理"服务，而是作为"购买者"，通过签订合同，向医院、社区服务机构、救护车服务单位等购买医疗服务。这些医疗服务机构成为国民医疗服务体系的"信托人"，有权就本机构的员工人数、薪酬以及如何收取服务费用等自主做出决策。全科医生首次被授权自主安排经费预算，一些规模较大的医疗服务机构的全科医生可申请成为"经费持有人"，从地方卫生管理机构领取预算经费，有权就病人的需要做出决定，并通过同供应商签订相应合同，为病人购买一系列医疗服务。

培育私营医院，并扩大它们的作用，是保守党政府医疗改革的一项重要内容。20世纪80年代以后，英国私营医院有了较大的发展，从1979年到1984年，私营医院的病床数增加了50%以上，这些医院一般由宗教机构管理或以商业形式运营。到20世纪末保守党政府结束任期之前，规模较大、拥有手术设备的私营医院有216家，病床10911张。不过这并没

能从根本上动摇国民医疗服务体系的绝对优势地位,全国只有约 1/4 的病人自己支付医疗费用。从病床比例看,属国民医疗服务体系的医院病床占总数的 96.1%,私营医院的病床只占 3.9%。

除引入私营医院之外,在国民医疗服务体系内部也实现了一定程度的私有化。早在 20 世纪 60 年代,公立医院内就设立了一些半商业性质的付费病床,其设备和服务水平较一般病床要高。保守党政府改革的主要内容是提高付费标准,减少医院补贴,使个人付费更接近成本。

私有化政策还表现在发展商业医疗保险方面。20 世纪 70 年代,英国就已经出现了围绕付费病床服务开展的商业保险,但规模不大,当时只占卫生部门总支出的 3%。到 20 世纪末,全国参加商业医疗保险的人口约有 550 万人(占居民总数的 10%)。人们参加商业医疗保险的主要目的是为了减少手术排队时间,以及获得一些国民医疗服务不提供的服务项目,如特殊的老年护理、整容等。此外,卫生部门还开始建立一种"准市场"机制,将医院的环境保洁、衣物清洗、餐饮等方面的辅助职能尽量分割出去,按照市场竞争原则进行招标,由专业公司承担。

2. 工党政府改革:继续引入私营成分

1997 年上台执政的工党政府在其 13 年的执政期内曾先后对国民医疗服务体系进行过 3 次比较重大的改革。

第一次改革是在 2000 年。当年 7 月,英国政府出台了旨在增加国民医疗服务体系投资的改革方案《投资与改革计划》(The NHS Plan: A Plan for Investment, a Plan for Reform),拟构建一个以病人为中心的新的服务系统,为未来 10 年的国民医疗服务体系规划了发展方向。同时,该方案还对医疗卫生服务与社会公共服务以及私营部门之间的关系做了一些调整。此次改革的核心原则包括:在全国范围内为国民提供免费的、最基本的卫生保健服务;以病人的需要为中心提供医疗卫生服务;对不同人群的不同需求做出有针对性的回应;努力提高服务质量,将错误与问题减少到最低程度;尊重工作人员的劳动;单独为国民医疗服务体系框架下的病人提供卫生保健公共基金;与相应部门合作以保证服务的全面性;协助人们保持健康,并为减少健康和卫生保健方面的不公平而努力;尊重病人的

英国

个人隐私，向他们提供关于服务、治疗等方面的开放的信息渠道。改革的具体措施包括：①取消保守党政府建立的全科医生"经费持有人"制度，在全国范围内成立"初级医疗信托基金"（Primary Care Trust，PCT），由其控制地方国民医疗服务约80%的经费，并负责为地方社区处理医疗卫生服务事宜，全科医生作为独立签约人被纳入初级医疗信托基金。同时，还在初级医疗信托基金的内部管理中引入了合同竞争方式，通过签约选择医德好、技术水平高的医生承担难度较大的医疗服务。②继续引入私营成分，允许已改制成为地方性公益机构、拥有自主经营权的一流大医院筹集和吸纳私人资金，并允许其自主决定医护人员的报酬，以增强医疗服务体系提供非住院医疗服务的能力。③加强对医护质量的检测和评估，并加强对医疗机构的监控。④加大对基础设施的投资和对国民医疗服务体系工作人员的工资投入，改善工作环境。

工党政府的第二次改革是在2005年。当年12月，英国政府发表了题为《英格兰医疗改革：革新与未来举措》（Health Reform in England—Update and Next Steps）的报告，拟进一步改革国民医疗服务体系。改革的主要措施包括：①给予病人更多选择权和话语权，并保证信息公开；②在更大范围内引入私营服务；③加强对国民医疗服务体系员工的教育、培训和管理，提高员工能力；④将付费标准与治疗结果结合起来，以提高整个医疗系统的服务效率和质量。

2008年是英国建立国民医疗服务体系60周年，工党政府再次发布医疗改革方案《为所有人提供优质医疗：国民医疗服务体系下一阶段评估》（High Quality Care for All：NHS Next Stage Review），再次规划未来10年的改革"路线图"。改革的主要举措包括：①进一步以病人的需求为中心，同时赋予病人更多的自主选择权，包括对治疗方式、医疗机构和质量信息的选择权，同时确保每个公民都拥有一套长期的个人健康服务方案。②进一步提高国民医疗服务体系的质量，主要集中在减少病人等候时间、提高人员素质和基础设施的配备水平等方面。③加大监管力度，赋予国家临床质量管理机构（National Institute for Clinical Excellence，NICE）新的执法权力，以加强对医疗服务的监督，并公布医疗服务的质量信息，所有医疗服务机构均须设立"质量账户"。④为改善国民医疗服务质量提供和增加相应的资金。⑤设立新的奖励体系和奖励措施,并加强原有"优秀医疗服务奖励"制度,以激励医疗服务机构和工作人员提高服务质量。

总体来看,工党政府在任期间的几次改革均是为了提高国民医疗服务体系的工作效率和质量,并对其加强监督和管理,同时延续撒切尔时期引入私营成分的措施,减少政府为国民医疗服务体系承担的巨额负担,但实际改革效果并不明显。英国国家医疗服务体系以其全面覆盖所有公民的高质量免费国家医疗服务著称于世,是英国人最引以为傲的国家福利制度的核心部分。由于受到大多数人的拥护,英国历届政府的多次努力都未能从根本上撼动国家医疗服务体系的"免费"和"全民覆盖"原则。相反,由于人均寿命延长和老龄化加剧,国民医疗服务体系的支出成本越来越高,服务质量也呈下降趋势。联合政府上台前,英国的医疗服务费用支出已经从 1997 年占国内生产总值不到 7% 增加到将近 10%。尽管政府对医疗服务的投入每年增加数十亿英镑,但医疗服务质量不升反降。病人平均需等待 15 天到 9 个月的时间才能得到医院的正式治疗,越来越多的患者因等待时间过长而选择到国外就医。而联合政府上任伊始,就面临着金融危机的严峻形势,财政负担的压力更加巨大。在这种情况下,联合政府决心对国民医疗服务体系进行改革。

3. 联合政府医疗改革:精简管理机构

2010 年,联合政府执政不久提出的社会政策改革目标之一即为改革国民医疗服务体系。在其发表的题为《公平与优质:解放国家医疗服务体系》的白皮书中,提出要将患者与公众放在第一位,提高医疗服务的效果,强调医生的自主权和责任,并精简管理机构以提升效率。2011 年 1 月,联合政府向英国议会提交了《医疗与社会照顾法案》(The Health and Social Care Act),正式开启国民医疗服务体系的改革进程。该法案的批准过程并不顺利,其间还曾遭到过上院的否决,特别是自由民主党上院议员提交议案要求对该法案进行重新修订,为此其批准过程曾被暂时中止。2012 年 3 月,《医疗与社会照顾法案》最终生效,计划对英格兰国民医疗服务体系进行大幅度改革,同时拟将医疗支出在联合政府任期内(2011 ~

2015年)削减40亿英镑。其改革重点是:第一,大幅度改革和简化现有管理体制;第二,赋予全科医生更大的权力,由其全权负责所辖病人的医疗保健,同时负责管理80%的国民医疗服务预算(每年共100亿英镑);第三,鼓励私人医院在手术治疗等方面与公立医院进行竞争,并允许跨国公司进入医疗领域;第四,权力下放,赋予地方政府在医疗管理方面的更大权力;第五,通过削减医疗机构的数量,以减少国民医疗服务体系的成本,拟到2014/2015财政年度,减少超过50亿英镑预算,之后每年减少17亿英镑;第六,废除工党政府时期建立的总共约150个初级医疗信托基金和10个地区医疗管理机构,代之以"国民医疗服务体系授权委员会"(NHS Commissioning Board),以达到精简机构和减少国民医疗服务体系管理费用的目的。该法案遭到了来自工会、医疗政策专家和医院的反对,相关人员甚至上街游行示威。争论的焦点在于两个方面:一是认为全科医生的权力过大,特别是在预算方面;二是担心私营部门介入医疗服务会破坏国家医疗服务的公平原则。因此,尽管该法案在经过修订后已获得批准,但由于反对声音太大,在实际实施过程中还会予以进一步改动。

新的医疗体系从2013年4月正式运行。新成立的英格兰公共卫生署负责对英格兰医疗服务进行管理、监督和资金划拨,卫生大臣不再直接为公民的健康和医疗事务负责。此外,原来的"初级医疗信托基金"和"战略医疗卫生机构"(Strategic Health Authorities)被废除,原来由初级医疗信托基金管理的社会保健基金被转给新成立的211家"医疗授权小组",这些授权小组负责本辖区内的医院和社区医疗服务,其中一部分直接由全科医生负责。"国民医疗服务体系授权委员会"负责对与英格兰医疗卫生事务相关的预算、规划以及日常运营进行监督。

三 医疗卫生种类

由于英国实行权力下放,医疗服务归地方政府管辖,因此,各个地区的医疗服务体系结构并不完全相同。如无特别说明,本部分仅以英格兰的国民医疗服务体系结构为例予以论述。英格兰国民医疗服务体系主要分为两个层级。第一层级是以社区为主的初级医疗服务,起着初级医疗保健的作用。第二层级是医院服务，包括规模不同的综合性或专科医院，在国民医疗服务体系中起着核心作用，占英格兰医疗卫生开支总额的2/3，雇佣的人员也最多。

（一）初级医疗服务

英格兰国民医疗服务体系中的初级医疗服务也称"家庭医疗服务"，是指由全科医生（也称家庭医生）、牙医、配镜师和药剂师提供的医疗服务。全科医生被称为国民医疗服务体系的"守门人"。在英国，人们患病时大多必须先看全科医生，由其进行检查、诊断、治疗、提供医疗咨询，并开出适当的处方，必要时再向医院转送病人。居民不是到生病时再找医生，而是平时就必须选好自己的全科医生，到全科医生的诊所登记注册，任何时候都可以得到所需要的服务（看全科医生时可以提前预约，但并不是必需的）。居民可以变更注册，重新选择全科医生，但需要得到后者的同意。而且，在大多数情况下，只有持有全科医生的转诊单才能到医院就诊。2013年，英格兰共有全科医生40584人（若不包括实习生和助手，则为35819人），全科医生诊所约8000个，每个医生平均负责约1900名注册病人，每名全科医生每周大约诊断病人140人次。由全科医生提供的诊断平均每年达2.9亿人次。除看病和治疗之外，全科医生还负责提供健康教育、提供关于吸烟和饮食等方面的建议、注射疫苗等。

与其他国家相比，英国全科医生提供的诊断和医疗服务比较有限。他们一般不配备X射线仪器或其他专门检验设备，病人需要进行大型检查时，往往由医生转送到专业的病理实验室。全科医生处理的通常是一些常见的轻微疾病或慢性病，也可以做一些小型外科手术。为了适应医疗技术的发展，在医疗服务中更好地发挥基础作用，英国政府采取了一些措施提高全科医生的技能。其中包括使全科医生向专业化方向发展，并采取分工合作方式，由几个医生组成医疗小组，在小组内进行分工，例如，某些人选择诸如儿科、老年病、精神病等专业；有的甚至组成医疗中心，由具有专业知识的医护人员及社会工作者构成。

全科医生提供的服务绝大多数是免费的。医生应得的酬劳，经病人签字后由地方家庭卫生委员会支付。服务价格由政府控制，通常是按照就诊

英 国

人数付费。1990年进行付费改革后采取包干制，按照医生注册的居民人数拨付经费，其中75岁以上及5岁以下居民的包干费相对较高。依据这种制度，全科医生的收入有60%以上来自包干费，其他酬劳则包括一些诸如小型外科手术、夜间服务、上门服务等项目的收费。

牙科和眼科服务在社区层级是与全科医生分开营业的。这种区分除了技术上的因素以外，也有福利政策方面的因素，因为全科医生的服务绝大部分都是免费的，而牙科及眼科服务则要付费，但政府对治疗费用的上限有一定限制。牙医不需要注册，但需要预约。基层牙医解决不了的问题，可以转到牙科医院治疗，一定年龄以下的群体以及孕、产妇可以得到免费牙科服务。眼科医生设有自己的专业委员会，负责审核眼科医生及配镜技术人员的资格。眼科服务一般要收费，配镜服务也是这样，但在国家卫生部门指定的品种范围内，只收取镜片和镜框的材料费，如果超出这些范围，就必须收取包括制作费在内的全部费用。从1999年4月起，60岁以上的老年人可免费得到眼科检查。

（二）医院服务

在英国，如果病情需要，全科医生通常会将病人转到国民医疗服务体系所属的相关医院，由专家和会诊医生做进一步的检查治疗，但若是急诊或某些专科诊治，病人可以直接到医院求治。英国全国共有综合性医院（含地区医院和教学医院）以及包括精神病院、妇产医院和康复中心在内的各种专门医院约2000家。英国有一些世界上现代化程度最高的医院，拥有最先进的医疗技能和设施，但也有许多医院建立于19世纪，其建筑和设备都已陈旧，急需现代化、改建或扩建。某些医院病床短缺情况严重，许多人只得长期排队等候住院及手术，个别人甚至因此贻误了最佳治疗时间。这往往被看成英国医院数量不足、质量低下的标志。

不过，造成这种情况的原因比较复杂。有人认为这是由前保守党政府长时间大量削减医疗卫生经费所致，而后来的工党政府和联合政府对包括医疗卫生在内的公共事业的投资不足（特别是在前期）；也有人认为，这种状况与英国国民医疗服务体制本身存在的问题有关。英国医院提供的服务包括门诊、住院及疗养等形式。门诊治疗不收取医疗服务费和药费；若是住院，不仅医疗和食宿全部免费，全部护理工作也都由医院承担。由于病人不用承担医疗成本，因此造成对医院服务的过度需求，尽管有家庭医生把关，但转诊病人的数量仍远远大于医院的承受能力，事实上，排队等候住院者中有许多人是可以不住院的。

国民医疗服务体系的医院除教学医院外，大多数由临床授权委员会负责管理，由其向医院分配经费预算，也有一些由各种信托基金管理。另外还有一些独立的医院集团，有自己的经费预算，独立管理自己的事务。在支付方式上，地方卫生部门与医院建立了"政府购买"式关系，由政府作为买方、医院作为供方签订合同。支付方式综合采用以下3种办法：①人员包干制。按照医院服务的区域范围，根据其居民人数和对医疗服务工作量的预测，规定相应的经费，并以此为标准确定政府对医院设施的投入。②按照就诊人次确定拨款额度。即依据一定的就诊人次作为拨付经费的标准，实行包干制，并以此作为决定医院人员配置、药品数量和日常开支的依据，这实质上是一种总额预付式的包干。③对超过定额的工作量，按照诊疗人次和提前规定的标准予以支付。这种方式主要是为了解决医院实际工作量大于计划的问题，在硬性计划之外提供了弹性支付。

不同于其他一些西方国家，英国公立医院的服务几乎完全由政府提供。政府不仅负责医院的投资，还直接雇佣工作人员，提供全部医疗费用。这种体制的优点是对病人提供的医疗保障比较充分，也比较公平，但其缺点也很明显，除了备受指责的服务质量问题以外，还有医院效率不高、医院之间缺乏竞争、雇员收入不及西方其他国家的同行等弊端。

2013年，英格兰国民医疗服务体系的雇员有将近140万人，其中全职雇员将近120万人。眼科医生和牙医11万人，护士将近38万人，另有5万名医院医生在接受培训。英格兰大约有1600家医院。

（三）**药品供应**

英国是世界上的药品生产大国和消费大国，拥有科研基础雄厚的庞大的制药工业。在英国，大多数药品由全科医生开具处方配给，但绝大多数诊所和医院并不出售药品，其中，全科医生所开具的处方用药中，有94%靠零售药店销售。零售药店通常由拥有一定资格的药剂师经营，皇家

英　国

医药学会负责药剂师的注册、审查和监督等事项。药剂师除了出售药品外，经过培训后还承担诸如戒烟服务、一些轻微疾病的治疗等服务。政府负责对药店的布局进行调控，家庭医师委员会负责社区的药品供应，还负责选择药店并与其签订合同。截至2014年3月底，英格兰共有社区药店11647家，比2004/2005年度增加了19.6%。

药店经营的处方用药只有12%收取费用，多年来，每个收费药方的平均费用呈逐年下降趋势，2013/2014年度，每个收费药方的平均费用为7.98英镑，2004/2005年度还是11.29英镑，下降了29.3%。实质上，这收取的不是药费，而是药店的手续费。对儿童、孕妇、老人、收入低于贫困线者及一些慢性病人，可以免收这种费用。

在一些偏远的乡村，全科医生也可以自己经营药房，形成了医药合一的体制。全科医生经营的药房必须得到政府主管部门的批准，并与其签订服务合同。这种由医生经办的药房所提供的处方用药，大约占全科医生全部处方用药的6%。

除了全科医生的处方用药外，还有小部分药品是由医院处方提供的。大多数医院都设有药房，不仅住院用药由医院药房提供，医院门诊处方的药品一般也由医院药房提供，但近年来政府更加鼓励病人凭医生的处方到独立的药店购药。

英国政府为国民医疗服务系统制定了药品目录，规定了用药范围，在这些范围内的药品实行免费供给。同时，政府还制定了需要使用者自费的药品目录和非药品目录。药品目录体现了国家的药品供给政策，表明国家提供的是基本医疗，只是保障就医者对药品的基本需要；而对超出基本需要的部分则运用市场机制，采取付费办法。同时，政府在制定药品目录时也会考虑经济效益，即对于疗效基本相同的药品，国家只选择成本较低的品种。国家通过药品目录所实施的限制，对于减少医生滥用贵重药品和限制病人的过度需求有明显作用，体现了国家对药品需求和供给的行政干预。

对于药品的采购，则采取政府统一购买的方式。制药公司每年都要就购买总量与政府部门进行谈判。一般是根据上一年国民医疗服务系统的用药总量，预测下一年的总量，再考虑成本上升因素，来确定购买药品的总金额。与世界上有些国家的做法不同,英国政府不规定各个品种药品的具体价格,而是规定制药公司的利润率。

第五节 社会管理与社区治理

一 社会管理的发展阶段及其特点

英国不仅是资产阶级革命和工业革命的发源地,也是引领社会管理走向现代化的先驱。相对而言,其社会管理模式较为合理,这也是英国社会相对稳定、大规模社会事件较少的重要原因之一。

英国的社会管理发展到今天这种相对成熟的状况,经历了漫长的发展阶段。

第一阶段为17世纪至18世纪后期,当时英国刚刚完成资产阶级革命,还处于国家体制的最终完善阶段。严格地说,这一阶段还不存在现代意义上的系统社会管理,国家在社会事业中的作用十分有限,此时社会事业的主体是教会和慈善组织发起的各种济贫救助活动,如在各个教区建立济贫院,并逐渐形成了"济贫院体制"。国家在这一时期也发布了诸如《济贫法》等法律,但总体上仍然很少主动介入社会管理。

第二阶段为18世纪后期至20世纪初,该阶段是英国社会保障制度初步发展的时期,也是国家主动介入社会事业,着手建立社会管理体制的初创时期。在这一阶段,英国议会先后通过了多部社会保障立法,以及公共卫生、教育、就业等方面的立法,并且增设了济贫部(1847年)、地方事务部(1871年)和教育部(1899年)等政府部门,开始对社会事业进行有序管理。

第三阶段为20世纪中期至20世纪70年代,英国在经历了20世纪30年代的经济大萧条和两次世界大战之后,经济受到严重创伤,市场机制失灵,政府必须实行一定程度的计划经济,承担起更大的经济和社会责任。因此,在凯恩斯主义"政府干预"理论的指导下,英国政府大大强化了对社会事务的管理职能,社会管理成为该阶段国家和政府的核心任务之

英 国

一。以"福利国家"为核心的社会保障制度正是在该阶段得以最终建成,政府全面介入社会管理是这一阶段的突出特点。

第四阶段为20世纪80年代至今,在该阶段,英国政府逐步减少对社会管理的介入和直接参与。1979年撒切尔夫人上台后,逐渐减少政府对社会管理的干预,并适度引入私营因素,削弱国家在社会管理中的作用,同时增强个人责任。此后执政的工党政府和联合政府均在总体上遵循这一思路,即在社会管理领域减少国家干预,减轻国家负担。1997年布莱尔上任后提出,政府的作用不是社会保护的直接提供者,而是要发挥组织和规范职能,以重构国家与社会的关系,解决福利国家的两难困境。2010年联合政府执政后,卡梅伦提出了"大社会,小政府"理念,鼓励更多主体参与管理社会事务、提供公共服务,以减少政府的社会管理负担。

由此可见,英国的社会管理走过了一条从政府完全放任到政府全面介入,再到适度放松管理的发展道路。

二 社区治理政策及其实践

(一)社区治理的发展及其指导原则

英国是世界上最早进入城市化的国家之一,相较而言,其社区治理的经验十分丰富,总体上比较有效地发挥了服务居民、稳定社会的作用。

英国的社区治理是社会管理的重要组成部分,同时随着社会管理的不断发展和成熟而逐渐发展完善。社区治理最早始于19世纪的"定居点运动"。19世纪,城市化和工业化带来繁荣的同时,也造成了贫困人口不断增加,同时,没有受过教育的儿童和成人犯罪率逐渐上升。为解决这一问题,1884年,英国的中产阶级改革派建立了"汤因比馆",即第一个为贫困人口提供社会服务的定居点,为后者提供食物、住房和基础教育。汤因比馆的影响逐渐扩大,越来越多的慈善家和社会活动家开始参与这一运动,从而逐渐形成了一些社区中心和邻里中心,为后来的社区治理奠定了基础。

此后,英国开始在其海外殖民地推行社区发展计划,其范围遍及各大洲。其中,社区发展计划在非洲的推行开始于1939年。英国在海外的社区发展计划走过了一条"农村包围城镇"的道路,首先从教育领域入手,再扩展到经济社会的其他领域。这一计划对于英国海外殖民地的社会变迁和经济增长起到了一定作用。1960年前后,《西伯曼报告》建议将社区服务纳入社会管理体系,英国政府开始在本土大规模推行社区发展计划。1968年至20世纪70年代后期被称为"社区治理发展的黄金时代"。从20世纪80年代开始,随着英国政府逐步削弱国家在社会管理中的职责,社区治理得到了进一步发展。1997年上台执政的工党政府提出重构国家和社会的关系,使得社区治理在20世纪末和21世纪初进入了全面发展时期。不仅社区服务的专业化和职业化程度越来越高,社区服务涵盖的范围也越来越广,其参与主体也越来越多。

1998年,工党政府与志愿组织和民间组织(所谓"第三部门")签署了《英格兰和威尔士地区政府与志愿及社区组织合作框架协议》,在政府与社区组织和志愿组织之间建立了合作伙伴关系。该协议虽不具法律效力,但它为地方政府与民间组织在社区治理方面开展合作确立了指导原则。这种伙伴关系的建立在很大程度上由地方政府主导,同时注重发挥民间组织的积极性和能动性,注重政府与社会之间的平衡。

在2010年的竞选中,保守党提出了"大社会,小政府"理念。联合政府成立后,立刻着手推行"大社会计划"。在就职不久后发表的一次演说中,卡梅伦提出了其"大社会计划"的具体内容,主要包括:①培训新一代社区组织者,让其协助建立基层公民社会组织;②扩大社区公民社会在本地规划问题上的话语权,给予社区更多的自主权;③鼓励公众志愿参与社会活动,并设立全国性的"大社会日";④要求各级政府公务人员定期参与社区活动,并以此作为公务员考评的重要内容之一;⑤推行"国家公民服务计划",鼓励青少年参与社会服务;⑥支持非政府组织和社会企业更多参与公共服务管理;⑦通过"新信息权计划",确保政府信息公开;⑧向社会组织购买公共服务,但要求社会组织在履行公共服务合同时,必须致力于改善社区的社会、经济与环境状况。

总体来看,英国社区治理的原则是,政府通过加大社会政策的力度来实现社区发展目标,但政府的主要作用是提供政策支持和进行政策监督,

英 国

在提供社区公共服务方面发挥主导作用的是社会企业。英国的社区治理是一个由政府、居民自治组织、公民社会、志愿组织、私人机构、公司和个人共同参与的网络。

（二）社区治理模式及特点

由于英国社区的自治程度非常高，且主要目的是为了满足社区居民的需求，因此，不同社区的自治模式并不完全相同，但还是有一些共同特征。第一，各个社区一般都有一个社区中心，由社区自筹款项建成，是社区委员会的办公处所和社区居民商讨社区事务的场所，同时为社区举办各类活动提供场所。若使用社区中心举办一些活动，如社区成员在社区中心举办培训班，则需交纳一定的费用。第二，社区每年至少召开一次社区大会，选举下一届社区委员会，由其管理社区的共同事务。社区委员会经选举产生一名主席，其职责包括管理社区中心，为社区筹款（向政府和当地的社会组织或企业申请捐赠和资助，社区本身也通过商业经营等方式获取一定资金），制订社区发展战略计划、规划，开展新的社区项目、社区日常管理等。此外，社区委员会主席还可以担任社区中心的协调人员，并向社区中心的使用者提供支持和建议。社区委员会的另一位常设工作人员是财务管理员，经由选举产生，负责社区资金的管理。有些社区还设有社区委员会副主席，一般是拥有专业技术的人员。第三，社区委员会的其他成员均为志愿者，志愿者委员的人数在每个社区并不相同。社区的志愿者培训一般在本社区完成，由社区委员会主席负责联系。这些志愿者为社区居民提供服务，在社区内组织活动，维持社区中心正常运转。有些社区还有社区商店，也依靠志愿者经营。

英国的社区治理主要有以下几个特点：第一，社区主体多元化。在社区治理方面，政府主要负责政策制定和监督，以及提供资金支持，但很少直接提供服务。在提供服务方面则是由公民、企业、非政府组织等多元主体共同承担。第二，鼓励社会企业（即从事公益性事业的企业）参与社区治理，政府在政策方面会对此类企业有所倾斜，例如在政府采购方面。第三，在社区治理方面实行市场化运作，即由政府出资购买私营机构和非政府组织的服务，通过市场方式实现公共服务目标。

（三）社区服务的主要内容

英国的社区服务主要包括以下几项内容：

1. 社区公共安全服务

为维护社区安全，减少社区犯罪和反社会行为，英国推出了睦邻警察服务、邻里守望项目和社区矫正制度等社区服务项目。睦邻警察服务是由正规警员、特别警员、社区支援员、睦邻监察员等组成混合小组，负责维护社区治安、制止犯罪、建立积极合作的警民关系和社区警务工作模式。在睦邻警察服务中，警察当局、地方议会、企业、居民和社区组织密切合作，既使警员与所服务的社区建立了长久的互信关系，有利于问责和服务，又给予了合作伙伴和当地居民足够的机会表达意见并实际参与安全维护，在社区公共安全等方面发挥了积极作用。邻里守望项目是指几个社区的居民联合起来预防犯罪、改进当地治安状况。在英国，第一个邻里守望项目于1982年在莫林顿柴郡建立，到2013年已发展到8万多个，覆盖了40余万个家庭，平均不到6户就有1户是邻里守望项目的成员。邻里守望项目对于预防犯罪的效果在很大程度上取决于项目本身的措施是否具体、有效和持久。邻里守望项目最有价值的效果在于，它普遍减轻了居民对犯罪的恐惧，提高了社区安全感。该项目还有利于警察与公众的联系与合作、增强社区内部的协作与凝聚力、改进社区安全状况、促进社区居民生活质量的总体提高。此外，英国还建立了一套完善的社区矫正制度，确立了保护公众的安全和利益、矫正和适当惩罚相结合、注重犯罪对受害者的伤害和影响、使罪犯重新回归社会等矫正原则，在社区对罪犯进行有效的教育改造，以实现罪刑相适应、保护公众、减少再次犯罪的概率和维护社会稳定的目的。

2. 公共住房保障服务

英国工党政府曾推行了一项"可持续社区：所有人的家园"的计划，耗资380亿英镑，目标是实现人人拥有一个"体面的家"。所谓"体面的家"，即水电、交通和教育等社区配套服务设施齐全，离工作场所较近的住所。为达到这一目标，政府重视社会性保障住房的供应和补贴，通过多种方式解决无家可归者和中低收入家庭的住房保障问题。对于各类住房保

英 国

障群体的认定,各个城市都有一套严格的程序,通过收入、养老金、保险金、税收等各种账户记录,结合家庭人口、自身健康状况等多种指标进行综合评定并最终确定住房保障的标准。除鼓励租住企业等私人机构提供的住房外,英国政府还重视发挥金融机构、社会组织和居民的力量改善住房保障。其主要措施包括:第一,对住房抵押贷款实行免税政策,鼓励银行等金融机构为居民购房提供优惠支持。第二,大力扶持互助性质的住房金融互助会,帮助其进入个人住房抵押市场,互助会的盈利再通过某种方式返还给存款人和借款人,以缓解居民的购房贷款压力。第三,扶植非营利性质的住房协会,强调由其提供低成本社会住房,以取代地方政府的住宅所有权和管理权。第四,推行一项"居民、家园和繁荣"的计划,强调不同阶层的居民混合居住,各类住房合理搭配,反对建高级社区,避免形成事实上的贫民窟,并以高效的社区管理和整洁、安全、更加美化的居住环境作为各方努力的共同目标。

3. 社区医疗卫生服务

1948年7月实施的《国民医疗保健法》规定,地方政府将医院交给卫生部门管理,它只负责公共卫生和社区卫生服务。社区卫生服务的内容很广,主要包括妇幼保健服务、家庭看护、巡回医疗、防疫注射、病人运送、残疾人服务以及早产儿护理等。1974年进行的医疗体制改革,结束了原来由地方政府官员直接管理社区医疗服务的局面,改由医院和地方政府共同参与的"联合咨询委员会"负责,委员会设有专职社区医生,负责对社区医疗进行规划和评估,研究对社区医疗服务的需求并设法予以满足。委员会的主要工作是提供预防性卫生服务,包括组织健康教育、开展卫生检查、提供防疫服务、管理妇幼医务所,以及负责学校的医疗服务等。

妇幼保健的目标是减少婴儿死亡率,改善儿童健康状况。在各个社区都建有提供产前、产后及婴儿服务的诊所。孕妇可以得到产前检查服务,获得产、育方面的咨询和辅导。选择在家分娩的产妇,则由社区诊所提供相应服务。婴儿服务诊所则为婴儿做常规检查,提供一般性咨询及防疫服务。这些诊所还派有经验的护理人员对早产儿提供特殊护理。由政府补贴提供的牛奶及维生素等也由婴儿诊所发放。

近年来,社区卫生服务与全科医生初级医疗服务的整合趋势有明显发展,其主要形式是在社区建立医疗中心,由社区工作者和全科医生进入中心共同工作。国民医疗服务体系建立之初,由于人力资源不足,特别是当时医生仍倾向于传统的独立执业,故医疗中心未能普及。后来医疗中心的优势慢慢为全科医生所认识,到20世纪90年代初,全国的全科医生约有1/3不再独立执业,而是通过医疗中心开展业务。社区建立医疗中心,使全科医生与社区医疗工作紧密结合,既有利于改善社区医疗状况,也有利于全科医生开展工作。

除医疗服务之外,健康教育、计划生育等也是社区医疗服务的重要项目。此外,社区还就环境卫生问题与地方政府进行协调,对排水、污水与垃圾处理等公共卫生事宜提出建议。社区医疗服务的另一项重要内容是学校卫生服务。尽管每个学生都在全科医生的诊所注册,享受相应的医疗服务,但社区还通过学校提供防疫医疗。校医及护士定期对学生进行健康检查,与学生家长讨论孩子的健康问题,提供疫苗接种。学校卫生服务还有一个重要内容是观测学生群体的健康状况,特别是对营养不良、视力减弱、听力减退等进行监测。

英国的社区医疗服务贴近居民,便捷、经济、持续、有效,在疾病治疗和预防保健方面发挥了重要作用。政府向私人性质的全科医生和全科诊所购买基本医疗和保健服务的做法,体现了供应者与购买者分离、资金与患者挂钩的思想,既较好地兼顾了医疗服务的公平性和普遍性,又使社区医疗服务的提供保持了一定的竞争因素。

4. 社区个人社会服务(社区照顾)

社区照顾最早出现于20世纪50年代,最初是针对住院式照顾提出来的。"住院式照顾"是指,对无依无靠的老年人和有心理残障、精神残疾的人员实施住院式照顾,即国家通过兴办大型福利院,并出巨资聘用专职工作人员集中供养和照料这些老人和精神病患者。但随着时间的推移,这种方式带来的一些弊端开始显现,特别是它给政府带来了巨大的财政压力,同时产生了一些"非人性化"的后果,例如,被照顾人群远离了正

英 国

常的生活环境，与世隔绝。因此，很多人呼吁"让住院者回归社区"，使服务对象尽量在家里或者社区正常生活。在这种情况下，英国政府开始倡导社区照顾，放弃集中式照顾的思路，鼓励基层社区发挥功能，对无依无靠的老年人及精神残障者予以照顾。在这种背景下，"社区照顾"概念应运而生。1987年，英国政府发表《公众照顾》白皮书，提出"社区照顾是指为那些年长、有精神疾病或智力残障的人提供服务与支持，使他们尽可能在家庭或家庭所在的社区独立生活"。在这一原则指导下，英国的个人社会服务开始从住院式照顾转向社区照顾。

英国的社区照顾主要有以下两种形式。

(1) 老年人照顾。随着人口老龄化现象日益严重，老龄人口所占的比例越来越高，社区照顾也逐渐成为一种新型养老方式。社区主要为老年人提供以下几种服务。

第一，生活照料（照顾饮食起居、打扫卫生、代为购物等）。生活照料又分为居家服务、家庭照顾、老年公寓和托老所四种形式。居家服务是对居住在自己家中、有部分生活能力，但又不能完全自理的老年人提供的一种服务，具体包括上门送饭、做饭、打扫居室、洗澡、理发、购物、陪同去医院等项目。这些服务或免费，或收费低廉，收费标准一般由地方政府决定，在老年人能够承担的范围之内，不足部分由政府支付。家庭照顾是指生活不能自理、卧病在床的老年人在家接受亲属全方位照顾的一种养老形式。政府向其发放与住院照顾相同的补贴，这样，家属在照顾老年人时就有了一定的经济保证，从而使得老年人可以生活在亲人的照顾与关怀之中。老年公寓是对社区内有生活自理能力但身边无人照顾的老年夫妇或单身老年人提供的一种照顾方式。老年公寓一般由两居室组成，生活设施齐全。公寓内还设有"生命线"，一旦老年人感到不适，只要拉动"生命线"就可获得救助。老年公寓收费低廉，但数量有限。托老所包括暂托所和老人院两种。因家人临时外出或度假而无人照料的老年人可到暂托所，由工作人员代为照顾，时间从几小时到几天不等，最长一般不超过1个月。而那些生活不能自理又无人照顾的老年人则可入住老人院，老人院就设置在各个社区之中，这样老年人就不必离开他们所熟悉的生活环境。

2013年英国各地约有600多个托老所，可提供3万多个位置。

第二，物质支援（提供餐饮、安装设施、减免税收等）。例如，地方政府或志愿者组织用专车为老年人提供餐饮服务，将其直接送到老年人家中和各托老所、老年人俱乐部。为帮助老年人在家独立生活，地方政府还负责为他们安装楼梯、浴室、厕所等处的扶手，设置无台阶通道和电器、暖气设备等设施，以及改建厨房和房门等。政府对65岁以上的纳税人给予适当的纳税补贴，住房税也相应减少。66岁以上的老年人可以享受国内旅游车船票减免的权利，电费、收视费、电话费和冬季取暖费也有优惠。

第三，心理支持（治病、护理、传授养生之道等）。如保健医生上门为老年人看病，免处方费；保健工作者上门为老年人传授养生之道，如保暖、防止瘫痪、营养知识及预防疾病等，每年约有60万名老年人接受此类访问。此外还有家庭护士上门为老年人提供护理、换药、洗澡等服务。政府还规定要为老年人提供视力、听力、牙齿、精神等方面的特殊服务。

第四，整体关怀（改善生活环境、动员一切资源帮助老年人等）。如由政府出资兴办具有综合服务功能的社区活动中心，为老年人提供一个进行娱乐和社交的场所。行动不便的老年人则由中心定期派专车接送。同时，为帮助老年人摆脱孤独，促进心智健康，适当增加老年人的收入，社区还为老年人提供力所能及的钟点工作场所——老年人工作室，每天工作2个小时左右。另外，也有一些志愿工作可供老年人参与。2013年，英国约有20%的老年人参加了各类志愿者组织。英国各个社区经常举办各种联谊会，志愿者还组织起来与老年人交朋友，利用休息日和他们聊天，开车带他们去郊游，或请他们到家中来喝茶等，为老年人的生活增添乐趣。地方政府每年还帮助大约36000名老年人外出度假。

（2）智障者照顾。除老年人之外，成年智障者也是社区照顾的主要服务对象。英国智障者的社区照顾由中央政府和地方政府共同出资。少数成年重度智障者住在由中央政府提供的医院，并在医院接受照顾。大部分

智障者住在社区，可以选择一般公寓独立居住或有工作人员进行照顾，住宅由地方政府与相关志愿组织共同提供。他们也可以选择有支持性服务的团体之家，与其他智障者住在一起，每个"家庭"有1~6人，依障碍程度有相应的工作人员予以照顾；他们也可以住在自己家中，绝大多数儿童智障者与父母同住，有不少成年智障者也与父母同住。住在家中的智障者可得到政府一定额度的补贴。不管采取哪种社区居住形式，智障者都可得到来自专业团队的照顾：家庭医生和护士经常探访并提供居家护理，心理师、语言治疗师、物理治疗师和职能治疗师也提供相应的服务。智障者及其家庭还可享有其他社区服务，如家政服务、日间服务等，并按相关规定支付少量费用。

英国的社区照顾在财政支持方面以政府为主，很多服务设施都由政府资助，社区、家庭和个人的支出很少。20世纪80年代以来，英国政府开始强调社会福利的分散化和增加私营化成分，推行社区福利多元化，支持融合了保险、收费服务、无偿服务等多种类型的多元服务，推动非政府组织共同参与，以充分调动社会资源。政府虽然不再直接提供服务，但仍在社会服务中发挥重要作用，这主要体现在对社会服务组织提供资助和补贴，以及免税优惠。提供个人社会服务的志愿组织获得政府资助的金额占其全部收入的50%。

第六节　环境保护

一　问题的提出与初步治理

（一）工业革命后的环境污染问题与初步治理措施

英国是世界上第一个发生工业革命的国家，但工业革命在给英国带来巨大财富以及世界霸权的同时，也产生了始料未及的严重后果。到19世纪时，英国已经饱受环境污染之苦，特别是水污染和空气污染，以及由此导致的多种传染病的流行和蔓延，而作为首都以及工业革命最大受益者的伦敦首当其冲。

英国著名小说家狄更斯一生创作了 14 部长篇小说,除《艰难时代》之外,其他 13 部小说均以伦敦为主要背景,他的很多小说中都生动地描绘了伦敦当时的环境污染之严重。例如,他最为中国读者所熟悉的小说《雾都孤儿》,标题便已点出了伦敦的受污染状态。再如,在《老古玩店》中,狄更斯写到,那里高耸的烟囱一个挨着一个,喷射出含有瘟疫性的浓烟,使阴沉的空气变得更加污浊,毁坏了一切有生命和无生命的东西。更不用说,在《董贝父子》中,他 5 次描述了被浓雾包围的伦敦,指出浓雾成了这个工业化过于迅速的都市的象征。而在《艰难时代》中,狄更斯则描述了兰开夏郡焦煤镇的污染情况:煤烟的污染使得这座城镇处处呈现出"一片不自然的红色与黑色,像生番所涂抹的花脸一般","到处都是机器和高耸的烟囱,无穷无尽长蛇似的浓烟,一直不停地从烟囱冒出来"。

伦敦(包括英格兰其他城市)当时的环境污染情况之所以如此严重,与其地理位置不无关系。英国是个岛国,又处于西风带,气候温和,多降雨。每到秋冬季节,来自于海洋的暖气团与岛屿上空的冷气团相遇,再加上北大西洋温度较高的水流与大不列颠群岛温度较低的水流接触,从而形成了浓雾,笼罩着英国上空。而实行工业革命之后,伦敦处处林立的烟囱又不加控制地向外排放大量含有各种化学成分的浓烟,两者结合起来便形成了"烟雾"。特别是煤在工业生产中大量使用:1816 年时,英国煤的产量仅为 1600 万吨,而到 1900 年,煤的产量高达 18900 万吨,再加上当时煤的质量又不是特别好,同时缺乏足够的净化设施,因而使得大量烟尘、二氧化硫、二氧化碳、二氧化氮和其他污染物被排放到空中。与环境污染相伴的是多种传染病的流行。烟雾中毒事件以及各种呼吸道疾病十分常见,特别是肺结核、支气管炎、肺炎和气喘等,成为威胁人们健康乃至生命的严重的公共卫生问题,加之当时的医疗知识和医疗手段都还很有限,有很多人因为环境问题而被夺去了生命。19 世纪 50 年代,英国首次出现了酸雨。酸雨是由硫和氮等化学物质形成的,对土壤、森林、建筑物以及水生物和人类健康都会产生不同程度的影响;而在 1873 年、1880 年和 1892 年,英国连续发生多起由燃煤导致的毒雾事

件，造成1800人死亡。

除空气污染以外，水污染尤其是河流污染是另外一个严重的环境问题。工业化的进一步发展导致工业污水越来越多，诸如印染业、造纸业、毛纺织业等产业不断发展壮大，而这些工厂则将含有铅、碱和硫等各种化学原料甚至是有毒原料的工业废水直接排入河流，不仅大大降低了河水质量，而且严重威胁着人们的身体健康。1832年3月，霍乱在英国蔓延，到1866年，先后共有4次霍乱"侵袭"英国，其原因与水污染是分不开的。1878年，"爱丽丝公子号"游船在泰晤士河上的一条下水道口沉没，有640人死亡，其中绝大多数人并非溺水而亡，而是因为河水污染中毒而死。

除伦敦以外，诸如曼彻斯特、格拉斯哥、布里斯托尔等其他工业城市也未能幸免于难。伦敦"雾都"的称号已是世人皆知，当时的爱丁堡则被称为"老烟城"。可以毫不夸张地说，英国工业革命的确取得了辉煌的成就，却让英国付出了环境污染的沉重代价，因此英国不得不走上了一条艰苦而漫长的"先污染、后治理"的道路。从19世纪后半期开始，英国政府和公众逐渐意识到治理环境污染的迫切性，也逐渐认识到环境污染与工业化、城市化等诸多复杂问题的相关性，因此相继出台了一系列立法和相关措施，如1860~1875年颁布了一系列关于食品标准、环境卫生、健康和居住条件的法令，1890年关于解决工人住房问题的法律，1909年的《住房与城市规划法》等。

（二）1952年的伦敦烟雾事件及相应的治理措施

治理污染是一项十分艰难的工程，不仅耗资巨大，而且旷日持久，不可能收到立竿见影的效果，其间更有可能出现反复。

尽管如上所述，英国政府在19世纪下半期开始已经认识到了环境污染造成的严重危害，并且开始着手进行治理，但直到第二次世界大战之后，英国的环境问题仍很严重，终于导致了1952年的伦敦烟雾事件。

由于工业生产和居民生活中大量使用煤炭，导致烟尘长期超量排放，使得烟雾频频发生，日积月累，终致在1952年12月初发生了震惊世界的伦敦烟雾事件，这被认为是迄今为止人类历史上最为严重的一次恶性空气污染事件。从 12 月 5 日开始，伦敦连续 4 天被浓雾笼罩，雾气与烟尘和其他污染物混合在一起，空气中的总悬浮颗粒物平均含量和二氧化硫平均含量分别超出了世界卫生组织标准的 5～19 倍和 12～23 倍。不仅大批航班被迫取消、水路交通几近瘫痪、公路拥堵不堪，而且工厂和家庭壁炉排放的污染物使空气中的有毒气体急剧增加，哮喘、肺结核、支气管炎等呼吸道疾病频发，几天之内就有大约 4000 人死亡，整个伦敦几乎陷入一种混乱的无序状态。

与此同时，泰晤士河的河水污染问题也几乎达到了顶点，鱼类几乎绝迹，只剩下了少量鳝鱼，因为只有它可以直接游到水面上呼吸，才得以幸存下来。至于泰晤士河里原本出产丰富的三文鱼，则早在 19 世纪四五十年代就已消亡殆尽。

自此之后，英国政府才痛下决心，迅速将环境治理提上议事日程。在英国议会的压力下，卫生部很快成立了由休·比弗（Hugh Beaver）担任主席的公共质询委员会，并于 1953 年 11 月完成了一份中期报告，即《比弗报告》。该报告指出，燃煤是伦敦空气污染的罪魁祸首，建议将净化空气作为国家的根本政策，并建议在未来 15 年内将所有人口稠密地区的烟尘至少减少 80%。在该报告的基础上，1956 年，英国出台了第一部现代意义上的环境治理法，即《清洁空气法》（Clean Air Act），其核心举措是控烟除尘，不仅要求企业在 7 年内全部安装无烟设备和除尘设施，而且要求家庭改造供热系统，使用其他能源代替燃煤。以此为开端，英国历届政府均高度重视治理环境污染和环境保护问题，相继出台了多项环境立法和相关措施，最终有效控制了空气污染问题。在治理空气污染的基础上，英国政府的环境保护政策也逐渐扩展到了各个领域。

二　主要措施和特点

（一）全面完备的立法体系

通过法律手段实现环境保护，是英国环境治理的一个重要特点。迄今为止，英国已经建立了完备和全面的环境立法体系。在治理空气污染方面，如上所述，英国 1956 年制定了《清洁空气法》，这也是世界上第一

英 国

部现代意义上的空气污染防治法，此后又于 1968 年和 1993 年对其进行了两次修订，重点在于控制烟尘，并在城区内设立无烟区。1972 年出台《工业环境健康和安全法》，规定所有企业必须采取措施避免有毒气体排入大气，否则将予以严厉惩处；1974 年的《空气污染控制法案》规定了工业燃料中硫含量的上限，并规定公众如对环境问题的任何方面有意见，均可向地方主管部门或国家相关部门提出申诉；1989 年的《烟雾污染管制法》，再次规定了控制烟尘的一些措施。

从 1990 年开始，英国政府开始制定总体环境规划和环境立法。同年出台了《环境保护法》（1999 年修订为《污染防治法》），规定在英国范围内的所有陆地或水域丢弃垃圾的任何行为均为犯罪。同时，英国政府开始定期发布《可持续发展战略》（Strategy for Sustainable Development），并在 1997 年的《可持续发展战略》中指出，今后环境保护将成为各项政策的核心。1995 年颁布了《环境法》，特别强调交通污染问题，试图通过跨部门之间的合作来降低一氧化氮等污染物的排放，以净化空气质量；同时，《环境法》还制定了"国家空气质量框架"。

针对交通、土壤、化学品、废物及其再利用、噪音、水资源、消费品和环境，以及农业与环境的关系等问题，英国均颁布了专门的立法予以规范，例如 1984 年的《道路交通条例》（2000 年修订为《交通法》）和 2003 年的《废物与排放交易法》等。随着时代的发展，能源问题显得愈益紧迫，提高能源利用效率、减少对传统能源的依赖也逐渐成为英国环境治理的重点。在这方面，英国政府先后出台了《家庭节能法》《气候变化与可持续能源法》《能源法》等，标志着英国环境污染立法体系已基本完备。2008 年 11 月，《气候变化法》（Climate Change Act）生效，英国因此成为首个以法律形式自主设定温室气体减排目标的国家，并确保其持续向低碳经济发展。

除全国性的立法之外，英国还制定了适用于不同地区的环境条例，如分别适用于英格兰、威尔士、苏格兰和北爱尔兰的《空气质量标准条例》，以及适用于英格兰和威尔士的《环境许可条例》等。另外，作为联合国和欧盟的成员国，英国也需遵守它们的相关公约和协定以及欧盟的相关立法。

作为立法的补充，英国政府又先后出台了不同形式的政策文件，例如白皮书和各种行动计划，从而使得英国形成了十分完备的环境政策体系。例如，2007年的《空气质量国家战略》（National Air Quality Strategy）、2011年的《自然环境政策白皮书》（Natural Environment Policy White Paper，规划了政府未来50年的环境政策），以及2012年的《国家规划政策框架》（National Planning Policy Framework）等。

（二）多层次管理体系

由于环境问题十分复杂，而且涉及的领域众多，很容易造成行政管理方面的多头管理和碎片化，一方面导致环境管理部门的设置过于繁多，不同部门之间的政策产生冲突，行政资源严重浪费，行政成本大大增加；另一方面容易造成有些领域无人管辖的情况，因此必须有完善的政府统筹监管体系予以综合管理和监督。

在这种思想指导下，英国政府对环境管理部门和机构进行了整合，这一点在20世纪90年代之后表现得尤为明显。在中央政府层面，由环境、食品和农村事务部对环境规划进行统筹管理，但具体工作由英国环境署负责。英国环境署成立于1996年，是环境、食品和农村事务部下属的一个"非部级公共机构"，它将在此之前分别由不同部门和机构管辖的环境保护及污染控制职能统一归于一个机构行使，整合了之前分散在国家河流管理署、废物管理与处理署、污染检察局以及国务大臣的部分职能，使得环境管理权得以集中化行使，包括空气污染、水污染、土壤污染及其综合防治等在内的几乎所有环境问题都由其负责管理，从而提高了综合行政管理效率。此外，英国政府还对各个政府部门的内部政策进行了统一规划，确保每个部门都能在各自的职责范围内将环境问题考虑在内，从而起到了以环境问题为纽带、将各个部门有机联系起来的效果，极大地改善了环境治理的效力。例如，1990年，英国政府提出建设"绿色政府"动议，要求各政府部门在政策制定和实施的过程中均须考虑到环境因素；2001年，英国政府启动"可持续政府计划"，要求政府各部门不仅要考虑环境保护问题，而且要将环境保护与经济和社会的可持续发展结合起来，从而将环

境保护规划又向前推进了一步。

工党政府实行权力下放之后,环境问题由地方政府管辖,即由苏格兰、威尔士和北爱尔兰各自负责环境事务的部门管辖。环境、食品和农村事务部大臣则负责英格兰地区的环境问题,同时负责协调对整个英国的环境情况进行评估和规划。根据1995年《环境法》,地方政府有义务根据本地区的情况制定环境规划,并负责实施环境规划中的相关措施,特别是与空气质量有关的措施。2005年颁布的《清洁睦邻与环境法》(Clean Neighbourhoods and Environment Act)又赋予地方政府处理垃圾以及其他与环境质量相关问题的权力。

(三) 税收调节手段

1967年,经济学界首次提出应由环境的破坏者承担经济损失;1972年,经济合作与发展组织环境委员会提出了"谁污染谁付费"的原则,欧洲国家随后纷纷开始征收环境税。在这种潮流下,英国政府也逐渐将税收调节等经济手段作为环境保护的重要政策工具,以期通过征收环境税等措施达到降低治理成本、提高环境治理效率的目标。但直到20世纪90年代中后期之后,特别是随着欧盟各项政策的出台,英国才逐渐完善了各项环境税。此后,其环境税的种类不断扩大,税收力度也日益增强。到2014年,英国的环境税主要有如下种类。

(1)垃圾填埋税。由于欧盟要求其成员国在2016年以前将垃圾填埋的比例从1996年的85%减少至35%,为满足这一要求,英国自1996年开始征收垃圾填埋税(可直接回收利用的垃圾免税),最初的税率为每吨7英镑,以后逐年上调,从2015年4月1日起其标准税率增加到每吨82.6英镑。

(2)车辆消费税。车辆消费税最初根据排气量征收,从2001年开始,改为按照每公里二氧化碳的排放量征税。二氧化碳排放量在每公里130克以下的汽车,第一年无须交税;而排量在255克以上的汽车则每年需要缴纳950英镑车辆消费税。此外,对于进入伦敦的大排量和重污染汽车还要征收额外的机动车环境税。

(3)航空旅客税。英国从1994年11月开始征收航空旅客税,其税率取决于乘客行程的距离和乘坐的舱位，且税率标准多次上调。

（4）燃油税，即对交通工具使用的燃油和其他燃料征收的税种，包括汽油、柴油、天然气等，其税率也是每年递增。

（5）购房出租环保税，即房屋业主必须先交纳一定数量的环保税之后才能将房屋出租，此项政策从2008年10月开始实施。英国政府的计划是到2016年前，所有新建房屋都能实现二氧化碳"零排放"。

（6）石方税。从2000年4月开始，对在英国陆地和水域范围内开采砂石者征收的税种，最初为每吨1.6英镑，从2010年4月起提高到每吨2英镑，其目的是减少砂石开采量，抑制水土流失。

（7）气候变化税。2001年，英国开始征收气候变化税，这在世界上尚属首例。根据这一政策，除居民用电和慈善团体以外，对所有企业和公共部门使用的燃料（包括天然气、固体燃料和液化石油气等）以及用电进行征税，征税标准根据能源的使用当量而不是碳排放量予以确定。在征税的同时，英国政府又制定了各项减税措施。2010年，英国财政部规定，如果企业能够如期完成减排目标，则可享受80%的气候税减免优惠。为了鼓励更多企业提高能效、减少温室气体排放，英国财政部还设立了面向企业的减排基金。与财政部签订减排协议的企业可申请一定数量的无息贷款，用于技术改造和设备更新等。此后，英国政府建立了碳排放交易机制，让企业以直接或间接参与的方式进行碳排放交易，以达到预定减排目标，企业也会因此获得经济效益。对于居民而言，政府允许个人通过可交易的温室气体排放许可证购买能源和用于旅行消费。

此外，英国还有诸如汽车购置税、钓鱼许可费等其他一些环境税费，这里就不一一介绍了。2014年，英国的环境税总收入达到445.85亿英镑，占当年国内生产总值的2.5%、税收总额的7.5%。

在上述税收政策的基础上，英国政府还出台了一系列税收优惠，如税收返还、加速折旧等措施，使环境税逐步从普遍征税转向只对有害于环境的行为征税。简言之，英国环境税采取的是税收约束、税收优惠和税收激励并重的综合治理方法，作为经济干预手段，税收措施对节能减排、改善环境质量起到了较为明显的效果。

英 国

三 气候变化政策及在国际谈判中的立场

(一) 气候变化政策总体目标

气候变化政策是环境保护政策的重要组成部分。随着人们对气候变化造成的后果认识越来越充分,气候变化政策也愈益成为环境保护政策的核心。而在应对气候变化方面,英国起到了"先锋"作用,它不仅是积极的倡导者和推动者,而且是身体力行的实践者。英国政府在应对气候变化方面曾先后推出多项具有开创性的举措。如前所述,它自 2001 年起率先征收气候税;它是世界上第一个将温室气体减排目标写进法律的国家,即以立法手段单方面为国内碳排放量设置限额,同时,它也是第一个给予"碳预算"以法律约束力的国家。

2008 年 11 月,《气候变化法》生效,以法律手段为英国设定了温室气候减排目标,为英国此后 50 年应对气候变化制订了具体计划和目标。《气候变化法》提出,英国气候变化政策的总体目标是,以 1990 年为基础,到 2020 年至少减少排放 34% 以上,到 2050 年减少 80% 以上。为实现该目标,《气候变化法》规定每 5 年为 1 个"碳预算"周期,2008~2012 年为第一个"碳预算"期,其目标是到 2012 年底减少排放至少 23%,而且,法律规定,除由于参与欧盟碳排放交易体系所需购买的碳排放信用之外,这一目标几乎全部需要通过内部减排实现。为此,英国政府于 2011 年 12 月发布了"碳计划"(Carbon Plan),详细阐明了针对交通、农业、工业、建筑业和能源部门等每个特定领域的具体目标和计划,其中特别强调低碳经济和能源领域的新技术手段。

(二) 气候变化政策决策与监督机制

2008 年 10 月,英国政府成立了能源与气候变化部,其宗旨是促进可再生能源工业的发展,同时应对气候变化带来的挑战。设立专门的政府部门处理气候问题,将其从环境部中分离出来,这在所有国家中都十分少见,也从一个侧面说明了英国政府致力于解决气候变化问题的决心。该部负责就与能源和气候变化相关的问题制定相应的战略和规划,向议会提交相关领域的立法动议,并就英国可能受到的气候变化影响进行风险评估,至少每5年提交一次评估报告。

作为立法部门和监督部门,英国议会除负责审批相关立法动议之外,还对政府部门提供的气候变化影响风险评估报告进行审议。议会设有专门的气候委员会。

此外,根据《气候变化法》,英国政府成立了气候变化委员会(Climate Change Committee, CCP)。它是一个独立法人机构,其领导机构包括由政府任命的1名主席和5~8名委员,其成员由气候科学和政策、经济学、企业竞争力与金融管理等各个领域的专家组成。该委员会的主要职责是向相关政府机构提供独立建议,进行相关的效益成本评价影响分析,监督减排项目的实施和目标的执行,并主持独立的气候变化研究和分析。特别是它需要在每年的6月30日之前就政府在实现碳预算与2050年目标方面取得的进展及其不足向议会提交一份年度报告,政府必须对进展报告中提出的问题予以回应。该委员会下设适应分委员会(Adaptation Sub-committee),对政府在适应机制方面的工作提出建议,并进行监督。

2009年9月,英国海军上将莫里赛提(Neil Morisetti)被任命为英国国防部、外交部和能源及气候变化部的气候与能源安全特使;2013年初,他又被任命为外交大臣威廉·黑格(William Hague)的"气候变化永久特别代表"。同年9月,大卫·金爵士(David King)接替了莫里赛提将军的职位。他们为推动全世界各个国家和行为体共同应对气候变化给全球安全和经济繁荣带来的风险和机遇做出了重要贡献。

(三)《国家安全战略》中的气候变化问题

英国政府高度重视气候变化问题,它是最早将气候变化提升到国家安全战略层面的国家之一。

1. 2008年《国家安全战略》中的气候变化问题

2008年3月,工党政府发表《国家安全战略:相互依赖世界中的安全》,这是英国自第二次世界大战以来发表的首份国家安全战略,阐明了冷战结束之后英国国家安全观念和安全战略的转变,也清楚地表明了英国的"气候安全观"。

报告认为,英国面临的各种安全威胁以及导致这些安全威胁的原因具

英 国

有相互依赖性,而气候变化及其对水、能源和粮食安全造成的相关影响,又将使其他各种威胁加倍,同时与导致安全威胁的其他原因相互作用,包括人口压力和疾病的传播。不断上升的海平面、正在消失的冰层,以及开辟新的海上通道,都将导致原有边界的改变,从而增加产生领土纠纷的风险;诸如洪水、干旱、暴风等极端天气频率与强度的增加,均将引发更频繁和更严重的人道主义危机,为地方、国家和国际机构带来额外压力;最后,不断上升的气温,再加上频繁的极端天气,均将加大水源供应的压力。而这些变化都将对英国造成直接影响,但它们对那些最不发达国家造成的影响要更加严重。因此,报告认为,气候变化也许是对全球稳定和安全造成最大威胁的潜在因素,对英国国家安全同样如此。消灭其源头、缓解其风险,并为其后果做好准备,不仅对于英国的未来安全而言至关重要,同时也对保护全球繁荣、避免人道主义灾难至关重要,这就使得国际社会更有责任采取集体行动。

该报告还针对每一项安全威胁提出了相应的措施。在应对气候变化方面,该报告提出的措施包括,对英国每个地区的气候变化情况及其影响进行详细分析,并在未来5年内投入1亿英镑,对气候变化的长期影响进行研究,包括气候变化与国际贫困的关系,以及气候变化对冲突和其他因素的影响等。此外还将致力于气候变化问题的国际合作。

2. 2010年《国家安全战略》

2010年7月,联合政府发表了《国家安全战略——不确定时代中的强大英国》,与该战略同时被公布的还有一份《战略防务与安全评估报告》(Strategic Defence and Security Review,拟每5年评估一次)。

在该报告中,气候变化被列入"紧急事件"这一范畴,主要表现为重大自然灾害。报告指出,尽管在未来5年内,该范畴内的所有风险(包括重大事故和自然灾害)将处于同等程度,但从更长远来看,随着气候的变化,发生某些自然灾害的可能性及其影响均很有可能增加。

这两份报告还指出,对于某些最脆弱的国家或地区而言,气候变化作为"威胁倍增器"的作用将越来越突出,它将加剧目前世界上业已存在的一些紧张和冲突。第一,由于气候资源将加剧对水、食品和能源等的争夺，从而加剧由贫困或资源匮乏造成的冲突、不稳定和国家失败。例如，联合国就曾经指出，气候因素是导致达尔富尔冲突的重要原因之一。第二，气候变化将导致流离失所人口的增加，而这部分人口不仅在国家内部流动，还在不同国家之间流动，从而加剧由非法移民而造成的风险。第三，英国的能源安全越来越依赖这些"脆弱"国家，从而使得英国的国家安全面临着更严峻的威胁。对英国的国家安全而言，气候变化造成的此种间接风险在特定情况下甚至比单纯的国内影响更加严重。

但从总体上看，相较于2008年的《国家安全战略》，2010年《国家安全战略》对气候变化与国家安全之间关系的阐述显然不如2008年的报告更详细和更深入。特别是在气候变化对于国内安全的威胁方面阐述得并不太多，也不够系统。

（四）专门性气候变化风险评估报告与气候变化适应计划

根据2008年《气候变化法》的要求，英国政府需要定期对气候变化风险进行评估，并每5年提交一份报告。

2012年1月，由英国政府出资委托独立团队完成的《英国气候变化风险评估证据报告》（UK Climate Change Risk Assessment 2012 Evidence Report）正式提交给了议会。针对该报告中提出的一些问题，英国政府还同时公布了《英国气候变化风险评估政府报告》（UK Climate Change Risk Assessment：Government Report）。

1. 《英国气候变化风险评估证据报告》

该报告长达488页，它以环境、粮食与农村事务部2009年发布的《英国气候预测》（UK Climate Projections）为基础，首次全面回顾了整个英国范围内未来气候变化可能给各个部门带来的风险与机遇。它为评估直到2100年英国气候变化所带来的风险与机遇提供了证据。

该报告在考察了多达700多种气候变化风险的基础上，详细探讨了100种潜在风险，并按照5个大的部门，即农业和林业、商业与服务、健康与福祉、建筑与基础设施，以及自然环境，对英国未来面临的气候风险与机遇进行了深入分析。该报告指出，上述所有部门都将受到气候变化的影响，而由气候变化造成的极端天气与恐怖主义、网络攻击和严重威胁人

英 国

类健康的风险（例如传染病）一样，是英国安全面临的重大风险，而某些易受气候变化影响的部门和群体面临的风险则更为严峻。

该报告中列出的一些最重要的发现包括：

（1）英国极易受到极端天气的影响，包括严寒、酷暑、水灾、暴风等。

（2）全球气候仍在发生变化，而气候变暖趋势将延续到22世纪。英国夏季的气温、冬季的降雨量，以及海平面的高度等都将受到影响。

（3）预计洪涝灾害发生的频率及其带来的相应损失将大幅度增加，必将影响人们的家园、社会中的脆弱群体以及诸如道路、交通等关键性基础设施。

（4）由于天气将更加炎热，将给人类健康带来潜在影响，再加上其他风险，将给国民医疗服务体系带来沉重负担。

（5）由于水文系统的变化、人口的增长，以及为维持良好生态系统而实施的管理要求，英国的水资源将面临更大压力。

（6）敏感的生态系统已经由于土地用途的变化而受到了威胁，未来的气候变化将对其产生更大的压力。

（7）对于世界上的其他国家和地区而言，发生潜在气候变化的风险比英国更大。但是，发生在世界上其他地方的气候变化风险同样会对英国的国家安全产生重大影响，其中包括对医疗卫生状况、政治稳定以及供应链的影响。

（8）气候变化带来的影响并非全部都是消极的，它也可以为英国带来机遇，特别是通过开发能够适应气候变化、改善可持续粮食与林业生产、更有效利用资源的产品与服务。

2.《英国气候变化风险评估政府报告》

《英国气候变化风险评估政府报告》是英国政府针对《英国气候变化风险评估证据报告》中的分析做出的回应，它不仅就《英国气候变化风险评估证据报告》中提出的问题阐明了自己的观点，而且阐述了英国政府为应对气候变化风险，目前正在采取和将来计划采取的一些行动。

该报告认为，理解气候及其变化对于英国经济发展至关重要，因为气候直接影响着人类生活的方方面面：经济、生态系统、粮食、水、健康、基础设施、贸易甚至休闲。该报告在分析了英国各个经济部门面临的风险和机遇之后，确定了英国需要进一步采取行动的关键领域，以及正在或即将采取的一些措施。第一，炎热的夏天将会显著增加健康风险。为此，卫生署推出了一项"热浪计划"，为易受炎热天气影响的人群提供建议与支持。第二，气候变化将加剧英国水资源供应的压力。鉴于此，英国环境、粮食与农村事务部于2011年就应对水资源供应短缺问题公布了一揽子应对措施。第三，英国各地发生洪灾的风险将显著增加。第四，英国全国的气温将继续上升，例如，到2080年，伦敦日温度高于26℃的天数将由2012年的18天增加到27~121天，这可能意味着将发生更多的疾病。第五，干旱增加，一些病虫害疾病会导致木材的产量减少、质量下降。英国政府为此发布了一项"树木与植物健康行动计划"，并承诺投入700万英镑用于植物疾病的进一步研究。

在强调上述风险的同时，该报告还强调了气候变化可能给英国带来的机遇，特别是以下3个方面：第一，北极航线的开发，北极海冰融化将引发新的集装箱航线的开辟，并使英国加强与亚太地区的贸易联系；第二，暖冬可能导致由于寒冷引发的疾病和死亡率大幅度下降；第三，由于气候变暖造成农作物生长期延长，未来的粮食产量可能因此得到增加。

以上述风险和机遇为基础，英国政府在该报告中提出了应对气候风险所需采取的5个重要步骤：第一，努力将重大气候变化产生的风险降至最低程度，这也正是英国政府致力于减少温室气体排放、与各个国际行为体进行合作的原因所在；第二，在积极采取行动的同时接受气候变化的事实，即尽管国际社会在努力减少温室气体排放，但目前和历史上的排放意味着一定程度的气候变暖是不可避免的，因此，英国需要为接受和适应气候变化做好准备；第三，进一步认识和理解英国容易受到气候变化的影响这一事实，近年来，在英国，极端天气造成了高昂的财政成本和重大经济与社会影响，这突出表明，英国经济与社会很容易受到极端天气的影响，而且，气候变化还有望加剧这一影响；第四，运用最好的科学和证据，理解英国可能面临的气候变化的程度，以及它们可能对英国的经济、环境和

社会带来的影响；第五，通过风险评估，评估目前以及将来，英国政府及社会可以采取哪些行动来增强经济、环境和社会所具备的弹性。

第二份《英国气候变化风险评估报告》将在2017年出台。

3. 气候变化适应计划

2008年的《气候变化法》除要求定期发布上述《英国气候变化风险评估报告》，还要求政府根据报告中提出的问题，每5年制定一份《国家适应计划》，以阐明政府的相应目标、建议和政策。

2013年7月，英国环境、粮食与农村事务部发布了《国家适应计划：增强应对气候变化的适应能力》（The National Adaptation Programme: Making the Country Resilient to a Changing Climate），阐述了政府、企业和社会为应对气候变化而应采取的措施。报告认为，有64%的英国企业受到了由极端天气导致的供应链方面的困扰，70%的大企业及其供应商认识到了气候变化造成的重大风险，但只有40%的企业采取了一定的措施。因此，英国政府呼吁各行各业都需及早采取应对措施。同时，气候变化也能够给企业带来机遇，但需要尽早做好准备。

《国家适应计划》以《英国气候变化风险评估报告》为基础，列举了在农业和林业、建筑与基础设施、企业、自然环境，以及医疗卫生五个关键领域所需要采取"紧急适应"措施的主要优先方面。该报告不仅阐明了政府目前已经采取的措施，也说明了未来的行动计划，并呼吁地方政府、企业、社区、个人等积极应对。

但该报告只涵盖英格兰地区，以及一部分权力没有下放的事务，苏格兰、威尔士和北爱尔兰三个地区将制订单独的气候适应计划。

此外，《国家适应计划》还附有一份《国家适应计划的经济学》，阐述了社会在适应性努力中的作用、气候变化提出的挑战及其成本和收益，以及气候变化对经济活动产生的影响，它还为未来应采取的措施提出了建议。

（五）在国际气候变化谈判中的立场及其影响因素

在国际层面，英国在使气候变化成为国际社会的主流议题方面发挥了不可替代的作用。特别是在2005年英国主办八国集团峰会期间，当时的首相布莱尔利用东道国身份积极推动将气候变化问题引入峰会议程,力促在会后签署的联合公报中纳入了涵盖气候变化、清洁能源与可持续发展的一项政治声明和一项行动纲领,这在八国集团的历史上是第一次。同样,联合国安理会以前也从未专门讨论过气候变化问题,正是英国在2007年担任安理会轮值主席国期间,大力推动安理会就"能源、安全与气候"议题展开辩论,从而开了安理会讨论气候问题的先河,并由此引起了各个国家对气候变化与安全之间关系的重视。此后,英国政府不遗余力地利用各种场合推动国际社会重视这一问题,例如在2013年上半年担任八国集团轮值主席国期间,就将气候变化与安全问题作为讨论议题之一。

英国在国际气候变化谈判中主要有以下主张与诉求。

(1) 主张提高减排标准,并力促通过欧盟实现这一诉求。在国际气候变化谈判中,英国主要以《联合国气候变化框架公约》为基本框架。在该机制下,英国是与其他27个成员国一道作为欧盟的一部分参加谈判。而且,在正式谈判之前,欧盟28个成员国首先要就共同立场达成一致。因此,英国力求以欧盟作为推动全球气候变化政策的主要平台,并在这一过程中发挥领导作用。在减排领域,英国一直主张欧盟进一步提高减少温室气候排放的比例,即在原来提出的到2020年比1990年减少20%的基础上,无条件提高到30%。

(2) 主张扩大参与减排国家的范围,不仅要求其他发达国家承诺大幅减排,同时坚持发展中国家承担义务和遵守"三可"(可衡量、可报告、可核实)机制。

英国认为,《京都议定书》第一阶段承诺期已经结束,但有关国家的减排效果并不理想,因此,英国提出扩大减排范围,认为应尽可能将温室气体排放大国纳入未来的气候协议,特别是主张排放大国和发展中大国应共同参与全球减排。它建议,发展中国家作为一个整体,中期(2020年)应将排放量在常规情景(BAU)水平的基础上减少15%~30%。同时,英国还坚持发展中国家应遵守"三可"机制,并提出了一项全面的监测、汇报与核查(MRV)方案。但它同时提出,所有国家均应就减排做出承

英 国

诺并不等同于所有国家均须做出同样的承诺，而是依照各自不同的经济状况和发展阶段承担不同责任。

（3）力主达成一项具有法律约束力的全球气候变化协议。尽管美国、日本、加拿大和俄罗斯等国曾表示不会加入《京都议定书》第二承诺期，而且，在 2015 年底巴黎大会召开之前，西方国家普遍面临着债务危机的困扰，再加上中东、北非部分国家的政局不稳，这些问题对全球气候谈判的实质性进展造成了一定影响。但是，英国为在巴黎气候变化大会达成一项具有法律约束力的全球气候变化协议付出了诸多努力，并与其他国家一道促成了《巴黎协定》的通过。

（4）为发展中国家提供资金支持，并向其输出低碳经济理念。在经济衰退的情况下，英国仍然支持联合国公布的有关资金支持的建议，特别是承诺为发展中国家提供绿色基金，并承诺 2010~2013 年向发展中国家提供 15 亿英镑的快速启动资金，以帮助它们减少气候变化对经济的影响，并朝低碳经济的方向发展，同时将低碳经济价值理念输出到以中国为首的发展中国家。此外，英国政府还出资设立了国际气候基金（International Climate Fund，ICF）。作为一项官方发展援助基金，其目的在于帮助发展中国家应对气候变化，并减少贫困。2011 年 4 月至 2015 年 3 月，英国政府通过该项基金提供了 29 亿英镑的国际气候变化资助。

（5）推动能源市场的开放。20 世纪 80 年代以来，英国国内的能源市场相继实现开放，它是所有欧盟国家中能源市场自由化程度最高的成员国。英国也在力主欧盟实现能源市场的开放和自由化，并希望将这一理念进一步推广到全世界。

（6）坚定支持欧盟的航空碳税计划。早在 2005 年担任欧盟轮值主席国期间，英国就明确支持将国际航空运输纳入欧盟碳排放交易体系。欧盟委员会的决定正式出台后，英国表示坚决支持这一决定，并提出警告说，不遵守这一决定的国际航空公司将受到英国的制裁。此外，2008 年生效的《气候变化法》还规定，英国将在 2012 年底之前将国际航空与航海运输纳入本国的"碳预算"之中。但由于种种原因，截至 2015 年底，这一计划并未得到执行。

英国之所以有上述诉求，其原因是多方面的，既有人文地理环境方面的原因，也有增强综合经济实力和科技创新能力的需要；既有对能源安全的考虑，也有国际政治方面的一些诉求。

　　第一，在人文地理环境方面，英国是个岛国，与欧洲大陆国家相比，受气候变化的影响相对较大。此外，英国作为世界上最早的工业化国家，曾长期受到空气污染的困扰，"伦敦雾"几乎曾是世人皆知的问题。最后，英国人口只占全世界总人口的1%，其资源消耗和碳排放比例却在2%左右，这些都是促成英国政府不遗余力推动国际社会应对气候变化问题的原因。

　　第二，增强综合经济实力与科技创新能力的需要。金融危机爆发以来，尽管面临着削减赤字的严峻挑战，英国政府反而加大了对低碳经济部门的投入。这主要是因为，从短期来看，为了摆脱危机、刺激经济复苏，必须找到新的经济增长点，而以发展新能源和鼓励科技创新为重要特征的"低碳经济"不仅符合对节能和新能源技术的迫切要求，还将产生强大的生产需求，从而最终成为英国经济复苏的重要突破口。而从长期来看，在经济结构方面，服务业占英国经济总量的比例已经达到2/3，进一步实现产业结构优化的空间极为有限，因此，低碳经济是使英国成功转变经济结构的必经之路。这既符合世界经济发展模式转变的趋势，也有助于英国企业在低碳产业中占据先机，进而提升整个国家的核心竞争力。从科技创新能力方面来看，英国在可再生能源、新型低碳技术和绿色产业等领域拥有较强的竞争优势，并且已经积累了丰富的实践经验，这是其向低碳经济方向发展的必备基础。

　　第三，能源安全问题。英国注重将能源政策与气候政策结合起来，并基于能源安全的角度来考虑应对气候变化问题，这是其气候政策的重要特点之一。原因在于，随着北海石油和天然气的产出持续下降，英国对国际能源市场的依赖性越来越高，预计到2020年，其对进口石油的依赖将达到45%～60%，对天然气进口的依赖将达到70%（或更高），也就是英国届时将成为能源净进口国。而另一方面，国际能源价格不断上涨，且有可能面临更加不稳定的状况，特别是由于中东、北非的地区形势，从而对英

371

国的能源安全造成威胁。因此，确保能源供应的稳定性和可靠性，是决定英国气候政策的出发点之一。

第四，国际政治方面的诉求。英国曾经是世界上盛极一时的霸权国家，但它离昔日的辉煌已经越来越远。然而，它一直在寻找机会提高自身国际地位，增强在国际社会的话语权。前些年，美国小布什政府在气候问题上采取消极态度，从而为英国提供了通过在气候变化问题上发挥主导权来实现其政治诉求的契机。因此，英国日渐成为全球应对气候变化的主要推动者和国际气候政治领域的主导者之一。特别是低碳经济理念的提出，有助于英国在国际上塑造良好的道德形象，并对发展中国家起到一定的示范作用。不过，奥巴马政府气候新政的出台也给英国带来了很大的压力，为此，英国力图通过进一步加强气候领域的行动，显示其在气候领域乃至更广泛的国际舞台上的力量，同时借此重塑全球政治经济体系。而《气候变化法》的生效则成功增强了英国在气候变化谈判中的分量，进一步巩固了其在全球应对气候变化行动中的领先地位。

第五，从国内政治基础来看，在应对气候变化问题上，英国各党派、各团体之间形成了空前的一致性，从公共部门、企业到公民，均支持政府大力推动国际气候行动。因此，英国国内已经形成了一种良好的共识，这种共识是英国在国际舞台上进一步推动气候行动的坚实基础。

四 环境治理的成效及存在问题

（一）环境治理的成效

经过几十年的努力，英国的环境治理取得了很大的成效，这一点首先体现在空气质量方面。

众所周知，在英国，以伦敦为首的一些大城市曾是空气污染的"重灾区"。自1952年伦敦烟雾事件之后，英国政府下大力量治理空气污染。到1960年，伦敦的二氧化硫和黑烟浓度分别下降了20.9%和43.6%，取得了初步成效；到1976年，整个城市的空气质量得到了明显改观，雾霾天数从每年几十天减少到了15天；1980年进一步减少到5天；同期，二氧化硫和黑烟的浓度大幅度减少，降幅超过80%。而就整个英国而言，仅在1960～1986年，二氧化碳的总排放量与烟尘的平均浓度就减少了85%之多；1970年以来，各个城市二氧化硫的平均含量降幅超过40%；到20世纪90年代末又减少了30%；到了21世纪，与20世纪50年代相比，伦敦的空气质量更是发生了翻天覆地的变化，二氧化硫和黑烟不再是主要污染物，而是二氧化氮和PM10，即主要来自于机动车尾气排放产生的污染物。低层空气中的黑烟污染已经有93%得到了控制，酸雨的危害几乎不复存在。今天的伦敦早已不再是烟雾弥漫的"雾都"，英国其他大城市的空气污染也得到了很好的控制，阳光已不再是"奢侈品"。

英国整体空气质量的改善在很大程度上来源于能源结构的巨大变化。在1965年的燃料构成中，煤炭的比例为27%，电和清洁气体燃料占24%，燃油为43%；到1980年，只有远郊区的工厂还在使用煤炭，其比例进一步减少到5%，而电和清洁气体的比例提高到了51%；到20世纪末时，煤炭占能源消耗总量的比例从1948年的90%下降到了17%，而天然气的比例则从0上升到了36%；2013年时增加到了38%。与此同时，英国政府大力发展新能源和低碳经济。2003年，英国政府在全世界首次提出"低碳经济"概念，并宣称将于2050年建成低碳社会；2009年，英国政府公布发展低碳经济国家战略蓝图，其核心举措之一即是大力发展新能源，其目标是到2020年，使可再生能源在能源供应中的比例达到15%，其中40%的电力将来自于低碳能源（30%来自于风能、波浪能和潮汐等各种可再生能源，10%来自于核能）；2013年时，英国的可再生能源在能源消耗总量中占到了5.6%的比例，而2000年时仅为1.2%。同期，英国的燃料消耗总量下降了10%以上。当然，要实现2020年的既定目标仍然任重道远。

在其他很多领域，英国的环境治理也取得了卓越成效。首先，温室气体排放量大幅减少。2013年，英国的温室气体排放量为643.1百万吨二氧化碳当量，与1990年相比减少了23.6%。其中，1991年时温室气体排放达到了峰值；而2009年是温室气体排放年度降幅最大的年份（比上一年减少了8.5%）。其次，人均消耗物质资源显著下降，从2000年的12.6吨下降到了2013年的9.2吨，与此同时，英国原材料的开采量减少了

38%。再次，森林和绿地覆盖面积也有较大幅度增加。2015年，英国共有林地316万公顷，占土地总面积的12.8%，比1995年增加了40万公顷。而牧场和天然、半天然草场的面积加起来为952万公顷，占英国土地总面积的39%，比1995年增加了将近5%。此外，英国还设立了多个自然风景区和国家公园，例如，苏格兰有40个国家风景区，北爱尔兰有8个超级自然风景区和7个国家公园，大不列颠岛共有7个森林公园，且其数量还在不断增长之中。最后，水污染和河流污染治理效果明显，这尤其要归功于污水处理设施的发展，同时，英国政府定期对河流中的化学物质含量进行检测。2013年，有80%的河流通过了化学物质含量标准检测，与20世纪50年代相比，泰晤士河的污染物含量减少了3/4。另外，英国政府还实行了一系列海洋保护措施，例如，对向海洋倾倒物品的规定，对海洋渔业的规定等。

（二）当前面临的主要环境问题

尽管经过几十年的努力，英国的环境问题已经得到了极大改善，但仍存在着一定的问题，特别是空气污染和气候变化引起的极端天气问题。

1. 空气污染

尽管英国的空气质量普遍有了明显好转，但与其他欧洲国家相比，空气污染问题仍很严重，每年有大约29000人死于空气污染。由于空气质量无法达到欧盟规定的标准，特别是没有如期减少机动车尾气排放中的二氧化氮含量，欧盟自1999年以来多次向英国提出警告。2014年，英国险些受到欧盟委员会罚款3亿英镑并提起法律诉讼的惩罚。伦敦的空气质量在欧洲国家的大城市中排名倒数第二，其主要污染物是PM10。2010年，伦敦曾经因为一年内的"污染天气"超过35天（欧盟的最低标准）而受到欧盟委员会的警告。由时任伦敦市长的鲍里斯·约翰逊（Boris Johnson）委托进行的一项研究表明，伦敦城每年有超过4300人死于空气污染。除伦敦以外，英格兰西北部地区的空气污染也比较严重。英国环境部曾将空气污染划分为10个等级，2014年4月，英格兰经历了20世纪50年代以来最严重的污染天气，西北部的诺克福郡空气污染指数曾达到过10级，东南部和东部地区的污染指数达到8级，西南部和大伦敦地区的污染指数达到7级,中小学生甚至被禁止在户外活动。

2. 气候变化引起极端天气频发

近年来,由于全球气候变化的影响,诸如洪水、干旱、暴风等极端天气在英国发生的频率与强度呈不断上升趋势,给中央和地方机构造成了巨大压力,同时也给国民医疗服务体系带来了重大负担,严重影响了英国的经济和社会生活。

如前所述,英国政府在2012年发表的《英国气候变化风险评估报告》中提出,英国极易受到极端天气的影响,包括严寒、酷暑、洪灾、暴风等。

英国近几年来一些比较严重的极端天气事件包括以下几种。

第一,洪水。暴风雨和洪水是英国最主要的自然灾害,有500万居民长期受到洪水威胁。2007年夏季,英国遭遇1776年以来最严重的一次水灾。英格兰、威尔士和北爱尔兰地区的平均降水量是常年的2倍,造成河水猛涨、堤坝溃塌,下水系统瘫痪,能源和自来水中断,铁路、8条高速公路和其他多条公路关闭,洪水重灾区格洛斯特郡、赫里福德郡、伍斯特郡和牛津郡的城市设施几近瘫痪,断水断电,上百万人的工作受到影响,48000间房屋倒塌,直接经济损失超过30亿英镑。洪水还造成13人死亡。2008年、2009年和2013年夏季,英国再次遭受恶劣天气侵袭,造成的损失十分惨重。仅在2008年夏季,环境机构就发布了2次洪水警告和13次洪水预警。

第二,严寒。2009年12月,严寒导致北爱尔兰成千上万户家庭的供水出现困难;2010年冬季的暴雪不仅导致苏格兰多条公路关闭,数百辆汽车受阻,还迫使苏格兰、北爱尔兰和英格兰东北部的一些学校停课;2013年底到2014年初,英国大部分地区都遭遇到强对流的威胁,龙卷风、冰雹以及强降雪等极端天气在英国的肆虐时间持续超过1个月之久,将英国拖入了巨大的灾难之中。英国政府估计,每年由于严寒造成的经济损失在10亿英镑左右。

第三,酷暑。英国是温带海洋气候,常年气候温和,夏季气温原本很少达到30℃,多数交通工具、办公场所和家庭都没有空调等降温设施,但近年来,高温酷暑天气多次出现。2003年夏天,英国至少有2000人因

英　国

高温死亡；2013年夏天，英国经历了过去10年来持续时间最长的炎夏；2015年夏季，热浪再次席卷包括英国在内的几乎所有欧洲国家，这是有历史记录以来最热的一年。

上述极端天气将对人类健康、生态系统、供水、农业生产等造成巨大损害，而且，英国政府预计，未来英国的极端天气将更加频繁，也因此将造成更大的社会、经济和健康损失。为此，英国政府不仅自己制定了诸多应对措施，它还呼吁国际社会共同付出更大努力，以应对气候变化问题和环境恶化问题。

第七章

文　化

第一节　教育

一　概况

英国的教育事业十分发达。所有5～16岁的儿童和青少年都必须依法接受全日制学校义务教育。16岁以后的青年人则可以有多种选择：约有83%的人或继续升入高一级学校读书，或到继续教育学院接受全日制教育或培训；约有10%的人走上工作岗位；其余的则在各种培训项目中接受培训。英国有将近1/3的青年人能进入高等学校学习。但近年来，特别是金融危机以来，英国青年人失业情况比较严峻。2013年，在16～24岁的年轻人中，有105万人既未接受教育，也未参加工作，也没有接受培训，即处于失业或经济不活跃状态，占这部分人口的14.4%。

英国从学前教育到高等教育的各级教育都比较完善。2013～2014学年，英国有公立幼儿园3031所，公立小学21040所，公立中等学校4120所，各种收费的"独立"学校（私立学校）2497所，专门学校1264所。全国中小学校共有在校学生990万人，其中约有93.5%的学生在公立学校免费就读，其他人则在收费的独立学校读书。2012～2013学年，全国接受各种继续教育者有490万人，高校在校人数（含本科生和研究生）为250万人。

英国教育部与企业、创新和技能部负责英格兰的教育管理工作，前者

英 国

负责学前教育与中小学教育，后者负责高等教育和继续教育与技能培训。在威尔士、苏格兰和北爱尔兰地方议会成立以前，这些地区的教育事业由中央政府的威尔士、苏格兰和北爱尔兰事务部负责，但具体管理工作由这三个地区的地方教育机构负责执行。在这三个地区设立议会之后，教育权力已下放给地方：威尔士的教育行政管理由威尔士国民议会负责；在苏格兰和北爱尔兰，则由这两个地区行政机构中的相关部门行使这一职权。

英格兰、威尔士和苏格兰公立学校的经费，都是由地方政府教育管理部门根据学生的数量予以拨付；北爱尔兰教育和图书馆机构的费用则由北爱尔兰议会的执行机构负责提供。英国中央政府给地方教育部门的拨款主要用于培训，用于提高学校的教育质量和对信息技术的开发运用，以及资助有特殊困难的学校。对于那些接受社会资助的学校所进行的基本建设，中央政府也给予一定的财政支持。

多年来，英国的教育拨款总体上呈逐年上升趋势（尽管个别年份出现过下降情况），经济衰退期间也未改变这一趋势。1990/1991 财政年度，英国的教育经费支出占国内生产总值的比例为 4.7%；2004/2005 财政年度增加到 5.1%；2010/2011 财政年度达到了 6.3%。但此后有所下降，2013/2014 财政年度教育支出占 GDP 的比例为 5.5%，支出总额为 895 亿英镑。

二 教育体制与教育政策

（一）教育体制

19 世纪中叶以前，教育在英国是私人的事情，国家不插手教育事业。因此，在很长一段时间内，学校主要由教会开办，国家没有教育政策，也没有统一的教育标准，各个学校的教育水平参差不齐。1833 年政府开始资助教育，并以拨款为手段调控教学水平。1870 年英国政府为英格兰和威尔士颁布了《教育法》，确定了政府资助初级义务教育的原则。该法案规定，在英格兰和威尔士学校缺少的地区，可以成立地方性的学校董事会，负责开办"董事会学校"。这样当时就有了两种初级学校，即教会民办学校和由学校董事会管理的公立学校。此后不久，英国政府也为苏格兰地区制定了相应的法案，逐步形成了苏格兰统一的教育体系。1880年，英国政府规定5~10岁的儿童必须接受学校教育，1918年又将上限提高到14岁。

1902年的《教育法》规定，取消校董会，各郡市或城区成立统一的教育委员会，负责对小学和中等学校进行管理，并可征收地方税用于支付教育经费。该法案还规定，英国古老的文法学校可以向教育部申请经费，也可以要求地方政府给以补助，条件是接受一定数量的初级学校优秀学生入学，这是将中等教育纳入国家管理体系的一个重大步骤。20世纪20年代又出现了一些不以上大学为唯一目标的普通中等学校，一般由地方政府主办，通常被称作"现代中学"。在这些学校，基础知识课程和实用性课程兼而有之，各种类型的学生都可以入学。到第二次世界大战爆发时，英国已形成全国性的初等教育网，中等教育网也已初具规模。

1944年颁布的《教育法》最终使英国确立了完整统一的教育制度。这项法律的基本出发点是普及中等教育。它规定向所有5~15岁的少年儿童提供免费义务教育，并确立了包括初等教育、中等教育和高等教育在内的公共教育体系，为战后的教育发展奠定了基础。在以后的几十年中，英国又分别于1964年、1976年和1988年颁布了《教育法》和《教育改革法》，但仅在教育的组织安排、财政安排上有所变动，并未触动1944年《教育法》确定的基本教育体制。不过该法也存在严重的问题和不足，特别是它规定儿童在11岁时仅通过一场考试便被分配到各类学校：少数成绩优异者进入文法学校，将来可望继续深造成为社会精英；成绩平庸者则进入水平较低的中等技校或现代中学，毕业后便就业。仅凭11岁时的一次考试便决定一个人的终身命运，这种制度不够公平，并在事实上造成了不平等。因此，从20世纪50年代起，许多人提倡开办综合学校，主张所有孩子都在11~15岁（1973年后改为16岁）期间在这类学校接受中等教育，毕业后再考虑未来的发展。

20世纪六七十年代，综合学校逐渐开始普及，到1970年已有1/3的适龄少年儿童在综合学校就学。1974年工党上台执政后，在全国范围内大力推动将文法学校和现代中学合并为综合学校。1977年时，在综合学校就读的适龄少年儿童的比例已达到80%，但仍有少数文法学校宁愿不

英　国

要政府拨款也要保持自己的独立性，因而纷纷转为私立学校。自此，英国传统的公立与私立两种教育制度并存的现象变得更加明显。

（二）教育政策

20世纪70年代以来，随着社会经济的变化和科技的迅速发展，人们越来越关心学校的教育质量。政府不断采取措施进行教育改革，其中尤以1988年的《教育改革法》最为突出。撒切尔政府制定的这项法律加强了对教育的中央集权领导，削弱了地方教育主管部门的权限；同时也引入了市场竞争机制，将学校经费与招生人数挂钩。改革内容还包括：制定国家统一的中小学课程，实行全国统一考试，增强学校的管理权限和家长对学校的选择权等。该法案还决定对英格兰、威尔士和苏格兰的高等教育与继续教育制度进行改革，特别是在高等教育的结构、管理以及经费来源等方面。该法案取消了原来由政府管理的大学拨款委员会，代之以独立性较大的大学基金理事会，在分配资金时更多采用商业原则。

1997年上台的工党政府将教育作为执政期间的首要目标和工作重点，希望大幅度提升英国的教育水准，造就一支受过良好教育、能迎接21世纪挑战的人才大军，同时在高新技术基础上增强英国经济的国际竞争力。为此，布莱尔在工党2000年年会上强调："无论是过去、现在还是将来，英国最重要的政策都是教育，教育，还是教育。"工党向英国政府提交的《国家政策论坛》指出："知识和技能是提高英国生产力和全球竞争力的基础。"工党政府发展教育的主要目标是：到2002年，18～21岁的年轻人中接受高等教育的比例要达到35%；到2004年，英国要新建1000所着眼于高新技术的"专业学校"；2004年前对信息与计算机产业再投资10亿英镑，达到每5名中学生拥有1台电脑；到2005年，使英国的教育产业发展成为在全球仅次于美国的庞大的新型知识产业，力争吸收全球33%的海外留学生；到2005年，实现人人上网和家家使用国际互联网；到2010年，力争18～30岁年轻人接受高等教育的比例达到50%。为落实这些目标，工党政府出台了一系列法规和措施，对教育体制加以规范，并着手进行改革，其改革措施涉及高等教育、培训以及终身学习等诸多方面，但基础教育改革是重点。政府采取的主要步骤和措施有：加大对教育的投资，自1999年到2001年的3年时间内，教育部门共得到额外投资190亿英镑；缩小幼儿班级的规模，加强基础教学，改革课程设置，建立质量评估体系；下放权力，充分发挥地方教育主管部门、学校、社区和家长的作用；设立"教育行动实验区"，实验区内的私营企业可通过招标与学校、家长和地方教育机构联合办学，将伙伴关系引入学校的组织和管理之中；提高教师职业的地位和水准，改善教学条件；完善教育体系，确立一种新的学校架构，将公立学校主要划分为社区学校、基金学校和民办学校三类；促进对年轻职工的培训；改革对大学生资助的管理；等等。此外，政府还采取措施，推进终身教育。

2010年大选后，保守党与工党组成联合政府。保守党在竞选纲领中就指出了英国教育制度中存在的一些问题，特别是认为在基础教育方面，英国学生在阅读、数学和科学上的排名一直在下滑，同时，学生之间的贫富差距及不平等问题十分严重。为此，保守党将基础教育放在教育改革的首位，并特别强调公平原则。在2010年5月20日公布的施政纲领中，联合政府提出："政府认为，我们需要改革我们的学校制度，以解决近年来不断凸显的教育不公平问题，并赋予家长和学生更大的权力选择更好的学校……我们同时认为，国家应帮助家长、社区以及其他团体一起创办新的学校，来改善学校教育制度。""支持更多的学校办成学院，给予教师更大的选择课程的自由，允许新的办学机构进入学校系统。"

2010年10月，英国政府发表了《教育白皮书：教师的重要性》（The Importance of Teacher: The Schools White Paper 2010），详细阐明了其教育改革理念。教育改革的核心是给予学校更大的自治权力，其主要措施包括：支持更多样化的办学方式（例如，支持教师、家长、慈善机构和社会力量开办学校）；在对学校的管理、课程设置、教学标准、考试等各个环节放松管理或减少统一规划，给予教师和学校的管理人员以更大的自主决定权；支持将更多学校办成学院。此类学校由政府拨款，但可以独立运作，不受地方政府的管辖，可自主决定教师的待遇，自主决定课程设置和预算。在对学校的拨款方面，联合政府拟设立"国家基金准则"（National Funding Formula），不再经由地方政府而直接向学校拨款，同时，

381

英 国

拨款金额由学生的数量决定,从而鼓励优秀学校扩大招生,而让那些水平较低的学校自动解体。此外,联合政府还推出了"学生补助金计划",拟在学校教育预算之外,出资25亿英镑,向贫困学生提供免费用餐(每名学生最多资助2000英镑)。联合政府教育改革的目的是为了增强英国学校和教育的国际竞争力,并实现更大程度的公平。

自2015年5月起,保守党单独执政,其教育政策总体上延续联合政府时期的政策,正如它在竞选纲领中所指出的那样,将致力于继续加强基础教育,继续推进学院建设和自由办学,继续加强对于数学,科学和计算机能力的教育,扩大高等院校招生名额,改善继续教育等。

三 基础教育

(一)学前教育

在英国,所有2~5岁的儿童都有权接受学前教育。幼儿教育的发展也是英国教育事业近年来发生突出变化的部门之一。1970/1971年度,英国3~4岁的儿童中上幼儿园或小学幼儿班的比例仅约占20%,而在1999/2000年度,这一比例已达到64%;2011/2012年度,这一比例高达97.3%,高于欧盟91.7%的平均比例,但低于法国(100%)、荷兰(99.5%)、比利时(99.3%)和西班牙(99.3%)等国。英国政府用于学前教育的支出占国内生产总值的比例约为0.7%,另有大约0.4%用于儿童照顾,这一比例在经合组织国家中仅次于丹麦和瑞典。

英国学前教育的发展目标是,使所有孩子在正式上学时都能具备最基础的识字和计算能力,为此,在工党政府时期,英格兰和威尔士地方政府曾提出下列目标:增加早期教育机构,只要父母愿意,所有4岁的孩子都应得到早期教育;在英格兰,为3岁孩子提供的免费幼儿教育占适龄儿童的比例,应由1997年的34%增加到2004年的100%,资助早期教育的经费也应有相应提高。从1998年开始,如果4岁儿童的父母能够满足政府规定的一些条件(享受社会福利、收入较低),那么这些儿童就有权获得总共38周、每周15个小时的学前教育资助;从2004年开始,这一权利扩大到所有3岁儿童;而从2013年9月开始,年满2岁的儿童也拥有了这一权利；2015 年初，享受这一权利的 3~4 岁儿童的比例约达 96%，2 岁儿童的比例则少一些，为 58%。

在苏格兰和北爱尔兰，地方政府也提出了类似目标。例如，苏格兰政府 2008 年发表了《早期教育框架》(Early Years Framework) 以及《每个孩子的权利》(Getting It Right for Every Child)，确立了发展早期教育的指导原则和目标，即消除早期教育中的不平等，增加所有儿童接受早期教育的机会。

（二）初等教育

英国政府实施权力下放之后，教育权力属于苏格兰、威尔士和北爱尔兰自治政府，英国教育部一般情况下只负责英格兰的教育事务，因此，英国的基础教育体制相当复杂。在英格兰和威尔士，5~7 岁的儿童在幼儿园或小学附设的幼儿班接受教育，7 岁时转入单独设立的初级学校或直接升入小学的初级班，通常情况下在 11 岁时由小学升入中学。此外，有些地方还实行一种含初级小学、中级学校和中学在内的三级教育体制，即专门为 5~8 岁、9 岁或 10 岁的孩子设立初级（第一级）小学；为 8~14 岁的孩子设立中级学校；为 15 岁以上的孩子设立中学。

在苏格兰，初等教育依法接收 5~12 岁的孩子，并依据年龄大小组织班级，从初一到初七共划分为 7 个年级。各个年级或各个班级都不会按照学生的能力或考试成绩进行选择或分流，唯一的分级依据就是年龄。在北爱尔兰，则要求所有 4~11 岁的孩子接受 7 年小学教育，11 岁时由小学升入中学前可选择参加升学考试。

在英国，有些地方的幼儿园和小学是单独设立的，而有些则是幼儿园和小学合二为一，但大部分幼儿园和小学都是男女生同校。

（三）中等教育

1965 年以前，根据 1944 年《教育法》的规定，英格兰和威尔士采用的是文法学校、中等技校和现代中学三种形式并存的中等教育制度。随着综合学校的建立和推广，上述三种学校的界限已被打破，综合学校已成为这两个地区中等教育的主体。英格兰 87% 的公立中学学生、威尔士全部公立中学学生都在综合学校就读。这些学校并不是根据能力或成绩录取学

英　国

生，而是向学校所在地区的全部或大部分学生无条件开放。此类学校主要有 3 种：接收 11～18 岁学生的一贯制综合中学；与初级学校相衔接的中级学校（接收 8～14 岁的学生）；接收 11 岁或 12～16 岁学生的中学。除这三种类型的学校以外，还有一种被称为"第六学级"的综合中学，接收的是年满 16 岁以后再学习 1～2 年的学生。

苏格兰的教育体制与英国其他地区不同，中等教育不采用筛选程序，也不像英格兰和威尔士那样划分成几类学校，几乎全部是接收 12～18 岁年龄段学生的综合性学校。苏格兰的教育体系被称为"苏格兰学分与资格体系"（SCQF），共分为 12 个等级，即从入学水平的第一等级到博士水平的第十二等级，中学教育涵盖的等级为从第一等级到第六等级。

北爱尔兰的中等教育与英格兰和威尔士类似，大部分依据筛选程序进行划分。文法学校在对英语、数学和科学进行考试的基础上接收学生，但也有一些学校不需要按照考试成绩进行选择。北爱尔兰约有 40% 的学生在文法学校读书，其余的则在非文法学校就读。

在英格兰、威尔士和北爱尔兰，学生 16 岁时要参加 GCSE 考试，即普通中等教育证书考试；18 岁时要参加 GCE - A 级考试，即普通教育高级证书考试。

（四）学院

"学院"（academy）是英格兰一种独特的学校类型，绝大多数属中等教育，也有少数为初级教育。这类学校为国家资助、私人管理的独立学校，独立于地方政府。它们也可接收来自于私人或企业的资助，但必须与其他公立学校一样执行国家核心课程标准。除国家核心课程之外，学院有权自主设置其他课程。这类学校大多数专门培养专业技术、现代外语、体育和艺术等方面的人才。学院最早建立于 2000 年，由当时的工党政府根据《学习与技能法》（Learning and Skills Act）设立。保守党和自由民主党联合政府于 2010 年颁布了《学院法》（Academy Act），旨在扩大学院的数量。此后学院在英格兰得到了蓬勃发展：2011 年 4 月，英格兰共有 629 所学院；当年 8 月就扩展到 1070 所；到 2014 年底，英格兰已有学院 3444 所。

英格兰还有一种专门的中等技术学院，即成立于 1993 年的城市技术学院，但它的教学方向多为理工科专业。英格兰最多时曾有过15所城市技术学院，但后来绝大多数被改建为学院。

四　中小学校管理体制

（一）管理体制

根据1998年通过的《学校标准与架构法》，从1999年9月起英国的中小学校划分为3种基本类型：社区学校、民办学校和基金学校。经过后来的进一步发展，截至2015年底，在英格兰和威尔士，公立学校主要划分为4种类型：社区学校、基金学校、学院和文法学校。社区学校系由原来的郡立学校组成，由地方教育主管部门提供资金并负责管理，不受企业或宗教团体的影响；基金学校由中央政府拨款、地方教育机构管理，但其自治程度要高于社区学校；文法学校既包括由教会或其他基金组织设立、主要由地方教育主管部门资助的学校，也包括具有一定宗教特色、由中央政府拨款资助的自治学校，其主要特点是根据考试成绩，即学生的学习能力筛选学生。所有公立学校在工作中都与地方教育主管机构结成伙伴关系，并定期从它们那里得到资助。这些学校由校董事会管理，负责预算的实施，以及自主配备教职员工。董事会由学生家长、学校教师、地方教育主管部门和地方社区的代表组成。

在苏格兰，几乎所有学校都由主管教育的地方政府机构直接管理，并由其与中央政府共同提供资助。每个学校的校长负责决定该校至少83%的经费开支。在由教育主管部门直接管理的学校中，约有3/4成立了校务会。校务会由选举产生的家长与教师代表以及地方社团指定的成员组成，有义务促进家长、学校和社区之间的联系，商讨学校领导人的任免等。少数靠私人或企业资助的学校由董事会管理，它们也接受中央政府的拨款。

在北爱尔兰，依靠政府拨款资助的学校主要有：国家控制的学校656所，由教育和图书馆管理机构通过校董事会进行管理；民办公助学校552所，由校董事会管理，其成员由受托管理单位（主要是罗马天主教会）任命的委员以及家长、教师和教育与图书馆管理部门的代表组成；民办文法学校73所，由学校董事会管理；由中央政府拨款资助、国家控制的

"统一学校"（integrated school）62所，旨在为具有不同宗教背景，特别是罗马天主教和新教背景的学生提供共同受教育的机会。

（二）独立学校

在英国，由私人兴办并收取费用的学校，通常不被称作"私立学校"，而是"独立学校"。凡向5个以上处于义务教育年龄段的学生提供全日制教育的独立学校，必须依法向政府有关部门登记，并接受其检查。2013～2014学年，英国共有24977所独立学校，就读学生超过62万人，约占中小学生总数的6.5%。独立学校中包括大约500所"公学"（public school）和为上公学做准备、与之相衔接的500多所"预备学校"（初等学校）。

在独立学校中，公学占有突出的地位。这类学校之所以被称为"公学"，是因为其不限居住区域向所有人开放，即人们习惯上所称的"贵族学校"。公学的学杂费非常昂贵，历史上只有贵族子弟才上得起这类学校。后来随着资产阶级的发展壮大，19世纪创建了一批也向富裕中产阶级子弟开放的公学。进公学须先通过严格的考试，学生一般从预备学校的毕业生中选拔。公学有自己的学制，学生一般在13～14岁入学，18～19岁离校，较其他类型的中学晚2年。公学的课程同文法学校相似，大都是基础知识课程，重点是人文科学。其主要任务是向名牌大学输送学生。英国历史悠久、声望最高的公学有30余所，其中最著名的有伊顿公学、哈罗公学和温彻斯特公学等。英国社会的上层人物，如将军、主教、高级官吏、大法官等，大多出自这些学校。

（三）特殊教育

特殊教育是专门为那些患有精神或身体疾病，而且在学习上有困难的学生开设的。根据2014年的《儿童与家庭法》（Children and Families Act），从2014年9月1日起，"特殊教育需求与残疾"条款开始生效。在英格兰和威尔士，地方教育主管机构必须首先证实学生确实在学习方面有很大困难，同时要同家长认真讨论。一经双方确定，地方教育机构就必须为学生接受特殊教育做好准备，然后提交一份正式报告，报告要写明相关学生的特殊需要及应得到的额外帮助。1年后，学校必须向家长提供一份关于教育实施情况的年度报告，这套程序必须在法定时间内完成。家长如不同意地方教育主管机构对孩子需要接受特殊教育的认定，则有权向特殊教育需要法庭提出上诉。该法庭的裁决是终审性的。

2015 年 1 月时，英格兰有 130 万名学生被认定有接受特殊教育的需要，占学生总数的 15.4%，其中大约 2.8% 的学生拥有由地方主管机构核准并发放的"特殊教育需要"证书。在这些拥有证书的学生中间，60%的学生在一般学校接受教育，剩下的绝大多数都在特殊学校就读。苏格兰具有特殊教育需要的人数并不算多，大约占学生总数的 2%。在北爱尔兰也有类似的措施和安排。

（四） 学校课程

在英格兰和威尔士，5～16 岁学生的教学课程在很大程度上都遵照全国统一的课程表予以安排。整个学习过程大体可分为 4 个阶段：一、二年级为第一学龄段（5～7 岁）；三至六年级为第二学龄段（7～11 岁）；七至九年级为第三学龄段（11～14 岁）；十至十一年级为第四学龄段（14～16），分别相当于初级小学、高级小学、初中和高中。在每个学龄段都要学习的主要课程是：英语（在威尔士还有威尔士语）、数学、科学、技术、体育和宗教。在早期阶段，历史、地理、美术和音乐也是必修课。在第三、第四学龄段还要增加一门现代外国语言。另外，在不同学龄段还视情况增加其他一些选修课程。学生在 7 岁、11 岁和 14 岁三个学龄段结束时，要分别参加 1 次考试，考试课程包括英语（在威尔士为威尔士语）、数学和科学三门主要课程。在学生 16 岁结束义务教育阶段的学习时，需要参加中等教育文凭考试，合格者可获得普通中等教育证书。

苏格兰则不存在统一的法定课程表。5～14 岁的学生在校期间学习的课程十分广泛，涵盖语文、数学、环境学、表演艺术、宗教和道德教育等。学生 14 岁时再经过 4 年的中等教育后即可获得国家标准级证书。国家标准级证书的考试由苏格兰资格认证机构组织实施。

在北爱尔兰所有由公共资金拨款的学校，其课程除宗教教育外，还包括英语、数学、科技、环境与社会、创造与表演等。对学生进行的评估考试同英格兰和威尔士大体一致，在学生 8 岁、11 岁、14 岁和 16 岁时分别举行。学生 16 岁通过考试后可获得普通中等教育证书。

英 国

值得指出的是,英国的学校在重视知识教育的同时,更注重对学生能力的培养。中小学教育的一个重要特点是教学方式鲜活、生动、有趣,教师重视发挥学生的主观能动性。课堂教学的重要方式之一是分组讨论和小组作业,要求人人参与。历史课还经常组织学生参观博物馆或让学生化装表演某个历史事件。

五 教师

与法国等国家不同,英国的教师不属于公务员系列。在由公共资金拨款的中小学校,教师由地方教育主管机构或学校董事会任命。教师必须拥有政府认可的资格证书。目前主要有3种取得教师资格的途径:①大学途径——在大学或高等教育学院取得教育学士学位;②研究生途径——在取得非教育专业的文学或理学学士学位之后,再经过相应课程的学习,取得教育研究生证书;③通过就业培训取得教师任职资格。最后一种途径特别适合于那些在海外接受教育或培训但没有由英国认证的教师资格证书的人,或者24岁以后希望改换职业的人、学校辅助人员以及有过教学经历的人。

英国中小学教师的收入不算高,20世纪末时,新入职教师的年薪为1.5万~1.7万英镑,任课教师的平均年薪为2.3万英镑,最高为3.6万英镑,校长和副校长为2.5万~5.8万英镑。由于收入不高,师资流动性大,师资缺乏的问题严重。据报道,1999年1月新学年开始时,英国大约缺少1万名教师,迫使很多学校不得不招聘代课教师。一些教学工作本已超负荷的教师也不得不加大工作量,从而严重影响了教学质量。2000年7月经合组织发表的一份研究报告表明,英国大学的教育水平虽然居世界前列,但中学教育落后于其他先进国家。英国学校的班级规模相对较大,中小学平均每16.3个学生才拥有1名教师(2014年),而经合组织成员国学生与教师的平均比例为14.9∶1。

为发展和完善教师队伍,英国政府采取了下列措施:在英格兰、威尔士、苏格兰和北爱尔兰分别建立独立的教师理事总会;为校长提供更多培训机会,建立学校领导人学院;为教师培训学院提供资助,以使所有教师在计算、书写和电脑技能方面都能达到相应的标准；吸引高质量的毕业生加入教师队伍，并在整个教育界迅速推广杰出教师的事迹。当然，其中最关键的举措是提高教师的待遇，例如，在2000年1年内，英格兰教师的工资水平增长了3.3%。到2014年底，英格兰教师（包括全职与兼职）的平均工资为每年37400英镑。与此相应，教师的数量也得到了一定增长：2013~2014学年英国学生与教师的比例为16.3∶1，其中，幼儿园为18∶1，小学为20.5∶1，中学为15.4∶1。

2013~2014学年，英国中小学共有全职教师51.61万人，其中70%为女性，幼儿园和小学教师中女性教师的比例则更高，达到84%，中学为60%。

六 高等教育

（一）发展简史

英国的高等教育有悠久的历史，在世界上享有较高声誉。著名的牛津、剑桥两所大学分别创建于12世纪和13世纪。苏格兰的圣安德鲁斯大学、格拉斯哥大学、阿伯丁大学、爱丁堡大学建立于15世纪和16世纪。第一个专业化的技术学院沃灵顿学院创建于18世纪中期。但在很长时间内，英国大学的数量并不多，且完全由教会控制，直到19世纪之后，大学教育才突破了被贵族子弟垄断的局面。

20世纪中叶以前，英国高等教育的发展速度明显落后于美、德、法等其他发达资本主义国家。第二次世界大战结束时，英国只有17所大学。1957年，就大学的数量而言，英国在全世界教育事业最发达的28个国家中排名倒数第四，只排在爱尔兰、土耳其和挪威之前。另外，英国高等教育重科学、轻技术，重基础、轻应用的积习也很深。

英国高等教育的大发展时期始于20世纪60年代。原因在于，20世纪50年代以来资本主义国家之间的竞争，特别是科技的迅猛发展，促使英国政府下决心改革教育制度，大力发展以理工科为重点的高等教育。20世纪60年代，工党政府实行高等教育双轨制，即由政府设立的高等教育基金委员会资助的正规大学和由地方教育主管部门兴办的高等院校两种体

英 国

制并存。1961～1967年，英国新建大学20所。从1967年到1973年，又建立了30多所科学技术学院。同时，英国政府还对原有课程设置进行了改革，并扩大了大学的规模。20世纪70年代以来，英国又开设了开放大学，从而提高了大学教育的普及率，并使英国传统教育中课程陈旧与忽视技术教育的缺点有了明显改变。80年代以后，英国高等教育再上一个台阶，1979～1995年，全日制和半日制的大学生数量几乎增加了1倍，达到174.8万人，其中全日制学生自1989年以来增加了将近70%，达到120万人。尤其是经过1992年的改革之后，综合工科院校获得了授予学位的权力，并被允许采用"大学"的称号，同时，达到规定标准的高等教育学院也可以获得"大学"称号，故大学的数目又有了较大的增加。到20世纪末，英国有大学87所，其他高等院校64所。

2012～2013学年，英国共有大学和其他类型的高等院校160所，全日制本科生132万人，比2008～2009学年增加了14%；研究生29.7万人，比2008～2009学年增加了11%，主要是博士研究生的数量大幅增加，增幅达22%，而硕士研究生的数量仅增加了7%。对于全日制本科生来说，最受欢迎的专业是企业管理和社会科学（包括法律）。英国高等院校学生共有250多万人，其中155万人为本科生，53.97万人为研究生，另外还有42.5万接受其他各种相当于本科学历的教育。在英格兰和威尔士约有1/3的青年人进入全日制大学学习，苏格兰为40%，北爱尔兰达到45%。

（二）体制与管理

英国各大学的组织形式和教学内容多种多样，没有统一标准。综合大学大体上可以分为4类：①牛津、剑桥以及苏格兰几所历史悠久的大学；②1850年至1930年建立的"市立"大学，即所谓的"红砖"大学，如利兹大学、利物浦大学和曼彻斯特大学；③二战后和20世纪60年代建立的一批大学，如苏塞克斯大学、约克大学和东安格利亚大学；④"新大学"，即原综合工业学院和其他一些在1992年改革中取得"大学"称号的高等院校，这些大学相较而言更能适应形势发展的需要。例如，于1993年成立的鲁顿大学根据经济全球化的形势发展决定课程设置，并完全针对国际市场和英国的现实需要及未来发展趋势。因此，在短短几年内，它已进入毕业生就业率最高的前十所大学之列。此外，开放大学和大学中唯一的"独立"学校白金汉大学也属于大学级别的高等院校。除综合大学之外，英国还有一些职业特色比较鲜明、相对单一的专门性高等院校，包括教育学院、农学院、商学院、技术学院、音乐学院、美术学院、戏剧学院等。

英国的大学教育一般从 18 岁开始，因为学生虽然在 16 岁中学毕业时参加全国会考，但要上大学还需首先通过 A 级考试（有些类似于中国的高考）。学生一般是在会考通过后两年内也就是 18 岁时参加 A 级考试。为了通过 A 级考试，学生需要在"第六学级"（相当于高考预科班）学习 2 年。A 级考试每年 6 月举行，8 月公布成绩，成绩合格就能上大学。但是，如果想进牛津、剑桥或帝国理工学院等名牌大学，则必须是其中的佼佼者。英国 A 级考试的成绩不但在英国适用，还得到了欧洲各大学和美国大部分大学的承认。

英国的大学本科学制一般为 3~4 年（有的专业需要更长时间，例如医学为 5 年），硕士为 1 年，博士为 3~4 年。在 2004~2014 年的 10 年中，英国研究生的数目增加了一半以上。英国大学过去不收学费，但从 1998 年开始，每个学生每年需缴纳最多不超过 1000 英镑的学费；2004 年，大学学费的上限增加到了每年 3000 英镑。尽管学费的增加引起了诸多抗议，但联合政府仍决定从 2012 年起，将大学学费上限增加到 9000 英镑。尽管对经济困难的学生可适当减免，并设有多种奖学金，但仍有一部分学生因付不起学费而辍学，特别是半日制大学生的数量明显下降。

苏格兰从 1998 年起也开始执行大学学费每年不超过 1000 英镑的政策，但从 2008 年起重新免收学费。

英国大学教师与学生的比例大约是 1∶16，主要采取大课、小班辅导与讨论相结合的教学模式。除必修课外，学生还可以从一系列课程中选择自己感兴趣的科目。英国大学教育追求严谨求实的学风和浓郁的学术氛围，他们崇尚培根"知识就是力量"的精神，强调对待知识和学问要有一种认真、踏实和虔诚的态度，在重视知识与实践相结合的前提下，强调教育的内容和方式要正规、严谨和规范。教师在教学中对学生的要求比较

391

严格。牛津和剑桥实行"导师制",要求学生每周同导师见一次面,讲述自己的学习情况和撰写的论文;导师要提问和发表评论。这种独特的体制不仅能督促学生认真做学问,更能启发学生的思考能力。正因如此,英国高等教育的质量一直在世界上名列前茅,在吸收留学生的数量方面,英国仅次于美国,位居世界第二。

英国大学虽是经皇家特许设立的独立机构,但实际上严重依赖政府。高等教育的资金来源有以下几部分:政府拨款;高等院校通过有偿培训、为商业机构提供咨询和从科研合同中获得的收入;学生学费及其他收入。其经费的绝大部分都是由国家定期通过高等教育基金理事会拨付给各个高校的。政府鼓励大学在研究项目方面与工业界建立密切合作,英国的高等教育机构与工业和技术领域的专家共同建立了大约50个科学园区,以促进先进技术的发展及其在商业上的广泛应用。

英国高等院校享有广泛的自治权利和学术自由,可自主任免教职员工、决定学生的录取事宜,并授予相应学位。大多数高校中,除校长是终身荣誉职位外,首要行政领导人,即常务副校长通常一直任职到退休。此外还设1位或1位以上副校长,他们也是教授,有规定的任期。大学的主要行政管理机构是评议会,但其权力仅限于讨论大学的有关事务、发表意见和提名某些委员参与决策机构。主要决策机构分别是董事会、校务委员会、学术评议会和教授委员会。董事会是最高管理机构,每年开会1~2次,听取大学的情况报告,指派行政委员会的委员,批准校务委员会提出的建议。校务委员会是大学的执行机构,任期2~3年,负责大学的财务,与评议会协商并批准评议会任用学术委员的建议,任命副校长并批准评议会拟定的相关规则。学术评议会负责大学的学术事务,其成员包括全体教授、被推选出来的学术委员和注册长,其权限涉及调整教授委员会的工作,就任命教授、授予学位、学生纪律和教学计划等事项提出建议。教授委员会主要负责处理学术事务。

(三) 主要大学简介

1. 牛津大学和剑桥大学

牛津大学和剑桥大学通常被看作英国高等教育系统金字塔的顶端。

第七章 文化

这两所大学总是被人们相提并论，由此而发展出"牛桥"（Oxbridge）这个专用词。但牛津和剑桥的办学方针略有不同，牛津偏重人文和社会科学，特别是文学、哲学和政治学；而剑桥则更侧重于自然科学和理工专业。截至 2015 年底，牛津培养出了 26 位英国首相（包括 2015 年上任的首相卡梅伦）、26 位诺贝尔奖获得者；剑桥则培养出了 15 位英国首相、60 多位诺贝尔奖获得者。这两所大学都实行学院制，牛津有 39 所学院，剑桥有 31 所，大学实际上是这些学院的联合体。牛津和剑桥两个城市都是以大学为中心发展起来的，各个学院分布在市内各处。这些学院当初并不是根据教学领域划分的，而是当年僧侣教师分别带领一批学生居住在一起研究学问时的产物。其中有的学院后来逐渐发展成某些学科相对集中的研究和教学机构（例如，牛津大学的圣安东尼学院是一所专门从事国际关系研究和教学的机构）。大学负责确定课业安排原则、主持学位考试和学位的授予，课程讲授、学术讨论和实验也都由大学统一组织，学生的教育和管理则由各学院负责。这两所大学都实行严格而特殊的入学考试，录取的学生是最优秀的中学毕业生（拥有成绩优异的中学毕业文凭者达 85% 以上），其家庭的社会地位一般也都比较优越，多为上层社会子弟。"牛桥"的学习条件优越，拥有众多高水平的资深教师，还有藏书丰富的图书馆。学校还给学生提供设备完善但费用昂贵的食宿条件，并开展丰富多彩的课外活动。两所高校授予的学位在国内外评价都很高，据 1977 年的一项调查，英国内阁各部次官的 70%、外交官的 75%、高级法官的 85%，以及大银行行长的 58% 都是"牛桥"的毕业生。这从一个侧面说明两校的毕业生是英国统治阶层中"精英"人物的重要来源。

2. 伦敦大学

该校创建于 1836 年，因设置校外学位而闻名。建校初期，它只是一个对大学生进行学位考试的机构。1898 年经过改组后成为教学单位，学校规模也由原来的仅有 2 所学院逐渐发展到 2014 年的 70 余所（包括一些半独立的专科学院和机构），成为英国规模最大的大学。伦敦大学各学院分散在伦敦各地，大多不设学生宿舍。每年在校本科生总共有 4 万～5 万

393

人，另有不在校学习的学生3万~4万人。伦敦大学的主要任务之一仍然是对本校及校外学生进行考试，对成绩合格者授予学位。英国或英联邦国家的公民即使未在伦敦大学注册，只要学习过与伦敦大学相应的课程并经考试合格，即可取得伦敦大学的校外学位。

3. 开放大学

该校是一所为中学毕业后没有机会上大学的人提供本科和研究生水平的高等教育而设立的成人高等院校。开放大学不是全日制学校，没有校舍，因此其学生人数并未包括在全日制大学生的统计数字内。1969年开放大学作为新生事物出现于英国，1971年正式招生。它向所有人开放，主要通过广播和电视进行函授教学。开放大学将全国划分为若干学区，各设导师和辅导员，采用定期面授和函授相结合的方式授课，并负责评阅学生的作业。有时则利用暑假将学生集中起来学习某些课程，或者采用"三明治"方式使在职学生参加一定时间的脱产学习。开放大学的学位是靠学生积累学分而获得，标准与其他大学相同。如果课程学完、学分修够，就能获得学士学位。如若继续深造，还可获得硕士和博士学位。开放大学不仅面向本国学生，还招收其他欧盟国家、瑞士和直布罗陀等地的成年学生。2013年，在开放大学注册的学生超过25万人，每年约有7000多人从开放大学获得学位。

七 继续教育与成人教育

(一) 概况

在英国，青少年如在16岁义务教育阶段结束后继续求学，则称为接受"继续教育"，这是广义上的"继续教育"，即包括高等教育在内。而我们这里所说的"继续教育"（further education）是狭义上的，指基于就业基础上的再教育。

继续教育的涵盖范围很广，学校种类繁多，有全日制或半日制，也有工作一段时间又学习一段时间的（即"三明治"式学制）。此外，还有各式各样适合已工作的成年人的夜校和职业培训班。开展继续教育的学校形式不同，内容和目的也各异。就全日制教育而论，对16岁至18岁的青年进行教育培训的机构,主要有"第六学级"、中等技校和技术学院(继续教育学院)。初级培训机构的目的主要是为了培养学徒和技工,这类学校在英国通常叫作"学院",但并非相当于大专水平。较高级的培训机构叫作"技术学院"(college of technology),教授中高级课程;还有专攻某一专业的学院,包括商学院、农学院、艺术学院等。这些院校多数受地方教育主管部门领导,提供仅次于大学程度的教育,以培养技师和其他中高级专门人才为目的。提供继续教育的学校不论属于哪种类型,也不论教学内容如何,习惯上都被称为"技校"(the tech),是培养青年人具备一技之长的重要场所。

(二)知识与技能理事会

1999年6月,英国政府决定在英格兰成立知识与技能理事会,以取代原有的培训与企业理事会和继续教育基金理事会。知识与技能理事会于2001年4月1日开始运作。它既负责在整个英格兰地区统一开展培训活动,也通过下设的47个地方性知识与技能理事会开展工作。理事会的工作重点是提高职工的技能,以满足国家、地区和地方雇主的需要。它负责规划、资助、监督和提高16岁以上青年的继续教育质量。它主管的事项包括:通过继续教育培养青年人掌握各种基础技能和更高水平的技能;对青年人进行一般性工作培训;开展成人教育和社区教育;2002~2003年它还负责"第六学级"的经费资助。理事会依法有义务鼓励人们参加学习、同雇主和其他相关机构一起促进劳动力的培养,并推动社区的重建活动。在威尔士和苏格兰也都设立了负责继续教育的相应机构。

知识与技能理事会于2010年被取消,成立了"技能基金机构"(Skills Funding Agency)与"青年人学习机构"(Young People's Learning Agency),前者负责管理和向开展继续教育与培训的英格兰机构提供资金;后者负责对英格兰16~19岁的青年人接受继续教育提供资助,但该机构在2012年也被取消,由"教育基金机构"(Education Fund Agency)接替其职能,并负责英格兰所有3~19岁儿童和青少年的公立教育基金事宜。

英　国

（三）继续教育学院

16岁以上的青年人可以在继续教育学院接受教育，在这里学习的课程大多与工作和就业有关。继续教育学院也提供由政府发起的许多培训项目，很多接受继续教育的学生都是利用工作之余或晚上参加学习。2012～2013学年，英国共有继续教育学院396所，学生490万人。

英国的继续教育学院由企业和地方社区代表组成的自治机构负责管理。在英格兰、威尔士和苏格兰，公共基金对继续教育学院的资助通过继续教育基金理事会或其他相应机构予以划拨分配；在北爱尔兰，则是由北爱地方政府的相关机构予以实施。独立督察员负责对学院的教育质量做出评估，并公布有关教育质量的评估报告，如果督察员提出了重要的批评意见，学院则应就其做出改正说明。每个学院都应公布该校的年度考试成绩。苏格兰学校督察员公署负责对该地区的继续教育学院进行检查；在北爱尔兰则由教育与培训督察员公署负责。

（四）成人教育与终身学习

19世纪和20世纪初，随着国家基础教育和普通大众识字率的提高，为满足工人和其他劳动群众渴望学习知识的要求，工会、志愿团体和其他组织设立的成人教育机构开始发展起来。20世纪中期以来，随着高新技术的迅速发展，对就业人员的知识水平和技术能力提出了更高的要求。英国政府和工业界越来越认识到职业培训在现代企业发展中的地位和重要性，各种"职业中期再学习"和成人教育蓬勃兴起。约有400万各种年龄段的成年人参加了某种形式的继续教育和成人教育学习课程，英国16～24岁年龄段的人接受继续教育和高等教育的比例低于日本、美国和德国的状况也已得到显著改善。

成人业余学习涵盖的范围非常广泛。一类是与就业相关的职业培训课程，而另外一类则是为了满足个人在提高文化素养、体质和技艺方面的需求，开设的课程五花八门，包括从烹饪、幼儿保育、手工技能等应用学科到语言、戏剧、音乐等文化学科，以及体育与健身、退休前教育、消费教育等多种多样的课程，参加此类培训的人其目的并不是为了获得证书。在英格兰，参加此类课程的成年人约占参加成人教育课程人数的70%。在英格兰和威尔士，约有110万成年人注册参加成人教育课程。

英国近年来非常重视推进"终身教育"。1998年英国政府发表的绿皮书《知识时代：新英国的复兴》，提出了终身学习政策。英国政府推行这一战略的目的在于鼓励人们不断完善和提高自己的技能、知识和认识能力。2000年秋，英国工业大学开始全面运作，这是一所通过信息技术来传播知识的全国性网络学校，服务对象既包括个人也包括企事业单位，覆盖英格兰、威尔士和北爱尔兰三个地区。为了促进终身学习政策的实施，从2000年9月起，英国政府在全国范围内开设了个人知识账户。人们用于学习的开支可以享受一定比例的折扣：大多数学习项目的费用可获得20%的折扣；用于学习信息技术和基础数学的支出则可享有80%的折扣。

八 国际联系

英国十分重视教育领域的国际交流，尤其注重与英联邦国家的交往。英国同欧盟国家在教育方面的联系也很广，在欧盟内部，互换留学生项目可以得到欧盟财政拨款的资助（如伊拉斯谟项目），英国每年约有1万名学生参加欧盟的留学生交换计划，到其他成员国学习。欧盟互换留学生项目还支持欧盟成员国的学校之间建立伙伴关系；资助外语能力培训；支持高级教育专家的研究访问，以及包括发展远距离开放性学习和成人教育在内的一系列多国合作项目。欧盟还制订专门计划，支持各国实施职业培训政策。2014～2020年，欧盟"伊拉斯谟+"项目将为英国提供将近1亿欧元，资助25万名青年人到其他国家参加教育和培训项目。欧盟还在成员国建立了一共10所欧洲学校，为欧盟机构雇员的子女提供多种语言教学，在英国，欧洲学校设在牛津郡。

为使英国教育的国际化程度走在世界前列，英国政府于2004年11月发布了《教育、技能和儿童服务国际战略》，提出强化英国和国际教育系统，尤其是与欧盟国家教育部门的联系。为此，英国政府提出要在学校普及外语教学，增强高校作为国际学习和研究中心的作用，鼓励教育培训和与工商界开展合作，促进教育观念的交流，并向发展中国家提供教育支持。作为该战略的一项内容，要求在此后的5年内，英格兰的每所学校都

英 国

要和一所外国学校结成"姊妹学校"。2013年，英国政府发布了《国际教育战略》，要求大力实施教育对外交流，鼓励本国学生到国外留学，认为这对于将来适应全球化的需要非常有必要。

英国优质的高等教育吸引着来自世界各国的留学生。2013~2014学年，约有43.55万名外国留学生在英国高等院校和继续教育学院学习或进修，占学生总数的18%，其中5%来自于其他欧盟国家。就国别而言，中国留学生数量最多，为87895人；接下来是印度留学生，为19750人。英国政府通过国际开发项目和其他赠款或奖学金项目，向外国留学生和接受培训者提供资助。每年有2000多人能够获得由英国外交部和国际开发部设立的奖学金。由这两个部门提供资助的两项主要奖学金为：①志奋领奖学金（Chevening Scholarship），这是一项向世界范围内的优秀研究生和年轻专业人员提供资助的奖学金，于1983年启动，目的是资助年轻人在英国的大学和科研机构学习和进行研究，中国自该项目启动以来就被涵盖在内。自2007年起，中国国家留学基金管理委员会与英国驻中国大使馆共同设立了志奋领联合奖学金，每年共同承担15名中国留学生的费用。②英联邦奖学金与研究员基金，为其他英联邦国家的学生和研究人员提供资助，在英国高等教育机构从事1~3年学习和研究的其他英联邦国家的研究生，可获得该项奖学金的资助。除此之外，对于那些来英国学习的外国学生和希望去海外学习的英国学生，还有许多由公共基金和私人设立的奖学金以及研究员基金项目对他们开放。其中比较著名的有：英国文化委员会的研究员基金、富布赖特奖学金、英国马歇尔奖学金、罗得奖学金、丘吉尔奖学金和英国工业联合会奖学金等。

此外，还有许多英国人在国外从事教育和培训工作。英国国际开发部还积极参与贫穷落后国家的扫盲和教育开发。近年来，英国政府每年用于这方面的开支超过8亿英镑，其中2/3用于撒哈拉以南非洲和南亚的11个最贫穷国家。由于英语在国际上占有独特的地位，帮助外国人学习英语一直是英国与其他国家进行教育和文化交流的一项重要内容，英国文化委员会和英国广播公司英语教学部在这方面做了大量工作。同时，还有许多年轻人作为志愿者到国外去教授英语。

第二节 科学技术

一 历史回顾

(一) 自然科学、工程与技术

英国的现代科技发展较早。英国走出中世纪后,科学技术得到迅猛发展,并于17世纪中期成为世界科学中心。继文艺复兴的策源地意大利之后,英国成为近代科学的策源地。牛津大学、剑桥大学、伦敦大学等都是英国乃至全世界知名的重要科研基地。历史悠久的英国皇家学会300多年来一直致力于自然科学的研究和发展,在全世界享有盛誉。自16世纪以来,英国产生了一代又一代科学巨匠,如牛顿、瓦特、法拉第、达尔文等,他们杰出的成就不仅得到世界公认,而且为近代科技奠定了坚实基础。但是,从19世纪末开始,随着英国的工业优势地位逐渐丧失,其科技强国的地位也受到了挑战,在科学技术领域的领先地位逐渐被美国和德国取代,在20世纪初的世界科技排行榜上退居第三位。尽管如此,英国目前依然是世界科技大国,在许多领域处于领先地位,尤其是在自然科学方面的总体实力仍然很强。英国的创新能力尤其突出,例如,在欧洲联盟发布的《欧洲创新排行榜》(European Innovation Scoreboard)上,英国的综合创新能力一直名列前茅(2008~2009年被列入"创新领导者"行列,此后排名略有下降)。

长期以来,与其他一些国家相比,英国的科研经费支出一直比较低,自20世纪90年代初以来一直保持在国内生产总值的1.8%左右(2011年为270亿英镑)。相较之下,美国的研发经费占国内生产总值的比例为2.8%,达到了2500亿英镑;法国和德国则均超过了国内生产总值的2%,并有望进一步提高到3%。英国的研发经费仅占全世界研发经费总额的3.2%。另外,英国科研人员的数量也不多,仅占全国人口的3%,劳动力总数的0.6%,低于经合组织国家平均水平,也仅略高于欧盟二十八国的平均比例。其科研人员占全世界科研人员总数的比例为4.1%。尽

英 国

管如此，英国人发表的科学著作和出版物占全球总量的6%，被引用率为11.6%，在全世界被引用率最高的论文中所占比例为15.9%，被下载的文章数量占全世界全部下载文章总数的9.5%，这说明英国虽然科技投入较低，但效率很高。英国人才济济，20世纪以来，获得各种国际公认奖项的英国籍科学家占全世界获奖总人数的10%。英国在基础研究方面占有绝对优势，尤其是在生物、医学、信息、金融、教育等领域，这一点突出体现在其诺贝尔奖获得者的人数方面。自1901年设立诺贝尔奖以来，截至2013年，共有81名英国人获得各项诺贝尔奖，其中21人获物理奖，21人获化学奖，23人获医学奖。英国的诺贝尔奖获得者人数仅次于美国，与法国、意大利、日本、俄罗斯、加拿大、荷兰和西班牙获奖人数的总和大致相当。

20世纪以来，英国在科技领域的重要贡献数量众多，涵盖领域也十分广泛。在20世纪初改变世界面貌、缩短世界时空距离的三大发明（汽车、飞机和无线电通信）中，英国人均多有贡献。二战以前，英国在核物理学、量子力学、天文学、数学、生物学和生理医学等领域取得了举世瞩目的成就；在青霉素、雷达、原子弹、计算机的发明方面做出了重要贡献。英国也是战后高新技术和高技术产业的开拓者之一，曾在许多高科技领域居于世界领先地位。在二战后的几十年里，英国在射电天文学、高能物理学、固体物理学、神经生理学、分子生物学和遗传工程学等领域取得了优异成绩。英国在医学、生物学和生命科学方面也一直居于世界领先地位。英国科学家率先建立了DNA结构模型，发现了胆固醇和胰岛素；世界上第一个"试管婴儿"就诞生在英国；世界上第一只无性繁殖的"多莉"羊也是由英国人于1997年"克隆"成功的。英国医学界将高科技与医学治疗相结合，发明了一系列先进的诊疗器械。英国在提高人类对宇宙本质和起源的认知方面也做出了显著贡献，创立了天体黑洞理论，并曾于1955年建造了当时世界上最大的射电望远镜。此外，英国在环境科学方面取得的成就也非常显著，1985年英国南极观察站的科学家发现了南极上空的臭氧洞。不过，自20世纪80年代初起，英国在高新技术方面总体上已落后于美国、日本和德国等国。

英国在科学技术方面世界领先地位的削弱与丧失，从根本上说是同其工业优势的衰落和经济实力的下降分不开的。英国科技发展中存在着一些固有弱点和问题，它长期偏重自然科学的纯理论探究，导致科学技术成果的应用十分迟缓。就科技成果进入工业化生产阶段的转化速度和效率而言，英国要低于其他一些发达国家，这正是导致其科技水平落后于美、日、德的重要原因。这也就是说，英国科技发展速度滞后的最关键因素，是没能处理好科学研究与技术开发的关系，未能使科研成果迅速转化为生产力。英国的科学研究往往更热衷基础研究，而较少考虑研究对象在应用方面的可能性，导致基础研究与实际生产之间存在着严重脱节。大学和国家研究机构从事基础研究，而工业界主要进行应用开发研究，彼此缺乏沟通与合作，基础研究的成果往往找不到能够将其付诸实际生产的企业。如前所述，导致英国科技发展速度滞后的另一个重要原因是英国的科研投入较低，而且，政府在相当长的时间内还将大部分研发经费主要用于军事防务建设。如 1985 年英国的研发费用总额为 72 亿英镑，其中政府研发经费为 21 亿英镑，而国防研发经费是政府研发经费的将近 2 倍，约为 41 亿英镑，仅次于美国，远远超过法国、德国和日本。在财政预算开支膨胀、经费有限的情况下，经费问题显然是导致英国整体科研水平下滑的重要因素之一。不过，冷战结束后，英国的科研经费明显向民用方面倾斜，特别是近年来，英国不断压缩军费开支，增加民用研发费用。最后一个原因是，英国科技人才收入低、待遇差，高端人才外流现象严重，也造成本土研究人员年龄老化。这些都影响和阻碍了英国的科技发展。

（二）社会科学

英国是一个具有悠久的哲学社会科学历史传统的国家。英国哲学的传统特色是经验主义，其经验主义哲学曾促进了近代资本主义在英国的崛起，在世界思想史上具有重要地位和影响。在欧洲，英国是较早出现唯物主义萌芽的国家。马克思和恩格斯曾指出，作为英国唯物主义理论主要成分之一的唯名论，"一般说来它是唯物主义的最初表现"。当欧洲处在中世纪中期时，英国神学中就出现了经验主义之光，其主要代表人物有罗吉尔·培根、约翰·邓斯·司各特和威廉·奥康等人。16～18 世纪，英国

英　国

哲学中的经验主义经过弗兰西斯·培根、霍布斯、约翰·洛克、贝克莱和休谟等人的发展，形成了唯物主义理论传统。弗兰西斯·培根被马克思认为是"英国唯物主义和现代实证科学的真正始祖"。他作为归纳逻辑的创始人提出了归纳法，强调实践的重要性；认为掌握知识的目的是认识自然，以便征服自然；他号召学者到工匠中去从事科学研究，从而推动生产技术的发展，体现"知识就是力量"的真谛。约翰·洛克被认为是唯物主义经验论的集大成者，他专门研究认识论问题，创设并论证了唯物主义经验论的知识起源于感觉的学说。洛克还是一位有影响的经济学家、教育家和资产阶级政治思想家，他反对"君权神授"说，提出分权理论，拥护代议制度，强调国家的主要任务在于保护私有财产。19世纪古典经验主义逐渐衰落，以布拉德雷为主要代表的新黑格尔主义在英国兴起。20世纪前半叶，以G.E.摩尔和伯特兰·罗素为代表的新实证论者与新黑格尔主义者展开了激烈的论战。逻辑实证主义的主要创始人是罗素，维特根斯坦是日常语言学派的奠基人，而批判理性主义的理论体系则是由波普创建的。虽然老一辈哲学家到二战结束时大多数已相继去世，但他们为20世纪30年代前后逻辑实证主义、日常语言学派和批判理性主义的形成及其在英国的传播开辟了道路。

英国是最早发生资产阶级革命的国家，又是产业革命的发祥地。它最先产生了适应和推动资本主义发展的政治学和经济学理论。英国作为世界上第一个市场经济国家，在资本主义的形成和长期发展过程中形成了独特且具有世界影响的市场经济思想。英国是重商主义的发源地，既孕育了以亚当·斯密和大卫·李嘉图为代表的自由放任市场经济理论，也是凯恩斯主义国家干预经济学说的诞生地。另外，英国的自由主义、费边社会主义、撒切尔的"新自由主义"和布莱尔的"第三条道路"等政治思想与政策主张，在英国和欧洲甚至在世界范围内也都产生了相当重要的影响。

英国曾是马克思主义的创始人——马克思和恩格斯长期生活过的地方，如果说德国是马克思主义的故乡，那么英国则是马克思主义的策源地之一。马克思主义的产生与英国资本主义的发展密切相关，英国古典政治经济学就是马克思主义理论的三个来源之一，当时英国的资本主义发展得最充分，资本主义社会的矛盾在这里暴露得也最突出。马克思的《资本论》、恩格斯的《英国工人阶级状况》和《反杜林论》，以及《共产党宣言》都是在英国写作完成的。

另外，英国也是现代资本主义国家的两大法系之一——英美法系的发源地。英美法系也称英国法系，或称普通法系、判例法系，是以英国中世纪至资本主义时期的法律传统为基础产生和发展起来的。英美法系的形成主要是由于英国在向外扩张过程中建立了庞大的殖民帝国，从而将英国法系的模式传播或强制推行到世界各地。英美法系在当今世界法律体系中占有重要地位，属于这一法系的国家有英国、美国、加拿大、新西兰、澳大利亚、印度、巴基斯坦、缅甸、新加坡等国，以及其他使用英语的亚非国家和地区。在英美法系的形成和发展过程中，英国出现过一些杰出的法律思想家，对西方民主政治和现代法学理论做出了重要贡献，如洛克的《政府论》（*Two Treaties of Civil Government*）确立了人民主权理论，而"法治"这一概念则要归功于19世纪的法学家戴雪。

二　科技政策

（一）概况（1979年之前）

科技政策是指一个国家或政党在一定历史时期为实现科技发展任务而制定的指导方针和行动纲领。第一次世界大战以前，英国的科技发展还处在政府很少过问的"自然"状态，19世纪末20世纪初以来，英国的科学技术领域虽然硕果累累，然而其工业和技术开始落伍的迹象日趋明显。英国人普遍认为，英国工业和经济衰落的原因在于其落后的教育和科研状况，科技和教育界人士一致呼吁政府重视和支持科技与教育事业，至此，英国政府终于抛弃自由放任政策，着手设立相应的机构，开始参与科技教育管理，在形成国家科技政策方面迈出了第一步。在两次世界大战期间，政府的科技政策以强调应用为特色，旨在扭转英国工业和经济相对衰落的发展趋势，但这一政策发展缓慢，收效甚微。在二战期间以及战后相当长的一段时间内，英国奉行带有浓厚军事色彩的全面竞争的科技战略。这样做的目的一方面是为了赢得战争和出于"冷战"的需要，另一方面则在

英 国

于英国试图借此维持其日渐衰落的世界大国地位。英国政府不惜耗费巨资研制原子弹和氢弹，庞大的军事和核威慑项目挤占了大部分民用科研经费。科技偏离了与经济的天然联系，成为英国政府参与冷战和保持世界大国地位的工具，但这只会阻碍民用科技的开发与应用，从而进一步加剧了英国工业和经济的相对落后状况。

20世纪六七十年代，保守党和工党政府都对科技政策进行了调整，以全面竞争为目标的科技战略逐渐收缩为"中等科技战略"。例如，1964年上台的工党政府进行了大幅度调整，强调科技战略从全面竞争转向突出重点，将重心转移到民用研究与开发。在具体措施方面，一是收缩科研项目，取消一些耗资巨大的项目；二是调整科技投资方向，大幅提高民用科技开发经费在研发总支出中的份额；三是改革科技管理机构，通过统一规划和管理，以先进技术改造工业部门，并帮助大学、技术学院与工业界之间建立"工业联络中心"。1970年保守党取代工党执政，将商业竞争机制引进科技领域，要求各科研单位通过竞争去承包项目获取资金。这种承包合同制对英国科技的发展影响巨大，因为这一体制更有利于那些偏重于应用性研究的机构，"大科学"和基础学科因此受到打击。1974年工党政府提出"重新部署政策"，使科技扶持重点从高能物理、空间和天文科学等"大科学"转向更具发展前景的研究与开发项目。"大科学"的经费再次遭到大幅度削减，农业、医学等基础学科的研究经费日益捉襟见肘。不过必须承认，这一战略性变化是与日渐衰落的英国经济及其国际地位分不开的，也在一定程度上有利于改善其科技落后状况。

（二）撒切尔时期的科技政策

1979年撒切尔夫人主政后，将发展科技列为振兴英国的重要措施之一，其主要举措如下。

（1）实行科研分工制，加速科研成果的开发利用。撒切尔夫人亲自主抓科技革命，号召举国上下行动起来，重视科技研究与开发。她将1982年定为"信息年"，着手推行科研责任制，对内阁相关各部的科研工作进行分工。撒切尔政府还在英国的西北部、东北部、西南部、西米德兰、苏格兰西部、威尔士和亨伯赛德郡设立了7个技术转移中心，作为当地的技术转让枢纽，使大学和科研机构的科研成果能够得到跨行业的综合利用，从而将科技发明迅速转化成商品。

（2）实施战略性科技发展计划，大力发展高科技。撒切尔政府制订了一系列高科技发展计划，包括信息技术的研究与发展计划、光导纤维光学发展计划、计算机和制造系统的研究计划、生物技术计划、蛋白质工程计划和阿尔维信息计划等。政府为这些计划提供高额补助金，并通过技术开发补贴、优惠的风险投资政策和税收政策，刺激高科技的研究和利用，以达到振兴经济的目的。为了提高英国在世界上的竞争力，政府将科研重点放在信息技术、新材料、生物工程与药品及医疗器械的研制方面。

（3）加强高等院校与工业部门的联系，注重在实践中发现重大科研课题。英国政府于1986年制订的"联结计划"，大力提倡科研与工业特别是大学科研与工业生产紧密结合。在沿英国M4号公路一带、剑桥大学和苏格兰中部地区，形成了3个著名的高科技中心，这些地区的电子和半导体集成芯片等信息产业居于世界领先地位。政府还通过按照技术贡献大小拨款的手段刺激大学建立"科学－工业园"，这些科学园集研究、开发、试生产于一体，具有孵化器的功能，加快了科技成果的转化。20世纪80年代，英国建成了30个这样的科学园。

（4）实施科研经费来源多样化政策。撒切尔政府认为，现代科技发展日新月异，科研成本迅速增加，仅仅依靠政府提供的科研经费无法满足科研发展的需要，必须借助于社会力量广开财源，才能使科研得到足够的资金保证。因此，撒切尔政府采取了多种刺激性政策，鼓励私人企业直接从事或参与研究和开发，其中包括政府与私人企业联合研究，共同分享科研成果；对科研项目提供资助的企业可以免费或优先获得相关课题的发明专利等。

（5）将市场规律引入科技政策。不过，这既给英国科技的发展带来了活力与成就，也造成科技政策的大幅度波动。撒切尔夫人在其任职前期，在大规模推行私有化的同时，也对政府开支进行了大幅度压缩。在科技政策方面，则相应采取削减科研经费、集中发展战略性高科技的政策。

英 国

在科研经费的分配上,她提出"靠近市场"的原则。配合国有企业的私有化,政府将科研经费大量投向私人企业。撒切尔夫人一方面削减民用科研经费,另一方面保持高额的军事项目开支,使得许多民用高科技项目因财力不足而半途而废,自然科学中的基础研究项目经费捉襟见肘,大批科学人才流失。英国科学界为此组成"拯救英国科学协会",呼吁政府重视基础科学研究。在这种背景下,1988年撒切尔政府的科技政策发生了颠覆性的变化,宣布不再资助"靠近市场"的研究与开发,转而加大对基础科学的投资。这种政策上的突然转向,使得科技界茫然不知所措,将英国的科学研究带入某种近乎毁灭性的"冰川时期"。

(三) 工党政府的科技政策

布莱尔政府上台后,对英国的科技发展战略进行了进一步调整,积极构筑面向21世纪的科技发展框架,以带动英国的经济发展,增强国际竞争力。1998年英国政府发表白皮书《我们有竞争力的未来——创建知识经济》,强调将知识经济作为英国经济的基石,并提出如下举措。

第一,加大科研投入。1998年7月,英国政府出台跨世纪的科研预算方案,宣布1999~2002年与卫康信托(世界上最大的医学慈善机构)共同出资14.03亿英镑(10亿英镑为政府增拨的公共基金,其余4.03亿英镑由卫康信托资助),用于加强科学与工程基础研究,其中7亿英镑为新增加的科学预算。这样,以1998/1999财政年度的13.38亿英镑为资金基线,此后3个年度的科学预算总额将分别增至14.73亿英镑、15.87亿英镑和16.58亿英镑,实际增幅分别为7.3%、12.7%和14.8%。如此大规模的科研资金投入在英国历史上尚属首次。

第二,改进资金运作方式,扩大资金来源。工党政府运用市场机制,大量引进私人资本,并注重提高资金使用效益,在制定科研预算时,打破财政预算由政府包揽的通行惯例,配套以私人资本。如上述预算方案中的"共同基建基金资本"总量为6亿英镑,政府与卫康信托各承担一半,各一次性投入3亿英镑。为改善大学的科研基础设施,政府制订了"共同研究设备活动计划",规定申请该计划资助的大学必须同时获得私人企业的科研资助。

第三，提高企业对科研的参与程度，加快科研成果的产业化和商品化。为鼓励企业增加科研投入，布莱尔政府采取了一系列财税措施，包括降低公司税、削减小企业的资本收益税、对小企业投资科研实行优惠税率等。除此之外，政府还致力于建立和健全风险资本市场，使之成为科研特别是高新技术研究与开发的最重要依托。为了加快科技成果的转化，英国政府还在卫康信托等企业的资助下设立了"种子基金"，用于资助科研机构从事科研活动、申请专利、产品原型设计及制订经营计划等。

第四，大力加强高新技术产业的研究、开发和应用。工党政府认为，分子与生物科学、信息与通信技术将成为21世纪的主导产业，因此不惜加大投资力度，集中财力物力确保英国在这些领域的领先地位。仅在1998/1999财政年度，英国政府对与分子和生物科学相关的科研机构的投入就占到了科研经费总额的35.57%。在信息与通信领域，英国虽然没有美国"硅谷"那样称雄世界的科研产业基地，但苏格兰的"硅峡谷"、剑桥的"硅沼"和"泰晤士狭长走廊"（即沿M4号公路带）的信息通信产业也较为集中并渐成规模，在软件生产等方面具有很大优势。

第五，在财政援助和人才机制方面进行重大改革，招募国内外最优秀的人才为英国科研服务。2000年，英国政府规定在人才短缺的产业放宽对劳动许可证的发放限制，并以信息技术人才为主。从2001年3月开始，向信息技术人才发放劳动许可证的时间从1个月缩短为1星期。此后不久，英国又放宽了技术移民政策。2001年12月，英国内政部宣布，申请人只要在若干科技领域达到规定的标准，就可以自由地在英国找工作，时间为1~4年，之后还可以申请长期居住。为了留住本国人才，2000年7月5日，财政大臣布朗宣布了一项科研投资计划：政府将与卫康信托合作，向科研部门投资10亿英镑，用于培养重要科研部门的博士生，以防止高科技人才流向美国。政府还决定，2003年以前将科学和工程专业的研究生工资提高23%，科学家的工资也有大幅度提高。另外，为迎接信息革命和知识经济的挑战，工党政府决心在全社会普及计算机应用。从

英 国

1999年开始，英国政府在3年内投资110亿英镑，给学校和医院配备了计算机系统。1999年3月，政府开始实施一项耗资17亿英镑的"人人拥有计算机计划"，旨在建立一个由计算机学习中心构成的全国性网络。计算机学习中心设在中小学校、高等院校、图书馆、咖啡馆以及每个社区，"使整个英国为信息时代的到来做好准备"。

"创新"无疑是工党政府科技政策的重点。2008年，工党政府发表了题为《创新国家》（Innovation Nation）的科学与创新战略白皮书。该白皮书分为9个部分，分别是：政府的作用、需求创新、支持企业创新、创新研究基地、国际创新、创新人才、公共部门创新、创新场所，以及为成为"创新国家"而需要进一步采取的措施。该白皮书特别强调创新人才的培养和开发策略，尤其是强调加强对人才以及知识的投入、强调激发各个层次人才的活力、强调将科技发展战略与人才发展紧密结合在一起。白皮书全面阐述了英国的人才发展战略，尤其是在教育领域，主要包括以下措施：①大力发展继续教育，并将人才培训与企业创新结合起来，主要途径是通过"继续教育知识与技术转让计划"、继续教育与创新基金，以及"雇主获益"（Train to Gain）培训计划等来实现这一目标。②继续推动高等教育作为培养人才重要基地的作用，为此，政府拟在10~15年内采取以下措施：制订"新大学挑战"（New University Challenge）的计划，特别是增加高校与企业的互动；出台"高等技能战略"（Higher Level Skills Strategy），进一步促进有助于企业创新的高等技能发展；采取措施增加科学、技术、工程和数学等学科的高校学生数量。③注重青年创新人才的教育，重点在于培养年轻人的创业与创新精神及能力。除人才培养和开发战略之外，该白皮书还针对不同部门的创新制订了有针对性的计划，以期将英国建成一个"创新国家"。可以说，该白皮书是迄今为止最全面、最完整的国家创新战略规划。

（四）联合政府时期的科技政策

2010年保守党与自由民主党联合政府上台后，仍然将推动创新与培养创新人才作为其科技政策的重点。特别是在面临全球金融危机、经济低迷不振的情况下，英国政府愈发将创新作为恢复经济增长的首要举措。

2011 年 12 月，英国政府发表《促进增长的创新与研究战略》（Innovation and Research Strategy for Growth），为创新技术的发展方向与创新人才的培养确定了指导方针。

该报告共分为 6 个部分，着重强调的是企业创新。为提升英国的总体创新技能，该报告提出了以下 4 个优先发展的政策领域：①加强公共部门、私营部门与其他部门之间的合作，加强创新体系内部的知识传播与共享；②推动并加强知识基础设施的建设，特别是高等院校、研究机构以及信息机构；③推动各个经济部门的企业投资，不仅包括高科技领域，也包括中低端的科技活动；④改善包括中央政府和地方政府在内的公共部门在促进创新方面的潜力，使其成为重要的创新驱动者。

在对创新人才的培养方面，该报告指出："政府要发挥应有作用，与商业、学术界和社会合作，为培养世界上最优秀的发明家和最优秀的发明创造最佳环境。"报告强调，创新技能是指，为创造、适应或推动变革所必需的和以人为载体的能力的总和。因此，人力资源可归属为最无形的资产，而专利、研发、软件、设计等均为人类专业知识的结果。创新表现既取决于技术技能，同时也取决于组织、管理以及销售技能，取决于工业和商业模式。提高技能需要有投入，且具有风险，而且成本很高，并具有不确定性，而目前英国普遍存在技能短缺情况。

该战略报告还指出，创新人才主要包括以下几个类别：①得到良好培训的科学家和工程师，这是创造新产品和新服务所必不可少的；②组织人才、管理人才与销售人才，因为这是将新产品和新服务转化为生产力所不可或缺的；③除上述专业人才外，掌握全面技能的普通人才同样重要，特别是擅长语言、数学和信息技术的人才，因为这是学习和掌握新技能所必需的。此外，自 2009 年起，英国政府还每年发布创新年度报告，对包括人才在内的年度创新发展情况进行总结和评估，同时提出改进措施以及未来的发展政策。

英国政府还制定了长期产业战略，涵盖与经济增长关系最为密切的 11 个部门，即空间技术、农业、汽车、建筑业、信息经济、国际教育、生命科学、核工业、海上风电、石油与天然气，以及专业服务与商业服

务，其目的是通过向企业界提供支持，推动英国的经济增长，提高经济竞争力。此项战略尤其强调开发新技能，以及为能够将科学研究和发明付诸商业化提供关键性投资。政府重点扶植的技术领域为：大数据、卫星技术、机器人及相关自动化系统、合成生物学、再生医学、绿色农业技术、先进材料与能源贮存技术。

三 科技管理体制与研究理事会

（一）科技管理体制

公共部门是英国基础科学研究的主要资助者，企业则主要承担研究和开发新产品及改进已有产品和服务等事宜。英国政府通过制定长期规划，努力创造有利于开展研究、开发和应用的环境，促进技术的转让和使用，并鼓励工业界在研究与开发方面进行更多投资。英国中央政府保留制定科技政策和对科学技术的某些方面进行管理的权力，而将其他方面的权力和责任下放给苏格兰、威尔士和北爱尔兰的行政主管部门。

2007年6月以前，贸易与工业部负责管理科学、工程和技术发展方面的基础问题。政府内部设有一个跨部级的科学小组，以确保将科学、工程和技术纳入政府的发展政策。2004年，在该顾问小组的基础上，成立了技术战略委员会（Technology Strategy Board），负责就英国的科技战略及其架构向首相提出建议，它是政府的咨询机构。

2007年6月，英国政府改组内阁，将原商业、企业和制度改革部与创新、大学和技能部重组为商业、创新与技能部，联合政府上台后保留了这一部门设置。商业、创新与技能部是负责科技和创新事宜的主要政府部门，其宗旨是将英国建成世界上创新能力最强的国家之一，并确保英国在全球经济竞争中拥有足够的创新人才。该部的主要职能包括：发展高等教育和继续教育，为学生提供在全球就业市场竞争所需的技能；鼓励和支持创新，发展科学与研究事业；支持商业发展，提高其生产力，帮助其在全球参与竞争；制定更好的规则，取消不必要的规则，使规则更加简单易懂，帮助企业节约时间和金钱，提高商业活动的效率。该部负责编撰的《科学和创新网络：2011/2012年度报告》（Science and Innovation Network：

Annual Report 2011-12) 开篇即提到:"科学和创新在促进繁荣和可持续发展,解决主要的全球挑战,如气候变化、能源安全、网络犯罪和流行疾病等方面都具有关键作用。"目前,除英国之外,世界上还鲜有其他国家设有部一级的政府部门专门负责创新事宜。

在商业、创新与技能部成立后,技术战略委员会随之成为该部下属的一个独立机构,其主要任务是推动创新,并鼓励在那些可以最大限度促进英国经济增长和提高生产力的领域进行技术辅助式创新。其目标在于使英国在创新领域成为全球领导者,并吸引各类能够快速应用技术、有效和可持续地创造财富并提高生活质量的创新企业。英国政府给予技术战略委员会大量资金支持。2011~2015年,英国政府的资助额超过10亿英镑,支持以商业为导向的科学研究。技术战略委员会与其他机构建立了有效的伙伴关系,如英国的各个研究理事会。

2014年8月,技术战略委员会更名为"英国创新局"(Innovate UK),以更明确地表达其任务和目的。该局共有250名员工,其主要任务是发现和推动英国的科技创新。通过英国创新局,英国政府共投资2亿英镑,成立了9个"弹射中心",旨在帮助企业采纳、开发和利用创新产品与技术。这九个"弹射中心"关注的领域分别是:高价值制造业、细胞疗法、海洋可再生能源、卫星应用、数字经济、未来城市、交通系统、能源系统和关于分层医学的诊断学。此外,英国创新局还设立了其他多种鼓励科技创新的基金和网络,如"Smart"(为中小企业提供创新基金)和"知识转移网络"(Knowledge Transfer Networks, KTN)等。知识转移网络遍布全国,它将各个领域——企业、研究机构、大学、技术组织、政府、金融和政策部门——的人才联系在一起以激励创新,目的是使英国企业能够处于全球技术和创新的领先地位。截至2015年底,英国共有15个知识转移网络,通过合作和相互联系,这些网络进而形成了一个"网络的网络"。

(二)研究理事会

专门性研究理事会是英国科技管理方面的一大特色。英国共有7个研究理事会(research council),这些研究理事会是由公共资金设立的国家级研究机构,归商业、创新与技能部管辖,但在行使职能时拥有极强的独

英　国

立性。每个专门性研究理事会负责一个专门的学科领域，分别是：艺术与人文研究理事会（Arts and Humanities Research Council，AHRC）、生物技术与生物科学研究理事会（Biotechnology and Biological Sciences Research Council，BBSRC）、工程与物理科学研究理事会（Engineering and Physical Sciences Research Council，EPSRC）、经济与社会研究理事会（Economic and Social Research Council，ESRC）、医学研究理事会（Medical Research Council，MRC）、自然环境研究理事会（Natural Environment Research Council，NERC）、科学与技术设施理事会（Science and Technology Facilities Council，STFC）。这些研究理事会均是根据"皇家特许状"成立的，其成员来自于各大学、专业机构、工业界和政府。

研究理事会每年从英国政府获得大约25亿英镑的公共基金，约占英国政府科学预算总额的50%，用于学术研究以及培养研究生，其范围涉及各个领域和全世界范围内的重大前沿课题。此外，研究理事会也可从政府部门和私人委托的研究项目中得到资助。研究理事会资助的主要研究领域包括：医学、生物学、天文学、物理学、化学、工程学、社会科学、经济学、艺术和人文科学等。其重大前沿课题涵盖如下六大主题：环境变化、全球稳定、健康老年、数字经济、纳米技术和新能源。研究理事会研究基金所资助的大部分项目都是采用竞争方式，通过严格和公正的同行评议机制评选出最优秀的科研项目对其进行资助。研究理事会十分强调知识转移的作用，认为人才是知识转移的核心，因而鼓励大学和企业之间的互动交流，支持学术界与商业界研究人员的交换，提倡公司与研究人员之间建立伙伴关系。为此目的，研究理事会通过支持构建网络和"成员身份计划"等途径，保证研究人员能够在商业环境中开展科研工作，并支持建立"知识转移伙伴关系"（Knowledge Transfer Partnerships，KTP）。

英国的研究理事会非常注重国际合作，注重与世界各地的优秀科研人员进行合作研究。例如，英国研究理事会中国处于2007年在北京成立。该处先后资助了一系列推动中英两国科研人员进行研发合作的活动，其中包括40个研习班和30场研讨会，在能源、二氧化碳捕获与封存、食品安全、社会科学等方面进行交流，并取得了阶段性成果。双方还将在诸如智能电网和电动汽车、能源储存、新能源等领域进一步开展合作。

下面就这七家研究理事会做一简要介绍。

工程与物理科学研究理事会，其任务是促进和支持工程与物理科学方面高水平的基础研究、战略研究和应用研究，以及培养这些领域的研究生。它负责提供咨询、传播知识和促进公众对这些领域的了解。该研究理事会在9个领域承接研究项目：物理、化学、数学等基础学科，信息技术和原材料科学的一般技术，3个工程类（一般工程、制造业和基础设施工程、环境和保健工程）研究项目，以及生命科学类研究项目。它还和经济与社会研究理事会、生物技术与生物科学研究理事会及政府部门进行合作研究。该理事会的预算最多，2013/2014财政年度为8.4375亿英镑，其中5.362亿英镑用于资助科研，2.431亿英镑用于研究生培养。

医学研究理事会，其任务是促进和支持医学研究和人员培训，旨在提高知识和技术水平，维护和改善人们的健康，以及向社区提供受过良好训练的专业人员，以便满足对保健、生物技术、医疗器械、药学等方面的需要。该研究理事会与大学和医科学校有着密切联系。它有两大科研机构，一个设在伦敦，另一个在剑桥，共有40个科研单位和一些科研小组。其主要研究领域有：分子结构和性能、细胞生物化学和生理学、发展生物学、遗传基因图谱和健康、环境与人类的相互影响、细菌和寄生疾病，以及免疫系统的作用和发展等，同时，该研究理事会的活动还包括促进人们对中枢神经的了解、推动对器官系统和癌症的研究，以及研究与测试医疗活动和保健的效果等。该理事会2013/2014财政年度的经费预算为8.273亿英镑，仅次于工程与物理科学研究理事会，其中3.099亿英镑用于资助科研，8600万英镑用于研究生培养。

自然环境研究理事会的科研领域较广，具体有：认识和保护生物多样性；环境危机与公害；全球在时间和空间规模方面的变化；自然资源（包括土地、水和矿区管理）；废物管理和土地还原；空气、土地、海洋和淡水的污染等。该理事会的下属机构包括：英国地质调查组织、英国南

极调查组织、海岸和海洋生物中心、生态和水文中心,以及两个与大学共同合作的签约中心,即国家环境科学中心和国家土地观测中心。该理事会的许多科研项目对环境保护和提高人们的生活质量有着重要意义。该理事会2013/2014财政年度预算开支为4.141亿英镑,其中1.462亿英镑用于资助科研项目,2360万英镑用于研究生培养。

经济与社会研究理事会是社会科学领域的研究理事会,它支持高质量的科研和培训,旨在提高英国的经济竞争力和人们的生活质量,提高公共服务和政策的效率。得到该理事会资助的所有科研活动都在高等教育机构或独立的科研机构中进行。列入该理事会优先研究的课题有:经济活动和发展;环境和可持续发展;全球化、区域与新兴市场;治理、规制与责任;技术与人;创新、知识交流与学习;寿命、生活方式和健康;社会融入和排斥。该理事会有3个研究中心:设在曼彻斯特的改革和环境研究中心,设在谢菲尔德大学的制造业组织和改革中心,以及设在布莱顿和苏塞克斯大学的综合生产体系改革研究中心。该理事会2013/2014财政年度预算开支为2.126亿英镑,其中1.341亿英镑用于资助科研项目,6090万英镑用于研究生培养。

生物技术与生物科学研究理事会,其首要任务是促进英国生命科学的健康发展,提升英国在生物科学领域的国际竞争力,并负责为整个生物科学领域的基础研究、战略研究和应用研究提供资助,此外,它还向大约2000名研究生提供科研资助。该理事会涵盖的领域非常广泛,包括农业的可持续发展与土地利用、动物健康与福利、生物化学与食品安全和食品质量、医药学、卫生保健等与生物技术有关的方方面面。该理事会还致力于通过为政府与企业发展提供创新与知识转移,以提升其经济与社会影响,同时,它还致力于推动公众积极参与对生物科学的了解。该理事会2013/2014财政年度的预算经费为5.425亿英镑,其中4.08亿英镑用于资助科研项目,6370万英镑用于研究生培养。

科学与技术设施理事会的主要任务是推动科学与技术研究,其涵盖的研究领域十分广泛,特别是资助各高校开展天文学、粒子物理学、核物理学、材料工程学、空间科学、生物医学的应用等研究。该理事会在柴郡的达斯伯里和牛津郡的哈韦尔各拥有一家国家科学与创新实验室,致力于新兴的跨学科和多学科研究技术,同时促进科研成果转化为经济效益。此外,它还与国内外多家研究机构和研究中心有着密切联系。2013/2014 财政年度,该理事会的经费预算为 5.699 亿英镑,其中 1.178 亿英镑用于资助科研项目,2390 万英镑用于研究生培养。

艺术与人文科学研究理事会主要是资助艺术与人文科学领域的研究和研究生学习,其涵盖范围包括语言、法律、考古、英语文学,以及设计、创意文学和表演艺术等。它每年资助的研究项目有 700 个左右,并提供 1350 个研究生奖学金项目。2013/2014 财政年度,该理事会的经费预算为 1.088 亿英镑,其中 5490 万英镑用于资助研究项目,4630 万英镑用于研究生培养。

(三) 英国皇家学会

除了研究理事会之外,英国还有诸多科学学会,其中最为著名的是英国皇家学会 (The Royal Society)。该学会始创于 1660 年,1662 年获得"皇家特许状",是英国最具名望的科学学术机构,其会员均为尖端科学领域的领军人物。英国皇家学会也是全世界最古老、从未中断过的科学学会。它从 1664 年开始出版《哲学论坛》,从 1800 年起发行《皇家学会会志》。除以上两种刊物外,它还发行《年报》。皇家学会的宗旨是以这些刊物为媒介,传播重大科学发现,促进科学研究的发展。当选英国皇家学会会员是极高的荣誉,候选人必须是在自然科学领域有突出贡献的人。牛顿于 1672 年成为该学会会员,1703 年被任命为学会主席。截至 2016 年 3 月,英国皇家学会共有会员 1600 人,每年增选最多 62 名会员(包括 10 名外籍会员)。皇家学会是一个独立、自治的机构,在制定章程、选举会员时独立操作,无须政府批准,但与政府的关系又非常密切。英国政府为皇家学会提供财政资助,英国女王伊丽莎白二世也是学会的赞助人之一,许多会员都是政府顾问委员会和相关研究理事会的成员。学会就科学问题向政府提供独立的咨询意见,并通过其会员在各机构中的活动对国家的发展及相关政策的制定做出贡献。学会没有自己的科研实体,它的科学研究、咨询等职能主要通过指定研究项目、资助研究、制订研究计划、会员

与工业界的联系,以及开展研讨会等方式予以实现。学会相当于英国的国家科学院,在国内外代表英国科学界,承担促进科学知识传播和科教事业发展的重任,并负责向有关科研团体拨付研究经费。该学会还是国际科学联合会(ICSU)的创始成员之一,并在欧洲科学基金会中发挥着积极作用,它同时还参加各种非政府机构之间的国际科技交流与合作。多年来,它与英国国内及世界各地众多的科学组织都建立并保持着互利合作关系。英国皇家学会每年大约向总共1500名研究人员提供总额为4200万英镑的资助。

四 国际合作与交流

英国积极在科技研究与开发方面开展国际合作与交流,特别是与欧洲国家的合作。1984年以来,欧盟推出了一系列包括众多学科和部门在内的合作研究与开发计划,以加强欧洲工业的科学和技术基础,支持欧盟的发展政策。英国参加了其中半数以上的项目,尤其在生物制药、农业、交通以及社会与经济研究方面具有优势。"研究与开发框架计划"是欧盟用于资助研究与开发的一个主要项目,2014~2020年是该项目的第七个计划年度。该计划支持战略性和多学科应用研究,旨在解决诸如陆路交通、海洋技术和"未来城市"这类欧洲面临的紧迫问题。英国的企业、高等院校与科研机构均积极参与这一跨国合作研究计划。英国研究理事会和英国文化委员会在布鲁塞尔设有联合办事处,以促进英国相关机构和企业参与欧盟的各项研究计划。

"尤里卡计划"是一项以工业为主导的计划,目的在于推动欧洲国家在开发具有世界竞争力的先进产品和工程技术方面进行合作。截至2014年底,约有600多个项目正在进行当中,有500多项已经完成。有800多家英国机构参加了"尤里卡计划",尤其是在成功开发数字无线通信系统方面做出了重要贡献。英国还参加了欧洲"科技合作计划",这是一项鼓励欧洲国家进行跨国科研合作的计划,共有32个成员。英国参加了该计划总共176项活动中的157项。交通、电信和材料设备是该计划的传统资助领域,一些新的资助领域则包括物理、化学、神经科学,以及生物工艺学在农业（含林业）方面的应用等。英国还是设在日内瓦的欧洲粒子物理实验室的成员，并参加了设在海德堡的欧洲分子生物学实验室。英国自然环境研究理事会是全球气候变化国际研究项目的积极参加者，该项目通过世界气候研究计划和国际地球生物圈研究计划组织实施，此外还为海洋钻探研究计划提供捐助。英国医学研究理事会则为人类前沿科学研究计划和国际癌症研究署提供资助。此外，英国所有的研究理事会都同其他国家的相关机构签订了一系列双边协议，以促进在这些研究领域开展国际合作。如英国生物技术与生物科学研究理事会与法国、荷兰、美国、加拿大、日本、韩国和印度的对应机构签订了协议，为国际交流项目提供差旅费与研究奖学金等资助。

英国是经合组织和北约组织下属的一些科学和技术委员会的成员，也是联合国各专门机构（包括教科文组织）的成员。英国研究理事会、皇家学会和英国学术院是欧洲科学基金会的成员。英国政府还同其他国家的政府签订双边协议，以促进双方在科学、工程和技术领域的密切合作。英国文化委员会及其驻外代表机构（各驻外使领馆文化处）在这方面扮演着重要角色。英国在驻中国、美国、日本、加拿大、法国、德国、意大利、韩国等国的外交使团中还设有科技专员。

英国与中国的机制化科技合作始于1978年。双方于1998年成立"中英科技合作联委会"；在2004年签署的《中英联合声明》中，双方将科技创新合作作为战略伙伴关系的一个重点领域，此后，中英双方的科技合作发展十分迅速。中英双方建立了中英科技和创新合作伙伴关系，在农业、卫生、气象、地震等领域建立了定期会晤机制，并签署了20多项科技合作对口协议或备忘录，涵盖基础研究、卫生、农业、水利、林业和航天航空等几乎所有领域。2008年11月，中英两国签署《关于加强科学和创新领域全面合作与交流联合声明》和《进一步推进合作关系发展谅解备忘录》；2012年4月，中英双方签署《关于促进中英创新合作的谅解备忘录》，创新政策与技术成为中英两国关系中的一个新领域和新亮点。2013年10月，英国研究理事会发表报告显示，英国替代日本成为中国第二大科研合作伙伴，仅次于美国。

英 国

第三节 文学艺术

一 文学

英国的文学创作具有悠久的现实主义传统，在世界文学史中占有突出地位。数百年来，英国涌现出了许多卓越的作家、诗人和戏剧艺术大师，他们的不朽巨著是欧洲乃至世界文学的瑰宝。

(一) 20世纪前的英国文学

早在欧洲文艺复兴时期，英国的人文主义和现实主义文学家就已卓有声誉，影响深远。伟大的人文主义者和现实主义者乔叟与莎士比亚对英国和欧洲的文学艺术起到了很大的推动作用，为近代资产阶级文学理论及文艺的发展奠定了坚实基础。乔叟（1340~1400）是英国现实主义文学的奠基人，英国文艺复兴初期的伟大作家和诗人。其代表作《坎特伯雷故事集》生动地描绘了14世纪英国的社会生活，体现了反封建倾向和人文主义思想。乔叟奠定了近代英国语言文学的基础，被誉为"英国文学之父"。在文艺复兴时期，英国影响最大、声誉最高的现实主义大师当首推莎士比亚（1564~1616）。莎士比亚的作品享誉世界，是世界艺术宝库中的珍品。他一共创作了37部戏剧、2首长诗和154首十四行诗。他的"四大喜剧"——《仲夏夜之梦》《威尼斯商人》《皆大欢喜》《第十二夜》，"四大悲剧"——《哈姆雷特》《奥赛罗》《李尔王》《麦克白》，以及《罗密欧与朱丽叶》和许多历史剧，均备受后人推崇，他被尊称为"英国的戏剧大师"。莎士比亚通过这些剧本，以资产阶级人文主义思想对英国社会做了广泛而深刻的描绘，揭示了种种社会矛盾和历史发展进程，是世界文学史上最著名的作家之一。

17世纪是英国资产阶级革命发生的年代。这场革命也在文学领域有所体现：一是印行大量传单和小册子，各种派别特别是属于革命阵营左翼的平等派和掘土派通过它们来发表政见。二是出现了一位大诗人弥尔顿（1608~1674）。弥尔顿对英国革命的贡献首先在于他的政论文，他用英文和拉丁文撰写了许多小册子，为英国人民处死国王的行动辩护。他的长篇诗作《失乐园》《复乐园》《力士参孙》，采用无韵体形式，表达了坚持斗争、对革命忠贞不屈的信念。另外，出身于劳动人民家庭的英国文学家班扬（1628～1688）也是资产阶级革命时期的一位重要作家，他在小说《天路历程》中以寓言的形式叙述了虔诚教徒在一个充满罪恶的世界里的经历，对居住在"名利场"的上层人物做了严厉谴责。这部作品成为英国近代小说的先驱。

18世纪和19世纪的英国文学以现实主义小说著称。英国的现实主义小说经过笛福（1660～1731，著名作品为《鲁滨孙漂流记》）、斯威夫特（1667～1745，代表作是《格列佛游记》）、菲尔丁（1707～1754，代表作是《弃婴汤姆·琼斯的故事》）和奥斯汀（1775～1817，著名作品为《傲慢与偏见》）等优秀作家的努力，到了狄更斯（1812～1870）笔下达到了顶峰。狄更斯的小说《雾都孤儿》《尼古拉斯·尼克尔贝》《老古玩店》《董贝父子》《艰难时代》《小杜丽特》《我们共同的朋友》《双城记》等，不仅在欧美广为流传，其中不少还被译成中文，在中国也有许多热心读者。他以批判现实主义为创作原则，从英国现实社会中摄取素材，全面而生动地展示了19世纪中叶英国的社会生活。马克思将狄更斯列为19世纪英国最杰出的批判现实主义小说家，高度评价他对世界文学做出的巨大贡献。萨克雷（1811～1863，代表作《名利场》）和哈代（1840～1928，其长篇小说《德伯家的苔丝》和《无名的裘德》享有盛誉）则是继狄更斯之后著名的批判现实主义小说家。此外，司各特（1771～1832）创作的27部历史小说（其代表作有《威弗利》《罗布·罗恩》《米德洛西恩的监狱》《艾凡赫》），开创了英国历史小说的先河，而且对后来欧美国家的小说写作产生了重要影响。盖斯凯尔夫人（1810～1865）的《玛丽·巴顿》、夏洛蒂·勃朗特（1816～1843）的《简·爱》和爱米丽·勃朗特（1818～1848）的《呼啸山庄》等，也都是这一时期现实主义小说中的上乘之作。

在诗歌方面，以拜伦（1788～1824）和雪莱（1792～1822）为代表的浪漫主义诗歌在英国文学史上占有重要地位。他们成长在法国大革命发

英 国

生的年代,受民主主义思想影响,其作品对欧洲大陆和英国的反动势力进行了猛烈抨击。拜伦的代表作《查尔德·哈罗尔德游记》和《唐璜》,表达了对社会罪恶的谴责和抨击。雪莱的《西风颂》和《解放了的普罗米修斯》,抒发了对美好社会和生活的希冀。济慈(1795~1821)作为英国文学史上仅次于拜伦和雪莱的"积极浪漫主义诗人",以其《心灵》《夜莺》《秋颂》等重要诗篇而闻名。有人指出,在莎士比亚去世之后,英国文学史上还没有哪个时期出现过数量如此众多的一流诗人,创作了如此大量为后世所珍视的诗歌。他们的作品对英国和欧洲后来的文化和政治产生了重大影响。

(二) 20世纪的英国文学

20世纪初英国文学的最重要成就之一是戏剧创作上的突破。爱尔兰作家萧伯纳(1856~1950)来到英国后,用风格辛辣的剧评为以易卜生为代表的欧洲现实主义新戏剧打开了局面。后来,他又将自己的创作同阿里斯托芬以来的欧洲古典喜剧传统巧妙地结合起来,创作了51部剧作,被誉为"20世纪最伟大的戏剧家",并获得了1925年诺贝尔文学奖。其著名剧作有:《鳏夫的房产》《华伦夫人的职业》《人与超人》《英国佬的另一个岛》《巴巴拉少校》《皮格马利翁》《伤心之家》《圣女贞德》《苹果车》《真相毕露》等。它们或是辩论社会问题,或是发表新颖思想,但都给以观众崇高的艺术享受。新戏剧的另外一支强大力量也来自爱尔兰。随着爱尔兰民族解放运动的高涨,出现了爱尔兰文艺复兴运动。在都柏林的阿贝戏院,格雷戈里夫人和著名诗人叶芝(1865~1939,其代表作为《因尼斯弗利岛》和《胡里痕的凯瑟琳》)主持演出了包括他们自己在内的著名爱尔兰作家的剧作。

在英国本土,两次世界大战对文学创作产生了重大影响,在"精神的废墟"上出现了现代派文艺。当时英国诗歌的代表作是艾略特(1888~1965)的《荒原》。他用新奇的形象、多变的韵律和大量引文对比古今各国文化的手法来描写西方文明的危机感。在小说方面,则有以乔伊斯(1882~1941)的《尤利西斯》、伍尔芙夫人(1882~1941)的《到灯塔去》和劳伦斯(1885~1930)的《虹》为代表的"意识流"作品。这些

第七章 文 化

现代派作家将小说艺术与对心理与动机的细致分析有机结合,将过去与现在、现实主义叙述与神话隐喻相互糅合在一起,深入描写了现代都市居民精神生活的庸俗和猥琐,在结构和语言上都做了大胆创新,成为小说发展史上的一座里程碑。

在文学创新不断涌现的同时,继承传统的文学形式与写作方法的现实主义作品也取得了很多成就。如二战前福斯特(1879~1970)的《印度之行》,赫胥黎(1894~1963)的《旋律与对位》,毛姆(1874~1965)的《人性的枷锁》等都有很高的文学价值。二战后格林(1904~1991)的《问题的核心》、奥威尔(1903~1950)的《1984年》,以及鲍威尔(1905~2000)与斯诺(1905~1980)分别以《伴随时代乐声的舞蹈》和《路人与兄弟》为总标题撰写的长篇系列小说,均在世界上享有很高声誉。

20世纪还是英国侦探小说与间谍小说大量涌现的时代。柯南·道尔被尊为英国古典侦探小说的创立者。1887年他出版了第一部侦探小说《血字的研究》,首次塑造了福尔摩斯的形象。此后,他接连创作了多篇有关福尔摩斯的侦探故事,如《四签名》《福尔摩斯历险记》《巴斯克维尔庄园的猎犬》等。这些故事在世界各国读者中受到欢迎,经久不衰。为此,1902年柯南·道尔被英国王室册封为爵士。1903年以来,以福尔摩斯故事为原型拍摄的电影已超200部。

随着柯南·道尔的侦探小说不断问世,侦探小说的轮廓逐步清晰,到20世纪20年代,其创作模式已经形成。从事侦探小说创作的队伍不断壮大,出现了一批著名的侦探小说家和侦探小说的黄金时代。其中影响最大的当数阿加莎·克里斯蒂(1891~1976),她自称是"受着歇洛克·福尔摩斯传统的熏陶"而开始创作的。阿加莎·克里斯蒂是英国知名度仅次于莎士比亚的作家,西方文艺评论家称她是"侦探小说女王"。她一生创作了78部小说、19部剧本和9部文集。她的作品被翻译成103种文字出版,销量甚至超过莎士比亚的作品和《圣经》,达5亿册之多。她在作品中创造的比利时侦探波洛同福尔摩斯一样几乎是家喻户晓的人物。她的小说被多次搬上银幕。中国观众非常熟悉的《尼罗河上的惨案》《东方快车谋杀案》《阳光下的罪恶》等影片,都是根据她的作品

英 国

改编的。

　　间谍小说这一艺术形式也诞生于19世纪末20世纪初的英国。威廉·勒克（1864~1927）于1893年创作的《1897年英国之战》开创了间谍小说的先河。第一次世界大战期间，英国出现了多位间谍小说家，其中最重要的是约翰·巴肯（1875~1940），他在小说《三十九级台阶》中塑造的主人公理查德·汉内的形象，成为日后许多间谍小说家仿效的范例，后来英国著名导演希区柯克将其搬上银幕，成为电影史上的一部经典。第二次世界大战后，世界局势动荡不安，尖锐复杂的国际斗争被反映到间谍小说中，从而使间谍小说的创作进入鼎盛时期。战后不久，伊恩·弗来明（1908~1963）发表了一系列以间谍詹姆士·邦德为主角的小说"007系列"，其中涉及冷战、国际犯罪集团、原子讹诈等。詹姆士·邦德成为风靡一时的传奇式英雄。随着"007系列"的出现，间谍小说在通俗小说园地中取得了一枝独秀的地位。弗来明用奇妙的构思和逼真的细节将浪漫主义和现实主义完美地结合起来，博得了很高的赞誉。在弗来明之后，又出现了一批著名的侦探小说家和优秀的惊险小说。如约翰·勒卡雷（1931~　）的《荣誉学童》，作家格雷厄姆·格林（1904~1991）的《我们在哈瓦那的人》，弗雷德里克·福赛斯（1937~　）的《豺狼的日子》，以及肯·福莱特（1949~　）的《针眼》《三重间谍》《丽贝卡之谜》《与狮子为伴》等。

　　20世纪50年代，英国出现了以"愤怒的青年"为代表的作家群。这些作家大多是在工党当政后的福利国家时代成长起来的，他们在等级分明的英国感到处处碰壁，因而通过文学作品表达对社会的不满，被称为"愤怒的青年"。其代表作有艾米斯（1922~1995）的《幸运儿吉姆》、布雷恩（1922~1986）的《向上爬》和西利托（1928~2010）的《星期六晚上和星期天早上》等小说，以及以奥斯本（1929~1994）的剧本《愤怒的回顾》为代表的一大批优秀剧作。与"愤怒的青年"作家群同时出现但风格不同的著名作家有戈尔丁（1911~1993，代表作为《蝇王》）、默多克（1919~1999，知名作品有《在网下》《黑王子》《大海啊，大海》等）、斯巴克（1918~2006，知名作品有《安慰者》和《吉恩·布罗迪小姐》）等人。由于他们在小说创作技巧方面进行了诸多新探索，因此有时被称为"革新派"小说家。另外，这一时期英国还出现了"荒诞派戏剧"。其代表作家是哈罗德·品特（1930~2008），他在《生日晚会》《归家》等剧作中用最少的对话、光秃秃的场景描写"畸零人"在现代社会的凄凉生活。品特获得了2005年诺贝尔文学奖。

二　电影

英国是电影的发祥地之一，许多英国人为电影的诞生做出了贡献。1895年，B. 艾克斯用自制设备拍摄了世界上最早的纪录片《埃普索姆赛马》；1896年，R. W. 保罗制作了英国第一部剧情片《丘八求爱记》。但最初的英国电影大多作为歌舞杂耍表演节目中的一部分，而且大多数是纪录片。1899年，英国出现了第一部故事片《智擒盗宝贼》，从此，电影成为一种独立的大众化娱乐形式，并在英国各大城市逐渐发展起来。1927年，希区柯克导演的《讹诈》开始了英国电影的有声时代。

从1933年起，英国电影进入了繁荣时期。1937年英国国产片达到220多部，仅次于美国，居世界第二位。20世纪30年代，英国电影对世界电影艺术发展的最大贡献在于纪录片的拍摄。格里尔逊的《漂网渔船》宣告纪录片开始登上历史舞台。他集结了一些致力于探索现实世界形式美的青年人，在政府部门和私人的资助下，拍摄了一批展示自然美或表现工业社会各个侧面的纪录片。不久，这一流派从追求形式美转而开始重视主题，拍摄了一些反映社会问题的纪录片。随着纪录学派的兴盛，不少剧情片导演也受到影响，如《银行假日》和《群星俯瞰》等影片便明显地带有一种纪实风格。二战爆发后，纪录片和纪实性故事片很快就发展成战时电影的主流。此后，运用纪录片手法便逐渐成为英国故事片的一种独特风格。

战后初期，英国电影创作极为活跃。利恩根据狄更斯小说改编的《孤星血泪》和《雾都孤儿》大获好评。奥立弗的《王子复仇记》第一次为英国赢得了奥斯卡最佳影片奖，并荣获威尼斯电影节大奖。鲍威尔和普莱斯伯格的《红菱艳》，则在芭蕾舞剧片和运用色彩方面做了大胆尝

英 国

试。然而，战后英国电影业遇到了日趋严重的危机。由于财政困难和来自电视业的激烈竞争，英国电影业日趋萎缩，不少制片厂和影院都关门停业，或被美国企业收购，很多著名导演和演员或者漂洋西去美国，或者在本土拍摄由美国公司出资的影片。

20世纪50年代，与"愤怒的青年"文学运动相呼应，英国电影业界的一批年轻人以林赛·安得森、托尼·里查森为核心，几乎同时发起了一场"自由电影"运动。他们提出要使电影摆脱资助人的宣传目的和制片人的票房追求，"自由地"表现普通人的真实生活。1958年克莱顿将小说《向上爬》改编成电影《上流社会》，首次运用电影形式直言不讳地表明了对一些社会问题的看法。20世纪40年代末50年代初，除了深刻反映社会现实的严肃作品外，由伊林电影制片厂推出的一系列社会喜剧，如《好心人与花环》和《去皮姆里可的护照》，也给英国电影带来了国际声誉。英国的电影艺术与戏剧艺术关系密切，许多导演和演员都能在这两种媒介之间自由转换，他们的艺术水平是美国好莱坞所无法达到的。

20世纪60年代，英国电影业的发展尽管在很大程度上依靠美国资本，但仍然制作了许多有独特风格的影片，培养了自己的导演。这一时期的英国影坛可以说是斑驳陆离，风格和形式各不相同的影片纷纷问世。像《星期六晚上和星期天早晨》和《品尝甜蜜》这样的影片，具有一种现实主义风格，强调常人的普通生活，有时甚至是丑陋的生活。而《艾尔菲》则描绘伦敦生活的灯红酒绿，与"新电影"运动背道而驰。描写当代青年为所欲为生活的影片《诀窍》获得了戛纳电影节大奖。大场面的史诗片《阿拉伯的劳伦斯》、古装片《公正的人》和根据古典名著改编的《汤姆·琼斯》，都获得了奥斯卡金像奖。这一时期英国电影的成功也使托尼·里查森（《汤姆·琼斯》）和大卫·林（《日瓦戈医生》）等英国导演获得了较高的国际声誉。

20世纪70年代以后，美国经济不景气，对英国电影的投资减少，加之英国政府不仅没有采取相应的扶持措施，反而一再削减对电影业的投入，导致英国电影业每况愈下，观众人数也因电视、录像及其他娱乐业的竞争而持续下跌。国内收入的减少加深了电影业的危机，制片商竭力迎合国外观众的口味，具有英国本土特点的影片越来越少。英国电影院被外国电影主要是美国电影垄断，英国的优秀电影人才大批涌向好莱坞。另一方面，由于英国制片成本低廉、设备精良、技术高超，不少美国片商纷纷来英国拍片，名噪一时的科幻系列片《星球大战》《超人》《帝国反击》等都是在英国摄制的。因此，人们称这个时期的英国电影企业是美国的"服务性企业"。

面对电影业危机日益加深的形势，英国电影界的一些有识之士认为，英国电影要想生存发展，就必须有英国特色，而不应一味迎合美国观众的口味。在这一思想指导下，20世纪80年代伊始，英国相继推出了一批既有民族特色又具有相当艺术水准的影片。根据名作改编的《法国中尉的女人》和反映英国社会歧视与残害畸形人的《象人》，赢得了国际影坛的一致好评。《火的战车》和《甘地传》接连获得奥斯卡最佳影片奖，在英国内外引起了巨大反响。几乎同时，英国影片《优势》在柏林电影节荣获金熊奖；林赛·安得森导演的《不列颠医院》在戛纳电影节上大受欢迎。此外，《格里高利的女友》《军人归来》《当地英雄》《热与尘》《教育利塔》等英国影片，也都受到影评界的普遍好评。

尽管英国电影在20世纪80年代初得到一定程度的恢复，但直到90年代之前，英国每年上映的国产影片仍不到20部。好莱坞各大公司的影片，不论是超级大片还是文艺片，都是英国影院的常客，使得英国影院一直处于好莱坞的阴影之下。进入90年代以后，情况有了转机，英国电影在政府和企业界的支持下开始复苏。爱尔兰作家兼导演尼尔·乔丹1992年拍摄的《哭泣的游戏》，被誉为一部"具有真正乡土气息"的影片，获得该年度奥斯卡奖最佳影片、最佳男演员、最佳导演等多项提名，并赢得了最佳改编剧本奖。1994年的《四个婚礼和一个葬礼》也获得了极大成功，这部影片的观看人数创下了有史以来的最高纪录，在全球收回了2.5亿多美元的票房。接着，迈克尔·李的《秘密与谎言》荣获了戛纳电影节金棕榈奖。1995年丹尼·博伊尔导演的处女作《朋友间的小谋杀》，创造了只靠在英国国内的票房收入就收回成本的奇迹。丹尼·博伊尔是英国电影新生代的代表人物，正是这一代电影人给今天的英国电影再次带来了

英国

活力。与此同时，一些具有国际威望、在好莱坞拍摄影片的英国导演也纷纷回国。

1997年可以说是英国电影的复兴年。迈克尔·温特博特姆的《欢迎来萨拉热窝》在戛纳电影节大获好评；加里·奥尔德曼的《不要吞咽》在多伦多电影节受到欢迎；威尼斯电影节专门举办了一个名为"英国复兴"的项目。根据同名电视剧改编的电影《憨豆先生》在英国本土票房收入达3000万英镑，在德国、西班牙等一些欧洲国家创下了第一周票房销售的新纪录。另一部喜剧《一脱到底》的本土票房收入超过1亿美元，在全球突破了2亿美元，该片荣获第七十届奥斯卡金像奖4项提名，获得了音乐/喜剧类最佳原创音乐奖。在1997年4月揭晓的英国电影学院奖中，《一脱到底》击败全球票房最高的影片《泰坦尼克号》捧得了最佳影片等多项大奖。

这在很大程度上得益于1997年上台的工党政府对本国电影业采取的扶持政策。布莱尔首相上台伊始便在唐宁街10号专门接见了一些最具声望的英国艺术家，其中包括一批著名的电影编导和制片人。这被视为工党政府关注电影和其他创意产业发展的一个信号。在制定第一个年度预算时，英国政府就降低了制片税，政府还成立了专门工作小组，研究如何使民族电影平稳发展。布莱尔政府还任命了一位专门负责电影业的国务部长，这在英国历史上尚属首次。2000年，英国政府专门成立了电影委员会，统一负责制定电影业发展战略和拨款事宜。英国政府对电影业的专门扶持，再加上全球电影业的复苏，使得英国电影业重新焕发了活力。2010年联合政府执政后，电影委员会被解散，代之以"电影研究院"，但联合政府继续通过多种方式扶持英国电影业的发展，而且在紧缩支出的情况下并没有减少对电影业的总体投入。2012年，英国电影研究院公布了题为"永恒的电影"的五年计划，该计划的重点在于：第一，扩大电影教育和学习机会，拓展英国观众观看电影的选择范围；第二，加强对电影发展、制作、人才和技能的投资，为英国电影的未来发展奠定基础；第三，开放电影遗产，通过对电影的收藏保护、数字化处理、讲解和获取方面的投资，使英国所有国民都能更便捷地观看电影。

第七章 文　化

英国在文学、戏剧方面有着丰富的遗产。改编文学和戏剧名著是英国电影的传统做法，也是其传统优势。英国作家、戏剧家的许多经典作品成了英国电影甚至其他国家的电影取之不尽的素材。在2001~2011年全球20部票房最高的影片中，有10部是根据英国作家的小说改编的，特别是罗琳的《哈利·波特》共拍摄了7部影片；另外，根据托尔金的小说改编的《指环王》也颇受欢迎。英国人喜好幽默，喜剧片也是英国电影的传统类型之一。近年来的英国喜剧片可分为两大类：一类是温馨喜剧，如《四个婚礼和一个葬礼》；另一类则是近乎闹剧的喜剧，代表作是《憨豆先生》。

英国电影复兴的一个强有力因素是，英国演员的演技水平普遍较高。从奥斯卡奖的历史上看，有多届表演奖，特别是最佳男、女主角奖都由英国演员获得。20世纪八九十年代，英国电影人获得了奥斯卡奖30%的奖项。例如，第六届影帝切尔斯·劳顿（主演《亨利八世的私生活》）被誉为"有史以来罕见的表现派表演大师"。第十二届和第二十四届影后费雯丽（主演《乱世佳人》和《欲望号街车》）两次获奖。第二十一届影帝劳伦斯·奥利弗（主演《王子复仇记》），共有10次入围影帝提名，正式获奖3次，另外还获得了2次特别奖。第三十届影帝亚历克·金纳斯（主演《桂河大桥》），享有"千面人"的美誉。第三十七届影后朱莉·安德鲁丝（主演《玛丽·波宾斯》），有"全世界最受喜爱的女星"之称。第三十八届影后朱莉·克里斯蒂（主演《亲爱的》），曾三次入围。第五十五届影帝本·金斯利（主演《甘地传》），被认为是最擅长饰演伟人的影星之一。另外，在最佳男、女配角奖中，英国演员也多次榜上有名。而近年来，几乎每届奥斯卡奖都有英国演员入围。特别是艾玛·汤普森于1996年凭《理智与情感》一片，斩获最佳女主角和最佳改编剧本两项大奖，这在奥斯卡历史上是绝无仅有的。目前活跃在英国影坛上享有国际声誉的演员有：肯尼思·布拉纳、迈克尔·凯恩、肖恩·康纳利、朱迪·丹赤、拉尔夫·法因斯、休·格兰特、理查德·E. 格兰特、安东尼·霍普金斯勋爵、格温尼丝·帕尔特露等人。知名的英国导演有：艾伦·帕克、萨姆·孟德斯、迈克·纽厄尔、萨利·波特、迈克尔·雷德福、肯·洛

427

英 国

歇、迈克·利和安东尼·明赫拉（他执导的影片《英国病人》获得1997年奥斯卡最佳导演奖）等。2001~2012年，英国电影人在各种世界级奖项中共获得318个奖项，占这期间奖项总数的14%。其中，海伦·米伦凭借《女王》一片获得2006年沃尔皮杯最佳女演员、2007年英国电影学院奖最佳女主角以及奥斯卡最佳女主角（2007年）3项桂冠；2008年《贫民窟的百万富翁》获得了8项奥斯卡奖；2011年《国王的演讲》获得了奥斯卡最佳影片、最佳导演、最佳男主角和最佳原创剧本4项大奖，它也是英国影视艺术学院奖的最大赢家；2013年的奥斯卡奖则有6项颁给了英国电影，丹尼尔·刘易斯因在《林肯》中的出色表演获得了最佳男主角奖。

三　音乐

英国人有爱好音乐特别是爱好声乐的传统。封建时代的流浪音乐家和歌手可以说是最早的职业音乐家。中世纪时，英国形成了一种带有民间音乐色彩的抒情歌手艺术，12世纪末，号称"狮心王"的理查一世国王本人就是著名的抒情歌手。天主教的各种赞歌则在封建时代的宗教音乐中占有重要地位。16世纪和17世纪，在英国经济和文化发展的鼎盛时期，音乐在社会、家庭生活与剧院中占有极重要的地位，1672年小提琴家巴尼斯特在伦敦组织了第一次公开音乐会。英国的音乐家们在整个欧洲都享有盛誉，威廉·伯德（1539~1623）是当时最杰出的英国作曲家。英国的民族歌剧产生于17世纪末，是同英国卓越的音乐家珀塞尔（1659~1695）分不开的。他创作了许多舞台音乐作品，如《仙后》《阿瑟王》和其他一些带有音乐的戏剧。珀塞尔的歌剧《第多与艾涅》将民间歌曲的音乐运用到歌剧之中，使这部歌剧具有了民族特征。在18世纪和19世纪，英国作曲家的影响还很有限，相反，外国作曲家占据着英国的音乐舞台。出生于德国的亨德尔（1685~1759）曾长期在英国生活和工作，后来成为英国臣民，故也有人将其视为英国音乐家。他创作的世人皆知的清唱剧《弥赛尔》直至今日仍深受英国人的喜爱。19世纪末20世纪初，英国音乐界掀起了民族复兴运动，著名的"新英国乐派"作曲家爱德华·

第七章 文　化

埃尔加（1857~1934，其重要作品有清唱剧《格伦舍斯之梦》和管弦乐变奏曲《迷》等）等人的努力使英国音乐重新走向世界。

　　20世纪，英国音乐得到了蓬勃发展。各种音乐形式，不论是管弦乐和合唱音乐、流行音乐和摇滚音乐、歌剧与民间通俗歌曲、轻音乐和爵士音乐等，都拥有众多爱好者。20世纪的英国音乐呈现出空前繁荣的景象。英国每年都举办各种艺术节，音乐是其中必不可少的要素；在全国许多大城镇都举行季节性的古典音乐、通俗歌曲、流行音乐和合唱活动，吸引了成千上万的国内外爱好者及游客。活动的主要中心包括伦敦的皇家节日大厅、伊丽莎白女王大厅、珀塞尔公寓、巴比坎艺术和会议中心、皇家艾伯特大厅等。此外，在伯明翰、曼彻斯特和贝尔法斯特等城市也都有各自的音乐大厅。

　　20世纪以来，英国涌现出一批著名的音乐家，如威廉斯、蒂皮特、勃里顿、沃尔顿等人早已享誉世界。著名作曲家有彼德·马克斯威尔·戴维斯勋爵、理查德·罗德尼·贝内特、约翰·塔维纳、哈利逊·伯特威斯特尔勋爵和安德鲁·劳埃德·韦伯等。科林·戴维斯勋爵、费农·汉德利、特雷弗·平诺克、约翰·埃利奥特·加德纳、安德鲁·戴维斯和西蒙·拉特尔勋爵等人则是知名的英国指挥家。

　　20世纪60年代以来，流行音乐在英国得到了广泛发展，成为英国文化的一个重要组成部分。20世纪50年代末60年代初，随着摇滚乐的影响日益深入，英国开始出现一批有才华的歌星和乐队。他们逐渐摆脱对美国流行音乐的模仿，有了新的突破和发展，使摇滚乐开始具备英国特色。引领这场流行音乐革命的是来自利物浦的4个青年人，他们组成了一个名为"甲壳虫"的乐队，自编自奏自唱，将摇滚乐发展成为一种更年轻、更大众化、更富旋律的年轻人的文化。此后，以"甲壳虫"乐队为代表，英国出现了诸多以合唱组合形式进行表演的摇滚乐队，开创了一个群雄并起、争芳斗艳的流行音乐"甲壳虫时代"。英国的流行乐队在国内外拥有众多听众，经常引导世界流行音乐的新潮流。"辣妹"组合与埃尔顿·约翰等英国流行歌手的音乐带一时成为英国重要的出口产品，流行音乐也成为英国的一个重要文化部门。1997年时英国音乐制品

英 国

的出口收入已经超过了钢铁的出口收入；2012年，该行业就业人口27.7万人，年产值45.74亿英镑；音乐、表演与视觉艺术的出口收入为2.75亿英镑，而包括音乐、电影、电视等音像制品在内的出口产品收入为42.57亿英镑。

英国主要的交响乐团有伦敦交响乐团、菲尔哈莫尼乐团、伦敦爱乐乐团、皇家交响乐团、BBC交响乐队、伯明翰市交响乐团、利物浦交响乐团、曼彻斯特交响乐队、伯恩茅斯交响乐队、皇家苏格兰国家交响乐团，以及英国室内管弦乐队、苏格兰室内管弦乐队等。

英国主要的合唱团有巴赫合唱队、皇家合唱团、天鹅湖交响乐团合唱队、爱丁堡皇家合唱俱乐部等。以专门演唱早期英格兰复调乐曲和文艺复兴时期的音乐而闻名的"十六人合唱队"，也在国际上享有盛誉。

英国主要的音乐学校有皇家音乐学院、伦敦音乐专科学校，以及设在曼彻斯特、利物浦、伯明翰、格拉斯哥、爱丁堡等城市的音乐专科学校。一些大学（如牛津、剑桥、伯明翰大学等）也教授音乐知识。

四 舞 蹈

16世纪初在伦敦出现的假面戏宫廷剧，是各种不同戏剧体裁的结合，其中穿插着时事题材的讽刺插曲、歌曲、舞蹈和器乐曲，英国的舞剧就是在此基础上逐步形成的。此后，民族舞蹈形式在话剧和戏剧演出中，特别是在哑剧中得到了发展。18~19世纪，国外的一些芭蕾舞剧团在伦敦上演了芭蕾舞剧。20世纪20年代至30年代，在俄罗斯演员巴甫洛夫和佳季列夫的影响下，英国人对芭蕾舞剧产生了兴趣，成立了大型舞蹈团体"芭蕾舞俱乐部"（后改名为"兰伯特芭蕾舞团"，1966年改组后成为英国最主要的现代舞剧团）和维克·威尔士芭蕾舞团（1957年起更名为"皇家芭蕾舞团"）。英国的芭蕾舞蹈家们尽力将俄罗斯学派的经验同民族特色结合起来，《吉赛尔》《天鹅湖》《睡美人》等剧目始终保持了英国古典舞剧的特点，英国的哑剧传统则在《哈姆雷特王子》《皇后与小丑》等芭蕾舞剧中表现得特别明显。与民族诙谐文学和绘画有一定联系的芭蕾舞喜剧《正面》和《摆阔气者的前程》，也得到了推广。芭蕾舞导演艾什顿为促成英国的芭蕾舞剧向大型舞蹈形式过渡做出了巨大贡献,他侧重发展古典舞蹈,导演了一系列用交响乐伴奏的芭蕾舞剧。英国芭蕾舞蹈家的风格是:抒情、正统、严格,但又与诙谐相结合,表现了英国艺术家尊重传统的特点。

英国的舞蹈有着广泛的群众基础,舞蹈已成为英国人广泛参与的活动之一,据估计,全国有600万人参加各种形式的舞蹈活动。英国的舞蹈团体多接受英国艺术委员会以及私人和企业的财政资助。皇家芭蕾舞团、伯明翰皇家芭蕾公司、英格兰芭蕾公司、北部芭蕾剧团和兰伯特舞蹈公司都是世界著名的芭蕾舞团体,并配有职业交响乐队。英国著名的芭蕾舞蹈动作设计家有马修·鲍恩、克里斯托夫·布鲁斯、里查德·阿尔斯顿、劳埃德·牛森、阿什里·佩齐、肖巴那·杰亚星、肖伯汉·戴维斯和乔纳森·柏洛斯。著名的舞蹈家有达塞·巴塞尔、吉尔·克拉克、亚当·库珀和德博拉·布尔等。

皇家芭蕾学校、芭蕾中心学校、北部当代舞蹈学校、伦敦当代舞蹈学校等艺术院校,承担培训舞蹈学员和舞蹈动作设计人才的任务,所有得到政府资助的舞蹈公司都向公众提供舞蹈练习场地和各种教学活动。

五 美术

在绘画方面,16世纪和17世纪,英国最有影响的画家不是本土画家,而是德国的贺尔拜因、鲁本斯与凡·代克,特别是凡·代克,他的绘画艺术成为英国画家的典范。到了18世纪,这种局面才被打破,英国产生了自己的民族美术,无论是风俗画、肖像画还是风景画都取得了很大成就,出现了不少杰出画家。其中最具思想性的是风俗画家荷加斯(1697~1764),他的风俗画和肖像画都生动地表现了当时英国各阶层人士的生活,特别是在其总标题为《文明结婚》且主题具有延续性的4幅画作《婚约》《新婚夫妇家庭的早晨》《决斗》《自杀》中,他讽刺了当时上流社会腐朽、堕落的生活与卑劣性格。在肖像画方面,庚斯博罗(1727~1788)是18世纪英国最主要的现实主义画家之一,他的肖像画种类丰富,描绘生动。他还是英国风景画的先驱者之一,

英国

晚年创作了许多风景画，如《柯纳多之森林》《去市场的载货马车》等。19世纪是英国风景画的黄金时期。从18世纪英国"风景画之父"威尔逊开始，经过一个世纪的探索之后，英国风景画逐渐走上了独立发展的道路。为英国风景画的发展做出极大贡献的是康斯太勃尔和泰纳。康斯太勃尔（1776～1837）继承了很多前辈艺术家的优良传统，他的作品能够唤起人们对大自然的热爱，使人们的感情与画面融为一体，其代表作有：《干草车》《麦田》《从主教的庭院看索尔兹伯里教堂》等。泰纳（1775～1851）与康斯太勃尔相比更富于幻想，一旦想象与现实发生冲突，他就用幻想来处理自己的作品。泰纳艺术的真正继承者是印象派，这一派别在形成过程中从康斯太勃尔和泰纳那里获得了丰富的营养和启示。

在20世纪初英国的绘画艺术中，传统的学院派潮流继续存在。与此同时，颓废潮流也在英国发展并流传开来。两次世界大战之间，英国艺术中的形式主义倾向愈益加深。在20世纪的绘画艺术中，现实主义的肖像画和生活写实画及雕刻艺术，同野兽派、未来派和立体派等新流派共同得到了发展。20世纪30年代出现了一批用作品反映工人阶级的命运和反法西斯斗争的艺术家。50年代则出现了一批"社会现实主义者"，他们创作了一系列题材广泛的现实主义作品，其中包括争取和平和有关工人阶级生活的创作，反映了英国普通人生活的艰辛和社会的阴暗面。

今天，英国人对绘画和雕刻的兴趣达到了前所未有的程度。艺术家们尝试用各种颜色、形状和材料进行艺术探索。除了中学、大学和艺术俱乐部之外，画家们还在街头以及公园和空房子里举办展览。约翰·派珀和格雷厄姆·萨瑟兰等是老一辈现代派画家的杰出代表，亨利·穆尔则是备受国际推崇的现代雕塑大师，被誉为20世纪最杰出的雕塑家之一，其作品为世界各大博物馆收藏。

英国的民间艺术在18世纪就已很繁荣。很久以来，英格兰的陶器、木刻和木画（刻在农村的房子、船和旋转的木马等地方上）、民间木版画都极为普遍。苏格兰的民间艺术以花格布、皮手袋和匕首闻名，威尔士则以用橡树雕刻的家具和色彩鲜艳的装饰陶瓷闻名。

六　文化产业及设施

英国的文化生活丰富多彩，文化产业也很发达。英国国民对文化艺术活动的参与率也比较高，例如，2014年4月至2015年3月的1年内，英国有77%的成年人至少参加过1次文化艺术活动。伦敦是世界上主要的文化艺术中心之一，近年来，其他一些大城市，如伯明翰、利兹、曼彻斯特、爱丁堡、格拉斯哥、加的夫等，也都迅速发展成为著名的文化艺术中心。英国文化艺术部门的产出对国民经济做出了重要贡献，对商业网点的分布和旅游业的发展也具有重要的作用和影响。

（一）管理体制

英国文化、新闻和体育部负责制定相关文化政策，管理英格兰国家博物馆与画廊、英格兰艺术理事会、国家图书馆以及其他国家艺术和文物机构，并向它们提供相应的经费。该部的职责还包括：管理电影和音乐产业、广播和新闻事业、国家彩票业以及发放文物出口许可证等。威尔士、苏格兰和北爱尔兰的地方议会则分别负责管理各自的文化艺术事业，包括博物馆、画廊和图书馆以及相应的艺术理事会。政府资金是通过艺术理事会、英国电影研究院和"苏格兰电影署"等机构间接拨付给各个文化艺术组织的。英格兰、苏格兰、威尔士和北爱尔兰均有独立的艺术理事会，这些艺术理事会是负责向影视、表演艺术、社区艺术活动和文学艺术机构分发政府资助与彩票收入的主要渠道。其中，英格兰艺术理事会作为主管英格兰地区艺术活动的机构，还负责向一些全国性的艺术创作单位提供资助，这些机构包括：皇家歌剧团、皇家芭蕾舞团、伯明翰皇家芭蕾舞公司、英格兰国家歌剧团、皇家莎士比亚演出公司、皇家国家剧院、伦敦南岸艺术中心，以及北方歌剧团和英格兰国家芭蕾舞团等一些演出公司。与此同时，英格兰艺术理事会还授权英格兰10个地区性艺术委员会负责处理区域和地方性的艺术活动。这些地区艺术委员会还从英国电影研究院和地方主管部门获得资助。英国共设有200多个艺术中心，向人们提供观赏各种专门艺术的场所和参与艺术活动的机会，几乎所有艺术中心都由专门机构管理，同时有志愿者提供服务，它们主要由艺术理事会、地区艺术委

员会和地方政府机构提供资金支持。

(二) 创意产业

英国是"创意产业"的发源地。20世纪80年代，在制造业等传统行业面临危机的形势下，英国政府提出"创意产业"理念，努力调整产业机构，利用公共政策推动创意产业发展，使英国实现了由"世界工厂"向"世界创意中心"的转变。

1993年，英国政府发布国家文化发展战略研究报告《创造性的未来》，首次将"创造性"提到国家政策的高度。随后，为刺激经济，工党政府提出了"推动创意经济，革新文化政策"的口号，并获得广泛认同。1997年，布莱尔政府成立了由其本人担任主席的"创意产业特别工作小组"，并在1998年发布的第一份研究报告中，将创意产业定义为"源于个人创造力与技能及才华、通过知识产权的生成和应用，具有创造财富并增加就业潜力的产业"。依据这一界定，游戏软件、电视与广播、出版、表演艺术、音乐、电影与录音带、时尚设计、工艺、广告、建筑、时装设计、软件、古董十三个行业被归入创意产业。

2008年，工党政府发布的《创意英国：新人才新经济》白皮书强调，英国是创意国家，并且强调政府要对创意产业中的研究和创新项目提供资金支持，如英国技术战略委员会将为创意产业的研发合作提供100万英镑的资金支持。此外，在该委员会框架下还将成立一个专门的"创意产业知识转移网络"，以便将科研、教育和企业联系起来。为帮助从事创意产业的中小企业发现新技术，国家科技和艺术基金会也将投入300万英镑。此外，英格兰艺术理事会和地区发展署也为优秀的中小创意企业提供资金和风险投资。

2012年底，创意产业拥有就业人口255万人，占英国就业人口总数的8%，其中，IT、软件和计算机服务业雇佣人数占整个创意产业的31%。创意产业创造的年产值为714亿英镑，约占英国国民生产总值的5.2%。2008~2012年，英国整体经济仅增长了5.4%，而创意产业增长了15.6%。发展创意产业已经成为推动经济增长和降低失业率的有效策略，同时，创意产业产品和服务的出口也在英国经济中占有重要地位：2011年，创意产业仅服务出口收入就达到了155亿英镑，占英国服务业出口总额的8%。英国文化产业在国际出口市场上所占的份额超过16%。

（三）文化设施

1. 剧场、音乐厅和电影院

戏剧演出在英国有悠久的历史，最早的剧场兴建于16世纪末伊丽莎白一世时代，距今已有400余年。那时的剧场是圆形建筑，外圈为木结构带顶走廊，下面设有一排排座椅，中间是个露天小院，戏台就设在院子中央。观众可以在场内走动，有的边看戏边吃喝，随着剧情的发展观众也不时高呼或哄笑。戏剧大师莎士比亚当年就是为这种剧场写作的，演出莎士比亚戏剧的"地球剧院"是当时最大的公共剧场。2013年英国大约有300多座剧院和音乐厅，其中约有100座在伦敦。伦敦有一些剧院是专供某些特定剧种和表演团体演出的。如皇家国家剧院设在泰晤士河南岸的3个演出大厅，主要演出现代和古典戏剧；巴比坎艺术和会议中心的两个演出厅，一年中约有半年时间供皇家莎士比亚演出公司使用；位于伦敦斯隆广场的皇室剧院，专门供英格兰舞台表演公司演出新作品；伦敦皇家歌剧院专供歌剧及皇家芭蕾舞团演出；皇家节日大厅、伊丽莎白女王大厅和皇家艾伯特大厅等，则供各种音乐歌舞节目演出使用。伦敦以外的少数大城市也有剧场，但数量有限。较小的城市大都有"保留剧目剧院"，这种剧场通常由一个剧团使用，定期轮换上演一批保留剧目。英国有一家著名的"莎士比亚纪念剧院"，专门在莎翁故乡斯特拉特福演出他所创作的剧目，另一家"老维克剧团"，是英国最大的巡回演出团体，它在伦敦的基地是国际知名的"老维克剧院"。

英国的电影放映业十分发达，从20世纪30年代起曾风靡全国，当时一些城市中最漂亮的建筑物往往是电影院。然而，自电视问世以后，大约从20世纪50年代中期开始，电影业受到严重冲击，从20世纪50年代到70年代初，英国至少有1500家影院停业，其中许多变成了游戏厅。不过作为一种群众性的娱乐活动，电影放映业虽历经沧桑但并未一蹶不振。随着英国电影制片业的复兴和发展，电影放映业已从20世纪80年代初期的

英 国

不景气中恢复过来，特别是1997年以来，无论是英国本土的电影生产还是电影放映业都得到了新的发展。

英国电影业为总体经济发展做出了重要贡献。2012年，英国电影业创造了29亿英镑的产值（1995年仅为9.56亿英镑），占国内生产总值的0.4%；出口值为13亿英镑，创造了7.89亿英镑的盈余。在国际市场上，2013年，英国电影的全球票房收入为41亿美元，占全世界票房总收入的11%。英国国内电影市场的规模仅次于美国和日本，居全球第三位。2013年，英国国内票房收入达11亿英镑，观众人数1.655亿人次。此外，电影录像带的出租和销售收入也超过了10亿英镑。截至2013年底，英国有多功能复合影院（每个影院至少拥有5个银幕）756家（银幕总数达3867个，其中98%配备有数字投影，在欧洲居第一位）。

2. 博物馆和美术馆

英国有规模不等的博物馆和美术馆2500个，其中约有1000个博物馆是独立的，800个得到地方政府的支持。英国的博物馆和美术馆每年接待的参观者在1亿人次左右，其中约1/3是外国参观者；2013～2014年，有52%的英国成年人一年至少去过一次博物馆或美术馆，比2005～2006年增加了将近10个百分点（42.3%）。政府每年从公共开支中向博物馆和美术馆提供大约6.2亿英镑的补贴。国家级博物馆主要由政府资助，但在英格兰和苏格兰，所有国家级博物馆都由独立的管理人进行管理。举世闻名的国家博物馆始建于1753年，它有100多个展厅，展品宛如一部浓缩的世界文明史。英国其他主要的博物馆还有：泰特现代美术馆、国家美术馆、自然历史博物馆、科学博物馆、维多利亚 - 艾伯特博物馆、国家海洋博物馆、国家肖像博物馆，等等。国家博物馆对游客完全免费开放，维修费用由政府负责拨款。2013年，国家博物馆共接待参观者680万人次，再创新高（此前的纪录是2008年的590万人次）。其他一些国立博物馆和美术馆过去曾收门票，但从2001年11月开始，所有的国立博物馆与美术馆均已免费开放。政府认为，此举有利于提高国民生活中的艺术含量。博物馆和美术馆大约有10万名员工，营业额年均15亿英镑左右。

3. 图书馆

为了满足人们的阅读需求，英国设立了约5000家公共图书馆，其中3500家在英格兰。英国国家图书馆是世界上最著名、藏书最丰富的图书馆之一，它的前身是1857年建成的国家博物馆阅览厅，1997年由于准备迁往新址而关闭。在这150多年中，它接待了许多著名人士。马克思、列宁、孙中山、甘地、狄更斯、萧伯纳等一大批伟大的政治家、思想家和文学家都曾在这里阅读、写作，马克思就是在这里撰写《资本论》的。为适应时代发展的需要，20世纪后期，英国政府耗资5.2亿英镑、历经15年建造的新馆，已于1998年6月25日正式向读者开放。新馆的建筑面积达10万平方米，有11个阅览室、3个展览室和1个有200多个席位的会议室，并备有图书检索电脑系统等现代化设施。国家图书馆共藏书1200万册，并且是世界上最重要的研究成果收藏馆。按照法律规定，英国出版商有义务将新出版的图书赠送给国家图书馆。它收集了上千年来世界各地出版的文献约1.5亿件，其中包括音乐作品、地图、邮票等。除国家图书馆和公共图书馆以外，英国各高等院校和进修学院中还设有将近700个图书馆，其他各类学校有5600个图书馆，另有2200多个专门图书馆设在其他公共部门或私人部门，如商业公司、科研理事会及政府各部门等。此外，牛津大学、剑桥大学图书馆的藏书分别达700万册和600万册。

据统计，英国约有3400万成年人（占居民总数的58%）是地方图书馆的成员，其中约半数每月至少借书1次。但近年来，由于互联网的冲击，去图书馆的英国成年人比例越来越低，2013/2014年度，只有34%的成年人1年内去过至少1次图书馆，而2005/2006年度，这一比例还在48%左右，同时，约有14.7%的成年人浏览过图书馆的网站。

第四节　体育

一　发展简史

英国是许多现代体育运动项目的发源地。另外，尽管足球、田径、高

英 国

尔夫球、划船等项目当初并不都是由英国始创的，但确实是英国人将许多竞技和游戏项目发展成体育运动并使其得到完善。

英国地势平坦，气候温和，开展室外体育活动具有较好的条件，素有"户外运动之乡"的称号。英国人素来喜好游戏与娱乐。英语"体育"（sport）一词就是由中世纪的"娱乐"（disport）变形而来，其原意是"消遣、玩耍、娱乐"，可以说英国人的这种性格是促成英国体育运动发达的重要因素。英国现代盛行的足球和高尔夫球运动有久远的历史，据说这些当初是由罗马帝国远征军的士兵传到英国的。中世纪时，集体性的足球游戏和高尔夫球游戏非常流行，在长期的发展过程中，英国人制定了完备的足球和高尔夫球比赛规则，使其逐步成为完善的现代体育运动。

工业革命极大地推动了英国体育运动的发展。首先是机械化时代的到来给英国人带来了更多余暇，从事体育锻炼的人数随之增加。工业革命促进了经济发展和生活水平的提高，使得人们对体育的兴趣变得更加浓厚。同时，由于工业革命后英国政治经济各方面的组织机构迅速得以健全，也促进了英国体育走向机制化。1863年英国成立了世界上第一个足球协会，1871年成立了橄榄球协会，1887年成立了曲棍球协会，1888年成立了草地网球协会，此后其他项目的体育组织也相继成立，使英国体育逐渐走上了正规化的道路。

现代体育运动已广泛深入英国人的日常生活。种类繁多的体育项目在英国拥有大量的参加者和观众，其中有些项目由于各种原因只有少数人参与；而其他大多数项目则得到大众的广泛喜爱。步行（包括漫步和徒步旅行）是成年人中最流行的锻炼形式。除此之外，男子最喜欢的运动项目还有台球、斯诺克、投镖、游泳和足球；而女性最喜爱的运动还有游泳和健身操等。钓鱼显然是乡间最流行的运动项目。据统计，英国有49%的成年人每年至少到现场观看一次体育比赛；有40%的成年人每周至少参加30分钟中等剧烈程度的体育运动；22%的人每周有3天参加不少于30分钟的运动。家庭预算中有相当一部分开支用于参加或观赏体育项目、购置体育设备。

英国的男女运动员在一些世界性运动项目上取得了较好的成绩，在诸如田径、划船、赛艇、职业拳击、射击、自行车、斯诺克及摩托车等竞技运动项目中获得过许多项世界冠军。在 2004 年雅典奥运会上，英国获得 9 枚金牌、9 枚银牌和 12 枚铜牌；在 2008 年北京奥运会上，英国代表团夺得 19 枚金牌、13 枚银牌和 15 枚铜牌，排在金牌榜第四位，并打破 2 项世界纪录；在 2012 年伦敦奥运会上，英国更是取得了佳绩，获得 29 枚金牌、17 枚银牌和 19 枚铜牌，排在金牌榜第三位。此外，英国每年都要举行许多重要的国内和国际体育比赛，如温布尔登草地网球赛、欧洲足协杯决赛、高尔夫球公开赛、障碍赛马等。尤其是作为老牌体育强国，英国在 1908 年、1948 年和 2012 年先后举办过 3 届奥运会，主办城市皆为伦敦，伦敦也因此成为有史以来第一个举办过 3 届奥运会的城市。

二 体育政策与管理体制

英国政府很重视体育运动，1998 年专门建立了"体育内阁"，以便顺利实施体育战略中的优先项目。"体育内阁"由文化、新闻和体育部大臣担任主席，其成员还包括英格兰、威尔士、苏格兰和北爱尔兰体育组织的领导人。2000 年 4 月，英国政府宣布了一项全国性体育战略。该战略强调，必须更加努力发展基层特别是青少年的体育运动，让更多的人特别是少数族群和贫困者关注和参与体育运动。2001 年，英国政府拨款 10 亿多英镑用于发展中小学体育，其中 9 亿英镑用于改善学校的体育设施；另有 1.2 亿英镑用于增招 1000 名学校体育协调员，他们的任务是与原有的体育助理一起重振校际体育比赛。同时，英国政府还加大了对体育运动的统一协调，此外还加大投资力度，致力于研究比赛环境、气象、饮食和时差等辅助因素，以提高体育成绩。

在具体管理方面，英国政府主要通过 5 个体育理事会对全国的体育和休闲活动予以引导，即英国体育理事会（1996 年 9 月成立）、英格兰体育理事会、威尔士体育理事会、苏格兰体育理事会和北爱尔兰体育理事会。英国体育理事会负责全国范围体育和娱乐活动的战略规划、行政管理和协调，以及代表英国参与国际体育活动。其主要功能包括：对英国参加的国际体育比赛提供支持；处理违禁药品的滥用；将重大国际体育比赛引进英

英 国

国，增进英国体育的国际影响。英国还设有1个"体育研究所"，在英国体育理事会的领导下，与各地区的体育理事会共同工作。另外，全国还设有410多个独立的体育管理机构，负责管理单项体育运动，其中有些是全国性的，但大多数是以地区为基础。这些理事会的作用是制定规则、举行比赛、决定会员资格，以及挑选和培训全国性的运动队。英国还有若干体育协会，其中的体育活动中央理事会是世界上最大的体育活动联合会，包括202个全国性协会和66个英格兰的协会；苏格兰体育协会、威尔士体育协会和北爱尔兰体育论坛则是同体育活动中央理事会相对应的地方性体育协会。英国奥林匹克协会代表35个全国性奥林匹克体育管理机构，组织英国参赛队伍参加奥林匹克运动会，决定队伍的规模，以及筹措资金等。英国还设有女子体育基金组织，其目的是鼓励女性参加体育和娱乐活动，并负责组织相关体育活动和比赛。此外，英国还为残疾人设立了一系列专门的体育管理机构。

三 体育设施与体育产业

英国有许多世界级的体育设施，其中包括由地方体育理事会管理的13个全国性体育运动中心。近年来，一些重要的设施得到了改进和完善，其中包括许多足球场、温布尔登网球场，以及艾茵特里和切尔特纳姆赛马场。加的夫重建的"千年纪念体育馆"是世界上最大的带有可收缩屋顶的体育场，可容纳7.25万名观众，1999年11月的橄榄球世界杯决赛就是在这里举行的。曼彻斯特为2002年英联邦运动会而启用的现代化体育设施，包括1个拥有5万个座位的运动场和1套可供奥林匹克级别游泳比赛的设施。经扩建的伦敦温布利体育场，包括1个有9万个座位、可供足球和橄榄球比赛的场地。2004年，在伦敦爱德蒙顿地区新建了1个可容纳5万名观众的田径运动场，供2005年世界田径锦标赛使用。

为筹备2012年伦敦奥运会，英国政府投入了大量资金新建和扩建各种奥运场馆。伦敦奥运场馆的总预算为11.7亿英镑，其中主体育馆的预算为4.96亿英镑。伦敦奥运会的比赛场馆有34个，包括14个新建场馆。其中，伦敦奥运会的主体育场位于伦敦东部斯特拉福德，因外形上宽下窄而被称为"伦敦碗"。该体育场分上下两层,可容纳8万名观众。上层的5.5万个临时座位在残奥会后被拆除,留下了2.5万个固定座。伦敦奥运会的其他场馆还包括奥运会水上中心、赛车馆、手球馆、篮球馆和击剑馆等,以及"非奥林匹克公园场馆"。伦敦奥运会所有场馆的建设都遵循"再利用"和可持续发展原则,同时注重使用环保和低碳材料。

设在英格兰的英国体育研究所也负责管理一些体育设施,并且以一些主要的体育活动中心为基地形成了系统性网络。其中4个是国家级体育中心:伦敦的"水晶宫"、伯克夏的"碧莎姆大堂"、什罗普郡的"利里绍尔国家体育中心"和诺丁汉的"国家水上运动中心"。尽管从理论上说各种体育项目都可以使用由英国体育研究所管理的这些体育设施,但它们主要是为奥林匹克运动以及那些不具有商业性质的少数民族运动服务的。设在威尔士的英国体育研究所的体育设施网络中心,由威尔士体育研究所负责管理,是在威尔士举行体育比赛和高级培训活动的首选地点。它同许多专门设施保持密切联系,如设在威尔士北部的"国家水上运动中心",设在威尔士大学的"国家室内田径运动中心"和设在威尔士北部雪墩山国家公园的"国家登山运动中心"。苏格兰体育研究所由苏格兰体育理事会在1998年设立,由其管理的体育设施网络包括:设在斯特灵的总部、6个地区研究所以及由苏格兰体育理事会管理的3个国家体育中心。

地方社区体育和娱乐活动的基本设施主要由地方政府提供。英格兰拥有1500多家室内体育运动中心,其他体育设施则设置在公园、湖泊、体育场、游乐场、网球场、高尔夫球场和游泳池等处。英国政府制定的体育战略提出,新建的基层体育设施应集中建在学校,以便学生在校时使用,其他时间则可供社区居民利用。

英国有超过15万个民间体育俱乐部,隶属于国家体育管理机构。有些地方俱乐部还提供室内娱乐活动,而大多数俱乐部则是提供运动场所,特别是板球、足球、橄榄球、曲棍球、网球和高尔夫球的活动场地。商业性的体育设施包括健身中心、滚木球中心、冰场与旱冰场、橡皮球场和高尔夫球场等。

体育是英国的一项重要产业。它同各种体育赛事赞助项目、电视转播

和一些与运动项目相结合的博彩活动密切相关。2012年，英国体育产业的产值达到了388.91亿英镑，占全国总产值的2.6%；与体育相关的就业人员达100万人，占就业总人口的3.6%；与体育相关的各种消费（包括购买体育用品与运动服装、参与体育活动）达292.07亿英镑，占当年英国人消费总支出的2.9%。英国的私营企业对体育的投入数额巨大，约有2000多家公司从事相关产业。赞助通常采取两种形式：对某些特定赛事或锦标赛提供资助，如赛马和板球联赛，以及对某些体育组织或个人提供赠予。摩托车运动和足球是私人赞助的最大受益者。体育赞助研究所（由约100家参与提供体育赞助的英国公司组成）和体育赞助咨询服务组织等多个机构，都在积极推动体育赞助。另外，英国政府也对体育事业提供资金支持。

四 体育运动项目

在英国，运动员分为职业和业余两类，其中以业余爱好者居多。受到广泛欢迎的体育项目有：球类（足球、橄榄球、板球、网球、羽毛球、冰球、曲棍球、台球、滚木球、橡皮球、高尔夫球）、田径、体操、游泳、赛艇、赛马、打猎、钓鱼、拳击、赛车、自行车、登山、步行、健身操、国际象棋等。这里选择英国盛行的一些运动项目做扼要介绍。

（一）足球

足球在英国是最大众化的运动项目。该项运动分别由英格兰、威尔士、苏格兰和北爱尔兰的足球协会管理。英国没有统一的国家足球队，英格兰、苏格兰、威尔士和北爱尔兰分别组队参加欧洲杯和世界杯等国际比赛。在英格兰，隶属于英格兰足球协会的俱乐部有320个，另有4.2万个俱乐部归地方和区足协管理。在苏格兰、威尔士和北爱尔兰，也有相当数量由足球协会管辖的足球俱乐部，以及大量属于地方和区足协管理的业余足球队。

英国足球的赛季很长，每年除夏季的3个月（6~8月）外，大部分时间都有足球比赛。每年进行的正式比赛大体分为两类。一是联赛，在英格兰、威尔士和苏格兰，所有球队被分为超级和甲、乙、丙共4个级别举行比赛，争夺各自级别的冠军。二是采用淘汰制的足总杯赛，英格兰和威尔士的所有球队（包括业余俱乐部）都参加。每年5月在伦敦温布利体育场举行的英格兰足总杯冠军决赛，是英国一年一度的重大赛事。英格兰足总杯始创于1872年，最初英格兰、威尔士和苏格兰的球队都可参加，但苏格兰足协成立后苏格兰球队不再参加英格兰足总杯决赛；自威尔士足协成立后，参加英格兰足总杯的威尔士球队到2015年时也只剩下了6支。2015年，共有736支球队参加比赛，冠军是阿森纳俱乐部。

足球被认为是一种盈利颇丰的事业，特别是对于那些顶尖足球俱乐部（如阿森纳、切尔西、利物浦、曼彻斯特联队、托特汉姆等）来说更是如此。许多国外知名球员纷纷来英国的主要足球俱乐部踢球。英国也培养出了众多优秀的本土球员，如为世人熟知的大卫·贝克汉姆。

（二）橄榄球

橄榄球在英语中叫作"腊格比足球"（rugby），是以其诞生地英国的腊格比公学命名的。1823年在腊格比公学举行的一场足球比赛中，有名学生因球没踢好而十分懊恼，竟违反不准用手的规则抱球向前奔跑，从而开创了一个先例。久而久之，便出现了这种可以抱着跑的足球，即橄榄球。后来橄榄球被传到美国和澳大利亚，且发生了一些演变，并因规则不同、服装各异而分化成不同类型的橄榄球。

在英国，橄榄球的普及性不及足球，除了北方有少数职业橄榄球队外，其他大多数人都是业余从事这项运动。从社会阶层方面来看，橄榄球多为"中产阶层"所喜爱，在学生中主要流行于上层子弟就读的公学和一些文法学校。因此，和足球相比，它更多地代表着上层社会的兴趣。橄榄球赛事大多在冬季举行，各大地区之间举行的重大比赛有时会吸引数万观众。英国曾获得2003年橄榄球世界杯冠军、2007年世界杯亚军。"橄榄球联盟"负责橄榄球运动的组织与管理。

（三）板球

板球被认为是一项最具英国特色的运动项目。不少人认为，只有它最能代表英格兰的传统精神和英国人待人接物的态度。早在16世纪50年代，板球运动就开始在英国流行，现在英格兰除少数地区外，差不多每个村庄

都有板球俱乐部，学校、学院和大学也都有这种运动项目。板球比赛在夏季举行，赛季为每年4个月。业余板球队每周在城市、城镇和乡村都打1次比赛。在专业赛事方面，全国有1个由一级板球赛、小郡市板球赛和俱乐部比赛等组成的联赛网络。另外，还有一年一度的英联邦国家板球对抗赛。

（四）网球

网球虽非英国首创，但从中世纪起就是英国贵族所喜爱的一项室内运动，18世纪以后发展到室外，并分为硬地网球和草地网球。英国网球俱乐部于1875年为网球比赛制定了规则，奠定了现代网球规则的基础。草地网球始创于英格兰（1873年），1888年成立了独立的草地网球协会。第一届草地网球锦标赛于1877年在温布尔登举行，以后每年6月末7月初都在温布尔登举行草地网球赛（也称"温网"），历时两周，是网球"四大满贯"赛事之一，也是唯一的草地网球赛，更是四大赛事中最古老的一项，也是最重要的国际网球赛之一。2015年温布尔登网球锦标赛观众人数达到创纪录的48.44万人。奖金总额也逐年攀升，2015年，总奖金为创纪录的2650万英镑，单打冠军可得到188万英镑的奖金（2011年还是110万英镑）。但是，遗憾的是，1936年之后的70多年中，英国运动员都没能获得这项赛事的男子单项冠军，直到2013年，英国本土选手穆雷才捧起了温网冠军的奖杯"挑战者杯"。

除温网这项著名的国际赛事以外，英国每年还举办全英名家网球赛、全英少年网球赛、郡级锦标赛等国内赛事。网球运动在英国颇有群众基础，每个城市都有网球俱乐部，多数公园都设有网球场，全国约有500万人参加这项运动。

（五）高尔夫球

高尔夫球起源于苏格兰，被称为古老的皇家运动。设在苏格兰东岸圣安德鲁斯市的"皇家古老高尔夫俱乐部"自1897年以来一直负责制定和管理世界范围内的高尔夫球规则。全国绝大多数城镇附近都有高尔夫球场，共有球场2000多个。全英高尔夫球公开赛自1860年以来一直持续至今。此外，在英国举行的高尔夫球赛事还有：世界高尔夫球锦标赛，有英国、爱尔兰和美国参加的"步行者杯"赛，"柯提斯杯"业余高尔夫球赛，以及欧洲和美国之间每两年举行一次的男、女职业高尔夫球对抗赛等。

虽然全国各地都有高尔夫球场，但只有苏格兰的球场收费较低，其他地方则收费高昂，有的需先加入俱乐部才能使用球场，再加上购买专业设备的价格也很高，因此从事这项运动的多为收入较高的群体。而工商界人士和银行家等人则往往以高尔夫球场作为会见朋友、交换商业信息的场所，从这个意义上说，打高尔夫球与其说是一项运动，不如说是一种交际方式。

（六）羽毛球

羽毛球（badminton）的名称来自于博福特公爵乡间别墅的名字（Badminton House）。它最早是印度孟买省普那地方的一种游戏。19世纪70年代驻印英国军官将这项游戏带回英国，这项游戏经过改进成为现代的羽毛球运动。1893年英国成立了羽毛球协会。英国约有200万人经常参加羽毛球运动，一年一度在伯明翰举行的全英羽毛球锦标赛，是世界上最重要的羽毛球赛事之一，在2008年北京奥运会上，英国选手获羽毛球混双冠军。

（七）田径

英国的田径运动包括径赛和田赛、越野和公路长跑、竞走，以及丘陵和山地赛跑等项目。群众性的马拉松或短程马拉松赛在英国非常流行。每年4月举行的伦敦马拉松赛是英国规模最大的马拉松赛事，在2000年的比赛中有3.15万人跑完了全程。马拉松赛和英国有种特殊关系，马拉松赛跑原来的距离是40公里，1908年在英国举行的第四届奥林匹克运动会上，英王爱德华七世要求在他居住的温莎堡观看起跑情况，而温莎堡到伦敦奥林匹克运动会体育场的距离是42.195公里，因此马拉松比赛的距离从此由40公里改为42.195公里。

英国的田径运动在世界上有一定的实力。在2000年悉尼奥林匹克运动会上，英国运动员在田径项目中获得2块金牌、2块银牌和2块铜牌。在2004年雅典奥运会上，英国田径运动员获得3枚金牌，其中霍尔姆斯独得女子1500米和800米两项冠军。在2008年北京奥运会上，克里斯蒂娜·奥胡鲁奥古获女子400米冠军。而在2012年伦敦奥运会上，英国田径运动员获得4块金牌、1块银牌和1块铜牌，其中，法拉赫获得男子

5000米和10000米两项冠军，卢瑟福德获得男子跳远冠军，恩尼斯获得女子七项全能冠军。

（八）拳击

拳击是英国最古老的运动项目之一，分为职业和业余两类。英格兰业余拳击协会管理英格兰地区所有的业余拳击运动，包括在校学生、俱乐部、协会和军队的业余拳击比赛。苏格兰和威尔士也都有自己独立的拳击协会。北爱尔兰的拳击运动则由北爱尔兰业余拳击协会管理。这些协会负责组织国内的各种业余拳击比赛，并组队参加国际比赛。

英国的拳击运动在世界上具有相当高的水平。利诺克斯·刘易斯于1999年击败伊万达尔·霍利菲尔德，成为1992年以来英国首位重量级拳击冠军。2000年8月英国人又赢得了4项世界拳击冠军。奥德利·哈里森于2000年9月获得悉尼奥运会超重量级拳击冠军。詹姆斯·德盖尔在2008年北京奥运会上获得了男子75公斤级拳击冠军。在2012年伦敦奥运会上，约书亚获得了男子超重量级冠军，坎贝尔获得男子最轻量级冠军，尼古拉·亚当斯获得女子蝇量级冠军，埃文斯获得男子次重量级亚军。

（九）划船与赛艇

英国的许多学校、大学和划船俱乐部都大力开展划船活动。牛津与剑桥两所大学自1836年以来几乎每年春天都在泰晤士河上举行校际划船比赛。业余划船协会是划船运动的管理机构，它还负责选拔与管理参加世界级和奥林匹克划船比赛的英国代表队，拥有22万名会员。英国划船队在2000年悉尼奥运会上赢得2枚金牌和2枚银牌。史蒂夫·雷德格利夫从1984年开始连续5届赢得奥运会划船项目的金牌。

英国的赛艇运动也相当发达。这项运动包括快艇和皮筏艇比赛与巡航、动力船比赛、摩托艇巡航，以及内河和海上滑水与冲浪。皇家快艇协会是英国游船活动的国家管理机构。英国约有780万人参加这项运动。英国赛艇队在2000年悉尼奥运会上表现突出，获得3块金牌和2块银牌，在2004年和2008年的奥运会上分别获得1块和3块金牌。在2012年伦敦奥运会上，迈克基沃获得皮划艇静水男子单人冠军；英国运动员还获得了男子四人单桨赛艇冠军、女子轻量级双人双桨冠军和男子轻量级双人双桨冠军。

（十）赛马与马术

赛马在英国是仅次于足球的吸引观众人数最多的运动项目，通常有两种方式：一种是平地赛马，另一种是越野和障碍赛马。英国有 59 个跑马场，经驯养服役的马匹达 1.3 万匹。每年 6 月在皇家阿斯科特赛马场举行的赛马，是一项重大的平地赛马赛事，王室成员通常都要前往观看。每年 3 月在切尔特纳姆赛马场举行的全国越野和障碍赛马，则决出越野"金杯"和跳栏冠军得主。自 19 世纪 30 年代以来，在利物浦附近的艾茵特里赛马场举行的一年一度的全国赛马大会，是世界上最知名的越野和障碍赛马活动，通过电视向全世界转播，仅 2000 年就吸引了 84 个国家约 5.15 亿观众。

英国的马术水平世界闻名，在英国许多地方常年举行马术赛事。巴德明顿马术比赛是英国规模最大的体育赛事之一，吸引观众达 25 万人。另外，在伦敦温布利体育场举行的年度马术表演赛和在西苏塞克斯举行的海克斯泰德"达比大赛"，都是十分重大的赛事。1999 年 9 月在德国举行的欧洲锦标赛上，英国代表队获三日赛团体第一名，英国选手皮帕·芬涅尔赢得个人冠军。在 2004 年雅典奥运会上，英国选手莱斯利·劳获得马术三日赛个人冠军。在 2012 年伦敦奥运会上，英国运动员分获个人和团体盛装舞步赛两项冠军；同时还获得了场地障碍赛团体冠军，以及团体三项赛亚军。

第五节　新闻出版业

一　报刊

英国是世界上报刊业最发达的国家之一。19 世纪初，报纸的发行量还很小。当时发行量最大的报纸是《晨邮报》（*Morning Post*），每天的销售量在 4000 份左右。随着印刷方法的改进，印刷质量不断提高，价格也得以降低，从而推动了报纸的发行。19 世纪 30 年代，《晨邮报》被《泰

英　国

晤士报》（The Times）超过。19世纪50年代，《泰晤士报》的日发行量在4万份左右，约占日报市场的80%。此后各种日报不断得以创建，而且发行量不断增加。同时，各种周报也得到了蓬勃发展，并且后来居上，其受欢迎程度超过了日报。19世纪90年代，《劳埃德周报》（Lloyd's Weekly Newspaper）成为第一份单期发行量超过100万份的周报。到20世纪50年代中期，无论是日报还是周报的发行都达到了顶峰。1950年时，《世界新闻报》（News of the World）的单期发行量曾达到过800万份，但从那之后，所有报纸的发行量都开始下降。到20世纪后期，由于电视媒体与互联网等多种新闻媒体的冲击，报纸的发行量更是急剧减少。同时，英国人的报纸阅读率也随之下降，例如，1978年，15岁以上的英国人中有72%的人每天阅读1份全国性报纸，而到20世纪末21世纪初时这一比例下降为44%（女性为48%，男性为41%）。

（一）报纸

全国性的报纸一般分为大报（或称"严肃报纸"）和通俗报纸两类。大报的新闻报道面面俱到，向读者充分提供范围广泛的信息，也刊登一些照片。通俗报纸则面向一般读者，价格比较便宜，更具娱乐性，刊登大量照片，还有漫画和幽默画。除此之外，还有地方性的晨报、伦敦与其他地方的晚报，以及地方性周报。英国的报纸特别以艺术评论版和女性版见长，几乎所有的报纸都特别注重关于体育运动和竞技比赛的报道。

英国全国性的报纸包括10家日报和10家周报。

10家日报中，面向一般读者的有《镜报》（Daily Mirror，1903年创办，1999年平均日发行量230余万份，2015年日发行量99.22万份）、《每日星报》（Daily Star，1978年创办，1999年平均日发行量61.5万份，2015年为42.52万份）、《太阳报》（The Sun，1964年创办，1999年平均日发行量为373万份，2015年为197.87万份）；面向中间读者的有《每日邮报》（Daily Mail，1896年，235万份和168.87万份）[①]、《每日快报》（Express，1900年，109万份和45.79万份）；被公认为严肃报纸的大报有

---

① 括号内的年代为创办时间，数量是指1999年和2015年的平均日发行量，下同。

448

《金融时报》(Financial Times,1888年,38.5万份和21.94万份)、《每日电讯报》(Daily Telegraph,1855年,104.4万份和49.47万份)、《卫报》(The Guardian,1821年,39.8万份和18.54万份)、《独立报》(Independent,1986年,22.3万份和6.13万份)和《泰晤士报》(1785年,74万份和39.66万份)。

10家周报中,面向一般读者的有《世界新闻报》(1843年,1999年平均发行量为420.9万份①)、《周日镜报》(Sunday Mirror,1963年,198.1万份和94.87万份)和《人民报》(People,1881年,164.3万份和37.48万份);面向中间读者的有《周日邮报》(Mail on Sunday,1982年,227.9万份和158.7万份)和《周日快报》(Sunday Express,1918年,100.3万份和43.06万份);被视为严肃报纸的全国性周报有《周日电讯报》(Sunday Telegraph,1961年,81.6万份和42.93万份)、《周日独立报》(Independent on Sunday,1990年,25万份和10.13万份)、《观察家报》(Observer,1791年,40.4万份和22.55万份)、《星期日泰晤士报》(Sunday Times,1822年,137.4万份和81.76万份)和《周日商业报》(Sunday Business,1998年,5.5万份②)。

伦敦的舰队街曾一度是英国的报业中心,但后来全国性报纸大都将其编辑部和印刷设备迁到伦敦的其他地区,有的甚至迁出了伦敦。英国的报纸都由私人经营,主要的报业集团有新闻集团报业公司(News Group Newspapers Ltd.)、汤姆森集团公司(Thomson Organization Ltd.)和合众报业公司(United Newspapers Ltd.)等。报业同业公会有:报纸发行人协会(Newspaper Publishers Association),其成员为全国性报纸的出版发行商;报纸联合社(Newspaper Society),代表区域性和地方报纸,被认为是世界上最古老的出版商组织。

(二)主要报纸简介

1.《泰晤士报》

在世界报坛上,《泰晤士报》具有很高声望,被称为"世界第一报

---

① 《世界新闻报》由于电话窃听丑闻于2011年7月停刊。
② 该报于2006年停刊,转成了一份名为《商界》(The Business)的杂志。

英　国

纸"，西方新闻界也常称它是现代新闻事业的"鼻祖"。《泰晤士报》由约翰·沃尔特于1785年在伦敦创办，1981年被美籍澳大利亚人默多克收购。《泰晤士报》以态度谨慎著称，一般情况下倾向于保守党，但在2001年和2005年的英国大选前它则倾向于支持工党。该报标榜"独立""客观报道事实"，但其社论有时是与政府部门私下商议后撰写的，在一定程度上反映了英国政府的观点。其读者对象主要是议员、政府官员、上层知识分子、企业家和金融界人士。此外，该报还有几种以周刊形式出版的副刊：《泰晤士报文学副刊》（Times Literary Supplement）、《泰晤士报教育副刊》（Times Education Supplement）、《泰晤士报苏格兰教育副刊》（Times Education Supplement Scotland）、《泰晤士报高等教育副刊》（Times Higher Education Supplement）等，在世界范围内都有很大影响。但近年来发行量逐渐下降，2015年1月的日平均发行量为39.66万份，1999年时则为74万份。

2.《卫报》

最初于1821年创建的《曼彻斯特观察者报》，在1959年改称《曼彻斯特卫报》，创办于曼彻斯特，后迁至伦敦，改称《卫报》。该报在质量、风格和报道三个方面与《泰晤士报》不相上下。从政治立场上看，有些人称其为"激进报纸"：它标榜"社会改革"，自称持"自由派"立场，支持中左派政党，特别是工党，但在2010的大选中它公开支持自由民主党。其读者对象主要是政界人士、专业人员、富裕居民和高、中级知识分子。2015年1月，其日发行量为18.54万份，但其网络版拥有超过3000万名读者。根据2012年6月的统计数据，《卫报》网络版是世界上阅读量第三大的在线报纸。2014年《卫报》被"英国媒体奖"评为年度"最佳报纸"。

3.《金融时报》

创建于1888年，1945年与其竞争对手《金融新闻》合并。该报是英国金融资本的晴雨表，主要报道英国、欧盟及世界各地的财政、金融、工商业和经济等方面的消息，也登载政治、文化等方面的文章与评论。该报读者群体比较多，在全世界拥有220万名读者，其网络版拥有450万名注册用户，其中付费用户60万名。《金融时报》还开通了中文版，共有170

万名注册用户。2015年1月，《金融时报》纸质版的日发行量为21.94万份。2015年7月，日本经济新闻社以8.44亿英镑收购了《金融时报》。

4.《每日电讯报》

政治上一贯支持保守党，实际上是保守党的喉舌。该报文字质量很高，消息可靠，以"时效性"著称，重点报道议会动态、国内外新闻、地方消息、军事天地、艺术风情和家政等方面的内容。读者对象主要是中产阶级。该报创建于1855年，2004年被巴克莱兄弟集团收购。2015年6月日发行量为48.97万份，其姊妹报《星期日电讯报》的发行量为37.46万份。

5.《观察家报》

于1791年创刊，是世界上最古老的星期日报。它在政治上原来亲保守党，近年来有所变化，特别是在1993年被《卫报》集团收购后，政治倾向转而接近中左派。内容有国际和国内新闻、背景文章、文学版、艺术版以及富有人情味的新闻和专稿。2015年1月的日发行量为22.55万份。

6.《每日快报》

创始人为报业巨头比弗布鲁克勋爵，是一份通俗报纸，在过去相当长的一段时间内，其发行量在所有的日报中一直领先。该报成功的秘诀主要是善于报道大众新闻。2015年3月时，其日发行量为48.83万份。近年来，其立场转向支持英国独立党。

7.《镜报》、《太阳报》和《每日邮报》

作为通俗型的全国性报纸，它们的发行量都已超过《每日快报》。《镜报》对时事问题素以直言不讳、语言简明著称。其政治倾向偏左，支持工党。1999年，《镜报》与《三一镜报》（*Trinity Mirror*）合并。2015年1月时，其日发行量为99.22万份。《太阳报》是一份发行量最大的全国性通俗报纸，登有许多裸体照片，其内容不如《镜报》严肃。2015年1月，其日平均发行量为197.87万份。《每日邮报》则是一份知识性很强的通俗型日报，读者量仅次于《太阳报》，在全国排名第二，2015年1月的日平均发行量为168.87万份，读者群数量占全国成年人总数的11%。

英 国

（三）期刊

英国的期刊业曾在20世纪末得到过迅速发展，有超过8600种刊载广告的期刊，这些期刊通常可划分为"消费型"和"专业型"两大类。当时有消费型期刊3170种，专业型期刊5700种。前者向读者提供有关休闲娱乐的信息，后者则向读者提供专门面向某个特殊专业或特定爱好者群体的相关资料，如汽车爱好者、古典音乐爱好者等。另外，还有一些专门刊登文学和政治类文章的期刊，以及面向学术界和学校的期刊，有关医学、企业管理、建筑、社会科学和计算机等专业领域的期刊也有几千种。此外还有商界或公共服务机构专门为特定消费群体或其自家雇员出版的期刊，其中销量最大的是那些刊登电视台和电台详细节目的期刊，销售量大都在100万至300万册之间，专门针对女性读者的期刊发行量也很大。但是，与报纸一样，受多种媒体形式特别是互联网的影响，英国期刊业近年来也面临着严峻的形势，很多期刊停刊，到2012年期刊总量仅为2741种；同时，发行量也不断下滑，特别是妇女类周刊以及汽车类期刊的发行量下滑最为严重，其年发行量降幅分别达10.9%和11.5%。一些专门性期刊却有强劲的崛起之势，其年发行量增幅较大：新闻时政类增幅为5.4%、学前教育类增幅达11.9%、女性瘦身类增幅达10.5%、音乐类增幅达14.5%、家庭娱乐类则更是达到了惊人的25%。与此同时，英国的期刊出版商也在将更多的精力转向期刊品牌的数字化延伸方面，更多地向智能手机、平板电脑以及电子书等各种移动终端注入资本。

（四）主要期刊简介

《经济学家》（*The Economist*）创刊于1843年，是《金融时报》报业集团的主要周刊，对国内外时事、财政金融、商业、科技等方面的事务独立发表评论，被誉为"英国金融界的喉舌"。读者对象主要为受过高等教育的工商界、金融界和政界人士，政治上倾向于保守党。1920年时，《经济学家》的发行量只有6000份；二战后得到迅速发展，到1970年时发行量达到了10万份。截至2014年底，它在全世界197个国家发行，每期发行量为140多万份，其中4/5在国外发行，仅美国一个国家就占了1/2。2014年3月，《经济学家》实现盈利590万英镑。《经济学家》将自己划归为"报纸"类别,因为它"对政治与商业方面发生的重要时事进行及时分析"。

《新政治家》(*New Statesman*),创刊于1913年,是一份政治、文化类周刊。该刊对社会、政治、文化和艺术等方面的诸多事务发表独立见解,公开宣称持中左派观点,早期与费边社有紧密联系,是公开支持并宣传工党思想的刊物。20世纪60年代,该刊的发行量曾达到顶峰,此后开始下降,2014年其平均发行量为29353份。

《旁观者》(*Spectator*),创刊于1828年,属政治、文化类周刊,是现有英语周刊中连续出版时间最长的期刊。它的观点比较保守,有时公开赞扬保守党的政策,攻击工党的政策。2008年底开始发行澳大利亚版。2008年其发行量达到顶峰,为76952份,此后开始下降,2013年平均发行量为54070份,其中6722份为免费赠送。

《侦探》(*Private Eye*),1961年创刊,是一份讽刺性双周刊,对公众人物和公共机构、公共事务等采取批评和讽刺的观点。截至2013年,它是英国销量最大的时政类期刊,发行量将近23万份。

《妇女界》(*The Woman's Own*),月刊,创刊于1932年,是英国最著名的女性杂志之一,图文并茂,内容包括时装、旅游、食品、购物等。2005年时其发行量达到过45万份,但此后开始下降,2013年为22.6万份。

二 广播与电视

英国的广播电视事业历史悠久,声誉卓著。英国也是世界上最早拥有电视机的国家之一。

英国文化、新闻和体育部负责制定政府的广播电视政策。英国原有5家公共机构负责监管电视和广播事业,即英国广播标准委员会(Broadcasting Standards Commission)、独立电视委员会(Independent Television Commission, ITC)、电信办公室(Oftel)、广播局(The Radio Authority)和广播通信署(Radiocommunications Agency)。2003年底,上述5个机构全部解散,新成立了英国电信办公室(Ofcom),负责独立审

英 国

批和监管英国所有的广播电视与通信产业（包括互联网、固定电话和移动电话，以及邮政）。

截至2014年底，英国有5家通过地面发射覆盖全国的电视台，即英国广播公司（British Broadcasting Corporation，BBC）、英国独立电视台（ITV）、第四频道（Channel 4）、第五频道（Channel 5）和专门针对威尔士地区并使用威尔士语播放节目的S4C。这些电视台既播放电视剧、电影、体育、娱乐、教育、儿童和宗教等方面的节目，也播放新闻和时事以及纪录片等综合节目。英国最大的卫星节目播放公司是英国天空电视台（British Sky Broadcasting），大约有700万用户。截至2014年底，英国共有536个电视频道。1998年英国开办了数字卫星和陆基电视服务，1999年又开办了数字有线电视服务，截至2014年底，拥有数字电视的英国家庭占93%。2014年，英国电视产业创造收入132亿英镑，比上一年增加了3.2%，其主要收入来源仍为付费电视的订阅费。尽管在线电视节目的收入在整个电视产业中所占比例不大，但它近年来的增长速度很快，2014年一年就增加了38%，达到7.93亿英镑。英国电视业以其创新与高质量的节目享誉世界。但随着互联网的普及，特别是智能手机的应用越来越广泛，对电视产业造成了严重冲击。人们观看电视的时间越来越短，特别是青年人。2014年，英国人平均每天看电视的时间为220分钟。在一项关于"你最怀念的媒体"的调查中，有37%的成年人认为是电视，其中，75岁以上人群的比例为68%，而在16~24岁的青年人中，这一比例仅为17%。对青年人而言，移动电话是其"最怀念的媒体"，比例高达59%。更多的年轻人通过互联网和智能手机观看电视节目。

英国广播公司是英国也是全世界最大的公共服务广播公司。事实上，英国曾先后存在过"新""老"两个广播公司。"老"英国广播公司创立于1922年，当时政府准许民间设立广播电台，于是很多电器制造商便纷纷设立电台。1922年12月14日，伦敦6家主要的电器制造商集资成立了英国广播公司，这就是私营的"老"英国广播公司。英国广播公司开播后，政府成立了"收听委员会"，经常收听节目内容。1926年收听委员会建议政府出资购买英国广播公司的股份，由此建立了国家广播电台。改组

第七章 文 化

后的英国广播公司即新的英国广播公司，于1927年元旦根据"皇家特许状"正式成立。1929年它开始试播黑白电视节目，在此基础上，1936年正式创办"英国电视台"。1954年以前，英国的对内对外广播和电视节目全部由该公司经营。该公司不做商业广告，其经费主要来自于政府颁发的收音机和电视机执照费（每年每个家庭交纳145.5英镑，2014年总收入为37亿英镑），对外广播的经费则由政府拨款。公司的最高管理机构是由13人组成的董事会。

英国广播公司名义上保持政治上的"独立"和商业上的"自由"，但政府可随时禁止其节目的播出或撤销其许可证，因此它实际上是受政府控制的官方组织（或"半官方组织"）。英国广播公司与文化、新闻和体育大臣签订的协议规定，英国广播公司在所有节目内容的编辑、次序安排和管理方面拥有独立权。2010年的一项协议规定，每年每个家庭的电视许可费仍为145.5英镑，并且至少到2017年底之前这一数额不变。此外，英国政府每隔10年对英国广播公司的情况进行一次评估，并在评估基础上判断是否向其继续颁发"皇家特许状"。"皇家特许状"和与政府之间签署的协议保留了英国广播公司作为一家公共公司所必不可少的一些特点，并规定它要为"公共利益"服务，要求其提供优质的娱乐与文化节目，并"代表英国、英国人民、各地区和社区"，此外还规定了其基本组织和管理框架，同时允许其与国内外的私营部门合作，以开展一些商业活动。

20世纪90年代，英国广播公司还仅有2个电视频道和5个全国性广播电台，而到2014年，它经营着9个全国性电视节目，其中，第一频道播放新闻、体育和时事节目等观众普遍感兴趣的节目，它也是观众人数最多的频道，英国有75%的观众观看该频道。另外，它还有专门的儿童频道和苏格兰频道。此外，英国广播公司还拥有10个全国性广播电台（第六广播电台为音乐台）、8个地区广播电台、29个地方广播电台、1个对外广播电台和8个文艺表演团体、5个供付费用户使用的数码频道，以及2个向全球播放节目的卫星频道。该公司机构庞大，人员众多，设备先进，在西方新闻报道中名列前茅。在英国国内，每周至少观看1次英国广

455

英 国

播公司的电视节目、收听 1 次该公司的广播，或登陆其网站的成年人比例达到 96%，每周用时约 18.5 个小时。

这里需要专门介绍一下英国广播公司的对外广播。在世界各大国际广播电台中，它是最负盛名和最有成效的一个。英国广播公司于 1932 年开始对外广播，起初只使用英语，以英国的自治领和殖民地为对象。在初期阶段，它以收音机执照收入维持运营。自 1938 年起，其经费来源主要靠政府拨款。作为交换条件，英国广播公司的对外广播交由外交部、新闻局、政治事务局和特别事务执行处进行管理。二战期间，它的对外广播在世界范围内享有极高的声誉。二战后，它增加了对非洲、亚洲和拉美以及东欧一些前社会主义国家的广播语种和时间，是英国和西方进行冷战的重要宣传工具。截至 2014 年底，除英语外，它还用 42 种其他语言对世界各地进行广播，年播出总时长达 4.4 万个小时，听众人数在 1.28 亿人左右；其对外播放的电视节目则拥有观众 5900 万人左右（每周）；此外，它还向 110 个国家的广播电台出售录制好的节目。

三 通讯社

在世界新闻发展史上，通讯社的出现标志着一个新时代的到来，而在此之前，几乎所有的新闻媒体、报纸和杂志等，都是完全依靠自身来制作传播内容。随着世界市场的形成以及社会生活的日益复杂化，仅凭报社或新闻媒体自身的力量已不能满足全面报道世界形势的要求，于是一种专门为报刊媒体提供消息的机构"通讯社"应运而生。这里着重介绍一下在英国国内运营的 3 家主要通讯社。

路透社（Reuters），1850 年创设于亚琛，1851 年迁至伦敦，是世界上资格最老、最有名的通讯社之一。它由德籍犹太人保罗·朱利叶斯·路透（Paul Julius Reuter）创办。最初它只限于发布商业新闻，但很快便发展成为一个涵盖各类新闻和消息的通讯社。1916 年，路透社将该公司部分股权出售，并进行改组，之后又进行过多次改组。到 2014 年，该社已建成全球最大的通信卫星和电缆通信传送网络，为世界五大通讯社之一。2008 年，路透社被加拿大汤姆森集团收购，成为汤姆森路透集团的一个子公司。2014年，路透社伦敦总部拥有专职雇员1万多名，在130多个国家设有190多个分社，并派驻或雇用了2400名编辑、摄影师和记者等工作人员。路透社每天发稿达百万字，向100多家外国媒体提供一般新闻、新闻图片和电视新闻，包括政治、经济、体育等各个方面，同时也向各国银行、工商企业提供各地的交易情况及金融信息。路透社下属的电视新闻社每天的观众多达15亿人。

联合通讯社（The Press Association，也译作"报联社"或"新闻联合社"），1868年由英国的几家地方报纸以合作方式在伦敦成立，负责提供议会新闻及一般消息。联合通讯社拥有路透社的部分股权，总部设在伦敦，并在伯明翰、格拉斯哥、纽卡斯尔等地设有分部。该通讯社专门在英国国内采集新闻，负责向英国全国性和地方媒体以及国际通讯社提供新闻服务，其中包括议会消息、法律、财经、商业、体育报道以及各种图片等。该社由PA新闻、PA体育、PA检索和PA数据设计四家公司联合经营。该社与路透社的区别在于它侧重国内新闻服务，而路透社则着重国际新闻报道。2013年，该通讯社营业利润为260万英镑。

交换电讯社（The Exchange Telegraph），1872年创立于伦敦，主要向报界和私人订户提供一般新闻、股票行情和体育消息。总部设在伦敦，在欧洲其他国家和美国设有分社，并在日本和东南亚设有代理机构。它从世界各大证券交易所、公司和国际新闻机构收集有关企业和证券的资料与情况。它擅长发布金融新闻，提供与国际金融事务相关的各种参考数据，并为银行和保险公司等机构代理投资结算业务。它所提供的经济新闻和统计资料在英国实业界颇受重视。

四　图书出版

（一）概况

英国的图书出版业历史比较悠久。被称为英国印刷出版业奠基人的威廉·卡克斯顿于1476年在威斯敏斯特创办了第一家英国活字印刷厂，这也是英国出版业的开端。15世纪末16世纪初，牛津和剑桥大学成为英国最重要的学术中心，这两所大学的出版社也相继成立。随着人文主

英　国

义思想的发展，英国国内要求出版自由和民主政治的呼声日益强烈。1644年，被奉为"革命诗人"的弥尔顿发表《论出版自由》一文。1695年，英国废除了出版许可证制度。被誉为英国近代出版社之父的雅各布·汤姆逊和伯纳德·林托特两位出版家分别创建了自己的出版社，使英国和其他国家的一些名著得以出版，莎士比亚的不少作品都是在这一时期出版的。1709年英国颁布了世界上第一部版权法，各种类型的出版社在18世纪相继出现，为英国图书印刷、出版和发行的进一步发展奠定了基础。工业革命也促进了出版事业的发展。19世纪，英国出版业组织——英国书商协会和英国出版商协会相继成立。这两个协会在1900年签订了《实价书协议》，成为规范作家、出版商和书商之间关系的"君子协定"，从而保证了英国出版界和书店的多样性，开创了英国图书出版和发行业的新阶段。

根据英国出版业联盟（The Publishers Association）的统计数据，到2012年底，英国有注册出版社3657家，共出版图书17万种。当年图书出版业共创造产值97亿英镑，其中，图书（含纸质图书和数字图书）的销售额为33亿英镑，零售额为15亿英镑。近年来数字图书的发展很快，2014年时已占销售额的35%。在数字图书的销售额中，有79%来自于学术性电子期刊。2014年，英国图书的出口额为18.5亿英镑，占全年图书销售总额的43%。

在国内市场，12~74岁的英国人2014年共购买图书3.44亿册，支出21亿英镑。

2012年，英国图书出版业就业人数22.3万人，占全国就业人口总数的0.7%。

（二）主要出版社简介

英国皇家出版局（Her/His Majesty's Stationery Office），原为政府出版机构，创立于1786年，1996年被私有化。它是英国出版图书最多的出版社，年出版图书达9000种（包括纸质图书和数字图书），主要出版各种统计资料、法律和政策文件。

麦克米伦出版公司（Macmillan Publishers）是英国最大的出版公司之

第七章　文　化

一，1843年麦克米伦兄弟出版第一部图书《哲学素养》。它每年出版新书4000多种。该公司出版物门类广泛，几乎涉及所有学科。它出版的语言教科书、文学书及视听教材，特别是包括英语词典、哲学词典、体育词典、博物馆词典以及各种专业词典和百科全书在内的工具书，颇受读者欢迎。

牛津大学出版社（Oxford University Press）和剑桥大学出版社（Cambridge University Press），属非营利性出版机构，是英国最古老的两家大学出版社，其宗旨是传播知识和促进研究。它们专门为这两所大学出版供教学使用的学术、文化、教育等方面的书籍，每年出版图书1500种以上。这两家大学出版社都是国际性出版社，都在海外设有分支机构或办事处。作为各自大学的组成部分，这两家出版社自然也存在竞争，但也进行合作，联合出版过好几个版本的《圣经》。它们之间的差异在于侧重点不同。牛津大学出版社十分重视出版大众读物和参考书，并拥有"学术与大众图书部"，剑桥大学出版社则较为注重出版学术专著。这方面一个明显的例子是，100多年前剑桥大学出版社拒绝出版摩雷编写的《英语大词典》；而牛津大学出版社却欣然接受，并一版再版，成为世界知名的《牛津英语大词典》。

企鹅图书公司（Penguin Books Ltd.）是一家最具代表性、专门致力于出版平装本纸皮书的出版社。在"企鹅"诞生以前，也曾有人尝试过出版低价位的纸皮书，以降低图书价格，让普通大众都能买得起书。但由于没有能够找到受到多数读者欢迎的图书开本和形式，尝试未能成功。1935年的一个周末，年轻的出版家艾伦·莱恩在从著名侦探小说家阿加莎·克里斯蒂的住处回家途中忽生联想：出版一系列优秀小说或非小说类的文学丛书，用廉价的平装本来印刷，加之以诱人的封面，走出书店到火车站或街头巷尾去出售。他的这一想法引发了一场纸皮书革命，有文学价值的图书得以大量廉价销售，从而使"企鹅"成为一家国际知名的出版企业。1935年7月30日，企鹅出版社最初的10套企鹅丛书问世，在短短3年内就售出了2500万册，大大超过了英国其他出版社的总销售量。不过自20世纪60年代以来，企鹅出版社已不再是独占鳌头的平装本出版

459

社,人们对纸皮书的看法也发生了变化。1970年莱恩去世,以他为代表的平装书昌盛时代随之告一段落。

除上述出版社之外,罗特里奇出版社(Routledge)、科林出版社(Collins)、赫钦森出版公司(Hutchinson)和朗曼出版集团(Longman Group)等,也都是英国著名的国际性出版社。

第八章

外　交

第一节　外交政策沿革

一　均势外交传统

英国外交历史久远，具有务实灵活的"实用主义"传统，被视为奉行典型"均势外交"政策的国家。一般认为，英国的均势外交发端于15世纪末16世纪初都铎王朝早期的对欧关系。据说，亨利八世有这样一张肖像：他右手提一架保持平衡状态的天平，天平的一边装着法国，另一边是奥地利；左手拿一块砝码，随时准备添加在天平的某一边。亨利八世的国务大臣、红衣主教沃尔西，曾以国王的名义实际统治英国达14年之久，他在外交活动中常常出其不意地变换结盟关系，为英国奉行的对欧力量均势原则奠定了基础。亨利八世曾联合西班牙和奥地利的哈布斯堡王朝，逼迫在百年战争中获胜的法国撤退，阻止它向意大利和周边地区扩张。英国后来又反过来同法国和土耳其结盟，竭力阻止神圣罗马帝国皇帝查理五世图谋建立支配整个欧洲大陆的哈布斯堡大帝国的野心。亨利八世之后，伊丽莎白一世在统治英国期间，努力在法国和西班牙之间保持均势。英国不仅从海上对西班牙进行干扰，而且派兵到法国和荷兰援助那些同西班牙作战的部队。英国这样做并非支持荷兰的起义者或法国的新教徒，而是如伊丽莎白一世所解释的那样："法国末日到来之时，亦正是英国行将灭亡之日"，因而保持"均势"至关重要。此后，英国又在克伦威尔统治年代趁

英 国

机介入法、西之间的冲突，迫使西班牙在1659年结束同法国的战争，从而对改变欧洲均势格局发挥了重要作用。但是，随着西班牙的衰落和法国力量的迅速上升，英国又联合荷兰和德意志国家组成对法作战的"大同盟"，遏制了法国国王路易十四的扩张野心。此后又经过1740~1748年的奥地利王位继承战争、1756~1763年的七年战争以及拿破仑战争，终于使法国失去了欧洲主要大国的地位。英国还密切关注波罗的海地区局势的发展，其传统做法也是致力于保持力量均势，不让任何一个国家取得压倒性优势或取代它的最高"仲裁者"地位。

总之，英国通过长期外交实践（包括战争）形成的均势外交传统，主要表现为通过维持和左右两个实力大致相当的集团相互制约，以避免使欧洲陷于任何一个大国或国家集团的支配之下。在局势相对稳定或尚不明朗的情况下，英国对欧洲事务尽量采取"超脱"态度；但在均势遭到破坏或受到严重威胁时，它通常给予同谋求霸权者相抗衡的一方以重要的经济、外交和军事支持，并根据英国自身的利益随时调整或变换结盟关系。英国自身的利益是英国外交政策的根本出发点，正如19世纪英国外交家帕麦斯顿勋爵在阐述英国外交政策原则时所说："我们没有永久的朋友，我们也没有永久的敌人。只有我们的利益是永恒不变的，这些利益才是我们应当遵循和追求的。"

二 从"光荣孤立"到结盟政策

从1815年《维也纳条约》签订到1870年前后，是英国均势外交表现得最为突出的时期。英国在19世纪大部分时间推行的对外政策，其基本方针是，在和平时期设法避免卷入任何正式结盟关系，以便在两个相互抗衡的国家集团之间保持最大限度的行动自由，从而使自己执欧洲均势的牛耳，扮演"均势维持者"的角色。这被称为"光荣孤立"政策。这种政策建立在力量优势的基础之上，英国凭借雄厚的经济实力、强大的海军和广大殖民地，无须固定盟友就可以实现自己的政治战略目标。其实，用"孤立"一词来界定英国的外交政策并不确切，实际上英国从来没有强大到无须任何盟友就可以自行其是的程度，英国政府也从未有意拒绝过同外界发生联系。"孤立政策"的关键要素是，英国政府虽谋求实行外交合作，但不愿以同盟条约来约束自己的行动，更不会承担军事义务。因此，有人将"孤立"政策解释为一种"有限责任"政策，即一种保持行动自由的政策。被奉为"光荣孤立"政策代表人物的索尔兹伯里1896年曾经指出：英国不应该参加固定的同盟或集团，应保持行动自由，以便于操纵"欧洲均势"。恐怕这才是"光荣孤立"的本意和实质所在。

19世纪末20世纪初，无论是在欧洲还是在世界范围内，大国之间的力量对比均发生了重要变化。19世纪70年代前后，一个统一的德国出现在欧洲的中心地带，打破了欧洲固有的力量平衡。在世界范围内，美国和德国的经济实力先后赶上和超过了英国。俄国经过近两个世纪的扩张和发展，正崛起成为欧亚强国。而在世界范围内争夺销售市场和原料产地的斗争，则大大激化了欧美各主要国家之间的矛盾，世界范围内的力量正在加紧进行重新组合。英国由于同法国和俄国在争夺殖民地与瓜分奥斯曼帝国的遗产方面存在尖锐的利害冲突，曾试图谋求同德国缔结某种同盟关系。然而，由于德国一直将英国视为自己争夺欧洲与世界霸权的主要对手，导致英国与德国缔结同盟关系的尝试最终只能以失败告终。英国的此种尝试，也只不过是为应对当时空前孤立的国际环境而做出的一种反应。

19世纪末20世纪初，英国的"孤立"已远非政策选择意义上的、有意识置身于联盟体系之外的孤立状态，而是一种孤家寡人、货真价实的四面受敌的处境。英国的传统对手法国和俄国在非洲、远东、中亚、中南半岛和中国与其展开了激烈竞争；美国在西半球、德国在非洲和中东，以及日本在中国也对其利益提出了挑战。面对如此众多对手在世界各地的竞争和挑战，英国深感战线过长难以应付。它不得不对其全球战略中的每一个环节做出仔细评估，妥善处理同各大国之间的关系。在委内瑞拉争端、巴拿马运河和阿拉斯加边界等问题上，英国对美国做出让步，以摆脱自己在西半球战略上的不稳固状态。1902年英日两国就联合对付俄国在中国东北的扩张签订了同盟条约，减轻了英国在中国的战略负担。英法两国在经过法绍达危机剑拔弩张的较量之后，终于就殖民地问题的争端达成妥协，并于1907年达成了英、法、俄三国协约。就这样，素来

英　国

注重实际效果的英国适时甩掉了"超脱"的外衣，转向了实际上的"结盟"政策。

三　"三环外交"

（一）"三环外交"政策的提出

第二次世界大战后，丘吉尔根据英国相对衰落的发展趋势和战后世界力量对比的新变化，为使英国继续保持世界大国的地位，提出了"三环外交"这一外交政策总方针。1948年10月9日，丘吉尔在保守党兰达诺年会上发表演说指出："在这个关系到人类命运的变化时刻，当展望我国未来时，我感到在自由和民主国家中存在着三个大环……对于我们来说，第一环自然是英联邦和英帝国及其所包括的一切。其次是包括我国、加拿大及其他英联邦自治领在内，以及美国在其中起着如此重要作用的英语世界。最后是联合起来的欧洲。这三个大环同时并存，一旦它们连接在一起，就没有任何一种力量或力量的联合足以推翻它们，或敢于向它们挑战。现在假如你们想象一下，你们就会看到，我们是在这三个环中的每一个环里都占有重要地位的唯一国家。事实上我们正处在三环的连接点上。"显然，在丘吉尔看来，英国由于其广泛的国际联系和在国际关系中所处的关键地位，注定要在国际政治中执牛耳，发挥中心作用，并充当不同国家和地区之间的桥梁与代言人。

丘吉尔的这席话不只是反映了他和保守党人谋求借助英国同英联邦国家、美国及西欧国家的联系，继续保持大国地位的愿望，也反映了英国对外关系中客观存在的广泛联系，以及基于这种联系之上的对外政策重点，这实际上为保守党和工党在战后保持一致的外交政策奠定了基础。在丘吉尔看来，英国在战后的世界舞台上扮演着三重角色：英联邦和英帝国的中心；与美国保有"特殊关系"的主要大西洋国家；支撑欧洲大陆均势格局的西欧大国。依照"三环外交"思想，英联邦和英帝国是英国大国外交的资本；英美"特殊关系"是其政策的基石和重点；借助美国的力量，建立一个包括美国和西欧在内的西方集团同苏联抗衡，以确保英国在欧洲和世界上的切身利益及其大国地位，这才是其政策目标。

（二）"三环外交"提出的原因和背景

不难看出，丘吉尔提出的"三环外交"是一个国力日趋衰微的大国在外交战略方面做出的一种无奈选择。19世纪被称为"英国世纪"，英国曾统治世界1/4的人口，其殖民地遍及世界五大洲，约占全球陆地总面积的1/4，号称"日不落帝国"。1860年前后，英国达到了极盛时期的顶峰，然而从19世纪70年代起，英国开始逐步丧失其"世界工厂"地位；19世纪末20世纪初，英国步入了"相对衰落"时期。与之相应，英国在外交战略上也不得不逐步放弃建立在绝对力量优势基础上的所谓"光荣孤立"政策。第一次世界大战使英国失去了长期拥有的海上霸权和经济优势，但由于两次世界大战之间美国还没有完全摆脱"孤立主义"的传统政策，德国又新近战败，而新生的社会主义国家苏联的国力还相对弱小，因此直到二战以前，英国在欧洲和世界事务中仍居于举足轻重的地位。

第二次世界大战极大地削弱了英国的实力。据统计，战争使英国的国民财富损耗约1/4，出口贸易较战前减少2/3，商船吨位总数减少28%，海外投资约有1/4被变卖。战争还使英国欠下巨额外债，丘吉尔曾在1945年7月举行的波茨坦会议上承认，英国是作为世界上最大的债务国走出这场战争的。战争不仅给英国造成巨大损失，还造成它在经济和军事方面对美国的严重依赖，使其不可能再像二战前那样继续在国际事务中发挥主导作用。事实上，1941年12月美国参战后，它已取代英国成为西方的主要发言人。二战的结束极大地改变了欧洲和世界的力量对比，美国和苏联均以超级大国的身份出现在欧洲和世界舞台。而西欧国家则被严重削弱，英国也沦为无法再与美、苏相比肩的二流国家，更为糟糕的是，二战极大加剧了英国经济相对衰落的进程。1950年英国人均国内生产总值居世界第七位，到1970年下降到第十八位，1981年则沦落为第二十一位。另一方面，世界社会主义力量和殖民地半殖民地的民族解放运动得到了迅速发展。这不仅使英国在西欧抗衡苏联、重建欧洲均势的任务变得更为艰巨和复杂，而且直接危及大英帝国殖民体系的生存。

二战后，英国尽管国力江河日下，在欧洲与世界力量对比中已处于十分不利的形势，但其统治集团的大国情结依然不改。丘吉尔设想在新的历

英 国

史条件下,依托英国作为战胜国的余晖和英帝国依然保有的大部分殖民地,及其同英联邦国家的历史渊源,再借助美国的经济和军事实力,促成西欧国家联合抗苏的新局面,以维护和重振英国的大国地位。这不仅是丘吉尔个人的构想,也体现了战后英国大多数政策制定者的基本主张,它表明英国外交既想努力适应环境的变化,又试图在变化了的环境中延续其传统的利益观。从理论上说,这设想非常完美,也正因为如此,英国这个昔日大帝国才得以继续维系在欧洲和世界政治舞台上的影响。然而,英国政治家在推行"三环外交"的过程中始终背负着"世界大国地位"的沉重包袱,又不能不面对实力有限与战线过长之间的矛盾。这也是导致英国外交战略不得不逐步收缩,从全球外交逐步朝重点面向欧洲转变的一个重要原因。

(三)"三环外交"的初期成效及问题

从二战结束到20世纪50年代中期,英国以仅次于美、苏两个超级大国的"准超级大国"的身份活跃于欧洲和世界舞台。"三环外交"的执行从总体上说还是较有成效的,这突出地表现在两个方面。

第一,英美"特殊关系"在冷战格局的确立和形成过程中发挥了重要作用。"英美特殊关系"一词最早出现在第二次世界大战期间的英国文献中,用来描述两国在战时结成的同盟合作关系以及规划战后的英国对外政策。在第一次世界大战中,美国站在英国一边作战,两国结成了同盟,但是一战后美国又退回到外交孤立主义,加之两国之间激烈的竞争和利害冲突,使两次大战之间的英美关系处于疏远和猜疑状态。1940年法国的溃败成为促使英美两国建立紧密合作关系的催化剂,两国共同面临法西斯侵略的威胁,这促成了它们之间战时同盟关系的确立。两国具有相似的政治制度和价值观,以及血缘亲情与传统的文化联系,使得在共同利害基础上建立起来的英美合作关系变得更为亲密。但是,随着二战的终结和共同威胁的消失,联结两国关系的纽带开始松弛,只是由于对苏联威胁的共同认识和冷战的到来,才使两国关系在新的基础上重新确定下来,而英国则在其中发挥了主要推动作用。1946年3月5日,丘吉尔的"富尔顿演说"吹响了冷战的号角;贝文外交则在促使"杜鲁门主义"和"马歇尔计划"

第八章 外 交

出笼、推动美国走上同苏联全面对抗的道路中扮演了重要角色。从 1948 年布鲁塞尔条约组织的诞生到 1949 年北约组织和 1954 年西欧联盟的建立,英国和美国在组织欧洲军事集团的过程中共同充当了倡导者和推动者的角色。

第二,英帝国和英联邦在战后初期对维持英国的大国地位也发挥了一定作用。英国将维持英帝国及其同英联邦国家的独特联系,看作维护战后其世界大国地位的一个重要因素。第二次世界大战严重动摇了英帝国殖民体系的基础,导致战后英帝国迅速解体。英国在高涨的民族独立运动面前,在自身实力不足又面临美、苏外来压力的情况下,表现出了很大程度的灵活性和现实主义态度,迅速从印度次大陆撤退,并成功地使印度、巴基斯坦、锡兰(后更名为斯里兰卡)等国在独立后留在了英联邦内。英国统治集团意识到,再抓住昔日的殖民地不放已经行不通了,应在局势无法控制的地方做适当让步,甚至同意其独立,但是要争取使之留在英联邦内,以借助英联邦这种形式维系正在瓦解的英帝国。直到 1956 年苏伊士运河危机以前,英帝国和英联邦大体上保持了相对稳定的局面。在这一时期,英联邦于 20 世纪 30 年代建立起来的帝国特惠制和英镑区等经济机制,较有效地维护了英国和英联邦国家的利益,不仅促进了英国同英联邦国家之间的经济联系,而且基本保持了由海外战略要地组成的基地网。这不仅对维护英国在英联邦内的利益和影响、保障英联邦的战略联系具有重要意义,而且被认为有助于在全球范围内抗衡"共产主义扩张"和"威胁"。

但是,就在这一时期,英国在欧洲联合问题上的独特立场和两难处境初露端倪。英国是一个欧洲国家,其安全与政治经济利益直接与欧洲大陆相关,然而,英国又自视不完全属于欧洲,认为它的利益与影响遍及全世界,因此不宜加入一个过于紧密的欧洲一体化组织。不过,英国人并不反对欧洲合作概念,也不反对其他西欧国家组建一体化组织,但是英国要置身其外,使其决策和行动自由不致受到限制。事实上,正是丘吉尔 1946 年 9 月在苏黎世演说中率先提出了建立欧洲合众国的设想,他呼吁法、德和解,在英、美帮助下重建欧洲。面对欧洲力量均势急剧变化的新形势,

467

英 国

战后初期执政的工党政府也采取实际步骤，促使西欧国家组织起来，联合美国一起与苏联抗衡。然而，随着战后欧洲统一运动的发展，英国同一些西欧大陆国家之间就欧洲建设方向问题的矛盾与争论日益尖锐。英国主张在松散的政府间合作基础上建立一个邦联主义的欧洲，而大陆一些国家则主张建设一个具有某些超国家性质的欧洲联邦。由于英国等国家的坚决反对，20世纪40年代末欧洲大陆国家试图将欧洲委员会建设成一个政治和经济联盟的设想未能实现。在这之后，欧洲联邦主义者转向积极推行"职能主义一体化"，在50年代相继提出建立"煤钢联营"、"欧洲防务共同体"和"欧洲经济共同体"的方案，但都遭到英国拒绝。这样，英国自觉不自觉地置身于20世纪四五十年代迅速发展的欧洲一体化进程之外。但这并不是说英国完全放弃了对欧洲一体化进程施加影响，事实上英国早就认识到了欧洲一体化进程可能带来的冲击和威胁，一直试图促使这一进程按照自己希望的方向发展。针对西欧六国拟议中的共同市场，英国曾提出建立自由贸易区和工业自由贸易区的建议。在这些建议被拒绝后，英国同奥地利、丹麦、挪威、葡萄牙、瑞典和瑞士一起，于1960年5月建立了欧洲自由贸易联盟。这样，20世纪60年代初，西欧在经济上就形成了由英国等七国建立的自由贸易联盟同法、德、意、荷、比、卢六国组成的共同市场相抗衡的局面。

四 外交重点转向欧洲

丘吉尔的"三环外交"思想对于英国二战后的对外政策具有长远的指导意义和影响。但自20世纪50年代后半期以来，随着英国实力的相对衰落及其内外环境的发展变化，英国不得不对其在全球范围内承担的广泛义务和责任进行收缩，并对外交政策的目标及优先事项的次序加以调整，被迫放弃全球外交，外交重点开始转向欧洲。

在这期间，英国的外交政策主要发生了以下几个方面的变化。

第一，从"帝国环"撤退。导致英国外交政策调整的首要因素，是被迫从"帝国环"撤退。战后初期，英国的帝国政策是"撤退"与"据守"相结合。一方面从印度次大陆等事实上已难以继续控制的地方迅速撤退；另一方面则步步为营，尽量将剩下的殖民地牢牢置于英国的统治之下。但从 20 世纪 50 年代后半期开始，英国实力衰落的趋势日趋明显，1956 年英国在苏伊士运河战争中的失败是一个重要标志。此次事件促使英国统治集团不得不根据相对衰落的国力，对其帝国政策进行全面评估和调整。英国的决策者意识到，英国不再拥有支撑其在世界上继续扮演帝国角色的经济和军事能力，也无力阻止普遍高涨的民族独立运动。为适应形势的变化，英国政府加快了从剩余殖民地撤退的进程：20 世纪 50 年代中后期，英国结束了对中东和阿拉伯地区的控制；50 年代末 60 年代初，大批英属非洲殖民地、保护国摆脱了英国的殖民统治。与此同时，英国在亚洲、南太平洋和加勒比海地区的殖民地与保护国也大多先后取得独立。到 60 年代中期，英国在世界上的绝大多数主要殖民地都已取得独立地位。

在英帝国殖民体系解体的过程中，大批前英属殖民地和附属国加入了英联邦。英联邦本来是两次世界大战之间，英国与加拿大、澳大利亚、新西兰等白人自治领结成的一种"白人俱乐部"，它们以对英国君主的共同效忠为纽带自愿联合。二战后，英国统治集团希望利用英联邦这一形式维系正在解体的英帝国，使获得独立的前殖民地、附属国尽可能留在英联邦内。印度独立后拟成立共和国，为使印度不致因政体改变而退出英联邦，英国政府同其他英联邦国家协商后决定，不再将效忠英国君主作为英联邦成员国的必备条件，只要承认英国国王为英联邦国家联合的象征和英联邦的元首，即可成为英联邦成员国。1950 年印度宣布为共和国，继续留在英联邦内，这为后来一系列前英属殖民地加入英联邦提供了先例。1957 年后，大批脱离了英国殖民统治的新独立国家加入了英联邦。这样，英联邦就由二战前的"白人俱乐部"演变为一个由多个民族和种族、拥有不同文化和宗教背景、处于各种社会发展阶段的国家组成的松散的联合体。英国试图在政治上充当英联邦的发言人，使其成为能与两个超级大国并立的第三种力量，以提升自己的地位。尽管这种期望带有很大程度的主观成分，但也并非毫无依据。从战后初年到 20 世纪 50 年代中期，英联邦在经济、外交和防务方面的确曾对实现英国的利益和战略需要发挥过一定程度的作用。但随着英联邦的扩大，英联邦国家在国际事务中的分歧也日趋明

英 国

显，使得它们难以达成共同或相近的外交立场。各国战略目标的差异和经济利益的多样化，导致英镑区和联邦特惠制逐步解体，加剧了英联邦国家的离心倾向，英联邦难以再作为统一的政治经济力量在世界上发挥作用。英帝国的解体、英联邦对英国意义和作用的下降，促使英国的外交政策重心逐步转向同欧洲建立更密切的联系。

第二，英美关系的重要性下降。"英美特殊关系"本来就是英国首先提出的，美国虽也提及，但远不及英国那么重视，它主要反映的是英国试图借助美国力量实现本国战略需要的愿望，因此，战后多届英国政府都将保持英美"特殊关系"作为维护英国大国地位的一种手段。但是，随着英国经济、军事实力的下降和国际局势的变化，英美关系在美国全球战略中的地位与作用日趋下降。与美国同其他西方国家的双边关系相比，英美关系的"特殊性"也在逐渐减弱。1956年苏伊士运河危机期间，美国不顾英美"特殊关系"而多方对英国施加压力，两国关系一度十分紧张。此后上台的英国首相麦克米伦将修好英美关系作为英国外交的首要任务，提出建立相互依赖的"真正伙伴关系"。英美伙伴关系的恢复和发展被认为是麦克米伦政府的一大成就，但它给英国带来的后果和影响是错综复杂的：它无疑有助于英国作为一个大国继续参加大国俱乐部，但也极大加深了英国对美国的依赖。工党威尔逊政府上台后，远不像美国那样重视苏联在欧洲以外地区的威胁，因此并没有积极配合美国打着捍卫西方战略利益的旗号采取的行动，特别是在越南战争问题上，英美两国时有不和谐之音。鉴于英国国内和工党内部存在着强烈的反对越战的情绪，威尔逊政府不仅拒绝派军队赴越参战，而且竭力在美、苏和越南之间进行斡旋，试图促使越南问题和平解决。正当美国深陷越战泥沼急需盟国支持的时候，英国政府又做出了从苏伊士运河以东撤退的决定。在美国看来，这一事态十分严重，损害了西方的战略利益，因而使英美"特殊关系"受到了削弱和损害。较之威尔逊，希思的外交政策更侧重于西欧，他声称英美"特殊关系"已被"自然关系"取代。所有这些事态都表明，英国与美国的关系已不再那么"特殊"，英国在美国外交政策中的地位和重要性已非昔日可比。

第三，英国欧洲政策的转变。英国的经济利益和外交战略需要越来越"欧洲化"，这是促使英国对外政策从大国全球外交向重点面向欧洲转变的一个根本原因。战后英国的内外环境及其现实利益，以及地理和历史方面的种种因素，曾使英国在 20 世纪 50 年代对西欧一体化进程采取一种冷漠和超然的态度，自觉不自觉地使自己置身于这一进程之外。但是欧共体的迅速发展很快表明，它对英国的未来发展具有极端重要的意义。英国经济发展趋缓的态势在 20 世纪 50 年代后期已很明显，而欧洲经济一体化进程却加快了德、法等欧共体国家经济发展的步伐。到 20 世纪 60 年代中后期，英国的国民生产总值已由战后资本主义世界的第二位降至第五位。为陷入困境的英国经济寻求出路成为英国向欧共体靠拢的重要动因。

与之相应，英国的经济活动及其贸易利益也在加速由"帝国环"向欧洲地区转移。英国统治集团曾期望利用英帝国的联系促进战后英国经济的恢复和发展，而殖民地和英联邦国家也的确曾为英国产品和资本的输出提供了一个受保护的相对安全的市场。但随着英国经济的恢复和发展以及产业结构的变化，英国新兴工业部门在国民经济和出口贸易中所占的比重越来越大。但这些产品价格昂贵，在不发达的英联邦国家和殖民地很难找到市场，因此需要向经济发达的西欧和北美寻找销路。另一方面，欧共体的建立和发展扩大了西欧内部市场的容量，为英国增加向西欧出口提供了可能性。为了开展科技革命，更新陈旧的机器设备，英国也需要从西欧、北美和日本进口技术。与此同时，随着技术的进步，合成材料工业迅速发展，原材料的消耗减少，加之英国采取措施积极发展农业，因此对英联邦国家和殖民地的原料和食品的依赖程度有所减弱，从而导致英国对外贸易格局发生重大变化。1955 年至 1965 年，英镑区国家在英国出口贸易中所占比重由大约 1/2 降到 1/3，而西欧和美国所占的份额则由 1/3 上升到一半左右。在英国的出口贸易中，1954 年时，欧共体六国加上爱尔兰及丹麦 8 个国家所占份额约为 20%，1971 年上升为将近 30%，1979 年则超过 40%。英国对外贸易关系格局的这种变化趋势被称为英国经济利益的"欧洲化"，这也是推动英国实现重点面向欧洲转变的根本

原因。

英国对外战略重点的调整当然并不只是出于经济上的考虑,政治和外交上的需要也是重要因素。随着欧洲一体化进程的深入发展,如果英国同西欧联合进程的联系被完全切断,那么未来世界外交活动的轴心就有可能绕过英国,从而给英国的大国地位造成严重损害。正是基于这样的考虑,英国在20世纪60年代和70年代初曾三次申请加入欧共体,经过10多年艰难曲折的谈判,英国终于在1973年正式成为欧共体成员国。英国外交战略也基本实现了从全球外交到重点面向欧洲的转变。

五 撒切尔主义外交

英国1973年1月1日加入欧共体,又经1975年全民公决,以2:1的多数决定继续留在欧共体之后,其欧共体成员资格似乎已不再是个问题,但是英国政界在欧洲政策上的"欧洲派"与"大西洋派"之争并没有结束。英国是欧洲国家,但种种原因使它的立场又有别于欧洲大陆国家,英国与美国的传统关系及其广泛的海外联系,使它比任何欧陆国家都有更广泛的依托,它在制定欧洲政策时也必须考虑这些因素。而欧共体诞生后,英国在制定外交政策时就面临着优先顺序的选择问题,这就导致了"欧洲派"与"大西洋派"之争。在"欧洲派"看来,英国应该将同欧陆国家的关系放在优先地位,特别是在欧共体已显示出可观的实力和影响之后,英国更不应置身其外,否则,英国就无法在欧洲立足,英美关系和英联邦均不足恃。"大西洋派"则更看重同美国的关系,担心加入欧共体会削弱英国在欧洲的独特地位,从而损害大西洋两岸的关系;即使在英国加入欧共体后,它也应该从维护其海外联系出发,谋求在欧共体内享有特殊的政策和利益,反对布鲁塞尔的"过分"集权和官僚化。英国政坛中这两种倾向之争在撒切尔夫人主政时表现得尤其突出,而撒切尔主义外交从某种意义上说,正是大西洋主义在英国对外政策上的一种集中反映。

(一)回归英美"特殊关系"

撒切尔夫人执政时期,英美关系一改20世纪70年代以来日趋疏远的

第八章 外　交

状况，由希思所称的"自然关系"重新回到了在英国对外政策中占中心地位的"特殊关系"。撒切尔夫人认为，保守党的对外政策应以英美深刻的谅解和盟国关系为基础。她认为这是盎格鲁－撒克逊传统的一部分，也是英国对北约承担的义务的一部分。有两个方面的因素需要特别注意。首先，英国尽管加入了欧共体，但在相当长一段时间内对其实际效果并不满意，再加上它与法国等欧共体伙伴之间的利害冲突，使它难以成为全心全意的"欧洲人"。另外，就欧共体的性质而言，它主要是一个经济组织，西欧的安全和防务以及东西方关系等重大问题，仍须通过大西洋联盟予以协调，而英美之间的防务伙伴关系对英国有着非常重要的意义。在这种情况下，撒切尔政府自然不会将重振英国大国地位的希望完全寄托在发展同欧洲大陆的关系上。其次，美国总统里根推行的新右派方针政策与撒切尔夫人倡导的新保守主义指导原则十分接近，他们在对苏联和共产主义的态度上都持强硬立场；其经济政策思想也有许多相同和近似之处。这种意识形态上的共同使命感和内外政策上的广泛一致性，使撒切尔夫人执政期间的英美关系异常密切。

英美关系的基础是两国对苏联战略的一致性。20 世纪 70 年代末 80 年代初的国际形势是推动撒切尔政府支持美国对苏联推行强硬政策的直接动因。为推行北约关于欧洲中程核武器现代化的计划，英国政府于 1980 年 1 月率先宣布允许将 160 枚美国巡航导弹部署在英国，同意在英国东南部为美国建造发射场。在德国、荷兰、比利时都对部署美国导弹表现出迟疑态度的时候，英国的表态对美国政府无疑是十分重要的支持。此外，当时西欧一些国家因担心美国在第三世界国家采取的行动危及东西方关系和欧洲缓和，因而同美国发生了矛盾，撒切尔政府则力主西方国家对苏联在第三世界国家的扩张做出协调一致的反应，并同美国在北约防区外进行密切合作。如在伊朗人质危机、苏联入侵阿富汗和美国空袭利比亚等事件中，撒切尔政府都与美国开展了积极合作。

撒切尔政府的上述做法当然不只是出于对西方共同战略所承担的义务和责任，其根本目的在于希望以此换取美国对英国利益和战略需要的支持。英国在马岛战争中得到美国的外交声援和后勤支持就是一个重要例

英 国

子。1982年4月,英国和阿根廷围绕马尔维纳斯群岛的主权问题爆发战争。战争初期,美国曾试图在英国和阿根廷之间进行斡旋,因为它在阿根廷拥有重要的商业和投资利益,不愿因支持英国而损害同阿根廷的关系。但是英国毕竟是美国在西方的重要盟友,特别是撒切尔夫人执政以来,英国在许多重大问题和事件中都坚决站在美国一边,英国在马岛问题上面临的严峻考验不仅关系到英国的威望,甚至会影响撒切尔政府的前途,因此,当撒切尔夫人决心孤注一掷诉诸武力之后,里根政府只能转而采取支持态度。美国向英国提供了响尾蛇导弹、空运飞机和大批弹药,允许远涉重洋的英国舰队使用其在亚松森岛上的加油设施,并向英国内阁提供由美国间谍卫星侦察得到的重要军事情报,这些支持对英国取得马岛战争的胜利发挥了相当重要的作用。因此有人将马岛战争中的英美合作作为英美"非凡联盟"关系的一个重要事例。

"通过影响美国来影响世界"被认为是战后英国外交的一项重要谋略,撒切尔夫人在这方面有突出表现。1983年,美国总统里根正式宣布的"战略防御倡议"曾招致欧洲盟国的疑虑和批评,苏联更是对之发动攻势,试图迫使这一计划夭折。撒切尔夫人认为,"战略防御倡议"将会给欧洲的威慑平衡造成不稳定,给英国的"三叉戟"导弹计划带来不良影响。但是她又提出,说服里根放弃研究计划是不可能的,最好的办法是在支持美国进行新技术研究的同时,对其施加一定的限制和引导。她于1984年12月到戴维营同里根总统会谈,达成了4点共识:①"战略防御倡议"的目的不是为了使美国取得优势,而是为了确保在苏联军备取得进展的情况下保持均势。②"倡议"的主要目的在于战略防御武器的开发研究,部署问题将在以后通过谈判予以决定。③"倡议"是要加强而不是损害威慑力量。④谈判的目的在于降低双方进攻性武器系统的水平,从而实现安全。这四点"共识"的核心是将研究和部署分开,这项建议既支持了美国的立场,缓解了苏联的压力,又兼顾了西欧国家的愿望与利益,为制约美国提供了依据,也成为日后美国同苏联谈判的基本立场。有人认为这是"战略防御倡议"出台以来,欧洲取得的最重要的政治成就。1985年12月6日,英国在西方国家中第一个同美国正式签署了参加该计划的谅解备忘录。当时的美国国防部长温伯格称："这强调说明了我们之间联盟的密切性和我们关系的特殊性。"

（二）"三心二意"的欧洲人

在撒切尔夫人执政的前五年，围绕欧共体预算摊款份额和农业政策问题，英国同法国等欧共体伙伴产生了剧烈的矛盾，以至于大陆国家普遍将其看成是一个"三心二意"的成员国。鉴于撒切尔夫人在欧洲问题上表现出的不妥协态度和强烈的民族主义情绪，很多人将其视为一个反欧（共体）主义者，但客观形势使得她领导下的英国政府缓慢而不可逆转地加强了与大陆欧洲的联系。

1984年在巴黎举行的欧共体首脑会议被认为是英国欧洲政策的一个分水岭。英国政府在会议期间提交了一份文件，题为《欧洲的前途》，呼吁建成真正自由的内部统一市场，为确定欧共体的未来方向做出了重大贡献。会议就英国摊款回扣问题达成了协议，从而解决了长期以来引发英国同其他欧共体国家发生争执的一个重要问题，使英国能够以更为积极的态度参与欧洲建设。然而，在建设一个什么样的欧洲以及采取何种方式建设欧洲的问题上，英国仍同大多数欧共体伙伴存在深刻分歧。撒切尔夫人为此同欧共体执委会主席德洛尔发生了激烈的争论。1988年9月，撒切尔夫人在布鲁日的欧洲学院发表演讲，提出欧洲建设的5项原则。她主张建设一个基于主权国家联合基础上的欧洲，反对德洛尔提出的建立联邦主义的统一欧洲的设想。在1990年10月举行的欧共体首脑罗马会议上，她不顾其他欧共体伙伴的意愿，反对建立欧洲中央银行和实施经货联盟第二阶段建设。在此之前，她还在1989年12月举行的斯特拉斯堡会议上，否决了制定统一的欧洲"社会宪章"的提议。因为撒切尔夫人认为，这些都是涉及大量让渡国家主权的问题，英国绝对不能接受。英国在欧共体内这种空前孤立的状况，使英国政府和执政党内温和的"欧洲派"人士深感不安。他们担心英国有可能被完全排除在迅速发展的欧洲一体化进程之外，从而失去对欧洲进程施加影响的机会。为此，外交大臣杰弗里·豪挂冠而去，并进而引发了保守党内部的严重分裂，撒切尔夫人被迫于1990年11月辞职。

英　国

第二节　冷战后外交政策的调整

一　背景

"冷战"结束后，英国政府对外交政策进行了较大幅度的调整，其原因主要有以下3个方面。

首先，冷战和两极格局的终结，从根本上改变了战后以来英国赖以生存和发展的国际环境，对其对外关系和处理国际事务的能力和手段产生了深远影响。从某种意义上讲，英国是冷战体制的受益者。它作为二战的战胜国之一和战后初期资本主义世界的主要国家，曾在战后世界政治经济秩序的形成和发展过程中扮演过重要角色。尽管英国后来逐步降格为中等发达国家，但它凭借在西方防务和外交领域所享有的优势及其同美国的"特殊关系"，仍能在某种程度上发挥一流大国的作用与影响。随着冷战体制的终结，英国在战后世界政治中占有一席特权地位的条件已不复存在，其国际地位受到严重削弱。随着两极体制的解体和东西方军事对抗局面的消失，军事安全因素在国际事务中的作用相对下降，经济因素更为重要，在这种情况下，英国在国际上的回旋余地急剧减少。当北约组织失去旧有目标和"敌人"之后，英国作为北约的一个重要成员在冷战时期所享有的特权地位无形中也就贬值了。除此之外，英国相形见绌的经济实力对其国际地位也有负面影响。与此形成鲜明对照的是，经济上更为强大且又处于欧洲剧变旋涡中心的德国，国际地位迅速上升，客观上已取代英国成为美国在欧洲的最重要盟友。

其次，近年来欧洲一体化的迅速发展，也使英国国内政治面临着严峻考验。冷战后的欧洲正在经历意义深远的变革和重建，推进以欧盟为核心的欧洲一体化进程，是西欧国家为重建和改组欧洲所做的根本选择。20世纪90年代以来，欧洲一体化进程加快，欧洲单一市场于1993年1月1日正式启动，欧洲政治和经货联盟的建设以及欧盟的扩大进程也都取得了重要进展。英国自1973年正式加入欧共体以来，已不可避免地卷入了欧洲经济政治一体化进程。英国对建设欧洲内部统一市场持积极支持立场，而对政治和经货联盟的建设则持保留态度。在英国看来，前者主要是自由贸易问题，英国历来是自由贸易的支持者；而后者则涉及大量转让主权的问题，有可能从"后门"将英国引入一个它所厌恶的联邦主义的欧洲。随着建立经货联盟和政治联盟的问题被提上议程，英国与其欧洲伙伴之间围绕欧洲前途的争论空前尖锐。英国既离不开欧洲，又不愿被束缚在一个结构过于紧密的联邦欧洲之内。英国尽管在制定《欧盟条约》的谈判过程中成功地避免了将"欧洲联邦"作为欧洲建设的最终目标写进条约文本，并取得了由英国议会最终决定是否参加欧洲单一货币的"例外权"。但是，一个显而易见的事实是，随着关于建立欧洲政治与经货联盟的《马斯特里赫特条约》的生效和实施，英国不可避免地面临着是进一步融入欧洲一体化进程中去，还是在一些重要领域被排除出"核心欧洲"决策圈之外的严峻考验。

最后，在后冷战时代，世界格局走向多极化的趋势进一步明朗，大国关系正在经历重大而深刻的调整。与此同时，随着两极格局的瓦解，结束了世界市场被人为分割的状态，各国经济的相互依赖日益加深、竞争日益加剧，经济全球化进入了一个新时期。先进的工业化国家由于国内市场日趋饱和，遂加紧向国外市场扩张，而第三世界国家的新兴市场则是其重要目标之一。面对亚太地区的蓬勃发展，西方主要大国纷纷调整和加强自己的亚洲政策，为在迅速变化的世界市场上抢占有利地位而展开激烈竞争。所有这些均给英国带来了诸多挑战和机遇。

二 指导方针

冷战后英国外交政策调整的总体出发点，仍然是以"国家利益第一"的原则为指导，多方纵横捭阖，拓展外交活动空间；争取主动，利用英国的优势力争在欧洲和世界新格局中占据有利位置，以便在国际事务中发挥尽可能大的作用和影响。

（一）政策调整的指导思想

1995年，时任保守党政府外交大臣的里夫金德在一次演说中曾谈及

英 国

英国的外交宗旨:"帕麦斯顿勋爵的名言——英国外交大臣的唯一目标应当是推进英国的利益——是英国外交最根本的出发点。"一个国家外交的出发点和目的是维护其国家利益,这本是一条普遍适用的原则,英国政府之所以突出强调这一点,是同冷战后国际关系格局中出现的新现象、新变化分不开的。随着冷战后两极格局的终结,外部的压力和威胁明显减弱或淡化,消除了各国追求国家利益的一个重要障碍和制约因素,各国在对外关系中更加突出强调自身的利益。但是,西方大国之间的矛盾也随之有所抬头,欧洲一体化进程中的利害矛盾和冲突也日益突出。在这种情况下,英国国内有关外交应如何更有效地维护国家利益的争论日益激烈。正是冷战后国内外形势变化导致的这种需要,促使英国政府重拾"英国利益第一"的原则,并根据这一原则调整其结盟关系,确定政策重点。当然,对于怎样做才真正符合英国的利益,不同政党有不同的理解和判断。里夫金德的讲话主要是为保守党政府当时的欧洲政策进行辩护。有些英国人担心,如果英国拒绝加入欧盟一体化进程,就可能像过去那样再次错过行进中的"欧洲列车",从而使英国减少或彻底丧失对欧洲一体化进程施加影响的机会。里夫金德辩白说,不加入某些特定的协调行动可能意味着影响的削弱,但是,"我们不应过分强调这一论点。影响本身并不是目的。偶尔地,为了维护国家的根本利益,在一些具体领域承受影响的削弱可能是正确的"。他明确表示,如果英国同欧盟建立更加密切的联系将损害英国的国家利益,他将毫不犹豫地予以反对。

此后执政的工党政府和亲欧派人士对该问题的看法有所不同。以布莱尔为首的工党政府上台后,从革新政治理念入手,对英国的外交政策进行了进一步调整。布莱尔打出了"第三条道路"的旗帜,主张超越传统意识形态的束缚,在新的价值观念基础上应对全球化的挑战。他强调新政府的使命是"重塑英国",改变英国守旧、沉闷的形象,赋予英国以活力、创新、自信和自由等特征,使英国在人们的心目中成为一个"年轻的国家",一个能在精神上引导世界的国家。布莱尔在谈到英国外交的目标时,明确提出谋求使英国"再次成为一个大国"。他说:"我们在帝国后的这个时期不可能成为军事意义上的超级大国,但是我们能够使世界感受到英国存在的影响。"布莱尔还提出了指导英国对外关系的 4 项原则:谋求恢复英国在欧洲的领导地位;同美国建立强有力的关系;建设强大的防务能力;强调道德准则、人权和自由贸易。

2010 年 5 月上台的保守党和自由民主党联合政府又在前几届政府的基础上对英国的外交政策做出了一些调整,特别是由于金融危机在很大程度上改变了大国之间的力量对比,并因此对国际政治经济格局产生了重要影响,联合政府对英国外交政策的调整主要是为了适应这一形势变化。由于恢复经济是金融危机背景下英国政府的首要任务,因此它在外交方面多采取"守势",但也提出要推行"特色鲜明"的外交政策。具体表现为:以更加实用的立场对待英美"特殊关系",而不再像布莱尔政府时期对美国亦步亦趋;开展"商业外交",外交战略重心向新兴市场国家倾斜,特别是注重发展同亚洲、拉美国家和海湾地区国家的关系,同时依然打着"民主""人权"等旗号推行价值观外交。

(二)外交政策调整的基础

在冷战后的外交政策调整过程中,英国十分强调利用它在某些方面尚存的优势,谋求维持其大国地位。根据英国政府及一些高级官员发表的文章、讲话和声明,可将这些优势归纳为以下 4 个方面。

第一,强调利用英国在国际组织和多边外交中所拥有的某些特权和优势。英国领导人在多种场合反复强调,英国是联合国安理会常任理事国,是北约组织、"七国集团"和欧盟的重要成员,英联邦的创始国,也是世界上少数几个有核国家之一。所有这些都使英国处于"事态发展的中心",处于在这个或那个方面足以使某些伙伴国"嫉妒"的地位。英国政府曾表示,决心保持它在安理会的常任理事国席位,也不会轻易放弃其有核国家地位。正是其常任理事国席位和核威慑力量,使英国同法国一起处于在政治上优越于其欧洲盟友德国的地位。

第二,强调英国在国际范围内仍在军事领域发挥着重要作用。英国有一支训练有素、装备精良的武装力量;英国至今仍在世界上 40 多个国家和地区部署或驻有军队,是为联合国维和行动提供武装部队最多的国家之一;它也继续在北约组织中扮演着重要角色。总之,英国通过多边和集体

安全机制,利用其军事方面存在的某些优势,在世界上发挥着超出其实力的影响。

第三,强调英国在世界各地存在着广泛的经济联系,使它有可能在世界经济中发挥重要影响,并充当联结欧洲与世界其他地区的桥梁。英国以贸易立国,有着自由贸易传统,其国民生产总值的1/4来自对外贸易,这一比例高于美国、日本、德国和法国等国。无形贸易在英国对外贸易中占有重要地位,其收入占英国海外总收入的一半左右。就海外投资总额而论,英国是仅次于美、日的第三大对外投资国,且其人均直接投资额高于美国、日本、法国和德国。在吸引外资方面,英国是仅次于美国的第二个吸收外资最多的西方国家,是欧洲最有吸引力的外资投资场所;伦敦是最主要的国际金融中心、空运中心和海运中心之一。英国拥有广泛分布于世界各地的商业利益及其经济联系网络,促使它十分关注世界各地区的政治稳定、贸易和航运自由。在按照自由贸易和开放原则建设欧洲和世界经济秩序方面,英国较其他国家表现得更为积极和活跃。

第四,强调英语、英国文化和英国的"价值观",认为它们在国际上的影响是一笔重要资产。英国政界领导人十分看重英语作为一种国际商业通用语言以及英国广播公司世界广播网对英国所具有的意义与价值。他们强调,通过英国文化委员会的英语教学和宣传工作,通过执行各种奖学金计划以及英国广播公司的对外广播,不仅促进了人们对英国及其制度和价值观的了解,提高了英国在世界上的信誉和知名度,而且给英国带来了实际的物质利益。英国前外交大臣赫德在1995年2月的一次讲话中透露,英语教学及与此相关的商品销售和服务,每年可为英国赚取5亿英镑的收入,而政府每年对英国文化委员会的拨款只有1.3亿英镑,对英国广播公司对外广播的投资也只有1.75亿英镑,用于各种奖学金项目的费用则仅为3000万英镑。从广义上讲,英国文化在国际上的影响也包括其制度和价值观在国外的传播和推广。英国统治集团非常重视在前苏联、东欧地区和广大第三世界国家推广英国式的"议会民主制度"和人权价值观。撒切尔夫人为她能"早于别人"看出戈尔巴乔夫"革命"的实质,并为其提供积极支持而"自豪";赫德等英国政府高级官员十分看重英国实施私有化的国际意义，并设法在前苏联和东欧地区、拉美和印度等地予以积极推广；布莱尔为推广西方的人权价值观，更是不遗余力地在前南地区实施"新干涉主义"。相较于工党，以卡梅伦为首的保守党的外交政策中虽然意识形态色彩相对较淡，但同样积极推动"自由""民主""人权"等价值观，如支持阿拉伯世界的"民主化转型"。英国前外交大臣黑格曾说过："人权等价值观是我们国家 DNA 的一部分，将深深交织在我们外交决策程序的各个阶段。"当然，英国的"民主"和"人权"外交究竟是一笔资产还是一个沉重的包袱，持有不同立场的人和国家有不同的看法。例如，英国推广的"民主"和"人权"等观念在亚洲和第三世界的其他地区屡屡受挫，有人就曾明确指出，英国要想在蓬勃发展的亚太地区站稳脚跟，就必须避免将自己的制度和价值观强加于人。

第三节　与欧洲国家的关系

一　欧洲政策的调整

欧洲是英国生存发展的主要空间，也是其外交活动的主要舞台。在当今世界上，像英国这样一个地处欧洲边缘的中等国家，不仅在经济上需要倚重欧盟，在政治和外交上也不可能离开欧洲而独立发挥作用。面对冷战后急剧下降的国际地位和众多国内难题，英国只有更多采取"欧洲方式"，更积极地介入欧洲一体化进程，推动欧洲联盟朝着英国所希望的方向发展，才是唯一可行的选择和出路。撒切尔夫人之所以被迫辞职，其中一个重要原因就在于她做出了危及英国在欧洲地位的决定。1990 年 11 月梅杰接替撒切尔夫人成为英国首相，他所提出的一项重要政策声明，就是谋求英国居于欧洲的中心地位。但是，由于梅杰担心欧洲一体化进程走得过远会危及英国的主权和独立，特别是顾忌保守党内欧洲怀疑派的强烈反欧情绪，因此在其执政的最后几年在一些具体问题上往往采取消极防守、阻挠反对的态度。1994 年，梅杰政府曾就欧盟吸收新成员后提高否决票数门槛的问题以及德洛尔去职后的欧盟委员会主席人选问题，先后两度行

英 国

使否决权。1996年,由于疯牛病导致欧洲国家对英国牛肉出口实行禁运,围绕这一问题,英国同欧盟之间爆发了激烈的对抗和冲突。在为修改"马约"而于1996年和1997年初举行的欧盟国家政府间会议上,英国几乎对所有旨在加深一体化的建议都持反对或保留态度,致使会议很难继续进行。保守党政府在欧洲政策上的僵硬立场,使得梅杰"谋求使英国处于欧洲中心"的政策目标实际上成为一句空话。

在这一背景下,1997年5月上台的工党政府开始推行更积极、更富建设性的欧洲政策,采取措施迅速结束英国的孤立状态。布莱尔政府一改英国不参加欧洲《社会宪章》的立场,表示支持在欧盟新条约中增加有关就业的章节,还同意就扩大多数表决机制问题做出有限的妥协。在英国继续保持对边界控制的条件下,布莱尔政府同意将涉及各国司法、内政权限的《申根协议》纳入欧盟《阿姆斯特丹条约》。正是工党政府这种灵活而富有建设性的态度,促使长期陷入僵局的欧盟政府间会议出现了转机,欧盟十五国终于就修改《马斯特里赫特条约》和签署新条约等问题达成协议。

在经货联盟问题上,英国的态度也变得更趋积极。1997年10月时任财政大臣的布朗明确宣布了英国在这一问题上的方针,表示英国虽不会在本届议会任期内加入欧元区,但将加紧准备,以便在条件成熟时正式加入。他还提出了英国加入欧元区的5项经济指标,其中包括英国经济与欧元区经济的趋同性、英国应对欧元区市场变化的灵活性以及加入欧元区对投资、金融和就业的影响。从表面上看,这仍然是英国惯常奉行的那种观望态度,但从实质上看,它和保守党政府原来推行的欧洲政策有着重要差别。布朗在议会下院发表的声明中明确指出,引入单一货币在贸易、金融、投资、就业等方面对英国所具有的潜在好处是显而易见的。如果单一货币能够成功运作,加入单一货币的经济理由又十分明显,那么英国就应该谋求成为其成员。布朗还表示,不存在阻止英国成为欧洲经货联盟成员的宪法障碍。这些政策声明同保守党政府昔日以国家主权为理由、对经货联盟采取的怀疑主义立场与排斥态度,形成了鲜明的对照。工党政府明确宣布支持经货联盟,并在英国担任欧盟轮值主席国期

第八章 外 交

间积极采取行动促进欧元按时启动，这些行动标志着英国对欧政策的一个重大转变。

2002年1月1日，欧元正式进入全面流通。在当时的情况下，外界曾普遍认为英国加入欧元区只是时间问题。从工党政府方面来说，只要条件具备（特别是政治条件），它就会采取积极态度推动英国加入经货联盟，因为它认为，政治与经济上的考虑都不允许英国长久留在欧元区之外。就在2001年底欧元即将正式投入使用之际，英国负责欧洲事务的外交国务大臣彼得·海因表示，他希望"每年来英国旅游和购物的1300万欧洲人明白，只要把钱带来就可以，不必付5%的手续费交给兑换机构"。人们认为，他的讲话暗示着英国政府将接受欧元在英国流通。不过，从总体上讲，鉴于英国国内对主权问题的传统观念和欧洲怀疑主义情绪根深蒂固，布莱尔政府对于欧盟进一步一体化的任何步骤和措施，都不得不采取审慎态度。工党政府之所以决定暂不加入欧洲单一货币，其中一个重要原因就是出于政治上的考虑：顾忌怀有强烈欧洲怀疑主义情绪的英国公众一时难以接受带有超国家色彩的欧元。2003年6月，布朗在英国议会宣布，英国加入欧元区的5项经济指标有4项尚未完全达到标准，因此，英国还不具备加入欧元区的条件。这使其加入欧元区的前景再次蒙上阴影，其原因十分复杂。首先，大多数英国民众从感情上还无法接受放弃英镑，2003年6月英国媒体进行的民意调查显示，有68%的英国人反对加入欧元区。其次，时任英国首相的布莱尔与财政大臣布朗在这一问题上也存在分歧，相较而言，布莱尔对加入欧元区的态度更加积极，布朗则要更为谨慎和犹豫得多。

布莱尔之所以在第一届任期内对欧盟采取更为积极、更富建设性的政策和态度，目的之一是希望英国作为欧盟的一支主导力量，推动欧洲建设按照英国的方针和路线向前发展。自布莱尔执政以后，他就和其他一些支持欧洲一体化的工党领导人利用各种场合和机会，反复宣扬英国式的、自由主义色彩更浓厚的市场经济所具有的活力及其成就，认为它是医治欧盟各国所面临的社会经济痼疾的有效处方，是可供欧洲国家进行改革所仿效的样板。1997年5月23日，布莱尔利用第一次出席欧盟首脑会议的机

483

英 国

会，呼吁欧洲进行大规模变革。他为这一进程提出了 5 个重点目标：完善统一市场和自由贸易；扩大共同体；改革共同农业政策；增强竞争力和就业灵活性；谋求实现真正的外交合作。布莱尔政府曾试图利用 1998 年上半年担任欧盟轮值主席国的机会实施这一议程，按照自己的设想推动欧盟的改革。后来布莱尔还利用欧洲社会党国际论坛以及其他双边或多边外交场合，反复宣传他的"第三条道路"。当然，欧洲各国情况不同，要推行某种统一的模式是难以做到的。尤其是欧洲大陆多数国家奉行社会市场经济模式，有很多人对盎格鲁－撒克逊模式持批判态度。况且在欧盟发挥主导作用的是法德轴心，英国要挤进这个轴心，甚至取其中之一而代之，更是谈何容易。

值得注意的是，从第一届布莱尔政府后期起，英国同欧盟的关系似乎又进入了多事之秋，它与欧盟伙伴国之间的矛盾和龃龉逐渐增多。由于法国拒绝解除对英国牛肉进口的禁令而引发的英法牛肉大战，使布莱尔谋求提升和改善英法关系的努力严重受挫。英国拒绝接受在欧盟国家统一征收 20% 利息税的要求，使其与德国的关系明显恶化。而英美两国在科索沃战争和轰炸伊拉克问题上的紧密协调，以及布莱尔对美国导弹防御计划的支持，则使英国与多数欧盟国家拉开了距离。美、英共同对欧盟国家设置的庞大电子监视系统被曝光，更使众多欧盟伙伴国感到愤怒。而导致英国与欧盟关系紧张的根本原因，仍然是欧盟国家之间的主权和民族利益之争。例如，关于利息税问题，在欧盟看来，英国理应参加欧盟统一的利息税，这将是对欧盟金融一体化进程的巨大支持。但就英国而言，如果同意征收 20% 的利息税，则将直接动摇伦敦城的世界金融中心地位，使大量资金流向美国和未加入欧盟的瑞士。至于有关国家主权与欧洲一体化的方向之争，则是一个老问题，英国人历来对国家主权问题非常敏感与执着。工党政府虽然表示积极参与欧盟一体化进程，特别是在经济上愿意与欧盟密切合作，但坚决反对建设"欧洲合众国"的主张。英国公众中疑欧情绪仍十分强烈，相当多的英国人对加入欧元区持反对态度。保守党领导集团更提出要就欧盟基础条约重开谈判，扬言英国有可能退出欧盟。而欧盟通过的一系列决议，其目的则是为了加快一体化进程，某些欧洲政治领导

第八章 外 交

人甚至提出了建设欧洲联邦国家的方案。这就迫使工党政府在有关国家主权和民族利益的问题上不得不表现出强硬姿态。在 1999 年 12 月举行的赫尔辛基欧盟首脑会议上，布莱尔明显感受到"孤独的气氛"。但他坦然地说："假如我们受到孤立，而我们是正确的，那正是我们的位置。"布莱尔甚至声称，他将在所有有关英国国家利益的问题上表现"强硬"，英国的对欧政策"需要强硬的时候就强硬，需要表现出建设性时就表现出建设性"。

在工党政府的第二届和第三届任期内，英国政府的对欧政策基本上沿袭了布莱尔的这一思路。但也如第一届工党政府任期内一样，同样表现出了一些自相矛盾之处。这一点首先表现在《欧盟宪法条约》的批准和修订问题上。2004 年的欧盟罗马首脑会议签署了《欧盟宪法条约》，但在批准过程中，于 2005 年 5 月底 6 月初在法国和荷兰举行的全民公决中被否决。英国公众本来对欧洲一体化进程就存在严重的怀疑情绪，担心接受宪法条约会影响英国的利益。因此，在法国和荷兰否决宪法条约之后，6 月 6 日英国政府借机宣布推迟原定于 2006 年初对《欧盟宪法条约》进行公决的计划，因此引起了法国的不满。法国总统希拉克认为英国应继续进行《欧盟宪法条约》的批准工作，以便为挽救欧盟危机做出贡献，但英国则认为再继续推进批准程序已毫无意义。此后，在修改《欧盟宪法条约》的过程中，英国政府列出了 4 条 "红线"，即新条约包含的《基本权利宪章》不能迫使英国修改本国法律、不能迫使英国改变对外政策、不能迫使英国改变司法及警察体制、不能扩大"双重多数"的适用范围。此外，它还坚决反对将特定多数投票制用于刑事领域，也反对将与欧洲社会权利有关的条款纳入新条约。经过艰苦谈判，在《欧盟宪法条约》基础上修改而成的《里斯本条约》，由欧盟各国领导人于 2007 年 12 月签署后交由各成员国批准，遗憾的是又被爱尔兰在 2008 年 6 月 12 日举行的全民公决中予以否决。但是这次英国的态度与 3 年前不同，英国议会于 6 月 19 日通过了《里斯本条约》，成为爱尔兰否决《里斯本条约》后首个批准该条约的国家。英国之所以这样做，其原因在于各成员国在磋商制定新条约的过程中，删去了英国等成员国反对的某些带有宪法意味的内容，并增加了

英 国

一些"个案处理"的灵活规定。特别是对德国提出的新条约"路线图计划"做了"妥协性"安排,强调"要找到一种新的机制,既要允许那些愿意合作的国家先行一步,也要允许那些不愿合作的国家不采取行动"。在这种制度安排下,英国可以像不加入欧元区和《申根协议》那样不参加欧盟在某些领域的合作,因此,英国政府在批准条约之前就已公开表示支持德国提出的解决"欧宪危机"的时间表,并放弃就欧盟新条约举行全民公投,此举受到了德国总理默克尔的欢迎和称赞。

在解决欧盟 2007~2013 年中期财政预算危机问题上,英国也表现出了前后矛盾的立场。欧盟中期财政预算危机的核心是英国的"返款"问题。英国是仅次于德国的欧盟第二大缴款国,但它享有其他国家所没有的"返款权"。这是 1984 年撒切尔夫人任首相时从欧盟获得的一项优惠权利。随着形势的发展,不少欧盟国家认为英国的经济状况已好于其他很多成员国,再继续从欧盟获取返款是不公平的。但英国认为与其他成员国相比,它从欧盟获得的农业补贴、地区发展补贴都很少,继续获取返款是一种补偿形式,因而拒绝放弃这一特权。英国一直强烈批评欧盟的农业补贴政策,在该问题上与法国的矛盾尤其突出。2005 年 6 月中旬在布鲁塞尔举行的讨论欧盟中期财政预算问题的首脑会议以失败而告终。英法两国在峰会上发生了激烈争吵。英国提出,按照占国民收入的比例计算,英国是欧盟的第四大净捐款国;而从数额上看,英国的捐款仅次于德国。然而,欧盟预算的 1/2 左右用于共同农业政策,而农业对欧盟经济的贡献仅为 4%,法国是农业补贴的最大受益者。为此,英国提出要将英国的预算摊款问题与欧盟共同农业政策的改革挂钩。法国自然不同意,它还要求英国全部或部分放弃返款权,以显示"团结的诚意"。以英法两国为代表的欧盟成员国由于无法就欧盟农业政策改革达成协议,致使在此次峰会上没有就欧盟预算问题达成一致。2005 年下半年英国接任欧盟轮值主席国,面对欧盟的困境,它在任期的最后一个月内先后提出 4 份预算方案,主导了对预算问题的谈判,其收紧预算总额的提议迎合了部分成员国的心理。在最终协商时,英国在原有基础上做出了进一步妥协,承诺额外支付 105 亿欧元用于中东欧国家的建设,从而使英国在继续维持其返款特权的同时,巩固了与10个新成员国的关系。布莱尔抓住各国特别是新成员国希望尽早达成协议的强烈愿望，通过成功化解"预算危机"，树立了英国在欧盟中的"强势"形象，同时也为解决欧盟的预算危机做出了相应贡献。

在2010年大选中，连续执政3届的工党落败，保守党与自由民主党组成联合政府。在其执政的第一年，英国的欧洲政策大体采取了灵活务实的态度，与工党政府时期相比并未出现大的变化，但从保守党与自由民主党发表的联合执政协议来看，尽管联合政府提出要在欧盟发挥更大的作用，但其对欧政策可能会更加强硬。例如，联合协议指出，在本届政府任期内，不应向欧盟进一步转让任何主权或权力；将对1972年《欧共体法令》进行修订，以保证未来通过的任何含有转让权力或权能问题的条约都将提交全民公决；在本届任期内不会加入欧元区；在未来关于欧盟预算的谈判中坚决维护国家利益；对于欧盟刑事司法领域的立法采取个案处理原则，其宗旨是使国家安全最大化，并保护个人自由、维护本国刑事司法体系的完整；不参加欧盟任何关于设立"欧洲公诉人办公室"（European Public Prosecutor's Office）的提议；等等。随着事态的发展，英国与欧盟的关系越来越紧张。

2011年7月，《欧洲联盟法令》在英国生效，这被认为是英国加入欧共体以来有可能对英国与欧盟的关系产生深远影响的一部最重要的法令。其核心内容有两个：一是规定任何涉及向欧盟进一步转让权力的新条约或条约修订均需首先经由全民公决通过；二是明确指出，任何具有直接效力或直接适用的欧盟法在英国之所以有效，是由于英国议会法令的规定使然，换言之，欧盟法在英国的效力取决于使其生效的议会法令，从而间接强调了英国的议会主权原则。接下来，在欧洲债务危机问题上，英国与欧盟的关系也日趋紧张。为加强欧盟委员会对成员国预算和税收收入的监管，2011年12月，法国总统萨科奇与德国总理默克尔共同提出了修改欧盟条约的计划，以加强财政纪律和金融监管，但英国坚决反对因加强欧盟经济治理而可能导致成员国向欧盟进一步让渡主权，并在12月召开的欧盟峰会上要求在修订条约中保证英国金融市场的地位，保证英国免受欧盟的金融监管。这一要求未能获得欧盟的许可，英国便以不符合国家利益为

英 国

由否决了修改欧盟条约的动议。因此,其他25个成员国(波兰也没有参加)不得不在欧盟条约框架之外另外签署了一项仅具有政府间性质的"财政契约"。除此之外,英国与欧盟在金融业改革方面也存在重大分歧,特别是在金融交易税、金融业监管、国家存款担保计划等问题上。与此同时,随着欧洲债务危机愈演愈烈,英国国内的疑欧主义情绪日益高涨,特别是在保守党内部,部分保守党成员甚至于2011年11月和2012年12月先后两次要求就英国是否退出欧盟举行全民公决。迫于压力,2013年1月23日,英国首相卡梅伦在伦敦发表演说,正式承诺,若保守党赢得2015年大选,则将在2017年底之前就英国是否退出欧盟举行全民公决,但他在演说中明确指出希望英国留在欧盟。他在演说中还指出:欧盟需要改革,特别是需要提高竞争力和加强民主。卡梅伦之所以承诺就是否退出欧盟举行全民公投,在很大程度上是出于国内政治的考虑,尤其是在大选即将来临之际,为避免保守党内部再次出现撒切尔政府时期的严重分裂,同时也是由于国内疑欧情绪的上升,因而不得不做出这样的表态。

在欧盟预算摊款问题上,英国和欧盟的关系再次紧张。2011年6月,欧盟委员会提交了2014~2020年财政预算,比之前的预算增加了5%。英国立即发表声明,指出预算案是"不可接受的",因为这意味着英国在财政紧缩的情况下每年要向欧盟多缴纳14亿欧元的预算摊款。此后,英国联合德国、法国等其他7个国家发表联合声明,强烈要求欧盟降低预算额度。2012年11月,英国政府拒绝批准欧盟预算,并在讨论预算问题的欧盟峰会上,采取了坚定的不妥协立场,导致此次峰会未能就预算问题达成协议。经过艰难的讨价还价,欧盟成员国最终于2013年2月的欧盟峰会上达成了总额为9600亿欧元的预算方案,比欧盟委员会最初提出的方案减少了7%,比2007~2013年的预算减少了3%,这也是欧盟历史上首次削减预算。2014年10月,欧盟委员会要求英国在12月1日前向欧盟补交17亿英镑的预算摊款,卡梅伦曾一度公开声称拒绝交付这笔费用。经过谈判,英国最终与欧盟达成和解,将此笔摊款减至8.5亿英镑,并于2015年7月和9月分两次付清。另外,在欧盟高级官员的人选问题上,英国也与其他有些国家特别是德国意见相左。例如,英国曾强烈反对由容克担任欧盟委员会主席,而德国是容克的坚决支持者;英国最初还反对由图斯克担任欧洲理事会主席,因为波兰是人员自由流动原则的积极支持者,而这与英国限制移民的主张是相悖的。尽管英国最终改变了立场,转而支持容克和图斯克,但与新的欧盟领导集体的矛盾仍然不可避免,特别是在移民问题上,今后仍将问题重重。

2015年5月,保守党在大选中获胜,并单独组阁。在大选结束后发表的演说中,卡梅伦明确肯定,将兑现承诺,在2017年底之前就英国是否退出欧盟举行全民公决。新政府组建之后不久,卡梅伦就开始了"欧洲之旅",向其他欧洲国家领导人宣传其关于欧盟改革的观点和立场。英国政府在2015年6月底召开的欧盟峰会上提交了一份关于英国立场的文件,但峰会并未对这一问题展开充分讨论,而是留待12月的峰会上再行讨论。2016年2月,欧盟与英国达成妥协,总体上同意了英国提出的4项要求。卡梅伦随后明确表示将于2016年6月23日就英国的欧盟成员国身份举行公投。根据6月24日公布的结果,有51.9%的人投票支持英国退出欧盟。卡梅伦随后辞职,原内政部长特蕾莎·梅接任首相,并将领导英国与欧盟就退欧问题展开谈判。但英国未来与欧盟的关系将采取何种形式,仍需经过一段时间才能尘埃落定。

二 冷战后的英法德三角关系

英国欧洲政策调整的一个重要方面,是如何处理新形势下的英法德三角关系,使之适应冷战后正在经历深刻变化的欧洲形势。冷战后,统一的德国在欧洲的心脏地带崛起,是欧洲形势中的一个突出特点。与此同时,法德轴心在欧盟的领导作用也越来越明显。为了避免被排挤在这一轴心之外,并在欧洲发挥重要作用,英国政府在冷战后极力修复与法德等欧洲大陆国家的关系,这在布莱尔时期表现得尤为明显。他曾试图在欧盟内部事务的领导权方面与法德两国共同形成一个三边机制。2004年1月18日,英法德三国领导人在柏林商讨欧盟经济改革问题,并决定将不定期会晤改为定期会晤,以便在欧盟理事会召开之前协调三方的立场。但遗憾的是,这一机制并未持续多久,其原因主要在于英国同法德两国在欧洲一体化的

英 国

发展方向上存在着诸多分歧，而且很多分歧都是根本性的，在短时期内无法得到弥合。金融危机发生之后，这一分歧日渐明显，英国与法德两国"渐行渐远"。然而，尽管三边机制未能最终形成，而且，英国与法国和德国两国有着诸多分歧，但三国之间在某些领域有一些共同点。

对德国支配性地位与影响的共同担忧，是促使英法两国接近的一个重要因素。正是基于历史和现实的考虑，早在撒切尔夫人当政时就有一些英国人提出英法两国联手抗衡德国的设想。不过由于英法之间在历史上长期存在隔阂和猜忌，特别是两国在政策重点和利害关系上的差异和冲突，使它们当时难以结成更紧密的伙伴关系。但是，近年来欧美关系和欧洲安全局势的发展变化，促使英法之间的关系出现了重要转机。英法两国在前南问题、波黑危机、科索沃战争和利比亚战争中所面临的共同境遇与相近立场，以及它们同美、德等国的不同战略考虑和需要，是推动英、法靠拢的直接动因；而两国在双边防务合作方面取得的进展，以及在欧洲防务联合问题上采取的共同行动，则标志着英法两国关系迈出了决定性的一步。

1994年，英法两国创建了"欧洲空军行动小组"（后来扩大到德国、意大利和西班牙）；1996年，两国签署海军合作意向书，合作领域包括行动计划和培训等20多个方面；1996年5月，英法两国成立"维和联合委员会"，对维和行动的程序和原则进行协调；1997年，两国再次签署陆军合作意向书，合作范围包括就相关计划和原则定期举行会晤；1998年12月，英法两国领导人在法国圣马洛签署了一项旨在加强欧洲防务合作的意向书（《圣马洛协议》），使"防务欧洲"进程正式启动。此后，在英法德三国的共同推动下，欧洲防务一体化进程得到了实质性进展。在军工企业方面，英法两国也开展了大量合作。2006年，双方成立高层工作组，以加强军备项目的合作；2008年，两国同意共同为A400M军用运输机提供服务。

2007年，萨科奇当选法国总统，将英法关系推上了一个新台阶，他认为，英法两国应克服长期以来的对立状态，共同建设一个"更强大的欧洲"。2008年3月，萨科奇访问英国，获得了同时在议会上下两院发表演说的殊荣。他在演说中将两国关系称为"兄弟关系"，并称法国从未忘记英国在二战中做出的牺牲。时任英国首相的布朗指出:"英法合作从来没有像现在这样紧密过。"2009年3月,法国重返北约军事一体化结构,从而使得英法两国的防务合作更向前进了一步。2010年11月,英法两国在伦敦签署了两份有关安全与防务的条约,其中一份是《防务合作条约》,是自1947年《敦刻尔克条约》以来的首份此类条约,两国的目的是加强防务合作,增强集体防务能力,在军费预算减少的情况下联手保持全球影响力,同时加强在防务工业方面的合作。另外一份是史无前例的《核合作条约》,双方将共享敏感的试验数据、材料和设备,以研发新一代核弹头。

此后,英法两国的防务合作取得了更深入的进展。例如,在利比亚和马里问题上,英法两国共同发挥了领头作用,并共同主导了对利比亚的空中打击。英国一位官员认为,这两次行动表明英法两国是"天然的伙伴",在领导和塑造欧洲防务方面起着关键作用。此外,根据2010年签署的条约,英法两国海陆空军部队经常共同进行训练,一些英国军官还在法国"戴高乐号"航空母舰上全职服役。双方还拟于2016年建成"联合远征部队"(Combined Joint Expeditionary Force,CJEF)。2014年1月,英法两国在英国诺顿空军基地召开峰会,会后发表了联合声明,并签署了多项合作协议,特别是双方同意共同促进在军事设备采购与后勤支持方面的合作。英法两国计划在国防设备采购、军队训练、海外维和行动等方面开展一系列联合行动,并将进一步打造由两国多个兵种组成的英法联合远征部队。两国还计划联合发展空中作战体系,并宣布投入将近2亿美元开展为期两年的前期可行性研究。此外,双方计划对英国主要的核武器研发基地增加投入,以便对两国的原子武器储备开展安全测试,并共享更多科研数据。英法两国还宣布共同致力于发展安全核能,共建新的核电站,合作应对气候变化,督促欧盟委员会制定碳减排方案等。英国国防大臣哈蒙德表示,英法两国在国防领域是天然的合作伙伴,峰会达成的协议有助于提升两国军队的协同作战能力。

就英国方面来说,加强英法两国防务合作有一个重要的政治考虑,即通过合作确立英法军事核心在欧洲防务中的中心地位,以平衡法德防务联盟，进而分化法德政治轴心，冲淡或减弱德国在欧盟的影响和主导地位。英国领导人宣称，英法两国是西欧仅有的两个核大国，也是两个负有广泛国际义务和拥有海外驻军的国家，因此应由它们组成欧盟有效的军事核心。英国希望以此跻身于欧盟的领导核心，进而联合法国抑制德国希望建设联邦主义欧洲的设想。英国之所以抱有这样一种期望，是由于它看到法德两国在欧盟建设方向问题上存在分歧。近年来，法国国内对联邦主义欧洲的疑虑有所增长，英国认为法德两国之间的利益冲突和政策分歧为其发挥影响提供了机会和可能。当然，英法两国接近并不意味着法、德轴心已经或很快就会被英、法谅解取代。事实上，法德两国合作在今后仍将是欧盟发展的主要推动力量。同法德关系相比，英法关系在现阶段只能居次要地位。而且，英法两国在欧盟发展的未来方向上存在着根本性分歧，特别是在卡梅伦发表演说要求欧盟进行改革并将举行退欧公投之后，法国总统奥朗德表示，尽管法国希望英国留在欧盟，也尊重英国人民进行公投的意愿和权利，但法国认为修改条约并非当务之急，欧盟也不可能为了英国的国内政治日程而进行改革。

　　相较于英法关系，在除防务合作之外的其他一些领域，英国和德国的政策观点和立场更为接近。特别是在以下4个方面：第一，在自由贸易方面，英德两国都支持全球化和自由开放的贸易政策，因此，双方都支持进一步深化欧盟单一市场；第二，在共同农业政策方面，相较于法国，农业在英德两国经济总量中所占的比重都不大，因此双方都支持对欧盟农业政策进行改革；第三，在移民政策方面，英德两国同样认为，欧盟自由流动原则是为了便利欧盟公民去别的国家找工作，而不是无条件地获得更优厚的福利待遇，德国支持英国提出的限制欧盟移民"搭便车"的主张；第四，英德双方都支持对欧盟进行改革，特别是都认为欧盟需要更有竞争力和灵活性。2014年2月，德国总理默克尔访问英国，其间在英国议会上下两院发表演说，她也因此成为德国统一后第一位受邀在英国上下两院发表演说的德国总理，其意义深远。她在访问期间表达了对英国部分诉求的支持，因此英国政府在此后的长一段时间内将争取德国的支持和合作作为实施其欧洲战略的重点。

但是，由于英国不是欧元区国家，也不是申根成员国，因此，在其他一些涉及欧盟发展的问题，特别是欧元问题和欧盟货币政策、金融监管等问题上，法国和德国的意见更为接近，而在这方面，英国与这两个国家的分歧非常明显。总之，英、法、德三角关系总体上是会随着它们之间利益关系及政策立场的异同变化，形成各种不同形式的结盟关系，如在欧盟建设上的法德轴心，在安全防务和某些外交领域中的英法合作，在自由贸易和市场经济问题上的英德同盟，等等。但在英国退出欧盟之后，它与法国、德国的关系将如何变化还有待观察。

三　英俄关系

英俄关系总体上是与整个西方世界同俄罗斯的关系同步发展的。苏联解体后，俄罗斯一度推行向西方"一边倒"的外交方针。但西方承诺的对俄经援迟迟不能兑现，在北约东扩和空袭南联盟的战争中俄罗斯又倍感屈辱，因此俄罗斯与西方国家之间的关系曾十分紧张，摩擦时有发生。不过在俄罗斯当时的对外战略中，同西方特别是美国的关系始终是"重中之重"。普京上台后即着手修复同西方和美国的关系，以便最大限度维护俄罗斯的国家利益。2001年9月11日发生在美国纽约和华盛顿的恐怖袭击事件，为俄罗斯同美国与西方的和解提供了新的动力和机遇。普京以"9·11"事件为契机，积极谋求改善同北约和欧盟的关系。

英国一直希望利用本国广泛的国际联系，在世界舞台上发挥"轴心"和纽带作用。在上述背景下，布莱尔政府敏锐地迅速抓住普京上台后调整俄罗斯与西方关系的时机，试图在西方与俄罗斯之间扮演一种政治"掮客"和"中介"的角色。2000年初，在普京还是俄罗斯代总统时，布莱尔作为西方国家领导人之一率先访问了圣彼得堡。当时其他西方国家的领导人尚在迟疑不决，并对这位俄罗斯领导人的意图存有疑虑，布莱尔却毫不犹豫地开始同普京接触，他赞扬普京是一位西方可与之打交道的人，宣称"他对未来的看法令我们感到欣慰"。普京当年4月以当选总统身份访问了伦敦。两国首脑的会谈事实上宣布了英俄"新战略关系"的开始。会谈中，布莱尔使用了"新俄罗斯"的表述，强调了英俄两国的"新关

英　国

系"，普京则表示"俄英关系翻开了新的一页"。到 2001 年底时，布莱尔和普京两位领导人在这两年中举行了 9 次会晤。"9·11"事件以后，英俄两国首脑一直保持着密切的热线联系。美英对阿富汗发动军事打击之后，英国和俄罗斯的双边关系更是不断升温，首脑互访频繁。2001 年 10 月 4 日，布莱尔访问俄罗斯，力图游说俄罗斯参加美国领导的反恐联盟。普京将布莱尔迎至莫斯科郊外的私人别墅，在轻松的"家庭气氛"中会谈了大半夜，这次会谈对俄罗斯加入反恐联盟起到了重要作用。同年 12 月 21 日，普京抵达英国进行了两天的旋风式访问。两位领导人同意建立双边工作小组，使英俄两国情报机构更好地分享情报，共同打击国际恐怖主义，双方还表示要随时协调两国在阿富汗的行动。事后布莱尔在记者招待会上声称，"9·11"事件后英国和俄罗斯的关系迈向了"史无前例的紧密"程度，这在几年前是无法想象的。

　　英俄关系不断升温的动因在于双方互有所图。从英国方面来说，密切英俄关系有利于增进英国在俄罗斯的商业利益，增强英国的能源安全，同时也有利于加强英国在欧洲的主导地位。这不仅可以牵制欧盟的"法德轴心"，还能向美国显示自己的力量。就俄方而言，俄罗斯希望英国成为其接近北约、融入欧洲的引路人，并对英国成为美俄关系的桥梁寄予厚望。从苏联解体开始，俄罗斯一直在寻找它能够特别信任并与之对话的西方伙伴国。在叶利钦时代，这样的伙伴主要是法国和德国。2000 年初，欧洲出现了对俄罗斯不利的形势，它同法国的关系由于车臣问题而严重恶化。法国媒体在报道北高加索局势时比其他西方国家表现得更片面、更富成见、更固执地要求惩罚莫斯科和对俄实行制裁。俄德关系则由于科尔下台、人事更迭而一时陷于停顿。而布莱尔在与俄罗斯打交道时一直遵循谨慎的实用主义方针，与法国不同，英国避免就人权问题谴责俄罗斯，当时西方许多领导人对同普京搞好关系都很敏感，布莱尔却采取了一种不同的态度，他说："我知道，人们说与俄罗斯和普京走得这么近有一定危险，但我认为这样做是很值得的。""我们必须拥有一个稳定的并与外界保持接触的俄罗斯，这对于英国来说十分重要。如果英国能在实现这一目标方面发挥作用，我认为对全世界都有好处。"总之，双方的共同利益和战略

第八章 外 交

需要促使两国政治家把握有利时机,推动英俄关系迅速取得了进展。为满足俄罗斯融入西方的愿望,布莱尔明确表示,北约盟国普遍愿意接纳俄罗斯在未来的北约组织内扮演某种重要角色。普京认为,要改变目前的国际局势,比较实际的做法是让俄罗斯和北约发展关系,在欧洲建立单一的安全系统。他表示,俄罗斯已做好同北约发展新的合作关系的准备,甚至愿意成为北约的"兼职"成员。"9·11"事件后,布莱尔为促成北约同俄罗斯新关系的发展,曾写信给北约秘书长罗伯逊和所有成员国,指出这是一个改善欧洲和大西洋安全状况的机会,而为同俄罗斯建立新型关系采取实质性行动则是成功的关键。2001年12月,俄罗斯与北约国家外长会议宣布,双方要建立新的合作机制。2002年5月28日,北约19个成员国和俄罗斯在罗马签署《罗马宣言》,宣布成立俄罗斯-北约理事会。至此,北约与俄罗斯之间的"20国机制"正式取代了1997年设立的北约-俄罗斯常设联合理事会的"19+1机制",俄罗斯取得了与北约进行磋商的平等地位和发言权。这在某种意义上标志着俄罗斯同西方的关系进入了一个"新时代"。为增加俄罗斯对英国的战略需求,布莱尔还宣称英俄两国有许多共同目标,他表示英国可以协助俄罗斯加入世贸组织;将在俄罗斯大量投资;协助俄罗斯融入西方经济体系。但是,从根本上说,英俄关系仍然是一种彼此借重、互相利用的关系,而且,在满足俄罗斯融入西方的要求方面,英国的作用显然很有限,俄罗斯能否进入北约和欧盟并不由英国决定。同时,两国关系中也还存在不少隔阂和分歧,就反恐斗争而言,俄英两国对在阿富汗以外地区采取军事行动问题的意见并不完全一致。

随着时间的推移,英俄两国之间的矛盾日益突出,特别是由于西方国家对俄罗斯的防范意识逐渐加强,诸如北约东扩、美国计划在东欧部署反导弹系统等举措均与此有关。与此同时,俄罗斯对西方的态度也有所改变,其立场越发强硬。在这种情况下,英俄关系也日益紧张,特别是俄罗斯多次要求引渡在英国流亡的金融寡头别列佐夫与车臣非法武装头目扎卡耶夫,但均遭英国拒绝,英国反而为这二人提供政治庇护。2006~2007年英俄两国的矛盾由于利特维年科案而达到顶点。利特维年科曾供职于俄

英 国

联邦安全局，因批评政府被开除后，于2000年到英国寻求政治避难，2006年10月获得英国公民身份。2006年11月1日，利特维年科在伦敦一家餐厅用餐后突感不适，后于23日不治身亡。英国政府事后宣布在他体内发现了放射性物质钋-210。随后，英国外交部召见俄罗斯驻英大使，请求俄方在该案的调查中提供帮助。俄方表示可以协助调查，但反对将此事件政治化。2007年5月23日，英国检察部门指控俄罗斯商人卢戈沃伊在英国下毒杀害利特维年科，要求俄罗斯将其引渡到英国受审。俄罗斯总检察院7月5日以宪法规定本国公民只能在本国受审为由，拒绝了英国的引渡要求。由此，英俄关系不断恶化：英国宣布驱逐4名俄罗斯外交官；作为回应，俄罗斯也宣布驱逐4名英国外交官。此外，俄罗斯出动两架图-95轰炸机从俄军位于北极圈附近的科拉半岛起飞，一度逼近英国领空，英国空军紧急派出战斗机予以拦截。这些事件使英俄关系一度陷入20年来的低谷。一直到2011年9月，英国首相卡梅伦访问俄罗斯，这是自2006年以来英国首相首次访俄，两国关系才有所缓解，双方强调经济和商业联系、能源关系，以及其他领域的一些合作，但在重大分歧问题上并未取得突破。

始自2013年底的乌克兰危机使得欧洲战略形势发生重大变化，也使得稍有缓和的英俄关系再次恶化。在乌克兰问题上，英国总体上与西方国家保持一致，谴责俄罗斯在乌克兰危机中的行为，支持欧盟对俄罗斯采取制裁措施，并从2014年3月起中止了与俄罗斯的一切军事合作和向后者的直接武器出口。但由于担心本国的金融利益受损，英国对于中止伦敦金融中心的对俄业务持保留态度。同时，英国仍然希望在俄罗斯与西方国家之间充当"中间人"，以促成危机的缓解。

四 对外关系中的北爱尔兰问题

北爱尔兰问题是长期困扰英国与爱尔兰两国关系的一大难题。就英国来说，这是不列颠民族国家形成过程中的历史遗留问题，属于英国的内政；但若将英国和爱尔兰关于北爱尔兰问题的争端置于欧洲民族国家形成的大背景下，它又是一个边界或边界纠纷问题。这样一来，其解决途径就

第八章 外 交

应该是承认现存边界,并通过政府间协商达成一致,以确立能够保护有争议地区少数群体权利的体制。但是,如果将北爱尔兰问题置于英帝国向外扩张的背景下,它又成了一个殖民扩张的遗留问题,是英国对爱尔兰长期实行殖民统治的历史产物。20 世纪 20 年代,爱尔兰人民经过长期斗争,迫使英国同意对爱尔兰实行分治:南部 26 郡组成自由邦(后脱离英国统治,正式独立成为爱尔兰共和国);北部 6 郡则被强行分割出去,仍留在英国。从此,谋求爱尔兰的统一就成为爱尔兰岛南北部分人民的一种民族愿望和共同奋斗目标。

20 世纪 60 年代末,随着北爱尔兰天主教居民中民权运动的发展,北爱尔兰地区新教徒与天主教徒居民之间的矛盾激化,爆发了大规模流血冲突。爱尔兰共和军针对英国军警和政界要人的暴力活动以及他们同新教徒准军事组织之间的仇杀,酿成了群众性的骚乱。这不仅给英国带来了巨大的财政负担和人力消耗,也给英国的国际形象及其对外关系造成了诸多损害。英国政府认识到难以用武力解决问题,转而采用和平方式。因此,从 20 世纪 80 年代中期开始,在英国和爱尔兰两国政府的共同努力下,北爱尔兰和平进程缓慢起步。

1985 年,英国与爱尔兰政府签订了《英爱协定》,拟成立英、爱两国政府间机构,以协商处理北爱尔兰事务,这标志着英国对爱尔兰政府参与解决北爱尔兰问题的首肯。但是,由于北爱尔兰对立两派居民之间的分歧根深蒂固,特别是当时并没有吸收北爱尔兰两派的代表直接参与和平进程,导致这一进程进展缓慢,实际上长期陷于停顿。

进入 20 世纪 90 年代以后,随着冷战结束和两极体制的终结,以和平方式解决国家和民族之间的争端成为一种国际大气候。与此同时,北爱尔兰地区内部的事态发展也促使和平进程出现转机,以武力实现爱尔兰统一为宗旨的爱尔兰共和军及其政治组织新芬党面临巨大压力,促使他们考虑改变策略。另外,美国克林顿政府开始更加积极地参与北爱尔兰问题,从而对英国政府造成了强大的压力,为北爱尔兰和平进程的实质性重启提供了机会和可能。正是在这种背景下,英爱两国政府于 1993 年底签署了《唐宁街宣言》,决定重新启动北爱尔兰和平进程。

497

英 国

　　应该特别强调指出的是，20世纪90年代后期，英、爱两国内部事态的发展及其合作关系的进一步加强，为实现北爱尔兰问题的历史性突破创造了条件。从英国方面来说，1997年5月大选中工党获胜执政，提出了广泛的宪政改革计划，政治解决北爱尔兰问题是其重要的组成部分。布莱尔政府在北爱尔兰和谈问题上奉行一种积极务实的政策：吸收新芬党参加和谈；主张有关解除准军事组织武装的谈判可以与多党会谈同时举行，而不以事先交出武器为先决条件；注重同爱尔兰政府相互协调，兼顾各方利益与愿望，寻求利益的平衡点。这样就推动北爱尔兰和谈进程迅速走出了死胡同。就爱尔兰而言，自从加入欧共体以来，不仅经济得到迅速发展，而且在政治上增强了自信心。随着欧盟一体化的发展，作为欧盟成员国的爱尔兰与英国之间的合作关系进一步强化，两国政府认识到，北爱尔兰问题不单纯是英爱之间的主权争端，更主要的是生活在这一地区、具有不同宗教信仰和民族特性的两部分居民之间的权益分配问题。这样一种认识就使英爱两国政府赋予了北爱尔兰问题以全新的意义。而爱尔兰共和党领袖伯蒂·埃亨领导的中右联盟在1997年6月爱尔兰大选中获胜，为英爱之间就北爱尔兰主权问题达成谅解提供了难得的机遇。埃亨是一位实用主义政治家，他领导的共和党植根于共和主义的政治原则，得到了绝大多数爱尔兰公民的拥护，因此埃亨政府提出的修宪提案很容易就得到了爱尔兰多数居民的支持。

　　美国政府在北爱尔兰和平进程中也扮演了重要角色。由于历史和血缘关系，美国国内对北爱尔兰的历史命运一直十分关注。美国国内有许多声援和资助北爱尔兰和平运动的基金会和院外游说组织，由于美国的爱尔兰裔移民数量众多，因此他们是美国政坛各方竞相争取的一支重要力量。克林顿上台后频繁介入北爱尔兰事务，或多次派出"和平使团"，或亲自前往爱尔兰和北爱尔兰进行访问，在有关各方之间进行斡旋，对推动北爱尔兰和平进程发挥了重要影响。正是在上述各种力量和因素的作用下，英爱两国政府和北爱尔兰有关各方终于在1998年4月10日达成了关于北爱尔兰政治前途的和平协议。2003年11月，北爱尔兰举行了地方议会选举，这是北爱尔兰自治政府成立以来的第一次选举。但此后的北爱尔兰和平进程依然波折重重，英国政府曾被迫多次中止北爱尔兰地方政府的运作。2004年12月，英国首相布莱尔和爱尔兰总理埃亨在经过长达几个月的会晤和磋商之后，发表了一份联合声明，提出一项全面实现北爱尔兰和平的详细规划。2006年10月，英国政府、爱尔兰政府以及北爱尔兰有关各方代表在圣安德鲁斯举行会谈，达成了关于恢复北爱尔兰自治的《圣安德鲁斯协议》；11月，英爱两国政府发表声明，宣布开始实施该协议。但直到2010年，北爱尔兰两大主要政党民主统一党和新芬党才终于就警务和司法领域的分权方案达成一致；2011年，北爱尔兰地方议会选举如期举行。至此，北爱尔兰总体上恢复了和平，但仍面临着诸多挑战，冲突和骚乱仍时有发生。

第四节 英美"特殊关系"

一 概况

在丘吉尔战后提出的"三环外交"中，英美"特殊关系"被视为英国外交的基石和政策重点之一。战后以来，历届英国政府几乎都将英美"特殊关系"作为对外关系的支柱。冷战结束后，随着英国力量和影响的进一步削弱，它对美国全球战略特别是对美国欧洲政策的影响明显下降。英美"特殊关系"的基础遭到严重削弱，实际上已被"共同起领导作用"的美德伙伴关系或者更为广泛的欧美"特殊关系"取代。尽管如此，作为大西洋伙伴关系的一个重要组成部分，英美之间的"亲密关系"仍继续存在，且将发挥重要作用。从美国方面来说，在当今世界格局多极化趋势日益发展、西方国家之间矛盾和摩擦上升的情况下，仍然需要英国的帮助和支持来推行自己的欧洲政策和全球战略。就英国而言，它不会放弃利用英美之间的政治经济联系和历史文化传统为自己谋取利益。英国自认为处在一种能够影响大西洋两岸关系发展的特殊地位，可以充当欧美之间的中介和桥梁，希望利用自己的影响促进欧美关系的协调，从而加强自己的国际地位。

除了国际政治领域的密切协调和相互借重之外，英美两国在经济领域

的紧密联系也是促使两国"亲密关系"得以维系和发展的重要动力和基础。但是,随着欧盟和亚洲、拉丁美洲等地区的国家在英国的对外经贸关系中所占分量越来越重要,美国在英国经贸关系中的作用相应地在不断受到削弱。截至2014年底,美国保持了英国最大出口市场的地位,英国2014年向美国的出口额为377亿英镑,占其当年出口总额的11.8%;但美国作为英国商品供应国的地位则在不断下降,已经从第二位下降到了第五位:英国从美国的进口额为281亿美元,占其当年进口总额的7%。在投资方面,美国是英国对外投资的最大目的地国,占英国对外投资总量的20%左右,差不多是英国对欧盟国家投资总额的一半。英国还是吸收美国对外直接投资最多的欧盟国家,截至2013年底,在英国的外国直接投资存量中,美国占29.4%。与此同时,伦敦金融城的地位也吸引着美国的各类专业银行纷纷涌入英国,在伦敦设立分行或开设分支机构,导致伦敦的美国银行比纽约还多,因此有人认为美国正在将英国变成它的银行。上述事实充分反映了两国经济交往的密切程度。除了政治、经济方面的共同利益与紧密联系之外,英美两国相似的经济体制(盎格鲁-撒克逊经济发展模式)和法律制度(英美法系)、相通的语言文化(英语)以及历史上存在的血缘亲情关系,也都是导致英美"特殊关系"得以长期保持和延续的重要因素。

二 梅杰政府时期的英美关系

近些年来,随着形势的发展和两国领导人的更替,英美关系也经历了程度不同的起伏变化。20世纪80年代末90年代初,当里根和撒切尔夫人先后下台,以及受第二次世界大战影响的一代人随着老布什的下台离开政坛之后,有人曾预言英美"特殊关系""不可避免地要消失"。当时民主党人克林顿当选为美国总统,而英国还是以梅杰为首相的保守党执政,两国关系在相当一段时间内曾呈现紧张状态。其中固然有执政党意识形态差异的影响,但更重要的是两国关系在新形势下出现了一系列新的矛盾和问题。克林顿在竞选时曾提出向北爱尔兰派遣和平特使和重新考虑安理会成员国问题。英国对此深感不快和忧虑,认为前者是对英国内政的干涉,而后者意在扩大安理会常任理事国的数量,从而有可能危及英国的大国地位。在对前南斯拉夫危机进行干预的问题上,英美两国也一再发生矛盾和争吵。英国反对美国希望北约直接介入危机和偏袒波黑穆斯林族的立场,担心会危及在波黑执行人道主义任务的英国士兵的生命安全。事实上,冷战年代英美之间也经常在一些具体问题上发生矛盾和分歧,不过在联合对付苏联"威胁"的前提下,两国通常能够通过磋商做出适当的妥协和让步。然而,随着冷战的终结,两国失去了共同的对手,英美"特殊关系"便在很大程度上失去了赖以存在的历史条件和根据。因此两国之间的矛盾显得突出起来,以往的磋商制度也松弛下来。加之冷战后英国在美国的欧洲政策和全球战略中的重要性显著减弱,德国已取代英国成为美国在欧洲的主要合作伙伴。在这种情况下,英美关系变得日趋冷淡,并不时呈现紧张状态。

三 工党政府时期的英美关系

一般来说,各国领导人之间私交的深浅和执政党意识形态的异同,对相关国家之间的关系无疑会产生重要影响。人们常把英美"特殊关系"同丘吉尔和罗斯福之间战时的密切合作,麦克米伦与艾森豪威尔和肯尼迪之间的伙伴关系,以及撒切尔夫人和里根之间的亲密关系联系在一起。

1997年工党上台执政以后,英美关系得到明显的改善和加强。布莱尔与克林顿之间存在着良好的个人关系,这十分有助于修补梅杰主政时期不时呈现紧张状态的两国关系。布莱尔与克林顿亲密和融洽的个人关系,曾被看成是促成传统英美伙伴关系"复兴"的一个重要因素。布莱尔与克林顿在推动北爱尔兰和平进程实现历史性突破方面所做的共同努力,给世人留下了深刻印象。他们在意识形态和政治策略方面非常接近,曾声称要在全球范围内发起一场新的"中左运动",在自由市场经济与国家干预主义之间寻求某种"第三条道路",共同致力于推广英美"成功的"现代化经验。更重要的是,两国政府在一些重大国际问题和双边关系问题上采取了协调一致或近似的政策立场。布莱尔和克林顿都强调,加强英美关系与英国谋求在欧洲扮演更为重要的角色并不矛盾。英国领导人声称,除非

英 国

英国能够在欧洲发挥更大影响，否则它就不会受到美国的重视，英美双边关系也会受损。同时，在北约问题上，工党政府表示将要为建设一个以北约为中心的欧洲安全和防务体系而努力，强调在北约框架内加强欧洲防务支柱，发展欧洲防务特性，重视维护美国在欧洲的领导地位，并积极推动北约和欧盟的东扩进程。

英美关系往往在危机时刻会显得更为"特殊"，彼此都会寻求对方的帮助和支持。这在海湾战争、"沙漠之狐"行动以及科索沃战争中表现得十分突出。以科索沃战争为例，自科索沃危机爆发以来，布莱尔和英国工党政府一直是美国克林顿政府最忠实的伙伴，甚至在某些方面起着"推动者"与"带头人"的作用。在危机前期，英国外交大臣参与主持了朗布依埃谈判。在1999年3月24日北约开始对南斯拉夫实施空袭后，英国不仅积极为北约提供军事力量，它所提出的军事行动方案及其提供的情报，也在空袭行动中发挥了重要作用。英国始终坚持以军事手段解决科索沃问题。在争取派遣和使用地面部队方面，英国最为积极，布莱尔曾为此广为游说，并于1999年4月22日在芝加哥经济俱乐部提出了关于"人权高于主权"的新干涉主义理论。

当2001年初克林顿总统下台，而与英国工党意识形态有重要差别、被认为"十足"保守的共和党人小布什出任美国总统时，大西洋两岸不少人士就提出了英美"特殊关系"能否维系下去的问题。但是，决定国家间关系的基础归根到底还是国家和民族的利益，领导人之间的好恶最终仍要以国家和民族利益为转移。因此，在小布什还没有正式入主白宫的时候，英国政府就声称英美"特殊关系"不会受到总统更迭的影响。克林顿总统卸任前也预言，英美关系不会因为他的下台而"人走茶凉"。英国工党政府的目的显然是为了继续维护英美"特殊关系"，而从美国方面来说，要实现其战略目标则仍需在某些方面借重英国。

布莱尔与布什的个人关系原本并不密切，2001年的"9·11"事件为两国关系的骤然升温提供了适当的机遇。这一恐怖袭击事件对美国造成了巨大的心理震撼和冲击，英国作为美国最亲密的盟友，在危难时刻为其提

第八章 外 交

供了全力支援和帮助，英国是唯一派遣武装部队同美国一起对阿富汗塔利班政权和本·拉登的"基地"组织直接实施军事打击的国家。布莱尔不仅同布什保持频繁的热线联系，为其出谋划策，而且为组建和巩固美国领导的国际反恐联盟在世界各地游说。"9·11"事件后，布莱尔的外交日程比布什还要繁忙。媒体谐称，在"9·11"后的几个月内，布莱尔环球飞行的强度几乎超过了空中小姐。为此，布什回应说："在这个世界上，美国再也没有比英国更好的朋友了。"

布莱尔之所以在反恐战争的复杂背景下进行频繁的外交斡旋，首先还是为了英国的国家利益，其次是为了维系英美关系，可谓一箭双雕。布莱尔试图借反恐战争导致的大国关系变化，推行英国外交"新思维"，即"枢纽外交"。2002年初，布莱尔在访问印度期间，曾在班加罗尔印度工业家协会组织的一次集会上发表演说："英国虽然失去了大英帝国，却重新找到了自己的位置"，认为英国可以在国际舞台上发挥"轴心"或"枢纽"作用。他声称："在相互依存的全球化世界当中，英国的作用正在不断加强。我们已经没有了帝国，我们也不再是超级大国。但英国可以通过与其他国家合作，扮演重要的枢纽角色。"他认为，英国可以利用其历史、地理和语言优势，与美国、欧盟及英联邦的独特联系，以及在北约和联合国的特殊地位，在国际舞台上发挥积极的"轴心作用"。总之，英国虽然已沦为一个只具中等实力的欧洲国家，其民族利益和政策重点主要在欧洲，但并不甘心将自己的作用和影响局限于欧洲。英国试图借重英美"特殊关系"以及广泛的国际联系，重新塑造英国的世界大国地位，再次成为世界上的一个"核心"或"枢纽"国家。

布莱尔的一系列外交活动的确在国际舞台上提升了英国的形象，一时间，伦敦似乎再次成为国际政治舞台的中心之一。世界各国政府首脑纷至沓来，涌向唐宁街10号。不过，一个国家的外交毕竟是以其实力为后盾的。英国统治集团希望借助英美"特殊关系"以及广泛的国际联系重振其大国地位和影响的政策若能运用得当，固然可以增加英国在国际舞台上的分量和影响，但若处理不好，就有可能在美国和欧洲之间两面不讨好，尤其会危及它同欧盟及欧洲国家的关系。特别是进入21世

英 国

纪后,作为世界上唯一超级大国的美国热衷于推行"单边主义"外交政策。小布什政府在对外关系上只考虑美国的利益而一意孤行,坚持建立国家导弹防御系统,拒不签署禁止生化武器条约和控制全球变暖的《京都议定书》,宣布退出反导条约,单方面对进口钢铁产品提高关税,甚至抛出"邪恶轴心论"任意扩大反恐范围……美国这种独断专行的做法导致美欧关系出现前所未有的裂痕,且有愈演愈烈之势。在这种形势下,英国政府如果继续亦步亦趋地追随美国,一则将会损害自身形象,从而削弱英国作为世界事务中一支独立力量的地位,二则也会引起欧洲国家的不满,有可能被其他欧洲国家视为美国的"特洛伊木马",并成为妨碍英国进一步融入欧洲的制约因素。布莱尔提出的要使英国成为欧盟"领导性伙伴"的目标也难以实现,伊拉克战争就是这方面的一个突出例子。

2003年3月,小布什以伊拉克拥有大规模杀伤性武器、与"基地"组织有联系为借口,不经联合国授权就发动了入侵伊拉克的战争。此举遭到包括德法等诸多欧洲国家的强烈反对,欧美关系一时跌入低谷。而布莱尔政府却追随美国派兵参与了伊拉克战争。布莱尔声称英国的对伊政策还是有别于美国的,他希望在欧美之间扮演一个搭桥者和调解人的角色:既要向欧洲兜售美国的主张,又想缓和与软化美国立场的强硬程度,以便使美国的作为能够被欧洲所认可。但事态的发展表明,布莱尔作为"掮客"的活动收效甚微。英国很难影响美国政府的决策,倒是英国政府常常跟着美国走,甚至被称为美国的"哈巴狗"。因此,如何定位英国在国际上的地位,恰当处理同美、欧之间的关系,怎样在使英国进一步融入欧洲的同时又保持与美国的亲密关系,是英国外交面临的一个相当棘手而又难以回避的问题。

在布朗政府时期,由于适逢全球金融危机,英国经济严重衰退,在这种情况下,工党政府的注意力主要在于恢复国内经济和赢得下届大选,因此在国际舞台上的表现相对"低调"。从英国的对美政策来看,双边关系仍以合作为主,但从总体上看,英美关系远不如布莱尔时期那么紧密。2009年3月,布朗访问美国,成为奥巴马就任总统后访美的第一位欧洲领导人，但显而易见，无论是从美国的接待规格还是从双方会谈时间等安排上，都可以看出两国政府尚处在磨合期，还没有形成默契的盟友关系。布朗和奥巴马的会谈并未达成多少有实质意义的成果，以致媒体普遍认为英美关系遭遇"寒流"。尽管英美两国的政治家都声称将英美关系视为"维护世界稳定的基石之一"，但直到2010年5月布朗任期结束，英美关系都保持着这种不温不火的状态。正如布朗所说，英美关系是一种"基于共同目标的伙伴关系"。造成这种状况的深层次原因在于：第一，在布莱尔任期内，反恐合作是英美"特殊关系"的核心支柱，但后来其重要性已经开始下降；第二，在贸易理念上，尽管两国都强调自由贸易，但英国对美国在经济刺激方案中提出的"只买美国货"的主张强烈不满，担心美国保护主义抬头；第三，在全球金融秩序问题上，英国希望世界各国协调行动，以应对金融危机，并倡议重组包括国际货币基金组织在内的国际机构，但奥巴马对此持谨慎态度；第四，奥巴马试图修复与其他欧洲国家的关系，这也在一定程度上导致了美国与英国的疏远；第五，英国的国际地位今非昔比，英国工党在国内的地位更是岌岌可危。这些都影响了布朗主政时期的英美关系。

四　联合政府时期的英美关系

2010年5月英国联合政府开始执政。在其双边关系中，毫无疑问，最重要的仍是与美国的关系，双方都在公开场合表明与对方的关系是"最重要的合作伙伴关系"。2010年7月20日，卡梅伦在《华尔街日报》撰文称，英美关系虽然特殊，但不对等，英国只是个"小伙伴"，但仍然认为，"美国是英国实现国际目标的最大单一伙伴，英美关系是英国最重要的双边关系"。2012年3月，英国外交大臣黑格和首相卡梅伦先后访问美国，期间向全世界高调展示了双方的"特殊关系"：卡梅伦成为第一个与美国总统一起乘坐"空军1号"的外国元首，外交大臣黑格则是第一个参观美国国家安全局的英国外长。从美国方面来看，2011年5月，在美国总统奥巴马访问英国期间，他再次肯定了英美两国的"特殊关系"。他在英国议会下院发表演说时指出："英美关系是

英　国

世界上最古老、最坚固的盟友关系之一。两国长期享有特殊关系";2014年9月,奥巴马针对苏格兰独立公投发表讲话指出,英国是"我们拥有的最密切的盟友之一"。在这些表象的背后,真正的原因是英美关系在经过一段时间的平淡期之后,双方重又认识到了彼此之间在从内政到外交等很多问题上均需相互倚重,英美两国也仍然互为对方最重要的盟友,特别是中东问题、欧洲问题以及中国问题等,都需要两国相互协调,共同应对。

但是,英美之间的这种"特殊关系"毕竟今非昔比。在美国方面,2012年1月,五角大楼发布的"防务战略指南"明确说明,美国的外交重心将重回亚太地区;在欧洲问题上,美国希望有一个强大的欧盟,并希望欧洲伙伴在安全事务方面承担更大责任。而英国在欧洲的处境有些"尴尬",特别是在欧洲债务危机发生之后,它在欧盟决策体系中的地位愈益向"边缘化"发展,从而削弱了英国在美欧之间的"桥梁"作用。另外,联合政府在一定程度上吸取了布莱尔政府伊拉克政策的教训,在一定程度上采取了务实的对美政策。例如,保守党在2010年的竞选纲领中就曾提出,要同美国发展"牢固而不盲从的关系"。2012年3月,英国议会安全战略委员会发表报告称,英国需要深刻反思美国政策调整对英国的意义。联合政府希望"重新平衡"英美关系,以强化英国外交政策的独立性及其对国际事务的影响力,因此,在英美两国各自的战略重心和政策重点都发生变化的情况下,维系英美"特殊关系"的基础就不再像以前那样牢固,这无疑对双边关系产生了重要影响。

在这种情况下,英美双方之间的诸多分歧也变得更加明显。英军决心撤出阿富汗、2010年英国石油公司漏油等事件,以及卡梅伦与奥巴马的不同政治理念等,都使英国与美国拉开了一些距离。2013年8月,英国议会下院经过长达8个小时的激烈辩论之后,以285票反对、272票赞成的结果,否决了政府拟对叙利亚采取军事行动的提案。尽管下院的此项投票并不具有法律约束力,但卡梅伦表示尊重议会的决定。之所以出现这样的结果,其最主要的原因在于2003年伊拉克战争留下的阴影仍然影响着英国民众,并且不可避免地影响了他们对叙利亚问题的看法。一项民意调查显示,超过半数的英国民众反对军事干预叙利亚,40%的民众反对任何形式的干预,只有25%的人赞成军事干预。这样的结果可能对英美关系造成一定影响,尤其是在双方的"特殊关系"已经回归正常的情况下。德国《明镜》周刊评论认为,这一决定使得20年来英美"如亲兄弟一般"的关系遭遇严峻考验,因为这可能意味着美国必须寻求与法国结盟。

2015年大选后保守党单独执政,尽管英美"特殊关系"面临着来自多方面的挑战,双方的分歧和摩擦也可能会加大,特别是在亚洲政策方面,例如,英国不顾美国反对率先加入由中国倡导的亚投行一事,但英国政府的外交政策特别是对美政策都不会发生根本性变化。不管英美关系是否仍然"特殊",双方作为彼此最重要盟友的地位至少在可预见的将来不会发生改变。当然,由于美国越来越将注意力转向亚洲和拉丁美洲,而保守党一再表示不会紧跟在美国后面亦步亦趋,因此,双方关系可能很难重新回到撒切尔夫人与里根总统时代那种"特殊关系"。但是,英美"特殊关系"仍将继续作为"跨大西洋关系"的基石以及英美两国各自全球战略的重要组成部分,这一点并未发生实质性变化。加之英美双方多年的合作已使双边关系足够成熟和稳定,因此,无论对于哪一方而言,继续保持双方的"特殊关系"均有利无害。

第五节 与英联邦和其他第三世界国家的关系

积极寻求同第三世界国家开展经济合作和政治对话,在更大的范围内维护和加强英国的利益与影响,是英国外交政策的一项重要任务。英国是一个外向型国家,有着广泛的海外联系,英国领导人多次强调,英国的利益遍及全球,它应该有一项全球性的外交政策。自20世纪末期开始的关于外交政策的辩论中,越来越多的英国政治家和学者主张扩大外交政策的重点范围,不应再像过去那样过于集中在英国与欧洲的关系,以及欧盟的内部运作,而应更多关注包括某些英联邦国家在内的东亚和太平洋地区的新兴经济体。

英 国

一 与亚洲国家[①]发展伙伴关系

同其他西方国家相比,英国在参与亚洲事务方面有更为久远的历史。即使在从殖民地撤退以后,英国仍与亚洲保持着千丝万缕的联系。冷战后亚洲的崛起特别是东亚经济的增长,为英国在商业及更广泛的全球事务中同亚洲发展伙伴关系提供了新的机遇。梅杰早在1993年就曾指出,东亚的崛起将成为21世纪世界经济的动力源,这对英国意味着大量机会;布莱尔则声称,在他出任首相10天之前,就已发誓要将亚洲置于工党政府外交议程的首要位置;英国工业联合会1995年发布的一份报告也反映出这种观点。报告指出,促进制造业出口可以使收入增加并保障下一代英国人的福祉,而获致该目标的唯一方法便是设法渗透进快速成长的亚太经济。英国希望利用它与这一地区的传统联系,谋求更多的经济实惠,推进在亚洲和全世界的影响。在2008年爆发金融危机之后,美国和欧洲等西方国家的经济出现衰退,在这种情况下,英国更是将重振经济的希望寄托在了亚洲新兴国家,其外交政策,特别是贸易和投资政策均出现了向亚洲地区倾斜的趋势。

截至2013年底,英国是在亚洲投资最多的欧洲国家,也是亚洲国家在欧洲的首选投资目的地国。在贸易方面,英国对亚太地区的服务出口在欧洲国家中居首位,除一般贸易外,它在军售方面也在亚洲地区拥有重要利益。英国是东盟国家(新加坡、马来西亚、泰国和印度尼西亚)和日本的主要武器供应商之一,其销售的武器装备包括从陆军主战车到海军舰艇和军用飞机等。另外,英国在积极推进与亚洲国家的商业联系的同时,还抓住一切机会增强自身在文化、政治和军事等领域的影响。英国文化委员会和英国广播公司对外广播网积极促进英国文化和价值观在亚洲的传播。英国还十分重视同马来西亚、新加坡、澳大利亚和新西兰签署的《五国防务协定》。它在文莱驻有军队,同东盟中的6个国家签署了防务协议。英国还谋求以单一国家的身份加入东盟地区论坛。1996年台海危

[①] 因第六节专门论述英国与中国的关系,因此,这里的"亚洲国家"不包括中国。

机期间，英国海军与菲律宾海军曾在菲律宾周围海域举行联合军事演习。所有这些都表明，英国希望在亚太地区的安全中扮演重要角色。

近年来，英国十分重视发展与印度的双边伙伴关系。2010年，卡梅伦曾将英国与印度的关系描述为"新的特殊关系"（New Special Relationship）。2013年，卡梅伦分别在2月和11月两次访问印度。随后，英国外交大臣哈蒙德和财政大臣奥斯本等人都先后访问印度，并带去了庞大的贸易代表团。在奥斯本2014年7月访问印度期间，他还宣布，为纪念甘地从南非回到印度100周年，将在伦敦树立一座甘地雕像，该雕像已于2015年3月14日落成。在揭幕庆典上，卡梅伦指出："我们与印度的密切关系经历了历史的考验，并将从紧密走向紧密。"

二 与英联邦国家的关系

英联邦曾是丘吉尔在二战后提出"三环外交"的主要依据及政策重点之一。随着英联邦的衰落和英国外交重点向欧洲转移，英联邦在英国外交中的意义与作用显著下降，英联邦的职能也在发生变化。多年来，英联邦一直被其主要成员国特别是英国，作为实现本国政治、经济和外交目标的工具，因此，英联邦的职能集中体现在"高政治"领域。但是，随着英联邦内部矛盾和分歧的加剧，英联邦已难以重新作为一支统一的政治力量发挥作用，英国在其中的地位和影响也急剧下降。而英联邦在"高政治"领域的职能，有的实际上已经中止，有的则被严重削弱，这样一来，基于感情和文化等方面的传统联系便成为维系英联邦的重要纽带。英联邦秘书处也取代英国外交部成为英联邦国家间政策协调与日常联系的中间环节。以英联邦秘书处为中心的英联邦内部多边合作网络迅速发展起来（如英联邦范围内的各种协会、研究会、职业联合会、图书馆和大学交流项目，四年一度的英联邦运动会，以及官方和民间在农业、工程、卫生和教育等领域开展的各种合作项目等）。尽管英联邦在"高政治"领域的重要性日趋衰落，但它在英国外交中仍发挥着重要意义。

首先，应该认识到在目前的英国外交政策中，英联邦的地位早已不复当年，只处于相对边缘的地位。无论是就安全还是就经济利益而言，英国

英　国

同欧洲和美国的联系都要更加紧密，甚至亚洲和拉丁美洲等新兴国家在英国外交政策中的地位也超过了英联邦。与这些国家和地区相比，英联邦已不再是对英国民族利益最为攸关的地区。然而，尽管英国公众对英联邦的兴趣日益下降，但历届英国政府都不愿完全放弃与英联邦的联系。英国政府的这种态度其实并不难理解，因为尽管英国对外政策的重点先后顺序有所调整，但与英国利害相关的"三环"依然客观存在。英国的对外贸易和投资格局是全球性的，其中英联邦国家占有相当重要的地位。英联邦拥有53个成员国[①]，涵盖了世界上相当大一部分地区（约占世界民族国家总数的1/4），其人口占世界居民总数的差不多1/3，2014年这53个国家的名义国内生产总值合起来占全世界国内生产总值的14%。使这样一个规模庞大的国家集团尽量保持稳定和繁荣，显然符合英国的商业和投资利益。在确保英国在欧洲的"中心"地位以及它与美国"特殊关系"优先的前提下，继续维持英联邦的存在有助于保障和增强英国的利益。

其次，与英联邦的联系有助于加强和促进英国的国际地位与影响。英联邦作为英国与其前殖民地、附属国保持联系的一种形式，为其提供了一个同亚洲、非洲、加勒比海和太平洋地区广大国家进行交往与沟通的桥梁。英联邦作为国际对话的渠道与论坛，有助于增进英联邦国家之间的相互了解，推动它们去寻求利益的汇合点，谋求解决问题的途径，从而为增进相互谅解和稳定国际局势做出贡献。特别是在当代南北问题十分突出的情况下，英联邦既包含发达国家，又有众多发展中国家，因此可以在南北对话中发挥积极作用。英国如果能在这方面制定适当的政策，是能够为改进南北关系、解决当代世界所面临的紧迫问题发挥有益的作用和影响的。

---

① 截至2015年10月，英联邦的53个成员国是：安提瓜和巴布达、澳大利亚、巴哈马、孟加拉国、巴巴多斯、伯利兹、博茨瓦纳、文莱、喀麦隆、加拿大、塞浦路斯、多米尼加、斐济、加纳、格林纳达、圭亚那、印度、牙买加、肯尼亚、基里巴斯、莱索托、马拉维、马来西亚、马尔代夫、马耳他、毛里求斯、莫桑比克、纳米比亚、瑙鲁、新西兰、尼日利亚、巴基斯坦、巴布亚新几内亚、圣基茨和尼维斯、圣卢西亚、圣文森特和格林纳丁斯、萨摩亚、塞舌尔、塞拉利昂、新加坡、所罗门群岛、南非、斯里兰卡、斯威士兰、坦桑尼亚、汤加、特立尼达和多巴哥、图瓦卢、乌干达、英国、瓦努阿图、赞比亚和津巴布韦。冈比亚于2013年退出英联邦。

第八章 外 交

从这一意义上讲，英联邦对于英国来说仍不失为一笔重要的政治资产。

鉴于上述原因，英国领导人在后冷战年代十分重视利用英联邦内部的各种联系来推进本国在世界上的利益和影响。尽管随着英联邦秘书处的成立，英国在英联邦中的支配地位已经大不如前，但毕竟其他任何国家都无法完全取代英国在英联邦中的地位与作用。英国女王是英联邦联合的象征，她还是英国和其他15个英联邦国家的元首。英联邦秘书处设在伦敦。英国政府负担英联邦秘书处约30%的经费，超过其他任何一个英联邦国家所承担的份额。英联邦国家仍然是英国重要的贸易伙伴和投资场所（尽管其地位和重要性较过去已大大下降）。前保守党政府外交大臣里夫金德曾指出，在亚洲以及更广泛的范围内，英国应该利用英联邦这一无价之宝。英联邦所具有的历史联系和共同法律框架，可以为英国提供一种进入五大洲国家的独特通道。英国在马来西亚、新加坡、印度和南非市场上占有的巨大份额表明，它从这些联系中获取了实实在在的利益。英国的双边对外援助更是主要集中在英联邦国家。据统计，英国海外援助中约56%是提供给英联邦中的发展中国家。当然，这种援助也给英国带来了好处，不仅促进了英国商品和劳务的输出，而且在英联邦联系日益松弛、英国在英联邦中的政治影响越来越弱的情况下，经济援助已成为维护英国在英联邦中地位和影响的一种重要手段。英国政府还竭力利用英联邦作为推广其自由市场经济和民主价值观的工具。例如，工党政府就曾经将主办1997年10月在爱丁堡召开的英联邦政府首脑会议作为其执政后最重要的任务之一。布莱尔在会上发表主旨讲话，宣称要使英联邦成为21世纪"民主和经济自由"的联合体。会议通过的《爱丁堡经济宣言》，表示支持能与社会正义保持平衡的自由化和自由贸易原则，鼓吹英联邦应在就有争议的全球性问题达成国际共识方面发挥作用。1999年英联邦国家首脑会议后，英国政府试图通过改革英联邦的功能，加强英国对英联邦的引导作用，强调以人权和民主等价值观作为英联邦国家共同遵守的准则，促使英联邦国家在消除贫穷、解决人类面临的许多共同问题上通力合作。2000年5月，英联邦国家塞拉利昂爆发内战，英国立即派出1600名伞兵和海军陆战队执行维和任务。英国的干预行动不仅是为了保护和撤回本国侨

511

民，同时也是为了在国际安全领域履行其"新干涉主义"战略。

在联合政府2010年执政之后，尽管其外交政策中的意识形态色彩相较工党要淡薄一些，但英国政府依然没有放弃将英联邦打造成捍卫"人权"和"民主"等价值观的共同体这一目标。它认为，振兴英联邦的重点之一就是推广英国的价值观，因此支持"英联邦名人小组"提出的在《英联邦宪章》中纳入英联邦核心价值的建议。2011年10月，卡梅伦在澳大利亚举行的英联邦首脑会议上称，如果某些成员国不改革禁止同性恋的法律，那么，英国就将对其暂停"总体预算支持"项目框架下的双边援助。英国此前已对乌干达实施了此项惩罚，加纳也受到了同样的警告。与此同时，"商业外交"也是英国联合政府在英联邦的政策重心之一，特别是与南非等新兴市场国家的关系，以及与印度、马来西亚等国家之间的"军火外交"。英国积极向印度推销其"台风"战斗机，并向巴西、印度、澳大利亚等国推销其新型T26全球战舰等。

第六节 对华关系

一 承认中华人民共和国

1840年第一次鸦片战争，英国用坚船利炮打开了中国闭关锁国的大门，迫使中国同西方列强签订了第一个不平等条约《中英南京条约》。从那时起到中华人民共和国成立的100多年间，中英关系是建立在不平等基础之上的。第二次世界大战后，英国政府虽在口头上表示对中国内战持"中立"和"不干涉"态度，但实际奉行的是支持和袒护国民党政权的政策。随着中国人民革命胜利的前景日益明朗，蒋介石政权失败的命运已经确定无疑，英国公众和在华拥有重要利益的实业界人士强烈要求政府改变对华政策。中华人民共和国成立后，1950年1月6日，英国外交大臣贝文照会中华人民共和国外长周恩来，在西方大国中第一个宣布正式承认中华人民共和国政府为中国的合法政府，并中止了同国民党政权的外交关系。但在随后进行的建交谈判中，由于在台湾问题和中国在联合国的代表权问题上存在严重分歧,中英双方难以达成协议,致使两国没能立即建交。不过,1954年为解决朝鲜和印度支那和平问题在日内瓦召开的有关国家外长会议,为中英关系出现转机提供了机会。出席会议的中英外长周恩来和艾登在会外举行的会晤中达成了关于在对方首都互设代办处的协议。

二 走向关系正常化

尽管中英达成互设代办处的协议是两国建交谈判过程中的一个重要突破,但直到1972年以前,两国关系一直停留在"半外交"状态。造成这种情况的一个重要原因是英国在对华关系上无法摆脱美国的影响,使其政策充满矛盾和两面性。英国既想同中国发展关系,又不想违背美国的意愿,试图在两者之间保持平衡,但在一些涉及西方根本战略利益的问题上又要同美国保持一致。例如,在中国在联合国的代表权问题上,1961年12月,英国在联合国首次投票中赞成恢复中国的合法席位,但同时又附和美国,同意将中国代表权问题列为需要2/3多数通过的"重要问题",继续支持美国将中国排斥在联合国大门之外的立场。英国在台湾问题上同样追随美国,它的基本立场是:英美联盟是英国外交政策的基石,既然美国对保护台湾国民党政权承担义务,那么为了与美国保持战略一致,英国的台湾政策就必须将台湾作为一个实体同大陆分割开来,这就决定了英国的态度是支持"两个中国""一中一台"。但是,20世纪60年代以后,中美之间的客观战略关系逐渐发生变化。新中国经过20多年的发展不仅没有被美国的包围和封锁扼杀在摇篮里,反而成长为世界上一支重要的政治力量。与此同时,60年代前后中苏之间出现的冲突、摩擦和对抗,为美国改善对华关系提供了机会。美国开始调整对华政策,希望借助中国的力量增加与苏联抗衡的砝码。而中国在面临北方威胁的情况下,为了打破外交上的孤立,也在积极寻求同美国及其他西方国家改善和发展关系,以利于抗衡苏联。相同的需要和共同的对手使中美两国关系发生了变化。基辛格的秘密访华和1972年2月美国总统尼克松对中国的正式访问,以及《中美上海联合公报》的签署,使中美关系出现突

英　国

破。在这样的背景下，中英两国政府于20世纪70年代初就实现两国关系正常化进行了会谈。经过艰苦的讨价还价和反复磋商，终于达成了实现中英关系正常化的协议公报。公报宣布，两国决定从1972年3月13日起将彼此驻在对方首都的外交代表由代办升格为大使。英国政府表示，它注意到了中国政府关于台湾是中华人民共和国一个省的立场，决定撤销驻在台湾的正式代表，承认中华人民共和国为中国唯一的合法政府。中国方面表示赞赏英国政府的上述立场。之后，英国外交大臣道格拉斯－霍姆在英国下院宣布，中华人民共和国政府和台北都认为台湾是中国的一部分。"我们坚持《开罗宣言》和《波茨坦公告》关于台湾归还中国的观点，这一看法至今未变。我们认为台湾问题是中国的内部事务，应由中国人民自己解决。"这样，持续达22年之久的中英关系不正常状况终于结束。

三　香港问题的解决

中英关系正常化后，两国之间剩下的唯一重要历史遗留问题就是香港问题。香港自古以来就是中国的领土。香港问题是由英国在19世纪强加给中国清朝政府的3个不平等条约造成的。20世纪70年代末80年代初，随着1997年（新界租约期满的日子）日渐临近，香港的前途问题被提上了议事日程。1982年9月，撒切尔夫人访问中国，邓小平在会见她时表示，中国政府将于1997年恢复对香港行使主权。双方同意就香港前途问题举行会谈。中英两国代表团经过历时两年的艰苦谈判，终于在1984年9月26日草签了《中英关于香港前途问题的联合声明》（以下简称《联合声明》）。根据该声明，中国政府将于1997年7月1日对香港恢复行使主权，英国政府在同日将香港交还给中国，香港将成为中华人民共和国的一个特别行政区。同年12月19日，《联合声明》签字仪式在北京举行。1985年5月27日，双方互换了批准书，中英《联合声明》正式生效。

中英关于香港问题《联合声明》的生效，无疑使两国关系进入了一个新的历史时期。此后，中英两国领导人进行了一系列高层互访，双方的经贸合作关系也出现了新的突破。但是在 1989 年之后，中英双方围绕香港的前途问题发生了激烈争论。特别是 1992 年彭定康出任香港总督后，在没有同中国充分磋商的情况下，便抛出了香港"宪制改革方案"。这一行动违背中英《联合声明》，背离了与香港基本法相衔接的原则，同中英之间已达成的协议与谅解精神背道而驰，也改变了之前英国在香港问题上同中国合作的政策。英国这样做是同当时的国际大环境密切相关的。20 世纪 80 年代末 90 年代初东欧剧变后，西方某些人士期待中国也会步其后尘。英国在香港问题上转而对中国采取不友好乃至对抗的方针，试图运用港人的"信心牌"和"民意牌"向中国施压，通过加快香港"民主化进程"，实现英国在 1982~1984 年谈判期间未能达到的目的。但事态的发展表明，中国作为一个社会主义大国不仅顶住了西方的压力，而且政局稳定、经济持续高速发展。一些西方大国看好迅速发展的中国经济及其巨大的潜在市场，纷纷寻求同中国改善和发展关系，以获取中国经济发展所提供的机遇，而英国在这方面却处于相对被动和孤立的境地。为摆脱这种不利局面，在梅杰政府后期英国就开始谋求改善同中国的关系。梅杰政府为确保香港政权的顺利交接，实现"体面"撤退，加强了同中国的磋商和合作。

工党在 1997 年 5 月举行的大选中获胜后，布莱尔政府表示，保证香港政权的顺利移交是其最优先考虑的问题之一。7 月 1 日，布莱尔出席了香港政权的移交仪式，并利用这一机会同中国领导人举行首次高峰会谈。双方表示要结束过去，开辟未来，共同缔造健康而富有建设性的中英关系。

四 香港回归中国以后的中英关系

香港政权的顺利交接，为中英关系的调整和改善提供了新的机遇。正如时任英国工党政府外交大臣的库克所期望的那样，香港问题不再是中英之间的障碍，而是成为双方发展密切合作关系的桥梁。以香港的回归为契机，两国关系进入了一个新的发展阶段，此后，中英关系虽时有波折，但总体上保持着积极稳定的发展方向。

英 国

（一）经贸关系与金融财政合作

经贸关系是中英关系中最重要的方面，也是双方合作的最重要基础。除个别年份外，中英经贸关系一直发展顺利，即使在英国经济因世界金融危机而陷入低谷之时，中英经贸关系也未受到严重影响。同时，中英两国在财政金融领域的合作也取得了实质性进展。

1. 贸易关系

在香港问题得到顺利解决之后，中英两国的贸易关系有了迅速和稳定的发展。中英新型伙伴关系发展的基础和根本动力，是双方经济发展的需要和共同利益。对英国来说，中国庞大的市场具有巨大的吸引力。改革开放以来，中国经济高速增长，正如英国前首相布莱尔所说，就经济增长和随之而来的投资、贸易及服务的发展而言，中国是最有希望的东亚国家。从中方来说，中国政府对发展两国在经贸领域的合作一直持积极态度。英国在交通、能源、环保、电信、化工、机械制造以及金融服务等领域都具有优势，拥有先进的技术、成熟的管理经验和各方面的专业人才。这些正是中国发展经济所需要倚重和借鉴的。中英两国经济互补性强，且互补性大于竞争性，合作潜力巨大。与此同时，无论是英国工党还是保守党都推崇自由贸易和开放理念，反对限制中国产品向欧洲出口。在此基础上，中英两国贸易持续快速增长。1992年时双边贸易额还仅为19.37亿美元，1996年突破50亿美元；2003年达到143.94亿美元；到2013年，双边贸易额达到700亿美元，增幅为11%；2014年更是"逆市上扬"，全年贸易额突破800亿美元，增幅超过15%。英国已经超过荷兰，成为中国在欧盟的第二大贸易伙伴。而中国在英国对外贸易中的地位也越来越重要，到2014年底中国已是英国在欧盟以外的第二大贸易伙伴、第七大出口市场。

从商品贸易结构来看，英国向中国出口的前四大类商品分别是：运输设备、机电产品、化工产品和贱金属及制品，分别占其向中国出口总额的6.3%、20.8%、12.4%和9.4%；而英国从中国进口的前三大类商品则是机电产品、纺织品及原料、家具玩具和贱金属，分别占其从中国进口总额的37.9%、14.2%和12.2%。近年来的一个可喜变化是，尽管中国向英国出口的商品仍以劳动密集型为主，但传统及初级产品所占比例呈不断下降趋势。

2. 投资关系

长期以来，英国一直是中国最主要的外商直接投资来源地之一，其对华投资在 2007~2011 年期间曾连续超过德国，居欧盟国家之首。但受金融危机影响，2012 年英国对华投资大幅度下降，不仅将欧盟最大对华投资国的地位拱手让于德国，而且被荷兰超过，在欧盟国家中排名第三。但 2014 年英国的对华投资又超过了荷兰。截至 2014 年底，英国是中国在欧盟内的第二大实际投资来源地。

2003 年时，英国对华投资仅为 7.4 亿美元；到 2014 年翻了一番，达到 13.5 亿美元，比上一年增加 28%，在欧盟国家中排名第二，在所有对华投资国家和地区中排名第八。截至 2012 年 12 月底，英国累计在华投资金额将近 200 亿美元。2012 年 5 月英中贸易协会发布的一份英国在华企业事业年度调查报告表明，多数受访的英国企业都对中国市场表示乐观和有信心，并计划增加对华投资。2015 年初，英国《每日电讯报》引述英国投资专家的分析指出，英国对华投资将迎来"井喷式"增长。

与此同时，中国改革开放以来特别是中国实施"走出去"战略之后，有越来越多的中国企业到英国投资。2006 年，中国对英国投资仅 3500 万美元，到 2010 年时就达到了 3.3 亿美元，在 5 年时间内增长了 8 倍多。2011 年以来，中国对英国投资更是增长迅猛，仅 2011 年 1 月至 2012 年 6 月的一年半时间，中国对英投资就达到了 68.8 亿美元，是过去几十年中国对英投资总和的 5 倍还多。特别是 2012 年，中国企业通过参股并购等方式，在英国投资超过 80 亿美元，为此，中国驻英国大使馆公使衔参赞周小明将 2012 年称为"中国对英投资年"。截至 2014 年底，中国对英国直接投资存量超过 400 亿美元，落户英国的中国企业超过 500 家，英国已成为中国在欧洲的最大投资目的地国。从投资领域来看，中国对英国的投资覆盖面也越来越广，尤其是在英国机场、水务、空港城等基础设施建设领域。2015 年 10 月 21 日，中广核与法国电力集团签订共同投资英国欣克利角核电站的协议，标志着中国核电首次正式进入发达国家市场。

英 国

3. 财政金融合作

中英合作在金融领域也取得了突破性进展，并已建立了机制化的交流与合作。中英财金对话于1998年启动，在2004年签署的《中英联合声明》中，财政金融领域被确定为两国合作的重点。2008年，中英财金对话被提升为副总理级别的经济财金对话，由英国财政大臣和中国负责宏观经济政策的副总理共同主持，每年一次，在英国和中国轮流举行。截至2014年底，英国是唯一与中国建立了副总理级高层经济对话的欧洲国家。在该对话框架下，中英双方还确立了金融监管与稳定领域的其他一些对话机制，其中包括英格兰银行与中国人民银行之间的年度联合研讨会。

近年来，中英双方在人民币离岸业务方面的合作发展迅猛。尽管此项业务起步较晚，但发展速度很快，由于跨境结算量庞大，其规模到2013年时已经与新加坡不相上下。在2011年的中英经济财金对话会议上，双方就将伦敦建成人民币离岸中心达成协议。2012年4月，中英双方正式启动这一计划。其中，达成货币互换协议是实现这一计划的重要步骤。2013年6月，中国人民银行与英格兰银行建立双边本币互换安排，标志着中英两国在货币金融领域的合作取得了新的进展，也标志着英国距离最终成为人民币离岸中心的目标又接近了一步。除此之外，中英两国在财政金融领域的合作还包括，授权中国建设银行担任伦敦人民币业务清算行；在银行间外汇市场开展人民币对英镑直接交易；中国国家开发银行在英国成功发行人民币债券，英国成为首个发行人民币计价国债的西方国家；中国工商银行伦敦分行成为新中国成立以来中国大陆首家在英国获准成立的分行等。至此，中英合作已经超越了单纯的贸易关系，正在向全方位发展。

（二）从"全面伙伴关系"到"全面战略伙伴关系"

近年来，特别是1997年工党执政以来，中英政治关系发展相对稳定，中英两国在全球事务中的全面合作已成为两国新型伙伴关系的一个突出特征。

首先，中英两国高层互访频繁，为中英关系的长期稳定发展提供了强大的动力。1998年4月和10月，朱镕基总理和布莱尔首相先后进行了政府首脑级互访,此外,1998年英国还有5位内阁级大臣相继访问中国;1999年10月,江泽民主席访问英国,实现了1972年两国关系正常化以来中国元首对英国的首次访问;国家副主席胡锦涛和中国政协主席李瑞环分别于2001年10月和2002年5月对英国进行访问;2004年5月,温家宝总理访问英国;2005年7月英国担任八国集团轮值主席国时,胡锦涛主席赴英出席八国集团同中国、印度、巴西、南非、墨西哥五国领导人对话会;同年11月,胡锦涛主席正式访问英国;2006年9月温家宝总理对英国进行工作访问;2006年10月,全国政协主席贾庆林对英国进行正式友好访问;2008年1月和8月,布朗首相两次访华;10月,英国外交大臣米利班德代表布朗首相来华出席第七届亚欧首脑会议;2009年1月,温家宝总理访问英国,双方发表合作应对国际金融危机的联合声明;4月,胡锦涛主席赴英国出席二十国集团领导人伦敦金融峰会;2010年7月,戴秉国国务委员与英国外交大臣黑格在北京共同主持中英战略对话;同年11月,王岐山副总理与英国财政大臣奥斯本在北京共同主持第三轮中英经济财金对话;同月,卡梅伦首相访华;2011年1月,李克强副总理访英;6月,温家宝总理访英,与卡梅伦首相举行两国总理年度会晤,双方宣布建立中英高级别人文交流机制;9月,王岐山副总理和戴秉国国务委员分别访英,与英方共同主持第四轮中英经济财金对话和第五轮战略对话;2012年1月,财政大臣奥斯本访华;4月,中共中央政治局常委李长春、国务委员刘延东分别访英,双方正式启动中英高级别人文交流机制,7月,戴秉国国务委员代表中国政府出席伦敦奥运会开幕式;2013年10月,英国财政大臣奥斯本访华,与马凯副总理共同主持第五轮中英经济财金对话;12月,英国首相卡梅伦访华,并与李克强总理举行两国总理年度会晤;2014年2月,杨洁篪国务委员访英并主持中英战略对话;2014年4月,刘延东副总理和英国卫生大臣亨特在北京共同主持中英高级别人文交流机制第二次会议;2014年6月,李克强总理正式访英并举行中英总理年度会晤,其间会见了伊丽莎白二世女王,并同卡梅伦首相举行会谈;2014年9月,马凯副总理访英,并与英国财政大臣奥斯本共同主持第六轮中英经济财金对话;2015年3月,英国剑桥公爵威廉王子访

英国

华；6月，中共中央政治局委员、中央政法委书记孟建柱，北京市委书记郭金龙和王毅外长分别访问英国；2015年10月，中国国家主席习近平访英，他也是10年来首位访英的中国国家元首，使中英关系再上新台阶。

其次，中英两国关系建立在广泛和成熟的机制和对话基础之上。在2004年温家宝总理访问英国期间，中英发表联合声明，宣布将1998年建立的"全面伙伴关系"升级为"全面战略伙伴关系"，并明确将贸易与投资、财政金融、能源、科技、教育文化和环保作为双方今后合作的重点，这标志着两国关系进入了新的发展阶段，也标志着中英合作进入了机制化阶段。根据2004年的《中英联合声明》，中英双方宣布从2005年开始定期举行两国政府领导人会晤，每年一次，在中国和英国轮流举行。这是英国首次与欧盟和北约以外的国家定期举行政府首脑会晤。由于各种原因，该对话机制于2008年才正式启动。除此之外，中英双方还根据2004年《中英联合声明》设立了副外长级的战略对话机制，主要聚焦于外交政策。2010年，战略对话升级为副总理级的年度对话，在两个国家轮流举行。除这两个政府最高层官员之间的定期会晤机制之外，中英两国还在各个专业领域建立了定期磋商制度，例如中英贸易联委会机制、财政金融对话机制等。两国领导人和高层官员的频繁互访与各种磋商机制的确立，表明中英两国对各自和对方的国际地位及共同利益有着明确而清醒的认知，这恰恰是中英关系进一步深入发展不可或缺的基础。

2009年1月，在温家宝总理访问英国前夕，英国政府发表了首份对华政策文件《英国与中国：合作框架》（The UK and China: A Framework for Engagement），英国也因此成为首个发表对华战略文件的西方大国。该文件阐明了英国的"中国观"，为英国未来的对华政策奠定了基调。文件特别指出，对英国而言，中国对英国利益的影响很大，且在不断增强。因此，英国必须与中国合作，以应对面临的重大挑战，发展对华全面关系是英国政府今后数年外交工作的"重大优先目标"。

2010年5月，英国成立联合政府。在其执政的前两年，中英关系总体发展平稳，并得到了进一步深化。但是，2012年5月，英国不顾中国的多次干涉与强烈反对，首相卡梅伦与副首相克莱格在伦敦会见达赖，严重干涉中国内政，破坏了中英关系的正常发展。为此，中国政府无限期暂停两国部长级及以上级别的会晤，中英关系几乎降至冰点。从2013年初，特别是中国新一届政府成立之后，中英双方都在努力使双边关系重回正常轨道。2013年5月，卡梅伦在议会下院表示，英国政府没有改变长期以来的对华政策和涉藏政策，承认西藏是中国的一部分，不支持"西藏独立"，尊重中国主权。2013年6月，中国外长王毅在与英国外交大臣黑格通电话时，黑格表示尊重中国的主权和领土完整，愿在尊重中国核心关切的基础上妥善处理西藏问题。2013年9月，英国能源和气候变化大臣爱德华·戴维访问中国，他是2012年5月以来第一位访华的英国内阁官员，标志着中英关系开始回暖。10月，英国财政大臣奥斯本访华，被认为意味着中英关系"陡然升温"。2013年12月初，英国首相卡梅伦访华，中英关系得以全面恢复。2014年6月，李克强总理访问英国，并出席在伦敦举行的中英总理年度会晤。其间，中英双方签署了29项政府间协议和商业协议，总金额325亿美元，为历年之最。双方合作领域也得到进一步提升，能源合作成为重要支柱，涵盖民用核能建设、海上风电技术和石油、天然气等。更重要的是，在访问英国期间，李克强总理首次提出中英"共同增长，包容发展"这一新理念，这是对"增长伙伴"概念的进一步发展，从而对中英关系提出了新的定位。李克强总理还提出将英国的创新与中国的市场相结合的合作模式，并且肯定中英合作进入快车道，并希望"中英能够引领中欧经贸合作"。2015年10月，中国国家主席习近平访英，这是10年来中国国家主席首次对英国进行国事访问，也是一次专程访问英国的"点穴式"外交，在中国领导人的对欧交往中并不多见。习近平访英恰逢中英全面战略关系第二个十年的开局之年，此次访问为中英关系的未来设计了蓝图，引领中英关系进入"黄金时代"。

（三）人文交流

随着中英政治和经贸关系的发展，中英两国在科教、文化、军事等诸多领域的交流也不断向纵深发展，在许多重大国际问题上保持了富有成效的磋商与协调，两国关系出现了全面发展的势头。特别是在人文交流领域，中英双方的合作更是出现了飞跃。

英　国

2011年6月，在温家宝总理访问英国期间，中英双方就建立高级别人文交流机制达成一致。2012年4月16日，中英高级别人文交流机制启动会议在伦敦召开，由中国国务委员会刘延东和英国文化大臣亨特共同主持，会后双方签署了《中英两国政府关于建立高级别人文交流机制的谅解备忘录》。这是继中英战略对话、中英经济财金对话之后，中英关系中的第三根支柱，也是继美国之后，中国与其他国家建立的第二个高级别人文交流机制。该机制的宗旨是为中英两国的人文交流搭建更高层次的交流平台，推动双方在教育、科研、创新、文化、青年和媒体等领域的合作。该对话机制每年举行一次，在中英两国轮流举行。

近年来，中英两国无论是在文化、教育，还是在旅游等方面的合作都得到了进一步发展。2009年2月，中英双方签署《2009～2013年文化交流计划》，为进一步推动两国文化关系的发展奠定了基础。中英双方开展了多项文化交流活动，例如"创意英国""中国文化年""时代中国""'盛世华章'故宫文物展"等，有力地推动了中英两国人民之间的相互了解。

在教育合作方面，中英两国也签署了多项教育交流合作协议和备忘录，如2003年的《关于相互承认高等教育学位证书的协议》、2005年的《关于全面加强教育合作与交流的联合声明》、2011年的《中英教育伙伴关系行动计划》等。截至2014年底，英国是中国留学生人数最多的欧洲国家，1998年时，中国赴英留学的各类人员只有约6000人，到2011年时已达到了10万人左右（其中大陆学生7万人左右），占在英国的留学生总数的14%、非欧盟留学生的19%，而且留学生的层次越来越高，攻读硕士、博士学位的占很大比例。

2014年，在英国的中国留学生达到15万人。但英国在中国的留学生规模很小，只有3000余人。中国文化在英国的传播也呈强劲发展势头，有的英国中学在外语教学中将汉语普通话列为必修课。2002年，英国政府计划在5年内每年出资42万英镑，资助数百所小学开设中文课程。截至2014年底，英国共有600余所中小学开设汉语课程。随着英国的"汉语热"逐渐升温，中英双方合作在英国设立了27所孔子学院和60个孔子课堂，数量居欧洲之首。

在旅游方面，自中英两国 2005 年 1 月签署《关于中国旅游团队赴英国旅游签证及相关事宜的谅解备忘录》、英国正式成为中国公民旅游目的地以后，中国公民赴英国旅游的热情被大大激发，2011 年有将近 15 万名游客到英国旅游，在英国的支出达到 3 亿英镑，成为赴英国旅游消费的第三大客源，仅次于来自于海湾国家和尼日利亚的游客。与此同时，来华旅游的英国游客数量增长也很快，2012 年，英国是中国第十五大国际游客来源国，在欧盟国家中仅次于德国。

（四）中英关系未来展望及存在的问题

2014 年是中英两国建立全面战略伙伴关系 10 周年，在这十年间，双方关系又迈上了新的台阶，不仅合作领域进一步拓宽，合作程度也得到了深化，已经超越了单纯的经贸关系，正在向真正的全方位发展。

中英两国作为世界上具有重要影响的国家和安理会常任理事国，在维护地区和世界和平与人类发展方面有广泛的共同利益和责任。就英国来说，搞好同中国这样一个世界大国的关系，不仅直接涉及本国的经济利益，而且对维护和加强自身在世界上的地位与影响意义重大。英国很多政治领导人在不同场合都强调中国近年来取得的巨大进展所具有的全球性意义，指出中国不只是一个重要的市场，而且是 21 世纪全球性大国中的一个，将越来越多地在世界事务中起主导作用。英国要想在欧洲乃至世界上扮演重要角色，就应该借助中国的作用和影响，在全球范围内建立中英全面合作伙伴关系。而对中国而言，冷战结束后，英国虽然在国际上的地位和作用进一步削弱，但由于它在世界上还保有广泛的联系，在国际舞台上仍扮演着一个重要角色，争取同英国搞好关系也是中国外交的一项重要目标。通过改善与英国的关系带动中国同欧盟以及整个西方的关系发展，显然符合中国的利益。事实上，英国也的确曾经为推进欧盟同中国的关系做出了重要贡献，例如，英国倡议在伦敦召开第二届亚欧会议期间举行首次欧盟－中国首脑级会晤并使其机制化，将欧盟与中国的关系正式提升到欧盟与其他大国之间相同的等级和层面；英国和欧盟首先决定不在联合国人权委员会上提出或支持有关中国人权的提案，并同中国就人权问题建立专

英 国

门的对话机制，改变了双方在人权问题上公开对抗的局面；2008~2009年，中欧关系陷于低潮，摩擦有所增大，也正是2009年1月英国政府发表首份对华政策文件这一契机，开启了欧洲与中国缓和关系的大门。可以预见，未来的中英关系仍将总体上沿着目前良好的发展势头继续得到拓宽和深化。

但是，毋庸讳言，中英关系中还存在着一些问题。特别是英国在对华政策中不会放弃其所谓的"道德标准"，仍将在"人权""法治"等问题上向中国施加各种压力，在中英关系的发展中设置障碍。2012年下半年中英关系陷入长达一年半的僵局，其根本原因就在于此。再如，2014年4月英国发布的年度人权报告将中国列入了"关注国家"名单，中方为此取消了与英国的人权对话。另外，尽管英国驻华大使馆在2015年12月10日发表声明，肯定中国在社会和经济领域所取得的进步，但在2016年3月10日，英国同美国等12个国家在联合国人权理事会发表联合声明，无端指责中国的人权状况。而香港问题未来有可能再次引发中英矛盾。例如，2014年，在香港发生"占领中环"事件之后，英国屡屡发表干涉言论，议会下院外事委员会甚至还拟派出所谓的"调查团"赴香港进行"调查"。中国政府拒绝该"调查团"入境引起英国方面的不满，导致中英关系中出现了一些本不应该有的波折。2016年2月，英国政府发表所谓的《香港问题半年报告》，对香港事务说三道四，并对中方无端指责，构成对中国内政的干涉。只有增进双方的相互理解和信任，打造"命运共同体"，才能真正解决双方的分歧。

大事纪年

约前 3000 年	伊比利亚人进入不列颠，以长冢闻名；
约前 2000 年	进入青铜器时代，建立巨石阵；"陶盆人"出现；
约前 800 年~前 200 年	凯尔特人分三批进入不列颠；
前 200 年	比尔格人统一不列颠；
前 55 年和前 54 年	罗马皇帝恺撒率罗马军团入侵不列颠，开启不列颠有文字记载的历史；
43 年	罗马皇帝克劳狄一世率军入侵不列颠，开始了不列颠的罗马占领时期，共持续 400 年；
409 年	罗马发生内乱，驻扎在不列颠的部分驻军撤回罗马；
5 世纪中叶	日耳曼人入侵不列颠；
597 年	教皇格里高利一世派圣奥古斯丁到不列颠传教；
7 世纪初	进入"七国时代"；
8 世纪末	斯堪的纳维亚人入侵英格兰，"北欧海盗时代"开启；
827 年	威塞克斯国王埃格伯特统一七国，开创撒克逊王朝；
879 年	阿尔弗雷德国王与丹麦人达成协议，英格兰东北部划归丹麦管辖；

英 国

10 世纪	艾特尔斯坦统一英格兰，成为英格兰第一位国王；
1066 年	法国诺曼底公爵威廉率军入侵英格兰，撒克逊王朝覆灭，诺曼王朝建立，开始封建制度时期；
1086 年	威廉一世"末日审判书"（《土地赋税调查书》）完成；
1154 年	亨利二世即位，开创金雀花王朝（安茹王朝）；
1170 年	大主教贝克特被刺杀，亨利二世宗教改革失败；
12～13 世纪	牛津大学和剑桥大学相继建立；
1215 年	约翰王签署《大宪章》（《自由大宪章》），奠定了有限君主传统的基础；
1258 年	牛津会议提出《牛津条例》；
1259 年	国王颁布《威斯敏斯特法规》；
1265 年	"大议会"（"西门议会"）召开，平民首次进入议会，标志着向现代议会的转变；
1284 年	爱德华一世征服威尔士，创设"威尔士亲王"封号；
1295 年	"模范议会"召开，无平民代表即可召开议会的时代结束；
1337～1453 年	爱德华三世发动英法百年战争，英国最终战败；
1455～1485 年	为争夺王位继承权的玫瑰战争爆发，亨利七世建立都铎王朝，金雀花王朝终结；
1529～1534 年	亨利八世进行宗教改革，脱离罗马教皇，确立英王为英格兰教会最高领袖；
1585 年	在弗吉尼亚建立第一块殖民地；

大事纪年

1588 年	击败西班牙无敌舰队，确立海上霸权；
1600 年	建立东印度公司，开始向印度扩张；
1603 年	苏格兰国王詹姆斯六世继承英国王位，称詹姆斯一世，建立斯图亚特王朝；
1628 年	议会向查理一世提出《民权请愿书》，次年议会被解散；
1640 年	4 月召开议会，3 周后被解散，史称"短期议会"；
	11 月再次召开议会，至 1653 年被解散，史称"长期议会"；
1642~1649 年	资产阶级革命，以克伦威尔为首的"新模范军"最终获胜；
1649 年	查理一世被处决，英国宣布为共和国，成立"护国政府"，克伦威尔任终身护国公兼国务会议主席；
1660 年	查理二世复辟；
1688 年	议会邀请荷兰执政威廉三世入主英国，史称"光荣革命"；
1689 年	《权利法案》出台，确立君主立宪制；
1701 年	《王位继承法》生效；
1707 年	英格兰和苏格兰签订《联合法案》，"大不列颠王国"正式诞生；
1756~1763 年	英法七年战争，英国取得加拿大和密西西比河以东全部土地；
18 世纪后期至 19 世纪中期	工业革命，英国成为第一个工业化国家；
1801 年	与爱尔兰合并法案生效，英国更名为"大不列颠及爱尔兰联合王国"；
1832 年	议会《改革法案》通过，废除腐败选区，调整下院议席；

1840年、1856~1858年	两次鸦片战争，英法联军攻入北京，强迫中国开放通商口岸，并割让香港和九龙半岛界限以南的土地；
1837~1848年	"宪章派"发起宪章运动；
1858年	征服印度，维多利亚女王加冕印度女王；
1867年	《议会改革法案》颁布，进一步扩大选举权；
1871年	《工会法案》承认公会合法；
1889~1902年	布尔战争，大英帝国达到顶峰，拥有世界人口和土地面积的1/4；
1911年	《议会法案》通过，确立下议院的最高权威；
1914~1918年	第一次世界大战；
1919年	英国30岁以上的女性获得选举权；
1921年	《英爱条约》签订，爱尔兰南部26郡独立，成立"爱尔兰自由邦"；
1931年	《威斯敏斯特法案》通过，英联邦正式形成；
1937年	爱尔兰自由邦宣布为独立共和国，但仍留在英联邦；
1939~1945年	第二次世界大战；
1945年	工党赢得大选，开始建设"福利国家"；
1948年	国民医疗服务体系（NHS）建立，奠定"福利国家"基础；
1950年	英国在西方大国中率先承认中华人民共和国；
1952年	伊丽莎白二世继承英国王位；
1954年	中英两国建立代办级外交关系；
1972年	中英两国升格为大使级外交关系；
1973年	英国正式加入欧共体；
1979年	以撒切尔夫人为领袖的保守党开始执政，推行"撒切尔主义"改革；
1982年	英国与阿根廷爆发马尔维纳斯群岛战争；

1985 年	英爱签署协议，开启北爱和平进程
1997 年	以布莱尔为领袖的工党赢得大选，推行"第三条道路"，实行以权力下放为核心的宪政改革；
1997 年	英国与中国政府实现对香港主权的顺利交接；
1998 年	《贝尔法斯特协议》签署；
2003 年	英美发动伊拉克战争；
2004 年	中英建立全面战略伙伴关系；
2005 年	伦敦地铁和公交发生恐怖袭击；
2007 年	布朗接替布莱尔任英国首相；
2008 年	金融危机爆发，英国经济陷入衰退；
2009 年	英国发表首份对华政策文件；
2010 年	保守党与自由民主党组成第二次世界大战结束以后的第一个联合政府；
2011 年	利比亚战争爆发，英国军队参加空袭行动；
2012 年	伦敦举行奥运会；
2013 年	卡梅伦发表演说，提出在 2017 年底前就是否退出欧盟举行公投；
2014 年	苏格兰举行独立公投；
2015 年	保守党在大选中获胜；
2016 年	英国举行退欧公投，51.9% 的人支持英国退出欧盟。

参考文献

一 中文文献

〔英〕阿·莱·莫尔顿：《人民的英国史》（上、下册），生活·读书·新知三联书店，1976。

〔英〕阿伦·斯克德、克里斯·库克：《战后英国政治史》，世界知识出版社，1985。

〔英〕阿萨·勃里格斯：《英国社会史》，中国人民大学出版社，1991。

〔英〕安东尼·吉登斯：《超越左与右：激进政治的未来》，社会科学文献出版社，2009。

〔英〕安东尼·吉登斯：《第三条道路——社会民主主义的复兴》，北京大学出版社、生活·读书·新知三联书店，2000。

〔英〕安东尼·桑普森：《最新英国剖析》，中国社会科学出版社，1988。

陈乐民：《撒切尔夫人》，浙江人民出版社，1997。

陈乐民主编《西方外交思想史》，中国社会科学出版社，1995。

陈乐民主编《战后英国外交史》，世界知识出版社，1994。

陈晓律：《1500 年以来的英国与世界》，生活·读书·新知三联书店，2013。

陈晓律：《英国福利制度的由来和发展》，南京大学出版社，1996。

陈晓律等：《当代英国——需要新支点的夕阳帝国》，贵州人民出版社，2000。

陈祖洲：《通向自由之路：英国自由主义发展史研究》，南京大学出

版社，2012。

程汉大：《英国政治制度史》，中国社会科学出版社，1995。

崔树义：《当代英国阶级状况》，浙江大学出版社，2006。

〔英〕大卫·休谟：《英国史》，吉林出版集团有限责任公司，2012。

〔苏联〕道布罗夫：《英国经济地理》，商务印书馆，1959。

丁建定：《英国济贫法制度史》，人民出版社，2014。

丁建定：《英国社会保障制度史》，人民出版社，2015。

丰华琴：《从混合福利到公共治理——英国个人服务的源起与演变》，中国社会科学出版社，2010。

高英彤：《帝国夕阳——日渐衰微的不列颠》，吉林人民出版社，1998。

〔英〕哈罗德·威尔逊：《英国社会主义的有关问题》，商务印书馆，1966。

何海波：《司法审查的合法性基础——英国话题》，中国政法大学出版社，2007。

〔英〕亨利·佩林：《丘吉尔传》，东方出版社，1988。

蒋孟引：《蒋孟引文集——英国历史：从远古到20世纪》，南京大学出版社，1995。

蒋孟引主编《英国史》，中国社会科学出版社，1988。

李常磊：《英美文化博览》，上海世界图书出版公司，2000。

李冠杰：《危险的分权：新工党治下英国的权力下放进行（1997~2010）》，上海人民出版社，2014。

李华锋：《英国工党政坛沉浮与主导思想的关系研究》，中国社会科学出版社，2013。

李华锋、李媛媛：《英国工党执政史论纲》，中国社会科学出版社，2014。

李念培、孙正达：《英国》，世界知识出版社，1988。

李书藏：《冲突、妥协与均衡：英国公共广播电视体制的生成探源》，中国社会科学出版社，2011。

李韦：《宗教改革与英国民族国家建构》，人民出版社，2015。

李云龙、王晓彬等:《走向21世纪的英国》,中原农民出版社,1999。

〔英〕里敦·斯特莱切:《维多利亚女王传》,商务印书馆,1992。

梁丽娟:《从内部看英国》,世界知识出版社,1989。

梁晓君:《英国欧洲政策之国内成因研究》,世界知识出版社,2008。

刘成:《英国现代转型与工党重铸》,生活·读书·新知三联书店,2013。

刘成等:《对抗与合作:二十世纪的英国工会与国家》,南京大学出版社,2011。

刘建飞、刘启云、朱艳圣:《英国议会》,华夏出版社,2002。

刘强:《英国社区刑罚执行制度研究》,中国法制出版社,2011。

罗志如、厉以宁:《二十世纪的英国经济:"英国病"研究》,商务印书馆,2013。

罗志如、厉以宁:《二十世纪的英国经济——"英国病"研究》,人民出版社,1982。

〔英〕《麦克米伦回忆录》(1~6卷),商务印书馆,1975~1983。

〔英〕W.N.梅德利科特:《英国现代史1914~1964》,商务印书馆,1990。

〔英〕帕姆杜德:《英国和英帝国危机》,世界知识出版社,1954。

潘琪昌主编《欧洲国际关系》,经济科学出版社,2001。

戚国淦、陈曦文主编《撷英集——英国都铎史研究》,首都师范大学出版社,1994。

齐树洁:《英国民事司法制度》,厦门大学出版社,2011。

钱乘旦:《英国通史》,上海社会科学院出版社,2012。

钱乘旦等:《二十世纪英国》,商务印书馆香港有限公司,1997。

钱乘旦等:《日落斜阳——20世纪英国》,华东师范大学出版社,1999。

〔英〕屈勒味林:《英国史》,中国社会科学出版社,2008。

冉隆勃、王振华等:《当代英国——政治、外交、社会、文化面面观》,中国社会科学出版社,1990。

萨本仁、潘兴明:《20世纪的中英关系》,上海人民出版社,1996。

英　国

上海国际问题研究所编《英国》，上海辞书出版社，1982。

施雪华：《当代各国政治体制——英国》，兰州大学出版社，1998。

孙炳耀主编《当代英国瑞典社会保障制度》，法律出版社，2000。

田德文、靳雷等：《为什么偏偏是英国》，世界知识出版社，1995。

〔英〕托尼·布莱尔：《新英国，我对一个年轻国家的展望》，世界知识出版社，1998。

汪建强：《20世纪英国养老金制度研究》，齐鲁书社，2011。

王捷、杨祖功：《欧洲民主社会主义》，社会科学文献出版社，1996。

王金标主编《跨世纪的欧洲》，时事出版社，1997。

王觉非主编《近代英国史》，南京大学出版社，1997。

王荣堂主编《英国历届首相传略》，辽宁大学出版社，1987。

王皖强：《现代英国大众文化》，中国经济出版社，2000。

王友平：《开创现代文明的帝国》，黑龙江人民出版社，1998。

王展鹏、刘绯主编《解析英国及其国际地位的演变》，世界知识出版社，2013。

王章辉：《英国经济史》，中国社会科学出版社，2013。

王章辉：《英国文化与现代化》，辽海出版社，1999。

王振华：《英联邦兴衰》，中国社会科学出版社，1991。

王振华、陈志瑞主编《挑战与选择——中外学者论"第三条道路"》，中国社会科学出版社，2001。

王振华、刘绯、陈志瑞主编《重塑英国——布莱尔主义与"第三条道路"》，中国社会科学出版社，2000。

王振华、刘绯主编《变革中的英国》，社会科学文献出版社，1996。

王振华、申义怀主编《撒切尔主义——80年代英国内外政策》，中国社会科学出版社，1992。

王佐良：《英国文学论文集》，外国文学出版社，1980。

〔英〕温斯顿·丘吉尔：《英语国家史略》（上、下册），新华出版社，1985。

吴斐：《英国社会与文化》，武汉大学出版社，2012。

吴延迪：《英国风情录》，东方出版中心，1994。

夏永祥、党国印主编《英国市场经济体制》，兰州大学出版社，1994。

项焱：《英国议会主权研究》，中国社会科学出版社，2010。

谢峰：《英国保守党领袖选举研究：制度变迁与政治发展》，江苏人民出版社，2013。

阎照祥：《英国政党政治史》，中国社会科学出版社，1993。

阎照祥：《英国政治思想史》，人民出版社，2010。

杨树芳：《英国社会与文化概况》，光明日报出版社，2013。

杨翊：《泰晤士河哺育的联合王国——英国》，科学普及出版社，1998。

杨祖功、顾俊礼等：《西方政治制度比较》，世界知识出版社，1992。

叶章蓉：《西欧军事安全战略》，国防大学出版社，1988。

于维霈：《当代英国经济——医治"英国病"的调整与改革》，中国社会科学出版社，1990。

于文杰：《英国文明与世界历史》，生活·读书·新知三联书店，2013。

余永和：《英国安茹王朝议会研究》，社会科学文献出版社，2011。

张彩凤：《英国法治研究》，中国人民公安大学出版社，2001。

张佳生：《十六世纪英国的贫困问题与民间济贫》，中国社会科学出版社，2012。

张瑾：《第二次世界大战后英国科技人才流失到美国的历史考察》，中国社会科学出版社，2013。

张爽主编《英国政治经济与外交》，知识产权出版社，2014。

张顺洪等：《大英帝国的瓦解——英国的非殖民化与香港问题》，社会科学文献出版社，1997。

张志洲：《英国工党社会主义意识形态变迁研究》，社会科学文献出版社，2011。

赵怀普：《英国与欧洲一体化》，世界知识出版社，2004。

英 国

赵伟:《现代工业社会与经济体制选择——当代六大工业国的经济成长与体制演进》,中国社会科学出版社,1994。

郑春荣:《英国社会保障制度》,上海人民出版社,2012。

周爽主编《英国社会与文化》,西北工业大学出版社,2013。

二 英文文献

A. J. P. Taylor, *English History 1914 – 1945*, Penguin Books, 1970.

Alberto Brugnoli, *Government, Governance and Welfare Reform: Structural Changes and Subsidiarity in Italy and Britain*, Edward Elgar, 2013.

Alistair Black, *The Early Information Society: Information Management in Britain before the Computer*, Ashgate, 2007.

Andrew Gamble, *Between Europe and America: the Future of British Politics*, Palgrave Macmillan, 2003.

Andrew Gamble and Tony Wright (eds.), *The New Social Democracy*, Wiley – Blackwell, 1999.

Anthony Forster, *Euroscepticism in Contemporary British Politics: Opposition to Europe in British Conservative and Labour Parties since 1945*, Routledge, 2002.

Ben Pitcher, *The Politics of Multiculturalism: Race and Racism in Contemporary Britain*, Palgrave Macmillan, 2009.

Bernard Porter, *The Lion's Share—A Short History of British Imperialism 1850 – 1983* (second edition), Longman, 1984.

Bill Coxall, *Pressure Groups in British Politics*, Pearson Education Limited, 2001.

Bill Jones, *Political Issues in Britain Today*, Manchester University Press, 1994.

Bill Jordan and Charlie Jordan, *Social Work and the Third Way: Tough Love as Social Policy*, SAGE, 2001.

Catherine Needham, *The Reform of Public Services under New Labour*, Palgrave Macmillan, 2007.

Chris Gifford, *The Making of Eurosceptic Britain: Identity and Economy in a Post-imperial State*, Ashgate, 2008.

Christian Schweiger, *Britain, Germany and the Future of the European Union*, Palgrave Macmillan, 2007.

Christopher Baxter, *Britain in Global Politics*, Palgrave Macmillan, 2013.

C. J. Bartlett, *The Long Retreat: A Short History of British Defence Policy 1945 - 1970*, Macmillan, 1972.

C. Tugendhat and W. Wallace, *Options for British Foreign Policy in the 1990s*, London: Council on Foreign Relations, 1989.

David Baker and David Seawright (eds.), *Britain for and against Europe: British Politics and the Question of European Integration*, Oxford University Press, 1998.

David Marquand and Anthony Seldon, *The Ideas That Shaped Post - War Britain*, Fontana Press, 1996.

David Sanders, *Losing an Empire, Finding a Role, British Foreign Policy since 1945*, Macmillan, 1990.

Earl A. Reiran, *The Thatcher Revolution: Margaret Thatcher, John Major, Tony Blair, and the Transformation of Modern Britain, 1979 - 2001*, Rowman and Littlefield Publishers, 2002.

Evan Luard, *Britain and China*, London: Chatto and Windus, 1962.

F. S. Northedge, *Descent from Power: British Foreign Policy 1945 - 1973*, London: Allen and Unwin, 1974.

Howard Glennerster, *British Social Policy since 1945*, Wiley - Blackwell, 2000.

Hugo Young, *One of Us: A Biography of Margaret Thatcher*, Pan Books, 1990.

Ian Bellany, *Reviewing Britain's Defence*, Dartmouth, 1994.

James Joll, *Britain and Europe: Pitt to Churchill 1793 - 1940*, Oxford University Press, 1967.

英 国

J. Frankel, *British Foreign Policy 1945 – 1973*, Oxford University Press, 1975.

J. Harvey and L. Bather, *The British Constitution* (fourth edition), Macmillan, 1981.

J. H. Clapham, *An Economic History of Modern Britain*, Cambridge University Press, 2008.

John Oakland, *British Civilization: An Introduction* (Fourth Edition), Routledge, 1998.

John Solomos, *Race and Racism in Britain* (Fourth Edition), Palgrave Macmillan, 2015.

Julia Gallagher, *Britain and Africa under Blair: In Pursuit of the Good State*, Manchester University Press, 2011.

Kenneth O. Morgan, *The People's Peace: British History 1945 – 1990*, Oxford University Press, 1992.

Lawrence Freedman, *Britain and Nuclear Weapons*, Macmillan, 1980.

Linda Woodhead, *Religion and Change in Modern Britain*, Routledge, 2012.

Mark Leonard, *Britain TM: Renewing Our Identity*, Demos, 1997.

Martin A. Smith and Graham Timmins (eds.), *Uncertain Europe: Building a New European Security Order?*, Routledge, 2001.

Martin Gorsky and Sally Sheard eds., *Financing Medicine: the British Experience since 1750*, Routledge, 2006.

Matt Cole, *Political Parties in Britain*, Edinburgh University Press, 2012.

Michael Chichester and John Wilkinson, *The Uncertain Ally: British Defence Policy 1960 – 1990*, Gower Publisher Co., 1982.

M. Smith, S. Smith and B. White, *British Foreign Policy: Tradition, Change and Transformation*, Unwin Hyman, 1988.

Muriel E. Chamberlain, *Pax Britannica?: British Foreign Policy 1789 – 1914*, Routledge, 1989.

Norman Lowe, *Mastering Modern British History*, Macmillan, 1990.

Pat Thane, *Unequal Britain: Equalities in Britain since 1945*, Continuum, 2010.

Pete Alcock, *Social Policy in Britain*, Macmillan, 2011.

Peter Alcock, *Social Policy in Britain*, Palgrave Macmillan, 2014.

Peter Byrd (ed.), *British Foreign Policy under Thatcher*, Philip Allan, 1988.

Peter Calvocoressi, *World Politics since 1945*, Longman, 1987.

Peter Jenkins, *Mrs. Thatcher's Revolution: The Ending of the Socialst Era*, Harvard University Press, 1989.

Peter Lane, *Success in British History 1760 – 1914*, John Murray, 1988.

Peter Riddell, *The Thatcher Government*, Wiley-Blackwell, 1985.

Raymond Kuhn, *Politics and the Media in Britain*, Palgrave Macmillan, 2007.

R. Boardman, *Britain and the People's Republic of China 1949 – 1974*, Macmillan, 1976.

R. F. Holland, *European Decolonization 1918 – 1981*, Palgrave Macmillan, 1985.

R. M. Morris, *Church and State in 21st Century Britain: The Future of Church Establishment*, Palgrave Macmillan, 2009.

Robert Leach, *Political Ideology in Britain*, Palgrave Macmillan, 2009.

Roger Liddle, *The Europe Dilemma: Britain and the Challenges of EU Integration*, I. B. Tauris, 2014.

Rosemary Hollis, *Britain and the Middle East in the 9/11 Era*, Wiley-Blackwell, 2010.

Roy Jenkins, *Britain and the EEC*, Macmillan, 1983.

R. W. Seton – Watson, *Britain in Europe 1789 – 1914: a Survey of Foreign Policy*, New York: Macmillan, 1937.

Samuel H. Beer, *Modern British Politics*, W. W. Nonton Company,

1982.

Saroj Rath, *Essential Ally: America and Britain from Gulf War to Iraq War*, Reference Press, 2010.

Stefano Fella, *New Labour and the European Union: Political Strategy, Policy Transition and the Amsterdam Negotiation*, Ashgate, 2002.

Stephen P. Jenkins, *Changing Fortunes: Income Mobility and Poverty Dynamics in Britain*, Oxford University Press, 2011.

Teresa Hayter, *Exploited Earth: Britain's Aid and the Environment*, Earthscan, 2009.

Tony Blair, *The Third Way: New Politics for the New Century*, Fabian Society, 1998.

Victor Bulmer-Thomas, *Britain and Latin America: A Changing Relationship*, Cambridge University Press, 2008.

三 常用网站

英国国家统计局：https://www.ons.gov.uk。

欧盟统计局：http://ec.europa.eu/eurostat/。

英国企业、创新与技能部：

https://www.gov.uk/government/organisations/department-for-business-innovation-skills。

英国社区与地方政府部：

https://www.gov.uk/government/organisations/department-for-communities-and-local-government。

英国文化、媒体与体育部：

https://www.gov.uk/government/organisations/department-for-culture-media-sport。

英国教育部：

https://www.gov.uk/government/organisations/department-for-education。

英国环境、食品与农村事务部：

https：//www.gov.uk/government/organisations/department-for-environment-food-rural-affairs。

英国国际发展部：

https：//www.gov.uk/government/organisations/department-for-international-development。

英国交通部：

https：//www.gov.uk/government/organisations/department-for-transport。

英国就业与养老金部：

https：//www.gov.uk/government/organisations/department-for-work-pensions。

英国能源与气候变化部：

https：//www.gov.uk/government/organisations/department-of-energy-climate-change。

英国卫生部：

https：//www.gov.uk/government/organisations/department-of-health。

英国外交部：

https：//www.gov.uk/government/organisations/foreign-commonwealth-office。

英国财政部：

https：//www.gov.uk/government/organisations/hm-treasury。

英国内政部：

https：//www.gov.uk/government/organisations/home-office。

英国国防部：

https：//www.gov.uk/government/organisations/ministry-of-defence。

英国司法部：

https：//www.gov.uk/government/organisations/ministry-of-justice。

英国议会：http：//www.parliament.uk/。

苏格兰政府：http：//www.gov.scot/。

威尔士政府：http：//gov.wales/。

北爱尔兰政府：http：//www.northernireland.gov.uk/。

英国工党：http：//www.labour.org.uk/。

英国保守党：https：//www.conservatives.com/。

英格兰银行：http：//www.bankofengland.co.uk/。

英国广播公司：http：//www.bbc.com/。

维基百科：https：//www.wikipedia.org/。

索 引

A

阿尔弗雷德大帝 53,101
阿加莎·克里斯蒂 421,459
爱德华七世 445
安茹王朝 55,101,526,535

B

巴茨克尔主义 91,93,169,178
百年战争 12,60~62,65,461,526
保守党 5,6,88~91,93,95,99,100,
 103~105,107~109,114,128,130~
 132,144~149,151,155,158,165~
 172,178~180,183,188,251,266,
 269,272,300,322~325,336~338,
 342,347,381,382,384,404,408,
 450~453,464,473,475,477~479,
 481,482,484,487~489,500,506,
 507,511,516,528,529,535,542
奔宁山脉 2,37
不成文宪法 115,116

C

查理二世 43,70,71,527

D

大西洋主义 472
《大宪章》 57~59,112,116,117,
 159,526
地方分权 145,147,149
第三条道路 94,96~99,402,478,
 484,501,529,531,534
迪斯雷里 105
都铎王朝 42,55,63~66,73,101,
 112,124,259,461,526

F

富尔顿演说 466
《复活节协议》 33
福利国家 90,93,96~98,106,107,

145，168，181，254，298，312，321～
325，329，346，422，528

G

共同市场　468
工业革命　5，10，37～39，74～76，
　78，80，103，165，173，174，177，
　182，186，203，204，207，236，260，
　321，345，354～356，438，458，527
光荣革命　71，102，112，125，140，
　527
光荣孤立　260，462，463，465
国民医疗服务体系　332～343，351，
　366，375，528

H

哈德良长城　49
护国公　70，102，527
辉格党　71，76，102，165，170

J

剑桥大学　40，392，399，405，437，
　457，459，526
杰弗里·豪　475
《金融时报》　183，196，200～203，
　206，212，229，449，450～452
君主立宪制　71，104，111，112，118，
　120，141，527

K

卡克斯顿（威廉）　13，457
卡梅伦　41，99，100，122，130，150，
　151，169，311，318，346，347，393，
　481，488，489，492，496，505，506，
　509，512，519～521，529
凯恩斯　90，93，168，177，182，250，
　251，254，308，345，402
恺撒　47～49，525
克劳狄一世　49，525
克伦威尔　69，70，74，102，124，
　275，461，527
柯南·道尔　421

L

劳合·乔治　105，106
《联合法案》　15，73，527
两党制　111，130，132，165～167
伦敦城　6，35，36，51，214，215，
　247，313，374，484

M

玫瑰战争　62，63，112，526
模范议会　60，526

N

内伊湖　3

牛津大学　41，107，322，392，393，
　　399，437，459，526
诺曼征服　54

O

欧共体　116，168~170，239，240，
　　245，286，471~473，475，476，487，
　　498，528
欧洲防务共同体　468
欧洲经济共同体　107，108，468
欧洲自由贸易联盟　468

Q

乔叟　418
丘吉尔　42，88，89，106，107，398，
　　464~468，499，501，509，532，534
圈地运动　65，66，68，173

S

撒切尔主义　93~95，97，108，145，
　　472，528，534
塞文河　3，39
三环外交　464，465，466，468，499，
　　509
莎士比亚　31，418，420，421，433，
　　435，458
社会民主主义　531
斯科费尔峰　2，45

斯诺登山　3
斯图亚特王朝　68，112，124，527
苏格兰民族党　98，148~151，166，
　　168，170~172
绥靖政策　84~87，261，264

T

《泰晤士报》　333，448~450
泰晤士河　3，31，36，41，43，44，
　　48，101，189，225，356，357，374，
　　435，446，535
特洛伊木马　504
铁幕　107
托利党　71，76，103~105，165，168

W

《卫报》　449~451
维多利亚女王　43，104，105，528，
　　533
威尔逊（哈罗德）　108，168，178，
　　269，432，470，532
威廉三世　14，71，527
沃波尔　102

X

西欧联盟　265，273，286，287，467
希区柯克　422，423
现实主义　88，99，262，418~422，

424，431，432，467

新保守主义　104，473

新自由主义　96~98，108，168，178~180，402

疑欧主义　488

英国独立党　100，166，168，171，451

英美特殊关系　466，470

Y

议会主权　117，118，164，487，535

伊丽莎白二世　29，35，118~121，282，415，519，528

伊丽莎白一世　41，64，66，67，73，101，124，259，321，435，461

Z

詹姆斯二世　14，33，71，165

詹姆斯一世　7，34，41，68，73，124，527

张伯伦　42，84~88，107，261

宗教改革　13~15，66~68，73，526，532

新版《列国志》总书目

亚洲

阿富汗
阿拉伯联合酋长国
阿曼
阿塞拜疆
巴基斯坦
巴勒斯坦
巴林
不丹
朝鲜
东帝汶
菲律宾
格鲁吉亚
哈萨克斯坦
韩国
吉尔吉斯斯坦
柬埔寨
卡塔尔
科威特
老挝
黎巴嫩
马尔代夫

马来西亚
蒙古国
孟加拉国
缅甸
尼泊尔
日本
沙特阿拉伯
斯里兰卡
塔吉克斯坦
泰国
土耳其
土库曼斯坦
文莱
乌兹别克斯坦
新加坡
叙利亚
亚美尼亚
也门
伊拉克
伊朗
以色列
印度
印度尼西亚
约旦
越南

英 国

非洲

阿尔及利亚
埃及
埃塞俄比亚
安哥拉
贝宁
博茨瓦纳
布基纳法索
布隆迪
赤道几内亚
多哥
厄立特里亚
佛得角
冈比亚
刚果
刚果民主共和国
吉布提
几内亚
几内亚比绍
加纳
加蓬
津巴布韦
喀麦隆
科摩罗
科特迪瓦
肯尼亚
莱索托
利比里亚
利比亚
卢旺达

马达加斯加
马拉维
马里
毛里求斯
毛里塔尼亚
摩洛哥
莫桑比克
纳米比亚
南非
南苏丹
尼日尔
尼日利亚
塞拉利昂
塞内加尔
塞舌尔
圣多美和普林西比
斯威士兰
苏丹
索马里
坦桑尼亚
突尼斯
乌干达
赞比亚
乍得
中非

欧洲

阿尔巴尼亚
爱尔兰
爱沙尼亚
安道尔

奥地利
白俄罗斯
保加利亚
北马其顿
比利时
冰岛
波兰
波斯尼亚和黑塞哥维那
丹麦
德国
俄罗斯
法国
梵蒂冈
芬兰
荷兰
黑山
捷克
克罗地亚
拉脱维亚
立陶宛
列支敦士登
卢森堡
罗马尼亚
马耳他
摩尔多瓦
摩纳哥
挪威
葡萄牙
瑞典
瑞士
塞尔维亚
塞浦路斯
圣马力诺

斯洛伐克
斯洛文尼亚
乌克兰
西班牙
希腊
匈牙利
意大利
英国

美洲

阿根廷
安提瓜和巴布达
巴巴多斯
巴哈马
巴拉圭
巴拿马
巴西
秘鲁
玻利维亚
伯利兹
多米尼加
多米尼克
厄瓜多尔
哥伦比亚
哥斯达黎加
格林纳达
古巴
圭亚那
海地
洪都拉斯
加拿大
美国
墨西哥

英　国

尼加拉瓜
萨尔瓦多
圣基茨和尼维斯
圣卢西亚
圣文森特和格林纳丁斯
苏里南
特立尼达和多巴哥
危地马拉
委内瑞拉
乌拉圭
牙买加
智利

大洋洲

澳大利亚

巴布亚新几内亚
斐济
基里巴斯
库克群岛
马绍尔群岛
密克罗尼西亚
瑙鲁
纽埃
帕劳
萨摩亚
所罗门群岛
汤加
图瓦卢
瓦努阿图
新西兰

国别区域与全球治理数据平台

www.crggcn.com

"国别区域与全球治理数据平台"（Countries, Regions and Global Governance, CRGG）是社会科学文献出版社重点打造的学术型数字产品，对接国别区域这一重点新兴学科，围绕国别研究、区域研究、国际组织、全球智库等领域，全方位整合基础信息、一手资料、科研成果，文献量达30余万篇。该产品已建设成为国别区域与全球治理数据资源与研究成果整合发布平台，可提供包括资源获取、科研技术服务、成果发布与传播等在内的多层次、全方位的学术服务。

从国别区域和全球治理研究角度出发，"国别区域与全球治理数据平台"下设国别研究数据库、区域研究数据库、国际组织数据库、全球智库数据库、学术专题数据库和学术资讯数据库6大数据库。在资源类型方面，除专题图书、智库报告和学术论文外，平台还包括数据图表、档案文件和学术资讯。在文献检索方面，平台支持全文检索、高级检索，并可按照相关度和出版时间进行排序。

"国别区域与全球治理数据平台"应用广泛。针对高校及国别区域科研机构，平台可提供专业的知识服务，通过丰富的研究参考资料和学术服务推动国别区域研究的学科建设与发展，提升智库学术科研及政策建言能力；针对政府及外事机构，平台可提供资政参考，为相关国际事务决策提供理论依据与资讯支持，切实服务国家对外战略。

数据库体验卡服务指南

※100元数据库体验卡，可在"国别区域与全球治理数据平台"充值和使用

充值卡使用说明：
第1步 刮开附赠充值卡的涂层；
第2步 登录国别区域与全球治理数据平台（www.crggcn.com），注册账号；
第3步 登录并进入"会员中心"→"在线充值"→"充值卡充值"，充值成功后即可使用。

声明
最终解释权归社会科学文献出版社所有

客服QQ：671079496
客服邮箱：crgg@ssap.cn

欢迎登录社会科学文献出版社官网（www.ssap.com.cn）和国别区域与全球治理数据平台（www.crggcn.com）了解更多信息

卡号：9697370968729109

图书在版编目（CIP）数据

英国 / 李靖堃，王振华编著 . --3 版 . --北京：
社会科学文献出版社，2016.10（2022.3 重印）
（列国志：新版）
ISBN 978－7－5097－8966－7

Ⅰ.①英… Ⅱ.①李… ②王… Ⅲ.①英国－概况
Ⅳ.①K956.1

中国版本图书馆 CIP 数据核字（2016）第 063491 号

·列国志（新版）·
英国（Britain）

编　　著 / 李靖堃　王振华

出 版 人 / 王利民
项目统筹 / 张晓莉
责任编辑 / 叶　娟　智　烁
责任印制 / 王京美

出　　版 / 社会科学文献出版社·国别区域分社（010）59367078
　　　　　 地址：北京市北三环中路甲29号院华龙大厦　邮编：100029
　　　　　 网址：www.ssap.com.cn
发　　行 / 社会科学文献出版社（010）59367028
印　　装 / 唐山玺诚印务有限公司

规　　格 / 开　本：787mm×1092mm　1/16
　　　　　 印　张：37　插页：1　字　数：553 千字
版　　次 / 2016 年 10 月第 3 版　2022 年 3 月第 2 次印刷
书　　号 / ISBN 978－7－5097－8966－7
定　　价 / 99.00 元

读者服务电话：4008918866

版权所有 翻印必究